U0944608

渭南交通运输志

渭南市交通运输志办公室

中国建筑工业出版社

图书在版编目（CIP）数据

渭南交通运输志 / 渭南市交通运输志办公室编.— 北京：中国建筑工业出版社，2016.11
ISBN 978-7-112-20097-9

Ⅰ. ①渭… Ⅱ. ①渭… Ⅲ. ①交通运输史—渭南 Ⅳ. ①F512.9

中国版本图书馆CIP数据核字（2016）第276363号

责任编辑：刘爱灵 王美玲
书籍设计：京点制版
责任校对：王宇枢 姜小莲

渭南交通运输志
渭南市交通运输志办公室
*
中国建筑工业出版社出版、发行（北京海淀三里河路9号）
各地新华书店、建筑书店经销
北京京点图文设计有限公司制版
北京鹏润伟业印刷有限公司印刷
*
开本：787×1092毫米 1/16 印张：40½ 插页：18 字数：583千字
2016年11月第一版 2016年11月第一次印刷
定价：168.00元
ISBN 978-7-112-20097-9
（29522）

《渭南交通运输志》编纂委员会

主　　任：陈春明

副 主 任：王普辉　王自茂　唐　娴　张伟民　石高峰
　　　　　王晓明　孙　军　李宏德

委　　员：习忙俊　高宝全　韩晓峰　孟汝力　原欢武
　　　　　姚海印　李建民　吴红军　李武平　和百灵
　　　　　周振武　赵宏伟　郭　立　卫俊武　王孝贤
　　　　　汪　洋　王红亮　亢建民　杨国锋　白明福
　　　　　席　伟

《渭南交通运输志》编辑人员

主　　编：陈春明

执行主编：原欢武

编　　辑：任晓蕙　颜晓萍　李天军　赵亚楠　乔　丛
　　　　　丁小玲　刘乾民　东亚宁　张　庆　王慧梅

《渭南交通运输志》编纂委员会办公室

主　　任：王普辉

副 主 任：原欢武　李高正　丁小玲　郭　锐

《渭南交通运输志》编辑顾问委员会

主　　任：刘百宽

委　　员：王平勋　权景西　张晓平　郭益秦　郑卫民
　　　　　郑　斌

初　　审：《渭南交通运输志》编纂委员会

复　　审：陕西省交通运输厅

终　　审：渭南市地方志办公室

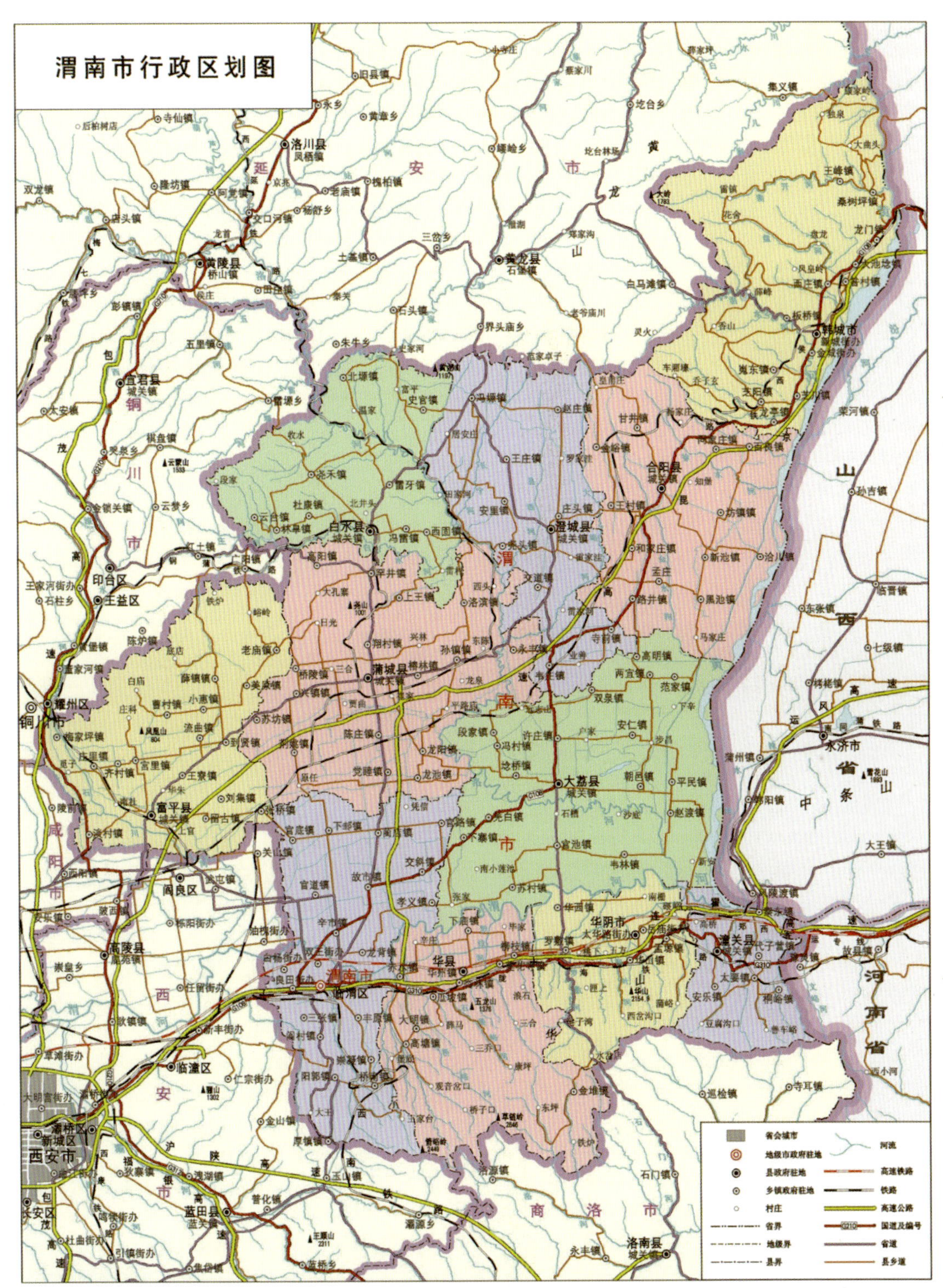

渭南市行政区划图
省会城市
地级市政府驻地
县政府驻地
乡镇政府驻地
村庄
省界
地级界
县界
河流
高速铁路
铁路
高速公路
国道及编号
省道
县乡道
渭南市
临渭区
华县
华阴市
潼关县
大荔县
蒲城县
澄城县
白水县
合阳县
韩城市
富平县
西安市
新城区
灞桥区
长安区
临潼区
阎良区
高陵县
蓝田县
洛南县
黄陵县
宜君县
洛川县
黄龙县
铜川市
耀州区
王益区
印台区
永济市
延安市
西安市
商洛市
咸阳市
山西省
河南省
黄河
渭河
洛河
华山
中条山
黄龙山

渭南市行政区划图

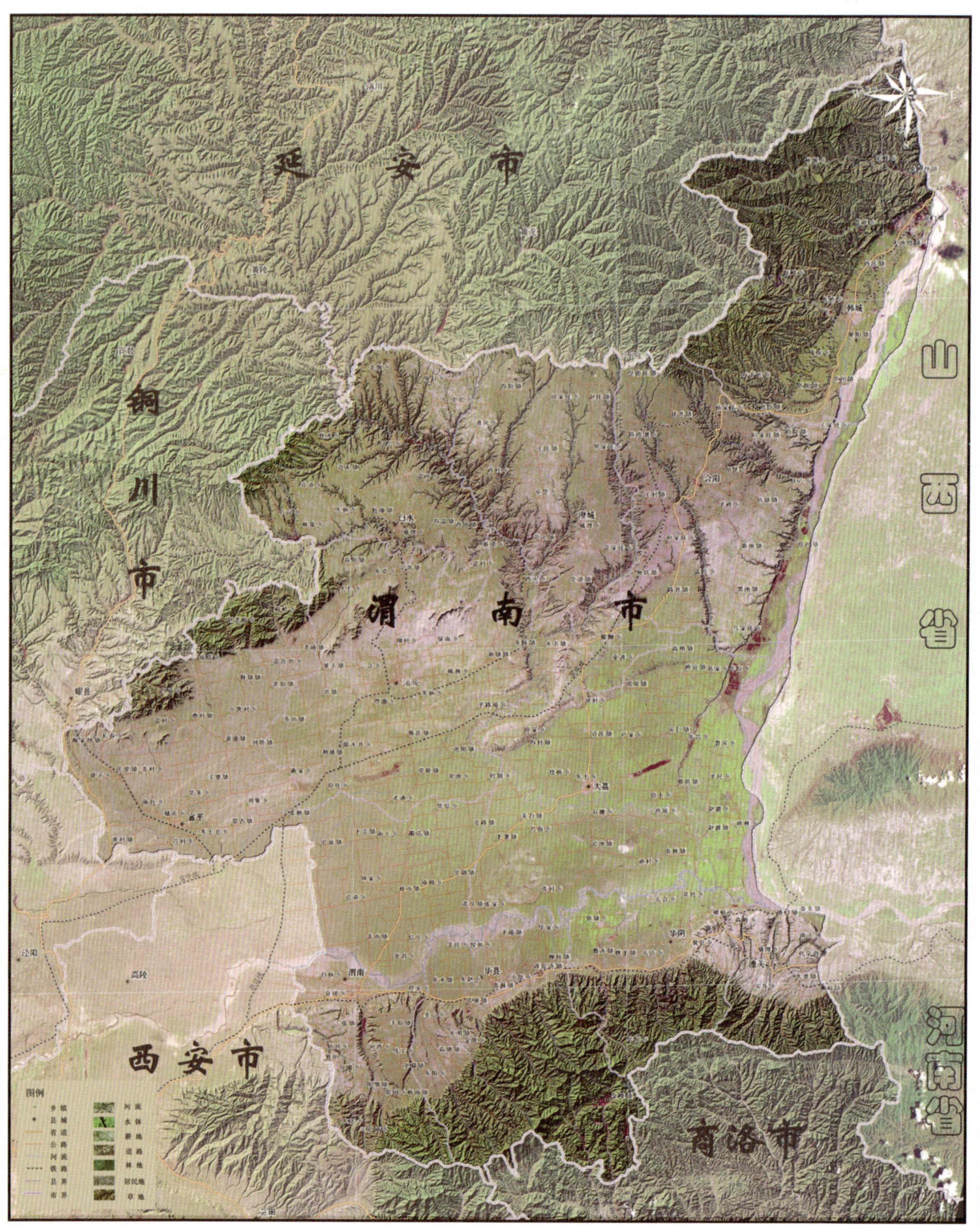

延安市
铜川市
渭南市
山西省
河南省
西安市
商洛市
图例
乡镇
县城
省道
公路
河流
铁路
县界
市界
河流
水体
耕地
道路
林地
居民地
草地

渭南市TM遥感影像图

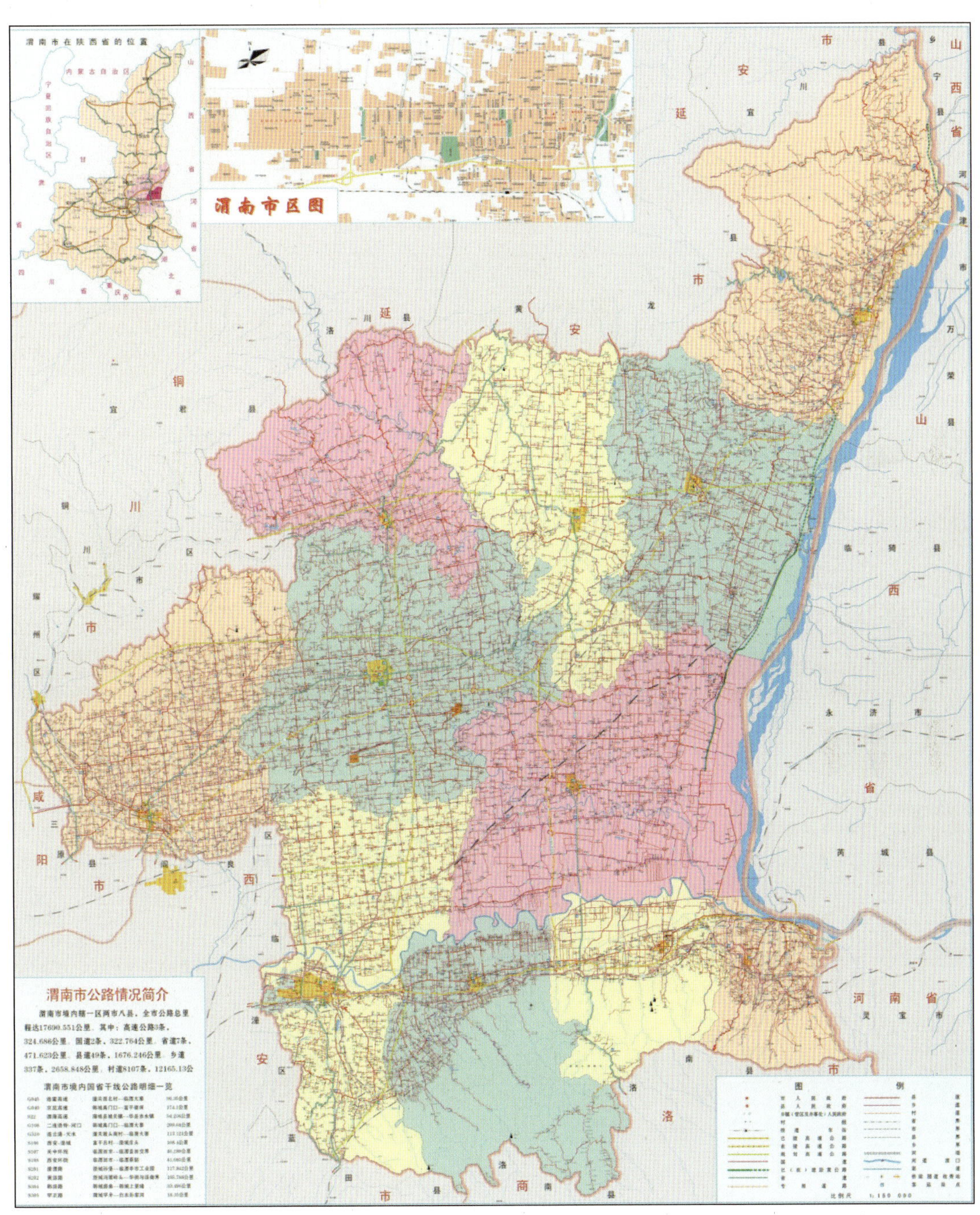

渭南市在陕西省的位置
渭南市区图
渭南市公路情况简介
渭南市境内辖一区两市八县，全市公路总里程达17690.551公里。其中：高速公路3条，324.686公里，国道2条，322.764公里，省道7条，471.623公里，县道49条，1676.246公里，乡道337条，2658.848公里，村道8107条，12165.13公
渭南市境内国省干线公路明细一览
山西省
河南省
图例

渭南市公路交通图

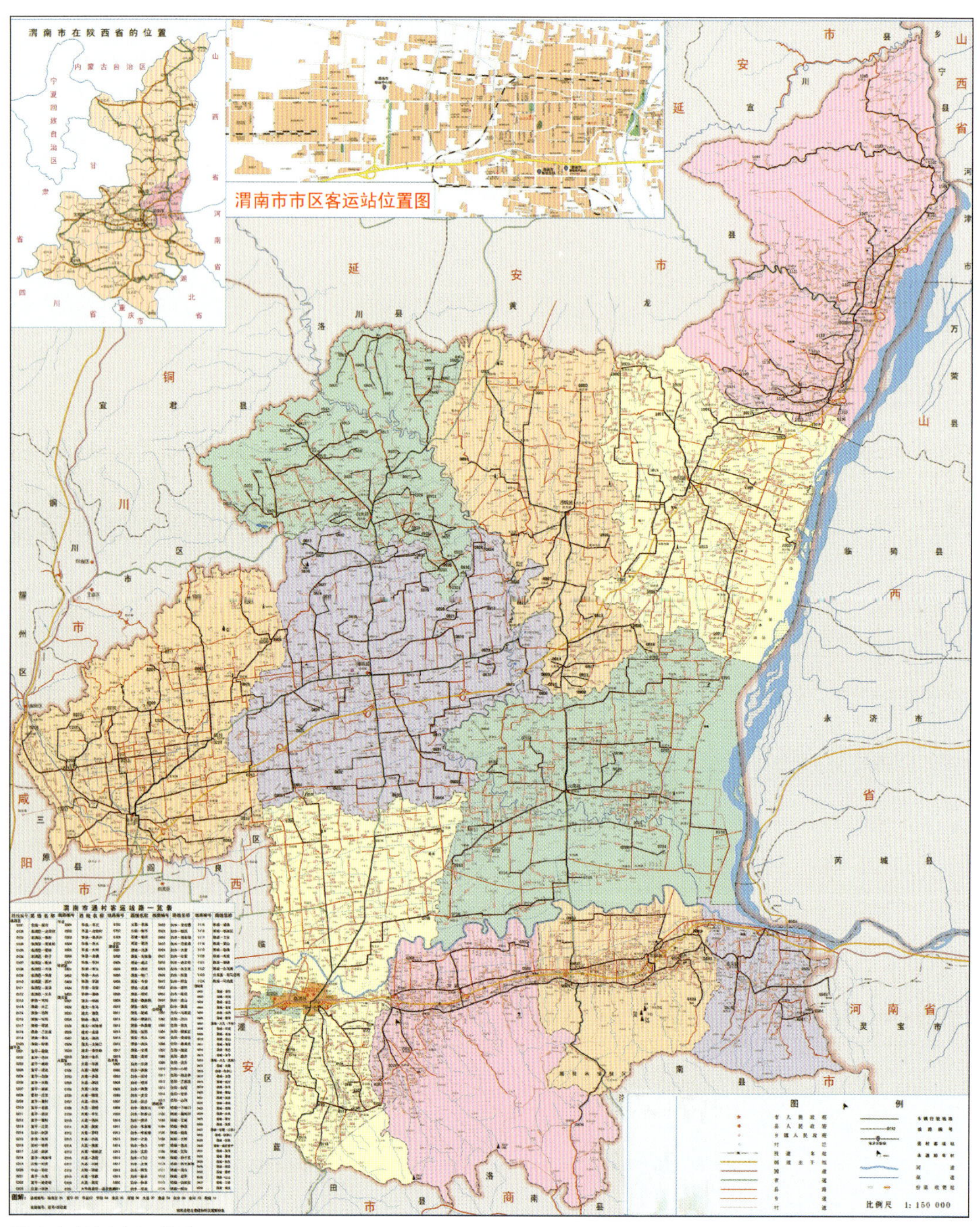

渭南市在陕西省的位置
内蒙古自治区
宁夏回族自治区
甘肃省
四川省
重庆市
湖北省
河南省
山西省
渭南市市区客运站位置图
延安市
宜川县
洛川县
黄龙县
铜川市
宜君县
铜川区
耀州区
咸阳市
三原县
阎良区
西安市
临潼区
灞桥区
蓝田县
商洛市
洛南县
山西省
乡宁县
河津市
万荣县
临猗县
永济市
芮城县
河南省
灵宝市
图例
比例尺 1:150 000

渭南市通村客运线路图

渭南县鼓楼

唐开元年间大庆关黄河铁牛

潼关古道

潼关古城西门楼 | 司马坡石道

清末群众打桩修路

人背马驮是清朝年间的主要交通方式

蒲城兴镇汽车站 蒲城第一个汽车站在兴镇街，此照片摄于1921年9月10日，为当时司机王世俊和翟锡泉的合影，车号为202号

清朝年间交通主要方式	民国时期渭南蒲城兴镇汽车站
曾经的交通工具	

曾经的交通工具

建国初期群众修路现场

建国初期群众修建108国道

路井道班获国务院奖状

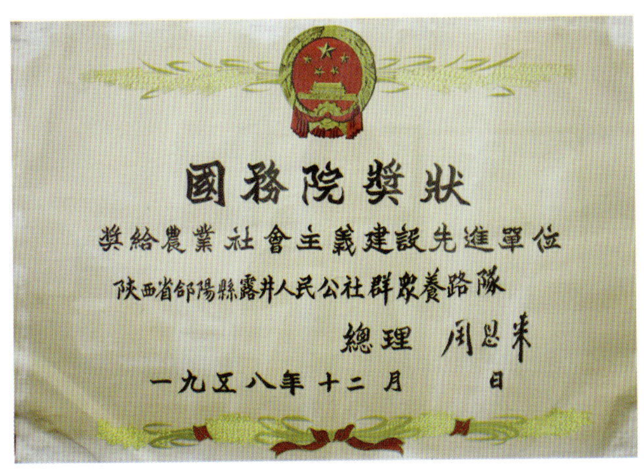

國務院獎狀

獎給農業社會主義建設先進單位

陝西省郃陽縣露井人民公社群衆養路隊

總理 周恩来

一九五八年十二月 日

榆蓝高速公路蒲城至渭南段

榆蓝高速公路渭南至玉山赤水立交

连霍高速公路潼关至渭南段

京昆高速公路禹门口至阎良段

连霍高速公路渭南西出入口

榆蓝高速公路渭南北出入口

G108渭南至大荔一级公路

S202大荔至官池一级公路

G310渭南城区过境一级公路

S201蒲城过境一级公路

G108渭南故市段

沿黄公路大荔段

潼关县港安路

大荔县大朝公路

合阳县合洽公路

大荔县通村公路

白水县白宜公路

2009年4月全国各大媒体集中宣传报道渭南农村公路建设

渭蒲渭河大桥

渭富渭河大桥

沙王渭河大桥

S202茨沟大桥

蒲城县永丰洛河大桥

合阳县金水沟大桥

澄城县西河大桥

韩城市龙门铁桥

潼关县风陵渡铁路大桥

秦晋黄河浮桥

渭玉高速公路石鼓山隧道

韩城市沿黄公路桑树坪隧道

铺筑沥青路面　　公路养护

公路治超

运政执法

海事演练

质量检测

陇海铁路渭南火车站

郑西高铁、大西高铁渭南北火车站

渭南客运中心站

蒲城客运中心站

三农快客

三级物流

爱心送考生出租车

纯电动公交车

2007年5月，中共陕西省委常委、副省长洪峰（右四）看望一线养路工人

2008年10月，市委书记梁凤民（右三）、市长徐新荣（左一）、省交通厅厅长曹森（左二）调研交通工作

2009年5月，陕西省省长袁纯清（左二）参加沿黄公路开工典礼

2011年9月，陕西省政协主席马中平（右四）来渭视察交通工作

2012年8月，副市长吴蟒成视察G108渭南至大荔一级公路

2012年10月，交通运输部部长杨传堂（右二）来渭调研

2012年12月，陕西省交通运输厅厅长冯西宁（中）视察沿黄公路

2013年3月，市长奚正平（左三）调研交通运输工作

2015年4月，市长李明远（左四）调研渭南交通运输工作

2015年8月，市委书记陆治原（中）调研渭南交通“十三五”规划

2015年12月，陕西省副省长庄长兴（左三）参加渭玉高速通车仪式

全国交通运输行业

文明单位

中华人民共和国交通运输部
二〇一〇年九月

全国交通运输系统

先进集体

中华人民共和国人力资源和社会保障
中华人民共和国交通运输
二〇一五年四月

2010年9月，渭南市交通运输局获“全国交通运输行业”文明单位称号

2015年4月，渭南市交通运输局获“全国交通运输系统”先进集体称号

序

2007 年 10 月，我任渭南市交通局局长。上任伊始，面对一个陌生的行业，我除和同事们多次谈心谈话了解情况外，还希望能有一些书面的资料提供更客观、更全面、更系统的情况。办公室工作人员给我送来了《陕西省志　公路志》、《陕西省志　航运志》、《陕西道路运输史》等书。通过阅读，我对交通运输的功能定位、历史沿革、行业理念、专业知识等有了初步、感性的认识，对迅速了解交通行业、融入交通行业，很快投入工作提供了很大的帮助。美中不足的是，这几本书都是陕西省厅编辑出版的，对渭南的内容涉猎有限，总让人有意犹未尽之憾。从那时起，我就有了一个想法，要在任内，编辑出版一本这样的书，对有史以来的渭南交通运输作一种百科全书式的解读，既填补行业空白，也给后任、给后人提供一些借鉴和帮助。

现在，经过方方面面的艰辛努力，这本 60 余万字的《渭南交通运输志》摆在了案头，沉甸甸的，我很欣喜、很感动，也有一种“历尽黄沙始见金”般的释然。渭南是中华民族的重要发祥地之一，华岳渭水钟灵毓秀，仓颉司马薪火相传。就交通而言，素有“三秦要道，八省通衢”之美誉。作为交通人，我们要通过对渭南交通运输起源、发展、改革、建设、经济、文化各方面历史和现状的记述，反映本行业走过的道路，创造的业绩，展现本行业的价值理念、道德情操和对渭南经济社会发展做出的贡献，以期若干年后，我们留给后人的，不仅是扑面而来、看得见、摸得着的公路、桥梁、车站、码头，更是这些物质上所承载的文化信息。一句话，《渭南交通运输志》，既要承载交通运输发展轨迹，又要传承交通运输行业文化。这既是我们的工作，更是我们的责任，是渭南交通人对历史负责，对行业负责，对社会负责，对子孙后代负责的义不容辞的神圣使命。细观《渭南交通运输志》，横向看，涉及陆路、水路、铁路及交通建设、运输、服务、管理等诸多方面；纵向看，涉及千百年来各个层级与交通运输活动有关的人和事。内容丰富，史料翔实，在客观、平实的记述中，探索交通运输发展规律与特点，总结交通运输发展经验与教训，丰富交通运输发展思路与办法，具备了“存史、资政、育人”的志书功能，达到了“认识过去、服务现在、开创未来”的既定目的。

《渭南交通运输志》编修工作启动以来，渭南市交通局史志编纂委员会统筹安排，大力协调；局编志办公室工作人员集思广益，独辟蹊径，聘请市编志行业的专家作总纂，高校教授作编辑，退休老干部作资料编辑，同时各个科室、单位确定一名专（兼）职资料员，形成基层资料员收集资料——资料编辑初步整理——专业人员编纂——行业专家审核总纂的四级编纂体系，各用所长，各负其责，确保了志书的质量，并使之如期付梓。全志篇目设计合理，地域特色和时代特色鲜明，史料翔实，体例科学，语言规范、朴实、凝练、流畅，全景式地勾画出渭南交通运输发展的光辉历程，统合古今，弥足珍贵，为渭南人民留下了丰厚的交通运输史料。

昨日因成今日果，前人栽树后人凉。希望这部专业志书的出版发行，能够促进全市交通运输发展史料的开发、研究和利用，更好地服务于渭南交通运输事业的发展。

陈春明

2016 年 4 月

凡例

一、《渭南交通运输志》用辩证唯物主义和历史唯物主义审视古今，采取明古详今的办法，编纂一部为当地乃至全省、全国交通运输事业服务的通志。

二、全书篇目设置以现代社会分工和科学分类为依据，分篇、章、节、目四个层次，排列顺序先地理、后事业、再机构，尽量符合事物的内部联系。横不缺项，力争反映渭南交通运输全貌。

三、各类记述，按时序纵写，上自事物的发端，下至事物的终结，未终结的记至2015年。以目和不设目的节为记事单元，每个记事单元能反映所记事物兴衰起伏的变化过程。

四、全书的体裁为述、记、志、传、图、表、录，以志为主。坚持横排纵写，述而不论，寓观点于记事之中。体现地方特色，不越政区而书；彰显时代特色，将“高速公路”独立设节。

五、取材范围以现时行政区域为准。原属渭南以后划出的区、县，除机构与人员篇涉及外，其余均不再记述。其统计数字也予以剔除，剔除不了的在注释中说明。

六、全书为语体文、书面语，以第三人称记述。文字采用1986年10月国家语言文字工作委员会重新公布的简化字。其中古人名、古地名或有专门含义简化后容易引起误解的，仍用原字。

七、朝代、地域、政党、军队、机关、人物职务的称谓，按历史习惯相称，古地名与今名不同的括注今名，今地名一律以民政部门重新认定或确定的为准。

八、历史纪年一律按历史习惯记述，同时加注公元纪年。中华人民共和国成立以后一律用公元纪年。

九、计量单位，1949 年前按各个历史时期的习惯记述，1949 年～ 2015 年按国务院 1984 年发布的《中华人民共和国法定计量单位》和国家技术监督局 1993 年公布的《国际单位制及其应用》执行。其中需要对比的，按今计量单位换算。

十、数字书写一律按国家技术监督局 1995 年发布的《出版物上数字用法的规定》执行。

十一、记人坚持渭南籍与渭南工作者并重。立传者以其事迹是否典型为标准，入表者以其级别、成就、知名度为标准。生人可以入表，或无题式简介，但不立传，其事迹以事系人记入志中。

十二、资料来源，以档案史书为主，其次为新旧地方志、文物考古资料、碑石、专著等，由编辑分头采撷。资料有争议的注明出处。统计数字以市统计局公布的历史数字为准。

目录

总　述……………………………………………………………………………………001
大事记……………………………………………………………………………………015

第一篇　地理环境与交通布局

第一章　地理位置……………………………………………………………………044
　第一节　位置 ……………………………………………………………………044
　第二节　境域 ……………………………………………………………………045
第二章　地理环境……………………………………………………………………047
　第一节　地质构造 ………………………………………………………………047
　第二节　地层分布 ………………………………………………………………050
　第三节　地形地貌特征 …………………………………………………………055
　第四节　河流 ……………………………………………………………………060
第三章　交通布局……………………………………………………………………066
　第一节　公路布局 ………………………………………………………………066
　第二节　铁路布局 ………………………………………………………………067
　第三节　内河航路布局 …………………………………………………………069

第二篇　公路

第一章　古道与近代公路 …………………………………………………………074
　第一节　古道 ……………………………………………………………………074
　第二节　近代公路 ………………………………………………………………075
第二章　现代公路……………………………………………………………………078
　第一节　高速公路 ………………………………………………………………079
　第二节　国道 ……………………………………………………………………083
　第三节　省道 ……………………………………………………………………086
　第四节　县道 ……………………………………………………………………091

第五节　乡道 ……095
第六节　村道 ……096
第七节　专用公路 ……097
第三章　桥梁　立交　隧道 ……101
第一节　历史名桥 ……101
第二节　重要桥梁 ……108
第三节　重要互通式立交 ……116
第四节　重要隧道 ……118
第四章　勘测设计 ……120
第一节　公路勘测设计 ……121
第二节　桥梁勘测设计 ……126
第五章　建设资金 ……129
第一节　中央投资 ……130
第二节　省级补助资金 ……131
第三节　地方筹资 ……134
第四节　银行贷款 ……137
第五节　市场融资 ……139
第六章　工程施工 ……143
第一节　施工管理 ……143
第二节　公路施工 ……150
第三节　桥梁施工 ……155
第七章　公路养护 ……159
第一节　分级养护 ……159
第二节　水毁治理 ……165
第三节　道路绿化 ……169

第三篇　公路运输

第一章　旅客运输 ……178
第一节　长途客运 ……178
第二节　市域客运 ……184
第三节　中心城市客运 ……188
第二章　货物运输 ……197
第一节　普通货物运输 ……197

第二节　危险货物运输 ……201
第三节　重点工程物资运输 ……203
第四节　紧急货物运输 ……205
第三章　搬运装卸 ……209
第一节　搬运装卸业 ……209
第二节　搬运装卸机具 ……213
第四章　运输机具 ……216
第一节　非机动车辆 ……216
第二节　机动车 ……221
第五章　汽车站　货运站（场） ……228
第一节　汽车站 ……228
第二节　货运站（场） ……243

第四篇　铁路运输

第一章　线路建设 ……250
第一节　干线 ……250
第二节　高铁专线 ……254
第三节　支线 ……255
第四节　专用线 ……257
第五节　桥梁隧道 ……260
第六节　火车站 ……262
第二章　铁路管理 ……270
第一节　经营管理 ……270
第二节　机务管理 ……274
第三章　客货运输 ……277
第一节　客运 ……277
第二节　货运 ……279

第五篇　内河航运

第一章　航道 ……284
第一节　黄河航道 ……284
第二节　渭河航道 ……287

第三节　洛河航道 ……289
第二章　港口　渡口　码头 ……291
第一节　港口 ……291
第二节　渡口 ……300
第三节　码头 ……303
第三章　内河运输 ……306
第一节　客运 ……306
第二节　货运 ……309
第三节　水上旅游客运 ……316

第六篇　交通企业

第一章　公路企业 ……322
第一节　施工企业 ……323
第二节　监理企业 ……326
第二章　运输经营企业 ……328
第一节　客运企业 ……329
第二节　货运企业 ……338
第三章　运输服务企业 ……344
第一节　汽车销售企业 ……344
第二节　车辆检测企业 ……352
第三节　车辆维修企业 ……356
第四章　驾驶培训企业 ……369
第一节　驾驶员培训业务 ……369
第二节　驾驶培训骨干学校 ……371
第五章　船舶修造企业 ……376
第一节　船舶制造企业 ……376
第二节　船舶修理企业 ……380

第七篇　交通运输管理

第一章　路政管理 ……384
第一节　路产管理 ……385
第二节　建筑控制区 ……391

第三节　超限超载运输治理 ……………………………………………………393
第四节　标志、标牌 ……………………………………………………………397
第二章　运输管理 …………………………………………………………………401
第一节　运输市场管理 …………………………………………………………402
第二节　运输企业管理 …………………………………………………………407
第三节　维修市场管理 …………………………………………………………414
第四节　驾培市场管理 …………………………………………………………417
第五节　运价管理 ………………………………………………………………421
第三章　车辆监理 …………………………………………………………………428
第一节　机动车管理 ……………………………………………………………429
第二节　驾驶员管理 ……………………………………………………………433
第三节　安全管理 ………………………………………………………………436
第四节　事故处理 ………………………………………………………………440
第四章　港航海事管理 ……………………………………………………………445
第一节　航道港口管理 …………………………………………………………446
第二节　船舶船员管理 …………………………………………………………449
第三节　安全与救助管理 ………………………………………………………455
第五章　规费征收管理 ……………………………………………………………462
第一节　养路费 …………………………………………………………………462
第二节　运管费 …………………………………………………………………465
第三节　水路运输管理费 ………………………………………………………466
第四节　车辆通行费 ……………………………………………………………467

第八篇　机构与人员

第一章　行政管理机构 ……………………………………………………………474
第一节　市交通运输局 …………………………………………………………474
第二节　县交通运输局 …………………………………………………………479
第二章　事业管理机构 ……………………………………………………………486
第一节　驿铺 ……………………………………………………………………486
第二节　公路管理机构 …………………………………………………………490
第三节　交通规费管理机构 ……………………………………………………497
第四节　交通监理机构 …………………………………………………………498
第五节　交通质监机构 …………………………………………………………500

第六节　公路建设机构 ……501
第七节　交通治超机构 ……501
第八节　交通警察机构 ……502
第九节　运输管理机构 ……503
第十节　收费公路管理机构 ……506
第十一节　内河航运管理机构 ……508
第三章　党派团体机构 ……512
第一节　共产党组织 ……512
第二节　工会组织 ……514
第三节　行业协会 ……516
第四章　职工 ……517
第一节　职工队伍 ……517
第二节　文明单位创建 ……519

第九篇　人物

第一章　人物传 ……532
第一节　人物传记 ……532
第二节　人物简介 ……543
第二章　人物表 ……556
第一节　先进模范人物 ……556
第二节　专业技术人才 ……572

附　录 ……578
渭南地区交通局车辆通行费征收管理暂行办法 ……578
渭南市道路旅客运输违章检查、处理暂行办法 ……584
渭南市治理公路“三乱”工作管理办法 ……588
渭南市农村公路建设质量监督管理办法 ……593
渭南市公路工程设计变更管理规定 ……599
渭南市交通系统治超工作考核办法 ……602
渭南市农村公路管理养护体制改革实施意见 ……611
渭南市农村公路管理工作规程（暂行）……619
渭南市农村公路建设工程管理办法（暂行）……627

总 述

渭南市，地处陕西省关中渭河平原东部，东濒黄河与山西省运城市、河南省三门峡市毗邻，西与西安、咸阳市相接，南倚秦岭与商洛为界，北靠黄龙山、桥山与延安、铜川市接壤，距古城西安60公里，距咸阳国际空港80公里。是中国版图几何中心，“北京时间”从这里的国家授时中心发出，是中国航天测控事业发祥地。地势以渭河为轴线，形成南北两山、两塬和中部平原五大地貌类型区。流经市境的河流主要有黄河、渭河、洛河。渭南是八百里秦川最宽阔的地带，自古有“三秦要道，八省通衢”之称，位居亚欧大陆桥的重要地段，是陕西省和西部地区进入中东部的“ 东大门”。2014年，郑西、大西2条高铁在此交汇，陇海、西延、西候、西宁、西铜等7条铁路与连霍、京昆等4条高速公路和10条国道省道纵横交织，是中东部地区进入西北、西南的交通枢纽。县县通铁路、通高等级公路，村村通油路，全市公路总里程18615公里，高速公路总里程357公里，铁路密度、公路密度、高速公路总里程位居全省各市前列。渭南辖两区（临渭、华州）、两市（韩城、华阴）、七县（潼关、大荔、蒲城、澄城、白水、合阳、富平）及政府派出机构（国家级高新技术开发区、省级经济技术开发区、卤阳湖现代产业开发区），131个镇（办事处），2308个行政村，总面积13030平方公里，常住人口536万人。

渭南历史悠久，是中华民族重要发祥地之一，素有“华夏之根、文化之源、三圣故里、将相之乡”之称。距今约115万年的“蓝田猿人”、约20万年的“大荔人”曾在这里刀耕火种，繁衍生息。早在8000至

6000年前，这里就产生了原始农业、畜牧业、手工业，被誉为字之源、诗之源、史之源、酒之源、陶之源。先民们为狩猎而出没山林、为取水而通往河边、为制陶而通往窑场、为交流而通往各部落，形成“践草为径”的原始道路。以最简单的交通工具,进行着原始的交通运输。“火和石斧通常已使人们能够制造独木舟”，随之先民“刳木为舟，剡木为楫”。车的出现、牛马等大牲畜经过驯化，供人役使，使交通运输进入了畜力车驮的新阶段，这是人类交通史上的第一次飞跃。牲畜挽车或驮载，与人力背挑比较，荷载量增大数倍至数十倍，能远行，速度快，并为进行长距离输运创造了条件。但当时的舟、车不但水平低下，而且在交通运输上使用也不普遍。整个社会并无交通约束，人们的出行、狩猎、取水、采食，以至到后期进行简单的商品交换，主要采用步行、肩挑、手提、畜驮等交通运输方式，还处在“践草为径”，自觉礼让的自由交通阶段。

约公元前2100年，渭南境内黄河、渭河航运已有记载。禹采用以疏导为主的治河办法，“导河积石，至于龙门”。时宽八十步，长九里余，高数千尺，状如槽形，黄河奔流其间。龙门因此称禹门，位于今韩城市东北约30公里处。据《史记•夏本纪》载，禹在十三年的治水过程中，开通了九个州的陆路和水路，其中在雍州（今山西、陕西、甘肃一部分）和梁州（今陕西南部及四川）等地域“陆行乘车、水行乘舟、泥行乘橇、山行乘辇”，说明舟船和车辆已成为渭南水路和陆路交通使用的运载工具。车、驮用于交通运输，引起道路的变革。夏启二十五年，有扈氏（今陕西户县一带）对世袭不服，启派被虞氏（今河南商丘）以一旅之众（约500人）等四方诸侯入函谷关西行征伐有扈氏。战后四方诸侯从有扈氏返回阳翟（今河南禹县西北）朝会。从此今西安至潼关基本走向的路段，首次作为军事通道和朝会路线。商代末，开通了周原至芮（今大荔县朝邑镇一带）干道。西周时期，以宗周为中心，行驶车辆的道路通达各诸侯国，“道直如矢，列树以表道”。春秋战国时期，襄王二十七年（前 625）秦伐晋，曾在临晋关（今大荔县朝邑镇东）架起一座舟桥。景公继位之后，铖逃至晋，讨好晋侯，在黄河上以船作临时浮桥。赧王五十八年（前 257）秦国在临晋关黄河上首建固定浮桥，时称河桥。这个阶段交通运输的主要特征是：圆轮运载工具已普遍使用；小舟小筏已发展成为比较先进、航行平稳、载重量较大的船；舟车的动力主要靠人、畜；初步有了管理交通的机构，颁行有关规章；修筑道路，多系满足政治军事的需要。

秦始皇统一六国后，修筑了以咸阳为中心的六条干道（“驰道”和“直道”）。其中的东方干道，经郑县（今华县）、宁秦（今华阴市）、桃林塞（今潼关），出函谷关。东北方干道，经栎阳（今阎良区武屯镇古城村南）、重泉（今蒲城县龙阳镇重泉村）、临晋（今大荔县朝邑镇），渡黄河到河东，横贯境内。秦道路面坚实，“厚筑其外，隐以今锥”，一般宽度在 50 米到 60 米之间，最宽处可达 100 米，车马能高速行驶。同时实行“车同轨”，规定车轨宽六尺，使车辆可畅行全国。秦代交通不仅通达四方，还建立了一套完整的亭、传制度和传送的方式。境内两条干道设置了邮亭、传舍，并由郡、县、乡、亭、里的长官分级管理。汉高祖二年（前 205）八月，韩信率军从关中出发，屯兵临晋，暗上夏阳（今韩城市芝川镇一带），制作大批“木罂”，渡过黄河，直捣魏重镇安邑（今山西夏县西北禹王城）。汉武帝元光六年（前 129），修建了“漕渠”。漕渠西起长安，引渭水入昆明池（在今长安县西南），沿途接纳浐水、灞水、沈水以及渭南以东、秦岭北麓诸峪之水，傍渭东行，流经今临潼、渭南、华县、华阴，直至潼关，注入黄河，全长 150 公里，成为当时最大的运河。漕渠建成后，促进了境内的造船业，出现了长五丈到十丈、可装五百至七百斛的大船。运输工效很高，可将东方的粮食源源不断输往京师。优越的交通条件大大提升了古代渭南的战略地位。到汉朝中晚期，运输业已从商业中析离出来，成为独立产业。建武元年（25）改东方大（干）道（咸阳—函谷道）为“潼关路”，路旁“周以林木”。

由长安通往各郡县的驰道两旁，均植“粟、漆、梓、桐”，既可荫及行人，又收获林木果实之利。

隋开皇四年（584）鉴于“渭川水力，大小无常，流浅沙深”，漕运困难，文帝令宇文恺率水工在汉漕渠的基础上开凿广通渠，引渭水自大兴城（今西安市），经渭南、华县、华阴至潼关入黄河。“转运通利，关内赖之”。隋炀帝时期，“凿通渠，开驰道，树以柳杞，隐以金槌。西出玉门，东逾碣石。堑山堙谷，浮河达海”。唐 开元五年（717）华州刺史樊忱复凿敷水渠，以通漕渭。开元九年（721）十二月，连接陕西、山西二省的蒲津桥开始施工。开元十二年（724），大庆关（今大荔县朝邑镇东古黄河岸边）两岸各造四头铁牛，每头铁牛重数万斤，下铸铁山，尾施铁轴，系以铁缆建成浮桥。开元二十九年（741），长安令韦坚兼水陆运使，修汉、隋漕渠，东至永丰仓入渭河。天宝二年（743）三月，陕州刺史韦坚领众自禁苑西引渭水，运送永丰仓、三门仓米到京城。引浐水抵禁苑东面的望春楼下为潭（在京城东九里），使江淮米直运京城。漕渠工程二年竣工。特别是唐玄宗、代宗、德宗执政期间，大兴工程，建造驿馆，使得陕西境内道路如网，路通九逵。地方官员参觐朝拜、工作调遣，完全利用驿传工具。境内驿路昼夜不断有人行走，驿馆店肆应接不暇。后唐明宗长兴二年（931），将贞观十一年（637）颁布的《唐律•仪制令》刻碑立于干道旁及关津要地。规定：“道路街巷。贱避贵，少避长，轻避重，去避来”，为中国最早的交通规则。宋代，京城东迁，政治中心东移。渭南作为通往西北、西南的交通枢纽地位仍发挥着重要作用。江南的丝绸、茶叶、瓷器通过渭南运往西部，秦陇二州的竹木亦通过境内水运至中原。

元明时期的国都远离陕西行省，移往大都（北京），但由于渭南位于国家腹地，大西南的宣政院（西藏、青海）和云南行省，大西北察合台后封地（新疆）及甘肃省，多须经过境内的东方大道与大都联系，渭南仍为西部地区的重要交通中枢。明万历年间（1573—1620），修建了华州西石桥。万历七年（1579），修建罗纹河桥。万历三十五年（1607）七月，时任渭南知县王九叙在县城（老城街）西门外沋河上建成“万里桥”。崇祯年间（1628-1644），修建遇仙河桥，提高了陆路运输效率。清顺治七年（1660）在赤水河上始建九孔石拱桥，是今华州区与临渭区的分界桥，康熙六年（1667）建成。后因泥淤而河床抬高，桥孔堵塞，泄水不畅。道光十二年（1832），在原桥之上叠建了一座新桥。此后底桥掩于泥中，鲜为人知。后因村民挖沙，底桥显露，时人称“赤水桥上桥”，成地方标志性建筑。康熙四十一年（1702）修建毓秀桥，位于韩城市区之南。清代境内运输工具车、轿、驮兼备，其动力仍是人力、畜力。清末，随着电讯、邮政事业的兴起，驿站交通开始分离，逐步发展为不同门类的电信、邮政和陆路运输。

民国时期，战争不断，渭南境内仍然修竣了一条铁路、三条公路，通了火车和汽车。民国 4 年（1915），陕西始有汽车。1922 年 2 月修竣了陕西第一条汽车路——西安至潼关公路。全长 170 公里，其中境内 120 公里，部分路段用板石或卵石铺砌路面。同年购置汽车 20 辆，组建长潼汽车公司。首开了西安至潼关间汽车客货运输，进入了以机动工具从事公路交通运输的历史阶段。1928 年，三（原）合（阳）公路，经富平、蒲城、澄城止合阳，全长 167 公里，于当年修筑粗通；西（安）朝（邑）公路，经咸阳、富平、蒲城、大荔止朝邑，全长 199.5 公里（区内 139 公里），由陕西省建设厅主持修建。1929 年 11 月，汽车开始实行统一号牌。军办、商办、官办汽车运输组织相继建立，私营汽车运输异军突起，发展很快。1931 年大荔至朝邑、蒲城、渭南三条简易公路建成。11 月，《陕西省汽车行驶暂行规则》颁布，对汽车开始按法规进行管理。12 月修竣了朝邑至潼关公路。陇海铁路延伸到潼关。 1932 年胶轮大车诞生，与汽车并行不悖，成为公路运输中的一支劲旅。1934 年，修建起于渭南经故市、党睦、龙阳、蒲城、罕井止白水的渭白公路，全长 56.70 公里。1934 年 7 月，陇海铁路通车到渭南，首次开通了渭南的铁路运输，私营汽车开始由长途转向短途运输。黄河、渭河木船长途运输停止，各渡口摆渡十分繁忙。至1936年，境内征集沿线民工在原大车道的基础上改建了渭（南）大（荔）韩（城）公路、原（三原）渭（南）公路、富（平）龙（阳）公路，公路运力的迅速增长，一度出现了车多货少的局面。

1937年9月，朱德、任弼时、左权领导的八路军115师、129师、120师由韩城芝川东渡黄河，开赴抗日前线。抗日战争时期，渭南公路交通建设比较活跃。1937年，陕西省建设厅主持，组织民工和兵工开建韩（城）禹（门口）公路，为山西、陕西两省的主要连接线，次年完成。1938年，渭（南）白（水）轻便铁路建成；修建大（荔）冯（原）简易公路；韩城龙门（禹门口）黄河铁索便桥建成。1939年，白（水）蒲（城）公路修成。1940年，咸（阳）同（官）铁路富平段通车；修建岳（庙）大（荔）公路。1941年，修建白（水）洛（川）公路。1942年，修建澄（城）赵（庄）公路。1943年修建大（荔）华（阴）公路。1944年白（水）宜（川）公路竣工，渭（南）清（涧）公路建成。1945年修筑白（水）窑（禾）公路。抗战时期，公路运输不仅成了国民经济的命脉，也关系着战争的胜败。公路运输由民用转为军事运输为主，全部汽车实行军事管制，运营汽车和汽车营运里程比战前增加了一倍多。1946年，内战爆发，境内民间的各种运输工具，特别是胶轮大车，大部分被征调用于军运。官办汽车也以军运为主。机械动力运输代替人畜力运输已初现端倪。民国时期，渭南的交通运输事业虽然得到了一定的发展，但总体非常落后。560余公里的6条公路，均为大车道拓修而成，弯急坡陡，土路面，路基松软，缺桥少涵，晴通雨阻，只能勉强通汽车。公路跨越的河流绝大部分靠船摆渡，渡口设 备简陋，渡位不定，夜间和遇有洪水即告停渡。

1949年5月，渭南各县解放，人民政府十分重视交通建设，一方面建立交通机构，一方面组织群众抢修公路和开展护路工作。5至9月，中国人民解放军西北野战军后勤运输队派员督建，由桥工队负责施工，组织劳工 50 多人，在韩城禹门口重建一座可通行人和畜力车的黄河铁索桥，全长 150 米，宽 1.5 米，木桩、铁丝网、钢绳栏杆，铺设桥面板。11 月，洛阳至潼关铁路全部修复，停顿、割裂 12 年之久的陇海铁路全线通车。1950 年 2 月，陕甘宁边区政府主席林伯渠令后方勤务部第四办事处，将潼关支前船只，移交给"潼关渡口船舶管理委员会"，由地方经营管理。1952 年，成立境内第一个专业养路组织——渭宜公路渭南养路工区。是年，建立国营蒲城县客运汽车站，每天发一趟往返渭南的载客卡车。1953 年 5 月，渭南县故市道班利用当地群众废弃的煤渣、砖块铺筑路面成功，从此拉开了土路改善的序幕。1954 年 7 月，三（原）合（阳）公路 144 公里，由养路段接管养护。11 月，陕西省交通厅在潼关火车站主持召开由陕西、山西两省有关单位派人参加的会议，决定将原有潼关渡口的船舶管理委员会、风陵渡运输站（属山西永济县）及潼关县搬运公司、潼关渡口水陆货运联合办事处等 4 个单位，合并成立"潼关渡口运输处"，统一管理渡口和经营水上客、货运输。12 月，渭（南）蓝（田）公路开工修建。1955 年 4 月，成立"渭南分区航运管理所"。中华人民共和国成立初期，渭南地区公路运输业初步形成并缓慢发展。区内各县仅有几家私营马车店，每家也仅有几套骡马几辆车。客运多是马拉轿车，汽车运输非常有限，运输能力十分低下。

1956 年，随着私营工商业公私合营，各地成立运输生产合作社、汽车站、运输公司，迅速扩大运输生产能力。1 月，渭南汽车站成立。同月，省铜川煤运处改为国营陕西省富平运输公司。5 月，渭宜公路金水沟坡道改线工程竣工。6 月，陕西省交通厅确定公路行政等级为国、省、县、乡道及专用公路。行经渭南的国道有太原—西安线的宋家川至西安段，兰州—郑州线的窑店至潼关段。8 月，拆除渭南白水轻便铁路，改建为公路。1957 年 4 月，富白公路（富平火车站至白水新生煤矿）82.21 公里开工修建，11 月竣工通车。在砾石路面工程中首次使用犁耕拌合。至 10 月，渭宜公路司马坡至南庄桥 27.6 公里改线工程和白宜路白水至澄城段 20 公里改线工程先后竣工。12 月，撤销“潼关渡口运输处”及“渭南专区航运所”，成立“陕西省交通厅关中内河航运处”。关中航运公司航道工程队整治洛河航道。整治后可适应一般船速。同月，渭南公路管理段合阳路井群众固定养路队（道班的前身），获得由国务院总理周恩来签发的“全国农业社会主义建设先进单位”奖状，并选派代表出席了全国农业社会主义建设先进代表大会。

1958 年 1 月，沟通陕西、山西、河南三省的潼关黄河铁路便桥试通车。6 月，关中航运管理处设立渭南航运公司、船队、造船厂、航道工程队等 6 个单位。是年，潼关三河口航区第一次有了机动拖轮。“大跃进”中，各县纷纷新建公路，特别是县社公路有了一个大发展，但多为土路而重修轻养，公路运输困难仍很大。1959 年将关中航运管理处扩建为“陕西省交通厅内河航运公司”，于大荔、朝邑、合阳、韩城等地设立航运站，并建立“渭南船舶修造厂”。当年制造“跃进 1 号”“跃进 2 号”30 吨级木质拖轮 2 艘。1962 年 3 月，撤销渭南航运公司，航运业务交新成立的渭南汽车运输公司兼管，实行车船联营。1964 年，修筑西安至临潼沥青路面，渭南地区第一次有了次高级路面。1968 年冬，渭南地区革委会动员群众普修了干线公路和县社公路，普遍铺筑泥结碎石路面，为建设黑色路面做准备。1969 年 1 月，陕西省革委会决定成立渭南地区汽车运输公司。境内运力增加，与各县运输企业负责铁路沿线大宗集散物资和近邻省、地、县各火车站日益繁忙的客运业务。5 月，渭南渭河第一桥——上涨渡渭河公路特大桥建成通车，这是陕西修建的第一座千米以上公路大桥，结束了渭河南北数千年靠摆渡过河的历史。9 月，陇海铁路潼关至渭南段南移通车。渭南城区先后建成 9 条铁路专用线。1970 年，全区国、省干线公路下放所在县管理，调动了地方积极性，当年又在碎石路面基础上试铺油路面 3.4 公里。1971 年，西（安）潼（关）、渭（南）大（荔）韩（城）公路开始油面铺筑。10月，永丰洛河大桥建成通车。11月，西禹公路改建工程完工通车。富平至耀县油路同时建成。12月，西（安）韩（城）铁路通车。1973年7月，禹门口黄河公路大桥悬索桥完工。1975年12月，渭南地区累计建成油路708.7公里，11县的国、省干线公路实现黑色化。同月，各县所有公社都通了公路。1976年，华（阴）金（堆）公路改建工程开工。全区162个公社达到晴雨通车，64%的大队可通汽车。这一时期，畜力车、货运人力车等非机动运力大为锐减，机动运力大幅上升，这是渭南公路运力构成的一次质变，它标志着以汽车为主的机动车运输取代畜力车驮已成为渭南公路交通中的主体运输力量。1977年6月，侯（马）西（安）铁路全线通车。1978年11月，西潼公路西安至渭南段改建为二级公路。1978年，全区通车公路3504.6公里，其中黑色渣油路面940公里。渭南初步形成以国、省干线公路为骨架，县乡公路为支线，全民、集体道路运输为主体的公路交通体系。

改革开放以来，渭南交通运输事业呈现出高速、开放、超前的现代化发展趋向。公路建设速度加快，等级提高，大量铺设黑色路面。1980年12月，渭南地区累计建成油路1024.9公里。99.36%的公社和90.88%的大队通了公路。1981年10月，首段水泥混凝土路面——西禹公路蒲城西门外700米混凝土路面建成。随着各项工作的重点转移到经济建设上来，国家、集体、个体一齐上，组织社会车辆参加运输，打破了交通部门独家经营运输的局面。1984年7月，陕西第一家农民联户公路旅客运输企业——澄城县振兴联运公司开业；随后该公司在西安开办了一个为旅客服务的招待所；11月，大荔县交通学校正式开学。这是陕西第一所为运输专业户培训汽车驾驶员的学校；12月，潼关县成立潼关黄河渡口航运公司，摆渡汽车，解决陕西、山西间部分汽车绕道三门峡行驶的困难。1985年1月，大荔县个体运输专业户王继寿在西安举行记者招待会，介绍他的货运汽车队在青藏线上不到3月纯收入9万元的情况；1985年底，全区机动车保有量41777辆，公路运输企业25个，个体运输客运车44辆，货车721辆，挂车34辆；渭南地区区客运里程2788公里，设有28个汽车站，42个代办点；渭南地区通车公路总里程4608.69公里，其中，干线（含专用公路）745.19公里；二级公路26.46公里，三级公路1756.92公里，其余为四级和等外公路；公路桥梁212座，8510.7米，涵洞2341道，晴雨通车里程2799.64公里，干线公路密度高于全省，接近全国先进水平。一个以渭南为中心，以铁路、公路配套，干支线衔接，辐射四周，连接相邻省区，较为发达的交通网络初具规模。

1986年4月，华阴金堆公路老爷岭隧道贯通，先后采用传统的井巷法和奥地利隧道施工方法掘进，时为陕西最长的公路隧道。1988年，渭南地区航运管理处成立；潼关县成立航运管理站；12月，阳村渭河大桥（时为陕西最长的公路大桥）建成通车。1989年9月，渭南地区汽车运输公司司机苏海生被国务院授予“全国劳动模范”称号。20世纪90年代，渭南公路建设进入了一个黄金时代。加快二级公路以及大型桥梁的修建，开始修建一级公路和高速公路。1990年10月，黄（龙）洛（南）公路之一段，大华公路建成通车，这是全省第一条“贷款修路，收费还贷”的公路项目。成为联系华北、中南、西北的一条重要通道。1991年12月，西延铁路全线完工试营运，渭南境内154.1公里。1992年6月，渭南地区汽车运输公司开通西安至洛阳跨省卧铺夜班客运班车。1993年4月，西安至白水铁路客运列车正式开通。1994年4月，108国道金水沟大桥建成通车，时为全省公路第一高桥；5月，智取华山登山路——黄甫峪旅游公路开通；6月，具有十分重要战备意义的渭河第三座大桥—— 渭南沙王渭河大桥建成通车（时为陕西最长公路桥）；11月，风陵渡黄河大桥建成通车，中共中央总书记江泽民题写桥名。是年，渭南市汽车运输公司渭南客运公司职工马彪武，被国家交通部授予“劳动模范”称号。

1995 年，渭南市规划“二级公路网改建”工程。1996 年 4 月 10 日，华山索道开通营运，索道全长 1550 米，相对高差 755 米，时为亚洲第一索道。1996 年 12 月，连续刚构桥——澄城西河大桥竣工。时为国内最高公路连续刚构桥、省内第一座高墩大跨径公路连续刚构桥；同月，临（潼）渭（南）高速公路建成通车。为渭南第一条高速公路，关中五市实现高速公路连接。1998 年 9 月，韩城至北京西 606/605 次直快列车首次开通。韩城市成为陕西唯一的始发进京直快列车的县级市；12 月，陕西韩城煤矿开发有限公司与山西乡宁县煤炭运销公司联合投资的乡韩黄河公路大桥建成，时为黄河在陕西、山西两省间首座有私营参股修建的大桥。1999 年 10 月，国家重点工程项目——渭（南）潼（关）高速公路建成通车，公路全长 78.52 公里，总投资 14.1 亿元，其中利用世界银行贷款 5145 万美元。2000 年 11 月，G108 合阳太枣沟大桥建成通车；同月，省、市重点工程 S202 澄城茨沟大桥竣工通车；省道 S106 线蒲城永丰洛河大桥合龙；至年底，全市二级公路网改建工程全部完成，共拓宽改建二级公路 490 公里，新建 31 公里，新建大桥 9 座，政区内 G108 全线贯通，G310、S106、S201、S202 主体路段完工并联结成网，基本实现乡乡通油路。渭南境内公路总里程达 5198.11 公里。渭南公路管理总段段长王宏儒被国务院授予“全国先进工作者”称号。

2003 年 8 月，渭南百年不遇的洪涝灾害后，各级政府划拨巨款，重建修复水毁道路。其中，国、省道 84 公里，县道 380 公里，乡道 342 公里。2004 年，联系华东、中南、西北地区的国家一级干线西（安）宁（南京）铁路建成通车。2005 年 11 月，渭南境内 173 公里的京昆高速公路西安至禹门口段建成通车，这是陕西省前所未有的、一次性建成通车里程最长、一次性利用外资额度最大的公路建设项目，是陕西通往华北、西南的交通大动脉。2006 年 9 月，渭南渭河第四桥——渭蒲公路渭河大桥通车，总投资 1.29 亿元，渭河南北又多了一条快速干道；与此同时，渭南渭河第五桥——渭富公路渭河大桥建成通车，是渭河上最宽的公路桥，总投资 1.4 亿元，加快了渭南主城区“西扩北进”的步伐，为建设现代城市奠定了基础。渭南渭河新“三桥”的全部通车，进一步完善了全市路网结构，扩展了中心城市框架，提升了公路应急防汛能力，对促进全市经济社会快速发展具有极其重要的意义。2009 年 10 月，G310 国道渭南城区过境一级公路北绕建成通车，缓解了市区交通压力，提高了中心城市品位；年底，陕西第一条高铁，郑西高铁建成投运，渭南进入了高铁时代。2010 年 11 月，全长 54.24 公里，几经曲折、历尽艰辛的渭蒲高速公路建成通车。对健全全省高速公路骨架，促进区域经济发展，推动关中城市群建设具有重要促进作用；同月，连霍高速渭南潼（关）临（潼）段“四改八”（即由四车道改为八车道）改扩建工程建成通车，时为西北地区首条高速公路“四改八”项目，大大提升了渭南市境内东西交通“黄金干线”的运输能力。

2010 年，中共渭南市委、渭南市人民政府决定对境内国道推行一级标准化改建工程。到年底，全市公路总里程达 17716 公里，其中，国道 621 公里，省道 524 公里，县道 1676 公里，乡道 2659 公里，专道 71 公里，公路密度为 135.84 公里 / 百平方公里，平均万人拥有公路 32.62 公里。2012 年 7 月，全长 53.74 公里的榆（林）商（洛）高速公路澄城县韦庄至华阴市罗敷段开工建设，这是渭南市采取 BOT 方式建设的第一个重大项目。2014 年 6 月，大（同）西（安）高铁建成运营，并在市区并站交汇，渭南被纳入西安半小时经济圈。2015 年，全长 34 公里，总投资 17 亿元的榆（林）蓝（田）高速公路蒲城至白水段开工建设；12 月，渭南境里程 32.2 公里的榆蓝高速公路渭玉段建成通车，成为关中东部联系陕北、关中、陕南的纽带，沿黄公路开工建设，干线公路的通行能力全面增强。新千年以来，是渭南农村公路建设的又一高峰期。全市县镇村油路建设再掀高潮，先后实施了“贫困县出口路”、“县际公路”、“通乡油路”、“通达工程”等项目，共完成投资 29 亿元。大力实施“通村公路”工程，农村公路建设突破10000公里，全市100%的建制村、70%以上的自然村实现通水泥路或沥青路。

至2015年底，全市公路总里程18615公里，路网密度142.9公里/百平方公里。其中，高速公路总里程357公里，普通国省干线公路总里程2000余公里，农村公路总里程1.6万公里，居西北地区之首。以渭南城区为中心，以高速公路、普通干线公路为主骨架，以县道为次骨架，以镇村公路为脉络，层次分明、城乡协调的区域公路交通网络基本形成。以“投资多元化、管理公司化、运营规范化”，公平、竞争、规范、有序的道路运输市场体系初步建立；班线客运、旅游客运、节假客运、包车客运、城市客运、镇村客运、应急客运等构成道路客运网络；整车货运、零担货运、专线货运、特种货运、冷藏货运、危险货运、小件快运、物流配送等构成道路货运系统。全市拥有公路营运客车2139辆，营运线路640条，辐射10多个省、直辖市、自治区；完成公路客运量9340万人次，客运周转量387328万人公里；拥有公路货运汽车30067辆，完成公路货运量15440万吨，货运周转量2891618万吨公里；拥有公交车505辆，出租汽车3086辆。道路运输的迅猛发展，加速了运输服务业成长壮大。驾驶员培训、车辆维修、汽车综合性能检测、搬运装卸等，在分化、重组中整合、提高。新的运输服务业态如综合物流、客运定制服务等应运而生，成为道路运输经济新的增长点。渭南市交通运输局被国家文明委授予“全国交通运输行业文明单位”称号。

展望“十三五”，渭南交通运输事业将坚持“科学办交通、合力办交通、勤俭办交通”发展理念，以“一河（渭）两岸三片区”中心城区规划为重点，连通高速路，升级大通道，打通断头路，加强市县、县县连接，重点推动城区、景区、园区以及重点镇区的进出口通道，形成中心城市半小时经济圈、市县连接一小时经济圈。统筹建、管、养、运协调发展，推动路、站、运、网一体化，构建区域性交通枢纽。投资270亿元，新改建各类公路5000公里。实施高速公路县城覆盖工程、中心城市两环过境工程、一级公路骨架畅通工程、二级公路重镇连接工程、美丽干线公路示范工程、小康农村公路通达工程、综合运输站场枢纽工程以及互联网 + 运输服务工程。站在新的历史起点，渭南人民有信心、有智慧、有能力把交通运输事业推向更高的水平。

大事记

远古时代

约公元前 6000 年

据泉护、北刘、横阵、沙苑等遗址发现，渭南境内聚集大量氏族部落，先民为狩猎而出没山林、为取水而通往河边、为制造陶器而通往窑场，由于生活和劳动的需要，人群聚落之间“践草为径”。

约公元前 2100 年

禹采用以疏导为主的治河办法，“导河积石，至于龙门”。凿开宽八十步，长九里余，高数千尺，状如槽形的龙门，黄河流入渭河平原。龙门亦称禹门，位于今韩城市东北约 30 公里处。

黄河、渭河通航。《尚书·禹贡》载：昆仑、析支、搜渠等西戎各族用出产的美玉、美石、珠宝等作为贡品，在积石山（即阿尼玛卿山）附近的黄河装上船只，航行到龙门、西河（韩城至潼关的一段黄河），与从渭河而下的船只会合于渭汭（今潼关县秦东镇北）。

据《史记·夏本纪》载，夏禹王在 13 年的治水过程中，开通了九个州的陆路和水路，其中在雍州（今山西、陕西、甘肃一部分）和梁州（今陕西南部及四川）等地域“陆行乘车、水行乘舟、泥行乘橇、山行乘辇”，“告成功于天下”。

夏商周

夏启二十五年

夏禹死后，启（禹之子）杀原定的继承人伯益，即由部落联盟王位禅让制转化为王位世袭制。有扈氏（今陕西户县一带）不服，启派被虞氏（今河南商丘）以一旅之众（约 500 人）及四方诸族从潼关西行征伐扈氏。战后四方诸族从扈氏返回阳翟（今河南禹县西北）朝会。从此西安至潼关基本走向的路段，首次作为军事通道和朝会路线，初步形成“男子由右，女子由左，车由中央”的车马行人路规。

周武王元年（前 1046）

武王纵马于华山之阳

西安至潼关之间称“桃林塞”路，是宗周地区（关中）乃至宗周丰镐与成周（今河南洛阳市东）、王城（今洛阳市）之间的主要通道。

襄王五年（前 647）

晋国饥荒，乞求于秦。秦穆公问诸大夫曰：“与诸乎？”百里奚对曰：“天灾流行，国家代有，救灾恤邻，道也。”丕豹则建议穆公乘机伐晋。秦穆公曰：“其君是恶，其民何耶？”秦国乃运粮给晋，粮船经渭河、黄河、汾河一直到绛（今山西翼城东南），连绵不断，史称“泛舟之役”。

襄王二十七年（前 625）

秦伐晋，曾在临晋关（今大荔县朝邑镇东）架起一座舟桥（《左传》）。

景王四年（前 541）

秦景公之弟铖，广有财富。景公继位之后，铖逃至晋，讨好晋侯，在黄河上以船作浮桥。

赧王五十八年（前 257）

秦国在临晋关（今大荔县朝邑镇东）黄河上首建浮桥，当时称河桥。

秦汉　两晋　南北朝

始皇二十七年（前 220）

始皇下令“治驰道”，途经今渭南境内的主干道有两条：咸阳—函谷道，由咸阳南渡渭水折向东行，经郑县（今华县）、宁秦（今华阴市）、桃林塞（今潼关），出函谷关；咸阳—临晋道，经栎阳（今阎良区武屯镇古城村南）、重泉（今蒲城县龙阳镇重泉村）、临晋（今大荔县朝邑镇），渡黄河到河东。

秦驰道路面坚实，“厚筑其外，隐以金锥”。规定宽五十步（每步六尺；秦的尺值折今 27.65 厘米），即车马能高速行驶的道路；一般宽度在 50 米到 60 米之间，最宽处可达 100 米；且在路中央三丈辟为“御道”，一般人不能进入“御道”。

秦东北方干道——临晋（关）道。沿用周时东北方古道，是由国都咸阳东出，沿渭水北侧，“郑国渠”南岸东行，经高陵、栎阳、重泉、经临晋县（今大荔县）境，东渡黄河，至河东郡治所安邑、上党郡治所长子和太原郡治所晋阳的道路。

始皇三十六年（前 211）

秦始皇使者在华阴的平舒道被人阻拦，此人对使者说：“今年祖龙（即秦始皇）死。”

汉高祖元年（前 206）

潼关设立船司空衙门，管理船库、水运。

高祖二年（前 205）

八月，韩信率军从关中出发，布兵临晋，暗上夏阳（今韩城市芝川镇一带），制作大批“木罂”，渡过黄河，直捣魏重镇安邑（今山西夏县西北禹王城）。

元光六年（前 129）

汉武帝采纳大司农郑当时的建议，命水工徐伯主持，征发数万民工，开凿漕渠。漕渠在渭河南岸，西起长安，引渭水入昆明池（在今长安县西南），沿途接纳浐水、灞水、沈水以及渭南以东，秦岭北麓诸峪之水，沿秦岭山麓傍渭东行，流经今临潼、渭南、华县、华阴，直至潼关，注入黄河，全长150公里，成为当时最大的运河。漕渠建成后，加之当时造船业也很发达，出现了长五丈到十丈的可装五百至七百斛的大船，能在漕上畅通无阻，运输工效很高。

建武元年（25）

改东方大（干）道（咸阳—函谷道）为“潼关路”。路旁“周以林木”。由长安通往各郡县的驰道两旁，均植“栗、漆、梓、桐”，既可荫及行人，又获收林木果实之利。

北魏永熙三年（534）

渭南县（今临渭区）设东阳驿和杜化驿。

隋唐五代

隋开皇四年（584）

鉴于“渭川水力，大小无常，流浅沙深”，漕运困难，文帝令宇文恺率水工开凿广通渠，引渭水自大兴城（今西安市）经渭南、华县、华阴至潼关入黄河，长150公里，漕运通利。岸下农田得以灌溉，渠名曰“广通渠”，时人称“富民渠”。“转运通利，关内赖之”（《隋书·食货志》）。

唐贞观元年（627）

分全国为十道。今关中、陕北属关内道，陕南属山南道。

贞观十一年（637）

《唐律》中的《仪制令》规定：“贱避贵，少避长，轻避重，去避来”，为中国最早的交通规则文本。

咸亨三年（672）

关中饥荒严重，监察御史王师顺由黄河、渭河运晋、绛之粟米救灾。

开元五年（717）

华州刺史樊忱复凿敷水渠，以通漕渭。

开元九年（721）

十二月，在大庆关（今大荔县朝邑镇东）开始修建连接陕西、山西二省的蒲津桥。

开元十二年（724）

大庆关、蒲津关沿黄河两岸各造四头铁牛，每头铁牛重数万斤，下铸铁山，尾施铁轴，系以铁缆建成浮桥。

开元二十二年（734）

八月，京兆尹裴耀卿改革漕运，先将江淮租米运到太原仓，然后由渭水运到关中。三年内运米700万斛入关中，省车钱30万缗，改善了朝廷财政状况。

开元二十八年（740）

正月十三日，“令两京（即指西京长安、东都洛阳）的道路，并种果树，令殿中侍御史郑审充使”。

开元二十九年（741）

长安令韦坚兼水陆运使，修汉、隋运渠，东至永丰仓入渭河。

天宝二年（743）

三月，陕州刺史韦坚领众自禁苑西引渭水，运送永丰仓、三门仓米到京城。引浐水抵禁苑东面的望春楼下为潭（在京城东九里），使江淮运米船直接到京城。漕渠工程二年竣工。

贞元二年（786）

十二月，诏“从上都（长安）至汴州（开封）为大路驿；从上都至荆南为次路驿（商州道）”

天复四年（904）

朱全忠逼昭宗迁都洛阳，拆毁长安城宫殿百司及民间庐舍的木料，浮渭水、黄河而下，漂至洛阳。这是一次特大规模的木材运输，使长安城成为废墟。

宋 元 金

宋建隆二年（961）

秦州（今甘肃天水市）知州高防，奏请设置采造务，“募卒三百，岁获万章，联成巨筏，浮渭入河（黄河）”，运至汴京。

淳化二年（991）

秦州知州温仲舒，大量砍伐渭水上游林木，浮渭而下，供应京师汴梁（开封）

大中祥符四年（1011）

秦州知州张佶，又在渭河沿流置采木场，砍伐林木运至汴京。

是年，宋真宗赴郃阳观瀵泉，南走朝邑看黄河铁牛浮桥，到华阴祭岳庙。

金元光元年（1222）

六月，在定国节度使李复的奏请下，造大船 20 只，自夏抵秋，由大庆关（今大荔县朝邑镇东）黄河西岸往湖城（今河南灵宝县西）运粮 30 余万斛。

明

明万历年间（公元 1573—1620）

修建石堤桥，旧称华州西石桥，今人亦称“北沙石堤桥”，桥长 27.5 米，宽 5.95 米。

万历七年（1579）

修建罗纹桥，位于华县城东 3.5 公里之罗纹河上。

崇祯年间（1628—1644）

修建遇仙桥，位于华县遇仙河上，亦称庵门前桥，又曰赤水东桥。桥长 26.8 米，宽 6 米，为五孔石桥。

万历三十五年（1607）

七月，时任渭南知县王九叙在县城（老城街）西门外沈河上建成“万里桥”。

清

顺治十七年（1660）

始建赤水河石桥，是华州区（原华县）与临渭区（原渭南县）的分界桥。石桥九孔，长 70 米，宽 5 米。

康熙元年（1662）

十一月，黄河自龙门至潼关，结冰桥，行人往来如坦途。

康熙五年（1666）

设潼商道，管理同州、华州、商州有关事务。治所潼关县。

康熙二十二年（1683）

冬，韩城旱，极寒，黄河结冰桥。

康熙四十一年（1702）

始建韩城毓秀桥。因桥位于金城（韩城老城）城南，俗称南桥。其桥南北走向，全长 180 米，宽 4.5 米，石拱 10 孔。

雍正十一年（1733）

正月，兵部尚书署理陕西巡抚史贻直奏准，拨豫、楚米各 10 万石，水陆并运陕西救灾。豫米由河南府洛阳陆运至陕州，再沿黄、渭水道运至潼关三河口。

乾隆四十三年（1778）

四月，河南省遭旱灾，清朝廷令陕西巡抚毕沅，拨常平仓粮食 10 万石运往河南。此次运粮，采取在渭河雇募船只办法，由渭入河，至陕州兴会头地方卸货，由豫省委员接收。同年夏，又拨常平仓麦5万石转运京师。同年年底，再拨常平仓麦5万石，转运京师。这两次粮运，也是采取由各地“雇觅车脚运赴水次，由渭入河，分起押解，衔尾前进”；仍在陕州兴会头，“令豫省委员接受，转运赴京”。

道光十二年（1832）

赤水河淤积，河床抬高，水面已接近赤水桥面，在赤水桥上叠建一座新桥，上下桥各九孔，成为地方标志性建筑。

光绪二十八年（1902）

十月八日，北京邮界派员在潼关设立境内最早的邮局——潼关厅邮局，废驰道。

光绪三十二年（1906）

陕西巡抚曹鸿勋派樊增祥为总办，筹办西（安）潼（关）铁路，向各县农民派征路捐，激起沿线十余县人民强烈反抗。

中华民国

民国7年（1918）

西安府东路——西安至潼关路宽度在三丈左右，一般干线可并行二车，部分路段用板石或卵石铺砌路面。

民国9年（1920）

3月16日，省长公署训令长安、临潼、渭南、华县、潼关等17县，将各县境管道房店，限1月内修理完竣。同时附发《东西两路官路整治办法》，并派员督导。

4月19日，省财政厅令长安县拨款5000元，渭南县拨款2000元，临潼、华县、华阴三县各拨款1000元，以备修建西（安）潼（关）公路时提用。

民国10年（1921）

9月，冯玉祥出任陕西督军，重视发展公路交通。在西安设立路工局，委阎箴铭为局长。责令驻军和沿途各县修建西（安）潼（关）公路、渭（南）宜（川）公路等。

民国11年（1922）

2月，西潼公路修通。路全长170公里，其中境内120公里。

8月，西潼路客货汽车开始运营，陕西公路汽车运输由此发轫。

9月，撤销陕西省路工局，成立“长潼汽车局”（易名陕西长潼汽车公司）。

民国12年（1923）

2月，西潼公路中设分界沟，实行汽车，大车分道行驶。

6月，改长潼汽车局为“陕西省道局”。

民国17年（1928）

三（原）合（阳）公路，经瓦窑头、兴镇、蒲城、永丰、雷庄、王村、南蔡、止合阳，全长167.00公里，于当年始起修筑粗通。是年，西（安）朝（邑）公路，经咸阳、从修石渡到泾阳，过三原，沿富平、蒲城、大荔止朝邑，全长199.5公里（境内长139公里），由省建设厅主持修建。除调派部分军工外，主要由各县征用民夫分段沿原大车道整修而成，路基宽6米至7米，土路面通车。

民国18年（1929）

11月，《陕西商办长途汽车章程》颁布，汽车开始实行统一号牌。

民国19年（1930）

8月，“陕西省公路局”成立。接管西潼公路。省辖各县成立建设局，经办公路修建、养护业务。

民国20年（1931）

3至5月，西潼路组建养路工警队。

11月，《陕西省汽车行驶暂行规则》颁布，对汽车行驶开始按法规进行管理。

12月，朝邑至潼关公路通车营运。

12 月 10 日，陇海铁路通车到潼关。

大荔至朝邑、蒲城、渭南三条简易公路建成。

原（三原）渭（南）公路，经高陵、交口、栎阳、达渭南、全长 80 公里，境内长 50 公里，民国 20 至 25 年（1931 ～ 1936），修建。

民国 21 年（1932）

8 月，陕西省公路局改为“陕西省汽车管理局”。

民国 23 年（1934）

7 月，陇海铁路通车到渭南。

修建渭（南）白（水）公路，起于渭南、经故市、党睦、龙阳、蒲城、罕井、止白水，全长 56.70 公里（不含与渭大韩公路重复路段）。

民国 24 年（1935）

1 月 1 日，陇海铁路潼西段举行通车典礼。

8 月，三原至渭南始通汽车客运班车。

民国 25 年（1936）

修建富（平）龙（阳）公路，经党睦，止龙阳，全长 48.4 公里。

渭（南）大（荔）韩（城）公路，起自渭南县城，北过渭河经故市、交斜、羌白、大荔、双泉、寺前、路井、合阳、芝川、到韩城，全长 176 公里。民国 11 年至 25 年（1922 ~ 1936）由陕西省建设厅主持，征集沿线民工在原大车道的基础上改建而成。

民国 26 年（1937）

韩（城）禹（门口）公路，又称韩城—龙门公路，全长 34.6 公里，为山西、陕西两省的主要连接线。由陕西省建设厅主持，组织民工和兵工在原大车道的基础上改建，次年完成。

7 月 7 日抗日战争爆发。9 月，朱德、任弼时、左权领导的八路军 115 师、129 师、120 师由韩城芝川东渡黄河，开赴抗日前线。

民国 27 年（1938）

9 月，渭（南）白（水）轻便铁路建成。

大（荔）澄（城）简易公路建成。

韩城—禹门口公路建成后，渡运趋于繁忙，即在附近首次建成韩城龙门（禹门口）黄河铁索便桥一座。

西潼公路临潼至潼关 140.7 公里路段，由陕西省公路局第一养路分队 34 人负责养护。

修建大（荔）冯（原）公路，起自大荔县城，经许庄、永丰、澄城、止冯原，全长 72.70 公里。

民国 28 年（1939）

白（水）蒲（城）公路修成，全长 25 公里。

民国 29 年（1940）

咸（阳）同（官）铁路富平段通车。

修建岳（庙镇）大（荔）公路，起自华阴岳庙，经敷水、止大荔，全长 60.70 公里（含大荔潼关重复路段）。

民国 30 年（1941）

修建白（水）洛（川）公路，全长 113.30 公里（区内长 41 公里）。

民国 31 年（1942）

修建澄（城）赵（庄）公路，全长 21 公里。

民国 32 年（1943）

4 月，蒲城县利用无息贷款给省公路局购买汽车，开放蒲城至渭南客运班车。

修建澄城烈士陵园公路，全长 2.10 公里。

修建大（荔）华（阴）公路，经石槽、官池、杨村、止罗敷，全长 31 公里。民国政府监察院院长于右任题写“大华公路纪念碑”。

修建白（水）宜（川）公路，经狄家河、冯原、界头庙、止冢家梁，全长 100 公里（不含韩宜路柳沟至宜川重复路段）区长 40 公里。

民国 33 年（1944）

白水至宜川公路竣工。

渭（南）清（涧）公路建成。

民国 34 年（1945）

修筑白（水）窑（禾）公路，全长 14.80 公里。

民国 37 年（1948）

冬，中国人民解放军泰岳部队在风陵渡渡口成立“渡河司令部”，制造木船，整修口岸，准备渡河南下。

中华人民共和国

1949 年

5 至 9 月中国人民解放军西北野战军后勤运输队派员督建，由桥工队负责施工，组织劳工 50 多人，在韩城禹门口重建一座全长 150 米，宽 1.5 米，木桩，铁丝网钢绳栏杆，铺设桥面板，可通行人和畜力车的黄河铁索桥。

11 月 7 日，洛阳至潼关铁路全部修复，停顿、割裂 12 年之久的陇海铁路全线通车。

1950 年

5 月，陕西省根据政务院关于废除各地搬运事业中封建把头制度的规定，在各地搬运组织中开展了民主改革，先后成立了渭南、潼关等运输队。

1951 年

5 月 17 日，陕西省交通厅通知：西潼、渭宜、三合、渭白、白宜、三渭、富龙、敷大、韩禹、岳大等 10 条公路，由渭南专署负责组织群众养护。

1952 年

建立国营蒲城县客运汽车站，每天发一趟往返渭南的载客卡车。

1953 年

1 月 2 日至 2 月 12 日，陕西省西安市运输委员会成立渭南专区及所属县运输委员会，对运输市场实行“统一货源、统一调度、统一运价”的三统管理。

5 月，故市道班利用当地群众废弃的煤渣、砖块铺筑路面成功，从此拉开了土路改善的序幕。

1954 年

12 月 5 日，渭（南）蓝（田）公路开工修建。

1955 年

6 月，渭宜公路大荔至农场一站改线竣工。新线长 15 公里，较原线增加 5 公里。

7 月，三（原）合（阳）公路 144 公里，由养路段接管养护。

是年，临潼至渭南路段恢复路基、铺筑砂石路面。

是年，渭南、潼关等地搬运工人改提成工资为计件工资制。

1956 年

1 月，陕西省第四次交通会议召开。会议要求各县设立交通科，成立县、乡筑路委员会。渭南汽车站成立。

同月，省铜川煤运处改为国营陕西省富平运输公司。

6 月，国家交通部确定公路行政等级为国、省、县、乡道及专用公路。行经渭南的国道有太原西安线的宋家川至西安段，兰州郑州线的窑店至潼关段等两条。

8 月，拆除渭（南）白（水）轻便铁路，改建为公路。

1957 年

4 月，陕西实行按营运额征收养路费。

5 月，渭宜公路金水沟坡道改线工程竣工。

7 月，西潼干线公路遭受严重水毁，交通中断。

同月，富白公路（富平火车站至白水新生煤矿）开工修建，11 月竣工通车。在砾石级配路面工程中首次使用犁耕拌合。

9 ~ 10 月，渭宜公路司马坡至南庄桥 27.6 公里改线工程和白宜公路白水至澄城段 20 公里改线工程先后竣工。

11 月 26 日，富白公路（包括新生煤矿线）82.21 公里改建工程竣工通车。

是年，渭南段在省公路运输社会主义劳动竞赛评比中被评为第一名，并在全国公路运输总结评比会上受到交通部嘉奖。

1958 年

1 月，沟通陕西、山西、河南三省的潼关黄河铁路便桥试通车。

8 月，华（阴）金（堆城）公路开工修建，这是陕西跨越秦岭的第三条公路。

同月，渭南养路段撤销，下属工区和各管理站由所在县管理。

同月，陕西省交通运输指挥部成立。各专区（市）、县交通运输指挥部亦相继成立。

12 月，华（阴）金（堆）公路按六级甲标准施工修建。

同月，渭南公路管理段合阳路井群众固定养路队（道班的前身），获得由国务院总理周恩来签发的。“全国农业社会主义建设先进单位”奖状，并选派代表出席了全国农业社会主义建设先进代表大会。

1959 年

将关中航运管理处扩建为“陕西省交通厅内河航运公司”，于大荔、朝邑、合阳、韩城等地设立航运站，并建立“渭南船舶修造厂”。当年制造“跃进 1 号”、“跃进 2 号”30 吨级木质拖轮 2 艘。

12 月，西潼公路渭南至潼关段因修三门峡水库的改线工程开工。1961 年 5 月竣工。

1960 年

4 月，华（阴）金（堆城）公路竣工。

1962 年

6 至 8 月，关中东部连降暴雨，渭大韩公路冲毁桥梁 12 座、涵管 5 道、路基 1.49 万立方米、路面 38.5 万平方米，西潼路 4 处路基冲毁，交通中断。

1963 年

12 月，全省机构调整，停止渭南汽车运输公司管理航运业务，成立“渭南航运管理所”。

1964 年

1 月，据统计，1963 年至 1964 年 1 月，各县普修公路 1063.4 公里，备运养护料 73664 立方米。

10 月，渭大韩公路金水沟、桥头河 7.17 公里降坡工程竣工。累计完成投资 38.22 万元。

1966 年

10 月，陇海铁路复线通车。

1967 年

3 月，渭大韩公路渭南渭河上涨渡公路大桥开工。后因停电、停水、被迫停建。

1969 年

1 月，陕西省革委会决定撤销关中运输公司，成立渭南地区汽车运输公司。

同月，全省各公路管理总段（包括汽车监理所）下放归所在地、市管理。

5 月 1 日，渭南上涨渡渭河大桥建成通车。大桥 59 孔，全长 1489.58 米，钢筋混凝土装配式 T 形桥梁，这是陕西修建的第一座千米以上公路大桥。

11 月，西禹公路改建工程施工广泛动员群众参加，每公里平均造价 6.48 万元，1970 年底完工通车。

1970 年

1 月，渭大韩公路大荔荣华洛河钢筋混凝土无横隔支梁桥建成通车。每米造价 4467 元。

12 月，临潼至渭南、渭南至大荔 67 公里泥结碎石路面工程竣工。富平至耀县油路同时建成。

12 月 28 日，西（安）韩（城）铁路通车。

1971 年

10 月，永丰洛河大桥建成通车。

1972 年

10 月，在西安、宝鸡、渭南地区平坦路段和陕北陡坡路段试铺渣油路面。

1973 年

7 月，禹门口黄河公路大桥悬索桥完工，每米造价 14323 元；双曲拱桥每米造价 3914 元。

1975 年

11 月，西安至渭南路段的路基加宽到 12 米，油路面加宽到 10 米。

12 月，境内累计建成油路 708.7 公里，11 个县的干线公路实现黑色化。每公里造价 1.2 万～ 1.6 万元。

1976 年

12 月，全年各县新建和整修县公路 2189.5 公里，社队公路 2117.4 公里。全区 162 个公社达到晴雨通车，64% 的大队可通汽车。

是年，华（阴）金（堆）公路改建工程开工。

是年，对西潼线西安至渭南等路段按二级公路标准进行改造。

1977 年

6 月，侯西铁路全线通车。

1978 年

11 月，西潼公路西安至渭南段二级公路改建工程竣工。

1979 年

10 月，渭南渭河上张渡大桥抗震加固工程竣工。加固方案和工程质量被推荐为全国桥梁加固评比项目。

1980 年

12 月，全区累计建成油路 1024.9 公里（其中县社油路 267.7 公里）。干线和主要县公路全部实现黑色化，建成县社公路 3814.3 公里，99.36% 的公社和 90.88% 的大队通了公路。

1981 年

4 月，陕西省人民政府决定，干线公路从 4 月 1 日起归省管理，地方公路由地（市）、县管理。

10 月，境内首段水泥混凝土路面——西禹公路蒲城西门外 700 米混凝土路面建成。

是年，国家计委、经委、交通部颁发国家干线公路网（国道）试行方案，重新划定从潼关坡头南村入陕，行经西（安）潼（关），西（安）宝（鸡）南线及宝（鸡）牛（背）公路进入甘肃境，全长 406 公里，纳入 G310 国道（连云港 - 天水线）。

1983 年

6 月，华（阴）金（堆）公路二期改建工程竣工，验收合格交华阴段养护。

1984 年

5 月，澄城县交道乡农民葛振兴开办振兴运输公司。

7 月，陕西第一家农民联户公路旅客运输企业——澄城县振兴联运公司开业，随后在西安开办了一个为旅客服务的招待所。

8 月，国家交通部命名澄城汽车站为“文明车站”；张耀儒、彭智斌、孙菊娣为全国优秀服务先进个人。

11 月，大荔县交通学校正式开学。这是陕西第一所为运输专业户培训汽车驾驶员的学校。

12 月，白水桥沟双曲拱大桥建成，所需资金全部由白水县有关单位筹集。

同月，潼关县成立潼关黄河渡口航运公司，摆渡汽车，解决陕西、山西间部分汽车绕道三门峡行驶的困难。

1985 年

1 月，大荔县个体运输专业户王继寿在西安举行记者招待会，介绍他的货运汽车队在青藏线上不到 3 月纯收入 9 万元的情况。

5 月，大荔县发生殴打农民客车司机事件。陕西省交通厅副厅长张维光率工作组赴大荔调查处理。

1986 年

4 月，华（阴）金（堆）公路老爷岭隧道贯通，全长 1007.74 米，时为陕西最长的公路隧道。

1987 年

7 月 17 日，西安至禹门口公路合阳金水沟大桥破土动工，预算投资 1000 万元，其中省投资 45%，地县筹资 55%。

10 月，陕西省首届汽车修理高级技工技术比武在西安举行。成占元（渭南）、李忠宾（渭南）等夺得前 5 名。

同月，苏海生（渭南）等 13 名交通职工获陕西省劳动模范称号。

11 月 17 日，大荔至华阴全长 29.6 公里的大华公路二级路经过两年多施工（1986 年 6 月动工），建成通车 。

1988 年

4 月，陕西省交通厅在安康召开全省航运工作座谈会。其后延安、渭南、商洛等地区相继成立地区航运管理处。潼关、临潼等县相继成立航运管理站。

12 月 12 日，S202 省道阳村渭河大桥建成通车。桥面宽 12 米，长 1745.38 米，时为陕西省最长的公路大桥。

1989 年

7 月，大（荔）华（阴）公路阳村渭河公路大桥竣工验收。

9 月，渭南地区汽车运输公司司机苏海生被国务院授予“全国劳动模范”称号，前往北京参加全国劳动模范大会。

1990 年

5 月，陕西省人民政府授予白水县运输公司 1989 年度先进企业称号。

1991 年

8 月 15 日，G108 国道合阳金水沟大桥开工，桥全长 486.05 米，桥高 90.44 米，最高桥墩 86.6 米，时为全省公路桥梁最高桥墩。投资

3201.60 万元。

11 月 1 日，G108 国道渭南沙王渭河大桥及连接线工程开工，大桥全长 2294 米。投资 3651.50 万元。时为陕西最长公路桥。

12 月，西延铁路全线完工试营运，渭南境内 154.1 公里。

1992 年

6 月 29 日，渭南地区汽车运输公司开通西安至洛阳跨省卧铺夜班客运班车。

1993 年

4 月 1 日，西安至白水铁路客运列车正式开通。

7 月 2 日，渭南地区运输公司一辆东风客车行至蒲城县兴镇西兴原路口，因旅客携带易燃易爆物品发生爆炸，造成 15 人死亡、7 人重伤特大交通事故。

1994 年

4 月 1 日，G108 国道合阳金水沟大桥建成通车。

5 月 6 日，智取华山登山路——黄甫峪旅游公路开通。

6 月 1 日，G108 国道渭南沙王渭河大桥建成通车。

9 月 8 日，临（潼）渭（南）高速公路动工。

9 月 28 日，渭南沙王渭河大桥交工验收暨通车典礼举行。

11 月 20 日，风陵渡黄河大桥建成通车。中共中央总书记江泽民题写桥名。

12 月 1 日，202 省道澄城西河大桥开工，大桥长 325 米，最大跨径 100 米，最大墩高 73 米。投资 1576 万元。时为国内最高公路连续刚构桥、省内第一座高墩大跨径公路连续刚构桥。

渭南市汽车运输公司渭南客运公司职工马彪武，被国家交通运输部授予“劳动模范”称号。

1996 年

4 月 10 日，华山索道开通运营。索道全长 1550 米，相对高差 755 米。

12月29日，连续刚构桥中亚洲第一高桥——S202省道澄城西河大桥竣工。

12月30日，渭（南）潼（关）高速公路开工，路线全长78.52公里。投资14.11亿元，其中利用世界银行贷款5145万美元（折合人民币4.28亿元）。

31日，临（潼）渭（南）高速公路通车。路线全长40.77公里，总投资5.17亿元。关中5市实现高速公路连接。陕西省政府发嘉奖令。

1997年

12月8日，陕西韩城矿业开发有限公司与山西乡宁县煤炭运销公司联合投资的乡韩黄河公路大桥开工，大桥全长543米。投资9690万元。时为黄河陕西、山西两省间首座有私营参股修建的大桥。

1998年

9月30日，韩城至北京西606/605次直快列车首次开通。韩城市成为陕西省唯一的一个始发进京直快列车的县级市。

12月8日，乡韩黄河公路大桥建成通车。

渭南市汽车运输集团有限公司党委书记、董事长、总经理赵印寿，被中共陕西省委、陕西省人民政府授予“劳动模范”称号。

1999年

10月1日，国家和陕西省重点工程建设项目——渭（南）潼（关）高速公路建成通车。

2000年

2月27日，渭南市政府举行“二级公路网化工程”建设总结表彰大会，累计新建、改建二级公路469公里，完成投资8.5亿元。

5月，全省《陕西省道路运输管理条例》宣传贯彻工作会议在渭南召开，陕西省交通厅副厅长秦嵩生参加并讲话。

9月18日，陕西省政府决定，全省各地（市）公路管理总段名称统一规范为公路管理局。

11 月 1 日，将“陕西省渭南公路管理总段”更改为“陕西省渭南公路管理局”。下属单位亦改为“陕西省渭南公路管理局 XX 公路管理段(XX 收费处或工程 X 处)”。

11 月 2 日，合阳太枣沟大桥建成通车。

11 月 4 日，省、市重点工程 S202 省道澄城茨沟大桥竣工通车。

11 月 11 日，省道 S106 线蒲城永丰洛河大桥合龙。

12 月，渭南公路管理总段段长王宏儒被国务院授予“全国先进工作者”称号。

2002 年

渭南公路管理局党委副书记赵培森被中共陕西省委、陕西省人民政府授予“劳动模范”称号。

2003 年

1 月 11 日，渭南市政府同意运管费实行统收统支。

3 月，渭南市运管处被中共陕西省委、省人民政府授予“文明单位”。

6 月，渭南市道路运输管理处处长陈增发被中共陕西省委组织部授予“抗击非典优秀共产党员”勋章。

8 月，渭南百年不遇的洪涝灾害后，各级政府划拨巨款，重建修复水毁道路。

2004 年

联系华东、中南、西北地区的国家一级干线西（安）宁（南京）铁路建成通车。

2005 年

11 月，京昆高速公路西安至禹门口段，渭南境内 173 公里建成通车。是陕西省一次性建成通车里程最长、一次性利用外资额度最大的公路建设项目。

2006 年

9 月，渭南渭河第四桥——渭蒲公路渭河大桥通车。

是月，渭南渭河第五桥——渭富公路渭河大桥建成通车，是渭河上最宽的公路桥。

12 月 11 日，陕西省交通厅在渭南市召开全省通村油（水泥）路“打底子”现场会。

2007 年

5 月，陕西省交通厅副厅长李晓东调研渭南运管工作。

5 月 27 至 28 日，陕西省政府在澄城县召开全省农村公路管理养护体制改革现场会，总结推广澄城等县(市)改革试点经验。中共陕西省委常委、副省长洪峰出席会议并讲话。

6 月，渭南市道路运输管理处获全国总工会“抗震救灾重建家园工人先锋号”称号。

7 月，渭南市道路运输管理处处长陈增发获“中华世纪风采人物”称号。

11 月 26 日，陕西省公路局党委书记乔国梁、副局长赵兰州检查验收渭南市厅级文明路创建工作。

12 月 4 日，西禹高速公路金水沟特大桥获 2007 年度国家优质工程银质奖。

2008 年

1 月 7 日，渭南市通村公路“打底子”暨农村公路冬季集中养护工作现场会在合阳县召开。

3 月 20 日，苏坊超限站检测员熊礼博因公殉职。24 日，陕西省交通厅追授熊礼博“陕西省优秀治超员”称号。2011 年 3 月 16 日被陕西省人民政府批准追认为“革命烈士”。

4 月 3 日，陕西省交通厅厅长曹森、副厅长魏培斌视察渭南市公路建设情况。

5 月 22 日，沿黄二级公路合阳境内试验段开工建设。

9 月 27 至 28 日，交通运输部公路司和质量监督总站调研渭南市农村公路质量监管工作。

10 月 14 日，渭南市政府召开西潼高速公路改扩建征地拆迁安置及环境保障工作会议。

11 月 21 日，西潼高速公路改扩建工程开工建设，G310 渭南城区过境一级公路开工建设。

12 月 6 日，渭南中心客运一级站开工建设。

12 月 19 日，关中公路环线渭南过境段陇海铁路立交桥建成通车，关中环线渭南过境段公路全线贯通。

12 月 25 日，陕西省关中片区通村公路建设养护质量排查整治工作现场会在合阳召开。

12 月 31 日，陕西省政府印发《关于成品油价格和税费改革的实施意见》，从 2009 年 1 月 1 日起实行燃油税改革，取消公路养路费、公路运输管理费、公路客运附加费等 5 项公路收费。

2009 年

2 月 23 日，渭南市交通、公安、城建部门联合开展打击“黑车”等非法经营专项治理活动。

3 月 4 至 5 日，陕西省公路局局长王平调研渭南市路网改造项目和农村公路工作。

3 月 9 日，芝川至黄龙界国防公路改建工程开工建设。

4 月 19 日，渭（南）蒲（城）高速开工，路线全长 54.24 公里。投资 36.79 亿元。此为陕西首建的省级高速公路。

是月，渭南市地方公路管理处处长李宏德，被中共陕西省委、陕西省人民政府授予“劳动模范”称号。

5 月 7 日，沿黄公路渭南段正式开工建设。

7 月 2 日，陕西省发展通村客运现场会在白水县召开，中共陕西省常委、副省长洪峰出席会议。

12 月，陕西第一条高铁，郑（州）西（安）高铁建成投运，渭南进入了高铁时代。

2010年

4月10至11日，陕西省公路局局长王平，党委书记宋小强、副局长刘孟林一行调研渭南“两路一桥”建设项目。

4月28日，中共陕西省委组织部部长李锦斌检查指导大荔县运管所基层党建工作。

5月5日至6日，陕西省政协副主席李晓东调研渭南市沿黄河文化旅游发展产业。

6月10日，渭南市交通局局长陈春明获“中华世纪风采人物”称号。

7月23日，潼关80余公里县乡村公路遭到严重水毁，造成直接经济损失9680万元。

7月24日，S202线华金路发生严重水毁，造成直接经济损失6280万元。

7月31日，陕西省公路局局长王平来渭调研迎国检及水毁公路抢修工作。

8月3日至4日，《陕西日报》等媒体记者深入华金路察访灾情。

8月20日，国家交通部授予李宏德“全国交通运输系统先进工作者”称号。

9月17日，渭南市交通局被国家文明委授予2008-2009年度“全国交通运输行业文明单位”称号。

10月26日，渭南市第一座国家一级标准客运站—渭南客运中心站正式开业运营。

10月27至28日，叶广芩、莫伸、赵熙等11位作家深入渭南市公路一线开展采风活动。

11月9日，渭（南）蒲（城）高速公路建成通车。

2011年

2月，渭运集团被国家交通运输部授予“安全生产标准化达标一级企业”称号。

4 月 19 日，河南省三门峡市考察团参观渭南市客运中心站。

5 月 11 日，甘肃省天水市代表团参观渭南市公交公司和客运中心站。

9 月 2 日，陕西省公路局局长王平调研 108 国道示范路建设。

11 月 2 日，国家交通运输部检查华县交通行政执法工作。

11 月，陕西省农村交通物流现场会在大荔召开。

12 月 12 日，陕西省公路局党委书记宋小强验收渭南文明公路和文明治超站。

12 月 30 日，撤销二级公路富平华朱、华阴罗夫、蒲城陈庄三个收费站。

2012 年

1 月 17 日，渭南市交通运输工作会议召开，确定全年公路建设投资 29.5 亿元。

2 月 7 日，韦罗高速公路开工典礼在大荔县谷多村举行。中共陕西省委常委、副省长江泽林、国家交通运输部原副部长李居昌、省交通运输厅厅长冯西宁、渭南市委书记庄长兴、市长徐新荣、副市长吴蟒成等领导出席开工仪式。

2 月 12 日，国家交通运输部道路运输司调研组来渭调研大荔农村物流工作。

2 月 22 日，渭南公路局故市治超站陈更锁在执法过程中被一强行闯站运沙超限车撞倒，因公殉职。同月 28 日，被陕西省交通厅追认为“陕西省优秀治超员”。

3 月 13 日，国家交通运输部授予渭南公路局“全国交通运输行政执法评议考核先进单位”称号。

4 月 26 日，渭南市公交公司 13 辆新空调公交车投入运营。

4 月 29 日，中共陕西省委、省人民政府授予汪洋、刘全明“劳动模范”称号。

5 月 9 日，陕西省交通运输厅副厅长魏培斌带领工作组来渭南专题调研收费管理工作。

5 月 24 日，西潼高速公路港口至潼关县城连接线主体工程竣工。

6 月 10 日，国家交通部授予渭运集团“中国道路运输百强诚信企业”称号。

11 月，310 国道潼关列斜大桥竣工通车。

是年，渭运集团被陕西省人力资源和社会保障厅、陕西省总工会授予“劳动关系和谐企业”称号。

2013 年

3 月，国家交通运输部总规划师戴东昌来渭南调研农村物流。

4 月，渭南市道路运输管理处获“全国交通运输业文明示范窗口单位”称号。

6 月 25 日，陕西省干线公路建设推进会在渭南市举行，省交通厅党组成员、省公路局局长王平出席并讲话。

9 月 17 日，渭南至玉山高速公路开工仪式在渭南连霍高速赤水立交桥举行，陕西省交通运输厅厅长冯西宁发布开工令。

是月，S221 省道龙门渚北至乡韩大桥段的龙门隧道、桑树坪隧道建成通车。龙门隧道长 2310 米，桑树坪隧道长 2035 米，工程总造价 3.5 亿元。

是年，渭南客运中心站被中国道路运输协会评为“全国道路运输百强诚信站场”。

2014 年

1 月，渭南市道路运输管理处处长许晓蒲被交通运输部授予“全国道路运输工作先进个人”。大荔县运管所被授予“全国道路运输工作先进单位”

3 月，渭运集团被陕西省劳动竞赛委员会授予“2013 年陕西省工人先锋号”称号。

7 月 6 日，大（同）西（安）高铁专线建成并试运营，在市区并站交汇，渭南被纳入西安半小时经济圈。

7 月 18 日，渭南公交公司、配件公司整体移交市国资委管理。

7 月 23 日，渭运集团、宏业公司整体移交市国资委管理。

7 月 31 日，参加“渭南市第九期邀请公民代表走进市政府活动”，35 名公民代表走进市交通运输局，零距离感受市直部门机关运转情况。

2015 年

2 月，蒲（城）、白（水）、黄（龙）高速公路蒲城至白水段开工，工程造价 17 亿元。

4 月 16 日至 17 日，陕西省干线公路建设暨质量安全工作现场会在渭南市大荔县召开。省交通运输厅副厅长杨育生出席并讲话，省公路局局长王平主持会议。

是月，国家交通运输部授予渭南市交通运输局“全国交通运输系统先进集体”称号。

5 月，连霍高速渭南西出入口互通式分离式立交桥建成通车。该工程投资 2.5 亿元，由中交一公司承建。

12 月 2 日 ，渭南至玉山高速公路建成通车仪式在华县赤水立交桥举行。陕西省副省长庄长兴宣布渭南至玉山高速公路通车。

同日，副省长庄长兴在渭南调研“十三五”交通运输建设发展工作并主持召开座谈会。省政府副秘书长胡保存、省交通运输厅厅长冯西宁、省发改委副主任徐强和市委书记陆治原，市委常委、秘书长樊存弟，副市长吴蟒成等出席会议。市长李明远汇报全市交通发展情况。

12 月 24 日，渭运集团蒲城客运中心站（一级站）建成。

12 月 30 日，黄（陵）韩（城）侯（马）铁路建成通车。

第一篇

地理环境与交通布局

渭南市南北是秦岭、黄龙山脉，沿山是两个台塬体系，中间是广阔的渭河平原。辖两区（临渭区、华州区）、七县（潼关、大荔、蒲城、澄城、白水、合阳、富平）和高新技术开发区、经济技术开发区、卤阳湖开发区，代管两市（韩城、华阴）。渭南市古代长期为京畿重地，交通发达，有“三秦要道，八省通衢”之称。舜帝时，黄河、渭河、洛河通航；夏代，有陆路干线一条，秦代及其以后，有函谷道、临晋道干线两条；民国年间通火车。中华人民共和国成立后，渭南市的交通事业蓬勃发展，截至 2015 年，境内 9 条铁路纵横交错，公路总里程 18615 公里，公路密度 142.9 公里 / 百平方公里，其中，高速公路总里程 357 公里，国省干线公路总里程 2000 余公里，农村公路总里程 1.6 万公里。

第一章　地理位置

渭南地处内陆腹部，政区内以渭河平原为主，山岭、丘陵、台塬、沟壑、滩涂兼有。境内除黄河、渭河、洛河外，还有集水面积10平方公里以上的河流144条。全境南北环山，西接平川，东临黄河，历史上战略地位十分重要。

第一节　位置

渭南市地处中华人民共和国大地原点旁，黄河流域中游，西北黄土高原东南缘，陕西省关中盆地东部，地理坐标为北纬34° 13′ ~ 35° 52′，东经108° 58′ ~ 110° 35′。东与山西省运城、临汾市隔黄河相望，东南与河南省三门峡市毗连，西和西南与咸阳市、西安市相接，南跨秦岭与商洛地区为邻，北倚黄龙山与延安市、西北与铜川市接壤。东西最宽149.7公里，南北最长182.3公里，总土地面积13030平方公里，占全省总土地面积的6.4%。其中渭河平原和渭河南北的黄土台原，合占全市总土地面积的70%，是关中盆地地势最低也最为开阔的地段。

渭南市境内主要河流有黄河、渭河、洛河，渭、洛两河在华阴与潼关交界处相汇东入黄河。全国著名的西岳华山在华阴境内。2015年，境内有陇海、侯西、西延、宁西4条干线铁路，南同蒲、西铜、黄韩侯3条支线铁路和郑西、大西两条高速客运专线铁路过境；有西（安）潼（关）、西（安）禹（门口）、渭（南）蒲（城）、渭（南）玉（山）四条通车高速公路，连（云港）—天（水）公路、（北）京—昆（明）公路等干线公路在渭南穿境而过。秦岭电厂、韩城电厂、蒲城电厂及渭北煤田能源丰富。洛惠渠、抽黄工程灌溉着大片农田。

渭南市在周、秦、汉、唐属京畿之地，是古都长安的东大门。交通一直发达，是沿海、华北与西北、西南互通的重要交通要道。农业起源很早，工业迅速崛起，经济日益繁荣。在全国经济布局中处于南北向的中部能源带与东西间的"陇海—兰新"经济线的交汇点上，渭南市已成为国家生产力布局中初具规模的农业生产基地、能源重化工基地。

渭南市政府驻渭南市区，距省会西安市 62 公里，距首都北京 1150 公里，是全市政治、经济、文化的中心。

第二节 境域

渭南市历史上的境域，随着朝代的更迭，区划的调整，经常发生变化。有代表性的是清同州府、1953 年的渭南专区和 1984 年以后的渭南地区。

清同州府，东西距 120 公里，南北距 225 公里，面积 13563 平方公里。治所大荔县城，东至山西省蒲州府永济县界 30 公里，西至西安府富平县界 66 公里，南至商州洛南县界 75 公里，北至延安府宜川县界 150 公里、洛川县界 85 公里。

1952 年 12 月至 1956 年 10 月的渭南专区，广 156 公里，袤 180 公里，面积 21750 平方公里。专署驻地渭南县城，东至河南灵宝县界 82 公里，西至礼泉县界 78 公里，北至洛川县界 105 公里，南至柞水县界 74 公里，是渭南历史上领县最多，境域最大的政区。

1984 年以来的渭南地区，南北长 182.3 公里，东西宽 149.7 公里，面积 13030 平方公里。最南为华州金堆镇之罗涧与商洛地区洛南县之瓦子坪相接，最北和东北为韩城市之康家岭与宜川县的舌头岭和山西省乡宁县之小滩相接，最东为韩城市之禹门与山西省河津县相连，最西为富平县之洪水乡与耀县之下高埝乡相接。行署所在地渭南市（县级），东距河南省灵宝县界 82 公里，西距西安市临潼区界 10 公里，北距洛川县界 105 公里，南距蓝田县界 27 公里。

1995 年 5 月撤销渭南地区，设立渭南市，原县级渭南市设为临渭区。至 2015 年底，市辖行政区域和市政府驻地未变。

第二章　地理环境

滑南市地处中国内陆中纬地带，地质构造跨越三个构造单元。南部属北秦岭元台拗折带，中部是汾渭地堑渭河陷区，北部属华北地台的陕甘宁盆缘区。全市呈南北隆起，中部断陷的阶梯状地堑构造，大中尺度地貌以渭河为轴线从渭河平原向南北山地呈梯级上升的槽谷地形。地势南北高，中间低，东西开阔，海拔在 330 ～ 2645 米之间，山、川、原、滩、沟皆有。

第一节　地质构造

渭南市处于秦岭东西向构造带的东部与祁吕贺山字形构造的前弧东翼，以及新华夏构造体系第三沉降带的复合部位。南部是华北地台南侧秦岭加里东纬向构造带北部的秦岭元台拗折断带；北部属鄂尔多斯地台的陕北盆缘褶皱区；中部是汾渭地堑的渭河阶梯状断陷区。形成了南北隆起、中部拗陷的大地构造骨架。

南部北秦岭加里东元台拗折带，位于渭河断陷以南，以东西向横贯渭南市，由太古代（距今约 35 亿～ 19 亿年间）、元古代（距今约 19 亿～ 5.7 亿年间）和震旦亚代（距今约 6 亿年）的地层及岩浆岩侵入体构成，主要岩性是变质片麻混合岩和花岗岩组成。区域构造是秦岭复背斜北翼的一大型宽缓式向斜构造，内有数条以东西向为主的大断裂带，主要有太华山北侧正断层，自蓝田网峪口向北东方向呈折线伸展至石堤峪而折转为东西向，经柳峪、华山主峰北坡、东吴村至太峪口，长120余公里。张家坪—金堆城北东向断裂带，自张家坪经霸源、青岗坪至金堆城，以及金堆城—青岗坪正断层。这些大断裂的共同特征是时代较老，断距大，断面多北倾，倾角陡，早期属压性逆断层，后期转为张性正断层。在大向斜区域内，由北向南还有2条褶皱构造带，如华山—骊山背斜构造带，这是一条长期隆起的构造带，呈东西走向，主要由太古代地层组成，有两个凸起组合成带，即太华凸起和骊山凸起，渭南市境内出露为太华凸起。金堆城—零口复式向斜带，该带属金堆城至鲁山断折束北侧的一部分。

中部渭河阶梯状断陷构造，为新生代（距今约7000万年至100万年）断陷盆地，介于秦岭北坡——太华山北侧大断层及北山山前大断层之间，是渭南市控制范围最大的构造带。盆地内沉积巨厚的新生代地层，中部以鲁桥—关山—双泉断层为分界线，将整个构造带分为北部断阶和南部断陷两个构造单元。北部断阶介于北山山前断层与鲁桥—关山—双泉断层之间，发育有北东和北西两组断裂带。北东向断裂走向为北东50°～80°，约有20余条断层，主要分布于蒲城、白水一带；北西向断裂较北东向断裂发育差，密度小而分散，主要如贾曲—官池隐伏断层，许庙—朝邑断层等。以上两组断裂内，夹有小背斜和向斜褶曲，以北北东向为主。由于两组断层交叉错断，形成格状构造，组成地垒和地堑相间的断凸和新凹构造结构。南部断陷介于关山—双泉断层与秦岭北坡—太华断层之间，是一个深断陷带，新生界沉积达7000米，构造发育受几条大断层控制。北边一条断裂带是口镇—关山断层，走向近于东西，断层面向南倾斜，倾角45°～70°，逆断层。中部渭河隐伏断裂，该断层大致沿渭河呈弧形展布，自宝鸡经武功进入渭南，经华县向北东伸延至黄河岸，系高角度正断层。南部断陷带，在断层错落控制下，形成由次一级凹陷和凸起组合的构造特点，如故市凹陷和渭南凸起，华阴凹陷和潼关凸起等，其中故市凹陷是境内最大最典型的凹陷区。

北部鄂尔多斯地台的陕北盆缘褶皱构造带，北起黄龙山山脊分水岭，南抵北山山前大断裂，东至韩城北东向大断裂。这个大构造带呈北东70°～80°走向，倾向北西20°～10°，倾角3°～7°的大型单斜构造，它是陕北向斜构造的南翼边缘部分，是渭北山区和塬区的分界带，区域内以山地为主，发育着各种褶皱构造和断裂构造。褶皱构造并不发育，只在局部地区在单斜层上发展一些次一级舒缓褶皱，作波浪起伏分布。如在韩城师家滩、崖岔、禹门口、上峪口、下峪口至上白帆一带，岩层呈直立或微有倒转现象。而在褶皱区东北部褶曲比较发育，明显的有禹门口、文家岭一带的倒转褶曲，桑树坪、枣庄一带的北东向倾伏背斜，乔子玄一带的北东向倾伏背斜，合阳、澄城、白水一带的褶皱带。褶曲平展舒缓，由东北向西南呈波浪起伏，逐渐平缓而消失。蒲城、富平北部将军山—峪岭复背斜带，由一系列小褶曲—背斜、向斜组成，褶曲轴向呈北东70°左右展布，两翼角不对称，背斜主要褶曲有洛河三眼桥背斜、碑子岭背斜和尧山向斜、白水向斜等。此构造带的断裂构造发育，以近东西向逆断层为主，断层发生于各个不同时期的基岩上，同时普遍产生北东东和北北西两组共轭X型剪节理。如东西向断层有杜康沟逆断层，澄城县姬家坡、狄家河和洞子岩南逆断层，以及北山山前大断层。北东向和北北东向断裂，最北有壶梯山—红土断层，其中以东部的韩城断层最大，在中部山区东侧，一些地区发育一系列叠瓦式构造，形成断层面向东倾的高角度仰冲断层，断层走向与地层走向一致，沿断层面倾向呈舒缓波浪起伏。还有合阳—杨家庄正断层，展布于徐水沟和杨家河附近，以及百良—露井—业善正断层，断层东起百良镇向南西延伸至露井，经寺前、业善向东进入大荔，与鲁桥—关山—双泉断层相交。

第二节　地层分布

渭南市自太古界至新生界地层均有分布，发育齐全。在秦岭北缘及韩城禹门口一带出露太古界和元古界的变质岩系及不同时期的侵入岩；北部地区的黄龙山、将军山、尧山及南部的金堆城地区分布有古生界沉积岩，中生界碎屑岩多出露于山区及沟谷中，且多被黄土覆盖；第三系红层主要分布于秦岭北坡，北山南缘及渭北二级台塬；第四系黄土及松散堆积层分布广泛，成因复杂，种类繁多，覆盖于老岩层及二级以上的河谷阶地之上。

秦岭北坡小秦岭地区：太古界太华群，总厚度 4000 ~ 5000 米，分布于潼关、华阴、临渭区南部，主要出露于华山—秦岭北坡一带，岩层作东西向延伸。由混合岩化黑云母斜长石片麻岩、角闪片麻岩夹片岩、大理岩、变粒岩及磁铁石英岩组成，未见其底部，上覆岩层为铁洞沟组，熊耳山组和高山河组，角度呈不整合接触。太华群按岩性层位，分为下、中、上三个亚群，互为整合关系。下太华亚群厚度在 1500 米以上，为混合岩片麻岩类，有黑云母长片麻岩、条带状混合岩，局部夹有二云母石英岩、变粒岩、纳长角闪片岩、角闪片岩、含磁铁矿片麻岩和透镜状大理岩，是著名的含脉金矿的层位。中太华亚群厚度在 200 ~ 650 米，有长石石英岩、大理岩和含石墨条带大理岩、蛇纹石化大理岩并夹斜长石角闪片麻岩、黑云母斜长石片麻岩以及石墨化、蛭石化的透闪片岩等。上太华亚群厚度 3000 米，整合于中太华群之上，受花岗岩侵入影响，岩层破碎凌乱，有角闪斜长片麻岩、黑云母、二云母片麻岩以及斜长角闪岩，混合岩夹黑云母石英片岩互层，在黑云母变粒岩中夹磁铁石英岩，磁铁角闪岩中局部夹紫苏辉岩及大理岩。

震旦亚界长城系分布于太华山、老牛山和金堆城一带，包括有铁洞沟组和熊耳群，前者是滨海相—浅海相的陆源碎屑岩；后者为海相火山岩夹普通沉积岩层，均属于地台型或地台边缘拗陷型沉积。铁洞沟组一般厚度315 ~ 2885米，角度不整合于太华群之上，由白云母石英岩组成，局部地段夹石灰岩透镜体。熊耳群由基性—酸性—中基性一套喷发火山熔岩组成，与下伏铁洞沟组呈平行不整合接触，并超覆于太华群之上，由下而上分为三个亚群，下熊耳亚群厚60 ~ 288米，以玄武岩、安山岩为主，夹有绢云母石英片岩和石英砂岩透镜体，其上部夹一二层大理岩，底部有些地区见底砾岩；中熊耳亚群厚9900米，按岩性分为上、中、下三组，上组以安山岩、安山玄武岩为主，具枕状构造，并夹有薄层泥质、钙质板岩和透镜大理岩；中组是玄武岩夹一层8米的钙质板岩及透镜大理岩，在板岩顶部有一层15米~ 18米的紫色凝灰岩；下组是安山岩夹凝灰质绢云母千枚岩，有含磁铁矿和黄铁矿。震旦亚界蓟县系出露于金堆城以南，有高山河组和少部分龙家园组，不整合于太华群之上，厚244 ~ 1247米。高山河组按岩性分为下、中、上三部分，下高山河组厚405 ~ 486米，主要岩性为紫红色砂岩夹灰绿色、灰紫色粉砂岩，底部有砾岩、石英砾岩；中高山河组厚325 ~ 400米，岩石以灰白色石英砂岩夹灰绿色、灰紫色页岩以及薄砂岩互层组成；上高山河组厚310 ~ 330米，主要岩性下部为紫灰色、灰白色石英砂岩，局部夹有砾岩，中部为深灰色、绿灰色、含粉质、砂质绢云母板岩，并夹有薄层石英细砂岩，上部为灰色厚层状石英砂岩，夹绿灰色粉质板岩。龙家园组厚385 ~ 773米，以镁质碳酸盐为主，下部主要为灰色微粒硅质条纹白云岩，上部为深灰色硅质条带白云岩，有叠层石化石。

新生界第三系分布受渭河断陷盆地控制，秦岭北坡地区仅零星出露于山地边缘地带。第四系分布于山间洼地及山麓地带。侵入岩主要分布于华山、老牛山及金堆城以北地区，岩性以酸性岩类为主，多呈岩基状产出。有元古代侵入岩、中生代侵入岩和其他时代侵入岩。侵入岩体是重要的金属矿产蕴育地段，岩体与围岩接触带是主要成矿和矿化地带，是寻找金属矿床的基地。

中部渭河断陷盆地区：渭河断陷盆地渭南境内的新生界地层发育良好，沉积了巨厚的沉积建造，包括从始新统到全新统六个时代的沉积建造地层。地层间接触关系明显，有不整合或剥蚀面存在，岩层中保存有丰富的脊椎动物化石群。渭河盆地前新生基底岩性，基本受南北两侧边界岩性控制。南侧地区基岩为太古界、元古界和花岗岩的混合岩区，与秦岭北坡和华山地区所出露的岩性岩浆岩体是相对应的。北侧在渭北一带是下古生界岩性基底，在盆地边缘地带的合阳、白水、蒲城等地，新生界下面直接与奥陶系灰岩接触。而渭河两岸，由于沉积层厚，沉降深，一直未见基岩。自潼关至合阳一线以东地区是太古界涑水群及下古生界的分布区，与晋南属于同一基底岩系，普遍为巨厚的新生界沉积所覆盖。

新生界第三系地层组成物质多为砂岩、泥岩及含小砾石的砂质泥岩互层，上部的上新统为含小钙质结核的红色土，普遍具有底砾层。岩石微胶结，以红色、棕红色及紫色为主，层理分明，岩性稳定，分布受断陷盆地控制，有河湖相、山麓相和洪积相。分老、新第三系，二系间与下伏基底岩呈角度不整合接触。分为始新统、上始新统—下渐新统、中新统和上新统四层。始新统红河组沉积层多被第四系覆盖，仅在沟谷上游出露，岩性为一套紫红色泥岩、砂岩泥岩和细砂岩等组成，厚度一般 160 米，最厚可达 800 余米。上始新统—下渐新统白鹿原组，在沋河的庙沟、张家河一带出露明显，岩性为灰白色砂岩夹紫红色互层，厚 40 余米。据钻孔资料，渭河谷地有相当渐新统地层，岩层下部为砂砾岩，中部为粗—细—粗含砾砂质泥岩，上部黄棕色，局部褐色，红棕色粉砂岩及砂质泥岩，层间偶夹煤线及炭质页岩，有孢粉化石，总厚度约 400 米。中新统冷水沟组，分布于渭南白鹿原组之上，和寇家村组都深埋于第四系之下，厚 60 ~ 220 米。中新统地层距地表 670 ~ 1200 米，厚 187 ~ 498 米，最厚可达 1342 米。下部岩性为灰白色，灰黄色砾状长石砂岩，并含有砾石—中粗沙、棕褐色含砾泥质砂岩及含砾石的砂质泥岩、粉砂质岩互层夹绿色泥岩；上部为红棕色浅褐泥岩、灰黄色粉沙质泥岩以及浅黄色泥质粉砂岩、灰绿砾—灰白色细砂岩互层夹含砾状砂岩，属河湖相。上新统分布广泛，沉积建造韵律清楚，总的趋势是沉积物由粗逐渐变细，有脊椎动物化石，沉积厚度大，均为第四系沉积物覆盖，在临渭区一带岩层深埋于 486 ~ 916 米以下。岩性是浅黄、浅棕黄、浅灰绿等杂色泥岩、粉沙质泥岩，局部夹薄层灰色泥灰岩及浅肉红色、灰白色细砂岩，并有砾状—粗砂岩互层，属河湖相沉积。

新生界第四系分布广泛，沉积类型多，地层分为更新统和全新统，更新统又分为上、中、下三部，地层中含有丰富的哺乳动物化石以及人类化石及石器。下更新统三门组，岩层主要埋藏于地下，局部露于深切沟谷两侧或高阶地下部。在故市一带岩层埋深 700 米，在黄土塬底及塬边有出露。分两层，下层岩层是一套砾石、沙及红色沙质黏土；上层覆盖一套浅黄色土粉质黏土。沉积类型有：冲积洪积层，分布于临渭区小峪寺沟等地，厚 10 ~ 32 米。岩性是一套红色泥砾岩或灰白色砾岩，夹红色黏土和粗沙透镜体。冲积湖积层，见于临渭区一带，厚 21 ~ 451 米，岩层是一套深灰、灰绿、棕黄、棕红等杂色砂质黏土、粉细沙、中粗砂及砂砾石互层，不整合于蓝田组或老岩层之上。风积层，分布于黄土塬区底部，见于深切沟谷两侧，厚 13 ~ 60 米。岩性为淡肉红色“石质黄土”，胶结坚硬，具多层淡红褐色古土壤层及料礓石层，与第三系呈角度不整合接触，或覆于下部冲积湖积层之上。洪积层分布于临渭区、华州区、华阴、潼关一带以南、秦岭以北的狭长地带，渭北分布于北山山前地带，厚度 25 ~ 200 米。埋藏于地下数米至数十米，岩性由粗细混杂、层韵不清、粒度大小不均的砾石、碎石、块石等组成。中更新统泄湖组，分布在临渭区至潼关间的渭河两岸广大地区。下部冲积砂砾卵石岩性为淡黄、白黄色黄土。全新统以河流冲积和土状堆积两大类为主，层位分下、上两层，主要分布于渭河及其支流河漫滩和一级阶地上，在秦岭北坡与北山山前地带形成洪积扇群带。下部全新统分布于河流各级阶地上，岩性为灰黄色沙、砂卵石夹薄层砂质黏土和黏土质砂土，厚 0.2 ~ 0.7 米。顶部厚 1 ~ 10 米，是砂质黏土、砂卵石及黄土状砂质黏土，有新石器时代磨制石器、陶片等人类活动遗物。山麓洪积扇下部厚 40 ~ 55 米，岩性为砂砾石；上部厚 34 ~ 70 米，为砂质黏土夹碎石等。上部全新统分布于河床及河漫滩地区，厚 1 ~ 38 米，岩性为黏质砂土、砂质黏土、粉细沙、中粗沙和沙砾石层。全新统洪积层厚 5 ~ 15 米，由巨大石块、漂石、碎石、砂砾石和泥质、砂质黏土混合组成。

陕甘宁盆缘地区：太古界涑水群，厚度不详，地层时代相当太行山阜平群，仅见于韩城禹门口附近，韩城断裂北侧零星出露，未见该层底部，上覆层为寒武系馒头组底部的霍山砂岩。岩性主要是由混合花岗片麻岩、混合片麻岩、混合岩类角闪斜长片麻岩等组成，层位顶部有层绿泥石片岩、层间花岗岩脉及伟晶岩脉侵入发育。

古生界寒武系下统馒头组，厚 26 ~ 35 米，不整合于涑水群之上，岩性下部为灰白色砂岩，分选性良好，具交错层理，上部为紫红色、黄绿色钙质泥岩、泥灰岩类少量粉砂岩及石灰岩互层。寒武系中统毛庄组厚 20 ~ 25 米，下部为灰绿、暗紫色粉砂岩，上部为浅灰色石灰岩、泥灰岩夹薄层粉砂岩。徐庄组厚 86 ~ 117 米，整合于毛庄组之上，在韩城附近，岩性以碳酸盐岩为主。张夏组整合于徐庄组之上，岩性主要是中厚层鲕状灰岩夹有铁质结核及三叶虫碎片，并夹有泥质条带状灰岩、竹叶灰岩等。寒武系上统崮山组整合于张夏组之上，岩性为灰、浅黄色薄层块状泥质灰岩、白云质灰岩等。长山组整合于崮山组之上，厚 57 ~ 137 米，岩性以褐灰、深灰、土黄色的白云质灰岩及泥质白云岩为主。凤山组整合于长山组之上，厚 67 ~ 84 米，由深灰、浅黄泥质白云岩、中厚层白云岩组成。

古生界奥陶系下中统，厚 200 米以上，是陕北盆缘地区与关中地堑的明显分界线，北山山脉即以这层灰岩为标志，呈低山残丘，自韩城经合阳、澄城、蒲城、白水至富平断续出现，并在河谷及深切沟谷中均有出露，是构成二级黄土台塬的基底。岩性是一套深灰色薄层状灰岩及厚层致密状。灰岩质地纯净，在灰岩层面顶部，遍存一不平坦的剥蚀面。地层划分为下奥陶统治里组，亮甲山组，中奥陶统马家沟组及桃曲坡组。古生界石炭系厚 70 余米，属海陆交互相沉积建造，表现为颤动海、陆相地层和海相地层交替出现。岩性主要是陆相碎屑岩类夹海相碳酸盐类，含丰富的植物化石及海相化石，出露层有本溪组，分布于韩城、合阳、白水、蒲城一带，岩性为泥岩夹砂质泥岩和砂岩与灰岩透镜体，厚约 30 米。太原组分布由韩城向西至富平，属海陆交互相沉积。岩性为灰黑色泥岩、粉砂岩、灰岩和石英砂岩等，厚 65 米左右，此组是重要的含煤层位。古生界二叠系分布于整个渭北地带，由于大部分地区为厚层第四系覆盖，多出露于各河流沟谷之中，属陆相碎屑岩构造。根据岩性和化石组合特征自下而上分为山西组、石盒子组和孙家沟组。

中生界三叠系下统上石千峰组在韩城以北有部分出现，岩性由砂岩和页岩组成。新生界第三系主要出露于上新统，红色黏土分布广泛，一般出露于山原及沟谷间，有的埋于第四系之下，与老岩层呈不整合接触。新生界第四系厚 0 ~ 100 米，出露以第四系更新统和第四系全新统为主，主要是黄土及沙、砾、卵石层等松散堆积物，黄土中夹有料礓石。

第三节　地形地貌特征

渭南市大中尺度地貌是以渭河为轴线，从渭河平原向南北山地呈梯级上升的槽谷地形。最低一级为渭洛河下游冲积平原，地势由西向东缓降，地面宽阔平坦，海拔 330 ~ 400 米，外侧为黄土台塬，地势升高，原面微斜，海拔500～1000米左右，间有河沟切割，原面基本完整。南北山麓地带为山前洪积扇裙或山麓坡积洪积倾斜台塬。地面倾斜，沟谷较密，沟口为洪积锥，各处海拔不一。南北边缘为石质山地，南边是秦岭太华山，为构造剥蚀中山，海拔多在1000～2300米之间，最高峰草链岭海拔2645米。北边是构造剥蚀低山，是黄龙山的东南延伸部分，习称北山，海拔800～1500米，最高峰大岭海拔1783米。山区地形破碎，岭谷相间，沟谷多呈“V”形，山峰林立，陡崖峭壁。黄河渭河沿岸及大荔沙苑有片状沙地和风积沙丘。冲积平原、黄土台塬中散布着一些长形的侵蚀构造洼地，底部为湖泊沼泽，周围土壤盐渍。南部山区有零星古冰川地貌遗址，中山顶部又有寒冻地貌出现，故渭南市山川、台塬、丘陵、沟壑、沙丘、湖泽、冰川寒冻地貌皆有，组成盆地形态。

渭南市处于秦岭纬向、祁吕贺山字形、新华夏系构造体系的交汇部位，这些构造体系相互穿插、叠加、利用及干扰破坏作用，产生强烈的复合现象，使境内构造体系复杂化，控制着山文水系大势和岩相变化。境内一切地质、地貌现象都沿着区域主要构造线——东西、北东东方向进行，其次还有北北东和北西方向的构造表现，使区域内的山脉、岩性、断裂构造和大中地貌的展布明显地呈一由东西转为北东再折向北北东的急折、弧形的结构特征。

秦岭北坡山区

此区位于临渭、华州、华阴、潼关4县（区）南部的山地，北起太华山北坡坡脚，南至洛南县北界。山脉呈东西走向，地势由南向北倾斜。东西长约90公里，南北宽20～40公里。海拔650～2654米，多在1000～2300米之间，相对高度500～1000米，2300米以上的高峰从西向东有二郎山（2320.2米）、箭峪岭（2449米）、草链岭（2645米）、老牛山（2539.6米）、笔尖山（2491米）等。岩性以坚硬抗蚀力强的前震旦纪变质岩系和各期的花岗岩为主。地貌形态，北面以断层三角崖与黄土台塬区交界，山势高峻，沟谷纵横，形态破碎，岭高梁窄，角峰嶙峋，陡崖峭壁，水流湍急，且有瀑布险滩。新构造运动间歇性升降活动在山坡遗有三级剥夷面，分布在不同的高度上，使山区地貌具有层状结构的特征。2300米以上山峰顶部，由于寒冻热融作用强烈，岩石崩解，出现石海景观，以草链岭、老牛山较为典型。山谷多呈“V”形，基岩裸露，唯河谷有二至三级阶（台）地，沿河呈带状分布，高出水面5～30米，宽数米至百余米，只有少数湾地片块较大，是山区农业活动中心。重力作用在山地表现特别活跃，相应的滑坡、崩塌、坠落、泥石流和洪积锥广泛分布。植被在1400米以上的中山，主要为松栎混交林，1800米以上全是森林和草地，是天然林集中分布的地带。1400余米以下的低山阳坡以草为主，散生灌木；阴坡以草灌为主，散生乔木，植被稀疏。河谷阶地气候温暖，可以种植农作物。

秦岭北麓黄土台塬区

此区包括临渭—华州塬，潼关—孟塬及华州、华阴山麓洪积扇裙三个地貌单元。界于华山北侧断裂带与临渭—华州—港口断裂带之间，海拔400～840米，相对高程100～300米，以缓坡与太华山坡脚相连，以陡黄土崖和渭河冲积平原为界，地貌界线非常清楚。东西向因受北东及北西向断层的交切，地貌上为块状的断凸和断凹交替出现，在此基础上，经第四纪中、上更新世的黄土沉积的覆盖和河流的切割，终于演变成现代的黄土台塬和山麓洪积扇裙相间排列的地貌结构。由下而上分为三级，呈梯式结构。各级以土崖相接，塬面平缓，形态起伏，间有小洼地，组成物质为二元结构，上部为中、上更新统黄土，厚约60～170米，下部为下更新统河湖相沉积物。河谷两侧和塬边冲沟发育，多呈“V”形，沟深100～200米，沟头呈马蹄形，重力和水侵活跃，水土流失较重。与渭北黄土台塬相比，南塬为山麓洪积扇与黄土台塬相间，且塬面较窄，起伏较大，由东南向西北倾斜，河流多，水量大，流短水急，谷宽塬窄。

洪积物以堆积加厚为主，多属埋藏型洪积扇，具有时代新、颗粒粗、规模大、堆积物厚和坡降大的特点。此区黄土台塬，地面平缓广阔，土层深厚，是小麦、油料的主要产区。山前洪积扇裙和山麓坡积洪积扇裙是桃、李、杏、石榴、柿子、苹果的主要产区。

渭河冲积平原区

此区地处渭河地堑断陷部位，镶嵌于南北台塬之间，地势最低，海拔 400 米以下，界于关山—党睦—双泉和临渭—华州—港口两大断裂带之间，宽约 40 ~ 50 公里。其形态由河漫滩、河流阶地、槽形洼地、低缓土梁和风积沙丘、沙滩、山前洪积扇等中、小地貌组成。地面平坦宽阔，土质肥沃，地下水丰富，灌溉方便，是全市最主要的粮、棉、油生产基地。河漫滩是黄、渭、洛河流经黄土高原，洪水携带大量泥沙，到下游大部沉积，洪水过后露出水面而成，沿河成带状分布，地面平坦，地下水位埋藏浅，组成物质为全新统晚期粉砂、细沙、砂质黏土和砂卵石层。河流阶地地形低平，面积宽阔，土质肥沃，海拔 300 ~ 400 米，西高东低，是关中平原的主体部分。组成物质上部为砂质黏土和黄土类土夹 1 ~ 3 层古土壤层；下部为细沙或沙石层，蓄水性良好，地下水储量丰富，引水抽灌方便，灌溉历史悠久，水利事业发达。由于灌溉渠系发展和三门峡水库回水影响，不少地方水位上升，土壤盐渍化严重。渭河两岸各级阶地上分布着大致东西或北东向槽形洼地，底部有地下水出露，加之雨季阶面径流汇入，在洼地低处形成湖泊沼泽及盐渍化。风沙地貌主要分布在大荔县沙苑、黄河滩地，渭河沿岸有零星分布。地貌为环状结构，外围是平沙地，中央是不连续的槽形洼地，其间是由新月形沙丘、沙丘链组成的沙带，适宜花生种植。

渭北黄土塬区

此区处于渭河地堑北侧的断阶部位，范围介于鲁桥—关山—双泉与碑子岭南侧—壶梯山—韩城两大断裂组之间。塬体呈盾状，塬面高程在500 ~ 1000米之间，塬体展布与主干断裂构造方向基本一致，呈北东东、北北东方向。因受下伏基底的梯级断裂和断块构造的控制，塬面呈梯级结构，间有小洼地分布。从下而上分为三级，各级台塬之间多以土崖相连，土崖西低东高，大体在50 ~ 100米之间。塬面平缓，宽阔10 ~ 50公里。间有河沟分割，河谷深100 ~ 300米，塬边、谷坡冲沟发育，重力侵蚀较重。组成物质上部为中、上更新统黄土，厚60 ~ 170米，下部为下更新统的河、湖沉积及第三系泥岩或古生界灰岩和沙页岩。地貌特征是，塬面广阔平缓，黄土覆盖深厚，疏松易耕，垦殖历史悠久，是渭南市重要的粮、油、烟、果、秦川牛、奶山羊商品生产基地。但黄土垂直节理发育，湿陷溶蚀严重，塬边冲沟、陷穴发育，水土流失严重。加之气候干旱，地下水不多，水源缺乏，伏旱最为严重，素有渭北“旱塬”之称。

北部边缘低山丘陵区

此区位于关中盆地的北部边缘，构造属鄂尔多斯台向斜的东南部。地貌为一系列北东东向雁行式的褶皱断块山。此区分为两个亚区：即北山南坡和禹门口—杨家庄—皇甫庄联线以北为一区；另一区为此联线西南的石质低山区，包括富平县金粟山、蒲城县尧山、五龙山、澄城县壶梯山一带。岩性主要是下古代灰岩及中生代含煤地层的陆相碎屑岩，黄河沿岸有零星的太古代杂岩，岩层倾角小（3° ~ 5°），山岭舒缓。禹门口—杨家庄—皇甫庄联线以北，以线状侵蚀地形为主，山势起伏较大，海拔多在1200 ~ 1600米之间，超过1600米的山峰有大岭（1783米）、西峙子山（1689米）和八郎山（1619米），相对高差800米左右。坡面基岩裸露，坡势东南陡峻、西北缓倾。山梁窄缓，山顶呈浑圆状小丘，丘顶盖有1 ~ 3米的风化残积物。河流由西北向东南注入黄河，斜切山岭形成许多峡谷，著名的为黄河峡谷，由康家岭至禹门口，两岸陡崖峭壁，水流湍急。禹门口—皇甫庄联线西南为石质低山，海拔800 ~ 1500米，相对高差 300 ~ 500 米。山势低矮，山体宽数公里，间有河谷分布。源于黄龙山南坡的河流由北向南及由西北向东南，切割黄土台塬流入黄、洛二河。北山南侧东西向分布一些石灰岩山丘，自西向东断续分布于黄土台塬中。山体浑圆，山势低矮，海拔 800 ~ 1200 余米，相对高差 100 ~ 300 米，如五龙山、尧山、金粟山、卧虎山等，有“黄土海中孤舟”之称。

第四节 河流

渭南市境内平均年径流量大于 1000 万立方米的河流约 30 条。河流分过境、入境和境内河流，均属黄河水系。黄河、渭河、洛河（北洛河）为主要过境、入境河流。全市河川集水面积 13030 平方公里，有河流和 1 公里以上的沟道 4113 条。河流集水面积在 100 平方公里以上的有 25 条，50 平方公里以上的有 45 条，10 平方公里以上的有 144 条。

黄河

黄河于韩城市王峰镇老鸦坳入境，由北向南流经 24 公里于禹门口出晋陕峡谷，沿西南 20° 方向，流经韩城、合阳、大荔、潼关 4 县（市）的 20 个镇边境，在潼关秦东镇花园处接纳渭洛河水后，急转向东在沙坡村出境。区间流程 156.5 公里，控制集水面积 3635 平方公里，占全市土地面积的 27.7%。

黄河为晋陕界河。禹门口以上，黄河穿行在宽仅 100 米左右的深邃的峡谷中，河道比降 1% 左右。禹门口以下至潼关段称小北流，全长 132.5 公里。黄河出禹门口先流经河槽宽为 4 公里以上的漫滩河谷，两岸台塬高出河床 50 ~ 200 米，为切入黄土台塬的谷内式河道，游荡性较强，两岸多有滩地。后经合阳洽川穿流在汾、渭平原阶地河段，河面更为宽阔。河流比降自上而下为 0.6% ~ 0.3%。河水流速大，洪水猛涨猛落，河型散乱，河道宽浅，主河槽不断发生位移，河心多沙洲，是典型淤积游荡性河道。

渭河、洛河都在末端汇入，属三门峡水库区。

据黄河水利委员会龙门水文站 47 年实测资料，年均流量 1220.6 立方米 / 秒，最大年均流量 1708.9 立方米 / 秒（1967 年），最小年均流量 609 立方米 / 秒（1969 年）。年均含沙量 32.4 公斤 / 立方米，年均输沙率 34.3 吨 / 秒。年均输沙量 10.6 亿吨，汛期输沙量达 9.11 亿吨，占年输沙总量的 85.7%。年最大输沙量 24.6 亿吨（1967 年），年最小输沙量 4.16 亿吨（1941 年）。年最大侵蚀模数 4940 吨 / 平方公里。年均侵蚀模数 2130 吨 / 平方公里。自古以来,河道多有淤积。从春秋时期到 1960 年的 2500 年间，河床淤积厚度 16 米，每百年淤积 0.6 米。1960 年，潼关河床高程 323 米。三门峡水库蓄水后，受回水影响，河道淤积突出。1960 ～ 2002 年间共淤积泥沙 24.8 亿立方米，占潼关以上总淤积量的 76.8%。2002 年，潼关河床高程增至 328.4 米。淤积末端已达到禹门口，距潼关 132.5 公里。2003 年特大洪水灾害后，渭南加大了治理力度，至 2015 年潼关河床高程降至 326.473 米。

龙门水文站实测最大洪峰流量 21000 立方米 / 秒（1967 年 8 月 14 日），最小洪峰流量 3190 立方米 / 秒（1980 年 8 月 10 日），多年平均洪峰流量 10430 立方米 / 秒。当流量在 10000 立方米 / 秒，含沙量 600 公斤 / 立方米左右的大水、大沙条件下，常常发生揭底，河床冲刷 3 ～ 10 米，影响范围可达 100 公里。伴随揭底，常发生河道大的变迁或同流量水位下降。

黄河，从历史上看，禹门口以下特别是大荔至潼关河段，河道和渭、洛河入黄口多次发生变迁，尤其是洛河，时而入黄，时而入渭。据陕西省水文总站资料，夏商时期河势尚属稳定，长期流经山西永济首阳山下。西周至秦洛河入黄。西汉元光三年至元光六年（前 132 ～前 129）黄河干流西徙夺洛。西汉始元元年（前 86）至东汉建武八年（32）黄河干流东西摆动，洛河时而入黄，时而入渭。隋初河道一度西迁，夺洛入河。唐初河又绕蒲津关流，洛复入渭。北宋中后期黄河干流西徙，洛河入黄。

元至正元年（1341）至明成化十一年（1475）洛河入渭，后黄河西徙，至明万历十二年（1584）洛河改道入黄。清代 300 年间，黄洛改道达十次之多。1933 年黄河洪水使洛河东偏，游荡于黄、渭之间，入黄入渭不定，1947 年才固定入渭。1960 年至 2015 年河床淤平抬高，河流逐渐西侵，西移 4 ～ 5 公里。

渭河

渭河发源于甘肃省渭源县西南鸟鼠山北侧，由西而东横贯关中平原，于临渭区双王街道办事处张义村西北入境。流经临渭、华州、华阴至潼关秦东镇花园处入黄河。境内河流长 138 公里。集水面积 5508.56 平方公里，占全市土地面积的 41.9%。是条典型的弯曲河道。

渭河在境内始终流经复式阶梯状断面断陷盆地的中轴线。曲流发育，水流散乱，主流位置很不稳定，断面及河道外形经常改变，具有游荡性河道特点。河宽一般 3 ～ 4 公里，下段最宽达 13 公里，河槽宽 5000 米，比降自上而下逐渐变小，由 4.3‰ 到 1.2‰。渭河下游河道在三门峡建库前就有淤积，但冲淤相对平衡。三门峡水库运行后，造成泥沙大量淤积，抬高了渭河河床及滩地高程，减小了河道断面及过洪能力。根据三门峡库区各测验断面建库以来的观测资料，1960 年至 2002 年，共淤积泥沙 12.4 亿立方米。2003 年，渭河发生了“小流量、大洪水”灾害。此后，黄河委员会采取泄洪冲淤，降低潼关高程措施，至 2015 年，潼关河床高程控制在 327 米以内。

据华县水文站观测资料，测验断面以上控制流域面积 106498 平方公里（含政区外）。多年平均洪峰流量 3924 立方米 / 秒。实测最大洪峰流量 7660 立方米 / 秒（1954 年 8 月 19 日），相当于 20 年一遇；历史最大洪水流量 11000 立方米 / 秒（1898 年），相当于 50 年一遇；最小流量 0.9 立方米 / 秒（1972 年 8 月 21 日）。实测多年平均流量 295.8 立方米 / 秒。最大年平均流量 615 立方米 / 秒（1964 年），最小年平均流量 149.3 立

方米 / 秒（1972 年）。连续最大 4 个月（7 月 ~ 10 月）径流量占年径流量的 58.75%。多年平均含沙量 49.3 公斤 / 立方米，平均输沙率 13.6 吨 / 秒。多年平均输沙量 4.2 亿吨，汛期输沙量达 3.86 亿吨，占年输沙量的 91.9%。最大年输沙量 10.6 亿吨(1964 年),最小年输沙量 0.497 亿吨(1972 年)。测验断面最大含沙量 905 公斤 / 立方米（1977 年 8 月 7 日）。泥沙平均粒径 0.036 毫米。也是条季节性多泥沙河流。

洛河

洛河亦称北洛河。发源于榆林市定边县西白于山最高处魏梁南麓，海拔高程 1907 米。自西北向东南形若“S”，蜿蜒曲流，于白水县尧禾镇王家河村入境。流经白水、澄城、蒲城，于大荔县韦林镇东南处注入渭河。区间河流长 212.1 公里，控制集水面积 3756 平方公里，占全市面积的 28.6%。在大荔铁镰山以北，河道切割穿行于深厚的黄土层，并伸入基岩之中，形成宽约 100 ~ 200 米的峡谷，深切曲流，平均比降约 7.0%；铁镰山以南，河流进入冲积平原区，流路曲折，为弯曲性河段，河宽一般为 2 公里左右，比降为 1.8%。

陕西省状头水文站，测验段面以上控制面积 25154 平方公里（含政区外）。据 45 年实测资料，多年平均流量，状头站以上为 27.3 立方米 / 秒，状头站以下为 1.9 立方米 / 秒，最大值 64.2 立方米 / 秒（1964 年），最小值 12.7 立方米 / 秒(1955 年),最枯流量 1.33 立方米 / 秒(1955 年 6 月 21 日)，连续最大 4 个月（7 月 ~ 10 月）径流量占年径流量的 57.5%。实测洪峰流量最大值 4420 立方米 / 秒（1940 年 7 月 11 日），相当于 20 年一遇；调查历史洪峰最大值为 10700 立方米 / 秒（1855 年），相当于 300 年一遇；最小值为 109 立方米 / 秒(1936 年)。多年平均洪峰流量 1148 立方米 / 秒。多年平均含沙量 111 公斤 / 立方米，年均输沙率 3.04 吨 / 秒。多年平均输沙量 0.938 亿吨，汛期输沙量达 0.915 亿吨，占全年 97.5%。最大年输沙量 2.2 亿吨（1966 年），最小年输沙量 0.14 亿吨（1939 年）。断面实测最大含沙量 1340 公斤 / 立方米（1954 年），多年平均含沙量为 122 公斤 / 立方米，泥沙平均粒径 0.043 毫米。

图2-1　潼关黄河、渭河、洛河三河口

洛河下游河道在三门峡水库建库前，冲淤相对平衡，河槽过水能力当出现 2000 立方米 / 秒时，水不出槽。建库后至 2015 年，洛河累计淤积泥沙达 2.8124 亿立方米，淤积末端已达渭大公路桥，距入渭口 57.5 公里。一般淤厚约 4 米左右，促使枯水位大幅度抬高，河槽过洪能力大为降低。平槽过洪能力仅为 500 立方米 / 秒。洛河河口段受黄河倒灌影响和黄河河道的大幅度摆动以及洪水冲淤变化的影响，使得下游河道游荡不定，有时入渭，有时入黄，至 1947 年复入渭，河口段东西向摆荡的幅度达 9 公里以上。

其他河流

流入黄河一级小支流有濛水、错开河、金水沟、徐水沟、盘河、芝水、双桥河等。二级小支流发源于秦岭山地的零河、沈河、赤水河、遇仙河、石堤河、罗纹河、方山河、罗敷河、柳叶河、长涧河、白龙涧、潼洛川等先流入渭河再流入黄河。三级小支流发源于北部的白水河、大峪河、县西河、长宁河、孔走河、铁牛河等先流入洛河，再经渭河入黄河。

源于秦岭的渭河支流具有谷狭、坡陡，流短水急，河床石子多，沙少等山地河道的特点。峪口之外有洪积扇，河水渗入地下补给地下水。平原河段有些形成“地上河”，河道过水面小，排洪能力差。源于北部山地的河流多数深切入黄土台塬之中，谷坡陡峻多悬崖，河床石少泥沙多，纵比降较秦岭各河为小。石川河平原河段，河槽宽浅，曲流发育，具有平原河道的一般特点。

第三章　交通布局

公元前2100年，渭南境内黄河、渭河航运已有相当发展。夏代有了潼关至渭南的车马大道。商代末,开通了周原至芮(今大荔)干道。战国时,秦国已在临晋关黄河上建立浮桥。汉武帝时，建成长安至潼关的漕渠,将东方的粮食源源不断输往京师，优越的交通条件大大提升了古代渭南的战略地位。1931年，陇海铁路延伸到潼关，开通了铁路运输。1964年,首次铺设沥青路面，提高了路面等级。20世纪80年代即实现了县县通铁路，乡乡通公路的目标，渭南成为欧亚大陆桥的组成部分。2015年，境内路网密布，有4条干线铁路、3条支线铁路和2条高速客运专线铁路过境；有4条高速公路、3条国道、7条省道穿境而过。

第一节　公路布局

夏、商代，渭南境内相继筑有东方大道、东北方大道，春秋战国时，境内有城邑十余个，车马道已成网络。至民国，现代公路萌生，简易公路网络形成，晴通雨停。20世纪50年代至60年代，对公路干线进行整修取直，部分公路铺设为煤渣路面或混结石路面。1970年，210国道铺设沥青路面，为渭南沥青路面的发端。1978年，公路通车里程3504.6公里，其中沥青路面940公里。基本实现乡乡通公路。20世纪80年代到90年代初期，大规模开展沥青路面铺设。1995年，公路总里程4769公里，其中沥青路面达到2320公里，县（市、区）通往243个乡镇的公路基本实现油路化；98.6%的建制村通上了公路。

20 世纪 90 年代中期开始，坚持干线公路改建升级与以农村公路为主的新建并重的公路建设方针，建设和投资规模不断扩大。2000 年，历时 5 年的“二级公路网化工程”全面完成，共将 5 条主骨架公路新建改建为二级公路，总里程 469.6 公里，完成投资 8.5 亿元，实现二级公路的网络化。此后，公路建设的重点转向农村。2005 年，全部乡镇通行客运班车。“十一五”（2006 ~ 2010 年）计划期间，公路交通基础设施建设突飞猛进，完成投资 162 亿元，是“十五”时期的 8.77 倍。西禹高速公路、西潼高速公路改扩建、渭蒲高速公路相继竣工通车，干线公路改造后通行能力全面增强。新增农村公路 1.17 万公里，相当于“九五”和“十五”总和的 3.8 倍；全部建制村、70% 以上的自然村通上水泥路或沥青路。2011 年至 2012 年又有潼关县城至华阴段二级公路等一批项目建成通车，韦罗高速公路、108 国道渭南至大荔一级公路改造、沿黄公路等一批重要公路工程开工建设。建制村通班车率达到 98% 以上。2012 年，全市公路通车总里程 1.79 万公里，每百平方公里有公路 137 公里；平均万人拥有公路 34 公里，居中国西部地区前列。2015 年，全市以渭南城区为中心，以 4 条高速公路、3 条普通国道、6 普通条省道为骨架，以县、乡、村公路为脉络，基本形成四通八达、布局合理、功能完善、密集便捷的公路交通网络，成为经济社会科学发展的有力保障。

第二节　铁路布局

渭南境内铁路交通始于民国 20 年（1931）陇海铁路通车潼关之时。民国 20 年（1931）6 月，国民政府陇海铁路管理局潼西工程局局长兼总工凌鸿勋（后由副总工洪关涛接任）利用比利时退还的庚子赔款和银行贷款主持筹建潼关至西安段。路线沿古驿道由潼关西行，境内设潼关、东泉店、华阴、下营、柳枝、赤水、渭南 8 个车站，经临潼境到西安，全长 131.8 公里，渭南境内约 90 公里。民国 21 年（1932）8 月动工，民国23年（1934）12月铺轨西安。民国24年（1935）1月正式运营。民国27年、民国28年（1938、1939），分别修建了渭南至白水轻便铁路和咸阳跨过富平至铜川的铁路。直至1949年5月，境内有正轨铁路2条，总长160公里。

中华人民共和国成立后，铁路交通事业有很大的发展。1956年，国家计划建设陇海铁路复线。因黄河三门峡水库兴建，豫陕交界的西峪河至临潼间线路南移10公里至孟塬。1958年9月开工，1960年7月西峪河至莲花寺与原线路接轨，复线修至罗敷。1961年7月停工。1965年11月，罗敷至临潼新迁线和罗敷至咸阳段复线复工。1969年9月，新线南迁工程和复线至西安区间全部竣工。新线西安潼关间全长146.4公里，渭南境内长101.6公里，设潼关、东谢家、孟塬、华山、桃下、罗敷、柳枝、莲花寺、华县、赤水、树园、渭南等12个车站。20世纪60至70年代，新修了西（安）侯（马）和西（安）延（安）等铁路。1987年，孟塬至宝鸡段进行电气化改造，由电力机车牵引。延长各站内到、发线长度，增建天桥、隧道、立交桥，钢轨换为焊接长轨、重轨。孟塬至西安段4月正式开工，1988年9月与郑州开通电气机车。

1990年，辖区境内有铁路7条，其中干线3条（含在建1条），共设火车站38个。另有专线铁路37条。每日通行货车195对，客车38对。旅客及货物在各县（市）上车，可通行北京、上海、天津、广州、南京、郑州、武汉、南宁、兰州、重庆、包头、乌鲁木齐数十个大城市。2002年，境内铁路增至8条，其中干线4条（含在建1条），总长574.4公里（其中在建42.7公里），有车站59个（含未营运站6个），专线铁路40多条，营运里程531.7公里（其中西铁分局377.6公里），客运和货运可通达全国各大中城市，并可直接通达欧洲和东亚各国。2010年，郑西、大西两条高速客运专线铁路竣工通车。2015年，境内有陇海、侯西、西延、宁西4条干线铁路，南同蒲、西铜、黄韩侯3条支线铁路和郑西、大西两条高速客运专线铁路过境，平均每百平方公里有铁路5.2公里，另有专线铁路 40 多条。铁路密度远高出全国平均水平。

第三节　内河航路布局

渭南航运始于舜帝时期。据《尚书·禹贡》载：昆仑、析支、搜渠等西戎各族用出产美玉、美石、珠宝等作为贡物，在积石山（即阿尼玛卿山）附近黄河装船，航行到龙门、西河（韩城至潼关的一段黄河），与从渭河逆流而上的船只会合于渭汭（今潼关县境）。春秋时期，周襄王五年（前 647），晋国发生饥荒，派使臣到秦国购买数万斛（1 万斛约相当于今 150 吨）粮食，从秦国都城雍（今陕西凤翔县），用船载粮沿渭河顺流而下入黄河，以人力拉纤，逆流而上入汾河，再溯汾河抵达晋国的都城绛（今山西新绛县），史称“泛舟之役”（又称“秦输晋粟”）。汉高祖元年（前 206），在今风陵渡处设船司空（官名）衙门，专管黄河、渭河船库和水运事宜。后改设为船司空县。汉元光六年（前 129），汉武帝派水利专家徐伯主持，开凿平行于渭河的漕渠，主营运输，监灌农田。汉五凤元年（前 57），在今华阴市卫峪镇段家城与王家城北，修建漕运中转站，即京师仓。隋开皇四年（584），在汉漕渠基础上凿广通渠沟通黄、渭两河，漕运关东及汾晋之粟，以给京师，并于南仓头仓西一带设置广通仓，后改名永丰仓，储粟转运，然后到达关辅。唐代，根据河水流量沿途分段建仓储粮，按季节分段区装运。水流畅通则装船航运，经黄河而下，达于渭河运抵长安。明代，潼关设有官船，雇民夫撑驾运输。陕北和山西的煤、铁、盐、杂货经黄河航运而下，再由渭河逆行运至沿岸各县出售，直至咸阳集散，运销今甘肃等地；关中粮食、棉花、木材则顺渭河而下，经黄河逆水而上，运至晋南各地。万历三十五年（1607）《韩城县志》载：“龙门之炭，源源济济，陕以西，咸需之。舸堞辐辏，利用宏远。”清初，风陵渡设风陵巡检司（地址设今潼关县港口镇馆驿巷内）。秦省设官船 2 只，晋省设 9 只，风陵渡水夫 24 名，大庆关协济风陵渡水夫 60 名。清康熙后，船只“自韩城而合阳，而同州，而朝邑，自河达渭，以及长安、周至以西，载以易粟，岁以为常。”乾隆四年（1739），山西永乐巡检司将永乐渡船1只，水夫6名归并风陵巡检司管辖。道光二十九年（1849），为防止水夫恶索为害行旅，船只谋利超载，劝捐购置救生船2只，并设立救生局。民国初期，潼关县将清代所留官船12只和救生局移交商会管理，租赁给12名艄公。民国18年（1929），陕西大旱，朝邑赈济会派员到豫西一带购粮，由灵宝沿黄河逆流而上，并转入渭河、洛河码头，赈济灾民。民国22年（1933），陇海铁路通车潼关后，河南大量船只上溯潼关集结风陵渡，由潼关指定在东关靠岸。民国26年（1937），日寇侵陷山西赵村后，黄河航运、摆渡均停止，潼关12只官船调至渭南。是年9月，朱德、任弼时、左权领导的八路军115师、120师和129师从韩城县芝川镇东渡黄河，开赴抗日前线。翌年，杨虎城部李兴中率177师亦从合阳县夏阳渡东渡黄河抗日。三十四年（1945），抗日战争胜利后，黄河航运、摆渡逐渐恢复。时年，潼关有渡船23只。三十八年（1949），潼关船只增至102只，载重达1530吨。转运山西的食盐、煤炭、棉花、芒硝等，接转韩城、合阳、大荔、朝邑、华县、蒲城、澄城从黄、渭、洛三河航运来的煤炭、棉花、油料等产品。是年，龙门渡、夏阳渡、潼关渡亦曾渡运中国人民解放军西进的指战员以及粮秣、军械等。

1949年10月，潼关县成立船舶管理处（不久变为潼关风陵渡渡口船舶管理委员会），有船53只，干部28人，船工354人。1954年11月，改设潼关风陵渡渡口运输处，编制40人。1955年4月，渭南专区航运管理所（地点设今潼关县港口镇）成立，有干部6人，勤杂工1人，统一领导韩城、合阳、大荔、朝邑、渭南、临潼等县黄、渭、洛3条河流航运业务。1958年，陕西省交通厅在潼关成立关中内河航运处，潼关风陵渡渡口运输处及渭南专区航运管理所同时撤销，原有国营和公私合营船只，转为长途木船运输。1959年，关中内河航运管理处扩建为陕西省交通厅关中内河航运公司，于大荔、朝邑、合阳、韩城等地设立航运站，编制 47 人，船工 1000 余人。20 世纪 60 年代，黄河三门峡库区航道淤塞，陇海铁路南移，渭河航运业日渐衰落。1962 年 3 月，航运业务交由陕西省关中汽车运输公司兼管，实行车船联营。1963 年 12 月，渭南航运管理所成立后，统一管理关中地区航道治理、船舶建造、港航监督业务。此后，黄河、渭河、洛河航运衰退，仅存渡运。1985 年，恢复了潼关港口至山西风陵渡的渡运，设置了 4 处简易码头，并试开航运。1987 年 12 月，渭南地区航运管理处成立。2002 年 10 月 30 日，航运处加挂“陕西省渭南市地方海事局”牌子，行使船舶登记、水上安全监督、船员考试证、船舶检验、船舶防污染等职能。至 2015 年，渭河、洛河淤积，航道已毁。黄河虽无航运，航道尚存。

第二篇

公路

公元前5000年的仰韶文化时期，渭南境内先民在采集、狩猎生产和生活交往中即“践草为径”，开拓出多条原始道路。夏商代，天子出巡，诸侯征伐，动辄出车数百辆。西周初，境内陆上形成“野途”大道和东方大道两条干道，驿道（站）传递军情政务亦开始形成。后世各朝，仍以东方干道和东北方干道两条驿路为主干驿道。民国时期，由潼关驻军倡修的陕西省首条公路——西（安）潼（关）公路，开创了西北地区现代公路运输先河。中华人民共和国成立后，公路交通事业迅速发展。20世纪70年代，主要公路干线开始铺设黑色路面，县、乡大力发展汽车和其他机动车运输。中共十一届三中全会后，境内公路运输被列为基础产业快速发展。1990年，辖区公路交通网络初步形成，基本上做到了乡乡通公路。1996年，高速公路通达渭南。2015年，渭南境内有高速公路4条（含在建1条），普通国家干线公路3条，省道公路7条（含在建1条），公路总里程达到18615公里。

第一章　古道与近代公路

西周时，渭南辖区陆路驿道雏形开始形成。此后各朝，东方干道和东北方干道两条驿路走向基本相同，军、民运输以人力肩挑、畜驮和传统的木（铁）质车承载拉运。明清，东方大道改称潼关道官马西路，是输送兵员、粮秣之路，向西绵延达数千公里，直通甘肃、新疆。民国9年（1920），西（安）潼（关）公路开始修建，成为现代公路运输之始。1949年，辖区有主干公路6条，次干公路20余条，有通车公路796公里，通马车公路1400余公里。

第一节　古道

夏代初，渭南境内已有从今潼关西行征伐有扈氏（今户县境内）的军事道路。西周时，境内的郑、彤、芮、莘、梁等诸侯国邑与周都镐京有“野途”（道宽40尺，折今9.2米）互相沟通。各诸侯国邑道路有“经途”、“纬途”和城郊的“环途”之分。主要道路一是周文王出兵攻伐耆国（黎国，今山西长治市西南境）和邗国（今河南济源县）时的“野途”大道；一是周武王伐纣时，东行出“桃林寨”（今潼关县境）沿黄河侧畔而行，通达京城朝歌（今河南安阳市境）的野途大道——桃林塞路，亦称“东方大道”，朝廷与各诸侯国的驿路（站）雏形形成。秦始皇嬴政二十六年（前221）定都咸阳后，翌年下令在全国“治驰道”（即车马能快速行进的道路），“道广五十步”，并采取“车同轨，书同文”的措施，消除隔阂闭塞状况。通过今渭南境内的东方干道——咸阳•函谷关道，经郑县（今华州区）、宁秦县（今华阴市）过桃林塞，出函谷关（今河南灵宝市境内）；东北方干道——咸阳·临晋道，经重泉（今蒲城县境内）、临晋（今大荔县）等县，东出蒲坂津（今大荔县朝邑镇东黄河边），至河东郡、上党郡和太原郡等。西汉年间，拓修了上述干道，“通田作之道，正阡陌之界。”三国、魏晋南北朝时，道路栽有行道树，“二十里一亭，四十里一驿。旅行者取给于途，工商贸贩于道”（《晋书》）。唐朝又增辟新道，上都长安通往中原腹地的“长安—洛阳、汴州道”和“长安—同州、蒲州道”仍为两条主干驿道。由长安至当时的关中东部重镇—同州有两条道路通达：北路由长安北行经泾阳、三原，过富平、奉先（今蒲城）后向东南折向同州；南路由长安东行经灞桥后折北过东渭桥至高陵，经栎阳后入今渭南境内，再经下邽（今下邽镇）折故市到同州。宋代沿袭唐道。元代，陕西行省内潼关至长安（时为奉元路所辖）通西向、西北向、西南向各行省或府地的小驿路网，又可与直通湖广行省、察汗脑儿等地的大驿路相通。明代，北京至陕西、四川的道路为全国七条干线驿路之一。据雍正十二年（1734）沈崖清编撰的《陕西通志》记载，今渭南境内主要驿道设驿12处，即渭南县丰原驿，华州华山驿，华阴县潼津驿，潼关县潼关驿，富平县县驿，蒲城县县驿，澄城县县驿，合阳县县驿，韩城县县驿，白水县县驿，同州驿，朝邑县县驿。清雍正十三年（1735），朝廷以北京为中心的三条官马大驿路之一——官马西路（“皋兰官路”），由直隶省经山西过黄河入陕西，穿越同州府而过，经西安府直通甘肃省。西安府通往各府、州、县、厅的官马支路四通八达。至清末，渭南境内的驿道、驿站基本未变。

第二节　近代公路

公路未出现以前，陆路交通的主要形式是古代的驿道。民国3年（1914）驿站和驿运制度废除，各地驿站尽撤。但物资运输和人员交流往来，仍然依赖旧有驿道交通。渭南境内公路交通始于民国9年（1920）修建的西（安）潼（关）公路。民国29年（1940）10月抗日战争期间，国民政府为运送军事物资，以各条公路为主开办驿道。辖区设有渭韩驿运支线170公里，与朝（邑）合（阳）、蒲（城）白（水）两条驿运附线相接；华阌驿运支线由华阴县沿华山北麓东出潼关，通河南阌底镇，全长44公里。此后增辟了华阴至渭南和渭南至三原长164公里的两条驿运联络线。民国时期，还修建了白水至洛川的大车道，不久，驿道运输废止。此后，相继修建了渭（南）宜（川）、三（原）合（阳）、渭（南）白（水）等6条主干公路，20余条次干公路。1949年，渭南马车公路辖区通车公路796公里，马车公路1400余公里，全部为土路，晴通雨阻。

西（安）潼（关）公路

民国8年（1919），陕西督军、省长陈树藩等联络当地官绅拟在原西安至潼关大车道的基础上修筑西（安）潼（关）公路。民国9至10年（1920～1921）由陕西路工局调用驻军、征用民夫开始拓宽、整平。民国11年（1922）8月，正式通车，路线西起省会西安，经临潼、渭南、华县、华阴四县城，东至潼关，全长170公里，渭南境内120公里，这是陕西第一条公路，也是贯穿关中东部，沟通秦、晋、豫三省的主要通道。民国12年（1923），为防止铁轮大车轧坏路面与公路平行另辟一条大车道，将原路加宽，路面设置界沟，分道行驶汽车与大车。民国17至18年（1928～1929），驻陕冯玉祥部队令沿线驻军和各县征用民夫对西安至华阴县岳庙镇间140公里进行一次较大的整修，路基最宽处达9米，最大坡降8%。民国36年（1947），西（安）潼（关）公路被国民政府首次定为国道。

渭（南）宜（川）公路

渭（南）宜（川）公路由渭（南）大（荔）韩（城）公路和韩（城）宜（川）公路组成。大荔、合阳、韩城地处渭河以北，面积辽阔，盛产粮棉，为陕西的重要农业生产地区之一。渭大韩公路起自关中东部渭南县城，北过渭河经故市、大荔、寺前镇、合阳、芝川到韩城至禹门口，全长 217.8 公里。民国 25 年（1936）由陕西省建设厅主持，征集沿线民工、兵工在原大车道的基础上改建而成。路基宽 4 米～ 8 米，金水沟、司马坡（原路线）等处最大纵坡达 12%。由韩城延伸至禹门口（即龙门），渡黄河即进入山西，是关中通往晋西南的一条捷径。抗日战争时期，为河防军运主要线路。韩宜公路自韩城县城西北行，经薛峰、柏峪、孙家沟门、圪台至宜川，全长 121.3 公里，韩城境内（与黄龙交界处为止）计 34.4 公里。韩宜公路于民国 29 年（1940）10 月开始施工，民国 30 年（1941）11 月 15 日通车。南接渭大韩公路，北去延长，为当时西安东北方向距中共中央所在地延安最近的一条公路。

其他公路

三（原）合（阳）公路，经瓦窑头、兴镇、蒲城、永丰、雷庄、王村、南蔡至合阳，全长 167 公里，民国 17 年（1928）修建。渭（南）白（水）公路，起于渭南，经故市、党睦、龙阳、蒲城、罕井，至白水，全长 56.7 公里（不含与渭大韩公路重复路段）。民国 23 年（1934）修建。还有敷（水）大（荔）、韩（城）禹（门）、大（荔）冯（原）、三（原）渭（南）、富（平）龙（阳）、岳（镇）大（荔）、澄（城）赵（庄）、白（水）窑（禾）、潼（关）吴（村）等公路。

第二章　现代公路

20世纪50年代初，渭南辖区修复了被战争破坏了的公路，并改造路面。1953年，渭南养路工区试铺渭（南）韩（城）公路渭南至故市段18.6公里煤渣路面。60年代，西（安）潼（关）公路和渭（南）韩（城）公路部分路段改线，并且铺筑混结石路面。70年代初，国、省干线公路铺设成沥青路面。1978年，通车公路3504.6公里，其中沥青渣油路面940公里。80年代，公路建设进入现代等级阶段，大量铺设沥青路面。1985年，辖区通车公路4608.69公里，其中，干线（含专用公路）745.19公里；二级公路26.46公里，三级公路1756.92公里，其余为四级和等外公路。1994年，中共渭南地委、渭南行署决定对国、省干线公路推行二级标准化改建工程。截止1999年底，累计改建、新建469公里，投资8.5亿元。1996～1999年，西（安）潼（关）高速公路分段修建通车。2000年，渭南境内公路总里程达5198.11公里。2008年，渭南对G108线、G310线、S305线等六条线路进行了大中修改造工程，累计144.53公里，总投资9587.63万元。到2010年底，全市公路总里程达17716公里，其中，国道621公里，省道524公里，县道1676公里，乡道2659公里，专用公路71公里，公路密度135.84公里/百平方公里，平均万人拥有公路32.62公里。“十二五”（2011年至2015年）期间，渭南市交通局对干线公路实施路网升等改造八大工程，包括G310潼关至华阴公路、S106富平过境一级公路、S201翔村至卤阳湖公路、S201线白水至黄龙（渭南段）、S201线白水过境公路、S304线韩城至黄龙（渭南段）、S202韦庄至澄城、G108韩城龙门至金城公路；升等改造公路 169 公里，完成投资 22.89 亿元。2015 年底，全市公路总里程达到 18615 公里，路网密度 142.9 公里 / 百平方公里，其中，高速公路总里程 357 公里，普通国省干线公路总里程 2000 余公里，农村公路总里程 1.6 万公里。

第一节　高速公路

1996 年 12 月，连霍高速公路临潼到渭南段通车。至 2015 年，渭南境内有高速公路 4 条（含 1 条尚未通车），即连霍高速公路、京昆高速公路、榆蓝高速公路、榆商高速公路。

连霍高速公路渭南段

连霍高速公路西安至潼关段俗称西潼高速公路，是《国家高速公路网规划》中连（云港）霍（尔果斯）高速公路（G30）的重要组成部分，是渭南市境内东西交通运输的“黄金干线”。1994 年 12 月，西（安）临（潼）高速公路向东延伸，临潼新丰镇到渭南市（今临渭区）程家乡段开工修建，1996 年 12 月通车，全长 40 公里，渭南境内 17.83 公里。1996 年 12 月渭（南）潼（关）高速公路开工建设，西起临渭区程家，东经华县、华阴至潼关县秦东镇西北村，总投资 14.1 亿元，全长 78.52 公里。全封闭四车道，沥青路面，设计时速 100 公里～ 120 公里。1999 年 10 月 1 日，渭（南）潼（关）高速公路修通使用。

随着西部开发加快，东西部交流不断扩大，西潼高速公路交通量增长迅速，时有拥堵，交通不畅，社会关注。2008 年“5.12”汶川特大地震后，国家发改委、交通运输部将该段列为陕西卡脖子路段之一，提出扩容改造意见，陕西省交通厅组织扩容改造方案论证和设计。改扩建工程为陕西以至西北地区首条“四改八”（即由四车道改为八车道）高速公路项目，分两期实施，一期为潼关至临潼段（简称潼临段），二期为临潼至西安段（简称临西段）。一期工程 2009 年 3 月全面开工，潼临段改扩建工程起于陕豫交界潼关县西北村，经潼关、华阴、华县、临渭区、开发区、临潼区，止于临潼兵马俑专用线的靳家立交，全长 116.3 公里，设计概算投资 67.42 亿元、最大通行能力 8 万辆 / 昼夜。在原有道路两侧加宽段全长 99.7 公里，其中新建 8 车道 16 公里渭南过境线，并保留原有四车道过境线作为渭南东、西的联接线。潼关至华阴段 29.2 公里，设计速度 100 公里 / 小时，路基宽度 41 米；华阴至临潼段 87.06 公里，设计速度 120 公里 / 小时，路基宽度 42 米。全线改建互通式立交 8 处、主线收费站 1 处，设停车区、服务区、养护工区各 2 处，匝道收费站、治超站各 8 处。潼临段改扩建工程于 2010 年 11 月 30 日建成通车。

京昆高速公路渭南段

京昆高速公路西安至禹门口段俗称西禹高速公路，为（北）京昆（明）高速（G5）重要路段，在渭南境内主要为阎（良）禹（门口）高速公路。阎良至禹门口段路线全长 176.89 公里，渭南境内 173 公里，工程总投资 59.2 亿元。2001 年 11 月开工，是迄今为止陕西省一次性建成通车里程最长，一次性利用外资额度最大的公路建设项目。由陕西省交通运输厅组织建设。该项目起于晋陕交界的韩城市禹门口，途径韩城市、合阳县、澄城县、蒲城县、富平县、西安市阎良区，与已建成的西安至阎良高速公路相接，是陕西通往华北、西南的交通大动脉。西禹高速公路采用平原微丘区高速公路标准，设计行车速度为 120 公里 / 小时，路基宽度 28 米，4 车道，全立交，全封闭，控制出入，并有较完善的交通安全、管理服务设施及收费系统。2004 年 12 月 31 日，西禹高速公路富平—阎良段建成通车，富平到西安由过去的两个多小时缩短为半小时，2005 年 11 月 27 日，西禹高速公路全线建成通车。

榆蓝高速公路渭蒲段

榆蓝高速公路渭蒲段是榆（林）蓝（田）高速渭南境渭南至蒲城段，简称渭蒲高速公路。1998 年渭南市计划修建渭蒲高速，并先后两度招商引资未果。2008 年，渭蒲高速公路纳入陕西省加快建设高速公路项目，省发改委立项，省交通厅组织建设。2009 年 4 月 19 日开工。渭蒲高速公路穿越渭南市华县、临渭、蒲城三县（区），起点位于华县赤水镇设赤水立交与连霍高速相接，其中渭河特大桥全长 4377 米，是渭北地区建成的跨越渭河的第一长桥。经辛庄乡、跨渭河，沿临渭区故市、孝店镇，过卤阳湖开发区、跨越西禹高速公路，终点在蒲城县东约 2.5 公里的转弯村，设互通立交与 106 省道相接，向南设东杨枢纽立交与京昆高速公路相接。

渭蒲高速公路全线采用全封闭、全立交、双向 4 车道高速公路标准建设，路基宽度 28 米，设计时速 120 公里 / 小时，设互通式立交 6 座，匝道收费站 4 处，服务区、停车区、养护工区各 1 处。路线全长 54.24 公里，总投资 36.79 亿元。2010 年 11 月 9 日，渭蒲高速公路建成通车。

榆蓝高速公路渭玉段

榆蓝高速公路渭玉段是榆（林）蓝（田）高速渭南至玉山段，简称渭玉高速公路，于 2013 年 10 月开工，渭玉高速公路起点顺接渭蒲高速与连霍高速交叉之赤水立交，途经渭南市华州区、临渭区、西安市蓝田县，在玉山镇设玉山立交与沪陕高速（G40）相接至终点。路线全长 39.5（实为 39.482），渭南境里程 32.2 公里。蓝田玉山境内 7.3 公里；临渭区境内 13.7 公里；华州区境内 18.5 公里。总投资 33.4 亿元，渭南段预算投资 22 亿元。采用四车道高速公路标准建设，设计时速 100 公里 / 小时，路基宽度 26 米。设互通立交 5 处，分离式立交 6 处，天桥 12 座，服务区 1 处，收费站 3 处。2015 年 12 月 2 日建成通车。见图 2-1。

图2-1　渭玉高速于2015年12月2日建成通车

榆蓝高速公路蒲白黄段

榆蓝高速公路蒲城至黄龙段简称蒲白黄高速公路，于2015年开工，其中蒲城至白水段34公里，总投资17亿元，截至2015年底，完成投资4.8亿元，尚在建设之中。

榆商高速公路韦罗段

榆商高速公路是陕西省起于榆林市途经延安、渭南与商洛市相连接的一条南北大通道，途经府谷、神木、榆林、米脂、绥德、清涧、延川、延长、宜川、黄龙、澄城、大荔、华阴、潼关、洛南、商州。

榆商高速公路韦罗段即澄城县韦庄至华阴市罗敷段，简称韦罗高速公路，位于渭南市境内，2012年7月正式开工，全长53.74公里，采用双向四车道高速公路标准建设，设计时速100公里/小时，路基宽度26米，总投资34.35亿元。这是渭南市采取BOT方式建设的第一个重大项目，投资方为陕西渭南韦罗高速公路有限公司。截至2015年底，累计完成投资30.7亿元。全线成型路基41公里，占比91%，底基层单幅25公里，占比 27%，下基层 13 公里，占比 14%，渭河特大桥、洛河桥、永丰枢纽立交等控制性工程已全面完成。2015 年底尚在建设之中。

第二节 国道

2015 年，渭南境内有国道 3 条，即 G 310（连云港—天水）线、G 108（北京—昆明）线、G 210（包头—南宁）线。

G 310（连云港—天水）线渭南段

G310 全线从江苏省连云港起至甘肃省天水市止。西安至潼关段俗称西潼公路。渭南境内段西起临潼与渭南交界处，经临渭区、华州区、华阴市、潼关县至坡头南村出境，境内共长 100.248 公里。西潼公路原为车马驿道。民国 10 年（1921）冯玉祥出任陕西督军，责令沿途各县和驻军修建，称汽车路，翌年通车营运。民国 16 年（1927）冯玉祥率国民军并征用民工对临潼至华阴段进行了整修，路基宽度达到 9 米，最大纵坡不超过 8%，最小平曲线半径 100 米，使西潼路面质量有所提高。民国 20 至 25 年（1931 ~ 1936）民国政府为适应军务，对西潼路再次整修。民国 36 年（1947），西（安）潼（关）公路被国民政府首次定为国道。中华人民共和国成立后，人民政府曾多次整修路面，使西潼路质量明显提高。1956 年，该路被列为国道郑州—兰州线的一段。1958 年，国家兴建三门峡水利枢纽工程，处于夹槽地带的渭潼段属于淹没区。经省公路局勘测设计，由三门峡水库投资改线南移，距老西潼公路平均 2.5 公里。改线后的西潼公路渭潼段计有中小型桥梁 28 座，涵管 276 道，11 公分厚级配砂砾石路面 44.5 公里，其余为 6 厘米厚级配石路面，与改线后的陇海铁路复线平交三次、立交两次。全部工程历时 18 个月，于 1962 年 5 月底竣工。1963 年至 1970 年，渭南地区对部分路面进行了改线升等，1971 年至 1976 年铺筑油路，使全线达到晴雨通车。1981 年，被列为 310 国道连云港——天水线的一段。1994 年至 2000 年，渭南公路局按二级公路标准，贷款投资 1.8 亿元对 G310 渭南段逐年分期分批进行拓宽改造，1999 年全线为二级公路。2009 年，为解决 310 国道横穿渭南市区，交通量比较大，加之西潼高速改扩建施工期间，310 国道要承担部分高速公路车辆分流任务，不能满足通行要求。陕西省交通厅和渭南市政府共同协商决定联合建设 310 国道渭南城区过境一级公路。工程于 2009 年 3 月 15 日开工建设，2011 年 11 月完成 。路线全长 21.641 公里（完全利用关中环线 1.822 公里，实际建设里程 19.819 公里），路基宽度 24 米，按双向六车道一级公路标准设计。至 2015 年，310 国道渭南段全线 113. 41 公里，其中一级公路 21.447 公里，二级公路 91.963 公里。

G 108（北京—昆明）线渭南段

G 108 全线北起北京，南至云南省昆明，渭南境内称渭（南）大（荔）韩（城）公路，自渭南、临潼交界起，经渭南市区、故市、交斜、下寨、汉村、寺前、路井、南蔡、龙亭、芝川、西庄、下峪口到陕西、山西交界的禹门口，长 235.969 公里。是关中通往晋西、华北的一条捷径。渭大韩公路初建成于民国 25 年（1936），由陕西省建设厅主持，征集沿线民工，在原大车道的基础上拓修改建而成。路基宽 6 米～ 8 米，土路面，弯道坡度距标准要求相差甚远，最大纵坡 18%，平曲线半径最小 10 米。沿路修永久式桥梁 16 座，半永久式桥梁 1 座，涵洞 3 道。渭河上的上涨渡和洛河上的新桥渡两处大渡口，用木船人力摆渡。1947 ～ 1949 年，渭南地区的中共组织和人民政府，发动沿线群众抢修公路，保证了支前和民运的需要。1953 年成立渭韩养路机构，路况有所改善。到 1960 年，一般路基宽 7.5 米～ 10 米，路面全部采用砖块、煤渣、砂、砾铺盖。从 1970 年开始分段铺筑泥结碎石路面，继而铺筑渣油路面。1981 年划为国道，为二、三级路面。1998 年，全线为二级公路。2012 年 6 月 6 日至 2014 年 7 月底，渭南市交通运输局组织实施了 G108 渭南至大荔（汉村）一级公路工程。

该项目路线起点位于临渭区官道镇腊杨村接关中环线，经官道至故市镇接 G108 后，向东沿旧路布线，经南师、交斜、下寨、羌白，跨洛河至大荔县城西，沿大荔县的西环线和北环线布线，向北经许庄镇止于汉村南，全长 65.457 公里，双向四车道，设计速度 80 公里 / 小时，路基宽度 21.5 米，批复概算总投资 9.19 亿元。由渭南市交通建设有限责任公司组织实施的范围为 57.476 公里，其余 7.981 公里大荔城区段由大荔县政府组织实施。2015 年，G 108 渭南段全线 216.734 公里，其中一级公路 89.42 公里，二级公路 127.32 公里。

G 210（包头—南宁）线渭南段

G 210 国道全线南起广西壮族自治区南宁，北至内蒙古自治区包头。陕西西安至包头段称西包公路、西安至宋家川段称西宋公路。渭南境内由富平县入境后沿石川河西岸的青岗岭过淡村、觅子，由洪水乡进入耀县华原乡，直达陕北，接内蒙古自治区的包头市，是关中与陕北的重要通道，境内路段长 24.288 公里，均为二级沥青路面，晴雨通车，常年养护。西包公路初建于民国 22 年（1933），是在咸（阳）榆（林）马车道基础上动员士兵和民夫修成的。1949 年春富平县解放，为支援解放军过境，县支前委员会下令沿公路各乡动员群众赶修公路。1956 年被列为国道，修铺成土石砾路面。1966 年，富平县投入建勤工 3.5 万个，再次进行大规模整修。1970 年 5 月，作渣油表面处理，宽 6 米，厚 6 厘米。1976 年，陕西省、渭南地区投资 36 万元，对该路段进行加宽改造，动员沿线及邻近 8 个公社的 5 万余民工参加施工，移动土方 39 万立方米，铺设石子料 5 万多立方米，植树 12 万多株，将原来的三级公路改建成二级渣油路。该路段于 1963 年、1969 年、1981 年、1985 年在渭南公路管理总段（局）和铜川公路管理总段（局）之间几次移交，于 2014 年 7 月 1 日移交渭南公路管理局管理。

第三节 省道

民国 12 年(1923),陕西省道局成立后将西(安)潼(关)公路列为省道。此后,又将渭(南)韩(城)、西(安)朝(邑)、渭(南)白(水)、大(荔)华(阴)等干线公路划为省道。中华人民共和国成立后,渭南境内多次新建、整修省道。20 世纪 60 年代，辖区内省道增多。1982 年，共有省道 7 条。2002 年，省道公路调整为 6 条，共计 440.24 公里，其中入网 434.41 公里。2015 年,渭南境内有省道 7 条,即 S106（西安—澄城）线、S201（渭南—清涧）线、S202（黄龙—洛南）线、S107（关中环线）线、西安环线、S304（韩城—洛川）线、S305（罕井—正宁）线。合计通车里程 464.243 公里。

S106（西安—澄城）线渭南段

S106（西安—澄城）线全线从西安解放门起，过灞桥、豁口渡河，经高陵、三原县境，由富平县的吕村进入渭南境内。经蒲城县城、永丰至澄城县庄头，全线长 159 公里，渭南境内 108.4 公里。该路始建于民国 18 年（1929)，系由清末驿道整修而成。1956 年进行整修，铺筑石渣或煤渣路面。1969 年，列为“0905 工程”，为国防干线公路，动员沿线各县民工拓宽改造。1973 年、1974 年分段铺筑油路。1997 年对富平段 21.118 公里进行二级公路改造，1998 年对蒲城段 42 公里进行二级公路改造。1999 年，新建跨永丰沟洛河大桥。2001 年对澄城段 22.548 公里进行二级公路改造。2003 年渭南发生特大洪灾后，渭南公路局对水毁的石羊坡段 1.213 公里进行了修复,标准为二级公路。2015 年渭南境 108.4 公里，有二级公路 106.7 公里、三级公路 1.7 公里。

S201（渭南—清涧）线渭南段

S201（渭南—清涧）线全线从渭南开发区良田起，经故市、吝店，蒲城县党睦、陈庄、城关、翔村、罕井，白水南井头，澄城善化、冯原，再经黄龙、宜川、延川县到达清涧县，全长486公里，渭南境内121.642公里。该线于民国23年（1934）修建成渭（南）白（水）公路。后在此基础上改建，续建白（水）宜（川）公路、白（水）石（堡川）公路，为关中东部与陕北连接的第二条干线公路。1974年、1976年分段铺筑油路，为三级路面。20世纪90年代中期，绝大多数改造为二级路面。2003年渭南发生特大水毁，路面使用状况严重下降。2004年经陕西省交通厅、公路局批准，投资2022.1142万元，对蒲城北线及吝店段22.0626公里进行了水毁修复。2005年为了迎接全国公路大检查，对S201线进行了路面修复工程。2015年渭南境内125.592公里，其中一级公路20.6公里、二级公路65.224公里、三级公路11.668公里、四级公路28.1公里。

S202（黄龙—洛南）线渭南

S202（黄龙—洛南）线全线由延安市的黄龙县起，经渭南境内澄城县冯原、王庄、城郊、交道、韦庄，大荔县的汉村、许庄、城关、石槽、官池，华阴市的罗敷、华阳直通洛南县，全长228公里，渭南境内105.788公里。该线冯原以北与渭清公路重复；中段为大（荔）澄（城）公路，中间与渭（南）韩（城）公路和西（安）禹（门口）公路重复。南段为大（荔）华（阴）公路和华（阴）金（堆）公路。民国23年（1934）修建大（荔）冯（原）公路。民国32年（1943）修建大（荔）华（阴）公路，由国民党八区专员公署设计修筑。修成后，于县城南门外立碑1座，于右任题写“大华公路纪念碑”。中华人民共和国成立后，续修其他路段。1962年改建，1975年至1977年分期铺为油渣路。1986年修建大华二级公路。2004年4月至8月，对大华公路因2003年秋季特大暴雨造成的严重水毁8.91公里进行修复工程。2015年，渭南境内105.788公里，其中一级公路20.001公里、二级公路58.687公里、三级公路27.1公里。

S107（关中环线）渭南段

省道S107线又称关中环线（1982年10月起称“西安环线”；2001年后改称“关中环线”）。关中环线原为20世纪70年代规划建设的西安环线，后向西拉长成关中环线。南边从西安的周至向西延伸到宝鸡市的眉县，再北上至岐山东，向东至法门寺，延S209（乾扶路）至乾县，到礼泉，和原西安环线相接，东部大部分路段是原西安环线的线路走向，也是渭南市跨蓝田与西安市衔接的公路，还是渭北各县由商洛地区与河南、湖北省沟通的一条干线公路。

省道S107线起自渭南市城区渭（南）富（平）线渭河渭富特大桥北头。从K000处按顺时针方向沿渭南城区渭（南）清（涧）公路向南上跨G310线与ZG45渭南过境线，下穿陇海铁路，向前在韩马村南S108线（又称西安环线）K000+900米处交汇（此处S107线K12+100）重复前行，经临渭区闫村镇、阳郭镇孔庙村北、从S108线K17+000处（此处S107线为K28+100）向东南行，由阳郭镇东南沿稠水河南行，经三官庙村止蓝田交界处（S107线K39+847米）出渭，南行进入蓝田厚镇、在玉山镇与国道G312平交，再经长安太乙宫、沣峪口、周至马召、眉县汤峪、岐山五丈塬、扶风法门寺、乾县、礼泉、三原、阎良、临潼区相桥、田市街。从田市界K468+974—K480+135米，即11.161公里重复于G108线，其终点又回到渭南市城区渭富大桥北头，渭南境内36.95公里。2002年渭(南)富（平）段18公里改造为二级路面。渭南段除阳郭至韩马段外，其余均为2002年至2007年新建。2015年，渭南境内36.95公里，其中一级公路5.139公里，二级公路31.811公里。

西安环线渭南段

西安环线（临时编号为S108），起点从渭南城区韩马村（S108线K000；从S108线K0+900米处与S107线K12+100重复并行，至阳郭镇孔庙村北即 S108 线 K17+000 与 S107 线 K28+100 处分行），经临渭区闫村镇、贺家、高家、阳郭镇牛寺庙、大王村至蓝田交界（S108 线 K29+583）进入蓝田县厚镇、玉山，穿越长安、户县、周至、武功、礼泉、三原、阎良、临潼相桥、田市、临渭区官道、大什、辛市，跨渭河渭蒲大桥，经渭南城区民生街、华山大街、解放路十字向南到四号信箱，终点又回到韩马村。1990 年底，全线多为三级公路，渣油表处路面，原线路全长 399.070 公里。2015 年，渭南境内 35.748 公里，其中二级路 29.913 公里、三级路 5.835 公里。

西安环线渭南境内田市至渭南城区段，原系民国 20 年至 25 年（1931 ～ 1936）修筑的三（原）渭（南）公路（也称原渭公路）。起于原渭南上涨渡渭河大桥（2010 年已被拆除）北端 K0+000，终于田市镇（渭南田市镇与临潼田市交界处）K19+000，全长 19 公里，为平原微丘区，至 1998 年为三级路。1998 年至 2000 年间累计投资 677.642 万元，分别十余次对该路段进行三级路大修改造 25 公里。2001 年 5 月对临潼田市—渭南渭河桥头段进行二级路改建，共 18.843 公里。

西安环线渭南至大王（渭蓝交界）段，原称渭（南）蓝（田）公路，是渭南和蓝田的连接线，后为关中环线的组成部分。渭南境内 29.583 公里。1954 年辟为大车道，1958 年由陕西省投资，渭南、蓝田两县组织沿线群众改建成 3 ～ 4 级公路，路面宽 5 米～ 6 米，是渭南通往蓝田及商洛地区的主要途径，人们常称渭（南）蓝（田）公路。1999 年对渭南城区韩马村（S108 线 K000）至临渭区阳郭镇牛寺庙村（S108 线 K23+748）进行改建，全长 23.748 公里，采用山岭重丘区二级公路技术标准，桥涵设计荷载汽 20 ～挂 100，行车速度 40 公里 / 小时，其中 9.18 公里路基宽 12 米，路面宽 9 米，14.568 公里路基宽 8.5 米，路面宽度为 7 米。路面结构形式为 3 厘米沥青混凝土 +5 厘米沥青碎石 +20 厘米灰土碎石 +25 厘米石灰土，共完成沥青混凝土面层 184596 平方米，中桥一座 57.4 米，涵洞 478.7 延米 / 道。工程总造价为 4983.4577 万元。2003 年对 S108 线临渭区阳郭镇牛寺庙村（K23+748）至蓝渭交界（K29+583）进行三级公路整治，由商洛公路局勘测设计室设计，渭南公路工程中心监理部监理。渭南市交通局负责实施，路线全长 5.835 公里，山岭重丘区三级公路，路基宽度 7.5 米（大王乡街道路面由 7 米增加到 8 米），行车道宽 6 米，路肩为土路肩 2×0.75 米。路面结构为 16 厘米～ 20 厘米石灰土底基层，16 厘米灰土碎石基层，4 厘米沥青混凝土面层，面层宽度 6 米。2003 年 6 月 29 日开工，2003 年 10 月 30 日竣工，完成投资 250 万元。

S304（韩城—洛川）线渭南段

S304（韩城—洛川）线自韩城市的姚庄坡起，经板桥、薛峰至韩城与黄龙县交界处，再经三岔、土基、槐柏直通延安的洛川县，全长 177 公里，渭南境内 33.496 公里。民国 29 年（1940），由陕西省建设厅在原有大车道上改建而成。中华人民共和国成立后，多次修整。1996 年将韩（城）黄（龙）公路、洛（川）黄（龙）公路两条公路划为 S304 省道，列入省道网养护。2004 年全线改造为三级油路。省道 S304 是沟通渭南、延安两市三县，东接 G108 国道到山西，西接 G210 国道上延安，下西安的一条重要公路。2015 年渭南境内 33.496 公里，其中二级公路 1.994 公里、三级公路 31.502 公里。

S 305（罕井—正宁）线渭南段

S305（罕井—正宁）线从渭南市蒲城县罕井镇西北行，经蒲城县高阳镇，入铜川市红土镇、印台区、沿 G210 国道北上至金锁关，再西北行至咸阳市旬邑县，终于陕甘界雕灵关，全长 143 公里，渭南境内长 18.269 公里。S305 省道是横贯陕西中部沟通渭南、铜川、咸阳三市三县，连甘肃省正宁县的一条重要公路。1970 年，在原车马道基础上修建罕井至铜川市简易公路，2001 年改造为二级公路。2015 年，渭南境内长 18.269 公里，全线为二级公路。

第四节　县道

县道是指连接县级人民政府所在地与乡（镇）级人民政府所在地、主要商品生产和集散地的公路，以及不属于国、省道的县际间公路。民国时期，渭南境内各县虽有公路相通，但均系大车路改建，时通时断。1949年5月渭南全境解放时，华阴、潼关两县有路而不通车。1954年，韩城最早建成韩（城）宜（川）简易公路。1956年后，各县将大车路改建公路。20世纪60至70年代，县际公路普遍开通。1970年，县道公路通车998.52公里(含乡村公路)。80年代后,县道公路铺设沥青路面。此后，路面等级逐年提高。2002年，全市有县道45条，长1576.6公里。2003年至2005年，渭南全市完成县际公路建设289公里，投资30794万元。2015底，全市共有县道1676.246公里。其中二级公路119.687公里、三级公路942.98公里、四级公路613.579公里。比较重要的县道有以下几条。

赤（水）高（塘）公路

赤高公路北起华州区赤水镇，穿越310国道76公里处，和陇海铁路立交桥相接，经薛底、洪水、圣山、闫村、朱张至高塘镇，全长13公里。1956年，由华县政府动员民工在原小道上修成简易公路。1958年改线。1972年铺筑泥结碎石路面，1974年铺成渣油路面。2002年改造为三级路面。

老西（安）潼（关）公路

老西潼公路系西潼公路改线前的干线公路。西起渭南东关，经华州区的赤水、东赵、县城西关街、罗纹、莲花寺、柳枝，华阴的左家堡、敷水、西岳庙、泉店，潼关的吊桥、港口至陕西河南交界的西北村，全长75.3公里。1960年，西潼公路新线通车后，不再成为干线，但仍为渭南至潼关间重要道路。此后，多次整修形成宽6米的砂土路面。1978年后拓修改造，1983年华州、华阴段建成渣油路面。2002年，全线改造成二、三级路面。

白（水）宜（君）公路

民国33年（1944），由县长高翔翎派民工开筑县城至新耀镇（今尧禾镇）道路，长15公里，路面宽5米，土路。1952年整修，1953年加宽。1960年由县人民政府决定修通尧禾至雁门山的道路，通往宜君。1976年全程改线，沿线各生产队社员和驻白解放军8341部队联合修筑，亦名“军民路”，路基宽8.5米，路面宽7.5米，最大纵坡4%，路面结构碎石和煤矸石，三级公路。1981年铺筑成渣油路面，三级油路。2003年全线进行了整修，全长28.76公里。

白（水）澄（城）公路

原是马车大路，西起白水县城，经冯雷、西固，翻越洛河沟（三眼桥），通澄城，长20公里。民国36年（1947），县长饶国钧派民工修筑新生运煤专线，由新生煤矿西北行到白宜公路2公里处，长6公里，路面宽5米，土路。1950年，从渭清公路2公里+800米处往东，经刘家卓、白水矿、西固到三眼桥，整修加宽，1959年再次加宽、降坡，修成四级公路。1976年澄县境内动工修建，1980年修通，长13.5公里。自河口，经曹村、三眼桥到白水西固，1989年10月铺渣油。现路线全长21.88公里，为三级公路。

朝（邑）蒲（城）公路

东起大荔县朝邑镇，西至蒲城县城接S106西禹公路。全长58.28公里。途经大荔县朝邑、伯士、城关、埝桥、冯村五个乡镇，于两县交界处晋城洛河大桥进入蒲城界。途经龙池、龙阳、东杨三个乡镇至蒲城县城。大荔县境内由大朝路和大蒲路两条公路组成。其中大蒲路长 15.2 公里，始建于 1972 年，2003 年 5 月至 2004 年 6 月，总投资 2064 万元进行了拓宽改建。大朝路长 18.48 公里，始建于 1931 年，由马车路随弯就势加宽拓成。1959 年改线，加高路基。1983 年，全部铺筑渣油路面。1994 年、2004 年对该路进行了修复和拓宽改建。蒲城境内长 24.6 公里，1993 年至 1995 年陆续改建提高为三级油路。2003 年争取国债资金 1200 多万元，对全线进行了三级公路改建。

富（平）耀（县）公路

富耀公路是连接富平和耀县的县级公路。1958 年始修，为简易公路。1969 年全线扩建，铺设碎石、炉渣路面。1975 年改铺为渣油路面。2002 年 10 月 8 日由陕西省计委立项审批改建，工程从 2003 年 9 月开始，2004 年 9 月基本完成。路线全长 26.041 公里，为三级公路。富耀公路自富平县城起，沿途经杜村、南社、庄里、觅子、梅家坪五个乡镇至耀县界。总投资 2396 万元，其中国债投资 1317 万元，地方自筹资金 1079 万元。

潼（关）洛（南）公路

潼洛公路是潼关通往洛南的一条县际公路。潼关段北起县城四知街，南至秦岭之巅洛南界。全长 28.5 公里，于 2004 年 6 月 12 日开工建设，历时 4 年，2008 年 6 月 18 日全面建成通车，总投资约 3800 万元。2012 年，投资约 1500 万元，对所有安全隐患点进行了整治。该路极大地方便了秦岭南北两地群众往来。

底（店）张（桥）公路

底张公路是富平县底店至张桥的一条县内公路，公路工程由陕西省发改委 2010 年批复立项，2013 年 5 月开工建设，历时三个月完成建设任务。路线全长 28.883 公里，二级公路技术标准，路基宽度 14 米，设计速度每小时60公里，工程预算总投资1.3亿元。路线起点位于底店管区西王村，接富王公路，向南经底店下庄村、曹村镇干河村、大渠村、宫里董村，在华朱旧县村接S106后向西经东新村至梁家庄，终点接西二环环岛。沿路途经四个乡镇十三个村。

朝（邑）高（明）公路

南起大荔县朝邑镇大寨子村，北至高明镇政府所在地，全长25.7公里，途经朝邑、步昌、两宜、高明四个乡镇，由两（宜）朝（邑）路、两（宜）高（明）路两段公路组成。其中两（宜）朝（邑）路长19.8公里，始建于1928年。1972年至1989年曾两次改建为砖块、煤渣路面，1995年至1996年建成沥青路面。两（宜）高（明）路长5.9公里，始建于1979年，1990年建成沥青碎石路面。2006年3月，朝（邑）高（明）公路列入渭南市交通局通乡公路工程计划，按三级公路标准建设。4月开工，8月建成通车。

罕（井）故（市）公路

北起蒲城县罕井镇，经大孔、坡头、兴镇、荆姚和原仁，南至临渭区故市镇。蒲城段长50.242公里。1985年9月，兴（镇）原（仁）路首次铺设沥青路面4公里，1999年全线贯通并达到三级公路标准。1997年和2002年分别对荆姚至原仁段和坡头段进行了大修改造。2004年按三级公路标准改建完成罕井至大孔10公里。2005年完成荆姚至兴镇段二级公路改建工程10公里。2006年通过争取国债资金，按三级公路标准完成了其余路线改建。罕故公路临渭段长26.453公里。2013年、2015年分别对小什至下邽、下邽至蒲城段进行了改建。

沿黄公路渭南段

沿黄公路在渭南境内共计170公里，由南至北涉及华阴、大荔、合阳、韩城四县(市)。沿黄公路韩城段北起宜韩交界,沿黄河西畔山坡向南布线,途经枣庄煤矿规划区,乡韩大桥西桥头处,终点止于龙门镇渚北村与108国道相接,路线全长26.2公里,采用二级公路技术标准,路基路面宽12米,为双向二车道,设计速度60公里/小时,设计荷载为公路Ⅱ级,工程总投资11.9亿元。渚北村向南一直利用现有108国道至芝川镇,路线全长42公里,其中一级公路30公里,二级公路12公里。

沿黄公路渭南段一期工程路线起点位于大荔县平民镇新建村,经豫安村东、鲁豫村、北预村东,后利用抽黄干渠渠堤设线,经营南村、雷北庄、马家庄、洽川镇、夏阳村,在东雷一级站与抽黄干渠渠堤分离,经岔峪口、王家洼、同堤村,在姚家庄西折向东,止于韩城市芝川镇南马陵村。路线全长65.2公里,按二级公路标准建设,设计速度40公里/小时,路基宽度12米,工程总投资约5.2亿元。

沿黄公路二期工程起点位于大荔县平民镇新建村,路线向南经平民镇、赵渡镇,经沙苑农场后新建特大桥跨渭河至华阴市北社村,沿既有道路改扩建至X319后下穿郑西铁路,继续向南沿东环路布线,终点位于华山脚下接G310国道,路线长36.2公里,其中大荔新建村至大荔乐和村13.3公里、洛河渭河大桥及引线工程22.9公里(其中渭河大桥长4710米,洛河桥长426米),按二级公路标准建设,路基宽度12米,设计速度80公里/小时,桥涵设计荷载为公路-Ⅰ级,工程总投资约5.3亿元。沿黄公路渭南段2015年仍在建设之中,预计2016年底全线贯通。

第五节　乡道

乡道是指连接乡(镇)级人民政府所在地与建制村的公路。以及不属于县道的乡(镇)际间、乡(镇)与外部连接的公路。民国以前,渭南辖区除部分乡(镇)村有大车道外,多为畜力驮道或人行小路,丘陵、山区为小路相连,出行不便。

1956～1958年，各县重视乡村道路整修。20世纪70年代，各县和人民公社推行农村大地园田化，普遍规划整修道路。1975年，辖区实现社社通公路，但大部分等级低、质量差，晴通雨阻。80年代，乡村道路建设质量提高，尤以山区、丘陵地区乡（镇）村为著。90年代，围绕“村村通公路、乡乡通油路”的目标，加快乡道新建、改建和油路铺筑。进入“十五”规划时期，实施西部大开发战略，陕西把农村公路作为公路建设的重点之一，加大乡道新建规模，继续实施升级改造，提高技术标准，促进路网完善。2001年，县、乡公路建设补助投资实行切块办法后，由各设区市自主安排乡道建设。各县（市、区）新建、改建乡道出现新的建设高潮。2002年，农村实行税费改革，取消乡统筹费，逐步取消农民积累工和义务工，乡道建设资金由县、乡政府负责安排。“十一五”规划期间，乡道普遍上档升级，通乡油路建设819.5公里，投资5.1347亿元。“十一五”、“十二五”规划期间，完成县乡公路建设2324.7公里，投资22.270亿元。截至2015底，全市共有乡道2658.848公里。其中二级公路9.821公里、三级公路94.266公里、四级公路2444.717公里、等外公路110.044公里。

第六节　村道

村道即连接建制村、居民点的公路，主要为农民生活、生产与日常交往服务。历史上村落道路，由行人或人力、畜力交通工具经长期踩踏、碾压形成，多为崎岖小路或大车道，供人步行或手推车、架子车、畜力车等非机动车交通工具使用。公路兴起后，路线经过沿线村庄对外交通始有公路连接。

中华人民共和国成立后，村道实行农民自建自修自养。20世纪50年代，部分农村组织农民普修村道，发展大车道。80年代改革开放后，农村经济迅速发展，“要想富，先修路”，成为各级政府与广大农民的共同愿望。有条件的村对村道进行整修，裁弯降坡、拓宽路基、改善路况。1995 年，陕西省政府提出“九五”末实现农村“三通”目标，实现村村通公路。在此基础上，“十五”时期又开展村道通达硬化工程、村村通油（水泥）路建设。在此期间，蒲城县村道建设起步早，原有基础好，重点采用“村、组修路基，县上铺路面”的政策，修建村油路 100 多公里。2004 年至 2006 年，渭南全市完成通达工程 647.5 公里，投资 11217.5 万元；2006 年至 2010 年，渭南全市完成通村公路建设 10600 公里，投资 26.5 亿元。2015 底，全市共有村道 13023.474 公里。其中一级公路 25.335 公里，二级公路 59.827 公里、三级公路 115.821 公里、四级公路 9713.725 公里、等外公路 3108.766 公里。全市 100% 的建制村、70% 以上的自然村，通水泥路或沥青路。

第七节　专用公路

专用公路是由企业或其他单位建设、养护、管理，专为或主要为本企业、本单位提供运输服务的道路。专用公路主要有旅游、厂矿、林区、水库库区专用公路等。受政策导向、资源开发、专用单位变迁及公路网调整等影响，专用公路布局变化较大。20 世纪 70 年代后，各有关部门和企业先后修建了一批专用公路。2008 年底，全市有专用公路 14 条（不含旅游专线），总里程 120.935 公里。其中三级公路 36.735 公里，四级公路 84.2 公里。截至 2015 底，全市共有专用公路 94.554 公里。

华山旅游专线

华山在华阴市区南 5 公里。华山旅游专线初修于民国 17 年（1928）。是年，冯玉祥由西安去北京途经华阴，见军民正忙于整修西潼公路，而各庙院道士却闲逸无事，遂令转饬华阴县长将各庙院道士组织起来，修建华阴县城至玉泉院道路，路宽 3 尺。华阴县传集道士 50 多人，派公安局警士和保安队士兵各5人监督修路，历时10个月，于民国18年（1929）4月建成。民国24年（1935），地方政府征用民工整修，路基加宽至4米。1955年初，陕西省交通厅拨款1000元，由华阴县拓宽路基为10米。1960年，西潼公路渭潼段改线南移，西潼路以北至华阴县城一段长4公里的路段不再成为旅游公路。

华山旅游专线起自西潼公路119公里+700米处，达华山脚下玉泉院门前，长670.4米，路基宽12米。起点至停车场长555.4米，为沥青碎石路面；停车场至玉泉院门前长115米，为条石路面。由陕西省投资25.09万元（不包括停车场），华阴县包干完成。1982年8月开工，1983年6月竣工。渭南公路管理总段养护。

蒲城县桥陵专线

桥陵是唐睿宗李旦墓，位于蒲城县城西北约15公里丰山（唐时称桥山）。通往桥陵景区原仅有一条乡间土路，1993年，蒲城县交通局筹资250万元，按3级公路技术标准进行改建。路线南起106省道西澄线，北至坡头镇安王村桥陵旅游区门前，长4.75公里，途经坡头镇桥陵村、安王村，在距终点约1公里处与县道蟠（龙）坡（头镇）公路相交。2004年，县旅游局投资1300万元，组织对全线进行拓宽改造。改造后达二级公路技术标准，路基宽12米，沥青混凝土路面。

金堆城钼矿专用公路

金堆城钼矿位于华州区境内秦岭深山之中，1958年建矿时不通公路。从1958年下半年起，金堆城钼业公司投资320万元，由陕西省公路局负责施工完成路基，1960年铺筑路面。路线全长42公里。1973年，矿区开始二期建设，国家冶金部第十冶金建设公司委托陕西省公路勘察设计院进行改建设计，陕西省公路工程局负责施工，按三级标准改建并加铺路面。1982年7月至1986年4月主要修建翻越老爷岭的隧道工程，全线改建后，总长 39.5 公里，除华州—水岔段属于华洛公路的一段（S202）外，属于金堆城矿区专道的长度为 8.75 公里。

潼关金矿专用公路

潼关金矿专用公路主要有桐峪矿、秦岭矿和蒿岔峪 3 条矿区公路。桐峪矿路，自张家村经东桐峪至金矿，全长 16.4 公里，四级路，路基宽 4.5 米至 6.5 米，路面宽 3 米至 5 米，砂石路面，1970 年修建。秦岭矿路，全长 23 公里，四级路，路基宽 7 米，路面宽 5 米至 6 米，砂石路面，1970 年由金矿修建。蒿岔峪路，自蒿岔峪至柿树园，全长 6.3 公里，四级路，路基宽 6.5 米，路面宽 5.5 米，水泥路面，1970 年修建。

煤矿专用公路

渭南渭河以北地区，煤炭储量丰富，称“渭北黑腰带”。有韩城、澄合、蒲白 3 个国营矿务局开采煤炭，修建有多条煤运专用公路。如：铜罕公路，由铜川市经金华山至蒲城县罕井镇，全长 59.8 公里。以金华山为界，西属铜川矿务局，东属蒲白矿务局。东段路基宽 4.5 米至 7.0 米，路面宽 5.0 米至 6.0 米。澄城县投资建成尧头镇至西（安）禹（门口）公路长 8.1 公里运煤专用公路。1961 ～ 1962 年，合阳县修建了东阳河至二号矿井长 3 公里的运煤专用公路等。

渭南市2015年底公路基本情况表

表2-1

行政等级	总计	按技术等级分								有铺装路面			简易铺装路面	未铺装路面	备注
		等级公路							等外公路	合计	沥青混凝土	水泥混凝土			
		合计	高速	一级	二级	三级	四级								
	1	2	3	4	5	6	7		8	9	10	11	12	13	
公路本年年底到达数	18615.327	15396.517	356.686	181.28	762.06	1244.944	12851.546		3218.81	18615.327	2816.17	8969.335	2383.43	4446.396	
1. 国道	643.726	643.726	302.45	98.186	243.09					643.726	643.726				
2. 省道	518.479	518.479	54.236	57.759	300.58	77.805	28.1			518.479	518.479				
3. 县道	1676.246	1676.246			119.69	942.98	613.579			1676.246	883.98	161.318	591.496	39.452	
4. 乡道	2658.848	2548.804			9.821	94.266	2444.717		110.044	2658.848	436.202	1192.46	715.692	314.494	
5. 专用公路	94.554	94.554			29.057	14.072	51.425			94.554	31.472	12.684	48.751	1.647	
6. 村道	13023.474	9914.708		25.335	59.827	115.821	9713.725		3108.766	13023.474	302.307	7602.873	1027.491	4090.803	

注：截至 2015 年底，全市公路总里程 18615.327 公里，其中国道 643.726 公里、省道 518.5 公里、县道 1676.2 公里、乡道 2658.8 公里、专用公路 94.5 公里、村道 13023.5 公里；按技术等级分类，高速公路 356.7 公里，一级公路 181.3 公里，二级公路 762.061 公里，三级公路 1244.944 公里，四级公路 12851.546 公里，等外公路 3218.81 公里，公路网密度 142.859 公里 / 百平方公里。人口占有公路密度 34.985 公里 / 万人。

第三章　桥梁　立交　隧道

夏、商时，境内小河流已有简易桥和舟桥。但大河建桥始于战国。秦昭襄王五十年（前257）在临晋关（今大荔县朝邑镇东）黄河上建浮桥(时称“河桥”)，为大河建桥最早之记述。辖区现存最早的道路桥梁为唐代的潼关南水关桥，位于潼关—港口公路9公里处，长30米，高9.7米，桥面净宽8.5米，砖拱形结构。明、清到民国年间，部分州县开始建桥，多为石、砖、木结构，面窄而径短。中华人民共和国成立后，公路桥梁、隧道建设加快。1990年，渭南境内共有各类公路桥梁242座，总长11442米。2010年，公路桥梁总数1597座，总长83913.66延米，其中特大桥梁11座，长23100.74延米；大桥99座，长25652.38延米；中桥365座，长20209.96延米。小桥1122座，长14950.58延米。共有公路隧道5处，总长3539.7米。另有公路涵洞8315孔。2015年，渭南境内共有桥梁1772座，总长97676.929延米，其中特大桥梁11座，长23297.72延米；大桥169座，长38640.329延米；另有中小桥1592座，长35738.88延米。

第一节　历史名桥

蒲津桥

蒲津桥故址在今大荔县城以东原大庆关与山西蒲州之间的黄河上，因唐设蒲津关而得名。始建于秦昭襄王五十年（前257），“秦始作浮桥于河”(《春秋后传》)。这是中国在黄河上建造浮桥最早的记载。西魏大统四年（538），又在这里“造舟为梁”（《寰宇记》）。唐开元十二年（724），唐明皇“始下群臣议”改建浮桥。在桥头两岸各铸铁牛4头，成为牢固的地锚“以维浮梁”。并建有东西桥门，均置关城，派重兵看守，军事上严加设防，为秦、晋交通要冲。金末为元兵烧毁始废。

空子桥

空子桥位于澄城县冯原镇关家桥村东。明嘉靖二十五年（1546），知县徐效贤奉檄创修，村民关中人督工，桥长、高各30余米，桥面可供马车通行，时为澄城县通往陕北的必由之道，商贾车马往来甚多。民国32年（1943），渭（南）清（涧）公路修通后，行人日渐减少。1972年，桥面塌陷，关家桥村民修复，加宽桥面，可通行汽车。

桥沟桥

桥沟桥通白水煤矿、冯雷、西固的公路过沟桥。《白水县志》载：“平政，县东三里，明嘉靖四十一年（1562）令庄 建。”清顺治三年（1646），乡民李榜重修。土坝桥。民国25年（1936）南乾村刘尚武捐资续修，增高桥坝，次年竣工。1981年到1984年，省、地、县共投资130余万元，建成箱筋单波双曲拱大桥，钢筋混凝土结构，由主桥和引桥组成。主桥跨度80米，全长157.6米，高60米，宽8.5米。载重为汽车20吨、拖挂100吨。此桥建成后，比绕沟路线减少里程5公里。

石堤桥

石堤桥旧称华州西石桥，今人亦称北沙石堤桥，位于老西潼公路华州区的石堤河上。据《重修华县县志稿》记载，此桥于明万历年间（1573～1620）修建。清光绪二年（1876）修补，七年（1881）发大水桥毁，遂又修复。1954年9月，华县人民政府拨款重修石堤桥。

1957 年 9 月石堤桥又遭水毁，华县人民委员会动员车辆运石料，抢修水毁工程，遂予以修复。石堤桥桥长 27.5 米，宽 5.95 米，高 2.5 米，为 5 孔石拱桥。

遇仙桥

该桥位于华州区（原华县）遇仙河上，因桥在庵门前村，亦称庵门前桥，又曰赤水东桥。遇仙桥因河而得名，始建于明崇祯年间（1628 ~ 1644），清雍正十三年（1735）、乾隆四十年（1775）、光绪二十一年至光绪二十四年（1895 ~ 1898）曾先后多次补修，桥全长 26.8 米，宽 6 米，5 孔石拱桥。因公路机动车流量猛增，原桥面狭窄，破烂不堪，1989 年华县人民政府决定改建。是年 10 月 2 日动工，12 月 25 日竣工，28 日剪彩通车，总投资 10.94 万元，承建单位是蒲城县建筑公司。改建后遇仙桥全长 35.2 米，桥面宽 9 米。

赤水桥上桥

赤水桥上桥又名赤水桥，位于赤水街西的赤水河上，是华州区和临渭区的分界桥。据《三续华州志》记载，始建于清顺治十七年（1660），竣工于康熙六年（1667），为九孔石拱桥。道光十二年（1832），因山洪泥沙淤积，河床渐高，桥眼堵塞，在原桥上又砌石增高，另造一桥。百余年来，原桥埋入河沙之中，已被人们遗忘。20 世纪 80 年代，当地农民在河中取沙，将原桥挖出，使桥上桥的奇姿重现。桥长 70 米，宽 5 米，下桥最高处约 4 米，上桥最高处 6 米。下桥的九眼桥孔已挖出六眼，上桥桥孔亦为九眼，全桥号称九孔十八眼，桥面南侧有 6 个龙头，北侧有 6 个龙尾，造型古朴典雅。赤水桥以奇特的桥上有桥，使人们叹为观止，不知情者视为妙绝。见图 3-1。

图3-1　赤水桥上桥被列为第七批全国重点文物保护单位

澽水桥

澽水桥又名毓秀桥。韩城位于金城区南关澽水上。清康熙四十一年（1702），贵州巡抚刘荫枢（韩城市潭马村人）与曾任县令的解咸一等人倡议捐资修建。原名澽阳桥，同州府李星曜改名为毓秀桥。结构为石砌拱形，总长 180 米，10 孔，孔跨 15 米，高 12 米，宽 4.5 米。乾隆十六年（1751）、道光二年（1822）、宣统二年（1910）曾三次翻修。1954 年 7 月后，韩城县人民政府先后投资 138 万元，进行了三次修复，毓秀桥为全国重点文物保护单位。

杜康沟桥

杜康沟桥在白水县西北杜康沟，白云公路经过，通大杨、林皋、云台、铜川。清代建有石桥，时名靳公桥，跨径 2 米，桥高 5 米，桥面宽 5.5 米，全长 30 米，上部砖石结构，下部重力式，地质砂岩。1980 年渭南地区投资 4 万元，在老桥旁重建 1 孔石拱桥一座，跨径 13 米，桥高 4.5 米，桥面宽 7 米，全长 40 米，上部石拱，下部重力式。载重为汽车 15 吨、拖挂 60 吨。

潼津桥

潼津桥在潼关老县城内。横跨潼河，三孔石拱形。系明代兵宪张问行建。清康熙年间潼商道狄敬釪重修。乾隆十九年（1754），潼关厅同知纪虚中以工代赈，修复冲毁部分。五十二年（1787），潼商道德明又修东西两岸石泊。五十七年（1792），潼商道广厚重修。民称“石桥”。今废。

永庆桥

清嘉庆十八年（1813），澄城西社村民李文彦和石家坡石上珍等人募金修建，二十一年（1816）落成。位于灵泉村西的长宁河上，为1孔石拱桥，桥高20米，宽6米，长80米，跨径17米，负重10吨，是澄城县古代桥梁之冠。知县胡彬念其“一时之功，实万世之利”，命名为永庆桥。同治三年（1864），知县马奎烺，曾用桥头庙会所收香钱补修。1982年，西社乡于此桥南侧，建成西社桥，车马行人改走新桥。

南河桥

南河桥位于渭清公路57公里+700米处，北通白水县城，南通蒲城、渭南、富平、西安。《白水县志》载：“漆水桥，治南五里。”“架石为之，通蒲城要路。”民国7年（1918），西寨村高峻集资重建，改名利济桥，先修成3孔石桥，民国9年（1920）被洪水冲坏；遂又投资1万多银圆，于次年修成5孔石桥，两边4孔各宽5.3米，中孔宽6.3米，桥高4.7米，桥面宽4.5米，全长44米。桥上建有石栏杆，民国31年（1942）被洪水冲毁。中华人民共和国成立后，在原桥基础上进行修复和扩建。新建石桥上部结构石拱，下部重力式，地质砂砾。载重为汽车20吨、拖挂100吨。

西河桥

西河桥位于澄城县城西之西河上。古时西河居民用树木搭桥，常被冲没。清光绪年间，修滚水小石桥，亦被洪水冲坏。民国 9 年（1920），驻军赵树勋修建安桥，同西河左谷的洒金桥（建于何时无考）相接。民国 11 年（1922）洪水将建安桥与洒金桥同时冲毁。民国 12 年（1923），知事王怀斌，用赈款在两桥旧址，建成普济桥。1951 年，专署拨小麦 32714.5 公斤，进行补修。1954 年又拨款 4.4 万元，再次补修。1963 年，县人民政府扩建成 5 孔石拱桥，桥面宽 10.5 米，桥高 6.5 米，长 112.7 米，负重 60 吨，更名为西河桥。

狄家河桥

狄家河桥位于渭清公路白水段北端，白洛公路白水段起点的狄家河，是连接洛河南北，通往澄城冯原镇和黄龙、清涧及洛川等县的要道。《白水县志》载："浮桥，木为之，涸设潦撤"。民国初年，满义村民高天保，在洛河流经狄家河之处建造石拱桥，正建中被水毁，二次接建，桥成，不久又被水毁。1960 年，陕西省政府投资 50 万元，由省建筑工程队和县民工承担，新建狄家河 4 孔石拱桥一座，中 2 孔各宽 30 米，两边 2 孔各宽 20 米，桥高 18 米，桥面净宽 7 米，全长 130 米，上部石拱，下部重力式，地质岩石。载重为汽车 16 吨、拖挂 60 吨。

右任桥

右任桥坐落潼关老县城内太平巷（朱家巷）东口，横跨潼河，以木架桥，称为木桥。民国 16 年（1927）春，国民革命联军总司令冯玉祥令县长王作舟重修，五月落成。桥墩以钢筋混凝土灌注，两端以大石砌筑，桥面用板材铺成，两侧设栏，涂红漆。正中一侧悬有红底白字大匾，书"右任桥"三字。另一侧有记述重修缘起的大匾。国民革命联军驻陕总司令于右任参加落成典礼并致谢词。1968 年县城搬迁后拆除。

三眼桥

三眼桥因系三孔石拱而得名。位于蒲城县城东北蔡邓乡韩家河村北蒲、白、澄三县交界和白水河、洛河交汇处，是澄白公路之交通枢纽。民国 11 年（1922）建，主孔曾于 1948 年解放战争中被炸毁，1950 年修复。因桥面宽仅 3 米～ 4 米，且成“S”形弯曲状，车辆行驶很不方便。1960 年对其改建，对两端引道裁弯取直，加宽路面。改建后，桥长 56 米，宽 6 米，高 21 米，载重 60 吨，通行良好。

禹门口黄河铁索桥

禹门口又名龙门，位于山西河津与陕西韩城之间，是神话故事“鲤鱼跃龙门”的发源地。1949 年 3 月，为支援解放大西北，方便两岸通行，西北野战军后勤运输部在这里建起了一座铁索桥，结束了禹门口只能船渡的历史。当时由西北军区后勤运输部派队长罗成章、副队长阎根银、指导员阎万福等负责督建，由桥工队队长张三娃、副队长吴桂喜负责施工，组织劳工 50 多人参加修建。铁索桥总长 150 米，宽 1.5 米，木桩铁丝钢绳栏杆，桥底索 8 根，压板索 2 根，栏杆索 2 根，两头栏杆桩各 4 根，在 8 根大底锁上用铁丝编成铁网，网上铺设活动木板，每天早铺晚拆，每遇大风立即拆除，桥面铺好后，可通行人和小型人拉、畜力拉车，两边栏杆各有木桩 12 根，桩与桩之间编有铁丝网，以护行人。1971 年，为筹建侯西铁路禹门口黄河铁路桥，将原址建在禹门口南的禹门口黄河铁索桥改建在禹门口北。1972 年，禹门口黄河铁路桥建成；1973 年，又建成了 108 国道禹门口黄河公路桥，该桥包括悬索桥和双曲拱桥各 1 座，悬索桥飞跨黄河中孤岛和山西岸之间，双曲拱桥坐落在河中孤岛与陕西岸之间。2011 年 2 月，在禹门口黄河铁路桥南侧又开始兴建黄(陵)韩(城)侯（马）铁路新黄河特大桥，2015 年已基本完工。60 余年间，在禹门口百余米的河段上，形成了黄河上四桥飞架的独特景观。

第二节 重要桥梁

禹阎高速公路芝川特大桥

芝川特大桥位于京昆线禹阎高速公路27公里+810米～30公里+120米处，即韩城市著名旅游景点——司马迁祠、八路军东渡黄河抗日纪念碑南侧，跨越居河支流芝川河。桥分左、右两半幅。左半幅长3034.19米，右半幅长3039.84米。桥面宽28米。由陕西西禹公路有限公司建设，陕西省设计院设计，中铁二十局集团一公司和中国路桥集团一公局三公司承建。2001年9月开工，2005年11月27日建成通车。完成投资4.93亿元。

桥梁采用双向四车道高速公路标准，上部结构主桥为48孔50米预应力混凝土连续T形梁，两侧引桥分别采用15孔30米、6孔30米预应力混凝土连续箱梁；下部结构为薄壁墩、双柱墩、柱式桥台，钻孔灌注桩基础。最大墩高69米，桥墩采用液压翻模施工技术，承台施工采用小井降水法。

渭蒲高速公路渭河特大桥

渭河特大桥位于渭蒲高速公路39公里+246米～43公里+623米处渭河上，全长4377米，桥宽27米。由陕西省高速集团建设，长安大学工程设计研究院设计，中铁十局及中铁二十局承建。2009年9月开工，2010年11月9日建成通车，完成投资3.65亿元。

桥梁采用双向八车道高速公路标准。上部结构主跨采用30米跨径预应力混凝土连续箱梁。跨越渭河段，越南北堤坝主跨各采用32.5米、52米、32.50米及50米、80米、50米预应力混凝土变截面连续箱梁；两河堤之间采用68孔50米和2孔40米预应力混凝土连续T形梁，共长3480米。引桥上部结构采用19孔30米和1孔23米预应力混凝土连续箱梁，下部结构均为柱式墩、柱式台、肋板式台，钻孔灌注桩基础，最大桥高 24 米。

禹阎高速公路太枣沟大桥

太枣沟大桥位于京昆线禹阎高速公路合阳县百良镇西村与王家洼村太枣沟，全长 650 米，由上下行线两幅组成，桥面宽 28 米。陕西西禹公司建设，西安公路研究所设计，中国路桥一公司承建。2002 年 9 月开工，2005 年 11 月 27 日建成通车。完成投资 1.09 亿元。

桥梁采用双向四车道高速公路标准。上部结构主桥采用 1 孔 100 米、2 孔 170 米、1 孔 130 米、1 孔 80 米预应力混凝土钢构连续梁，1 ～ 3 孔为连续钢构，最大墩高 120.54 米，4、5 孔为连续梁，呈不对称、不等跨分布。下部结构主墩采用群桩基础，最深桩基 105 米，墩身采用薄壁空心墩。柱式桥台，钻孔灌注桩基础。通过特大桥桩基承载力等课题研究，确定桩基施工采用 250 型循环液压机，高墩施工采用螺纹钢筋连接技术，预应力钢绞线施工采用真空压浆技术，墩身施工采用液压滑模和高墩翻模施工技术，突破了高墩施工难题。

禹阎高速公路金水沟大桥

金水沟大桥位于京昆线禹阎高速公路合阳县金水沟，全长 855 米，桥宽 28 米，最大桥高 109 米。陕西西禹公司建设，西安公路研究所设计，中铁十一局集团一公司承建。2003 年 1 月开工，2005 年 11 月 27 日建成通车。完成投资 1.57 亿元。

桥梁采用双向四车道高速公路标准。上部结构采用中跨 5 孔 136 米、边跨 1 孔 88 米、1 孔 78 米预应力混凝土钢构变截面连续箱梁。下部结构采用矩形薄壁空心墩，运用无支架翻模施工工艺，保证了施工进度。

禹阎高速公路徐水沟特大桥

徐水沟特大桥位于京昆线禹阎高速公路合阳县金水沟，全长 1069.34

米，桥宽 28 米。陕西西禹公司建设，陕西省公路设计院设计，中铁五局集团承建。2003 年 9 月开工,2005 年 11 月 27 日建成通车。完成投资 1.60 亿元。

桥梁采用双向四车道高速公路标准。上部结构主桥采用中跨 2 孔 200 米、边跨各 1 孔 110 米预应力混凝土连续钢构。两侧引桥分别采用 7 孔、4 孔 40 米预应力混凝土先简支后连续箱梁。下部结构桥墩采用薄壁空心墩、双柱墩、群桩基础，最大桩长 62 米。最大桥高 109 米，最大墩高 98 米，最大跨径 200 米，时称“西北第一跨”。高墩采用翻模施工技术。

运风高速公路潼关黄河特大桥

运风高速公路风陵渡黄河大桥，位于山西省芮城县风陵渡与陕西潼关之间，宽 13 米，全长 1409.64 米，主孔上部结构为 9 孔一联预应力混凝土箱型连续梁，跨径组合为 87+7 ×114+87 米，连续长度为 972 米。1994 年 11 月建成通车。设计荷载汽车—20 级；挂车—100 级。

京昆高速公路龙门黄河特大桥

龙门黄河大桥于 2004 年 10 月开工，2006 年 12 月 28 日建成通车。大桥起于陕西省韩城市龙门镇大前村，横跨黄河后止于山西省河津市阳村乡苍头村，全长 4566 米，合同总造价 5.31 亿元，分为 E6、E7 两个合同段，合同工期 33.5 个月。大桥由三种结构形式构成：一座全预应力双塔双索面混凝土斜拉桥，花瓶型塔高 121.6 米，每座塔设有 21 对斜拉索呈扇形布置，跨度为 174 米 +352 米 +174 米；两座部分预应力三塔单索面混凝土矮塔斜拉桥，塔高 24.5 米，每座塔设有 9 对斜拉索，单索面双排布置在中央分隔带上，跨度为 75 米 +2 × 125 米 +75 米；30 米、50 米 T 梁先简支后连续刚构分别作为引桥及连接矮塔斜拉桥和双塔斜拉桥的副主桥。三座斜拉桥构成山西省的“山”字，意为此处是进出山西的大门。

108 国道禹门口黄河公路大桥

禹门口黄河公路大桥系 108 国道公路跨越黄河的重要桥梁，位于韩城市与山西省河津市交界的禹门口。1972 年 8 月修建，1973 年 7 月竣工。大桥包括悬索桥和双曲拱桥两部分。悬索桥飞跨河中孤岛和山西河岸之间，长 144 米，宽 9 米，高 12 米。每根主索用直径为 42 毫米的钢芯钢丝绳，每桁有吊杆 17 根。两岸锚锭采用钢筋混凝土结构，锚头用铸钢制造。桥面采用混凝土板，设计载荷为汽—13、拖—60，两岸桥台采用明挖基础。双曲拱桥坐落在河中孤岛和陕西河岸之间，长 68 米，高 7 米，宽 8.5 米，跨度 54 米，矢高 5.4 米。

108 国道合阳金水沟大桥

金水沟大桥位于合阳县城西南国道 108 线上，横跨深达 140 余米的金水沟两岸，全长 486.05 米，系陕西境内大型公路桥梁。1991 年 8 月动工，1994 年 4 月竣工，完成投资 3201.60 万元。工程由主桥和引道两部分组成，主桥为高墩式简支结构，长 486.10 米，宽 12 米（其中行车道宽 9 米，两边人行道各 1.5 米），设计载荷汽车 20 吨，拖挂 100 吨。全桥 12 孔，主跨采用 50 米“T”形预应力钢筋混凝土预制梁，最高的 7、8 桥墩分别高 85.6 米和 86.6 米。桥面与沟底最大高差 92.44 米，时为全国公路简支桥高梁之首，为中华第一高桥。

310 国道潼关列斜大桥

列斜大桥位于潼关县城西列斜沟，桥长为 550.8 米，最高主墩达 91 米，桥面宽 12 米。桥的上部结构为 62+2×115+62 米连续刚构和 9 跨 20 米箱型预制梁，主桥下部为箱形双墩、80 米钻孔桩基础，引桥为钻孔桩基础、双柱墩和柱式台。2010 年 4 月开工修建，2012 年 11 月竣工。渭南市公路局建设，陕西交通公路设计有限公司设计，中铁十四局五公司承建，滑南科发公路工程监理公司监理。总投资 4100 万元。

310 国道潼关晋沟大桥

晋沟大桥位于潼关县城东晋沟河，桥长为 206 米，桥下净高达 62.8 米，桥面宽 12 米。桥的上部结构为预应力钢筋混凝土 T 梁，下部结构为薄壁空心墩、柱式台、肋式台。2008 年 8 月开工修建，2010 年 5 月竣工。渭南市交通局建设，陕西交通公路设计有限公司设计，中铁十七局承建，渭南科发公路工程监理公司监理。

210 省道渭南沙王渭河特大桥

沙王渭河特大桥位 210 省道 K6+563—K9+800 米处，即渭南市城区沙王村渭河上，1991 年 12 月动工，1994 年 5 月竣工。大桥全长 2294 米，桥宽 12 米，时为陕西省最长的公路桥梁。完成投资 3651.50 万元。采用双向行驶平原微丘区二级公路技术标准。上部构造采用预应力混凝土四箱式等载面连续梁，下部构造采用钢筋混凝土双柱式墩，单排桩基础。桥面采用 7 厘米沥青混凝土铺装，桥上设有照明装置。设计载荷为汽—超 20、拖挂—120；非机动车荷载为 3.5 千牛 / 米满布人群。桥面净宽为净 9 十 2 × 1.0（自行车道）+2 × 0.5 米（安全带），总宽 12 米。设计抗洪水频率为 1/300，抗震烈度 8 度，河道通航六级，见图 3-2。

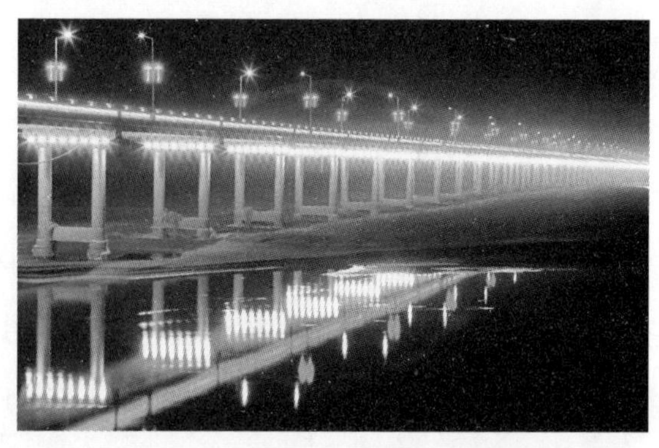

图3–2　渭南沙王渭河大桥夜景

108 省道渭南渭蒲特大桥

渭蒲特大桥位于 108 省道渭南市城区渭河上，2004 年 2 月开工建设，2006 年 9 月 20 日建成通车。大桥全长 2377 米，桥宽 18 米，为特大桥梁。总投资 1.3 亿元，采用二级公路技术标准。双向四车道。上部构造采用预应力混凝土连续箱梁，下部构造采用桩柱式墩、肋板式台。

107 省道渭南渭富特大桥

渭富特大桥位于 107 省道渭南市城区渭河上，2004 年 2 月开工建设，2006 年 9 月 20 日竣工通车。大桥全长 2346.8 米，桥宽 28 米，为特大桥梁。总投资 1.4 亿元，采用二级公路技术标准，双向六车道。上部构造采用预应力混凝土组合 T/ 箱梁，下部构造采用桩柱式墩、肋板式台、钻孔灌注桩基础，设计载荷为汽车 20 吨、拖挂 100 吨。设计抗洪水频率为 1/300，抗震烈度 8 度。大桥由渭南市交通局组织建设，中铁三局集团第三工程有限公司和中铁五局集团第三工程有限公司施工，西安公路交大建设监理公司监理。

渭南上涨渡渭河大桥

上涨渡渭河大桥位于渭南市北郊 2.5 公里处，系 108 国道公路跨越渭河的重要桥梁。1955 年，公路行车用木船搭成浮桥，汛期拆除。1967 年，开工兴建桥梁，1969 年 5 月 1 日建成通车。为钢筋混凝土预应力 T 梁桥，基础为钻孔柱桩，下部为双柱式墩台，上部为装配式 T 形梁。桥长 1497 米，宽 9 米，高 7 米，共 59 孔，设计载荷为汽车 13 吨、拖挂 60 吨。桥面铺沥青混凝土，两侧建有钢筋混凝栏杆，时为西北地区最长的公路桥梁，也是渭南城区通往渭北各县市的唯一桥梁。1997 年整修，桥面铺为水泥混凝土。2006 年 12 月，上涨渡渭河大桥经历了一次大修。随着沙王、渭蒲、渭富三座大桥通车，从泄洪考虑，加上该桥距渭河北堤还有800余米滩道，遇洪水则停止通行，2010年上涨渡渭河大桥拆除。

202省道阳村渭河特大桥

阳村渭河特大桥位于S202黄洛线大（荔）华（阴）公路渭河上。建桥前，人工木船摆渡。1986年8月28日修建，1988年12月12日竣工。2006年大华公路阳村渭河大桥投资4792万元改扩建，加长桥梁1525.5米，改建后桥梁全长3280米，宽9.80米。大桥上部采用87孔20米跨径式钢筋混凝土宽翼板T形梁，下部为钻孔灌柱桩基础，双柱式桥墩，设计载荷汽车20吨，拖挂100吨，抗震烈度为8度。

202省道澄城西河大桥

西河大桥位于省道202线澄城县城西河上。1994年12月11日建设，1996年10月1日建成通车。共投资1576万元。澄城县政府建设，西安公路研究所设计，陕西省路桥集团公司承建。采用双向双车道二级公路标准。上部结构采用2孔100米、边跨各1孔60米预应力混凝土连续钢构。下部结构采用薄壁空心墩。中墩为扩大基础；两边墩为嵌岩桩基础。桥长325米，宽12米，高73.013米。设计载荷为汽车20吨、拖挂100吨。该桥为陕西省首例采用亚洲第一高墩连续刚构桥。

201省道白水河大桥

白水河大桥位于省道201线蒲（城）白（水）两县交界处两仙庙附近。1996年12月5日动工，1998年12月18日竣工。工程总投资380.47万元。全长567.14米，最大高度52.51米，平均高度41.15米。采用14米～40米预应力混凝土T形梁桥。设计载荷为汽车20吨，拖挂100吨。

202 省道澄城茨沟大桥

茨沟大桥位于澄城县城南省道 202 黄（龙）洛（南）公路跨越茨沟处。1998 年 5 月 29 日开工，2000 年 4 月建成通车。完成投资 2408.10 元。桥长 652 米，宽 12 米，高 65 米。陕西省公路局建设，西安公路研究所设计，陕西省路桥集团公司承建。设计载荷为汽车 20 吨、挂车 100 吨。采用双向双车道二级公路技术标准。上部结构采用 3 孔 90 米跨径，边跨各 1 孔 50 米跨径连续钢构，引桥上部结构采用 9 孔 30 米先简支后连续箱梁。下部结构采用薄壁空心墩，壁厚 50 厘米，最大墩高 58 米，双柱式桥墩，钻孔灌柱桩基础。

106 省道蒲城永丰洛河大桥

永丰洛河大桥位于省道 106 线蒲城永丰镇洛河上。与永丰河大桥相距 50 余米，1999 年 6 月动工修建，2002 年 4 月竣工。桥长 516.28 米，宽 12 米，设计载荷为汽车 20 吨、拖挂 100 吨。

106 省道富平石川河大桥

石川河大桥位于省道 106 线富平县石川河上。2002 年 10 月动工修建，2004 年 3 月竣工。全长 486.05 米，宽 12 米，桥下净高 20 米。桥上部结构采用预应力混凝土箱型梁，下部结构为柱基础，桩柱式墩，桩柱式台。渭南市交通局建设，陕西交通科技设计有限公司设计，中铁二局第四工程有限公司承建，渭南公路工程中心监理。

202 省道石槽洛河大桥

石槽洛河大桥位于省道 202 大（荔）华（阴）公路洛河上。1986 年 7 月动工修建，1987 年 12 月竣工，造价 336.6 万元。全长 344.90 米，宽 11 米，高 7.80 米，设计载荷汽车 20 吨，拖挂 100 吨。桥上部采用 17 孔

20 米跨径“T”形梁，下部为钻孔灌柱基础，双柱式桥墩，桥台为框架式。

第三节 重要互通式立交

连霍高速公路华山互通式立交桥

华山互通式立交桥位于连霍高速渭潼段华阴市南，被交公路为华岳路和城市道路，直通华阴市和华山风景区。立交桥主线上跨，匝道下穿，采用单喇叭型。陕西省高速公路管理局建设，陕西省公路设计院设计，铁道部第三工程局承建。1998 年 10 月开工，1999 年 9 月 27 日建成。投资 197.60 万元。

该立交桥主线长 918.78 米，设匝道 5 条，全长 1968 米。匝道设计行车速度为40公里/小时。单向匝道路基宽8.50米，双向匝道路基宽15.80米。立交匝道跨线桥长 58 米，最大净空 5 米，桥面宽左幅 12.50 米，右幅 16.50 米。上部结构为部分预应力钢筋混凝土空心板梁，下部结构为钢筋混凝土多柱式墩、台，桩基础。

渭蒲高速公路东杨互通式立交桥

东杨互通式立交桥位于渭蒲高速蒲城县东杨村东南 1.6 公里，与西禹高速公路交叉。主要解决西禹高速与渭蒲高速之间交通转换。陕西省高速集团建设，长安大学工程设计研究院设计，中铁十一局集团第四工程有限公司承建。2009 年 7 月开工，2010 年 11 月 9 日建成通车。总投资 2.60 亿元。

该立交由主线桥和 8 条匝道组成。环形匝道设计行车速度为 40 公里 / 小时，匝道路基宽 10.50 米；其余匝道设计行车速度为 60 公里 / 小时，匝道路基宽 12 米。立交主线桥上跨西禹高速，桥长 1123.50 米，上部结构采用现浇钢筋混凝土连续梁；下部结构采用柱式墩，肋板式台，钻孔灌注桩基础。

渭蒲高速公路赤水互通式立交桥

赤水互通式立交桥位于渭蒲高速华州区赤水镇西，与连霍高速公路交叉。主要解决连霍高速与渭蒲高速之间交通转换。陕西省高速公路建设集团建设，长安大学工程设计研究院设计，中交一公司承建。2009 年 7 月开工，2010 年 11 月建成通车。总投资 1.28 亿元。

立交桥设匝道 8 条，总长 1.04 万米。环形匝道设计行车速度为 40 公里 / 小时，其余匝道设计行车速度为 60 公里 / 小时。立交主线桥上跨西潼高速，桥长 974.34 米，最高净空 12 米，桥宽 12.5 米（半幅）。上部结构分部采用预应力混凝土箱梁、预应力混凝土空心板、现浇箱梁；下部结构采用桩柱式墩，肋式台，群桩基础。

连霍高速公路渭南西出入口互通式分离式立交桥

连霍高速渭南西出入口互通式分离式立交桥位于渭南城区高速收费站北侧，临渭与高新两区交汇处。由渭南市人民政府和陕西省高速公路建设集团公司联合建设，渭南市人民政府承担征地、拆迁安置和环境保障工作，工程建设由陕西省高速公路建设集团公司负责。批复概算总投资为 2.5 亿元，项目建设采用 BT（建设—移交—回购）总承包方式，由中交一公局承揽建设。2014 年 3 月开工建设，2015 年 5 月建成通车。

该工程在连霍高速渭南西出入口直线向北上跨朝阳路西段东端采用单喇叭立体交叉形式；渭清路与朝阳路中段西端采用分离式立交，渭清路上跨朝阳路，建成互通式和分离式立交桥各一处。主线及匝道全长 3.32 公里。总用地 13.90 公顷。道路等级为城市主干路，汽车荷载等级为城市 -A 级，道路红线宽度 50 米，主线设计速度 50 公里 / 小时，立交匝道设计速度 25 公里 / 小时，桥下净空 5 米，设计安全等级为二级。朝阳互通式立交桥，上部结构为 3 跨预应力混凝土现浇箱梁，桥梁全长 76 米，桥梁宽度 30.5

米。渭清高架桥上跨朝阳大街，上部结构为 15 跨现浇预应力混凝土箱梁，桥梁全长 335 米，桥梁宽度 17.5 米，见图 3-3。

图3-3　渭南西 高速公路出入口

第四节　重要隧道

老爷岭隧道

老爷岭隧道位于华阴县城至金堆城专用公路 31 公里处，南北走向，北高南低，呈 2.8% 单向纵坡。外廓为曲墙、单心圆弧拱结构，用模筑混凝土和喷混凝土支护，石灰岩乳液喷白，两侧各装有 138 盏日夜照明灯具。洞内为混凝土路面，车行道宽 7 米，两边人行道各宽 0.75 米，净高 6.5 米，全长 1007.74 米。隧道最大埋深 187 米。1982 年 7 月开工，1986 年 4 月建成，造价 814.5 万元。老爷岭隧道由金堆城钼业公司建设，陕西省公路勘察设计院设计，西京路桥公司第六工程队施工。

八公里大平洞

八公里大平洞位于潼关东桐峪金矿公路专用线 10 公里 +200 米处，隧道长 1826 米，净宽 4 米，净高 3.2 米，洞口为端墙式，断面曲墙式尖顶三心圆拱，钢筋混凝土砌衬，水泥混凝土路面，洞内路侧排水。1972年7月17日建成。

龙门隧道 桑树坪隧道

龙门隧道、桑树坪隧道位于韩城市龙门镇、桑树坪镇，是S221省道龙门渚北至乡韩桥段的一部分，龙门隧道长2310米，桑树坪隧道长2035米，双向两车道，净宽12米，净高7.74米，每750米左右间隔设置紧急停车带，隧道内设计时速40公里/小时，隧道照明、通风、消防、监控设施齐全。

工程于2012年3月开工，2013年9月建成通车，隧道投资3.5亿元。建成后由韩城市农村公路管理局负责管理养护。

盘鱼隧道

盘鱼隧道位于韩城市西庄镇，属于盘鱼运煤专线的一部分，隧道长862米，双向两车道，净宽6.5米，净高6.75米，设计时速20公里/小时，工程于2007年开工，2008年建成通车，总投资1400万元，该工程由陕西黄河矿业有限责任公司投资建设并运营养护。

八里隧道

八里隧道位于华阴市瓮峪村至八里村之间，距国道310约2.5公里，建成于1988年，隧道长30米，宽6米，净高6米。

第四章　勘测设计

勘测设计是修筑公路、桥梁的起始和前提。民国时期，渭南修筑的公路大都利用原有大车道拓宽整修而成，多未进行勘测设计。有少数路线和临时式桥梁，由施工单位进行踏勘，没有设计文件。1949 年以后，公路、桥梁勘测设计和施工均由陕西省公路局经办。当时主要处于抢修、整修阶段，勘测设计工作仅限于局部路段和个别桥梁。主要干线公路改建和大型桥梁新建的勘测设计工作，均由国家交通部调派勘测设计力量承担。1958 年秋，开始贯彻执行“全党全民办交通”的筑路方针，国家交通部将设在西安的公路勘测设计院第五分院部分人员和设备下放陕西，与陕西省交通厅原有勘测设计力量合并，正式成立陕西省公路勘察设计院，陕西公路、桥梁勘测设计工作从此有了独立机构。此后，机构不断健全，队伍日益壮大，技术水平逐步提高，仪器设备也日趋完善。

1978 年改革开放后，勘测设计工作进入了新的发展时期。随着公路事业改革深化与建设加快，公路勘测设计市场扩大开放，勘测设计理念与方式变革，勘测设计技术逐步创新。20 世纪 90 年代，渭南境内勘测设计以新建高等级公路和改造干线公路为主。2000 ~ 2005 年，勘测设计以新建高速公路和重点新建、改建县、乡公路为主。2006 ~ 2015 年，勘测设计以新建高速公路为主，同时加强普通干线公路改造工程、新建通村油（水泥）路建设勘测设计，勘测设计水平不断提高。高速公路路线设计，由平原地区扩展至山区，由新建路线发展到改、扩建路线，设计技术标准由四车道、六车道发展至八车道。桥梁勘测设计，由以预应力混凝土空心板梁和预应力混凝土连续箱梁为主，发展到连续 T 形梁桥、连续钢构桥、钢管拱桥（劲性骨架）、斜拉桥等多种桥型。相继设计、建设了一批特长公路大桥。公路勘测设计促进了公路建设加快、规模扩大、等级提高、水平提升。

第一节　公路勘测设计

高速公路勘测设计

20 世纪 90 年代，公路工程勘测执行国家交通部《公路路线勘测规程》JTJ061—85，遵循“经济、实用、安全”的设计理念，以地质选线为主，采用经纬仪、红外线、全站仪、水准仪等勘测仪器，以及钻探、井探、物探等方法，先后勘测了临（潼）渭（南）、渭（南）潼（关）高等级公路。由陕西省公路设计院勘察。采用可行性研究、初步设计、施工图设计 3 个阶段。

初步设计是在可行性研究基础上，组织路线、地质、桥梁及路基专业人员实地踏勘、核查，现场修改调整。踏勘过程中，结合对沿线区域经济发展、现有公路及交通流量等情况调查、预测，从线路里程、地形、造价、占地和公路功能等方面，综合研究比选，确定推荐路线方案。依据可行性研究报告批复意见，进行初测、初勘，方案比较，确定推荐方案，进行施工图设计阶段详测、详勘，为局部优化方案，提供准确的地形、地质、水文、社会环境资料。公路工程可行性研究（简称工可研）阶段，一般需经 2 ～ 3 次勘测。地质和环境等复杂工程项目，则需经多次勘察。

1991 年起，高速公路路线设计，依据交通部《公路工程技术标准》JTJ01—88 及《公路工程基本建设项目设计文件编制办法》（交公路字〔1987〕10 号）进行。设计技术手段，陕西省公路设计院、西安公路研究所等设计单位由传统手工图板绘图向 PC 计算机 CAD 技术绘图发展。高速公路路线设计，根据平原微丘区、重丘区、山岭区等不同地形特征，分别采用相应技术标准。临（潼）渭（南）、渭（南）潼（关）沿线大部分路段属平原微丘区，部分路段属重丘区，均按全封闭、全立交、双向四车道标准设计。

1998 年 1 月 1 日起，高速公路设计执行交通部《公路工程技术标准》JTJ01—97。根据高速公路使用任务、功能、适应交通量及地形地质条件，大部分高速公路采用双向四车道标准设计，分别采用 120 公里／小时、110 公里／小时、80 公里／小时，行车道宽度均采用 15 米，路基宽度分别采用 21.50 米、26 米、24.50 米。这一时期，高速公路面层设计大多采用沥青混凝土结构，基层和底基层采用稳定土、水泥稳定粒料、沥青混合料以及级配碎砾石、或采用石灰工业废渣、水泥稳定土、石灰稳定土、石灰粉煤灰稳定土、填隙碎石等材料铺筑，垫层一般采用水稳定性好的粗粒料或其他稳定材料铺筑。

禹（门口）阎（良）高速公路经渭北台塬地带和关中平原区，有多条大型河谷，经遥感技术解译验证后，发现路线多处地段属大型滑坡区、隐伏断裂构造和煤矿采空区，提出多段路线优化方案，避开多处滑坡、陡边坡路段，减少建设工程量，节约工程投资数千万元。在设计过程中，因禹（门口）阎（良）高速公路经关中盆地与陕北黄土高原过渡区，湿陷性黄土路段长 170 公里，占路线总长 96%。陕西省公路设计院经反复研究，确定采用低路堤方案设计。主线路堤平均填土高度设计，由以往同类项目 3.20 米～3.50 米，降至 2.45 米，减少路基填方 600 万立方米、地基处理 30 万平方米，少占用土地 26.67 公顷。同时，采用地基处理、填料改良与路基综合排水结合原则，进行路基综合排水设计，排除湿陷诱因；按不同湿陷等级，设计采用冲击碾压、强夯、灰土垫层、石渣垫层和路基两侧强夯压密等方法，提高路基压实度。

2000 年，贯彻陕西省政府批转省交通厅关于适应西部大开发，加快公路发展规划及实施意见，开放公路勘察设计市场，加快公路建设项目前期工作。12 月 1 日，贯彻执行国家交通部新颁《公路勘测规范》JTJ

061—99，增加可行性研究阶段勘察。根据交通部《公路工程勘察设计招标评标办法》（交公路发〔2001〕582 号）、《公路工程勘察设计招标投标管理办法》（交通部 2001 年第 6 号令），渭南境内单项合同估算价在 50 万元以上，或建设项目总投资额 3000 万元以上项目，均采用公开方式进行勘察设计招标。

2004 年，陕西省交通厅安排省公路设计院进行潼关至宝鸡高速公路改扩建工程可行性研究。时为省内公路首次进行高速公路改扩建工程可行性研究。该院组织考察、学习辽宁沈（阳）大（连）高速公路改扩建工程经验，对西潼高速公路进行全线踏勘、调查，全面收集沿线地形、地貌、工程地质、水文地质、气象、地震及原有公路路况、构造物等大量资料。在此基础上，与四川省交通厅公路规划勘察设计研究院联合进行多项专题研究，对局部分流路线进行多方案、同深度比较后，确定推荐方案。

2007 年，交通部《公路勘测规范》JTG C10—2007 实施。公路勘察设计采用数字地形模型（DEM）、全站仪及 GPS RTK 动态设计、电法勘探等先进技术。2008 年，为扩大内需，开展大规模高速公路建设。陕西省加快西（安）潼（关）高速公路改扩建项目勘测设计招标工作，分解细化勘测设计目标任务，逐级落实进度与质量责任。各设计单位再分解任务，倒排工期，勘察设计人员连续加班作业，夜以继日进行勘测设计。2009 年开工的渭蒲高速公路由长安大学设计院设计，2013 年开工的渭玉高速由陕西省交通规划设计研究院设计。此期间高速公路路线设计，特殊路段因地制宜，灵活应用技术标准。高速公路设计在遵循全寿命周期成本理念的同时，还引入低碳环保节约的新理念。

干线公路勘测设计

20 世纪 90 年代，渭南政区内国道、省道（简称干线公路）建设勘测设计，按交通部部颁公路勘测规程、规范要求，均按初勘、详勘两阶段进行勘察。

一般三、四级公路改建工程，按施工图一阶段勘测要求进行勘测。勘测手段沿用经纬仪、光电测距仪、全站仪、水准仪等仪器，采用钻探、井探、电法勘探等方法。

1991 ~ 1997 年，干线公路新、改建工程设计，执行交通部《公路工程基本建设项目设计文件编制办法》（交公路字〔1987〕10 号），按两阶段或一阶段施工图设计，采用传统图板手工绘图，部分采用计算机 CAD 绘图。此期修建一级公路、二级汽车专用公路，一般是在原二、三级公路基础上进行改建，部分新建。改建或新建根据沿线地形、地质及交通量等情况，分别采用相应技术标准。部分路段根据所处区域、地形条件及交通量等，灵活采用技术标准。其他干线公路改建，多由三、四级公路改建为一般二、三级公路。改建公路路线处不同区域，则根据区域特点分别采用相应标准设计。这一时期新建、改建一级公路、二级汽车专用公路路面以沥青混凝土为主，其他等级公路以沥青表处和沥青碎石路面为主。

1998 年起，渭南境内干线公路和规划次骨架公路改建，均按一阶段勘测内容与要求进行勘测，大多沿原公路路线勘测地形、地貌、桥梁、隧道资料及防护、排水等构造物资料。干线公路改建工程勘测设计，主要采用 GPS、数字地面模型（DTM）、全站仪等技术．对原有公路进行一次勘测。勘测以满足技术标准为前提，尽可能利用旧路，以节约投资，少占耕地。个别困难地段，采用低标准或选择新地段测定路线方案。设计单位开始应用计算机新技术进行干线公路新建、改建设计。

107 省道（即关中公路环线）渭南段建设，由渭南市政府采用招标方式，组织项目勘测设计。根据沿线地形、地质条件，执行充分利用旧路与局部新建相结合原则，分别采用一、二级公路标准勘测设计。

2004 年，陕西省公路设计院采用全站仪、GPS 等先进技术进行勘测，使公路与周围环境协调，保护原有地貌特征。2005 年～ 2015 年，干线公路勘测设计工作以提升改造为重点。按照改建公路典型示范工程原则和要求，先后勘测设计了关中 310 国道渭南城区过境段、202 省道大荔科技园区过境段等新建、改建工程。

农村公路勘测设计

1991年～1995年，渭南农村公路建设以新建、改建县、乡公路为主，设计单位沿用水准仪（高程测量）、简易圆盘（水平角测量）、花杆（横断面测量）等简易勘测方法，按照一阶段施工图勘测内容与要求进行勘测设计。新建或改建二级县公路，陕西省公路局或渭南地区交通局委托陕西省公路设计院、西安公路研究所等单位组织勘测设计；新建三、四级县、乡公路，陕西省公路局或渭南地区交通局委托各公路管理总段勘测设计室组织勘测设计；修建村级公路，一般采取由村干部聘请专业技术人员现场察看、放线的办法。渭南地区勘测朝邑农场至雨林公路25.4公里，为陕西省内最长的三级乡公路。

1996年起实施农村“三通”（通电、通信、通路）工程，渭南掀起农村公路建设热潮，陕西省公路局或渭南市交通局委托设计单位，对新、改建县、乡公路进行勘测设计。根据村公路交通流量和交通工具构成特点，制定村级道路技术标准，规定凡能按部颁标准执行的，均按部颁标准勘测设计；达不到部颁标准的，按行车道宽度3米，路基宽度平川原区4.50米、山岭与荒漠区3.50米标准进行勘测改建。村公路多为等外土路，部分为等级沙石路或油路，一般由村聘请技术人员，采用皮尺丈量配合水准仪、经纬仪测量、放线。

1999年起，新建、改建县、乡公路，始采用全站仪、水准仪、GPS等技术进行勘测。2001年～2004年，由渭南市交通局，委托具有相应资质勘测设计单位，完成工程勘测设计任务。2005年，适应农村公路建设需要，陕西省交通厅制定《陕西省农村公路技术标准》（陕交发〔2005〕143号），规定对达不到部颁标准的村级等外公路，按此标准进行勘测设计。

2006年起，渭南市以村村通油（水泥）路为重点，推进农村公路全面普及提高，充分利用原有道路，均采用全站仪、水准仪、GPS等勘测技术，按图上定线—实地踏勘—局部修改等程序进行一次定测，各县（市、区）交通局组建设计室（组），承担勘测设计工作，县、乡公路改建工程勘测设计，大多由交通局采用委托形式组织完成。村级公路勘测设计，大多由县交通局设计室（组）实施。设计执行国家交通部《农村公路建设暂行技术要求》（交公路发〔2004〕372 号）和陕西省交通厅《陕西省农村公路技术标准》（陕交发〔2005〕143 号）等规定。地形条件许可的通村公路，采用四级以上技术标准；等外路路基、路面宽度，单车道分别采用 4.50 米、3 米；双车道分别采用 6.50 米、5.50 米；受资金限制的地形及困难路段，路基、路面宽度分别采用 4 米、3 米。设计文件包括路线平面图、纵断面图、路面结构图、构造物结构图和简单工程预算。

至 2015 年底，农村公路设计，注重生态环境保护和治理。通过合理设计路线，尽量利用旧路，实行耕地占补平衡等措施，力求少占土地、节约耕地。设计、施工方案多与当地山、林、水、田综合整治相结合，与新农村建设、小城镇建设等同步实施。

第二节　桥梁勘测设计

T 形梁桥设计

20 世纪 90 年代，渭南境内 T 形梁桥主要用于干线公路桥梁设计。T 形梁省工省料且自重轻，适用于 20 米～50 米跨径桥梁，最大跨径为 50 米。1991 年 108 国道合阳县金水沟大桥设计，采用 6 孔 50 米 T 形梁，桥面与沟底最大高差 92.44 米，其中 7 号桥墩高 86.60 米。

2002 年，陕西省公路设计院设计禹（门口）阎（良）高速公路芝川特大桥，为减少桥面伸缩缝，保证行车平顺、舒适，主桥上部结构采用 50 米跨径，4 孔 1 联，共 12 联的连续 T 形梁，时为陕西省内首次将 50 米 T 形梁用于高速公路特大桥。此后至 2009 年，全市高速公路桥梁设计，较多采用连续T梁形式。渭(南)蒲(城)高速公路渭河特大桥等桥梁设计，两河堤之间采用68孔50米和2孔40米预应力混凝土连续T形梁。

2015年在建的221省道渭洛河大桥，由渭南市交通运输局承建，陕西交通公路设计有限公司设计，其中渭河大桥桥长4450米，部分采用了预应力混凝土连续T梁。

箱型梁桥设计

箱型梁有简支与连续结构区别。连续结构较简支梁以其抗裂与耐久性较好、施工简便、造价经济、行车舒适等优势，在公路桥梁设计中得以广泛应用。1991年后，一级、高速公路桥梁设计，开始采用部分预应力或预应力钢筋混凝土先简支后连续箱梁结构。桥梁跨径一般大于或等于20米时采用，最大跨径为30米。如108国道渭南沙王渭河特大桥，采用预应力混凝土四箱式等截面连续梁。

根据公路桥梁技术进步需要，设计单位加强计算机设计技术开发应用。陕西省公路设计院采用计算机CAD技术，引进、研究开发公路中小桥涵计算机辅助设计系统。1998年，设计单位引进并应用桥梁结构静动力设计（BRCAD)、桥梁结构设计（ GQJS)、桥梁通等桥梁辅助设计软件系统，提高设计效率。预应力混凝土连续箱梁结构在设计应用中跨径逐步增大。如西（安）潼（关）高速公路改扩建工程渭南过境段跨铁路大桥等桥梁，主桥采用80米跨径现浇变截面连续箱梁结构。2004年2月开工建设的108省道渭南渭蒲特大桥上部构造采用预应力混凝土连续箱梁。

连续梁桥下部结构设计，桥墩大多采用柱式墩，有单柱式、双柱式、3柱式、4柱式等，其中以双柱式居多，极少部分桥墩采用薄壁式（两头圆形、矩形）空心墩及X形、Y形、V形墩等形式。桥梁基础设计，大多采用钻孔桩，重力式多用于扩大基础;钻孔桩设计有单排、群桩等形式。桥台设计多采用柱式、薄壁式、肋板式、扶壁式。桥梁支座设计布置分单、双排，形式分板式、滑板式、盆式橡胶支座等。

2015 年在建的 221 省道渭洛河大桥，其中渭河大桥桥长 4450 米，采用了预应力混凝土连续箱梁及变截面连续箱梁；洛河大桥长 426 米，采用预应力混凝土连续箱梁，保证了施工进度与质量。

连续刚构桥设计

渭南公路桥梁设计应用预应力钢筋混凝土连续刚构桥，始于 1994 年西安公路研究所设计 108 国道澄城县西河大桥。预应力混凝土连续钢构桥，是在预应力混凝土连续梁和 T 形钢构的基础上，发展而成的墩梁固结的一种连续结构形式，具有主梁连续无缝、行车平顺等特点。西安公路研究所设计的西河大桥，采用高墩、大跨连续钢构型式，主桥采用中跨 2 孔 100 米，两边跨各 1 孔 60 米预应力混凝土连续钢构。之后，连续钢构桥在干线公路桥梁设计中多有应用。至 1999 年，西安公路研究所与陕西省公路设计院先后在渭南境内设计的连续钢构桥主要有：韩（城）黄河大桥，108 国道合阳太枣沟大桥等。

2000 年后，连续钢构桥用于高速公路桥梁设计。禹（门口）阎（良）高速公路上徐水沟特大桥，由陕西省公路设计院设计，桥梁上部结构主桥采用中跨 2 孔 200 米、边跨各 1 孔 110 米预应力混凝土连续钢构。两侧引桥分别采用 7 孔、4 孔 40 米预应力混凝土先简支后连续箱梁。最大跨径 200 米，时称“西北第一跨”。太枣沟大桥由西安公路研究所设计，桥梁上部结构主桥采用 1 孔 100 米、2 孔 170 米、1 孔 130 米、1 孔 80 米预应力混凝土钢构连续梁。金水沟大桥由西安公路研究所设计，桥梁上部结构采用中跨 5 孔 136 米、边跨 1 孔 88 米、1 孔 78 米预应力混凝土钢构变截面连续箱梁。采用薄壁空心墩，柱式桥台，墩台均采用桩基础。最大墩高 98 米，长度 70 米以上桩基 5 个，其中最长桩达 110 米，桩径 1.70 米。该桥设计拥有“连续多跨大跨径的跨境组合”、“98 米以上的高桥墩”、“110 米超长桩”、“大直径特深裙桩”、“大体积承台”等关键技术。

第五章　建设资金

建设资金是公路交通进行新建、改建、扩建的重要条件，是制约公路交通事业发展的主要因素之一。民国时期，政府用于公路交通建设的资金极少，渭南境内一些计划建设项目无法落实，很多路桥工程不得不降低标准修建。所修建的公路标准低，缺桥少涵，设施不全，路况很差。所拥有的汽车量小，车型复杂、老旧，运输效率甚低。中华人民共和国成立后，渭南公路交通建设有了很大发展，但与地方社会经济的发展仍很不适应。公路交通建设投资比例不高，公路交通发展滞后，成为地方社会经济发展中的薄弱环节。改革开放以后，随着公路建设不断加速，建设规模相应扩大，等级质量明显提高，公路养护和各项管理工作全面加强，对资金需求愈来愈大。为适应不同时期公路交通发展要求，渭南交通系统紧抓加快公路基础设施建设的机遇，积极运用国家倾斜扶持政策，深化公路交通投资体制改革，扩大公路交通融资市场开放，充分发挥各方兴办公路交通的积极性，多层次、多方式拓宽融资渠道，扩大公路交通资金来源，不断加大投资支持，成为公路交通改革、发展的一个重点和突破口。经过不断探索、总结、提高和完善，到2015年，逐步形成中省投资、银行贷款、地方自筹和社会融资等多元化公路交通筹融资机制，有效缓解了公共交通资金供给紧张状况，为加快公路交通发展提供了较为适应的资金保障。

第一节　中央投资

公路交通建设需要大量资金。民国时期，由中央政府或地方财政投资修建公路交通的资金量很小且情况比较复杂。民国 11 年（1922），陕西组建的第一个汽车运输企业——长潼汽车公司，是用北京政府拨给陕西赈灾款中的 51477 元，购买汽车 20 辆和一批汽油、配件，陕西省禁烟局拨银洋 500 元作为开办费而开始营运的。这表明在民国时期，渭南公路交通建设资金一开始就左支右绌。

中华人民共和国成立后，国家在一个较长时期内实行计划经济，渭南境内公路交通建设资金纳入国家或地方财政计划。全民所有制企业，除按规定上交税款外，所获利润企业无权动用，悉数上交国库。企业因扩大再生产需要增添固定资产时，由国家财政或其他特定渠道拨专款办理。由国家财政拨给的基本建设资金，称基本建设预算拨款，简称“财政投资”。

1980 年以后，渭南境内社会各方面对加强公路交通建设的认识有所提高，各级政府把交通建设作为振兴经济、搞活流通、对外开放的战略措施来抓，在资金、材料、征地、拆迁、投劳等方面，采取了许多切实措施，调动了各方面筹集资金兴办公路交通的积极性。

1991 年起，国家重视并优先发展公路交通，投资补助境内公路建设、路网改造以及农村公路扶贫项目和汽车客运站建设。如临渭高等级公路项目，就包含国家预算内资金投资补助。中央投资除国家预算内资金投资外，交通部补助资金也是渭南公路建设资金的重要来源。交通部补助资金主要为车辆购置附加费（简称车购费）。1992 年，渭南共征收车购费 269.9 万元，当年，临渭高速公路建设，就有交通部补助资金投资。1996 年 8 月 23 日，国务院颁布《关于固定资产投资项目试行资本金制度的通知》（国发〔1996〕35 号），规定从 1996 年起，交通运输投资项目，资本金占总投资比例 35% 及以上。渭南公路建设始实行资本金制度。公路建设资本金主要为国家预算内补助和交通部补助资金。

1998 年，为应对亚洲金融危机，实施积极的财政政策，1999 年起，实施西部大开发，进一步加大对公路投资支持，中央对渭南公路建设投资逐年增加。2001 年起，渭南境内规划国家高速公路与西部大通道相继开工，实施农村通达工程、公路扶贫、国道断头路建设和运输站场建设，中央投资均占有较大比重。“十五”期间（2001 ～ 2005 年），中央投资渭南公路建设资金 4985 万元。“十一五”期间，中央投资渭南公路建设资金 84513 万元。“十二五”期间，中央投资渭南公路建设资金 369413.5 万元。

第二节　省级补助资金

省级补助资金以公路交通规费征收为主要渠道，包括公路养路费、公路客运附加费和货运附加费、公路运输管理费。2009 年 1 月 1 日起，随着燃油税费改革实行，三项费用征收终止。

公路养路费

公路养路费是公路养护管理及事业发展的主要资金。渭南境内自 20 世纪 50 年代起征，随着不同时期经济社会发展、公路事业需求、车辆主要是汽车增长及物价变动，养路费征收对象、范围、标准及征收体制几经调整。1987 年道路交通管理体制改革后，按陕西省政府规定，陕西省交通厅设交通征费稽查局负责养路费征收管理。公路养路费实行专户储存、专款专用、收支两条线管理制度。养路费支出，由陕西省交通厅编制计划，会同省计划、财政部门审查同意后，向陕西省公路局和各地（市）交通局下达支出计划，主要用于公路养护。

1989 年 8 月 1 日，陕西省政府第 32 次省长办公会议决定，从 1990 年 6 月 2 日起调整养路费征收标准，机动车征费标准由每月每吨 105 元调整为125元。当年，渭南共征收养路费5067.6万元。调整后，从养路费总收入中按14%计提，作为养路费附加，由陕西省交通厅全额用于重点公路建设。1992年1月1日——1995年1月1日，经陕西省政府批准，先后4次调整汽车养路费征收标准，由每月每吨125元调整至180元。调整后增加部分，全额用于公路建设。四年中，渭南境内利用公路养路费投资重点公路建设资金8743万元。

1995年4月19日，陕西省政府1995年第十次常务会议决定，公路养路费资金用途分为建设资金和养护资金；建设资金由陕西省交通厅负责用于修建高等级公路、专用路和补助地（市）新、改建国、省道二级以下公路。1997年，贯彻《国务院关于固定资产投资项目试行资本金制度的通知》，陕西省政府决定养路费可用于公路建设的部分，列入交通基础设施建设项目资本金来源。是年8月起，按照财政部和省财政厅关于养路费及公路建设基金纳入预算管理的通知，公路养路费、交通基础设施建设基金纳入省财政预算管理。当年，渭南境内利用部省投资2630万元。

1999年10月31日，第九届全国人大常委会第12次会议通过《中华人民共和国公路法》修正案，决定采用依法征税的办法筹集公路养护资金。国务院逐步推进道路和车辆收费“费改税”，燃油税代替公路养路费成为趋势。“十五”期间，渭南境内利用公路养路费投资公路建设资金共计76720.98万元；“十一五”期间，渭南境内利用公路养路费投资公路建设资金共计15248509.67万元。

2009年1月1日起，燃油税费改革实施，养路费征收政策终止。用于公路养护事业的费用，纳入财政转移支付安排。

公路客运附加费、货运附加费

1986年7月17日，经陕西省政府批准，由陕西省经济委员会、计划委员会、财政厅、交通厅以[86]陕交运294号文发出《关于征收公路客运附加费的通知》，向公路客运车辆开征公路客运附加费，为汽车客运基础设施建设和运输业发展的专项资金。征收标准为在票价中每人公里征收附加费2厘。渭南地区交由地、县（市）道路运输管理机构征收，实行专户储存、专款专用、收支两条线管理。

1991年7月20日起，陕西省政府批准客运附加费征收标准由每人公里2厘调整为5厘，作为汽车站点建设专项资金。1992年10月1日起，由陕西省交通厅、财政厅、物价局、税务局联合颁发《陕西省公路货运附加费征收规定》(陕交财〔1992〕330号),对货运车辆征收货运附加费，征收标准为每月每吨30元。所征资金作为交通基础设施建设专项事业费，全额用于重点公路建设。陕西省交通厅征稽局负责征收工作。渭南地区由交通征稽处负责征收，当年征收附加费180.19万元。

1994年12月20日，陕西省政府下发《关于统一客运附加费，征收办法和标准的通知》(陕政办发〔1994〕137号)，决定从1995年1月1日起，客运附加费由省交通厅征稽局与运养路费一并征收，按吨位计量，征收标准为每月每吨150元。渭南境内客运附加费征收管理和征免范围，依照陕西省政府颁布的陕政发〔1992〕87号《陕西省公路养路费征收管理办法》实行，当年征收附加费1472.6万元。

1995年4月15日，陕西省交通厅、物价局颁发《关于调整公路养路费征收标准和改征交通基础设施建设基金的通知》(陕交财〔1995〕195号),从是年7月1日起取消客、货运附加费,改征交通基础设施建设基金。征收标准：货车不论营运与非营运车辆每月每吨30元；营业性客车每月每吨200元；非营业性客车每月每吨100元。渭南市当年征收交通基础设施建设基金2429.8万元。

2003年10月20日，陕西省物价局、交通厅发出《关于规范交通规费征收有关问题的通知》(陕价管调发〔2003〕55号)，取消向非营运车辆征收客、货运附加费；营运客车的客运附加费征收标准从每月每吨200元下调至每月每吨100元。这一时期，所征费用主要用于汽车站点新建、改造与运输业发展，部分用于公路建设。是年，全市共征收客货运附加费 3785 万元。之后客货运附加费征收因政策调整大幅下降，2005 年征收客运附加费 561 万元。

2009 年 1 月 1 日，随着燃油税费改革实行，客运附加费随之取消，原征收的客运附加费资金纳入中央财政转移支付安排。

公路运输管理费

公路运输管理费是用于公路运输行业管理和服务的事业费，简称运管费。1987 年，陕西省交通厅、财政厅根据国家交通部、财政部《公路运输管理费征收和使用规定》，决定在全省征收运管费。征收对象为客货运输、搬运装卸、运输服务业户，由道路运输管理机构按运费、境内营业收入 1% 提取；营业额难以计算，以核定年度营业收入按月定额征收。1998 年，清理整顿涉及车辆行政事业性收费，按财政部等国家部委规定，征收标准降为营运收入 0.80%。经此调整后，运管费征收标准未再行调整。渭南市运管费由各县（市、区）道路运输管理站（所）征收后，统一上解渭南市道路运输管理处，市道路运输管理处按 10% 比例上解陕西省交通厅运管局；陕西省交通厅运管局再按 1% 比例上解交通部，其余留作地方公路运输管理费。1998 年～ 2003 年，全市共征收运管费 9997.6 万元。

2004 年 1 月 1 日起，陕西省政府决定运管费实行统收统支集中管理。渭南市、各县（市、区）按原分工和规定收费范围与标准征收，在规定时限内全额上缴到市道路运输管理机构财政收入专户，实行市级财政专户储存。2004 年至 2008 年，全市共征收运管费 14228.1 万元。2009 年 1 月 1 日起施行燃油税费改革，运管费征收中止，道路运输管理经费纳入中央财政转移支付安排。

第三节　地方筹资

地方筹资是公路交通资金重要来源，以市、县（市、区）自筹，民办公助、民工建勤，银行贷款，社会融资及财政部分投入为主要渠道。

市、县（市、区）自筹

20 世纪 90 年代以来，由于公路建设规模增加，相应标准提高，资金供不应求。渭南境内采取多方式、多层次兴办公路的办法，市、县（市、区）多方筹集资金与劳务，争取建设项目，重点组织改善农村道路和部分干线公路。地方政府在财政资金中尽量安排公路修建和维护资金。县、乡政府由于财政紧张，主要通过乡村收取提留费和乡统筹费筹措，组织群众投工投劳折算投资，实行公路建设项目征地拆迁优惠，减免公路建设地方有关税费等形式，筹集公路建设资金。

1999 年起实施贫困县出口公路、县际公路、县油路改造和农村通达工程，除中央预算安排和省交通厅补助外，实行地方资金配套。渭南市当年自筹资金 5134 万元。除上述主要投资渠道外，各地利用银行贷款增多。由于公路建设规模不断增大，特别是受材料、人工价格上涨等影响，建设资金难以满足需要。有些地方政府承诺的自筹或配套资金不落实，造成项目资金短缺；有的因此降低项目建设标准，导致建设质量缺陷；有的利用银行贷款解决资金缺口，使地方政府或交通部门负债沉重。2000 年，渭南市利用各种渠道解决公路建设资金短缺问题，利用世行贷款 942 万元、自筹 7423 万元、国债 1640 万元、集资 1698 万元、以工代赈 578 万元。

2005 年起加快农村公路建设，实施建制村通油（水泥）路工程，中省提高补助标准，不足部分由地方自筹解决。市、县（市、区）分别制定筹资和补助办法。除继续采取以上行之有效的筹资办法外，地方财政支持力度加大。渭南市各县财政每公里补助 1 万～ 4 万元不等。同期，对农村公路养护管理体制进行改革。按照陕西省政府《农村公路养护管理体制改革通知》对养护投资分工的规定，市、县（市、区）负责日常养护投资。自 2007 年起，将农村公路养护资金列入市、县两级财政支出计划安排。

“十二五”期间，渭南市先后实施310国道华阴至潼关、201省道白水至黄龙、304省道黄龙至韩城段改扩建项目76.7公里，完成投资3.44亿元；实施大中修工程205.87公里，完成投资4.56亿元；实施危桥加固14座，完成投资3430余万元；处治安全隐患462.26公里571处，完成投资1840万元；实施灾害防治工程11.35公里，完成投资1841万元。2015年渭南市公路建设中地方自筹达到100581万元。

民办公助、民工建勤

20世纪50年代起，渭南境内农村公路修建实行民办公助、民工建勤政策（又称“双民”政策），乡村道路由群众自修自建自营，成为农村公路修建基本组织形式。从50年代至80年代，各地基本以投劳为主要方式，很少出资。同时，各个时期农村公路建设规模、等级标准不同，各地群众投劳数量差别也很大。90年代，“要得富，先修路”成为许多地方和群众共识。在中央和省补助资金不足的情况下，许多地方群众自愿投劳出资修建公路。同时农村公路建设标准逐步提高，修建基本使用机械设备，购买材料量加大，对资金需求大大增加，仅靠投劳不能满足需要，一些地方按户或按人分摊修路需要资金。有些地方还将民办公助、民工建勤政策运用于干线公路，解决干线公路修建所需劳力、资金不足。

1996年开始，渭南市实施农村通路工程，群众投劳出资比较踊跃。各地组织群众投劳出资修路，一般通过乡村提留公积金、公益金及乡镇收取统筹费渠道，利用组织农民履行义务建勤工的方式进行。每个劳动力或车辆出资及投工，一般按公路修建里程、标准所需劳务、资金测算，由乡镇或村按劳力或车辆分摊；有的地方与群众协商，动员自愿投入。出资每劳少则2元，多则5元、10元不等。也有地方按户分派采备石料或铺垫路基任务，包干完成，群众投入更多。随着农民外出务工、经商等流动性增大，部分劳动力不能投劳出工，有些地方采取按应出工日折合收取建勤费办法，即以资代劳。由于规范缺失和监管不力，一些地方出现扩大范围收取、强行摊派等问题，加重农民负担。1996 年，针对存在问题，市、县（市、区）政府和交通系统对公路建设农民负担情况作了全面调查，禁止强行摊派，使农民修建公路劳务负担逐步得到规范。

“十五”时期，农村公路建设规模增大、标准提高，资金、劳务需求剧增。各地继续利用“双民”政策，调动发挥群众积极性。2002 年 4 月，陕西省政府办公厅颁布《农村税费改革方案》，取消乡统筹费，逐步取消劳动积累工和义务工；明确乡道建设资金由乡政府负责安排；村道建设资金及所需劳务，实行一事一议，由村民大会民主协商解决。政策调整后，农民外出务工成为潮流，一些地方修建农村公路出现投劳出工难的问题。

2006 年，全省取消农业税，同时取消乡村提留与统筹费，并严格规范农民提供劳务，县乡公路“双民”政策随之终止。是年，陕西省实施大规模通村油（水泥）路建设，在中央和省加大投资补助的同时，实行“政府铺面子，群众打底子”，空前激发群众参与积极性，掀起新一轮投劳出资修建通村油（水泥）路热潮。各地通过一事一议方式，由群众民主协商，决定修建路线和所需工日，筹集不足资金。一些地方群众人均少则出资数十元，多则出资上百元，投工由每劳数个至数十个不等。许多地方群众争先恐后上劳打好路基，争取交通部门铺筑路面。至 2015 年，渭南市通村道路全部油化或水泥化。

第四节　银行贷款

20 世纪 90 年代以来，随着公路建设规模扩大、等级标准提高，以往筹集资金的办法不能满足公路建设的需要。渭南交通部门与地方政府采取贷款修路、收费还贷办法，利用国内外银行贷款，拓宽筹资渠道，加快境内公路建设。

国内银行贷款

1991 年，渭南沙王渭河公路大桥建设，即利用了建设银行贷款。1998 年后，改革公路投融资体制，通过公路收费权抵押、法人担保、公路债务重组、养路费抵押等方式，扩大国内银行贷款额度。是年，渭南利用国内银行贷款 1600 万元。

2002 年始，利用重点公路项目建设争取银行贷款，成为高速公路建设资金主要渠道。重点公路建设项目贷款所占比重逐年增加。2003 年，利用国内贷款 3534 万元、2004 年利用国内贷款 10000 万元。2005 年起，重点公路建设的国内银行贷款，全部实行由项目法人单位贷款。2008 年，新一轮高速公路建设兴起，2009 年，国务院决定降低公路等固定资产投资项目资本金配置比例，贷款份额不断上升。当年，渭南利用国内贷款 29328 万元，2010 年，渭南利用国内贷款 21658 万元。

国际金融机构贷款

1996 年，新建渭潼高速 78.52 公里，利用世界银行贷款 5145 万美元，折合人民币4.28亿元。为渭南境内首条高速公路建成通车，发挥了重要作用。

2001 年，国家财政部将禹阎高速公路发展项目列入利用亚洲开发银行贷款规划。3 月 1 日，该项目通过亚洲开发银行预评估。2002 年 6 月 10 日，正式签署《贷款协议》和《项目协定》。该项目利用亚洲开发银行贷款 2.50 亿美元，其中 2.45 亿美元（折合人民币 20.83 亿元）用于建设禹阎高速 176.89 公里；600 万美元（折合人民币 4748 万元）用于澄城等贫困县农村公路改造。此后，用于高速公路建设的部分贷款转贷给西禹高速公路有限公司，由其具体实施项目建设；用于地方道路的贷款，陕西省政府转贷给渭南市政府，由其负责贷款项目实施。该批贷款期限 24 年，其中包括 4 年宽限期，贷款利率为单一美元浮动利率。西禹高速和农村公路改造贷款项目，至 2005 年 11 月相继完成。

第五节　市场融资

利用市场融资，是公路建设开放和公路投资体制改革的重要成果。20 世纪 90 年代以来，推进公路建设市场开放，提倡和鼓励国内外经济组织以独资、合资、合作、BOT 等方式，参与公路投资建设经营，发挥公路建设筹资补充作用。

乡韩黄河大桥股份合作制建设

陕西韩城市与山西乡宁县位于黄河东西两岸。由韩城市政府与乡宁县政府协调，由陕西省韩城矿业有限责任公司与山西省乡宁县煤炭运销公司协商，采取股份合作制形式，修建乡韩黄河公路大桥。由韩城市矿业开发有限责任公司与乡宁县煤炭运销公司按 4.50：5.50 比例分担，别投资 4263 万元、5426 万元，合计投资 9690 万元。建成后收费经营，按股分红并自担风险。1997 年 12 月 8 日开工，1998 年 12 月 8 日大桥建成通车（图 5-1）。经陕西省政府和山西省政府批复收费经营期限 25 年。该大桥长 543 米、宽 12 米、高 47 米，大桥建成后，两地间公路里程缩短 34 公里。

图5-1　1998年12月建成的乡韩黄河公路大桥

韦罗高速 BOT 方式建设

BOT 意为“建设—经营—转让”，是私营企业参与基础设施建设，向社会提供公共服务的一种方式。韦罗高速公路项目起点位于蒲城县永丰镇，在坡底村西侧设永丰枢纽互通与京昆高速公路相接，终点设罗敷枢纽互通与连霍高速公路交叉，路线全长 53.74 公里，按双向四车道高速公路标准建设，概算投资 34.4 亿元。该项目采用 BOT 模式建设，投资主体为陕西渭南韦罗高速公路公司，2015 年底在建。

G108 渭南至大荔一级公路改造示范路项目采用 BT 形式建设

BT 意即“建设—移交”，是政府利用非政府资金来进行非经营性基础设施建设项目的一种融资模式。BT 模式是 BOT 模式的一种变换形式，指一个项目的运作通过项目公司总承包，融资、建设验收合格后移交给业主，业主向投资方支付项目总投资加上合理回报的过程。已经建成通车的 G108 渭南至大荔一级公路，成为渭南市第一个以 BT 形式建设的交通运输干线公路改造示范路项目。

渭南市1953–2015年公路建设投资一览表 **表5–1**

年份	总投资（除标注外，均为万元）	投资来源				备注
		中央投资	省补资金	地方自筹（含贷款）	其他	
1953	2125604 千元					根据渭宜公路护渭南工区及渭养路段文档记载，时为千元单位
1954	1782351400 千元					
1956	337815.59 元					根据陕西省交通厅公路局渭南养路段文档记载。时为元单位
1957	622743.00 元					
1962	628630.66 元					根据陕西省渭南公路管理段文档记载。时为元单位
1963	708179.69 元					

续表

年份	总投资（除标注外，均为万元）	投资来源				备注
		中央投资	省补资金	地方自筹（含贷款）	其他	
1965	1015582.73 元					根据陕西省渭南公路管理总段文档载，时为元单位
1966	129.66					以下单位为万元 根据陕西省革命委员会交通局（1966—1972 年）统计。1970 年投资额包含渭河大桥投资 490.3 万元、O九O五工程投资 1009.87 万元
1967	22.38					
1968	2.22					
1969	208.65					
1970	1552.21					
1971	136.92					
1972	162.6					
1992	5770.89		5770.89			
1993	446		446			
1994	4740.73		4740.73			
1995	3744.9		3744.9			
1996	22390.58		22390.58			
1997	20066	2630	9096	省贷 1500	6840	
1998	20803	1023		省贷 1600	18180	
1999	17464	4110	255	自筹 5134 省贷 979	6986	
2000	32325.08	230	4378	世行贷款 942 自筹 9699 国债 1640	15436.08	

续表

年份	总投资（除标注外，均为万元）	投资来源				备注
		中央投资	省补资金	地方自筹（含贷款）	其他	
2001	43573.98	75	14773.98	自筹 5838 省贷 2240	20647	以下单位为万元 根据陕西省革命委员会交通局（1966—1972 年）统计。1970 年投资额包含渭河大桥投资 490.3 万元、〇九〇五工程投资 1009.87 万元
2002	23009	25	7668	自筹 8166 省贷 3278	3872	
2003	49081	375	12449	国贷 3534 自筹 22819 国债 2822	7082	
2004	46990	436	19343	国贷 10000 自筹 4834	12377	
2005	69081	2884	24739	国贷 2732	38726	
2006	52493.04	2600	21867.04	13756	14270	
2007	15105759	14728	15032435	省贷 400	58196	
2008	156220.63	26077	28922.63		101221	
2009	512395	25843	138855	国贷 29328 省贷 14663	303706	
2010	458709	17865	26930	国贷 21658 省贷 35797	356459	
2011	26913	7582.5	1425.5	17905		
2012	34175	14978	0	19197		
2013	113681	47192	4750	61739		
2014	510727	191765	14155	304807		
2015	231801	107896	23324	100581		

第六章　工程施工

渭南公路施工始于民国10年（1921）。初期主要是对原有驿道进行改造，即通过加宽路幅，抬高路基，开挖边沟，平整路面，将原来行驶车马的“车马大道”改造成为粗通汽车的“汽车路”。工艺技术简单，完全用人工作业。民国时期所修的公路和桥梁既“先天不足”，后天又缺乏养护，加之天灾人患，实际能通车的并不多。中华人民共和国成立后，公路施工从抢修、修复原有公路起步。1952年转入新建、改建，其规模随着国民经济和社会发展的变化而变化。改革开放以来，特别是2006年后，公路施工随公路建设规模扩大、等级提高和技术进步，加速由传统施工向现代化施工演进。至2015年，形成按不同等级公路多层次、多样化施工组织模式；推行标准化施工，精细化管理，施工管理迈上新水平，施工技术不断创新、提高。

第一节　施工管理

渭南第一条公路——西（安）潼（关）公路，是由陕西省路工局（后改为长潼汽车局）主持修筑的。修筑时主要由沿路各县征派民工和驻军调派兵工，于民国11年（1922）上半年建成通车。

中华人民共和国成立初期，渭南境内的公路施工，国道由西北公路局管理，省道由陕西省公路局管理。1951年1月，政务院财政经济委员会颁发《基本建设工作暂行办法》。按规定渭南公路基建计划，国道由国家计划下达，省道由省计划下达，县乡道由县计划下达。

1952年，废除施工招商承包制，境内干线工程改由陕西省属专业工程队雇工施工。施工所需劳力，除工程队有固定工外，多数为招募的临时工（使用民工建勤时则为建勤工）。固定工和临时工的劳动报酬，曾先后实行里工工资、计件工资、超额奖励工资等，1958年批判计件工资后，主要实行基本工资加奖励。“文化大革命”期间取消奖金，保留基本工资。在经济体制改革后，实行工资报酬与个人劳动成果和单位经济效益挂钩的浮动工资制等。

1978年后，对公路管理体制进行一系列改革，施工管理也在改革中不断改进和完善。1979年开始推行承包制，以取代沿袭已久的“实报实销”。1982年贯彻落实经济责任制，施工单位内部实行层层承包。工程承包以批准的设计文件和工程预算为依据，以包投资、质量、工期、主要材料消耗为内容，以施工单位（工程处、队）承包为主要形式。开工前分别由委托单位（外委工程）或施工领导机关（自营工程）与施工单位签订合同或协议书。担任承包工程的施工单位，经济上单独核算，自负盈亏。承包带来的成本节约，部分上交施工领导机关，部分留施工单位作生产发展基金、职工奖励基金和集体福利基金。

1982年起，对境内直属施工单位进行全面整顿，转变经营思想，提高管理素质，实现“事业单位企业化管理”。1984年，公路交通主管部门简政放权，主要解决政企、政事不分和管理过于集中的弊端。简政放权实施后，施工单位在干部任免、计划安排、资金使用、工资奖励等方面扩大了自主权，单位活力进一步增强。

1986年起对重点工程实行公开招标和建设工程监理制。承建单位设立项目经理部，进行现场管理。建设单位向工地派驻监理人员，组成独立的工程监理部，对施工全过程进行监督管理。

工程招标投标制

1989年，国家交通部颁发《公路工程施工招标投标管理办法》（交通部令 1989 年第 8 号）。是年，渭南公路项目全面实行公开招标或议标，并加强投标资格预审和标底管理。1995 年改进招标工作，实行集体评标定标，投标资质审查重视施工单位资质、业绩和信誉，避免一流队伍中标、二流队伍进场、三四流队伍施工的现象，并加强对工程分包、转包管理，严禁私自分包，消除以包代管、以奖代管的问题。

2000 年 1 月 1 日起，实施《中华人民共和国招标投标法》，渭南境内继续扩大公路项目招投标范围，进一步加强招投标规范管理。这一时期，公路建设招标主要采用交通部《公路工程国内招标项目范本》综合评估法进行评标，一般设有标底，采用招标人标底与投标人报价平均值，以一定权重计算出复合标底，再计算各投标人报价得分，以综合得分高低推荐中标人。

2003 年 11 月 20 日，陕西省交通厅颁布《陕西省公路工程无标底评标方法》（陕交发〔2003〕598 号）。2004 年 8 月 4 日，陕西省交通厅下发《公路工程施工双信封无标底评标办法要点》（陕交发〔2004〕240 号）。按照新的规定，全市二级及以上公路工程建设项目招标全面推行新办法，并在实践中不断完善。逐步实行招标公告制度，增加招标透明度，严格资格审查，完善专家评标制度，规范专家评标行为，培育招标代理机构，规范大宗材料设备招标等，加强招标监督和动态管理。开展公路工程施工、监理评标专家和政府监督人员培训考核，实行持证上岗。

2006 年，进一步扩大推行公路工程项目招投标制度，通村公路沥青路面和水泥路面施工全面实行招标。组织专业队伍着力加强对招投标工作的监督。完善评标专家抽取保密制度及专家评审制度，增强评标活动公正性。2010 年，进一步规范公路工程项目招投标管理。干线公路养护大、中修工程投资 100 万元以上项目，均通过招标选择施工、监理单位。农村公路建设、养护工程公开招标项目为：投资 500 万元以上单项建设工程，投资 200 万元以上养护和改建工程，投资 300 万元以上村道沥青、混凝土路面单项工程；可合并招标项目为：500 万元以下、50 万元以上单项建设工程，投资300万元以下村道沥青、混凝土路面工程。除上述以外的项目，可采用邀请招标或委托方式。精化招投标安排，采取“大标段、少批次、快节奏”的方式，提高招标效率与质量，满足公路加快建设对招标工作的需求。结合公路建设市场整治，集中治理出借资质、工程转包、违法分包等问题，进一步加强公路建设项目设备、材料采购及货物供应商管理，规范设备材料采购、供应管理秩序，以保证公路建设项目采购货物质量。

2015年8月10日，国务院办公厅以国办发〔2015〕63号印发《整合建立统一的公共资源交易平台工作方案》。提出将工程建设项目招标投标纳入规范化、法治化轨道，通过建立电子交易系统，运用大数据等手段实施电子化行政监督，强化信用机制建设，发挥行业组织和社会监督作用。

工程监理制

1991年，渭南境内重点公路建设项目推行监理工程师制度，试行监理工程师注册。1993年，陕西省制定公路工程施工监理管理办法，境内对新、改建三级（含三级）以上公路工程项目、独立大桥、隧道均实行施工监理制度，并对监理委托与组织、职责与权限、监理工程师守则及奖惩等加以明确规定。临渭高速项目首先公开招标选择监理单位。干线公路养护工程实行内部监理。自1994年1月1日起，实行监理工程师注册制度。1995年，治理公路建设市场不正之风，着重整顿监理单位利用计量权和监督权“吃、拿、卡、要”及以权谋私等问题，推进工程监理社会化，加强监理单位和人员资格认证。

1997年，面向全国开放高速公路建设监理市场，实行监理企业、监理人员资质登记和评审制度。1999年，全市公路建设项目均实行施工监理招标。自2001年起，工程监理制度相继推行至通县公路工程。全市二级以上（含二级）公路、独立大桥、长隧道、高速公路通讯监控系统、服务区房屋建设项目等监理，实行公开招标；三级以下（含三级）公路，独立中、小桥、短隧道建设监理，实行邀请招标。农村公路合同估算额50万元以上建设项目，招标确定监理单位；以下或规模较小建设项目，按区域采取多项目捆绑的方式招标监理或委托监理；通村公路等规模较小的项目，由县交通局组建一个或若干个监理组，实施全程监控。

2005年起，全市进一步加强监理队伍的作风建设。开展监理队伍整顿工作，结合工程质量检查结果，对监理人员实行奖优罚劣，清理不合格的监理人员，并建立监理“黑名单”制度；对责任心不强并造成严重质量事故的监理单位和监理人员，一律清出工地，并在一定时期内不准参与公路建设。2006年，建立高速公路建设项目监理单位信用评价制度，促进监理人员规范从业行为。2007年，农村公路养护大、中修工程推行工程监理制。是年4月至8月，贯彻交通部《公路工程施工监理规范》，开展监理作风建设专项活动，重点解决监理人员不作为、责任心缺失，以及与施工单位有共同利益、认可或制造虚假数据等突出问题，促进监理队伍和人员行为规范。

2008年，完善监理单位信用评价办法，加强监理从业单位信用评价动态管理。对在渭南从事公路工程施工、监理的企业进行全面考核，每年进行两次信誉评价。对一线监理人员按照“德、能、勤、绩、廉”进行严格考核，建立监理信用档案，发布信用评级信息；将有劣迹的监理单位列入“黑名单”，并予以通报。完善农村公路建设项目和养护工程监理招标、议标或委托制度。2009年6月至2010年底，在全市公路建设领域分三阶段开展“监理企业树品牌、监理人员讲责任”行风建设活动，促进监理市场秩序规范。

2013年开工建设的渭玉高速项目，由陕西高速公路工程咨询有限公司和陕西高速公路工程试验检测有限公司监理。要求全线监理严格履行旁站制度，盯死施工过程的每一道环节；要求监理人员每周必须进行1—2次业务学习，每月进行一次业务考试，并实行末位淘汰制；定期邀请监理单位上级法人召开见面会，通报现场监理工作存在问题，强化内部管理；制定《渭玉高速公路监理管理办法》，每月对监理日志、旁站、现场指令和工作任务完成情况等进行全面检查和通报。

2015年国家发展改革委员会发布《关于进一步放开建设项目专业服务价格的通知》（发改价格〔2015〕299号），要求自2015年3月1日起，全面放开工程监理服务政府指导价，实行市场调节价。面对工程监理服务价格市场化，渭南市监理企业沉着应对，强化内部管理，提高综合实力，促进服务升级。

项目法人负责制

1991年，渭南境内公路建设推行承包责任制，由承包单位或承包人对工程质量、工期和投资实行包干。1992年，根据国家计委建设项目业主责任制暂行规定，推行大、中型项目业主责任制，明确由项目业主从建设筹划、设计、建设、经营管理，到归还贷款及债券本息等实行全程负责，同时完善一般项目包干责任制。自1993年起，以解决公路项目超标准、超规模、超投资建设为重点，建立健全项目业主责任制，严格考评奖惩，强化项目业主招标、资格预审、项目管理、建设质量等方面责任。1998年，贯彻陕西省纪委重点建设项目管理办法和交通部公路建设项目法人责任制规定，落实公路重点建设项目法人责任，高等级公路、干线公路和县、乡二级以上公路工程质量，实行建设单位或项目法人全面负责制。

2001年，陕西省交通厅下发《陕西省公路工程投资控制责任制实施办法》（陕交发〔2001〕498号），渭南市加强项目法人投资控制责任，明确项目法人单位是投资控制主体，对项目投资控制负全责。2002年2月1日，省交通厅下发《陕西省公路建设项目法人责任制实施细则（试行）》（陕交发〔2002〕41号），渭南市进一步明确项目法人责任制实施范围，经营性、公益性项目法人设立及资格审查程序，公路项目法人职责与考核奖惩等。

实施通县公路、县际公路及农村公路改造项目，由县及县以上交通主管部门或公路管理机构为项目业主，负责项目计划及项目实施；一般农村公路项目，由具备能力的乡镇政府承担项目法人责任。2004年，针对项目法人责任制实施中，有些地方项目法人组建不及时，影响项目实施等问题，渭南市完备公路工程基建程序，项目在初步设计前完成项目法人组建，项目法人从工程前期工作开始就执行基建程序。

2010年起，陕西省交通运输厅相继出台规定和办法。至2015年，渭南市强化项目法人在项目前期工作、施工许可、资金筹措、工程进度、质量安全、投资控制等方面责任。渭南市交通局坚持定期监督检查与日常监督检查相结合，完善公路建设项目目标责任考评体系，年初与项目法人（建设单位）签订目标责任书，实行季度考核、半年考核、年终考核，奖罚兑现。

工程合同制

20世纪90年代，随着公路建设规模扩大，渭南市加速工程项目制度化、规范化管理，合同制扩大推行至重点公路建设、设计、科研、监理、设备材料采购和公路养护大、中修工程等。自1999年10月起，实施《中华人民共和国合同法》，渭南市交通局将履行工程合同、廉政合同情况，纳入公路建设市场整顿规范内容。

2001年，通县公路建设项目实行合同管理。按照农村公路施工招标有关要求，县道、乡道建设项目施工单项合同估算200万元以上，或者建设项目总投资1000万元以上，施工单项合同估算或总投资额小于以上限额，或实行以工代赈、民工建勤、民办公助和利用扶贫资金建设的项目，建设单位与施工单位签订施工合同。是年起，渭南市贯彻交通部《关于交通基础设施建设推行廉政合同的通知》，在重大交通基础设施建设中推行廉政合同，定期监督检查合同双方国家有关法律、法规和廉政行为规定实施情况。廉政合同与工程合同同时生效，与工程验收同时查验，并纳入施工业绩信誉优良单位的评选标准。

2003年，干线公路养护工程项目和路网建设项目实行廉政合同。2005年，将工程合同制推行至村道建设项目，重点加强工程合同管理，强化合同执行监督。签订公路工程项目合同时，实行法人代表履约承诺书制度，即由施工中标单位出具法人代表履约承诺书，明确承诺中标后不得更换主要人员和设备，不得转包，不得违法分包。同时，增加承包商履约诚信担保，提高履约担保金额；规范合法分包，完善劳务分包。2006年11月，按照交通部治理整顿交通工程转包和违法分包问题的统一部署，渭南市交通局采取领导、任务、人员、时限四落实的办法，对全市工程转包和违法分包情况进行拉网式检查和治理；对涉及转包、违法分包的施工企业，按规定分别给予责令改正、处以罚款、降低资质直至吊销资质证书等处理。

2007年5月起，高速公路工程施工招标实行承包人上级（集团）公司合同履约承诺书制度，明确其连带责任，督促遵守合同约定。2010年，渭南市交通局结合施工、监理单位信用评价考核体系建设，将履行工程项目合同情况作为信用考核评价重点内容，建立信用档案，并定期发布。至2015年底，建立了比较完善的信用档案体系和信息发布机制。

第二节　公路施工

民国时期渭南始筑公路主要是手工作业。中华人民共和国成立后，施工单位才开始拥有施工的机械设备。初为中小型单机，只在个别工序上使用。1958年机械数量、品种激增，一些干线工程项目相继使用联机作业。20世纪70年代初，国家号召施工机械化，机械发展步伐加快，宜于使用机械的工程项目多以机群代替人工作业。80年代后期，由于修建高等级公路的需要，先后从国外引进路基、路面、混凝土工程机械生产线，施工机械性能逐步达到国际先进水平。施工单位的机械，主要来自国家调拨，或用工程费用中法定的机械购置费及自筹资金购买，部分中小型机具则由大型施工单位制造。至 2015 年，渭南市等级公路施工全面实现机械化。

路基施工

20 世纪 90 年代公路路基施工，主要是土方开挖调运、路基填筑、路堑与挡护、涵洞及排水工程。渭南干线公路和部分县、乡公路黄土路基，多以人工配合机械进行施工。高速公路建设项目路基以填方为多，路基施工基本实现机械化作业。路基施工过程，分准备、施工、竣工三个阶段，填土区、晾晒区、平整区、碾压区、检验区等五个区段，施工准备、基层处理、分层填土晾晒、摊铺平整、碾压夯实、检验、路面修整、边坡护坡修整等八道流程。

2000 年起，按照省交通厅《陕西省公路建设前期工作技术指导意见》要求，干线公路和部分县乡公路的改造，多为上档升级，路基处理以填方为多，并根据区段、地形，实施不同的技术指标。黄土地区高速公路项目大于 8 米高路堤和大于 20 米深路堑，均做特殊处理。2002 年，禹阎高速湿陷性黄土填方路段，用地两侧各 10 米范围内采用冲击碾压加隔水墙方法处理。待路基填筑后，深挖 2 米至 2.5 米，清理后铺挂复合式土工隔膜，再予填土冲击夯实。厚度较大且排水条件差湿软地基，采用水泥粉喷柱复合处理。路基填土高度超过 4 米的予以冲击夯补压。

2007 年后，实施省交通厅《陕西省公路建设工程质量工作要点》，渭南境内国道、省道和大部分县道实现二级公路网络化。随着经济发展需要，渭南市又提出了重要干线公路上档升级。对施工路段的路基，严格按照一级公路的各项指标设计、购料、施工。高速公路建设项目重点解决土方路基施工薄弱环节，特别注意解决“6 个结合部”不能同步施工或碾压不实等问题。“6 个结合部”即标段与标段结合部、分段作业结合部、填挖交界结合部、半填半挖结合部、构造物与填方结合部、边死角与一般填筑段结合部。施工采用超压、铺设土工格栅或土工布等技术措施，提高路基强度。2008年，西潼高速改扩建工程采用新老路拼接方案，对一般沙烁和素土路基、路床、软基段路床、挡土墙段路基等四类路段，采用不同拼接方案，路床拼接部位分别使用干拌水泥碎石桩、碎石桩、灰土桩、双向钢塑土工格栅等予以加固。

2013年10月开工建设的渭玉高速公路，在路基施工过程中，引进“高速液压夯实机”和“高速液压震动平板夯实机”，进行补强夯实作业，确保填筑压实质量，避免由于不均匀沉降引起的路基破坏以及边坡垮塌等风险。

2015年新修订的《公路路面基层施工技术细则》JTG/T F20—2015，提高了基层用粗集料的压碎值技术要求，增加了软石含量、针片状颗粒含量、粉尘含量等指标；补充、完善了级配碎石的材料设计和施工工艺要求；提高了基层和底基层施工压实度标准；强化了基层施工质量的控制措施和指标要求。按照这些新要求，渭南境内在公路路基施工过程中，技术水平和施工质量不断提高。

路面施工

20世纪90年代，渭南公路沥青混凝土路面结构一般为垫层、底基层、基层、连接层、上面层。沥青混凝土路面垫层用料多为天然砂砾，一般厚20厘米～50厘米不等。底基层用料多为稳定土混合料。渭潼高速公路等项目，采用石灰土或二灰（石灰和粉煤灰）土，后发展到灰土砂砾、二灰碎石等。1998，根据交通部《公路路面施工技术规范》JTJ036—199的规定，高速公路推广水泥稳定碎石（砂砾）基层。水泥稳定碎石重量配合比：水泥一般5%左右；其余95%的沙石中，沙20%，级配碎石80%。混合料从拌合到碾压两小时内完成。基层厚度为16厘米～40厘米不等。

干线公路和部分县、乡公路路面垫层多用级配砂砾，底基层多用灰土碎石（砂砾），基层多用水泥稳定碎石。垫层施工采用推土机推平，平地机整平，压路机碾压；底基层混合料采用稳定土拌合机现场拌合，平地机整平，三轮压路机、振动压路机和轮胎压路机组合碾压成型；基层混合料采用厂拌，自卸车运输，摊铺机摊铺，压路机组合碾压。农村公路多用路拌法铺筑石灰土基层，人工备料、拌合、摊铺，拖拉机、推土机配合压路机碾压。沥青混凝土需求量随着路面结构层厚度增加而增大，其搅拌设备亦不断改进。临渭高速建设项目沥青搅拌楼，由原每小时生产混合料 60 吨～ 80 吨的 1000 型，发展到每小时产量 120 吨～ 160 吨的 2000 型。渭潼高速建设项目则采用每小时产量 180 吨～ 240 吨的 3000 型沥青搅拌设备。

2001 年以来，高速公路路面底层用料呈多样化。2003 年后，水泥稳定碎石基层施工方法成熟，高速公路水泥稳定碎石全部采用厂拌、机摊。碾压控制在水泥初凝时间，按照稳压、轻振，重振、收面及先轻后重、先慢后快、先边后中的原则进行。碾压完成后，洒水并采用塑料薄膜覆盖养生 7 天。2005 年 10 月，陕西省交通厅贯彻交通部南京沥青路面技术研讨会精神，针对高速公路沥青路面早期车辙、龟裂、松散等质量通病，强调运用全寿命周期成本理念，合理选择路面结构设计方案，并要求加大投入，增加路面厚度，提高路面强度，延长路面使用寿命。随着公路路面技术进步和投资加大，高速公路建设项目不断采用新型路面结构，提高路面使用寿命和行车安全性。

2010 年，西潼高速公路改扩建，全线利用铣刨沥青废料做泡沫沥青冷再生 6.18 万立方米。东盟营造公司采用进口智能同步封层车进行施工，解决材料黏度大、喷洒难度大、施工温度控制要求高的问题。

2014 年，在渭玉高速公路建设中，引进“沥青指纹识别快速检测系统”，由便携式沥青指纹识别仪和沥青红外光谱快速识别软件、数据库服务器、预警系统四部分组成。配合指纹识别数据库和红外光谱自动分析软件，通过分析不同品牌标样沥青化学结构的差异和组成含量的不同，建立了标样沥青红外数据库，未知沥青只需与标样沥青比对，现场快速鉴定沥青品牌。在线远程管理更新沥青数据库，异常沥青自动短信通知监管单位，实时发现并解决问题，实现了由效率低的事后检测向实时动态监控的转变。

图6-1 渭玉高速公路正在进行路面施工

2015 年新修订的《公路路面基层施工技术细则》JTG/T F20—2015，增加了高速公路和一级公路路面基层混合料生产时材料分档的数量要求和规格要求；提出采用间断、密实型的级配构成原理，改进无机结合料稳定级配碎石或砾石等材料的级配设计方法；增补了水泥粉煤灰稳定材料的技术要求；提高了无机结合料稳定材料拌合设备和工艺要求；规范了无机结合料稳定材料的养生方式和周期，明确了层间结合处理的工艺措施及要求；补充了再生材料在各级公路路面基层中使用的基本要求。

“十二五”期间，渭南市先后在 2 条国道、6 条省道 98.98 公里路段中应用水泥冷再生技术，在 108、310 国道、107 省道 13.25 公里路段中应用乳化沥青微表处进行了预防性处治，在 210 国道 10.62 公里路段中实施混凝土碎石化新技术，倡导绿色环保新理念。至 2015 年，工程建设质量合格率 100%、单点抽查合格率 94%、关键指标抽查合格率 95%，在全省干线公路质量“回头望”检测中名列前茅，有效地改善了辖区路况服务水平和通行能力。

第三节 桥梁施工

桥梁基础施工

20世纪90年代，渭南公路桥梁基础主要是扩大基础和灌注桩基础。扩大基础多用于中、小桥基岩较浅墩台，干线公路、农村公路桥梁，高速公路互通式立交桥、跨线桥等中、小桥，均有采用。灌注桩基础应用广泛，根据场地和地质情况分别采用挖孔和钻孔方法施工。类型有摩擦桩、支撑桩、嵌岩桩。挖孔桩适用于干燥粘性黄土性质，人工作业，较钻孔进度快、成本低。钻孔应用普遍，根据地质情况，采用冲抓锥、旋挖钻孔、冲击钻机等作业。

108国道金水沟大桥采用挖孔桩技术。先设护壁，松软无水地层设砖护壁，有水地层采用钢护筒和混凝土护壁，然后挖孔。根据地质情况，挖孔分别采取人工、风钻和电钻打眼，电雷管爆破，电动卷扬机或手摇辘轳出渣的办法。遇有桩孔渗水时使用潜水泵抽出孔外后，立即支护护壁以防塌孔。成孔后随即安装钢筋笼，灌注混凝土。108国道渭南沙王渭河特大桥桩基，根据桩址不同地质情况采用不同机械钻孔。位河床桥墩桩基使用正反循环黄河钻机钻孔，位河滩桩基使用乌嘎斯钻机成孔，桥台桩基用冲击锥成孔，河心桩基由于河水较深，采用围堰筑岛、钻机成孔的方法施工。

2000年后，高速公路桥梁基础施工钻孔多、明挖少，钻孔根据地质情况不同，使用进口钻机、钻头种类增多，钻孔直径增大。靠近城市地段桩基混凝土采用商品混凝土。禹阎高速桥梁基础施工时，施工单位先后引进几十台不同类型钻机和多种钻头，以冲击钻为主，辅以旋转钻机，针对不同地质情况，使用不同类型钻机和钻头作业。在解决金水沟特大桥百米深桩基施工成孔、成桩难题中，选用扭矩大、钻进深度深的GPS—20型旋转钻机。风化黏土层使用牙轮钻头，黄土层使用鱼尾钻头。钻进中利用原土造浆成孔时，适当加入外加剂羧甲基纤维素，增加泥浆黏性，保护孔壁。芝川河特大桥桩基大部分为湿陷性黄土和砂层、漂卵石，土层、砂层使用旋挖钻机，遇漂石时则用冲击钻穿透。为避免桥梁基础上排放泥浆污染环境，禹阎高速部分大桥桩孔实行人工开挖。开挖时，及时支立模板浇筑早强混凝土护壁，待达到一定强度后继续向下开挖。

2007年后，高速公路桥梁建设规模扩大，地质情况更加复杂，建设、施工单位在提高桩基钻孔进度与施工质量中，进一步应用新技术、新工艺。钻孔灌注桩普遍采用超声波无破损检测方法；对检测出有缺陷桩机，通过钻孔取芯核查。嵌岩桩桩底沉渣清除情况，亦采用钻孔取样方法核查。于2014年底开工建设的221省道渭洛河大桥及引线工程是渭南市干线公路最长、施工难度最大、工期要求最紧的桥梁工程，整个工程贯穿大荔、华阴两地。基础施工即采用钻孔灌注桩基础。渭河大桥预计2016年底建成通车。

桥梁墩台施工

20世纪90年代，渭南公路桥梁墩台施工一般采用有支架、无支架和滑模施工。墩上盖梁施工亦采用满堂架法、牛腿托架、双托盘托架或抱箍法。108国道渭南沙王渭河特大桥即采用此法。桥梁墩身施工用滑模、翻模或爬模法施工，膜板采用大块钢模。根据不同地形和墩高，操作平台用满堂支架或悬空支架；模板提升滑模用液压千斤顶，爬模用塔吊；材料吊装用汽车吊、塔吊或缆索吊；混凝土采用集中拌合，罐车运输，泵送灌注。108国道金水沟大桥86米高墩，用自重轻、操作灵便的翻板模和液压滑模做模板，用提升架、混凝土输送泵、缆索吊机联合进行混凝土浇筑。翻模施工使用三套模板，由绑扎钢筋、立外模、支撑加固，到立内膜，浇筑混凝土，隔层翻模实现周转。

2000 年以后，公路桥梁薄壁空心高墩增多，施工程序大同小异。禹阎高速金水沟大桥薄壁高墩采用无支架爬模法施工，爬模由爬升架、模板塔吊、电动螺旋顶、滑道、平斜拉杆等组成。爬模提升及模板吊装自成体系，外工作平台设在每节外模上，内工作平台采用在每一个横隔板间搭设钢管脚手架方式。以每爬一次 3 米、浇筑混凝土 6 米为一循环，始终使新老混凝土浇筑接缝置于闭合模内。墩内横隔板施工，采取预埋铁件、焊牛腿支撑隔板梁及模板系统，随后安装钢筋，一次浇筑成型。当墩身施工接近横隔板时，提前定位用型钢安装好横隔板支撑预埋件及牛腿，并确保焊接质量。爬模比滑膜、翻模施工成本低，安全性高。三、四号墩墩底至 25 米高处为变截面结构，采用有支架翻模法施工。内膜采用定型组合钢模板，外模采用 6 毫米厚钢板定制大块组合模板。内外模各设三层，第二层模板混凝土浇筑完毕，拆卸并用倒链（或塔吊）提升第一层模板至第三层，进行安装校正，然后灌注混凝土，如此周而复始。

2015 年，正在建设的 221 省道渭洛河大桥，下部结构桥墩采用柱式墩及空心墩，桥台采用肋式台。克服了施工难度，提高了工程质量和工期。

桥梁上部结构施工

桥梁上部结构为桥梁支座以上（拱桥起拱线以上）跨越两桥台之间桥梁结构部分。渭南公路桥梁以梁桥居多，结构主要为拱、板、梁。20 世纪 90 年代，公路桥梁上部结构以跨径分类，小于 20 米用板梁、20 米—50 米用箱梁或 T 形梁、60 米以上采用钢构、斜拉桥等。施工方法主要有现场浇筑、预制安装、转体施工、缆索吊装、悬浇施工法等法。临渭高速、渭潼高速高架桥，多采用预制安装法。202 省道澄城西河大桥，采用悬浇施工法。

2000 年后，随着高速公路桥梁建设不断增多，桥梁上部结构施工应用先进技术和设备，施工方法加速改进、提高。高速公路桥梁现场浇筑工艺和设备不断更新，功效和质量提高。禹阎高速中小桥现浇箱梁施工，支架采用多功能脚手架，底模、翼板模、侧膜采用厚度 1.1 厘米竹胶板拼装，内膜用 1 厘米厚度密度压缩板。浇筑混凝土使用罐车运输，泵车连续浇筑。此期，预应力混凝土桥梁施工技术迅速发展，预制梁架设手段更为先进。主要有全宽整孔架设或大型预制构件架设。禹阎高速跨线桥现浇连续箱梁支架搭设，采用新型“碗扣”支架。各施工单位结合桥梁悬浇施工需要，改进挂篮施工技术。禹阎高速徐水沟大桥施工，施工单位自制轻型菱形挂篮，满足 6 个 T 构同步施工需要。

2006 年后，高速公路桥梁悬浇法施工采用多项新技术、新工艺。2010 年，西潼高速改扩建工程跨越电气化铁路大桥，采用特大型挂篮进行变截面箱梁悬浇施工，提高了施工技术水平。

2015 年在建的 221 省道渭洛河大桥，其中渭河大桥桥长 4450 米，桥梁跨径为 2×7×20+（52+75+52）+76×50 +（50+90+50）米，采用预应力混凝土连续箱梁加预应力混凝土连续 T 梁及变截面连续箱梁；洛河大桥长 426 米，桥梁跨径为（4×30）+2×（3×30）+（4×30）米，采用预应力混凝土连续箱梁，保证了施工进度与质量。

第七章 公路养护

公路养护是保持公路状况良好，延长公路使用寿命，提高公路使用质量和水平的一项经常工作。渭南境内公路养护包括小修保养，大、中修工程，改善工程，水毁治理，道路绿化等主要业务。公路养护需要的资金主要是收取的养路费，“以路养路”。至2015年，全市公路养护已从重点、部分养护拓展到全面养护，从维持性、应急性养护方式转变为及时性、预防性养护，经历了由薄弱、改善到加强的过程。

第一节 分级养护

养护体制

民国时期，渭南辖区公路除少数划为干线路段进行专业养护外，多为不定期养护，路面破坏甚多，通行困难。

1949年5月渭南全境解放，各级人民政府组织群众抢修被损坏的路基、路面和桥涵设施。1952年9月，渭南首个专业养路组织——渭（南）宜（川）公路渭南养路工区成立，养护公路里程175公里。由道工负责，道工与沿路群众以建勤工形式共同养护。1953年，工区设立4个道班，新增养护路线渭（南）白（水）、敷（水）大（荔）、白（水）宜（川）、三（原）合（阳）4条，养护里程414公里。1954年4月，工区改名为养路段。建立民工建勤制度，组织群众养护公路。1958年，养路段改为“陕西省渭南管理段”，辖区按行政区划设大荔、蒲城、韩城、渭南等4县公路管理站，负责公路的养、建、管。1961年12月，实行以省为主的管理体制和以道工养护为主的道群共养体制。下辖8个管理站、12个养路工区，养护境内干线、主要支线和专用公路共计715公里。1964年4月，设立渭南公路管理总段，下辖管理段、站合并为6个养路段、6个管理站。此后，公路养护管理体制几经改变。1970年3月，渭南地区革委会决定按行政区划成立各县公路管理站。全段共养护公路1757.2公里，其中干线764.5公里、县社公路946.2公里、专用公路46.5公里。

1981年4月，境内国道、省道干线公路养护机构由陕西省直辖。总段原管理的地方道路，移交新设立的地、县地方公路管理段、站养护和管理，实行“统一领导、分级管理”体制。是年，养护干线公路里程957.6公里，支线公路（县道以下公路）里程1083公里。

1989年陕西省干线公路养护体制改革后，干线公路养护管理实行省交通厅统一领导，省公路局负责养护计划汇总、上报，按审批计划下拨资金，指导养护管理，组织养护质量检查评定和养护统计；市交通局及公路管理总段负责养护计划实施和人事管理。省对市养护资金实行“核定基数、切块使用、超收分成”的办法。公路改建费用按项目进行计划管理。1992年，公路管理总段养护国道、省道干线720.86公里（国省道中少数路段由其他单位养护），有养路段11个，养路道班76个；地方公路养护里程3838公里（其中经常性养护里程1834.10公里），有养路段12个，养护道班165个。1996年，公路管理总段养护国道、省道里程未变。地方公路养护里程4113.09公里（其中经常性养护里程1617.64公里）。高速公路由陕西省高等级公路管理局西渭管理处渭南管理所负责养护17.83公里。

1999年后，按照陕西省公路局制定深化公路养护管理体制改革意见，渭南市公路管理总段所属工程处（队）、机械厂、拌合厂，以及设计、试验、监理等生产性、经营性单位，按照事企分离、管理与生产分离的原则，与公路管理机构脱钩，走向市场。2001 年，推进养护工区和道班重组，根据养护生产需要组建养护中心，与管理机构分离，实行企业化管理。2002 年，渭南公路局（管理总段）养护国道、省道 743.93 公里，有养路段 26 个，养路道班 61 个；地方公路养护公路 4359.27 公里（其中经常性养护公路 507.861 公里），有养路站 11 个，养护道班 81 个；高速公路渭南管理所养护 96.35 公里，设有渭南管理所和华阴管理所。

2004 年 5 月，陕西省政府召开全省加强公路养护管理工作会议，并在渭南试点，着力推进养管分离、事企分开和小修保养工程市场化运作。2006 年 8 月，进一步推进公路管理体制、养护机制、养护组织、养护投资、养护管理方式等五项改革，确定规范养护管理主要原则。2007 年，陕西省交通厅印发《陕西省市级公路管理机构和养护机制改革指导意见》（陕交发〔2007〕339 号），并在渭南进行市级公路管理机构和养护机制改革试点。改革后规范了职责关系，渭南公路管理局负责境内干线公路养护、公路管理和路政执法；规范了计划与资金管理。按照统一领导、分工负责和权责一致的原则，由市公路管理局编制养护费用建议计划，报市交通局审核，省公路局审查，省交通厅综合平衡后，再由省公路局下达市交通局，由市公路管理局负责施行。省公路局和市交通局分级履行监督检查和管理职能。养护经费按照规定用途和程序，专户储存，专款专用；推进了公路养护事企分离、管养分离。在清产核资基础上，市公路管理局与附属生产性单位基本实现分离，生产性单位经过整合、优化和重组，大多按照企业化运作，逐步建立现代企业制度。

与此同时，农村公路养护体制改革也不断得到重视和加强。国务院办公厅国办发〔2005〕49 号文颁布《关于印发农村公路养护体制改革方案的通知》后，陕西省政府以陕政发〔2006〕72 号文颁布《陕西省农村公路管理养护体制改革实施意见》，并于 2007 年 5 月 27 日～28 日，在澄城县召开陕西省农村公路管理养护体制改革现场会，总结推广澄城改革经验。2009年年底，渭南农村公路管理养护体制改革基本完成，初步建立起公共服务型农村公路管理养护新体制和新机制。确立了农村公路养护管理责任主体。即县级政府负责贯彻执行农村公路管理养护法规政策，编制农村公路发展规划和养护计划，筹集和安排养护资金，监督管理机构工作，组织协调乡镇政府和有关部门做好农村公路管养工作。市农村公路管理处具体负责全市农村公路建设、养护、公路管理和路政执法。县交通部门及其公路管理机构承担管理养护具体工作，乡镇政府和村委会负责乡、村公路环境保障、公路及其设施维护，以及劳动力组织等工作。养护资金纳入养路费年度计划和各级财政年度预算，并逐步增加。养护工程费主要由省级财政和汽车养路费安排，日常养护费主要由县级财政统筹安排，市级财政给予补助。

“十二五”(2010年～2015年)期间，渭南道路养护管理水平稳步提升。渭南市交通局严格执行“市局每月检查、县段两日巡检、道班日日巡查”的养护检查考核制度，积极开展示范路创建活动，深入贯彻养护生产全面质量管理体系，全力打造“三心”公路品牌，养护管理工作水平稳步提升。2013年，108国道改造示范工程通过了交通运输部验收；2014年，创建完成了310国道41公里、107省道21公里示范工程；2015年，创建完成了106省道50.9公里示范工程，逐步建成了以点带面、以段带线、以局部带动全局的养护新格局。“十二五”期间，渭南交通局养护工作共计投入资金8587万元，优良路率从2010年的89.50%提高到92.19%，年均优良路率由89.11%提高到90.02%。

2015年，渭南市养护里程18615公里，共完成养护投资2.75亿元。其中完成养护大中修工程投资17574万元。干线公路养护质量指数88.93，年均优良路率90.16%，县、乡、村公路技术状况指数为75.24、73.12、61.18。全市公路初步实现“有路必管、有路必养、管必到位、养必见效”的目标。

养护方法

民国时期，渭南的公路全部为草草修成的土路，坡陡弯急，缺桥少涵，多数未加养护。1949 年，解放战争中部分路段遭破坏，交通濒临瘫痪、半瘫痪状态。

20 世纪 50 年代初期，专业养护组织成立，有计划地改善土质路面，裁弯取直，降坡改线。养护方法多由人工用十字镐、铁锨、扁担、土筐等传统工具操作，用煤渣、砖块、砂砾作材料，将原来的土路改造成煤渣、砖块等粒料路面。1957 年，合阳县养路队和民工拉运煤渣和砖块建成路面磨耗层，使辖管路线 8.37 公里行车时速达到 40 公里，做到小雨不受阻，大雨两三小时后即可通车。同时，在公路一侧修建马车道，让铁轮马车通行。发动群众在公路旁栽植楸树、灌木和紫穗槐，在两侧边坡栽植黄花（金针）菜，套种向日葵，保护路基。1958 年 8 月，辖区共铺筑煤渣、砖块路面 350 公里，主要路段路况改善。12 月，合阳路井群众养路队被评为全国养路工作先进集体，出席了全国社会主义建设代表大会，受到国务院表彰。1960 年，渭（南）大（荔）韩（城）公路路面全部采用煤渣、砖块、砂砾铺盖，路基宽度一般达到 7.5 米～10 米。1962 年，实行道、群共养体制后，干线和重要支线以道班养护为主，群众养护为辅。养护方法仍以人工为主，少量租用汽车、压路机、抽水机等机动工具。1963 年 6 月，渭南公路管理段调入第一辆汽车，为机械养路之始。1964 年，西（安）潼（关）公路试铺沥青路面。1965 年，渭南总段拥有汽车 11 辆，统一管理、调拨，主要用于养护材料运输。1968 年冬，渭南地区革委会动员群众普修公路，主要干线和部分县道铺筑泥结碎石路面，提高通行能力。20 世纪 60 年代末，全区裁弯降坡，改造新线 111.14 公里，加宽狭窄路基 408 公里，新改建大中型桥梁 20 座，基本上解决了主要线路上的盲肠路段。70 年代，辖区开始油路建设。1974 年，道班配备小型汽车 59 辆，小翻斗车 105 辆，大小拖拉机 81 台。同时，批量购进搅拌机、摊铺机、砸石机、压路机等工程机械，研制了炒砂车、洒布机、筛料机、灌缝油壶、保温运输桶等配套机具，提高工作效率。养护工作主要为加宽路基，改善线型，加固桥涵和健全排水系统，将公路等级改造为三至四级。此后，渭南、蒲城等主要县城出入口和运输繁忙路段改造为二级路面。1980 年，辖区各养路单位共有大小工程机械主机和配套机具 197 台（件），油路铺筑的材料粉碎、拌合、洒布、摊铺、碾压等主要工序，基本实现机械和半机械化作业。

20 世纪 80 年代后，引进和研制成配套设备，提高了油路铺筑机械化作业水平。1984 年，大荔管理段研制 FOB-1 型跌落式拌合机和 JT-450 型拖式摊铺机，办起了渣油（沥青）混合料拌合厂。1985 年，辖区建成蒲城沥青混合料生产中心，使半径 70 公里以内，总长 341.5 公里油路铺设养护全过程实现机械化。90 年代，公路养护技术和养护机械化迅速发展，辖区大中修工程大部分工序机械化，日常小修保养人工与机械相结合，提高了养护效率和质量。1992 年，总段拥有各种机械设备 337 台（件），地方公路管理处有机械设备 202 台（件）。累计新修改建二级公路 496.6 公里，其中，改建、新建国省道二级公路 435.3 公里，大型桥梁 4 座，建成县级二级公路 34.3 公里。高速公路每公里配备一名道工日常养护，清洁（除）路面障碍物，确保畅通。1998 年，全市拥有各类养护机械 366 台（件），补砂石坑槽 2.17 万平方米，油路面坑槽 4.46 万平方米。

2000 年以后，干拌水泥碎石桩、干拌沥青废料桩、钢筋混凝土锚杆框架梁护坡、柔性主动防护网等路基防护与加固技术已普遍应用。改性沥青、微表处、超薄磨耗层、同步碎石封层、沥青路面冷再生、水泥路面再生利用、沥青玛碲脂碎石路面以及改变桥面连续结构、体内预应力加固、体系转换等新材料、新技术、新工艺，在日常养护和养护工程中得到广泛推广应用；新型养护、施工设备，除冰除雪和道路保畅设备不断引进，极大推进了公路养护技术发展，改善养护手段，提高养护质量和效率。2002年，全市拥有养护机械337台（件），其中地方公路处60台（件），修补油路面坑槽5.8万平方米。全市国、省道85%达到二级路面标准，地方公路县道均达到三级以上路面标准，养护工程施工基本上实现机械化。

“十二五”期间，渭南市养护机械化水平全面提升。共筹资3080万元，先后购置了清扫车、同步碎石洒布车、带除雪功能的装载机、铣刨机等设备166台，使干线公路应急保畅能力大幅提升，不仅大大提高了工效，而且还减轻了道工的劳动强度，降低了安全风险。同时，按照“规划到位、布局合理、配置一流、运营高效”的原则，全面加快机械化养护中心建设步伐，至2015年，原畔养护中心已建成使用，故市、兴镇机械化养护中心已完成方案设计，机械化、专业化水平迈上一个新的台阶。

第二节　水毁治理

夏秋季节的暴雨洪水是公路的最大危害。抢修和修复水毁工程是公路养护部门极其重要而又紧迫的工作。渭南公路兴建之初，公路多是由大车道拓宽而成，一般路基偏低，设施比较简陋，防护工程少，临时木便桥多，涵洞多为木盖板，遇到暴雨洪水即被冲断或冲毁，阻断交通。

民国时期，公路水毁以后临时征用民夫修复路基、清除坍方，劳力没有固定来源，抢修费用极少，水毁工程大多难以及时修复。1949年初，渭南公路水毁遗留工程比比皆是，公路满目疮痍。

中华人民共和国成立后，对公路水毁贯彻以“预防为主，防治结合”，“全面预防，重点治理”的方针。根据水文气候条件，季节特点，公路状况，结合当地具体情况，采取必要的预防措施。水毁发生后，本着“先通后畅，先重点后一般，先干线后支线”的原则，进行抢修和修复。修复时，注意适当进行加固和改善，以提高公路抗御自然灾害的能力。

公路主管部门每年备有一定数量的专款用于公路水毁预防和水毁抢修。雨季以前，由各养路段（管理段）对所辖公路进行认真检查，修补损坏部分，疏通桥涵和排水系统，添建必要的防水、挡水设施，并储备必要的防洪抢修料具。水毁发生后，及时组织养路职工、民工建勤和驻地机关、学校、部队参加抢修，尽快恢复通车，并安排专款或结合养路大中修工程、改善工程予以修复。

1971 年 6 月 28 日，韩城县突降大雨山洪暴发，使省道 S106 线西禹公路遭到严重破坏，冲坏路面 20.5 公里，其中芝川一带冲断路基 30 余处，长达 8 公里，致使交通梗阻。当年 8 月和次年元月，两次投资 17.1 万元，于 1972 年 5 月底彻底处理了西禹公路 K218—K224 司马坡水毁路段问题，加固了路基，完善了排水设施。

1972 年，《陕西省公路养护管理暂行办法》颁布，遇有水毁阻断交通或其他紧急任务时，由养路部门报请当地政府动员驻军、群众和各部门给予必要的支援。1987 年 11 月，陕西省公路局制定《汛期防洪抢险工作若干规定》。渭南公路部门遇到公路水毁后，坚持随阻、随抢、随通，按“一抢、二保、三护、四修复”程序进行，即：抢通阻车路段；清除淤泥，疏通排水沟，保护路基路面；加强对桥涵、挡护工程未冲毁的部分进行防护；然后提出修复方案并及时组织实施。如发生特大灾情，坚持党、政、工、团一齐上，统一指挥，各负其责。在分析水毁原因的基础上，确定切实可行的技术方案，再设计后施工，确保质量，以保证恢复灾前的路况并适当提高标准。修复工程每年分别在大中修工程、改善工程或专项投资中进行安排。投资来源主要是中央拨款、养路费、省财政拨款、地方自筹等，统筹安排，专款专用。

1996 年 8 月 3 日，渭南发生大到暴雨，秦岭山区山洪暴发，310 国道华阴黄埔峪桥被冲毁，交通中断，两岸滞留近千辆车。省、市公路交通部门和地方政府，迅速组织人员和机械设备投入抢险，当地驻军紧急出动支援。经全力抢修，8月5日上午9时抢通便道并恢复通车。随后，紧急调用战备钢梁60多吨，当地驻军3个连队官兵鏖战三天三夜，于8月8日下午6时架通战备钢桥，打通水毁咽喉路段。黄埔峪桥水毁后，陕西省交通厅厅长乌小健在抢险现场召开专题办公会议，决定下拨100万元专项资金，迅速组织设计、施工队伍，立即开工修复黄埔峪桥。是年12月16日，两孔16米、长40米预应力钢筋混凝土空心板桥建成通车。

202省道华阴至金堆城公路全长31.44公里，1998年7月至8月两次特大暴雨，使10余公里路基、8公里路面和沿线挡护、排水设施被毁，中断交通10余天，经抢修后恢复交通。1999、2000年，陕西省公路局共安排1700万元，按照“旧路恢复”原则，修复水毁路基、挡护、排水设施，以及10余公里路面。其余20公里路面，灾后陆续出现严重病害。2002年，陕西省交通厅安排投资1516万元，按照山岭重丘区三级公路技术标准，处治全线36处（段）路基病害，完善排水、防护和交通安全设施，重铺二灰碎石基层和沥青混凝土路面，局部路段采用水泥混凝土路面，全线路况得以改善。

2003年8月24日至9月23日，渭南遭受了历史罕见的特大洪灾，加之渭河入黄河口段滩地平均淤高约5米，华阴市至临渭区间滩地淤高2至3米。特别是在二华（华县、华阴）夹槽地带已经形成了“悬河”。造成境内108国道、上涨渡大桥、大华公路中断，华县8条防汛撤退道路全部中断。直接经济损失达23亿元以上，其中基础设施水毁损失达12.8亿元以上。灾后，成立了渭南市灾后基础设施重建工作协调小组，迅速投入到重建工作中。用两年时间完成道路建设项目36个，总投资5.25亿元。建成二级公路5条91.8公里，三级公路16条310.3公里，四级公路104条475.5公里，桥梁10座2962延米，涵洞8道68米。保证了水毁后道路的恢复和畅通。

图7-1　2003年渭河洪水通过上涨渡大桥时的情况

2010年7月23日，华阴市华阳区发生百年不遇的特大暴雨，山洪暴发，河水猛涨，致使省道202线华金路路段出现多处严重水毁，导致公路交通中断。渭南公路管理局立即启动公路防汛抢险预案，全力做好水毁抢修。投入人力200余人，装载机、挖掘机、运输汽车等各类设备30余辆，清理路面淤泥、杂物、巨石等2800余立方米，投入资金1780余万元，在15日内恢复了便道通行。7月31日，陕西省公路局发出《关于做好农村公路灾后恢复重建规划的指导意见》（陕公路函〔2010〕333号）。渭南按照指导意见，结合辖区公路受灾情况，组织开展修复工作。在主要县、乡公路水毁路段初步抢通后，从灾区经济恢复与发展需要着手，按不低于原建设标准修复。水毁修复资金通过多渠道筹措解决。

2015年渭南普通干线水毁损失1169万元，农村公路水毁损失10万元。交通系统及时调配施工队伍，安排施工机械和物料，共修复各类公路8条，修复水毁工程17处，保证了车辆通行。

第三节　道路绿化

绿化方式

道路绿化历史久远，早期多在路两侧路肩外栽植行道树。公元前11世纪的西周时期即“列树以表道”，秦“为驰道于天下，……三丈而树，……树以青松”。以后，沿袭道路两旁植树成为优良传统。

民国时期，渭南各官马大道旁栽植的树木不少，但成活率较低。民国8年（1919），东路（西安至潼关）交通员王璞勘验官道记述：“查官道旁向有杨柳两行，近敷水一带尚复重杨密布，其余树木或距离太远，或濯濯然不见一株。大概附近居民私地剪伐，殊觉惨怀……”。民国9年（1920），陕西省长公署实业厅曾令各县在东西官路两旁栽植杨柳树两行。民国11年（1922），西安至潼关公路修通。民国19年（1930），陕西省公路局开始筹划公路植树工作，陕西省政府发布命令，定每年3月12日为公路植树节。民国20年（1931），省建设厅派员沿路视察西潼路沿途各县翻荒植树工作。视察报告中记述：“西潼路临潼县汽车路旁所植树木，成活者不及百分之三四”，渭南县“汽车道旁树木百不一觏”，华县“沿城西关外，汽车道旁新植之树，枯死殆尽”，华阴“汽车道旁，仅有植树标牌，未见一株成活之树”，潼关“县境汽车道不满十里，而新植之树，无一成活，殊感憾事”。

1950年，政务院在《关于1950年航务、公路工作的决定》中指出：“在已实行土地改革地区，要普遍发动群众，进行公路植树运动，与农林部门配合办理。”同年，西北军政委员会农林部、交通部通知：“为保护路基、荫蔽路面并培植风景起见，决定在公路两旁，必须有计划的栽植树木。”渭南各县积极响应，蒲城至富平等线基本绿化。1956年中共中央发出“绿化祖国”的号召，合阳、蒲城等县公路新植树木成活率90%以上。合阳县露井群众养路队管辖渭大韩公路12.26公里，历年在公路两旁共栽植行道树13400多株，成活率99%以上，保存率为100%。到1965年底，重点干线、城市郊区和通往名胜古迹的路线大多绿树成荫。

1971年,西潼路渭南地区境内136公里,每边植树2行至3行。韩城、大荔等县的干、支线公路全部实现绿化。1973年10月，省交通厅在大荔县召开了陕西省公路绿化经验交流会议，重点介绍了大荔、合阳、韩城等县的经验。大荔县为管护130多公里的干、支线公路行道树，全县成立33个护林组，6个护林站，调配70多名专职护林员，长年看管，使行道树成活率和保存率均在90%以上，干线一路6行树，支线一路4行树。

1976年，进一步落实管护及收益等方面的政策，建立健全管护组织。各养路段普遍建立苗圃，做到苗木自给。在81.37公顷的苗圃中，育苗52.50公顷，新增绿化里程1000余公里。1978年，陕西省林业局、交通局联合发出《关于认真搞好公路绿化》的通知，1980年3月，国务院发出《关于大力开展植树造林的指示》，全国五届人大四次会议作出《关于开展全民义务植树运动的决议》，渭南公路绿化逐年上升。

1991年起，干线公路GBM工程绿化，以“巩固、完善、提高、发展”为方针,遵循“因地制宜、因路制宜、宜乔则乔、宜灌则灌、宜花草则花草”，及“全面规划、分步实施”原则，对公路两边边坡和公路用地范围内可绿化空地进行全面绿化,推进公路绿化、美化进程。1994年12月,西(安)临（潼）高速公路向东延伸，渭南境内开始修建高速公路，首次将绿化作为专项工程，纳入公路工程同时设计、施工。绿化范围包括中央分隔带、路基和路堑边坡、护坡道、互通立交区、收费站、服务区、管理所、取（弃）土场及其他可绿化用地等。绿化工程实行专项设计、专项招标、专业队伍实施。县、乡公路绿化，多结合山、水、田、林、路综合治理，由县公路站或县林业局负责提供苗木，沿线群众栽植。

2000年,国务院印发《关于进一步推进全国绿色通道建设的通知》(国发〔2000〕31号)。渭南市按照陕西省绿化委员会制定绿色通道建设标准,编制建设规划,推进绿色通道建设。2004年3月20日,国务院发出《关于坚决制止占用基本农田进行植树等行为的紧急通知》(国发〔2004〕1号),严格限定公路沿线绿化带宽度。此期,境内高速公路绿化设计,融入绿色高速、生态高速、人文高速理念,以边坡防护与立交区、服务区、中分带绿化为重点,加强全面绿化、美化和环境保护。

2007年,陕西省政府把农村公路绿化纳入全省新农村绿色家园建设规划,明确农村公路绿化由当地政府组织、交通部门实施,费用在公路工程建设费中列支。全市各县(市、区)结合新农村建设,以美化路容、防风固土固沙、改善环境为目标,加强农村公路绿化,主要营造乔木为主,乔灌草结合的生态公益林;条件较好的地方,营造防护、用材兼用林。"十二五"期间,渭南境内对城区出入口、主要旅游线路、重要线路节点、绿化空白等路段,采用乔、灌、花、草相结合的形式进行绿化美化,至2015年,基本达到了"错落有致,三季有花、四季常青"的效果,在建和已通车高速公路基本实施园林式绿化。

绿化物管护

民国初年,路树管护,有的特设管理机关,有的委托乡村管理,也有道路管理机关协同地主或住户管理。民国29年(1940)2月,陕西省公路管理局制定的《二十九年度公路植树临时规则》规定:"所有新栽、旧有树苗,均由沿线各联保及驻在该路段之路工队共同负责保护。"

1953年3月,陕西省交通厅制定《行道树栽植办法》。渭南境内各县政府及各公路管理机构,于每年春、秋二季发动并组织沿线群众购办树苗,分段负责栽植并保证成活。1962年,陕西省交通厅制发《陕西省公路绿化暂行办法》。渭南地区的公路绿化由交通部门统一规划,道工养护路线由道工负责包栽和经常抚育、整修、管理,县社路线归沿线生产队按照公路绿化要求分段包栽、包养。凡设道工养护路线的树木，干线公路已成材的树木，公路因改建、扩建、改线等给价收购群众在路旁种植的树木，干线公路改线后旧路上原有的树木，由公路管理部门供给树苗动员民工建勤栽种的树木，道工或民工建勤栽植（营造）的保护林、多年生经济灌木丛等，由交通部门统一经营管理。一般县社公路行道树的树权、收益等归原栽植抚育的生产队集体（或个人）所有，但砍伐利用时，必须在当地公路管理部门或林业部门的指导下进行。

1982年，随着农业经济体制改革，公路绿化的管理形式有所变化。有些干线公路的主管部门与专业户签订绿化合同，制定合理的计酬办法。县公路行道树的补栽和更新，一般由县一次投苗，村和农民实行大包干负责栽养，收益按“三、三、四”分成，即国家三成、村三成、包干个人四成，没有实行大包干的按三七分成，即国家三成，村七成。乡、村道路的公路栽植所需树苗由社、队自己解决，自栽、自养、自收益。

20世纪90年代，干线公路绿化物多由公路养护单位管护，养护管理机构总结以往年年栽树不见树的教训，落实管护经费和管护责任，层层签订管护合同，加强绿化养护管理。县、乡公路绿化，由地方公路养护单位或沿线群众管护，受益和当地群众三七分成，或全部归沿线群众所有。高等级公路绿化设施，由陕西省高管局线路管理处管护。公路养护单位采用修剪、除草、病虫害防治、灌溉、施肥等措施，对绿化物进行养护；逐年安排养护工程，对绿化设施进行补植、完善或改造、更新。行道树采伐更新，实行林业采伐证制度。2000年后，高速公路绿化物养护逐步推向市场。养护管理单位以招标、议标方式，委托专业绿化机构承担绿化设施养护工作，养护单位通过日常巡查和定期检查，对养护质量进行检查考核，绿化物养护逐步实现经常化、专业化、规范化。

2005年起，农村公路绿化纳入新农村绿色家园建设规划。公路养护单位与沿线村镇、村民等签订行道树管护协议，推行家庭承包管护、专业队伍代管、旅游景观开发单位管护、运输业户出资管护等多种形式。2007年，推进干线公路养护管理示范路建设，公路绿化物推行精细管护，由以往重视栽植、疏于管护，向栽、管、养并重转变。农村公路绿化管护实行乡镇负责，按照“谁栽植、谁所有、谁管护、谁受益”原则，将树木产权和管护责任落实到农户，巩固绿化成果。高速公路持续安排绿化养护工程，通过连年补植完善，局部换土补植，加强日常管护，巩固、提升绿化效果。2015年，渭南实行公路绿化里程3858.924公里，其中高速公路356.686公里，国道284.7公里，省道425.1公里，县道920.536公里，乡道939.637公里，村道921.15公里，专道11.115公里。

绿化技术

民国12年（1923）2月，《长潼汽车公司筹备处修筑汽车路规则》规定：“路旁栽树须与路线平行，栽树株应距明沟二尺以上。”

1953年3月，陕西省交通厅下发《行道树栽植办法》。渭南境内行道树栽于路基边沿，行列整齐。补植的行道树，在原行列内补植，路基边坡上一般交错排列栽植。1956年，陕西省交通厅颁发《公路绿化暂行办法》。渭南境内在不同的自然区域因地制宜，栽植易成活、生长快和经济价值大的行道树。选植椿、榆、槐、桑、杨、柳、槭、梧桐等树种。

1962年，按照《陕西省公路绿化暂行办法》，渭南各县对行道树的纵向（顺路线方向）间距规定一般为3米至7米，视树种冠幅而定。栽植二三行树时横向间距（垂直于公路的方向）为1.5米至4.5米互相成品字形交错栽植，树与树间夹植经济灌木丛。行道树行列或灌木丛行列一般以200米至400米为一段落，两段之间留空地15米至20米，以避免病虫害传染或火灾蔓延。每段（200 米至 400 米）树木的栽植整齐一致，每段落采用相同的树种。在通往名胜区、工矿区的公路上还采用常青美观的树种，进行艺术带的栽植。

1971 年后，提出植树以成活为标准，严格把好质量关。渭南地区在植树过程中建立“打线、定点、挖窝”等工序，并推广大苗、大坑，做到苗大、苗壮、坑大、坑深、根正、行端、水足、窝实。所栽之树成活率 95% 以上。20 世纪 90 年代公路绿化，以干线公路、高等级公路和部分县乡公路为主，大多采用人工挖坑、栽植或播撒草籽等传统方式完成，树种多采用乡土树种。2000 年后，高速公路绿化技术快速发展。采用打孔点播、营养钵浅孔移栽、客土喷播、三维网营养土喷播等技术，用于路堑边坡生物防护。

2005 年 8 月，陕西省交通厅印发《陕西省公路绿化技术指南（试行）》（陕交发〔2005〕248 号）。渭南市在公路绿化区划、设计、施工、养护管理技术等方面加大工作力度，公路绿化与公路防护、视线引导、明暗过渡、防眩、隔离、环境保护、景观协调等功能相配套；绿化材料优先选用抗逆性强乡土树种，适当引进外来优良树种，丰富和提升绿化效果；高速公路服务区、立交区、休息区、收费站等区域，采用观赏性强花木品种和冷季型混播草、白三叶等观赏性草坪，营造优美环境景观；边坡防护推广应用小冠花等优良草种；挖方边坡推广打孔点播、营养钵浅孔栽植、植生网客土喷播等新技术；封闭绿篱，根据地域特点选用适生带刺灌木，永久性替代工程封闭措施，降低养护成本。

2007 年起，高速公路建设项目和服务区改扩建工程，采用园林式绿化和建筑小品相结合景观设计方法。干线公路绿化，按照“因地制宜、适地适树、经济适用、自然协调、景观优美”方针，和乔、灌、花、草结合，速生与慢生树种互补，用材与观赏树种并重，落叶乔木与常绿灌木共用，生态效益与经济效益兼顾指导思想，确立“上乔、中灌、下花草”立体绿化模式，基本实现四季常青、三季有花目标。同时探索路宅分家、路田分家和过村镇路段绿化新模式，扩展绿化功能。

2015 年，渭南市采取整理绿化平台、及时播种、按时浇灌除草、修剪、除虫防害等措施，使绿化过程中每一个关键环节均用技术指标作保证。是年干线公路增加绿化物：乔木 11060 棵；灌木 16400 平方米；种草坪 760000 平方米。

第三篇

公路运输

滑南的公路运输，在明、清以前，主要靠人和畜力。人背肩扛，多人抬杠，手推械具，单畜驮运，拽拉车具。20世纪初汽车进入渭南，西潼公路客货营运开通，彻底改变了渭南公路运输的格局。现代公路运输以其特有的灵活性，沟通区域、城市与乡村，联结生产、流通与消费，保障人民群众出行，支撑经济社会发展。尤其是改革开放以来，全市经济建设持续加速，市场全面开放搞活，区域联系不断增强，公路条件不断改善，致道路客流、物流快速增长，并且运输需求愈益多样化，促进公路运输在改革开放中调整、规范、完善和提高。道路运输逐步由普及向提高、由传统向现代、由粗放式向集约型迈进。

第一章　旅客运输

第一节　长途客运

渭南地区古为京畿重地，交通发达，有“三秦要道，八省通衢”之称，又是陕西的东大门，承东启西，连接南北，故长途客运需求所占份额较大。

先秦时期，渭南的陆路就有两条干道：潼关道和蒲津关道。潼关道是西出长安，沿渭水，黄河南侧通往黄河下游及江淮地区的道路。周代称“桃林塞”路，秦、西汉称“函谷路”，东汉以后称“潼关道”，唐代为上都长安，东都洛阳间的大驿路，交通地位居诸驿路之冠。宋、元、明、清时期，潼关道为官马大道，是京都连接陕西以及西北、西南地区的纽带，是建在渭南地区最古老、最重要的古代长途客运干道；蒲津关道因蒲津关而得名，在今陕西大荔县朝邑镇东黄河岸上，古代秦晋往来皆经蒲津关道。周文王与莘国之女太姒结亲迎娶之路、周文王攻伐耆国（今山西长治市西南）其军旅往返皆由蒲津关道，这是蒲津关道的开辟时期。春秋时期，蒲津关道已成为秦晋官史往返，商业贸易的通道。秦始皇治驰道，蒲津关道成为秦驰道网中的一个组成部分。唐代长安蒲津关间的南、北二路均为驿路，黄河上有舟桥（浮桥）。唐开成三年（838），日本高僧圆仁和尚由同州经故市、栎阳、渭桥、灞桥至长安，皆经由南道。宋、元、明时期，京兆府长安（明改称西安府）与同州间有车马大道相通，但非驿路。清代西安府、同州府间为官马支路，途经各县均置县驿，计有咸宁县京兆驿和高陵、富平、蒲城、大荔、朝邑、澄城、白水、郃阳、韩城等10个县驿。

民国 11 年（1922）8 月 23 日，西潼公路营运汽车开通，客运每人公里 0.044 元，如西安至渭南 2.9 元，至华县 4 元，至华阴 5.5 元，至潼关 6.4 元。成为现代公路运输之始，开创了西北地区现代公路交通运输经营先河，陕西公路汽车运输由此发轫。西潼线全长 170 公里，在渭南辖区 140 公里，途经临潼、渭南、华县、华阴至潼关，潼关设有汽车站，属渭南汽车站之始。随后又设立了渭南、临潼分站，故又称汽车分站。民国 18 年（1929）5 月，西安民生汽车局在西安中山大街设立汽车总站，开行西安至大荔客运班车，每周两班。

民国 19 年（1930）11 月，陕西省汽车管理局成立后，增设了华县、岳镇（华阴）汽车分站。西潼路汽车运输初开时，客运班次（车）为隔日班，单日西安开，双日潼关开，半日即可到达，颇受旅客欢迎。随着客商增多，逐步改为日班对开，并由一班增至三班。为分流短途旅客，并增开西安至临潼、西安至渭南间的班车。此后还相继修建了渭（南）宜（川）、三（原）合（阳）、渭（南）白（水）、夫（水）大（荔）等 6 条公路，全长约 560 多公里。同时，开通了另一条汽车营运线路西（安）朝（邑）线。渭南地区汽车客运网络初步形成。12 月 9 日，朝邑至潼关线通车营运，将西朝、西潼客线接通。民国 20 年（1931）1 月，陕西汽车运输管理局并入公路局，西（安）三（原）路从三原延伸到朝邑县后改称西朝路，属省公路局专营线路。西朝路途经富平、蒲城、大荔、朝邑至潼关，增设了大荔站及蒲城、朝邑售票所，不久将蒲城售票所改为三级站，增设了富平售票所。民国 25 年（1936），设立韩城汽车站以卡车代客车，经营韩城到大荔间的客运。此后，西（安）朝（邑）公路，渭（南）白（水）公路亦曾间断开办汽车客运，时开时停。民国 28 年（1939）7 月，因驻扎在风陵渡的侵华日军炮火威胁，该段路由华阴东泉店至河南阌乡段改线塬上经过，为战时交通，将此段路挖成宽约两丈，深约一丈的深沟，供军需及民用，谓之“东阌交通沟”既是军事设施，又是陕豫通道。

民国 32 年（1943）4 月，蒲城县政府为省公路局贷款购车，开通了蒲城至渭南的客运班车。5月，横跨渭河的大荔至华阴线路通车营业。民国33年（1944）3月，驿运业务与汽车站合署办公，汽车站改称为运输站。民国34年（1945）7月，改称为汽车管理站。民国35年（1946）6月，内战爆发，公里运输遭到破坏，大部分车站有名无实，不能正常运行。民国末，辖区有通车公路796公里。

1954年，陕西省西安运输公司设立韩城汽车站，开通西安至韩城班车。又在白水、富平、蒲城等县开设客运业务，车辆均为代客车，还采取去某个地方的旅客基本够一车，就给某个地方发车的灵活办法。1957年，中国自己生产的第一批大型客车出厂，分配给陕西省22辆，省上分给渭南7辆，这是当时最舒适的大客车。当年渭南的客运量为60.2万人，客运周转量为302.1万人公里。1958年，"松陵"牌国产轿车在陕西投入营运，给道路运输客运注入活力，改善了客运面貌。渭南、富平分别成立全功能的汽车中心站，三原至富平班车开通。

1963年，由富平至蒲城、白水、黄龙班线开通。1964年，渭北各县都有了直发西安的大客车，又开辟了西安经渭南至黄龙的班线和渭南、澄城、韩城发向黄龙的班车。同年修筑西安至临潼17公里沥青路面，渭南辖区9公里，为渭南地区次高级路面之始。1969年1月，关中公司撤销，成立"渭南地区汽车运输公司"，相继开辟了渭南至西安、渭南至辖区各县及部分公社的客运班车，共有营运客车37辆。

1970年，国家放开铁路平行线公路汽车班车的限制，鼓励汽车分流铁路短途旅客，西（安）潼（关）公路客运班车逐步开通，各县亦发直达西安的客运班车，辖区全年客运量212.2万人，客运周转量11818.5万人公里。

1982年，澄城县农民葛振兴购大客车一辆，开始经营澄城至西安客运班车，成为渭南个体客运经营的先驱，也是陕西首家。1984年7月，葛振兴联合三户农民集资37万元购买大客车七辆，成立"振兴运输公司"开始规模化客运经营。随后，澄城县相继成立新建、秦北、育青、民生、民和共六家农民个体及联户的客运经营户。共有大客车26辆，日发澄城至西安班车16班次。1985年，振兴公司客车已增至20辆，除日发澄城至西安班车7至10班次外，还开辟了澄城和西安两地发往黄龙班车，西安至华山班车等。1985年，渭南跨省客运线路增加到38条。渭南汽车客运站和渭南客运总站，均设专线发车点，两站均在十五至二十分钟发一次班车。渭运司向邻省的灵宝、三门峡、洛阳，发公路分流班车，西潼线空前繁忙。辖区客运营运线路84条，营运5100公里，客运车辆451辆（其中个体88辆），客运量1775.6万人，客运周转量77809.2万人公里。

1990年，辖区大型客车拥有量271辆。其中跨省线路投入了大量豪华型卧铺客运轿车。渭南地运司开通直发兰州、太原、郑州、洛阳、南阳、运城、济南、聊城、汕头、银川、石嘴山、绵阳等长途客车。西安至银川和石嘴山的班车，配置新型卧铺大客车和双班驾驶员，日夜兼程，不足二十四小时，即可到达。是年，西（安）潼（关）高速公路临潼新丰至渭南程家段通车，成为境内首条高速公路。1991年，随着运输市场不断开放，经济社会快速发展，渭南外出务工人员逐年增加，东部和沿海一些人员到渭南经商、办企业，使东西部人员交流与联系加强，渭南长途客运呈持续增长趋势。1995年，渭南撤地设市，客流量大幅度增加。至年底，渭南地区运输总公司相继开通省际固定客运班线31条。1996年12月31日，临渭高速建成，开通渭南—西安62公里高速客运直通车，每15分钟发1班，日发56个班次，日运量1000多人次。是年，渭南市汽车运输总公司开通西安—南昌客运班线，线路全长1473公里，日发1班。除以渭南为中心的长途客运班次外，地（市）级城市长途客运也得到发展，富平、蒲城、大荔、潼关等县，相继开辟长途客运班线。1998年，高速公路增加和干线公路大规模改建，渭南长途客运环境进一步改善。1999年，渭南相继开通与咸阳、安康、商州，韩城市与铜川对开高速客运班线。渭运集团制定司乘人员服务工作规范，将客运服务过程分为4阶段、

32 道程序、56 个环节，增加随车小药箱、针线包、冷热纯净水，并为乘客代理行包托运，客运服务质量显著提升。

2001 年，西部大开发拉动东西部间人员流动，连霍高速等高速公路相继建成，省际干线客运与高速客运交替发展。省际高速客运以其快速、安全、舒适的优势，分省际班线加密。是年，渭南运营的跨省客运线路 161 条，65 班次 / 日；跨地（市）线路 172 条，787 班次 / 日；地（市）内线路 206 条，2828 班次 / 日；县内线路 134 条，1883 班次 / 日；客运线路合计 539 条，3680 班次 / 日。全年客运量 3643 万人，旅客周转量 290542 万人公里。2002 年，渭南—西安每 8 分钟发车 1 班，日发 114 班次。这一趋势随着省境高速公路增多与客流量增加而增强。2004 年，全市加强道路客运安全监管，超过 400 公里客运班线必配双司机，营运中人休车不停，旅客中途休息、用餐等多利用高速路服务区。2006 年开通西禹 6 条高速专线，之后相继开通渭南至西安等高速客运专线。随着火车高速列车和动车的开通，长途客车运输线路在逐年减少。是年底，渭南运营的跨省客运线路 49 条,98 班次 / 日；跨地（市）线路 135 条,798 班次 / 日；地（市）内线路 125 条，666 班次 / 日；县内线路 186 条，3087 班次 / 日；客运线路合计 495 条，4649 班次 / 日。全年客运量 5211 万人，旅客周转量 307626 万人公里。

2010 年，渭南运营的跨省客运线路 55 条，173 班次 / 日；跨地（市）线路 168 条，1061 班次 / 日；地（市）内线路 144 条，709 班次 / 日；县内线路 294 条，5191 班次 / 日；客运线路合计 661 条，7134 班次 / 日。全年客运量 10211 万人，旅客周转量 560006 万人公里。2013 年，全年完成客运车辆公司化改造 311 辆，营运客车改造率 100%。全市 174 条市际线路全部实现公司化经营。“两客一危”[1] 营运车辆全部安装 GPS 车载终端监控，旅客运输实现 3G 视频、GPS 和 G-BOS 智慧运营系统管理，安

[1] “两客一危”营运车辆是指从事旅游的包车、三类以上班线客车和运输危险化学品、烟花爆竹、民用爆炸物品的道路专用车辆。

全四项指标[1]稳步下降。现代科技的智力支持和技术保障，成为推动全市交通运输事业持续健康发展的重要力量。2014年，完成了大荔至西安客运班线集约化改造和西禹高速班线公司化改造。全年完成新增运力、到期更新许可班车216辆。渭运合阳站、渭南客运总站创建二星级客运站，渭运澄城站创建三星级客运站均获成功，渭南 - 西安高速被陕西省运管局授予“市级精品线路”。

2014年度完成客运量9169万人次、客运周转量351325万人公里，同比增长4.83%、4.93%。2015年，新开蒲城煤矿工业园至西安城南客运站班线。至年底，渭南先后开通西禹高速专线：富平至西安（6：40至19：00，每20分钟一班、67公里）、蒲城至西安（6:40至19:00，每20分钟一班、120公里）、白水至西安（6:40至19:00，每30分钟一班、146公里）、澄城至西安（6:40至19:00，每25分钟一班、167公里）、合阳至西安(6:40至19:00,每20分钟一班、183公里)、韩城至西安(6:40至19:00,每30分钟一班、235公里)、澄城至宝鸡（1班/日、350公里）、蒲城至咸阳（2班/日、146公里）、白水至咸阳（1班/日、174公里）、韩城至咸阳机场（1班/日、218公里）、白水至汉中（1班/日、438公里）、下峪口至西安（3班/日、253公里）、韩城至汉中（1班/日、528公里）；连霍高速开通高速专线：渭南至西安（6:40至19:30，每15分钟一班、66公里）、华阴至西安含华山至西安（6:40至19:00，每30分钟一班、120公里）、潼关至西安（6:40至19:00，1班/时、152公里）、华阴至咸阳（1班/日、146公里）、渭南至咸阳（6班/日、92公里）、渭南至咸阳机场（8班/日、107公里）、渭南至汉中（2班/日、350公里）、渭南至宝鸡（因火车影响停运）。总计高速班线21条，其中连霍线8条，西禹线13条。线路最长为下峪口至汉中，全长543公里。全市发展客运车辆2139辆，全年完成客运量9340.46万人次，客运周转量387328.34万

[1] 安全四项指标：事故发生起数、人员受伤率、人员死亡率和直接经济损失。

人公里。“十二五”期间，渭南新发展客运班线44条，增加客运班车114辆，全市客运车辆公司化经营率100%，672条班线已全部实行公司化经营。累计完成客运量56785.45万人次，客运周转量2835753.34万人公里，分别比“十一五”增长52%和40%。

第二节 市域客运

渭南市域客运历史悠久。公元前6000年的仰韶文化时期，渭南境内先民在采集、狩猎生产和生活交往中即“践草为径”，开拓出多条原始道路。《史记·夏本记》载，大禹时“陆行乘车，水行乘舟。”说明早在4000多年前，已有了车和行车的道路。夏商代，王廷讨伐境内或过境诸侯，动辄出车数百辆。西周初，境内陆上形成“野途”大道和东方大道两条干道，郑、彤、芮、莘、韩、梁等诸侯国间亦有车道。今大荔、朝邑联通邻县的古道有五条，近二百华里。由大荔县城出北门，东北行径北程村、厮罗寨、大壕营、双泉去合阳、韩城。出西门、正西行经东七里、北高迁、船舍、晋城，去蒲城；出北门，西北行径东山中、义井、在永丰转向东北行，去澄城；由朝邑出西门，北街经大寨子，连家庄、堤浒、白家（今安仁镇）双泉去合阳、韩城及澄城。出北栅栏，正北行，沿黄河古道西侧向东北，经无量洞，旗杆店、留村（今华原）、宝宁波、黑池去合阳、韩城。潼关县因秦之驰道途径潼关的黄港坂（今潼关黄河铁路大桥下），夹高岸与南塬之间，所以马不并辔，车不双轨。唐代迁潼关城于塬下黄河岸边（今港口镇）改以靠河为路，逐成贯通东西之交通干道（今老西潼路潼关段的旧址）。元、明、清时期，设立驿运道路，整修驿道，潼关境内，西自华阴的杨家桥（今为潼关县的四知村），东至秦、豫交界。

民国25年（1936），大荔到韩城班车开通，增设了韩城汽车站；民国32年（1943）4月，开通了蒲城至渭南的客运班车。5月，横跨渭河的大荔至华阴线路通车。民国33年（1944）3月，驿运业务与汽车站合署办公，汽车站改称为运输站。民国 34 年（1945）7 月，改称为汽车管理站。抗日战争结束后，接受的日本军用汽车，经过大修后，境内亦有此类车辆营运。民国 35 年（1946）6 月，内战爆发，公路运输遭到破坏，大部分车站有名无实。

1952 年 5 月，渭南地区的市域客运恢复正常班车。陕西省运输公司，派王保珊带四辆代客车（货车代替）进驻渭南，对开渭南至大荔、蒲城、白水班车，营运比较顺利，效益不错。当时渭、洛两河都还没有道路桥梁，每天来往班车均需在渭南上涨渡，摆渡过河，洛河也是在船舍、晋城等地摆渡。每年逢雨季两河涨水和冬季两河流凌，车辆无法摆渡，来往渭南的车，在辛市镇的庵西村设点接运。是年，公路客运均为卡车。全年客运量 36 万人，客运周转量 91 万人公里。1953 年，陕西省国有运输公司在渭南辖区运营的线路有：渭南至白水（95 公里）、渭南至蒲城（66 公里）、下营至大荔（30 公里）、大荔至韩城（138 公里）。除华县、华阴、潼关外各县均有由渭南、富平两地发出的定点定时班车。1954 年，陕西省运输公司接回一批日本产的“大鼻子”货车，分至渭南两个组十二辆。同年 6 月，陕西省西安运输公司设立韩城汽车站，开通西安至韩城、渭南至白水、下营至韩城、富平通白水后延至黄龙班线。此后，又在白水、富平、蒲城等县开设客运业务，车辆均为代客车。9 月，国营陕西省富平公司成立，承担渭南地区客运任务。随后，各行各业支援农业，客流发生变化，客流增长加快，客运班车初步发展至有关镇、乡，客车仍以代客车为主。1958 年，渭南、富平分别成立全功能的汽车中心站。国产载客轿车首次投放陕西，富平公司分到 7 辆“松陵”牌国产轿车。从此渭南有了客车，这 7 辆轿车均在渭南始发，每日渭南韩城对开一次，合阳往返一次，澄城往返一次，白水往返一次，大荔往返一次，后加到日发三个单趟，也就是两日三个往返，蒲城和大荔班次相同。七车配九个驾驶员，驾驶员轮流休假，人休车不停，车辆的保修，多在晚上进行，修车不占行车日。7 辆轿车的运行，使渭南地区客运有了很大的改变，安全、正点，乘客舒适性大大提高。1959 年，富平公司撤销，移交国营陕西省西安运输公司第七车队，后改为第三车队与渭南汽车站合并成立渭南中心站。当时，虽然客车不多，但大荔、蒲城、富平先后都派了车队，以代客车为主，开辟了县与县的班车。是年，在大荔县城西关新建汽车站，与渭南每天对开六趟班车，大荔至朝邑、蒲城、白水、合阳、澄城等毗邻县开通每日班车。

1962 年，辖区客运量 27.07 万人，客运周转量为 378.98 万人公里。到 1964 年，渭南运输公司撤销后，成立了富平中心站，管辖富白线。县与县间的班车，依据客流增长需要，相对增加了班次，如蒲城、大荔两县到渭南的班次，每日往返 8 次左右。1969 年 5 月 1 日，渭、洛两河大桥建成通车，告别了乘船摆渡的历史。对渭北各县的道路运输发展，起到了极大的促进作用。是年，渭南地区汽车运输公司成立。相继开辟了渭南至境内各县及部分公社的客运班车。

1973 年，渭南地区交通局在大荔、合阳、澄城三县试办农村客运班车。合阳县运输公司购旧客车 2 辆，县长亲自勘察线路，开通了县城至合马公社和南蔡火车站 2 条营运线路。1977 年，合阳县数万人义务修路，40 多天将 11 条县社公路拓宽改造，各方集资 30 万元，购买 9 辆大客车，县城与各公社间均开通客运班车，成为陕西第一个社社通汽车的先进县。是年，渭南县公共汽车公司成立，经营城内营运线路。辖区内共有营运客车 207 辆，干线营运线路 69 条、3569 公里。202 个人民公社通了班车，占公社总数的 63.7%。

1978 年，客运量 618.5 万人，客运周转量 20014.9 万人公里。1979 年，渭南有了个体经营户的汽车运输。1980 年，辖区有营运客车 292 辆，客运量 763.55 万人次，客运周转量 24347.56 万人公里。合阳、韩城、蒲城班次不与省、地运输公司重复。1981 年 1 月，陕西省交通局召开全省道路汽车客运工作座谈会，对渭南客运起到促进作用，渭南各县国有运输公司纷纷购买大客车，增加运力，开辟乡、镇新线路。渭南县境内的客运，除渭南地运司和渭南县地方国营第一运输公司经营外，渭南第二运输公司也贷款购进十辆大客车，采取和地运司合作方式经营。白水县成立了陕西省首家专营客运的“白水县客运公司；”渭南合阳两县的集体运输企业也分别从山西省和宝鸡市，各购进十数辆大客车经营旅客运输，成为全省首批经营客运的集体运输企业。1984 年至 1985 年，辖区民用大型客车、小型客车均有增加，运力大幅度地增长，除增加原有线路的客运班次外，大力开辟新的客运线路，基本实现了乡乡通班车目标。1985 年，辖区客运营运线路 84 条，客运车辆 641 辆（其中个体 88 辆），客运量 1775.6 万人，客运周转量 77809.2 万人公里。

1990 年，全区总通车里程 4503.29 公里，辖区有大小客车 1047 辆，客运量 796.85 万人，客运周转量 41433.26 万人公里。1992 年至 1997 年，市域客运需求持续增长。2001 年全市开辟农村客运班线 150 多条，投放班车 886 辆，2523 行政村通班车，占行政村总数 78%。2009 年 7 月 2 日，陕西省政府在白水县召开全省通村客运现场会，总结推广白水县发展“三农快客”经验，部署全省通村客运发展工作。白水现场会促进全市通村客运快速推展，全面普及。

2012 年，全年完成公路客运量 12745 万人，客运周转量 730519 万人公里。持续加快通村客运发展，新开客运班线 6 条，新增客车 16 辆，更新 85 辆，建制村通班车率达到 97.08%。2013 年道路运输完成客运量 13388 万人，客运周转量 769804 万人公里。全市 145 条县际班线全部实现公司化经营，持续发展农村客运，建制村通班车率 98% 以上。2014 年城乡运输全年完成客运量 9169 万人次，客运周转量 351325 万人公里。新开农村班线 7 条，新增运力 86 辆，通达率 98.05%，完成了华阴、潼关二级客运站初步设计。至 2015 年底，渭南开通县际高速专线 1 条：渭南至澄城（6∶40 至 18∶00，每 40 分钟一班、110 公里），县际班线 133 条，120 个乡镇全部通班车，2910 个建制村有 2835 个通班车，通班车率 97.2%，通村班车公交化运营率 18.52%。

第三节　中心城市客运

城市客运是由客运路线与停车站点组成的城市公共运输，客运任务是通过运输工具沿客运网运送乘客来实现。渭南中心城市客运主要分为公共交通客运与出租汽车客运。

公共交通客运

清代以前，渭南县城内没有公共交通事业。民国时期，仅有30多辆人力车。中华人民共和国初期，客流量较少，只有几辆三轮车和架子车，往来于汽车站、火车站和城内。

1966年10月渭南火车站迁移至贠张村南，离城区三、四公里路，沿途坡度大，上下火车的旅客往返城区很不方便。12月1日，渭南县运输公司购汽车2辆，在城区开辟首条公交线路11路，客运班车路线是：县第二医院-县毛巾厂－三号桥－新火车站。1967年1月，11路营运线路扩展为：小桥—东风电影院—地区邮电局—县第二医院—县毛巾厂—汽车站—新火车站，全程往返7.5公里。1977年10月，成立渭南县公共汽车公司。1980年，开辟火车站至地区纺织厂2路车线路，后因路况不佳停运。1981年4月2日，试行由小桥向东延伸至林机厂线路，沿途站点为：小桥—军干所—县印刷厂—林机厂，往返里程3公里，1982年因客流较少而撤销。1984年，渭南撤县设市，城市公共交通事业有所加强。

1990年，开通12路车，营运线路：火车站—前进路—东风街—红化厂。1991年，渭南城区有公交车14辆，营运线路11公里。1993年，11路车由小桥向北延伸至乐天大街东口。1994年，开通1路车，营运线路：小桥—东方大街—开发区花园。1995年，渭南地改市，加速城市公共客运建设，公交车增加到32辆，营运线路37公里，年客运量178万人次。1996年，开通2路车，营运线路：火车站—解放路—东风街—开发区花园—万国商城；开通3路车，营运线路：二号信箱—四号信箱—站北街—前进路—东风大街东段—民生路—乐天大街（四马路）东口。1997 年，12 路车由红星化工厂生活区延伸至开发区大闵村。1998 年，开通 4 路车，营运线路：丰塬路口—朝阳大街—万国商城。是年，11 路车由乐天大街向北延伸至渭桥市场；1 路车始发点向东延伸至西北林机厂；3 路车将终点站向北延伸至渭桥市场。

2000 年，开通 5 路车，营运线路：铁二十局—前进路—四马路—啤酒厂。同年又开通 6 路车营运线路：秦牛锅炉厂—朝阳路—解放路—东风街—前进路—四马路—双王乡—沙王大桥，后因路况不佳和城市发展需要，将 6 路线路改为秦牛锅炉厂—南塘口—朝阳大街东、中段—杜化路（西三路）—东风街中段—渭清路—沙王大桥。2001 年，开通 308 路车，营运路线：火车站—前进路—华山大街（西潼路）—南小桥—北小桥—老城街－程家乡，2002 年延伸至赤高路口。是年，4 路车将线路改为丰塬路口—中心医院—解放路—东风街—前进路—朝阳路—万国商城。开通 309 路车，营运线路：三马路东口—前进路—国贸大厦—东风大街—西岳路（西一路）—朝阳路中段－金水路（西二路）—华山大街（西潼路）—良田精神病院。开通 12 路车，营运线路：中心广场—东风大街中、西段—大闵村—弋张村。至年底渭南市区共有 11 条公交线路，其中市区线路 8 条，市郊线路 3 条。营运汽车 113 辆，线路里程 54 公里。2003 年，新购置 20 辆车，投入公交 5 路、12 路运营，把 1 路、4 路车的终点站延伸止兴陕路口。2004 年，新购置 23 辆车，投入公交 2 路、12 路、308 路运营。对 1 路、4 路、12 路车的线路做了部分调整。2005 年，投资 400 万元新购置 24 辆车，全部更新了公交 1 路运营车辆。同年，开通了铁路工程技术职业学院至渭清路口的 310 公交线路。2005 年底，公交线路 13 条，线路里程 266 公里，公交车 122 辆，年客运量 1600 万人次。

“十一五”期间，作为关中城市群之一，渭南市重点完善城市功能，扩大规模，加速城市公交发展。2006 年，筹措资金 530 万元，新增新型公交车辆 20 辆，全部用于公交 1 路运营，对公交 6 路和 11 路分别进行了延伸，将公交6路延伸到辛市镇，公交11路延伸到故市镇，方便了渭北沿线群众的乘车出行。2007年，筹措资金350万元，新增新型公交车辆28辆，全部用于公交2路、3路运营。同年，将309路延伸至沈西停车场，新开通了火车站至田市镇的216路公交线路。完成了开发区新停车场2.7公顷地的前期建设筹备工作。2008年，在市区公交1路、2路、3路、4路、5路、12路共计6条线路上实行无人售票。筹措资金购置车辆56辆，全部投入1路、5路、11路、12路、308路等线路的运营。2009年，继续扩大无人售票线路覆盖面，在市区公交5路、6路、12路、309路线路上实行无人售票。筹措资金购置新型CNG公交车34辆，完成车辆油改气10辆。城市公交事业的迅猛发展，方便了城市人民的生产和生活，促进了城市区域经济的发展。

2010年，投资500余万元购置32辆公交车分别更新了12路和4路公交车，新开通石油公司至客运中心站的公交16路，对公交12路、6路两条线路进行了改线，公交线路布局进一步得到优化；至年底，市区有营运线路13条，公交车160辆，营运里程1150万公里，年运营收入3760.18万元，年客运量6323万人次。2011年，投资800多万元购置44辆公交车分别对公交3路、5路、1路、6路运营车辆进行了更新。新开通了客运中心站至渭北经开区车管所的公交13路和客运中心站至临渭区党校的公交19路，对公交1路、2路、4路、6路等运营线路进行了改线或延伸。中心城市公交汽车全年运送乘客3350万人次，完成营运里程1331万公里。2012年，在1路公交线路上投放了13辆空调车，完成公交10路、16路、6路、11路、3路等4条运营线路的车辆更新，在公交1路、2路、6路上进行了运力补充和增加，全年共计完成车辆更新89辆。成立了公交5路女子公交线路，将2路公交绕行至渭南客运中心站，在公交6路上增开了晚上9点与高铁到站时间衔接的末班公交车，新开通了青青家园至霍马村的公交316路，渭南体育活动中心至火车站的公交9路，沈西停车场至客运中心站的公交8路等3条公交线路。在城区除316

路外的全部无人售票线路上实行了公交 IC 卡乘车。

2013 年，在原有四个车队的基础上成立了四个公交分公司。全年更新车辆 30 辆，分别对公交 316 路和 308 路共计 26 辆车予以更新，在 4 路公交运营线路上增加运营车辆 4 辆。新开通公交 7 路（龙源新村至渭南北站），及时有效填补了城区部分断头路打通后的公交空白。对公交 8 路和 13 路两条公交线路分别延伸，对公交 316 路进行了改线。渭南公共交通总公司被《华商报》评为 2013 年度诚信陕西建设企业，公交 1 路和 2 路被评为市级青年文明号线路，308 路的 302 车组和 11 路 266 车组被评为市级青年文明号车组。公司全年完成营运收入 5634.2 万元，运送乘客 5668.7 万人次，完成运营 2118 万公里。

2014 年，按照“抽密、填疏、补空”的发展思路，先后对公交 316 路、9 路、19 路三条公交线路优化调整，对公交 1 路、8 路、7 路进行了延伸，加开了高铁站的晚班公交 6 路。全年投资 586 万元购置 28 辆公交车，分别对公交 8 路和 19 路两条线路车辆予以更新。另外，在省内率先运用融资租赁模式，引进纯电动公交车 24 辆，更新了公交 2 路车辆。围绕智慧城市建设，在城区的东风大街、朝阳大街等主要街道的 44 个公交站点，建立具有智能查询功能的电子站牌。同时，大力推进智能“一卡通”建设，全年完成新发行公交 IC 卡 16000 余张，使 1000 万人次的持卡乘客享受到乘车优惠，并顺利接入全国城市“一卡通”互联互通。中心城市新开公交线路 3 条，调整延伸 5 条，投放空调车 13 辆，更新车辆 89 辆。渭南市区无人售票线路共计 16 条，分别是：1 路、2 路、3 路、4 路、5 路、6 路、7 路、8 路、9 路、12 路、13 路、16 路、18 路、19 路、309 路、316 路；有人售票线路 4 条，分别是：11 路、10 路、308 路、216 路。在渭南中心城区实行公交 卡乘车和手机刷卡业务，全年发行公交 卡 5 万余张，日均刷卡量达 1.6 万人次。2015 年，渭南城区拥有城市公交线路 21 条，营运车辆 368 辆。全年营运收入 6427.57 万元，营运里程 2442.83 万公里。见表 1-1。

渭南市公共交通总公司1992～2015年线路及运营统计表 表1-1

年份	运营收入（元）	运营里程（公里）	运营车辆（辆）	线路（条）
1992		490000.00	14	3
1993		490000.00	14	3
1994		490000.00	14	3
1995	2242844.90	1630009.00	32	3
1996	3651538.30	1746318.00	41	3
1997	5354152.10	2710319.00	51	4
1998	6600049.60	3393235.00	61	5
1999	7048540.00	4012803.00	69	6
2000	10148986.00	5179143.00	83	8
2001	12018328.00	6585802.00	95	10
2002	14080665.00	8649497.00	113	11
2003	14866453.50	9002478.00	122	11
2004	17111245.50	9816298.20	119	12
2005	20090140.00	10808284.80	122	10
2006	24846074.00	10429297.80	132	11
2007	30273354.00	10436176.80	139	11
2008	33657380.91	10698851.43	140	12
2009	34880289.90	11375664.90	145	13
2010	37601796.60	11503309.90	160	13
2011	45150814.10	13310828.50	182	14
2012	51423469.80	15690764.72	211	16
2013	56342218.43	21181901.12	320	18
2014	59586223.27	22819910.26	326	19
2015	64275700	24428300	368	21

出租汽车客运

渭南城区出租车的发展起步比较晚，始于20世纪80年代末期。开始在渭南火车站广场，汽车站门前的华山大街与解放路十字出现出租车运营，其运价由车主与乘客商议而定。1990年，始有港田面包、微型面包、柴油三轮车、人力三轮车等出租运输工具驶入城区、道口、旅游景点，均属个体经营，乱停乱放，无场地、无站点，经常与城市公交、短途客运车辆争抢客源，致使交通主要路口经常出现堵塞。后经城管部门和公安交警部门多次治理整顿，但收效甚微。在管理上出现了一管就停、放松就乱的现象，但发展仍很迅速。1994年，渭南市区始办出租客运。4月，经渭南市（县级）人民政府批准，成立渭南市客运管理站，属事业单位。城区开通出租汽车，车辆数量少，悬挂一般民用号牌。1995年，渭南地改市后，客运管理站隶属渭南市城乡建设委员会，更名为渭南市客运管理处。

1996年7月，由渭南市临渭区交警大队批准，成立渭南市第一家出租汽车有限责任公司。第一批100多辆出租汽车挂牌营运，全市出租车启用“陕ET”字头专用牌号。10月，市交警支队代管市客运管理处，市客运管理处具体管理市区出租汽车。先后有9个出租汽车公司经市客运管理处审查批准后，在工商、税务部门注册登记。由经营者在公司申请领取指标后，再到交警大队挂牌运营。至此，渭南市区共有9个出租汽车公司，出租汽车发展到795辆。其中好运公司191辆，北方万通公司231辆，大众公司93辆，旅游公司53辆，富达公司22辆，运业公司61辆，星光公司19辆，客运公司87辆，开发区公司38辆，主要车型以“夏利”、“奥拓”为主，有少量面包车，群众俗称“面的”。

2002年，渭南市区出现出租车争客、抢客现象，渭南各出租车公司认为出租车市场饱和，不宜增加新的营运车辆。2003年，出租客运发展以控制数量，规范经营为主，加强客运结构调整。依照陕西省政府规定，城市公交由交通部门统一管理后，道路运输管理机构核发出租车《道路运输证》1车1证，出租车驾驶员均办理《从业资格证》。当年3月，渭南市交通局加强城市出租客运管理，以市场为导向，实行出租车总量控制，加强结构调整，提高服务质量。各出租客运公司，基本做到有并有固定办公场所，有稳定管理人员。2011年，中心城市出租汽车全年完成旅客运输3915万人次。渭南市交通局出台了《渭南市出租汽车客运管理办法》，在出租汽车公司建立了GPS二级监控平台，实现了资源共享。

2012年，渭南市区常住人口46.38万人，城区面积38.6平方公里，出租汽车万人拥有量17.14辆。随着城镇化建设步伐加快，城市人口逐年增加，出租汽车的总量15年未增加，出租汽车运力跟不上城市发展的需要。市场供需失衡，导致少数出租汽车驾驶员在营运当中短途拒载，挑客，不使用计价器，在火车站、客运中心站“拼座”按人头收费、多收费，严重影响了行业的服务质量和城市形象。依据国家建设部制定的《城市道路交通规划设计规范》相关标准，中等城市每万人口出租汽车配置标准不少于25辆的规定，基于客运市场的需求，渭南市政府首次召开听证会，听取消费者、经营者代表及社会各界意见，制定增加具体方案。最后按照分期、分批、适时、适量的方式有序投放出租汽车105辆，经营权使用年限为10年，出租汽车经营权实行有偿使用。是年，编制完成了《渭南市中心城区公共交通规则（2011 ～ 2020)》。2013年，完成105辆出租汽车新增运力的招投标工作并使之投入运营。至2015年，渭南市区共有出租车900辆。

渭南市1949～2015年道路旅客运输量、周转量统计表　　表1–2

年份	车辆数（辆）	客运量（万人）	周转量（万人公里）	年份	车辆数（辆）	客运量（万人）	周转量（万人公里）
1949		10.1	28.1	1952		36	91
1950		2.4	59.15	1953			
1951		14.9	36.56	1954			

续表

年份	车辆数（辆）	客运量（万人）	周转量（万人公里）	年份	车辆数（辆）	客运量（万人）	周转量（万人公里）
1955				1979	280	614.08	22008.85
1956				1980	292	763.55	24347.56
1957		60.2	302.1	1981	339	883.7	28113.2
1958				1982	388	1181.62	36382.56
1959				1983	473	746.91	33402.57
1960				1984	549	1172.32	47565.91
1961				1985	641	1775.6	77809.2
1962	4	27.07	378.98	1986	794	795.08	39754.12
1963		1.47	20.59	1987	924	788.71	39435.97
1964	7	0.166	1.23	1988	1043	789.51	39475.53
1965		0.84	8.6	1989	1130	792.12	40398.12
1966				1990	1047	796.85	41433.26
1967				1991	1036	812.79	48767.22
1968				1992	959	853.43	53777.18
1969				1993	1126	1871.5	74583.1
1970	50	212.16	11818.54	1994	1034	2404	91989
1971	63	224.26	12087.36	1995	1044	2992	112822
1972	55	238.24	12152.01	1996	1137	3494	130571
1973	68	247.76	12021.05	1997	1174	3672	134749
1974	96	271.48	12871.44	1998	1085	3800	138926
1975	112	272.95	12689.09	1999	1181	3960.31	144761
1976	170	289.71	13417.66	2000	1157	4045	147945
1977	207	574.6	15958.4	2001	1912	3643	290542
1978	277	618.5	20014.9	2002	1991	3720	298968

续表

年份	车辆数（辆）	客运量（万人）	周转量（万人公里）	年份	车辆数（辆）	客运量（万人）	周转量（万人公里）
2003	2053	3756	247166	2010	2854	10211	560006
2004	2150	4143	267967	2011	3065	12229	696777
2005	1843	4571	280018	2012	3140	12745	730519
2006	2053	5211	307626	2013	3239	13388	769804
2007	2071	5983	335802	2014	2164	9169	351325
2008	2109	7291	373277	2015	2172	9340.46	387328.3
2009	2727	8654	466672				

第二章　货物运输

第一节　普通货物运输

普通货物运输是指对运输、装卸、保管无特殊要求的货物运输。渭南普通货物运输自西周开始，陆路官方货物以及军事物资全靠人畜力拉运。西汉时，长安经今渭南境内陆路货物沿“函谷道”和“临晋道”运送，民间亦有“工商贾贩于道”。宋以后，水路漕运衰退，关中货物，渭河以北多靠“同州道”和渭河以南的“潼关道”驿路干线及其支线运送。明代，关中铁器靠山西蒲州等地输入，先由黄河水路运至陕西朝邑、合阳上岸，再由陆路运至大荔、蒲城、白水、富平等地，外运的粮、棉、油、木材、牲畜等则由陆路先运至黄河、渭河，再水运至晋南。万历（1573 ~ 1620）年间，同州、华州大路驿道曾专设运送官方贡物和军事物资的“递运所”，下设杠夫若干人，以畜、人力和车辆运送。清雍正十二年（1734），渭南境内同州、华州州治驿路，设“总铺”两个，“递运所”转运官方物资。民国时期，西（安）潼（关）公路、渭（南）大（荔）韩（城）公路成为境内长途货运两条主要通道。抗日战争期间，系第二、第八战区抗日前线的主要军事补给线。民国 29 年（1940）10 月，国民政府军委会实行战时驿运制度，渭南境内线路共计 477 公里，动员民间畜驮、车运为主，大量向黄河以东抗日前线运送军事物资，直至抗战胜利为止。

20 世纪 50 年代至 60 年代中期，渭南、富平两个中心站，渭大韩、富白两线区，日各发零担班车一班。渭河以北各县主要运送棉花、粮食、煤炭等，渭河以南各县主要运送木材、木炭、粮食等。1954 年，陕西省西安运输公司在富平、大荔、合阳、韩城、白水、澄城等县设立汽车站，并成立富平运输公司，主要发展汽车货运。1956年，各县相继组织和建立运输生产合作社、汽车站、运输公司，开始出现公路运输的规模经营。1957年，辖区货运量为190.08万吨，货运周转量1726.82万吨公里。

1962年，辖区除关中运输公司承担公路普通货物运输外，渭南、大荔、韩城、合阳等县有国有运输公司6个，从业1511人，有载货汽车24辆，畜力胶轮车25辆，人力车42辆（含蓝田、临潼）；有集体所有制运输企业17个，职工2703人，汽车17辆，畜力车476辆，牲口1657头，人力架子车1087辆，是年，辖区完成货运量104.61万吨，货运周转量1074.46万吨公里。1965年，辖区货运量163万吨，货运周转量966万吨公里。1969年，在原关中汽车运输公司的基础上，正式成立了渭南地区汽车运输公司，下属6个车队，拥有大货车250辆，职工1100名，成为全区运具最多、规模最大的国营运输企业。

1975年，辖区有国营运输企业11个，客运汽车38辆，货运汽车135辆，总计完成货运量393万吨，货运周转量6425万吨公里，货运收入698.2万元，其中国有企业324.2万元。1977年，省、地（市）、各县级车管部门，按地区行业组织机关、企事业货运汽车12755辆，建立了一个运输公司，组建了602个行业汽车队，纳入“三统”管理。1978年共组织运输物资777万吨，14097.2万吨公里。

进入改革开放的20世纪80年代，渭南地区汽车运输公司组建了“渭南零担货运站”和西安市运输公司零担货运两站并网，开办全国各地运进渭南和渭南运往全国各地的零担货物运输业务。渭南先后组建的零担货运队有：渭南供电局车队、供销车队、外贸车队、粮食车队、水电车队、商业车队、农垦车队、化肥车队、省四建车队，纺机车队等10家较大的车队，并和渭南的工厂建立上门托运业务。渭南林机厂风力灭火机通过零担货运销往全国。1980年，全区运输物资220.09万吨，5948.41万吨公里。1982年，个体联营运输车辆开始出现，开通渭南至渭北各县的零担货运班车。1984 年 8 月，大荔县婆合乡农机站职工王继香自筹和贷款购置黄河牌货车 5 辆，聘用驾驶员 12 人组成家庭汽车队，进入青海、西藏货运，受到中共陕西省委肯定。1985 年初春，渭南客运总站组建了零担货运站，派业务人员去西安市货运西站学习，购进东风牌货运箱式专用车一辆，并联网于西安西站，投入营运，是年，辖区共有运输企业 25 个，其中个体 2 个，完成货运量 601.2 万吨，货运周转量 20493.2 万吨公里。1988 年，有货运汽车 8527 辆，其中私营联户和个体户车 3996 辆，参加营运的拖拉机 42442 台，完成货运量 940.5 万吨，其中国有运输企业 48.2 万吨；货运周转量 38363.2 万吨公里，其中国营运输企业 3838 万吨公里。

1990 年，辖区参加营运的大中型货车 10600 辆，小型货车 2532 辆，各种拖拉机 45627 台。完成货运量 2029.7 万吨，货运周转量 75952 万吨公里。1993 年，合阳县组建了第一家货物运输服务部，办理货运业务，接着成立了 10 多家以货物运输业务为主的信息单位，服务于合阳各个商业网点、商贸企业和个体商业经营户。1996 年，渭南货运经营主体除国有专业运输公司外，一些新成立的货运企业，包括私营个体户和联户，经办货运。韩城市从事零担货运企业 3 户，货车 11 辆，开行韩城—西安、韩城—渭南货运线路，是年，全市货运量 2730 万吨，货运周转量 135210 万吨公里。

2002 年，全市有货运单位（含个体、私营）4715 户，完成货运量 2617 万吨，货运周转量 350907 万吨公里。其中，市国有运输（集团）有限责任公司货运量 4.9 万吨，货运周转量 363.3 万吨。2003 年，运力组织结构进一步调整，使企业加快集约化、规模化发展，提高竞争能力和抗风险能力，评定的五级货运业户 36 户。年底，货运业户下降为 3171 户，载货车辆 10454 辆，货运量 1353 万吨；轮胎式拖拉机 11606 台，货运量 808 万吨。业户数量减少、规模的不断扩大，提高了管理的有效性，运输市场秩序明显好转。2004 年，由于东西部间经贸频繁，物资商品运输随之增多；陕西省内各大经济区之间分工联系加强，货运市场需求旺盛。新成立众多物流或货运公司，加入到货运竞争中。澄城县渭北农副产品营销货运中心货运车队，按时令将当地生产的四十余种瓜果、蔬菜、玉米及木炭等，发往全国17省（自治区、直辖市）。

2005年，快捷货运发展到渭南，并向11个县（市、区）扩展。在成立渭南快捷货运和渭南诚信快捷货运公司、投放50辆快捷货运车辆的基础上，8月成立渭南市便民快捷货运公司，投放长安小卡车50辆。全年货运量2789万吨，货运周转量311614万吨公里。2006年，全市机动性货运车辆飞速增长，其中营业性货运汽车8862辆，54395吨位，有牵引车190辆，拖挂车231辆，4936吨位，大型重型车辆4461辆，占货运汽车总数50%以上。合阳路井、坊镇、黑池、甘井、百良、皇甫庄等乡镇先后成立了零担货运服务点，从业人员150余人。2007年，全市拥有营业性载货汽车10342辆，70902吨位，其中牵引车739辆，拖挂车745辆，19191吨位，大型重型车辆5005辆。接近货运汽车总数50%。2008年，全市拥有营业性货运汽车12996辆，其中牵引车2227辆，挂车2218辆。其他从事货物运输的运输工具、车辆数量有所下降，低速载货汽车、三轮汽车相对组织结构比较分散，个体经营比例大，运输效益相对较低。全年货运量6287万吨，货物周转量1778895万吨公里。

2014年，完成货运量13133万吨、货运周转量3573985万吨公里，总量位居陕西省第三。渭南市货运经营户25360个，其中货运企业386户，共有货运从业人员11万。运输的货物主要有煤炭、钢材、水泥、砂石料、建材、化肥、果品蔬菜、粮食棉花等群众生产、生活物品。2015年，全市完成货运量15440.67万吨，货运周转量2891618万吨公里。“十二五”累计完成货运量65296.67万吨，货运周转量17068012万吨公里，分别比“十一五”增长128%和142%。平均运距由“十一五”的198.18公里上升到“十二五”末的264.31公里。渭南的货物运输业务，已遍布全市各县（市、区）各镇，为繁荣市场经济起着无可代替的作用。

第二节　危险货物运输

危险货物是指具有易爆、易燃、毒害、腐蚀、放射性等性质，在运输、装卸和储存保管过程中，容易造成人身伤亡和财产损毁而需要特别防护的货物。渭南危险货物运输，始于承运民用建筑工程所需炸药、雷管，城乡居民生活所用燃油和医疗用疫苗，工农业生产及交通运输用农药、石油、花炮，工业生产用有毒、腐蚀、放射性物品等。危险货物运输因具有承运品种的多样性、复杂性、危险性及一旦发生事故的重大危害性，因而对其运输车辆配置、驾驶员资质与操作规程有严格要求。

20 世纪 90 年代前，渭南的危险货物运输多以生产或供销企业设立车队自行承运，部分专业运输企业参与运输。进入 90 年代，随着经济建设加速，人民群众生活改善，石油、天然气资源开发，危险货物运输需求增长。除企业自备运输、专业公司承运外，一些个人购置车辆参与危险货物运输。此外，企业自备车辆和部分个体、联运户车辆承担并完成大量危险货物运输。1992 年后，液化气逐步取代蜂窝煤进入城市居民家庭，扩大了危险货物运输规模。承运方将液化气通过汽车自兰州运至渭南各级储气站，再由单位货车运至单位。居民从液化气站购换液化气罐，用小型货车、三轮车或自行车等多种工具运输。1999 年，陕西渭河重化工有限责任公司在渭南经济开发区成立，拥有运输车 10 辆（挂 2），主要运输二氧化碳、液化气。这一时期危险货物运输发展，以经营业户和营运车辆数量增长为主，尤其私营及个体危险货物运输车辆增长快，运营主体“多、小、散”。

2001 年 1 月，渭南市速达运输有限责任公司成立，主要承运危险货物 1 类、2 类、3 类、4 类、5 类、6 类等。12 月，渭南龙森运业有限责任公司成立，主要运输汽柴油、甲醇等。2002 年 1 月，澄城县弘达运输有限责任公司成立，主要运输汽柴油。5 月，渭南前进货运有限责任公司成立，主要运输液化气、天然气、汽柴油、烧碱等。至2002年底，渭南有危险货物运输企业17家，车辆224辆，1700吨位。2005年1月，大荔远程汽车销售服务有限责任公司成立，主要运输液化气、硫酸、汽柴油、烟花爆竹。是年，渭南有危险货物运输车辆228辆，2027吨位。2008年2月，大荔广宏汽车运输有限责任公司成立，主要运输爆炸品。是年，渭南有危险货物运输车辆524辆，5776吨位。至2010年底，渭南有危险货物运输企业37家，车辆894辆（挂258），9899吨位。

由于渭南市经济持续快速增长，民用车辆大量增加，尤其是小汽车进入家庭，农用机械快速发展，汽、柴油需求猛增，全市危险货物运输仍保持逐年增长。2013年，渭南市危险货物运输企业新增加7家，分别是渭南市广泽汽车服务有限责任公司、陕西富平瑞铭物流有限责任公司、空气化工产品（陕西）有限公司、陕西宇涛汽车服务有限责任公司渭南分公司、华县惠通运输有限责任公司、蒲城县鸿祥联运车队等。上述企业主运天然气、液化气、汽柴油。

针对危险货物运输量大幅度增加的实际，渭南市推进危险货物运输专业化、规模化、规范化发展，并应用GPS定位技术，加强危险货物运输全程监控。当年对所有危运企业实施公司化改造，“两客一危”营运车辆全部安装GPS监控，危货运输实施GPS和GPRS动态监管。现代科技的智力支持和技术保障，为推动渭南危险货物运输发挥了重要作用。但是，部分危险货物运输经营者或驾驶员安全意识淡漠，对危险货物运输安全规程重视不够，有的甚至为追求经济效益而漠视安全操作，造成重大人身伤亡和经济损失。2013年1月29日，河北人石彦飞与蒲城县“小郭货运信息部”联系，签订了《陕西省道路运输服务业合同文本》，合同中约定从蒲城运送10吨烟花至河北献县，运费5500元，运输货物一栏填写为百货。石彦飞驾驶冀A70380货车到蒲城县宏盛花炮制造有限公司院内装货，1月31日晚发车，沿连霍高速公路自西向东行驶至河南省三门峡市境内741公里900米义昌大桥时，车上违法装载、运输的烟火药剂爆炸物和烟花爆竹发生爆炸，致使义昌大桥坍塌，车辆坠落桥下，造成13人死亡，9人受伤，直接经济损失7632万元。事故直接原因是石彦飞、李瑞党等人使用不具有危险货物运输资质的冀A70380号货车，途中紧急刹车，导致车厢内爆炸物发生撞击、摩擦引发爆炸。事故发生后，渭南市各级公安机关加强巡逻和路面管控，严格查处非法违法运输危险货物行为。公安机关和交通运输部门充分利用治安卡点、收费站和省际检查点，对危险品运输车辆进行抽查，并配备烟花爆竹检测仪器，依法查处非法违法运输行为。

2015年，渭南对危货运输从源头管理抓起，全面开展危货企业经营资质复查，限期整改11家，撤销不合规危货企业3家。加强危运从业人员资质管理，实行危运从业人员聘用登记备案制度。全年新增危货车辆1078辆，注销未按要求安装紧急切断装置的危运车辆134辆，注销未按规定年审的危运车辆53辆。至年底，渭南有危险货物运输企业38家，运输车辆2101辆（挂753）。主要运输原油、轻质燃油、润滑油、液化气、农药、炸药、雷管、硫酸、甲醇、烧碱、化工原料及军用危险品等。

第三节 重点工程物资运输

石堡川水库建设工程

石堡川水库位于延安地区洛川盘曲河，蓄引洛河水系至石堡川的河水。由白水和澄城两县合建。从1969年冬季动工，历经十年建成蓄水。工程总投资2954.5万元，水库枢纽工程包括：均质土大坝、输水洞、泄洪洞、泄洪底洞。大坝高58米，坝长380米，坝顶宽4.5米，建有防浪墙。输水洞175米，泄洪洞402.6米，泄洪底洞311.5米，澄城设施灌溉面积1.27万公顷，白水0.80万公顷。需建斗渠258条，总长183.037公里，分引渠1809条，总长166.82公里，支、斗、分、引4级渠道的各种建筑物13314座。水库所需建材运输量相当庞大。白水至石堡川路况很差，带挂车上不去，弯急坡大、如遇下雨无法通车。渭南地区汽车运输公司组建不到一年，即承担起这一任务。该公司采取甩挂倒运，即把挂车甩在白水，主车运送建材到指定工地后，再将挂车的建材倒于主车二次运送。如遇雨天，主、挂车全卸在白水站，待雨后再派车倒运至工地。该水库的建设，从未因建材运输而停工待料，保证重点工程建设如期完成。

东雷抽黄工程

东雷抽黄工程是1974年渭南地区提出，经陕西省政府报请国家计委，于1976年列为国家计划建设项目和陕西省重点建设项目之一。主体工程位于合阳县东25公里的东雷原下。进水工程，水闸11孔，孔宽4米，闸墩高11.2米，设备30吨起重门机1台，15吨启闭机11台，通过进水闸引水，设东雷一级站，抽水进入总干渠。总干渠全长36.7公里，渠口宽24米，底宽11米，东帮高4.8米，顶宽7米，渠路双用，西帮高4米，顶宽3米，沿干渠西侧在合阳东雷、新民和大荔县南乌牛、加西设4个二级站，形成4个独立的抽灌系统，逐级分别设22座抽水站，最多设八级抽水站，为南乌牛系统的西关站，最高扬程295.65米。布设干、支渠51条，全长400余公里。灌溉合阳、大荔、澄城19个乡镇261个村6.47万公顷土地，解决17万人的生活用水，每年可为三门峡水库减少输沙量约为3000万吨。全部机组131台，装机容量11.8万千瓦。其中8台黄河牌试制大水泵，配套8000千瓦试制电机，单机重量52吨，建变电站26座，高压线路总长222公里。

东雷抽黄灌溉工程，由陕西省统一部署，渭南地区具体领导，大荔、合阳、澄城三县联合修建。工程由1975年8月开工，总计投资5152.07万元，全部工程于1986年完成。工程的建设物资运输任务，以渭南地区汽车运输公司为主，渭南地区交通局组织运力，全权负责，并抽专人具体安排日常运输事务。地运司组织车辆，挑选驾驶员，安排双班运输，“人停车不停”。在大荔汽车站设换班和车辆加油、保养点，从渭南等地装好建材后，行至大荔汽车站，由接班驾驶员送往抽黄工地。驾驶员、保修技工及站务员日夜工作在抽黄运输线上。当时固定驾驶员不足，车队、公司科室驾驶员出身的干部，也投入运输第一线。当时既没节假日，也无星期天，工作人员数月难得回一次家，保证了工程的如期完成。

第四节　紧急货物运输

救灾抗旱运输

1980 年，渭北春旱，韩城、合阳、澄城、蒲城、白水、富平 6 县大面积春旱，造成春播无法下种，人畜饮水极度困难。4 月 29 日至 5 月 18 日，陕西省防汛办公室组织 60 辆大货车为高原拉水，部、省、地驻渭南有车单位，共动员大货车 92 辆，分赴受灾较重的蒲城、白水、富平、合阳 4 县救灾抗旱。韩城、澄城 2 县的机关企事业单位车辆保有量较大，由县防汛办和县交管站组织车辆，由本县自行解决。经 20 多天艰苦工作，解决了拉水保春播和人畜饮用水的困难。

抗洪救灾运输

2003 年 8 月 26 日至 9 月 21 日，渭河陕西流域出现大范围、高强度持续降雨，导致渭南遭受百年不遇洪涝灾害，6 县（市、区）55 乡镇、741 村、56.90 万人受灾，7.2 万公顷农田被淹，19 万间房屋倒塌，沿河 29 万群众被迫泪别家园，交通等基础设施遭到严重损坏。按照陕西省政府指令，省交通厅和厅运管局迅速调集车辆抢险救灾。西安市运管处从国有、私营运输企业当即调遣 10 辆货车，满载西安各界捐赠救灾物资急赴灾区。渭南市交通局从局属企业和蒲城、大荔、澄城等县紧急调集 150 辆汽车，出动 1542 台次，昼夜抢运救灾物资。共运送编织袋 35 万条，木材20万立方米，面粉10万公斤，棉被20万床，以及大批方便面、矿泉水等生活资料；向石堤河和罗汶河大坝决口处运送抢险填堵决口石料6800立方米。由于许多地方道路被毁，交通中断，军民肩扛或采用畜驮方式，及时将物资送到救灾一线，及时转运灾民。

抗震救灾运输

2008年5月12日，四川汶川发生8.0级特大地震。灾情发生后，渭南运管处召开紧急会议，设立指挥中心，启动渭南市道路运输应急保障预案，做好物资运输工作。5月14日，在接到陕西省运管局紧急调集20辆大客车运送返川民工的通知后，15日早7时，从华县调集的四辆客车前往西安，其他车辆沿西禹高速开往西安汇合。15日至17日，共发86班次，运输返川民工3325人，其中广元市2242人，绵阳市1083人。

渭南运管处运送的救灾物资，在震中地区四川省阿坝羌族藏族自治州集结，然后再向其他县运送。由于山体滑坡、道路严重破坏，原本直线200多公里的道路却要绕线600多公里，沿途要翻越两座海拔4700余米的高山，经过两天的长途艰辛跋涉，运输队伍到达阿坝藏族羌族自治州马尔康。随后又向汶川县、茂县、阿坝县、松潘县等地震重灾区运送帐篷、矿泉水、医药用品、发电机、棉衣棉被等紧急救灾物资。第一路出动车辆13辆，向汶川县运送救灾物资2趟；第二路出动车辆5辆，向茂县运送救灾物资1趟；第三路前往汶川县的映秀镇；第四路出动车辆3辆，向阿坝县运送救灾物资1趟；第五路出动车辆2辆，向松潘县运送救灾物资1趟；另外，还从成都向广元运送救灾物资7辆次。至5月29日，渭南运管处入川运输车队共出动抗震救灾应急车辆43辆次，运送救灾物资400余吨，一定程度解决了灾区群众基本生活需求。

渭南市1949～2015年道路货物运输量、周转量统计表　　表2–1

年份	载货车辆数（辆）	货运量（万吨）	周转量（万吨公里）	年份	载货车辆数辆	货运量（万吨）	周转量（万吨公里）
1949		15.4	150	1970	1270	285.7	5421.68
1950				1971	1691	285.7	5218.4
1951				1972	2061	296.06	5181.91
1952		39.96	409.61	1973	2198	292.18	2454
1953				1974	378	860.29	5508.55
1954				1975	384	393	6425
1955				1976	2967	537.7	6028.1
1956				1977	3549	612.2	7863.8
1957	165	190.08	1726.82	1978	3984	777	14097.2
1958	201	316.3	4536.7	1979	4700	292.64	6476.19
1959	42	373	4705	1980	5213	220.09	5948.41
1960	215	558.6	6677	1981	5945	146.7	4857.1
1961	217	230.3	1868	1982	6587	166.98	6364.65
1962	207	104.61	1074.46	1983	7956	488.7	16436.5
1963	43	176.72	1299.97	1984	6066	399.47	10198.5
1964	333	184.74	1286.95	1985	7195	601.2	20493.2
1965	472	162.77	966.34	1986	6825	763.88	22230.41
1966	439	230.3	1514.82	1987	7859	817	23790
1967	696	181	1226.84	1988	8527	940.5	38363.2
1968	716	117.55	1085.9	1989	9951	1136	50070
1969	810	219.6	4104.86	1990	10600	2029.7	75952

续表

年份	载货车辆数（辆）	货运量（万吨）	周转量（万吨公里）	年份	载货车辆数辆	货运量（万吨）	周转量（万吨公里）
1991	10505	426	33038	2004	9001	2300	294768
1992	9102	856	62357	2005	9343	2789	311614
1993	10780	781	62730	2006	52155	3079	335927
1994	11996	1128	62855	2007	51539	3202	354939
1995	12439	16500	82500	2008	62254	6287	1778895
1996	13334	2730	135210	2009	84539	7427	2100164
1997	10824	2898	133795	2010	88326	8784	2479647
1998	13857	2994.6	138474	2011	81810	10596	3016849
1999	11453	3111.7	144082	2012	83765	12326	3573223
2000	10794	3225	15090	2013	49245	13801	4012337
2001	10459	2681	264993	2014	56848	13133	3573985
2002	10820	2617	350907	2015	41352	15440.67	2891618
2003	10454	2161	267742				

注：表中载货车辆数，2005 年前为营运汽车数，2006 年后为实有汽车数。

第三章 搬运装卸

第一节 搬运装卸业

民国 11 年（1922），西潼公路开通，渭南境内始有汽车运输业，搬运装卸应运而生。民国 23 年（1934），陇海铁路开通，火车通过渭南，物资运输快速发展，带来了物资盘短搬运和装卸的飞速增长。西潼段公路、铁路沿线的城镇，聚集一些身体健壮、富于吃苦精神的人，出现了一种新行业，“脚子班”或“车子棚”，即初期的装卸搬运人员及其组织。他们以超负荷的体力劳动，从事汽车、火车集中与疏运物资的盘短搬运和装车、卸车作业。这一时期的搬运装卸工具，除独轮车、人力小手推车外，主要是抬杠、铁锨和绳索，搬运装卸作业完全依靠强体力劳动。

当运输日趋发展，搬运装卸量增大，从事这一行业的人越来越多时，出现了封建把头、行会、帮头。绝大多数的搬运装卸工人在其控制下劳动。他们所在的组织多以搬运工具、所在地点以及把头的姓氏命名。一些较大工矿企业的搬运装卸亦被一些大小包工头、领工所把持。如：渭南火车站的搬运、装卸组织名为“车站脚子班”。蒲城县北关的搬运装卸组织名叫“老七脚子班”。潼关的搬运装卸组织以封建把头之名命名，由其操纵把持。这些搬运装卸组织绝大多数都分布在各县铁路沿线、汽车站（点）、码头，如富平、渭南、华县、华阴等，当时人数多则 30 余人，少则 10 数人。因潼关县属水旱码头，火车、汽车通至该县，搬运、装卸的中转物资的数量较大。车站及码头各有搬运装卸组织，人数将近百人，是渭南境内搬运、装卸最繁忙的县，也是拥有搬运工人最多的县。1949 年 10 月，渭南各县的搬运装卸工人，潼关县500余人，渭南县300余人，华县300余人，华阴县100余人，蒲城县100余人，韩城县150余人，大荔县129人。

1950年3月，政务院颁布了《关于废除各地搬运事业中封建把头制度，设立搬运公司的决定》。渭南专署在渭南、潼关等县的搬运装卸行业，先后进行了民主改革，建立了搬运工会筹委会，成立了搬运公司，公司之下设站或队。1951年6月，富平、蒲城相继成立了群众运输队。1953年，渭南、富平、蒲城等县建立了搬运行业工会，搬运、装卸行业工会的委员、主席等均由民主选举产生。所有搬运装卸业务的管理工作，由工会代为办理。同年9月，先后在渭南、潼关、大荔、蒲城等县组织成立了“搬运公司”，公司下设搬运队、装卸队，这些组织负责各自的行政和业务管理工作，有些县由政府指派干部担任领导职务，有的由他们的组织内部选举产生领导和管理干部。当时有些县的搬运工会或搬运公司，在选举组建机构中，旧社会的一些帮派把头，混进工会或公司的领导班子。这些人窃取领导权之后，恶习不改。西北军政委员会要求各地、县（市）对搬运装卸业的民主改革进行一次检查，通过整顿基层组织，清除其中的封建把头，清除混进工会和公司的坏人，并决定在县城不再设立搬运工会组织，已设立的应逐步撤销，建立健全搬运、装卸公司，并由政府选派干部负责行政和业务管理工作。同年，陕西省人民政府决定，全省搬运、装卸行业归口交通厅统一管理，受所在地政府直接领导。渭南境内各地搬运、装卸组织的领导和工作人员，由当地政府委派，各地搬运、装卸组织每三个月向主管上级和省交通厅汇报一次工作。

1954年，渭南境内各县及城镇码头相继组建搬运及畜力运输合作社、人力装卸合作社。大荔县组建畜力运输合作社和人力搬运、装卸合作社。朝邑县组建运输合作社和搬运装卸合作社。大荔县畜力运输合作社建社初期，拥有职工154人，胶轮大车45辆，人、畜力架子车94辆，牲畜376头。搬运、装卸社拥有职工113人，装卸工具17件。渭南共组建运输（畜力运输）社11个，搬运（人、畜力搬运）装卸社21个。组建合作社后，劳工工具折价入股，属集体所有，工人每月领取工资（工资标准自定，民主评议），年终分红。合作社属集体所有，独立核算，自负盈亏。有的合作社还采取入股办法，并规定其股额，由工人入股，取得社员资格。合作社组建后，经民主选举，成立管理委员会，制定合作社组织章程，规定社员权利和义务、劳动收入分配，提取公积金和公益金等管理制度。

1956 年，一些集体所有制的搬运、装卸组织向全民所有制过渡，不少县将搬运合作社的集体性质转为地方国营的县运输公司。渭南各县的地方国营第一运输公司都是这一时期，以相同的方式组建起来的。也有一些不具备条件而轻率转为全民所有制的搬运装卸组织，普遍存在着企业基础差，组织不健全，管理跟不上，经营混乱等情况。一些搬运组织牲畜死亡严重，车辆损坏多。特别是在机构体制转变中实行大包大揽，把人员都包下来，人浮于事，生产任务不足，工人收入普遍下降。一些单位亏损严重，工人要求退还工具和车、畜。

1961 年，渭南境内对过去不适当地由集体所有制转为全民所有制的搬运装卸组织，由各县政府做好工作，再转回为集体所有制。这次退转工作中，渭南、华县、潼关、蒲城、白水、合阳、富平、澄城等 8 个县的搬运装卸公司属集体所有制性质。大荔县的搬运合作社，是由原大荔、朝邑、平民的三个县（朝邑和平民两县撤销、并归大荔县）的人力车搬运、装卸和民船的船工等劳动群众合并组建，在转退工作中，也转回集体性质。由于形式多变，职工的遗留问题很多，给大荔县造成很大压力。嗣后，随着搬运事业的不断发展和工人结构的变化，一些地方在条件具备的情况下，成熟一批转一批，又陆续将一些集体所有制搬运组织转为全民所有制。

随着搬运事业的不断发展和工人结构的变化，一些搬运业从县运输公司分离出来，成立搬运队。对条件具备的集体所有制搬运装卸企业转为全民所有制。1978 年，渭南全境的搬运合作社经组编合并转为集体所有制，集体所有制的搬运公司转为全民所有制的运输公司。凡是集体转为全民所有制的搬运装卸企业，其牲畜、车辆等设备，均采取折价分期偿还办法处理。各县退转和未退转的搬运、装卸组织，程度不同地均存在退休老工人退休费负担过重问题。采取“社会基本养老保障资金”形式，使其享受社会基本养老，才算彻底解决了这些退休老工人的基本养老问题。1983年以后，物流增长迅猛，各行各业的搬运装卸组织应运而生，私有装卸户从无到有，逐步增多，打破了搬运行业独家经营局面。

20世纪90年代，随着经济发展与道路货物运输市场开放，货物搬运装卸业务增多，带动道路搬运装卸队、组与人员大量增加。搬运装卸从业人员大多为城市文化水平较低者和农村青壮年农民。渭南市搬运装卸人员多来自农村和山区。搬运装卸作业方式有人工和人工与机械结合。搬运装卸机具有汽车、吊车、叉车、拖拉机、机动三轮车、人力三轮车、架子车等。搬运装卸组织主要有三类：运输、生产企业为车辆装卸货物、搬运生产成品、半成品所组建的装卸队、组；城镇街道为解决部分人员就业所组建的装卸队、组；一些单位为装卸货物或物品临时招用的闲散人员等。这一时期，全市的搬运装卸业以个体、私营、股份制形式出现。

1995年，陕西省交通厅提出以提高搬运装卸效率为中心，改善搬运装卸手段。渭南搬运装卸业加大资金投入，增加作业机械设备，减轻工人劳动强度，提高工作效率。吊车、叉车、铲车、翻斗车、自卸车等装卸机械、车辆增多，架子车、抬杠等非机动装卸工具明显减少。长大、笨重货物装卸，大多采用机械和人工装卸结合方式完成；零散、单件货物装卸，仍以人工作业为主。

搬运装卸作业量大小不一，作业场所分散，一般作业技术要求不高，适合个体、集体、私营经济参与。运输、生产企业改革、改制和重组，原所设专业搬运装卸队、组，大多通过承包或剥离逐步与企业脱钩，自我发展。城镇街道办事处所办搬运装卸队、组，大多解体或与街道办事处脱钩，走向市场。1997年，韩城市有搬运装载队13个，从业人员1100余人。搬运装载队通过电话、上门预约等方式，为单位与居民提供服务。之后，随着机关、企业与事业单位等搬迁增多，城镇居民居住条件不断改善，人们流动频率与范围增大等，搬家运输在城镇快速发展，并延展至农村地区。

随着技术进步和客户对搬运装卸服务质量要求提高，搬运装卸业提高机械化作业水平，并利用信息技术拓展业务。据估算，渭南搬运装卸约 35% 作业量由机械取代人工。一些搬家服务公司自建信息网站，招揽生意，方便用户。2005 年，渭南恒达进入搬家、货运服务行业，在网络扩大业务，搬运装卸机具有货运五十铃、东风、跃进全新厢式、低栏、高栏车型（自备叉车 3.6 米高，起叉重 3.5 吨）等，拆装家具及空调，各种生活用品的整理搬移，一律采取密封运输。

搬运装卸业多种经济成分和多层次、多方式竞争，加速专业化、机械化发展。新成立的搬运装卸企业一般起点较高。2006 年，白水县有搬运装卸组织 108 户，从业人员 3490 人。2010 年，渭南好运搬家保洁有限公司成立，主要经营搬家业务、单位搬迁 、长短途搬迁，钢琴搬运、拆装家具等专业化业务。拥有各种类型的搬场车 10 多部和一批高素质、训练有素的搬场服务员工，公司以居民、企事业单位搬场为基础，建立了市内工业大件搬迁配套运输体系，能够满足不同客户的需求。2015 年，渭南福运搬家保洁有限责任公司、蒲城建大装卸服务有限公司、富平县力通装卸搬运服务队等多家搬运装卸公司在渭南工商局登记注册。全市搬运装卸业向大型化、机械化发展。

第二节　搬运装卸机具

在汽车火车进入渭南以前，搬运装卸作业全依赖于工人的体力劳动，所用工具也十分简单，主要用抬杠、挑担、锨、撬棒和为数不多的手推木轮车。在搬运、装卸作业时，大量的砖、瓦、灰、沙、石等建筑材料的装卸作业，主要依靠徒手操作。笨重的强体力劳动是搬运、装卸工人独有的特征。随后，有了手推蚂蚱车、人力双轮胶轮车，但劳动强度仍很大。

1949年，潼关县时有手推蚂蚱车300余辆，人力双轮胶轮车30余辆。1951年，组织城镇工人成立搬运公司，负责渡口到车站、老县城区到车站、渡口之间的短途运输，时有人力板车659辆。1953年，陕西省交通厅要求："逐渐改善短途搬运工具，先将落后的木制手推车改进为胶轮架子车，根据需要与可能添置汽车"。渭南各县积极筹办，当时市场上架子车下盘（双轮和架子车轴、车挡、珠子等）非常紧缺，渭南、潼关等县曾派人专去上海采购。至当年的年末，潼关、渭南、大荔等共拥架子车370余辆；木轮手推车和大荔县独有的太平车、四轱辘车（这种车属软套车，没有车辕，不分车前车后，两头同样均可套畜力拽拉）这些落后的短途搬运车辆，逐步被架子车所代替。嗣后，在开展技术革新、实现装卸机具机械化和半机械化的活动中，先后研制和推广了一批既减轻劳动强度又提高工效的搬运装卸机具。譬如装卸砖、以往全靠徒手搬上卸下，发明了"砖卡子"后，一只手一次可以卡提五块砖，劳动强度减轻，提高工效三倍。装卸沙、石、煤等散碎货物，以往采用人力一锨一锨地铲装、铲卸，装卸一辆汽车需要四人劳动将近一小时左右，改用带轮输送机后，两个人只需15分钟即可装卸一个车次，提高工效8倍。同时，一些物资装卸量大的货场，开始设置漏斗、绞磨、土码头等先进的装卸设备，大大提高了工作效率，减轻了劳动强度。

20世纪60年代，各物资单位和装卸合作社，都在自制或购轻型、实用的手摇电动机，电动输送机，铲车、吊车等多种装卸机械，如渭南粮库组装电动皮带输送机，再也不用人力扛背粮包装卸。进入80年代，搬运装卸企业进行技术改革，更新工具，以机械替代笨重的搬运装卸作业。境内的物资盘短搬运多以汽车或机动三轮车、脚踏三轮车为主，笨重物品多以铲车、吊车进行装卸，在搬运装卸作业中，基本上摆脱了笨重的体力劳动。在中、小城镇，也主要以汽车、拖拉机进行盘短搬运。人力架子车，除农村和建筑工地尚可见到外，在城市搬运装卸作业中已被淘汰。各县的搬运装载企业开始对搬运装载工具进行技术更新，仿制、自制装卸搬运机具应运而生。自购装卸机具，进一步以机械化代替搬运装卸作业。例如，韩城县1989年只有9台装载机，1台铲车，到1997年，全县装载机具44台。2004年7月1日,《中华人民共和国道路运输条例》施行。该条例所称道路运输未含搬运装卸业，故自2006年后，全省道路运输管理机构不再对新成立搬运装卸企业实施行政许可，亦不统计搬运装卸业数据。至2015年，全区搬运装卸业向大型化、机械化发展，工人劳动强度减轻，工作效率提高。搬运运输服务不断规范，运输车辆基本厢式化。

第四章　运输机具

第一节　非机动车辆

非机动车辆主要指人畜力车。渭南在机动车道路交通工具产生以前，运输物品均以人力畜力交通工具为主。人畜力车的出现始于黄帝时代。夏代，大禹“陆行乘车，水行乘船”（《史记·夏本纪》），人们出行乘车已有一定比例。此后，各朝人畜力车不断发展，形式、规格各异。有篷车称“轿车”，无篷有厢称“货车”，大量用于军需民用。20 世纪 70 年代以前，人力畜力运输一直是渭南道路交通运输的主力，当公路交通机动运输工具大量发展居于公路运输的主导地位后，人力畜力运输渐次由公路干线、支线转向城市郊区、农村和交通不便的地区，仍在发挥着作用。

手推车

手推车是平原地区常用的一种运输工具，独轮较多。独轮车有两种：一系轮小、车身低矮而窄（见图 4-1）；一为轮较大，车身高宽，中间制有木架。这种手推车，两辕间均系有带，推车者负于肩，两手紧扶车辕推行之。小轮车推行时，犹如老鼠就地爬行，陕西关中地区俗叫“地老鼠车”，载重约 150 公斤。大轮车推行时，轮轴摩擦吱吱作响，俗称“叫蚂蚱车”，载重约达 250 公斤。民间多用于推土、送粪、送粮，小商贩亦作短途贩运。民国时期，货物运输多为人力手推车，手推车形式多样，轻便灵活，对道路要求不高，适宜于短途运输，载重量 80 ～ 130 公斤。民国 29 年（1940），据蒲城县《交通工具调查表》统计，全县有小推车 2075 辆。1952 年，渭南辖区有人力推车 25687 辆。大跃进、大炼钢铁时期，白水县的手推车有 2600 余辆，华阴 3051 辆。到 20 世纪 60 年代，人力推车逐渐被架子车替代。80 年代，渭南境内村庄手推车基本绝迹。

图4–1　小推车

架子车

架子车亦称劳动车（见图 4-2），系人力挽拉的两轮车。架子车辕长约 2.5 米，车厢长约 1.2 米，宽约 0.7 米。最早的架子车，辕、厢、轮均木质，轮外包胶皮。后改车轮为金属轮网，外加充气轮胎，并使用滚珠轴承，轻便省力，载重约 250 ~ 500 公斤。最初由人力挽拉，用于一般粗杂货的短距离搬运，后用毛驴等牲畜挽拽的亦不少。人力三轮车兴起后，城市使用架子车的逐渐减少，而农村和建筑工地仍广泛使用。民国时期，人力架子车在渭南兴起后，一些运输经营者以牲畜拖拽从事公路长途运输，称畜力架子车。抗日战争时期的驿站运输中，畜力架子车运力为数不少。由于架子车车身小，多以驴拽为主。中华人民共和国成立后，架子车先在专业运输队（社）兴起，逐步推广到农村，用于农业生产。其车轮和车轴也在不断改进，拖拽更省力，轻便而负载量增加，是农民喜用的运输工具。1961 年，澄城县有架子车 388 辆，华县 190 辆，大荔县 94 辆，华阴 1560 辆，富平 337 辆。20

世纪 70 年代，架子车广泛使用，华县架子车发展到 30000 余辆，大荔县 46189 辆，澄城县 8426 辆。1975 年，渭南辖区有架子车 33.3 万辆。1987 年，发展到 65.1 万辆。架子车在兴修水利，修建渭河防洪梁，农田基建，拉煤运粮，城市短途货物运输中，发挥了不可估量的作用，一度成为城市搬运公司的主要运输工具。进入 90 年代，架子车逐步被机动车所代替。

图4–2　筑路工人用架子车推运碎石

三轮车

民国 12 年（1923）人力三轮车在渭南已可见到，也有私人设立的“人力车公司”，专门从事人力车的贩卖和租赁。人力三轮车是靠人力脚蹬驱动，是城市小商贩送货卖货的一种小型运输工具，城区也有人力三轮车拥有者从事客运业务。人力三轮车因其车轮胶质胎充气，有金属轴承，车厢下置弹簧，故运行轻快，乘坐舒适。乘者跷腿，仰卧，悠然自得，车夫则弓背蛇腰，快步奔跑，被视为不人道。民国 35 年（1946）曾下令取缔，奏效甚微。中华人民共和国成立后，渭南最初出现的为乘人三轮车，车厢在前，蹬车者在后，后逐渐改进为车厢在后，蹬车者在前，称人力载客三轮车（如图 4-3）。以后，将其乘人车厢改为装货车厢，普遍用于运货，称“人力载货三轮车”，进而出现了机动三轮车。自改革开放后，载客者被出租小汽车所替代，人力三轮车和机动三轮车，载货搞短途搬运者仍为数不少。由于人力和机动三轮货车，投资小，适应性强，对搬运上下汽车、火车的旅客行李及零担货物都很方便，在辖区各个县城还有使用的空间。

图4-3　人力三轮车

畜力车

畜力车是用畜力运载的公路运输工具。根据畜力不同，分为马车、牛车、驴车；根据车型不同，分为轿车、铁木轮大车、胶轮大车。据史籍和出土文物记载，远在春秋战国时期，秦国就有了双辕车。双辕车的产生和使用，对运输业的发展有重大作用。双辕车一头牲畜即可拖拽，便于普及。畜力车进一步发展，在轮面加上铁瓦，既坚固耐用，又减少轮面与道路的摩擦阻力，轮面上安装铁瓦的车称“铁轮车”。车厢有篷帷，供人乘坐的称“铁轮轿车”。无篷顶仅有厢框的称“铁轮货车”或“铁轮大车”。铁轮大车按拖拽牲畜多少,分“单套”、“双套”、“三套”或“四套”。民国 29 年（1940），据蒲城县《交通工具调查表》统计，全县有铁木轮大车 3268 辆，轿车 203 辆。在大荔县的沙宛地区，粉沙丘窝相连，行走困难。适用于沙宛运输的“四轱辘车”，四个木轮，平板无车辕，两头都能套拴牲畜拖拽，克服了沙窝道行车下陷和掉头困难。

现代公路运输兴起后，将硬质胶皮钉于车的木轮上，载重量增大。其后，出现了胶轮马车，轮胎充气，载重 1.5 吨，当时人称这种车为“皮轱辘车”。各县富户始有购置。皮轱辘车，初为人力拖拽，后牲畜拖拽，单套、双套、三套均可，在公路和大车路上都能行驶，其载重量和行车速度，都远远超过铁轮大车（见图 4-4）。胶轮大车造价不昂，农家可以自办，优点有五：载重量及行驶速度较铁轮大车大增；完全可以采用国产原料，无须依赖外货；行驶公路不伤路面，驾驶技术不需训练；运价低廉，有利于物资交流；对农业发展裨益殊大。民国 31 年（1942），《陕西交通运输概况》载：蒲城、澄城、华阴、华县、大荔、朝邑、富平等 7 县共有畜力车 16936 辆，其中胶轮车 394 辆。

中华人民共和国成立之初，各种畜力铁木轮车、胶轮车仍为农业生产和短途客货运输的主要工具。1952 年，公路长途运输主要靠马车。从事专业运输的胶轮车 1012 辆，畜力小车 1156 辆。农业运输中，有胶轮车 166 辆，大车 16242 辆，四轮车 3194 辆。20 世纪 50 年代后期，汽车、拖拉机陆续发展，除少数地方外，交通运输工具由人畜力向机械动力转变。

图4-4　胶轮大车

第二节　机动车

民国11年（1922）西潼公路通车后，渭南境内始有陕西长潼汽车公司所属的过境营运汽车。民国16年（1927），潼关商人杨馥亭自购汽车3辆，于县城设华利汽车运输公司，兼营客货运输。民国31年（1942）1月，蒲城县县长鹿延森与陕西省公路局商议，贷款15万元，购买雪佛莱客货汽车各1辆，投入渭南、蒲城县间运输。渭南全境解放前，行驶于境内的汽车绝大多数为省公路局所有。

中华人民共和国成立后的国民经济恢复时期，渭南的国有农场和地、县拖拉机站即开始配有拖拉机。20世纪50年代，主要是大中型拖拉机。1952年，国营陕西省农场（地址设大荔许庄镇）购回一辆捷克货运汽车，运输场内物资。1954年3月，国营大荔七一拖拉机站，配轮式拖拉机一台，除农田耕作外，兼搞公路运输。1956年，各县商业、供销部门开始购置自有运输汽车。1957年，公路运输实行了统一运价、统一货源、统一调度的“三统”管理，将分散的运输力纳入了计划运输轨道，对私营汽车进行了社会主义改造，全民所有制国营专业运输在国家政策扶植下不断发展壮大，形成了国营专业汽车运输独家经营的格局，在保证“农、轻、重”物资和旅客运输中发挥着主渠道作用。1958年到1960年“大跃进”期间，运量大于运力的矛盾十分突出，促进了机关企业事业单位自用汽车和公路交通部门专业运力快速发展，农用拖拉机亦开始参加公路运输。渭南辖区民用汽车增加到181辆。1965年，有汽车472辆，拖拉机1971台（含链轨式）。1966年，“文化大革命”开始后，一方面是社会秩序混乱，公路客货运输不能正常进行；另一方面机动运力大量发展。1969年，渭南辖区拥有各类汽车1013辆，其中地区汽车运输公司有客运车37辆，货车244辆。

20世纪70年代，拖拉机发展很快，以小型手扶为主，大量投入生产运输。同时，城镇一些单位购置改装三轮柴油革新车，解决短途运力。改革开放前，渭南辖区拥有各类机动车 9866 辆，汽车 4201 辆（客车 207 辆、货车 3549 辆、挂车 111 辆，特种车 334 辆），拖拉机 5015 台。1978 年，中共十一届三中全会以后，实行改革开放，提倡“有路大家行车”,“国营、集体、个体一起上”，政府对交通运输实行倾斜政策，出现了国营专业运输企业由封闭走向开放，机关企业事业单位汽车运输快速发展，个体机动车专业运输户异军崛起发展迅猛，国营专业汽车运输一统天下的格局被打破，形成了多种经济成分、多种经营方式并存、多渠道、多层次千家万户搞运输的新局面，城乡公路运输繁荣兴旺。特别是农村进行了经济体制改革，普遍推行了以家庭为主的经济承包责任制，极大地调动了农民的生产积极性，发展多种经营，兴办乡镇企业，种植、养殖、林果等专业户以及生产砖、瓦、白灰、水泥、沙石等窑场大量涌现。辖区拥有各类机动车 11541 辆，其中汽车 5120 辆（客车 277 辆、货车 3984 辆、特种车 335 辆、其他 524 辆），三轮机动车 31 辆，摩托车 284 辆，拖拉机 5837 台（大中型 2198 台，小型 3639 台），专用机动车 269 辆。

80 年代以前，公路交通运输管理限制拖拉机从事经营性运输，但在渭南广大农村，由于道路条件差，小型机动运输车辆短缺，物资运输主要依靠畜力车驮，部分山区运输仍靠人力背挑，运输难的问题长期未能妥善解决。在这样的历史条件下，小型拖拉机和手扶拖拉机既可用于农田耕作，又能在农村的大车道、天然土路、一些畜驮道和公路上行驶，在农村进行运输比汽车更为机动灵活，具有投资少，驾驶技术容易掌握，经济、灵便、适应性强的特点，适合当时农村情况，是从畜力车驮向运输现代化过渡的一种运输工具，在交通管理比较薄弱的广大农村和城市郊区，拖拉机运输以较快的速度发展。到 1980 年，有各类机动车 17524 辆，其中拖拉机 9959 辆。1983 年 1 月，中共中央印发的《当前农村经济政策的若干问题》指出：农民个人或联户购置农副产品加工机具、小型拖拉机、小型机动船，从事生产和运输，对于发展商品生产，活跃农村经济是有利的，应当允许。这就从政策上冲破了以往不许农用拖拉机从事营业性运输的禁锢。同时，地方政府对拖拉机从事运输又给予优惠条件。拖拉机从事运输，货源多是自己招揽，由交通运输管理站牵线组织的亦屡见不鲜。华阴县牛毛湾水利抢险工程需要4万多方顽石，均在河滩，道路不好，场地窄狭，全县组织了700多辆小型拖拉机输运了2月多，保证了抢险工程顺利进行。1988年，渭南辖区有营运货车10551辆，参加营运的拖拉机增加到42442台。机动车快速增长，城乡交通运输逐步为机动车所代替。

1990年，辖区机动车总数为10万余辆，其中民用汽车17701辆，拖拉机63626台（参与运输的45627台）。随后，集体、个人等社会机动车辆增加，农村柴油三轮车代替了架子车运输，拥有量逐年增多。1997年，机动车拥有总量为21.29万辆，其中大型汽车12191辆（客车1174辆、货车10824辆、专用车193辆），小型汽车17636辆（客车10319辆、货车7218辆、专用车99辆），农用柴油三轮车113803万辆，各类拖拉机66168台（小四轮36211台、手扶26986台、大型2971台）。

2002年，渭南市拥有机动车302116辆，其中大型汽车46484辆，小型汽车87300辆，农用机动车104583辆（四轮车6802辆，三轮车97781辆），各类拖拉机60660台，收割机3089台。“十一五”成为渭南建市以来发展最快、势头最强、成果最大的一个时期，经济社会全面进入加速赶超、快步跨越的新阶段，经济的发展促使机动车快速增长。2006年，渭南营运载客汽车2053辆，46987客位；营运载货汽车8862辆，54395吨位。“十二五”期间，渭南经济形成了以有色冶金、能源、食品、化工、装备制造、非金属矿物制品、纺织和医药制造等八大支柱行业为主、“重化工”特征明显的工业生产体系；农业基本形成了以牧、果、菜、林、特为主的农民增收支柱产业，粮棉油生产稳定发展的新格局。运送的货物主要有煤炭、钢材、水泥、砂石料、建材、化肥、果品蔬菜、粮食棉花、危险化学品及群众生产、生活物资用品等。2010年，渭南营运载客汽车

6404 辆，56192 客位；营运载货汽车 27578 辆，267883 吨位。至 2014 年底，渭南市有货车 56848 辆，核载总质量 397355 吨。其中载货汽车 40274 辆、377345 吨（含牵引头 4497 辆，挂车 5631 辆，161458 吨）。三轮汽车、低速载货汽车 14963 辆、18287 吨。轮式拖拉机 1611 辆、1723 吨。2015 年，渭南有运输机动车 140935 辆(台)，全市人均拥有量 0.03 辆(台)。见表 4-1。

渭南市1949～2015年运输工具机动车统计表（单位：辆）　　表4-1

年份	载客汽车	载货汽车	载货挂车	柴油革新车	货运人力车	畜力车	拖拉机	特种车
1949					约 2 万余辆	35235		
1950								
1951					1156	1012		
1952					25687	1156		
1953								
1954								
1955								
1956								
1957		165						
1958		201						
1959		42						
1960		215						
1961		217			1594	340		
1962	4	207			1517	470	1029	12
1963		43			1425	518	1234	
1964	7	333			1609	724	1334	

续表

年份	载客汽车	载货汽车	载货挂车	柴油革新车	货运人力车	畜力车	拖拉机	特种车
1965	12	472			2160	735	1721	
1966	17	439	5		1306	438	1971	17
1967	25	696	61		1229	447	2289	20
1968	27	716	61		1170	400	2436	39
1969	46	810	116	5	1135	428	2579	107
1970	50	1270	130	26	1089	437	3270	79
1971	63	1691	129	63	1047	440	4126	135
1972	55	2061	128	94	944	430	1734	131
1973	68	2198	92	104	766	440	2710	135
1974	86	378	75	122	925	319	4312	
1975	112	496	83		562	346	4873	
1976	170	2967	109		465	294	3198	265
1977	207	3549	111		398	252	5015	334
1978	277	3984	149		1113	241	5837	335
1979	280	4700	181	321	354	124	9929	405
1980	292	5213	234		283	25	9959	417
1981	339	5945	264		322	4	11318	459
1982	388	6587	211		211		16581	508
1983	473	7956	366		145	7	23901	580
1984	549	6066	305			172	35940	554
1985	641	7195	283		99		37566	382
1986	794	6825					43892	472

续表

年份	载客汽车	载货汽车	载货挂车	柴油革新车	货运人力车	畜力车	拖拉机	特种车
1987	924	7859	1342				49740	
1988	1043	8527	1820				50576	
1989	1130	9951	2046				59111	
1990	1047	10600	2319				63626	
1991	1036	10505	2529				67190	
1992	959	9102	2755				68831	
1993	1126	10780	3097				70357	
1994	1034	11996	3241				66037	
1995	1044	12439	2525				67543	
1996	1137	13334	6425				65920	
1997	1174	10824	7065				66168	193
1998	1085	13857	7891				61987	
1999	1181	11453	1890				22058	
2000	1157	10794	1172				4504	
2001	1912	10459	1981				60259	
2002	1991	10820	1990				60660	
2003	2053	10454	1991				60929	
2004	2150	9001	2110				61161	
2005	1843	9343	2951				62580	
2006	2053	52155	3181				63643	
2007	2071	51539	3181				63650	

续表

年份	载客汽车	载货汽车	载货挂车	柴油革新车	货运人力车	畜力车	拖拉机	特种车
2008	2109	62254	6928				65057	
2009	2727	84539	10137				65057	
2010	2854	88326	10137				65057	
2011	3065	81810	10137				65057	
2012	3140	83765	11117				65932	
2013	3239	49245	12667				73230	
2014	2164	56848	13765				73232	
2015	2122	51766	13765				73232	

注：表中的载货汽车数，2005 年前为营运汽车数，2006 年后为实有汽车数。

第五章　汽车站　货运站（场）

第一节　汽车站

民国 11 年（1922），陕西省长潼汽车公司在潼关县设立首个汽车分站，经营客货运输。民国 18 年（1929），民生汽车局在渭南境内设立渭南、潼关、富平、大荔、蒲城 5 个汽车站。民国 19 年（1930），增设华县、华阴、岳庙汽车分站，承办客运。民国 25 年（1936），设韩城汽车站。1949 年渭南共有汽车站 7 个。

1952 年，国营西北区运输公司西安分公司在境内建成渭南、大荔、韩城、白水、下营等 5 个汽车站。1956 年增设蒲城、富平、合阳、澄城、华县、潼关等汽车站，辖区共有车站 11 个，职工近 100 人。1969 年，各汽车站移交渭南地区汽车运输公司管辖。20 世纪 70 年代，地区汽车运输公司先后增建了华阴罗敷、渭南故市、澄城韦庄、韩城下峪口、蒲城罕井、澄城冯原 6 个汽车站。

1978 年，渭南地区汽车运输公司增加了下峪口、罗夫汽车站。1979 年，辖区共有汽车站 16 个，职工 300 多人。1990 年，渭南境内共有汽车站 23 个。其中，属地区汽车运输公司的有渭南、富平、白水、澄城、蒲城、合阳、韩城、潼关、大荔、华县、罗敷、罕井、黄龙、冯原、韦庄、下峪口、故市等 17 个汽车站，另有属县（市）交通部门的 6 个汽车站。渭南、富平、蒲城站为二级车站，其余为三级或无等级车站。辖区车站日发客车 728 车次，299 个班期，每日夜宿农村客运班车 35 辆 / 点。

1991 年 12 月，地区交通局在渭南火车站北开工建成标准一级的渭南汽车客运总站，占地2.67万平方米，总投资1400余万元。各县自筹资金先后建成华山汽车站、潼关汽车站、韩城客运总站、合阳客运总站、澄城客运总站、富平客运总站。1998年，全市有汽车客运站27个，其中一级站1个，二级站12个，三级站9个，四级站5个。2002年，全市有客运站39个，其中一级站1个，二级站13个，三级站9个，四级站7个，简易站9个。2006年，全市有客运站164个，其中一级站1个，二级站13个，三级站0个，四级站10个，五级站28个，简易站（招呼站）113个。2010年，全市有客运站1987个，其中一级站1个，二级站13个，三级站0个，四级站8个，五级站102个，简易站（招呼站）1863个。

至2015年，渭南建成等级客运站129个，建成简易站（招呼站）2060个，新建一级客运站渭运集团蒲城客运中心站1家，开建华县、白水、潼关二级客运站3家。全市有一级站2个：渭南运输集团中心站、渭运集团蒲城客运中心站。二级站9个：渭南市客运总站、渭南集团白水客运站、渭南集团富平客运站、渭南集团澄城客运站、渭南集团合阳客运站、韩城新城汽车站、韩城市汽车客运总站、潼关县汽车客运站、渭南集团大荔客运站；四级站3个：洽川客运站、白水威远汽车客运站、华州区汽车站。五级站1个，富平县庄里汽车站。白水县已建成5条城乡客运一体化运营线路。城乡道路客运一体化有序推进。

渭南运输集团中心站（一级站）

渭南运输集团中心站前身为西北运输公司西安分公司于1952年建成的渭南汽车站，归关中汽车运输公司。1969年元月1日，关中汽车运输公司撤销，渭南汽车站移交渭南地区汽车运输公司管理。1969年10月投资40余万元，征地1.2公顷，在城区解放路与西潼路（华山大街）十字路西南角，建成站务配套用房2000平方米的客运汽车站，设计可纳客车60辆。硬化场地面积6000余平方米，为当时陕西省东部地区第一大型汽车客运站，日发班车80余次，日客流量2000人次左右。1996年取得二级客运站等级评定，2005 年新增停车场地 3500 平方米，客车增至 139 辆，日发班次 500 班，日客流量 5000 余人次。1997 年渭南汽车站被陕西省交通厅授予“文明示范窗口单位”，渭南客运公司被国家交通部评为“文明客运先进单位”称号，1998 年被交通部评为“文明客运车队”，1999 年渭南汽车站被交通部评为“文明汽车站”。

2009 年，渭运集团根据城市发展和旅客增长的需要，决定在渭南市高新区投资建设新客运中心站。该项目总投资 7000 余万元，当年 5 月 1 日开工建设，11 月 24 日封顶；2010 年 10 月 26 日正式投入运营。原渭南汽车站搬入，更名为渭南客运中心站，外景见图 5-1。

渭南客运中心站占地 6.24 公顷，其中建设用地 3.84 公顷，站前广场及道路用地 2.4 公顷，按照国家交通部一级客运站标准设计建设。客运站综合楼建筑面积 7970 平方米，其中主楼地下一层，地上十一层；候车大厅及站务用房面积 4448 平方米；配套服务设施（维修厂，综合安检）占地 2300 平方米；站前广场面积 5796 平方米，站前停车场面积 7200 平方米，绿化面积 11000 平方米。渭南客运中心站设计日发送旅客量为 12000 人次，发车位 19 个，待发车位 230 个。除发往全市各县（市）的客运班次外，经营线路辐射至上海、广东、四川、重庆、河南、山西、内蒙古等省（区）、直辖市的各大中城市。站内设有微机售票厅、候车厅、行李寄存中心、自选商场、广播室等服务设施，为旅客提供了轻松的乘车环境；办公主楼设有写字间、司乘公寓为参营班车提供周到的服务；信息网络中心、电视监控系统、自动消防系统使客运管理程序化标准化。

渭南客运中心站的建成和投入营运，结束了渭南市无一级客运站的历史。2013 年度，渭南客运中心站被中国道路运输协会评为“全国道路运输百强诚信站场”。2015 年，渭南客运中心站日均发车 339 班次，日均旅客周转量 7100 人次。

图5-1 渭南客运中心站外景

渭运集团蒲城客运中心站（一级站）

1952年，蒲城始有国营客运。每天发一趟去渭南的回程载客卡车，车站设县城老东门口。1958年，汽车站迁移到粮食集街后，又迁到尧山路，增加了车辆和班次。对渭南、富平、罕井矿区旅客流量较大的地区，采取“哪里满员，哪里发车”的办法。对向北行的旅客还利用煤车捎运。1959年迁到县城北关，隶属富平运输公司。车辆较前增加，又以轿车代替了卡车。1960年富平运输公司合并于西安运输公司，蒲城汽车站随同建置的变化而归属西安运输公司，至年底，蒲城共有国营客车50辆2203座。1963年，西安运输公司改组后，设陕西省关中汽车运输公司，蒲城汽车站移交关中运输公司。1969年，机构调整，撤销关中汽车运输公司，蒲城汽车站归属新成立的渭南地区汽车运输公司。

1978年，渭南地区汽车运输公司新成立第六车队，常驻蒲城，站、队合并，有货车43辆外，兼营客运业务。1984年9月，渭南地区汽车运输公司拨给7辆客车272座，主办长途，跨县客运。1990年，拥有客车20辆986座。1991年改名为渭南市汽车运输公司蒲城客运公司，有职工 121 人，有营运客车 42 辆。其中，市际高速客运班车 7 辆，线路 2 条，跨省班线 1 条，市际客运班线 21 条，客运班车 34 辆，日发 52 班次。

2014 年 8 月 6 日，渭运集团蒲城客运中心站由渭运集团筹资、按照国家一级标准开工建设，属蒲城县政府“十大”民生工程之一。2015 年 12 月 24 日竣工，2016 年 1 月 8 日投入试运营。该客运站位于蒲城县县城迎宾路南段与渭清路十字口，南与西禹高速相通，东与渭蒲高速相连，占地 5.1 公顷，整体项目由站前广场、主综合楼、站内车场、修理厂等部分组成，总投资 8000 万元。

客运站主综合楼坐北面南，东西长 86.7 米，南北跨度 38.9 米，总高度 19.6 米，为二层框架式结构，总建筑面积 6400 平方米，外观设计吸收“唐韵”历史文化建筑特征，采取传统的中轴对称式布局，楼顶四角塔楼式样，候车中心采用垂直玻璃采光顶，内部一楼设有一级站配套的各种营业功能室，如：微机售票室、广播室、调度室、医务室、治安室、重点旅客休息室、行包托运处等，二楼设办公用房和司乘公寓、餐饮门店；站前广场 6000 余平方米；站内车场 11000 平方米，设 20 个发车位，78 个停车位，日发送旅客可达 10000 人次，满足了市民出行的需求，见图 5-2。

图5-2 渭运集团蒲城客运中心站

渭南市客运总站（二级站）

渭南市客运总站位于前进路与站北路火车站十字东北角，站北路 19 号甲，前进路 8 号，占地 2.67 公顷，总建筑面积 9750 平方米。1987 年 5 月，由渭南地区计委立项，1988 年 9 月开始基建，中央、省、地先后投资 1400 余万元，其中国家交通部投资 280 万元，省交通厅投资 600 多万元，地区交通局投资 520 万元。1991 年 12 月竣工验收。站内设有吃、住、购、游一条龙综合配套设施，面向社会车辆及旅客服务。1992 年 2 月正式运营，有职工 126 人，日发送旅客 1800 人次。1995 年 3 月，成立出租车服务部，有长安面包车 33 辆，夏利、奥拓 28 辆，开展城市小汽车出租业务。1997 年 4 月 20 日，开通渭南—西安高速豪华班车客运业务。参营单位及车辆有：中韩合资西宇运业公司 5 辆 45 座豪华客车，陕西旅游汽车公司 5 辆沃尔沃 47 座豪华客车，陕西军区旅游车队 7 辆依维柯，陕西平安高速客运公司 12 辆依维柯。1998 年，挂靠总站华西中巴普客班车 20 多辆，发往富平、白水、合阳、铜川、咸阳等地。同年开通华县—西安、华阴—西安高速中档客车（依维柯）18 辆。

2001 年 1 月，渭南市客运总站改制为渭南市运业有限责任公司。渭南市汽车运输（集团）有限责任公司出资 95.4%，职工个人股占 4.6%，企业注册资金 611 万元，属渭运集团的子公司。有职工 171 人，退休 5 人。改制后的汽车站占地 1.62 公顷。是年，开通渭南—临潼旅游专线班车，购置中巴 19 座客车 11 辆，与西安市临潼区运司 11 辆同类车型对发，日发 44 班次。先后又开通了西安—山西长治、霍州、侯马、临汾、永济、运城、晋城，河南三门峡、洛阳、郑州、商丘，湖南安乡、张家界，甘肃张家川，安徽涡阳、蒙城省际班车。全为 46 座宇通豪华客车。2002 年底，运客车辆陆续更换为厦门、苏州金龙，时日发车 72 班次，日发送旅客 3600 人次。2005 年更新为中通 33 座豪华客车。2006 年，拥有中、高档客车 66 辆，营运线路 25 条，日发送旅客 8000 人次。有城市出租车 61 辆，货车 66 辆，形成以渭南为依托的开发型、辐射式公路客、货综合服务中心。2015 年，渭南市客运总站日均发车 460 班次，日均旅客周转量 4100 人次。

渭运集团白水客运站（二级站）

1952 年底，西北区运输公司西安分公司渭南中心站在白水设有驻站，初名为富平汽车运输公司白水汽车站。1953 年，白水始有汽车长途客运。1960 年，富平汽车运输公司白水汽车站更名为关中汽车运输公司白水汽车站。1961 年，白水县有汽车开始货运，拖拉机亦相继进入货运行列。1969 年，关中汽车运输公司白水汽车站更名为渭南地区汽车运输公司白水汽车站，主要负担白水—蒲城、白水—富平、白水—西安、白水—洛川、白水—黄龙等地的班线客运业务。到 1975 年底，汽车客货运和拖拉机货运，完全代替了古式轿车、马车，实现了运输机械化。随着商品经济发展，流通领域扩大，运输车辆急剧增加，客、货运量大幅度增长。1987 年较 1983 年，客运量增长 86.4%，接近 1 百万人次；货运量及货运周转量分别增长 1.13 倍和 1.95 倍。

白水汽车站原占地面积 0.39 公顷，建筑面积 310 平方米。2001 年成立渭运集团白水客运公司，实行站、队合一经营管理，分开核算，人员互补。2002 年，对原车站的站房进行改造，重新修建，占地 0.42 公顷，建筑面积 2076 平方米，车场面积 4500 平方米。2006 年，渭运集团白水客运公司开通了西禹高速客车 14 辆。2015 年，白水汽车站日均发车 40 班次，日均旅客周转量 900 人次。

渭运集团富平客运站（二级站）

富平民国时期的运输，多是自营。直到中华人民共和国成立前夕，富平未形成具有相当规模的运输实体。1953 年，富平县设立交通运输委员会后，对散处全县的运输力量进行初步管理。1954 年组建小车搬运队。1956 年开始对私营运输业进行合作改造，组成最早的运输单位—富平胶轮车运输合作社与搬运合作社。是年，铜川煤运处在富平设立“国营陕西省富平运输公司”。当年8月在火车站北杜村西门里设汽车站，发售富平到蒲城间客票。1958年，富平与铜川市合并前夕，建立富平县运输公司（原运输社），增设客运业务。1959年10月，合并于西安运输公司，后又归属关中汽车运输公司。关中汽车运输公司分别在渭南、富平设立中心站。初期以运输焦坪煤矿、蒲白煤矿、澄合煤矿等统配煤炭为主。

1969年，关中运输公司解体，汽车站归渭南地区汽车运输公司管理，更名为渭南地区汽车运输公司富平汽车站。渭南地区汽车运输公司第四车队常驻富平。20世纪70年代初，县革命委员会组成“生产组汽车队”，随后与运输社合并成立了县运输公司。70年代中期，第四车队拥有各类货车130余辆，以后逐步外调与裁减，增加客运。1976年又分设为县汽车运输公司和第二运输公司。1978年，客运量105.3万人次，客运周转量434.7万人公里。1986年4月，县政府决定设立富平县汽车客运站。1988年，拥有各种大、中型客车70多辆，3508个座位，承担了县境内外大部分客运业务。每日开通长短途60多班次，年客流量2370197人次，营运总收入300多万元。营运线路除县境内客运线外，还辟有铜川、渭南、西安、延安等线路。在车站大街东端北侧建有二级客运站1个，建筑面积约1600平方米；停车场面积6400平方米。2006年以后，每天过往营运车辆100多辆，企业收入逐年提高，社会效益稳步发展。2015年，富平客运站日均发车410班次，日均旅客周转量6000人次。

渭运集团澄城客运站（二级站）

1956年，关中汽车运输公司，派2人驻澄城办理营运业务。晴天，由渭南发澄城卡车1辆次。次年，关中汽车运输公司在南门外今正街西四路口建成澄城县汽车站，日发班车多至5辆次，年客运量1.39万人次，客运周转量132.85万人公里，货运量511吨，货运周转量5.519万吨公里。1967年，始发澄城至西安客运班车，每日1辆次。1970年1月，归渭南地区运输公司（以下简称地运司）管理，车站迁移西六路，占地 0.67 公顷，站内建筑面积 662 平方米，站台 250 平方米。此后，客货运量连年增长。到 1983 年，客运量 37.6 万人次，客运周转量 1625 万人公里，货运量 4.57 万吨，货运周转量 195.3 万吨公里。1984 年，开展了优质服务竞赛活动和公路客运文明礼貌最佳服务竞赛活动，该站获渭南地区“最佳汽车站”、省“优秀汽车站”和国家交通部授予“全国公路文明客运服务汽车站”称号。站长芦纪伍获省“最佳站务员”称号。

1986 年到 1987 年，地运司给该站下放客车 11 辆，495 座，日发西安、合阳等地客车由 6 辆次增加到 14 辆次，接送过往客车由 4 辆次增加到 8 辆次。1987 年，该站对内实行单车核算，浮动工资加奖励等管理办法，对外采取招手乘车等便民措施，完成客运量 41.8 万人次，客运周转量 1631.6 万人公里，较 1983 年分别增长 11.17% 和 0.41%，营运收入 41.84 万元，连续保持了“文明车站”称号。1990 年，被省交通厅授予“优质运输先进集体”称号。1991 ~ 1993 年，被国家交通部授予“文明汽车站”称号。1996 年，渭南市汽车运输总公司对原澄城汽车站的站房进行重新改造修建，候车室的建筑面积 2100 平方米。1999 年，渭运集团给澄城客运公司投放运力 42 辆，完成运营收入 120 万元。2001 年，渭运集团澄城客运公司兼并了澄城县顺达客运公司，车辆数量达 57 辆。同时开通了大荔—延安、韩城—西安、韩城—延安、澄城—黄龙、合阳—洛川、郧西—西安、澄城—洛南、澄城—咸阳、澄城—铜川、白水—韩城等跨区线路，社会效益和企业经济效益双增。是年，九路售票组被国家交通部评为“全国汽车客运系统优秀班组”。2002 年，由县城发往各乡镇班车 35 辆。营运客车增到 79 辆。2005 年，增到 85 辆，完成客运营收 720 万元，完成站务营收 340 万元，年上缴各种税费 15 万元。2006 年，对站房又进行了改造，建成高档豪华候车室和五层综合大楼，建筑面积 9174 平方米。当年开通了澄城至西安西禹高速专线，完成客运营收 957 万元，站务营收 475 万元，上缴各种规税 20 余万元，汽车站被省交通厅评为四星 A 级文明汽车站。2015 年，澄城客运站日均发车 121 班次，日均旅客周转量 2010 人次。

渭运集团合阳客运站（二级站）

1954 年 3 月，富平运输公司在合阳县城南门外马车店设立汽车代办站，隔日由渭南发合阳客运卡车 1 辆，为合阳专业汽车客运之始。1956 年 4 月设立临时汽车站。1957 年新建站于东门外。1965 年，改称“陕西省关中汽车运输公司合阳汽车站”，驻站客、货车辆 10 余辆。逐步停用客运卡车，改用大轿车。1967 年，渭南地区汽车运输公司合阳汽车站成立后，车次增多，路线加长。1969 年，合阳汽车站划归渭南地区汽车运输公司管理，客、货同时兼有。1977 年，开通了全县 21 个公社所在地班车，使合阳在陕西省率先实现了“社社通班车”。1980 年后，经营合阳—韩城、合阳—大荔、合阳—渭南、合阳—西安等客运线路以及乡镇矿区线路。1982 年，客运车辆北通韩城、山西河津，南通大荔、渭南、西安，西通澄城、蒲城、铜川。或间日往返，或当日往返，或一日数班。1983 ~ 1990 年，县运输公司增发各路长途客运班车，并有个体户客运轿车多辆，每日往返于南北各路。

1994 年，渭运集团合阳客运公司成立，于 2001 年兼并了县运输公司，有职工 125 人，固定资产近千万元。硬化停车场地 6000 平方米，高中档营运客车 56 辆，经营线路 80 余条，日发车 80 班次，日发送旅客 3600 人次。实现客运量 48.1 万人次，客运周转量 2201.6 万人公里。2002 年，完成客运量 47.1 万人次，客运周转量 39578 万人公里。2014 年，渭运集团合阳客运汽车站新站建设选址于合阳县城太姒路与东新街交汇处东南角，项目总投资 8000 万元，征地 4 公顷，新建客运楼 1 幢，2015 年底投入使用。是年，合阳客运站日均发车 327 班次，日均旅客周转量 4700 人次。

渭运集团韩城新城汽车站（二级站）

民国 25 年（1936），陕西省公路局在韩城设立韩城汽车站，以卡车代客车，经营韩城至大荔74公里的客货运输。民国26年（1937）停止。民国33年（1944）5月，省征运会在渭韩驿线有大车6辆。渭南至韩城线是第二、八战区的军事运输线，每天军需粮秣运输不绝于途，行驶在渭韩线上的驿运车辆1500辆左右。民国36年（1947）5月，西安至韩城班车开通，全长285公里。每周二、四、六从西安站上午7点发车，周一、三、五从韩城站7时发车，全程票价51.30元，每周往返三次。

1952年，韩城汽车站以卡车代客车，经营韩城至渭南、西安客运。1953年，韩城至大荔以卡车代客车，每日对开1趟。1954年，陕西省西安运输公司设立韩城汽车站，开行西安至韩城班车。1958年12月，韩城成立第一个专业运输企业地方国营韩城县运输公司，有职工80名，架子车37辆，胶轮大车2辆，硬轮马车（挂瓦车）5辆，隶属于县农业局。1959年1月，公司自筹资金1.4万元，购置了一辆南京跃进牌载货卡车，开辟了汽车货运业务。当年汽车发展到4辆，职工增加到300人，隶属关系变更为县工业交通部。

1961年8月，韩城、合阳分县，县运输公司将70名职工调往合阳县，将40名职工分给县搬运合作社，50名职工精简下放回农村，同时将2辆解放牌运货卡车调拨给铜川市运输公司，1辆跃进牌卡车调拨给大荔县运输公司。1962年底，韩城县运输公司有职工130多人，仅有汽车1辆。1963年，西韩班车更换成轿车。年客运量1500人次。1969年，陕西省西安运输公司韩城汽车站，改为渭南地区运输公司韩城汽车站，主要办理旅客运输业务。1975年，县运输公司购置了2辆运货卡车，2辆客运轿车，至此3辆卡车主要承担长途运货业务，2辆客运轿车开辟了韩城至龙亭、韩城至王峰两条客运线路。全年货运量14500吨，客运量8.5万人次，收入10万元。1976年，设立韩城县公共汽车运输公司，与县运输公司合署办公，隶属县交通局。是年，客运量22万人次，客运周转量1980万人公里。

1978年，县运输公司和公共汽车公司卡车增加到11辆，客车增加到4辆。同年5月，韩城县公共汽车公司改属县基建局，县运输公司仍归县交通局。同年7月，渭南地区汽车运输公司设立下峪口汽车站，每天发往西安、渭南班车各一趟，接发过往客车4趟，全年客运量6万人次。1981年6月，韩城县运输公司更名为韩城县汽车运输公司。渭南地区运输公司1985年9月拨给韩城汽车站3辆运货卡车。1986年1月，又拨给韩城汽车站2辆客车，每天发往宜川班车一趟，发往西安、渭南、大荔、合阳、桑树坪、下峪口、蒲城、铜川、河津等地13趟班车（其中有8趟始发，5趟过路）。1987年，韩城汽车客运站客运量19万人次，客运周转量1227万人公里。至1989年底，韩城市公共汽车公司和汽车运输公司实有营运车辆55辆，其中货车24辆，日货运能力123吨，年货运量722万吨，皆为煤炭运输，货运周转量6373千吨公里；客车31辆，客运能力1341个座位，营运线路22条，营运里程1200公里，日发车126班次，全年客运周转量3652.8万人次，营运收入289.7万元，实现利润33.6万元。

1990年，韩城通往境外班线9条，市境内客运班线6条。2001年6月，渭南市汽车运输（集团）有限责任公司韩城分公司，由原驻地移站址于新城区龙门大街，临韩城火车站，更名韩城新城汽车站，经营的线路有：西安、蒲城、铜川、白水、洛南、延安、丹凤、山阳、紫阳、蓝田、郧西、郑州、侯马、运城等省内外线路14条，77班次，有过往班次18个。2015年，新城汽车站日均发车80班次，日均旅客周转量2650人次。

韩城市汽车客运总站（二级站）

韩城市汽车客运总站坐落于黄河大街北段，临近西候铁路，依托108国道，北通晋冀，中越秦蜀，南通贵滇，迎送商旅，集散物资。总站于1994年6月21日破土动工，于1995年7月竣工并投入运营。隶属于韩城市交通局，为二级客运站，事业性质企业化管理。总站占地面积1.13公顷，站场面积3548平方米。总投资1720万元。总站下设行政办公室、财务科、客运部、保卫科、金城站、桑树坪站等六个部门。1997 年，在编职工 97 人，年底发往西安长途客车仅剩 3 辆，至 1998 年发往西安的长途客车全部停运。

建站之初不断增设新线路，经营状况一度良好。自渭运集团 2001 年 7 月在新城区建设新站后，营业收入明显下降。2006 年在编职工 103 人。同年，西禹高速公路建成通车，按照省运管局的安排 24 辆西禹高速客运车辆统一由韩城市汽车客运总站发往西安，经济效益较为可观。两个多月后，改由渭运集团韩城新城站发车，导致总站收入减少近半。经营线路中市境外主要发往河津、合阳、宜川、大柳塔、黄龙、蒲城、富平、潼关、白水、平顶山、铜川、澄城、洛川，市境内主要发往下峪口、桑树坪、大桥、林源、芝阳、乔子玄、卫东等乡镇和行政村。鼎盛时期开通营运线路 37 条，参营车辆 209 辆，日集散旅客 7780 人次。2008 年在编职工 104 人。2015 年，总站共有营运线路 27 条，营运班车 171 辆，其中市境内 114 辆，省内 10 辆，省际班车 9 辆，日发车 365 班次，日客流量 5640 人次。

潼关县汽车客运站（二级站）

民国 11 年（1922）8 月 25 日，西潼公路正式通车，设立潼关汽车站。民国 16 年（1927），杨馥亭（潼关人）以自有资金在西大街开设华利汽车运输公司。有汽车 3 辆，客、货兼运。因驾驶人员驾车逃匿，企业倒闭。1951 年 4 月，组织板车工人成立搬运公司，属集体所有制企业，地址在老县城石桥东北侧。有管理人员 11 人，工人 500 多人，每人各备板车 1 辆。1958 年 3 月 1 日，搬运工人私有生产资料作价入股，组建潼关县搬运合作社，1959 年随县城搬迁到北新路东段北侧，后迁和平路南段东侧，占地 3600 平方米，建筑面积 1201 平方米。1962 年，在和平路南端东侧设潼关汽车站，占地面积 2464 平方米，建筑面积 264 平方米，有办公室、候车室、油库等房舍 13 间，职工 26 人，以客运为主，运行渭南、西安等地。

1964年，关中汽车运输公司在潼关县和平路南段火车站附近东侧，征地0.2公顷，修建潼关汽车站。首次开辟了潼关县至港口客运线路，用苏制“五一”小嘎斯日开十几趟。1965年，设县交通运输管理站，增加东风、解放轿车2辆，开通了潼关至渭南、西安线路。组织吴村、城市运输的衔接，指导吴村、港口、太要公社所属大队的计划运输。1969年1月，关中公司撤销，归渭南地区汽车运输公司管理。渭南、西安班线日发28班次，发送旅客1260人次。1972年7月，成立县汽车运输公司，址设和平路南端西侧，占地3600平方米，建筑面积480平方米，有材料库、油库、修理车间、营业室、候车室和职工宿舍24间，属全民所有制企业。

1982年3月，改名第二运输公司。有职工118人，机动三轮板车4辆、货运汽车2辆、客运汽车9辆，经营城区货运和潼关至西安、商洛客货运输，并设汽车零件修配厂。是年，发往县内班次有东马、太要、李家村、港口、桐峪镇；县外线路：潼关至商南、洛南、山阳、丹凤、渭南、西安等。1991年增发潼关至灵宝、豫灵、蒲城、大荔班线。日发送旅客400余人次。

1997年，潼关县交通主管部门争取陕西省交通厅、渭运集团投资70万元，在兴隆街东段筹建潼关汽车客运站。1998年建成投入运营。建筑面积7600平方米，站房面积4300平方米。是年，日发车56班次，日发送旅客7800人次。2004年，日发车126班次，日发送17400人次。2006年，有运营线路25条，其中跨省线路7条，跨区线路10条，县际线路8条。日发班次127辆次，发送旅客量18700人次。2015年，潼关县汽车客运站日均发车58班次，日均旅客周转量590人次。

渭运集团大荔汽车站（二级站）

大荔汽车站系渭南地区运输公司五队常驻大荔运输单位，创建于1953年，当时的站址在大荔县城内集圣巷西头，隶属铜川煤运处，下设朝邑、平民、寺前3个售票所，有职工5人，以卡车代替客车，从事客运。1956年改为富平运输公司大荔汽车站，撤销了平民、寺前2

个售票所。1958 年底，大荔朝邑两县合并，撤销了朝邑售票所。1959 年富平汽车运输公司和西安汽车运输公司合并，大荔汽车站归属西安汽车运输公司，开始在县城西关新建汽车站，占地面积 2 万平方米，其中停车场地 4360 平方米，候车室 220 平方米，建筑面积 5054 平方米，工作人员 17 人。1964 年西安、渭南、商洛运输公司合并，成立关中汽车运输公司，大荔汽车站隶属关中汽车运输公司。1969 年关中汽车运输公司撤销，大荔汽车站归属渭南地区运输公司管理。1989 年，有职工 186 人，车场面积 22644 平方米，建筑面积 3650 平方米，营运客车 50 辆。发车线路有：西安、渭南、铜川、黄龙、韩城、合阳以及县内各乡镇。日发车 50 班次以上。1972 年，渭南地区汽车运输公司第五车队从蒲城县迁入大荔汽车站内，是站队合一的运输企业，统一管理，分开核算，盈亏自负，人车互补，有职工 70 余人，货车 25 辆。主要业务是从澄城、铜川、白水等地运煤，供大荔电厂、燃料公司、陕棉十三厂的生产生活用煤，向外地转运粮食、棉花、面纱、药材、西瓜、花生等农副产品。1980 年，有货车 50 辆。随着公路运输市场的变化，转向以客运为主。到 1985 年货车陆续报废、处理，大客车增加到 52 辆。1989 年客运量 277.4 万人次，周转量 12745.2 万人公里。是建站初期 1953 年的 90 倍，是 1979 年的 6 倍。

1991 年渭南地区交通局批准，在原址改建新的二级汽车站，1992 年 12 月底动工，1995 年 7 月投入运营，站房建筑面积 4860 平方米。高中档客车发展到 80 辆，经营省际线路有山西永济、运城、河南陕县，洛阳等，经营市际线路有西安、渭南、黄龙、韩城、合阳、澄城等。2001 年，大荔汽车站被国家交通部授予“文明汽车站”称号。2003 年，大荔汽车站被陕西省交通厅授予“星级服务竞赛活动四星级站”称号。2015 年，大荔汽车站日均发车 560 班次，日均旅客周转量 4000 人次。

第二节 货运站（场）

渭南道路货运站兴起之前，在城乡物资、商品集散地或批发市场周边，就有大小、功能不一的货场存在，大多自发形成，设施简陋，以车辆停放、货物堆存和搬运装卸为主。20 世纪 90 年代，经济发展带动产需供求剧增，城乡货运发展很快。一些运输企业、个人及街道办事处等单位，利用空闲场地，或租用闲置厂房、库房，开办货场，经营货物堆存、装卸作业和车辆停放业务。这些货场依托批发市场或货物集散地，多分布于城郊，少数分布在铁路集运站及专用线附近。经营货物以煤炭、建材、农产品与日用品为主。1995 年，国家交通部要求培育发展道路运输市场，重点发展有形货运市场。陕西省加强统一货运市场培育，促进城乡物资、商品集散地货运站建设。渭南抓住机遇，整合分散、零星货场与经营业户。1996 年，由陕西省交通厅补助 204 万元，渭南市交通局自筹 196 万元，建成白水县二级公路货运站。

这一时期，在城乡公路枢纽地带，兼营停车与货物堆放的货场、小型综合货运市场迅速发展。尤其货运与车辆多的县（市、区），兼营停车与货物堆放的货场、停车场大量增加。潼关县吴村三组村民集资 50 余万元，兴建潼关县货运停车场，占地 1.2 公顷，提供货物堆放、停车、住宿、汽车维修、餐饮购物等服务，可容纳货车 300 多辆。1998 年 10 月，经陕西省工商行政管理局批准，陕西容厦集团有限责任公司成立，下辖的陕西容厦物流有限责任公司，位于渭南市东风大街西段 50 号，注册资金 3200 万元。主要经营货物的仓储、配送、流通、综合服务等业务。园区自运营以来，吸引顺丰速运、青岛海尔日日顺物流、中电新盛物流、中国邮政、兆航物流等知名企业入驻园区。各企业以园区为基地，辐射全国，不断促进渭南物流业发展。园区自有车辆 50 辆，可调用车辆 300 辆，电子商务年销售额 1000 万元以上，吞吐量 60 万吨，配送能力 2000 万票次，新增就业 500 余人。

1998年12月，白水县货运服务中心建成并投入运营，货运中心日均进站货车50辆，日均配货率80%。随着白水经济快速发展，公路货运量每年以35%的速度增加。白水县根据需要又在县城人民路南段西侧，建设一幢12层货运信息服务大楼，总投资1800万元，资金来源为招商引资、单位自筹和职工集资。大楼投入运营以来，在白水商品流通中发挥了枢纽作用。

2001年，渭南市速达运输有限责任公司成立，注册资金756万元，占地6.67公顷。公司是为客户提供购、销、调、存、运一体化服务的第三方物流企业。承接全国各地的整车普通货物运输、危险品及冷链运输、配送业务。公司有各类车辆300余辆，职工1000余人。建立起渭南至全国各地货物集散中心的“货运班车”，开发陕西到上海、广州、济南、青岛、天津、泉州等货运专线。与各大快递服务商合作，解决回程货源。和卡行天下等物流平台协作，利用现成物流网络及管理平台支撑打造渭南本地物流中心。成功引入开元金融，为入驻车辆、物流公司提供资金支撑。随着信息化时代的到来，传统货运场（站）向现代物流发展。2003年，渭南市运管处建成并使用《渭南物流信息网》。2004年，货运物流信息用户发展到340户，“为车找货，为货找车”日发信息2000多条。随后，渭南市发文全市货运企业免费提供物流信息服务，渭南物流业及物流货场（站）建设持续发展。

2005年，合阳平安物流有限公司创建。公司注册资金2000万元，固定资产投资3000多万元，共有“三部九室”，下辖货运物流、小车修理等单位，有大型货车630辆，单次运输能力25200吨。安排从事运输行业的劳动力1200多名，主要承担渭北周围县（市）出产的原煤、焦煤、工业品、农副产品、工业原料的运输业务，每年运输吞吐量201万吨，产值5.05亿元，创造效益7500万元。该公司不断拓展发展空间，在合阳县工业集中区征地3.33公顷，总投资8500万元，建成合阳平安物流有限公司道路运输综合服务中心。新增就业岗位200个，车队增加货车

200 辆，新增单次运输能力 8000 吨，为下岗职工和零就业家庭提供就业岗位 600 个。

2009 年，渭南市运管处在大荔县开展农村物流试点，引导社会企业参与，改建“天成停车场”为全县零担托运配送中心，动员县城 18 家托运部进驻经营。在朝邑、汉村、羌白、官池 4 个乡镇设立了物流服务站，并在县乡公路沿线的行政村、自然村设立了 377 个服务点。统一管理，形成规范化的物流配送服务中心，成为省、市、县、镇、村货物配送的中间节点，实现了城市与农村货物配送的有序衔接。组建“大荔县速恒物流有限责任公司”，开通 4 条货运班线，定时、定点、定线，环形运营，覆盖大荔全县城乡，成本平均降低 70%，降低了农民群众的负担。大荔先后与西安渭运物流、邮政物流联手，受理西安到大荔、大荔到各乡村的往返整车与零担配送等业务，并与大荔盐业公司、紫阳面粉厂、龙首山矿泉水厂等企业签订物资配送业务合同，达成长期运输意向，货运班线覆盖全县 80% 镇，40% 行政村。同时通过政策倾斜，资金扶持，督促指导，相继培育了大荔韵达快递、大荔齐胜现代农业发展有限公司、大荔县宏亮农村物流有限责任公司等一大批物流配送企业、农产品运销大户和货运信息部。建立“秦东物流信息网”，并与渭南市物流信息网互联互通。全县共建成发宁、顺达、天成、西效、大通、仁厚里商贸楼和县运输公司等 7 个从事货物堆放、装卸的货场。安装秦东物流网客户端 519 家，其中大荔县境内 445 家，邻县 38 家，外省（山西运城）36 家，各客户端为平台实时提供物流信息，使农副产品与车源信息第一时间有效对接，实现车源、货源信息共享。秦东物流信息网已发布有效消息 3 万余条，成功交易农副特产品 30 余万吨，调运 15000 余辆次，商品成交额 3.5 亿元，节约货运成本 3000 万元，节省信息发布费 400 余万元。

在“大荔模式”的带动下，2010 年渭南建成货运周转枢纽，在大荔、韩城、澄城、富平、蒲城、华阴、白水建设 7 个二级货运站，在合阳、华县、潼关建设 3 个三级货运站，在各县的重点镇建设 38 个四级货运站，在其余 147 个镇，根据当地经济发展的规模进行适当的货运物流站场建设。

2013 年，澄城县建成赵庄、罗家洼、安里、冯原、刘家洼、庄头镇里庄、寺前、韦庄、交道、城关、郊区等 11 家物流站点，配送货车 58 辆，主要从事城乡农资、农副产品及居民日用品的仓储、收购、配送服务。辐射带动 600 多平方公里，覆盖全县 7 镇，150 余行政村，惠及上万户群众，年配送农资 8 万余吨，小件物品 20 万件以上。在此基础上，投资 1000 多万元的庄头镇里庄中药材配送服务站和寺前农资、农具配送服务站联营，使全县上万户药农的利益和种药积极性得到保护，年均增长百万元以上。

2014 年，潼关物流港完工正常运营。潼关物流港位于秦、晋、豫黄河金三角三省三县（市）接壤地与核心区，西起风陵渡黄河大桥引线西 200 米，东至豫陕界，南接连霍高速公路，北至黄河，总面积 8 平方公里，总经营面积 500 万平方米，企业经营户 3 万，从业人员 10 万人，港区日货物吞吐量 2000 万吨，总投资 80 亿元。港区共分为公路货运服务区、仓储配送区、第三方物流区、商品展示交易区等 9 大功能板块，是集商品交易市场和综合服务型园区于一体的现代化商贸物流港。年产值 300 亿元，年税收 3 亿元。

2015 年 2 月，在全国 24 家知名物流公司参与竞标的陕煤化蒲城清洁能源化工产品承运投标中，平安物流公司名列前三名顺利中标，仅此一项每年可为地方贡献税收 800 多万元。7 月，澄城县秦邦农村物流有限公司成立，注册资金 800 万，有 350 平方米分拣场地，1000 平方米车辆中转场，5 条自营物流专线，近百家配送网点，覆盖全县 9 镇 1 办及上百个自然村，具有当日抵港快件 8 小时内派送到户的能力，覆盖全县 60% 的面积 80% 的农村人口。同时，公司拓展信息平台建设，秦邦网上商城上线，依托现有的城乡物流配送体系与互联网电子商务领域深度融合，首批上市八大类、上万种商品，支持点到点、门到门，货到付款服务。秦邦商城每月下行日用品、农资销售 140 万元，上行外销各类果品 7900 多件，在陕西省农村物流行业尚属首创。澄城县共有农村三级物流站点 10 家，物流汽贸中心 1 家，农村货运配载车 42 辆，覆盖全县 9 个镇，200 多个行政村，惠及 15 万群众。年均组织外销、运输工农业产品 900 万吨。2015 年底，渭南已建成一级道路货运站场（物流园区）4 个：临渭区仁和交通服务中心、富平汽车物流园、澄城县汽贸物流中心、中国潼关物流港；二级货运站场 3 个：蒲城东广汽贸物流交易中心、富平盛豪物流中心、大荔县客货中心。累计完成投资 8.14 亿元。货运站场（园区）对物流资源的聚集效用、支撑保障作用全面增强。

第四篇

铁路运输

陇海铁路通车至潼关，标志着渭南境内铁路运输的开始。随后，潼关至西安段修通和渭南至白沙轻便铁路修成，渭南的煤炭、粮食、棉花可运至省外。中华人民共和国成立后,新修了西（安）侯（马）和西（安）延（安）铁路。改革开放后，新修了西（安）宁（南京）铁路和郑（州）西（安）、大（同）西（安）两条高速铁路。至2015年底，渭南政区内铁路密度位列西北五省之首，客运和货运可通达全国各大中心城市 ，并可直接通达欧洲和东亚各国。

第一章　线路建设

民国20年（1931），陇海铁路通车潼关。此后，续修潼关至西安段。民国27年、28年（1938、1939），分别修建了渭南至白水轻便铁路和咸阳跨过富平至铜川的铁路。直至1949年5月渭南全境解放，境内有正轨铁路2条，总长160公里。20世纪60至70年代，新修了西（安）侯（马）和西（安）延（安）等铁路。1990年，境内有铁路7条，其中干线3条（含在建1条），共设火车站38个。另有专线铁路37条。每日通行货车195对，客车38对。旅客及货物在各县（市）上车，可通行北京、上海、天津、广州、南京、郑州、武汉、南宁、兰州、重庆、包头、乌鲁木齐数十个大城市。2002年，境内铁路增至8条，其中干线4条（含在建1条），总长574.4公里（其中在建42.7公里），有车站59个（含未营运站6个），专线铁路40多条，营运里程531.7公里（其中西铁分局377.6公里），每日通行货车密度200多对，其中固定客车70对。是年，辖区境内客运发送量193万人次，货物发送量1253万吨，总收入78343万元。至2015年，渭南境内有陇海、侯西、西延、西宁4条干线，有郑西、大西2条高铁，有南同蒲、咸铜、黄侯韩3条支线，有专用线40余条。

第一节　干线

陇海铁路渭南段

清光绪三十四年（1908），陕西乡绅、商界和学界曾掀起商办西安至潼关间铁路，成立西潼铁路办事处，但无果而终。民国 20 年（1931）6 月，国民政府陇海铁路管理局潼西工程局局长兼总工凌鸿勋（后由副总工洪关涛接任）利用比利时退还的庚子赔款和银行贷款主持筹建潼关至西安段。路线沿古驿道由潼关西行，境内设潼关、东泉店、华阴、下营、柳枝、赤水、渭南 8 个车站，经临潼境到西安，全长 131.8 公里，渭南境内约 90 公里。全部材料和配购车辆预算银洋 1000 万元。民国 21 年（1932）8 月动工，民国 23 年（1934）12 月铺轨西安。民国 24 年（1935）1 月正式运营。

1956 年，国家计划建设复线。因黄河三门峡水库兴建，豫陕交界的西峪河至临潼间线路南移 10 公里至孟塬，最大坡度为 6‰，最小曲半径 400 米，牵引定数 2850 吨，通过能力 68 对。1958 年 9 月开工，1960 年 7 月西峪河至莲花寺与原线路接轨，复线修至罗敷。1961 年 7 月停工。1965 年 11 月，罗敷至临潼新迁线和罗敷至咸阳段复线复工。1969 年 9 月，新线南迁工程和复线至西安区间全部竣工。新线西安潼关间全长 146.4 公里，渭南境内长 101.6 公里，设潼关、东谢家、孟塬、华山、桃下、罗敷、柳枝、莲花寺、华县、赤水、树园、渭南 12 个车站。1987 年，孟塬至宝鸡段进行电气化改造，由电力机车牵引。延长各站内到、发线长度，增建天桥、隧道、立交桥，钢轨换为焊接长轨、重轨。孟塬至西安段 4 月正式开工，1988 年 9 月与郑州开通电气机车。2003 年 6 月，复线工程全部完成，并已实现了全线铁路电气化。至 2015 年，列车平均速度超过 100 公里，部分区段可达到 140 公里。年货物运输能力由 1300 万吨提高到 4500 万吨，日发客车由 16 对增至 45 对，旅客快车缩短运行时间 4 小时以上，对于改变中国西北地区东通路运输紧张状况，促进陕、甘、青、新四省区经济发展起到重要作用。

侯西铁路渭南段

1956 年，黄河三门峡水库兴建，铁道部拟建一条与陇海铁路联通的线路。由山西省南同蒲铁路的侯马车站向西南沿汾水至黄河禹门口进入陕西省韩城县，再西南行经合阳、大荔、蒲城，与咸铜铁路的阎良车站接轨后，共轨经咸阳折东至西安。陕西境内韩城至阎良间长 209.5 公里，属国家干线。1958 年，设计复线。1959 年太原、西安铁路局分别负责各自辖内开挖路基。1961 年 1 月，陕西境内工程由西北铁路工程局承修。1962 年 5 月停工。1969 年 6 月，重新开工时原路基遭自然和人为损毁。1970 年 1 月，陕西省在渭南设立西（安）韩（城）铁路建设指挥部，组织临潼（时属渭南地区）、富平、蒲城、白水、大荔、澄城、合阳、韩城等县民工参加修路会战。3 月正式施工，参加民工 7 万余人，专业职工和人民解放军 5000 余人。高潮时期民工达 25 万余人，筹集机动车辆 4.5 万台（辆），各种大型挖掘、装载机械 500 余台（部）。12 月 24 日西安至韩城间铺轨完成。1971 年 10 月，铺轨至禹门口。1973 年 7 月竣工。未完工程交由西安铁路局专业机构继续修缺补漏。1977 年 6 月，全线工程完成。区间有桥梁 52 座，隧道 14 座，涵渠 296 座，正线 209.5 公里，站线 62.03 公里。共设下峪口、白村、韩城、英山、芝阳、乔子玄、龙亭、上洼、甘井、南永宁、合阳、七峰、醍醐、韦庄、坞坭、大荔、蒲石、陈庄、钟家村、张桥、惠刘 21 个车站。总计投资 21633.1 万元（含 1959 年后数次投资），平均每公里 102.97 万元。1978 年 4 月，正式通车运营。1988 年 6 月 1 日，侯马至下峪口段开通，至此侯西线全线通车。至 2015 年，侯西线在渭南境内有 7 个车站，里程 130 公里，客车 19 对，货车 30 对。

西延铁路渭南段

原名为国家计划修建的太（原）西（安）铁路陕西段，并拟向北延修经榆林到包头，向南与西（安）康（安康）铁路接轨后通向重庆、广西，成为纵贯全国南北的第 2 条铁路通道。见图 1-1。1973 年，陕西省革命委员会成立西（安）延（安）铁路建设指挥部，动工兴建。西安至坡底（蒲城县境）段为干线等级，预留复线条件，全长 104.2 公里（含张桥至钟家村共轨 8.7 公里）。线路由陇海线上的新丰镇车站岔出北上，经临潼县何寨、昌寨、相桥、关山等车站，与西侯铁路的张桥车站接轨，共轨至钟家村站岔出，经蒲城向东北方向至坡底。年设计通过能力 1000 ~ 1500 万吨。1978 年，新丰镇至张桥 41.3 公里通车营运。此后，坡底站以北经蒲白、澄合两大矿务局至秦家川，与秦（家川）七（里镇）线相接，再经洛川到延安继续修建。1990 年，钟家村至蒲城车站 17.8 公里交付营运。1991 年 12 月，西延全线铺轨完毕。蒲城至秦家川 90 余公里由铁道部第一工程局临时营运。1995 年，为便于西候与西延两条线路交叉运行，在张桥车站以西与惠刘站间建成 1.8 公里的联络线路。西延铁路由新丰镇至延安全长 315 公里，渭南境内由张桥至秦家川共 154.1 公里，新设集北、蒲城、杜赵、孙镇、芦家坡、坡底村、韩家河、洞子崖、狄家河、张家船、蔡河等 11 个车站。1996 年，西延铁路全线由西延铁路公司营运。至 2015 年，蒲城站每天客车 1 对，客运量每月约 7000 人，每天 200 ~ 300 人。货运量每月 1500 ~ 1600 车，每车 83 吨。孙镇站客运量每月约 6000 多人，货运量每月 200 车，装卸 100 多车。坡底站货车每月 1000 多车。

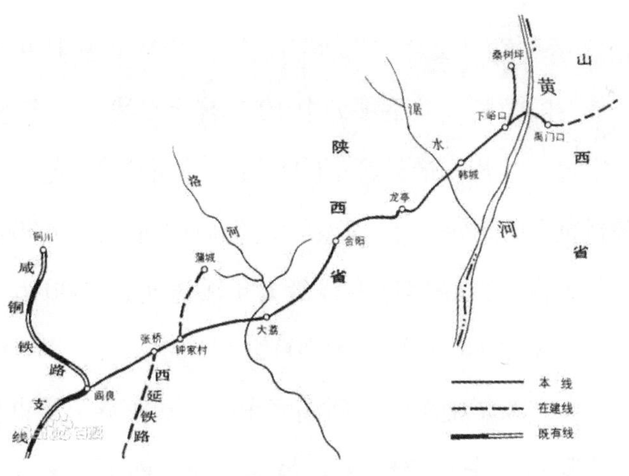

图1–1　侯西铁路示意图（1972年）

西宁铁路渭南段

西安至南京（简称“宁”）铁路系联结华东、中南、西北地区的国家干线 I 级铁路，设计复线，一期建设单线。其中西安至合肥段 955 公里，总投资 232.3 亿元。2000 年 5 月开工兴建，渭南境内全长 42.7 公里，由滑南开发区良田乡圣店村入境，经三张、阎村、站南、向阳街道办事处、河西，从桥南综合村出境，设渭南西、渭南南、花园、桥南、涧峪、蔡家河等6个车站。西宁铁路2004年建成投运后运量增长很快，2007年实际货运量2372万吨，超过设计运量2200万吨/年的能力；开行两对客车，运力已经饱和。2008年10月8日，西宁铁路合肥至西安段增建二线（复线）工程。2012年8月22日，南京至西安铁路增建二线工程陕西段。西宁铁路使中国大西北与华东、中南地区的运输调节能力大大增强，对抵御自然灾害和加强国防建设具有重大意义。

第二节　高铁专线

郑西高铁专线渭南段

郑西铁路客运专线（又称“郑西高铁”），2005年9月开工，2009年年底建成运营，是中国中长期铁路规划中10条客运专线徐兰客运专线（徐州-郑州—西安—宝鸡—兰州）最先开工的一段。郑西铁路客运专线为双线，渭南段线路穿越渭河冲积平原，南倚秦岭，北临黄河，沿线80%区段为黄土覆盖。新建郑州至西安铁路客运专线最大年输送能力8340万人，设计行车速度，线下为350公里/时、线上为200公里/时。郑（州）西（安）快速铁路客运专线，设立新华山车站、新渭南车站。秦东隧道是世界首座特大断面湿陷性全黄土隧道，全长7684米，最大开挖断面170平方米。渭南渭河特大桥全长79.6公里，三跨渭河。2011年7月1日后，郑西高铁采取每小时300公里和每小时250公里两种速度等级混跑模式，开行的15对动车组列车中，时速300公里动车组列车7对，时速250公里动车组列车8对。郑西高铁开通运营，加宽了旅游目的地和客源地之间的通道，使渭南的客流量明显增加，同时增强了旅游的辐射面。旅游业的兴起，带动服务业的发展，增加就业岗位，附带影响颇为可观，为渭南区域经济和诸多相关产业发展带来机遇。

大西高铁专线渭南段

大同至西安铁路客运专线（又称“大西高铁”），是国家中长期铁路规划网的重要组成部分，北起山西大同，经渭南至西安，全长 859 公里，陕西省境内 153 公里。线路设计行车速度 250 公里 / 小时，预留 350 公里 / 小时提速条件。全线桥隧比例占线路全长的 78%，共设车站 29 个，其中新建车站 18 个，利用在建和既有铁路客站 11 个。渭南境内新建两个车站：渭南北站和大荔站。2009 年 12 月 3 日正式开工，2014 年 6 月 7 日，大西高铁太原南至永济北进入运行试验阶段，开始不载客试运行。渭南境内的大荔站、渭南北站同步进行模拟运营。7 月 1 日，正式开通运营，西安至太原的运营时间由原来的 10 小时缩短为 3 小时，渭南北—大荔段只需 20 分钟。开通对开动车组列车 27 对，其中西安北—太原南动车组 13 对。西安北—大荔，一等座车票为 50.5 元，二等座车票为 36 元。西安北—渭南北全程为桥梁。大西高铁的开通运营使渭南接入通往全国各地高效便捷的快速客运网，缩短区域内城市间以及与全国各区域间的时空距离，满足日趋增长的旅客运输需求，对促进地方经济和交通现代化产生重要作用。

第三节　支线

南同蒲联络铁路渭南段

民国 24 年（1935），山西省南同蒲窄轨铁路通车至黄河北岸风陵渡。民国 26 年（1937），国民政府拟修建一条由南同蒲线赵村站岔出的线路，过黄河铁桥，与陇海铁路的七里村站接轨。3 月开工，10 月因抗战开始停建，3 个基础桥墩被洪水冲毁。1951 年至 1955 年，铁道部曾两次勘测设计，因黄河大桥高度难定而中断。1958 年，潼关车站与风陵渡车站间修建了一座全长 1069.94 米的大型临时便桥而连通。1960 年拆除。1966 年 7 月 1 日，正式修建联络铁路，确定南同蒲铁路风陵渡车站与陇海铁路孟塬车站间接轨。黄河铁桥由铁道部大桥工程局设计。区段线路系渭河黄河河谷，地质复杂，技术标准按 I 级标准干线设计，限制坡度 12%，最小曲半径 400 米，年运力近期为 535 万吨，远期 706 万吨。1969 年底，铁桥建设与线路铺轨同时完毕。1970 年 6 月 1 日交付营运。全部土石方量为 261.2 万立方米，正线长度 21.8 公里，有桥梁 12 座（黄河铁桥除外），总延长 1.92 公里，隧道 8 座，总延长 3.8 公里，均为钢筋混凝土砌衬 15 ～ 30 厘米。联络线间设港口、公庄两个车站。总计投资 7694 万元。图定客车 70 对，货车 111.5 对。

咸铜铁路渭南段

民国 26 年（1937）抗日战争爆发后，陕西工矿企业和机车用煤断源。民国 27 年（1938），陕西省政府和陇海铁路局协议修筑咸阳至铜川铁路，兼办煤炭产销业务。该铁路由咸阳站岔出，东北向经泾阳、三原、临潼等县入渭南境内富平县，折北过耀县至铜川，全长 138.4 公里，渭南境内 31 公里，设富平、庄里两个车站。三十年（1941）建成通车。时因线路质量较差，通车时有中断。1956 年，铁道部对全线进行技术改造，部分区段线路改道，修建铁桥、增建桥涵等。渭南境内增设了八里村、梅家坪、卜家沟 3 个车站。工程于 1962 年完成，运力由每年 500 万吨增至每年 750 万吨。1984 年，梅家坪至七里店铁路建成后，咸铜铁路梅家坪至庄里，阎良至八里店间建成复线，运力再次提高。

黄韩侯铁路渭南段

黄韩侯铁路位于陕西省东部及山西省西南部，是连接陕西省中部与山西省南部的重要能源运输通道，正线从包西铁路北塬站引出，全长 204.5 公里，双线电气化。基于陕北地区煤炭资源开发及陕西省铁路网整体布局的需要，利用侯西铁路部分线路新建黄（陵）韩（城）侯（马）铁路。新建线路自包西铁路黄陵县北源站引出，经澄城、合阳南至侯西铁路芝阳站新建双线 82 公里，侯西铁路芝阳站至侯马站 123 公里线路增建第二线并电气化改造。同时，对侯西铁路南永宁至张桥段 94.5 公里单线电气化改造。黄韩侯铁路为国铁一级双线电气化铁路，设计时速 120 公里 / 小时。2010 年 8 月 28 日正式开工，2015 年底建成通车。见图 1-2。在黄韩侯铁路建成之后，侯西铁路芝阳站至侯马站成为新铁路的一部分。而原侯西铁路钟家村至芝阳区间线路经过电气化改造后将另命名，继续发挥作用。黄韩侯铁路建成后，强化陇海铁路"两翼"的分流功能，满足陕北、山西中南部地区煤炭外运量增长的需要，使陕北地区发往侯马的煤炭较经包西线、西延线、侯西线缩短运输距离 130 公里，是晋陕两省煤炭运输的便捷通道。

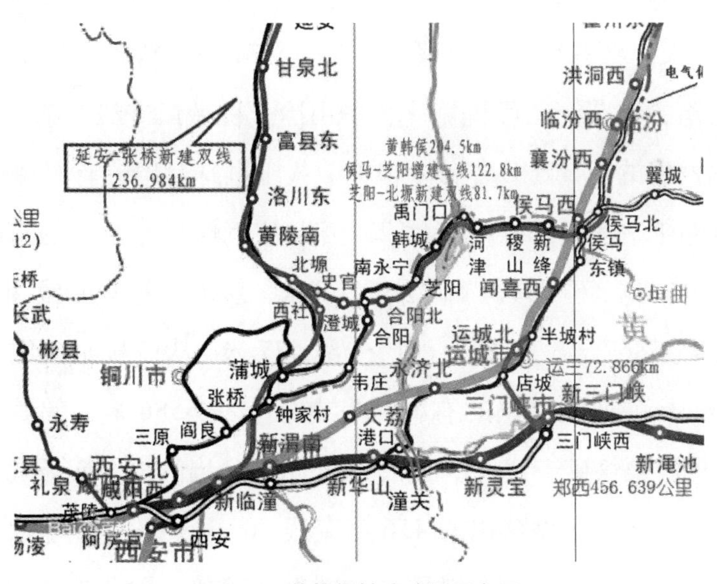

图1-2　黄韩侯铁路建设示意图

第四节　专用线

渭南的铁路专用线建设始于 20 世纪 60 年代陇海铁路改线后，大多数建于 70 年代至 80 年代，1990 年后少数大中型企业续建了少量专线。

总共 40 多条，长 81475 米。属西安铁路分局产业专用线的为华山西站岔出的华山采石场专线 1488 米。由铁路分局代维修或企业自行维修的分别为：从华山西站岔出的西北第二合成药厂专线两条，一条 1521 米，一条 115 米；从桃下站岔出的有冶金部第十冶金建设公司专线 1112 米，59995 部队专线 2752 米；从罗敷站岔出的有秦岭发电厂专线 2212 米，秦岭第二发电厂专线 5323 米，罗敷钼业公司专线 4499 米；从莲花寺车站岔出的有莲花寺石碴厂专线 5105 米，莲花寺木材厂专线 1439 米；从华县站岔出的有军用专线 1439 米，陕西省化肥厂专线 7681 米，陕西省复合肥厂专线 2896 米，铁一局预制桥梁厂专线 3934 米，华县石油库专线 298 米；从渭南站岔出的有渭南印刷机械厂专线 1946 米，渭南地区肉类联合加工厂专线 649 米，渭南金属建材公司专线 1075 米，渭南石油分公司 663 库专线 1534 米，红星化工厂专线 4345 米，杜桥热电厂专线 1104 米，秦东化工厂专线 199 米，铁一局材料厂专线 1192 米；从华山站岔出的有黄河工程机械厂、华山冶金机械厂专线 2 条共 4700 米；从富平站岔出的有 301 库专线 340 米；从庄里站岔出的有军用专线 3580 米；从桑树坪站岔出的煤矿专线 231 米；从下峪口站岔出的有桑树坪煤矿专线 1203 米，下峪口煤矿专线 2267 米，韩城矿务局专线 465 米，韩城钢厂专线 1867 米，韩城水泥厂专线 477 米；从白村站岔出的煤矿专用线 5 条；从韩城站岔出的有韩城发电厂专线 6586 米，韩城油库专线 257 米，马沟渠煤矿专线 4554 米；从合阳站岔出的澄合矿务局王村煤矿专线 233 米；从韦庄站岔出的 456 库专线 707 米。此外，蒲白、澄合矿务局专线已与铜川矿务局的铁路专用线互相连接。除此外，渭南境内大的专用线还有渭白轻便铁路、梅七铁路、下桑铁路三条。

渭白轻便铁路

民国 26 年（1937）日军占据豫西后，陕西用煤断源。陕西省建设厅和陇海铁路管理局协议，并由省财政厅与西安大华纱厂、申新纱厂、成丰面粉公司、华峰面粉公司以及蒲城与白水两县的新生、新兴煤矿共同投资 18 万元(法币)兴建蒲城、白水至渭南的轻便铁路。民国 27 年(1938) 6 月开工，由渭南、蒲城、白水三县派民工和国民政府军政部铁道兵一个连参加施工。9 月路成，设渭白煤炭运输管理处，受辖于陕西省建设厅和国民党第一战区司令部。该线由陇海铁路的老渭南火车站起，经渭南县渭河渡口、上涨（龙王庙）、秦家村、故市、林家店（蔺店），蒲城县的党睦、井村、世兴村、蒲城北、山阳、田家山、白堤到白水县的张家河矿区，全长 79.49 公里，支线 3.17 公里，有木桥 7 座，涵洞 10 个，设 14 个车站。由铁道兵团第七连管理,每日运煤 1600 ~ 1760 吨。1956 年 8 月，此线路拆除。

梅七铁路

1958 年，铁道部拟由咸铜铁路修建至黄陵县七里镇间支线，开发铜川煤炭，因故而止。1966 年再次拟议由梅家坪（富平县境）车站岔出，向西北延伸至铜川前河镇支线。1971 年 9 月，陕西省梅（家坪）七（里镇）铁路建设指挥部报请铁道部核准，该线为 I 级专用线（单线），限制坡度为上行重车 6%，下行重车 17%，运输能力近期每年 670 万吨，远期每年 1079 万吨。是年施工，除少数专业职工和解放军官兵外，主要为渭南、延安两地区 9 县（市）3.7 万民工。线路由梅家坪站岔出后,跨石川河、沮水河谷和桃曲坡水库，经耀县（时属渭南地区）柳林镇、田家咀越瑶曲河、杏树坪等至前河镇，其间引入 4 条煤矿专用线路，全长 70.8 公里。1972 年 5 月，主线路基工程完成，配套工程移交铁道部第一工程局继续施工。1973 年 12 月 21 日铺轨至前河镇，沿途设立 8 个车站，除梅家坪站外，线路和车站均设在铜川市境内。因当时采取边设计勘测、边施工的办法，加之地质条件复杂，线路病害甚多，铺轨后不能正常营运。总计投资 27033.8 万元，1984 年 1 月交西安铁路局正式营运。

下桑铁路

1971年8月，陕西省为解决桑树坪煤矿煤炭运输问题，计划由西侯铁路下峪口车站到桑树坪煤矿修建12.7公里的专用线路。设计为I级专用线，最小曲半径300米，限制坡度上行6%，下行12%，股道有效长度650米，通行能力为21.5对。1972年开工，土石方桥涵、隧道由基建工程兵施工，渭南、蒲城两县民工团和西安铁路局参加部分土石方施工。1978年底铺轨完成，总计投资994.6万元。1979年1月，移交西安铁路局正式营运，列为铁路支线。

第五节　桥梁隧道

铁路桥梁

风陵渡黄河大桥：1958年，南同蒲联络线的港口站至风陵渡站之间，曾建有特大临时便桥，1960年拆除。1966年7月开始修建特大铁桥，为24孔48米栓焊上承钢桁梁铁路大桥，全长1199.6米。桥墩圆形，按千年流量水位设计。1970年9月竣工通车。

沈河大桥：位于陇海线树园站至渭南站之间，为5孔27.7米预应力钢筋混凝土桥梁，全长152米。1959年7月竣工使用。

晋沟大桥：位于陇海线太要站至潼关站之间，系5孔31.7米预应力钢筋混凝土复线桥，全长172.3米。1960年7月建成通车。

磨沟大桥：位于南同蒲联络线的孟塬至公庄站间，为单孔23.8米及6孔31.7米预应力钢筋混凝土桥梁，全长233.4米。1970年5月竣工使用。

吊沟大桥：位于南同蒲联络线的港口站至风陵渡站间，为2孔23.6米及6孔31.7米预应力钢筋混凝土桥梁，全长258.7米。1970年6月竣工使用。

坞坭沟大桥：位于西侯线坞坭站至大荔站间，为5孔31.7米预应力钢筋混凝土桥梁，全长174.4米。1970年11月竣工。

洛河大桥：位于西侯线大荔站至蒲石站间，为10孔40米上承钢钣桥梁，全长419.4米。1970年11月竣工。

阿池沟大桥：位于西侯线乔子玄站至上洼站间，为2孔16米钢筋混凝土梁及4孔23.8米预应力混凝土桥梁，全长143.6米。1970年底竣工。

澽水河大桥：位于西侯线韩城站至英山站间，为1孔23.8米及10孔31.7米预应力钢筋混凝土桥梁，全长362米。1971年8月竣工。

吕水大桥：位于西侯线英山站至芝阳站间，为8孔31.7米预应力钢筋混凝土桥梁，全长272.8米。1971年8月竣工。

清水大桥：位于西侯线芝阳站至乔子玄站间，为4孔23.8米及4孔31.7米预应力钢筋混凝土桥梁，全长240.8米。1971年8月竣工。

油庄沟大桥：位于西侯线乔子玄站至上洼站间，为3孔23.8米及1孔31.7米预应力钢筋混凝土桥梁，全长119.3米。1971年8月竣工。

石川河大桥：位于西侯线惠刘站至阎良站间，为8孔16米钢筋混凝土桥梁，全长159.2米。1958年开工，1959年10月停工。1970年7月复工，1971年10月竣工。

禹门口黄河大桥：位于西侯线韩城下峪口站与山西省河津县禹门口间。大桥主槽处采用1孔144米下承式钢桁梁，桁式菱形，宽10米，高20米，与上游公路吊桥并行架设。骆驼巷支流上设引桥，为9孔31.7米预应力钢筋混凝土梁，全长468米。1971年11月开工兴建，1973年7月竣工，1975年5月验收使用。

泌水河大桥：位于西侯线白村站至韩城站间，为8孔31.7米及4孔23.8米预应力钢筋混凝土桥梁，全长372.9米。1973年8月竣工使用。

狄家河大桥：位于西延线上，为4孔40米预应力混凝土箱型连续桥梁，长160米，整体梁重1240吨，导梁重30吨，是中国首次采用顶推法架设成功的桥梁。1991年建成通车。

铁路隧道

渭南辖区各条铁路线共有较大隧道 37 座，其中陇海线潼关至华山站间 3 座，522 米；南同蒲线港口至华山站间 8 座，3773 米；西侯线 16 座，3131 米；下桑线 8 座，4347 米；西延线 2 座，6974.8 米，其中，韩家河和田庄隧道分别长 3512.8 米和 3462 米，均为境内最长铁路隧道。

第六节　火车站

潼关车站于民国 20 年(1931)12 月建成,是陕西省境内第一个火车站。1969 年 9 月，境内陇海线南移 10 公里，全面竣工通车，取消了原线的华阴、潼关、柳枝、莲花寺、华县、赤水、树园、渭南等车站。在陇海线新建车站 12 个：渭南、树园、赤水、华县、莲花寺、柳枝、罗敷、桃下、华山西、华山、东谢家、潼关；至 1990 年，渭南境内共有火车站 38 个。2002 年，境内有车站 59 个。至 2015 年，渭南境内新增渭南北站、华山北站、大荔站 3 个高铁站

渭南车站

渭南车站位于临渭区境内，中心里程位于陇海线自连云港站起 K1016+677 处，隶属西安铁路局西安车务段管辖。车站技术作业性质为中间站，业务性质为客货运营业站，等级为二等站。主要办理客运、货运、军运、装卸和列车到发、会让等工作。办理整车、集装箱货物运输。承担本站各专用线的车辆取送作业。

渭南车站始建于民国 23 年（1934），建站时，有站房 350 平方米，站线 3 条，旅客站台 1 座，货物站台 1 座，货栈 1 座。渭南地区盛产棉花，建站初期主要运送棉花，1935 年全年棉花运量 1.4 万吨。1946 年，渭南站货物发送量 1.9 万吨，1948 年 1.4 万吨。1949 年，全站职工 28 人。1951

年货物发送量 6.5 万吨，1960 年 15.7 万吨。1966 年，陇海铁路改线南移，在渭南城区西南隅修建新站。站中心位于 1021.4 公里处，原车站改为货场。车站业务性质为客货运站，技术性质为中间站，按工作量核定为三等站。1967 年，货物到达量 32.1 万吨，旅客发送人数 49 万人。1970 年，货物发送量 12.1 万吨。1978 年，货物到达量 63.6 万吨，旅客发送人数 73.6 万人。新站建成后，经过增建扩建，到 1989 年有到发线 6 条，有效长度 826 ~ 932 米。站线 2 条，有效长度 723 米。信号设备为电气集中和复线自动闭塞，设有信号楼 1 座。客运设备有站房 1 座，540 平方米，其中候车室 253 平方米。旅客站台 2 座，总长 1100 米。沟通两个站台的地道 1 座。货运设备有货场 2 处，总面积 28522 平方米。货物仓库 7 座，2614 平方米。货物装卸线 6 条，总长 4270 米。货物站台 5 座，5650 平方米。货位 109 个，堆货能力 1.3 万吨。有自动卸煤机 2 台，龙门吊车 2 台，电轨吊、轮胎吊、汽车吊共 6 台，装载机 1 台，电瓶、内燃叉车 9 台。与车站接轨的厂矿企业专用线共 7 户，专用线总长 17.8 公里。货物装卸线 12 条，货物站台 7 座，仓库 2 座，货位 75 个，堆货能力 2.7 万吨。1989 年，货物发送量 18.1 万吨，货物到达量 47.6 万吨，旅客发送人数 63.4 万人。2015 年，渭南车站办理客运业务客车 32.5 对，旅客发送量 222.6646 万人，货物发送量 55.9175 万吨。

韩城车站

韩城车站位于韩城市新城区，站中心在侯西线 104.9 公里处。1970 年 12 月建站，1972 年 1 月开办临时运营，1978 年 4 月正式运营。按工作量核定为二等站，技术性质为区段编组站，业务性质为客货运站。全站职工 1989 年 430 人。站型为横列式一级一场，有正线、到发线、编组线 10 条，有效长度 634 ~ 723 米。信号设备为电气集中和半自动闭塞。客运设备有旅客站台 2 座，长 330 ~ 640 米。站房 1 座 821 平方米，其中候车室 342 平方米，售票房 88 平方米，行包房 369 平方米。货运设备有货场 1 处，51898 平方米。货物装卸线 4 条，有效长度 1075 米。货物站台 2 座，仓库 4 座。

货位160个，堆货能力1.1万吨。有装载机4台，龙门吊、电轨吊4台。从车站接轨的厂矿企业专用线7条，货物装卸线13条，总延长18.9公里。货物站台4座，储煤仓库6座。货位38个，堆货能力24.4万吨。车站通过能力，每日52列，其中货车46列，每日解编能力1000辆。车站担负西安、侯马、桑树坪三个方向的客货列车到发、解体、编组，小运转列车到发，段管线、专用线车辆取送及客货运输。货物发送量1972年0.9万吨，1980年53.9万吨，1989年73万吨，主要为煤、焦炭。货物到达量1972年14.2万吨，1980年79万吨，1989年13.3万吨。主要为矿建材料，1980年后，各煤矿建成投产，矿建材料运输减少。旅客发送人数1972年11.2万人，1980年28.2万人，1989年29.1万人。1998年9月，韩城至北京西606/605次直快列车首次开通。韩城市成为陕西唯一的始发进京直快列车的县级市。2000年开设临汾至韩城对开客车一次，即6045/6046次慢车。2008年，客运量32.8万人次。至2015年，韩城车务段辖区（渭南境内）有车站22个，固定客车12对。各条线路、车站每日旅客发送量0.32万人，境内各条线路共开行客车12对，货物发送量1060.6万吨。

梅家坪车站

梅家坪车站位于富平县长春乡境内，站中心在咸铜铁路支线106.7公里处，是咸铜铁路支线与梅七铁路支线的汇合点。1960年9月建成。初建时，按工作量核定为三等站，技术性质为中间站，业务性质为客货运站。1982年按二等工业编组站扩建，1984年2月完成。1989年4月升格为二等站，担负梅七铁路支线煤炭运输列车的解编作业。全站职工1985年69人，1989年433人。车站站型为一级三场，正在按二级四场扩建施工。梅七到发场有正线1条，到发线2条，站修线2条。咸铜到发场有正线1条，到发线5条，段管线26条。编组场有编组线6条，有效长度800～850米，照明桥2座。南北两端各设一座简易驼峰，各有牵出线1条，有效长度1073米和1114米。信号设备为电气集中和半自动闭塞。客运设备有旅客站台 2 座，分别长 300 米和 425 米，候车室 128 平方米，行包房 31.5 平方米。货运设备有货场 1 处，9238 平方米。货物装卸线 1 条，有效长度 163 米。货物站台 1 座，长 173.2 米。仓库 1 座 96 平方米。货位 41 个，堆货能力 2628 吨，货物吞吐量年均 16 万吨。厂矿企业与车站接轨的专用线 1 条，长 2493 米，有货物装卸线 3 条，站台 3 座，堆货能力 0.4 万吨。车站担负西安、铜川南、瑶曲三个方向的客货列车到发、摘挂，梅七铁路支线部分列车技检，小运转列车到发，段管线、专用线车辆取送及客货运业务。1989 年日均办理梅七铁路支线客货列车 8 对，咸铜铁路支线客货列车 22 对。货物发送量（含梅七铁路支线），1971 年 5.1 万吨，1980 年 292 万吨，1989 年 380.8 万吨。货物到达量，1971 年 11 万吨，1980 年 51.1 万吨，1989 年 38.8 万吨。旅客发送人数，1971 年 3 万人，1980 年 2.4 万人，1989 年 5.3 万人。

华山车站

华山车站位于华阴市孟塬镇境内，中心里程位于陇海线自连云港站起 K951+720 处（信号楼电缆引入口里程为陇海线 K951+818），位于南同蒲线自大同站起 K870+048 处，隶属西安铁路局西安车务段管辖。车站技术作业为区段站，业务性质为客货运营业站，等级为二等站。站型为一级二场，主要担负陇海线摘挂列车的改编作业，南同蒲线货物列车及新丰镇—华山间、华山—洛阳东间区段列车的解编作业。办理客运、货运、军运、装卸、旅客列车上水、列车到发、会让等工作。办理整车、集装箱货物运输。承担本站各专用线、机务折返段的车辆取送作业。

1958 年，陇海铁路改线时新建。1960 年 7 月 1 日正式开办运营业务。技术性质为区段编组站，业务性质为客货运站，按工作量核定为二等站。全站职工 1960 年开站时 170 人，1989 年 645 人。车站站型为横列式一级二场。建站初期有到发线、调车线、牵出线、机车走行线共 9 条。1982 年，因到发、通过能力及解编能力均达到饱和状态，西安铁路局决定扩建。

1983 年动工，1985 年 4 月 1 日完工。扩建后，有到发场上下行到发线 11 条，有效长度 851 ～ 971 米。编组场编组线 7 条，有效长度 495 ～ 863 米。东西牵出线各 1 条，有效长度 310 ～ 699 米。站修线、交换线、机车停留线、轨道吊车走行线等共 6 条。简易驼峰 1 座。车辆调速方式为铁鞋制动和手闸制动兼用。解编能力每日 1475 辆。信号设备为电气集中、复线自动闭塞及驼峰电气集中。客运设备有站房 1 座，774 平方米。其中候车室 376 平方米，行包房 298 平方米，售票房 55 平方米，软席候车室 45 平方米。旅客站台 2 座，总长 1079 米。风雨棚 1 座。天桥 1 座，长 51 米。货运设备有南北货场各 1 处，面积 20332 平方米。仓库 5 座，2837 平方米。货物站台 2 座。货物装卸线 3 条，有效长度 646 ～ 774 米。货位 33 个，堆货能力 0.3 万吨。电轨吊 1 台，电瓶叉车 14 台。从车站接轨的厂矿企业专用线 4 条，货物装卸线 8 条，总延长 8.27 公里，货物站台 1 座，货位 128 个，堆货能力 1 万吨。

1960 年每天通过列车 33 对（客 13、货 20），1975 年 54 对（客 20、货 34），1985 年 74 对（客 24、货 50），1989 年 75 对。日均办理车数（实绩）1971 年 900 辆，1983 年 1250 辆，1989 年 1719.5 辆。货物发送量，1967 年 0.8 万吨，1970 年 2.19 万吨，1980 年 3.9 万吨，1989 年 9.1 万吨。货物到达量，1960 年 9.4 万吨，1970 年 11.8 万吨，1980 年 13 万吨，1989 年 18.9 万吨。旅客发送量，1960 年 6.8 万人，1970 年 21.2 万人，1980 年 29.1 万人，1989 年 50.1 万人。2015 年，办理客运业务客车 26.5 对，旅客发送量 63.56 万人，货物发送量 4.98 万吨。

华县车站

华县车站位于华州区境内，中心里程位于陇海线自连云港站起 K989+341 处，隶属西安铁路局西安车务段管辖。车站技术作业性质为中间站，业务性质为货运营业站，等级为四等站。车站主要办理货运、军运、装卸和列车到发、会让等工作。承担本站各专用线的车辆取送作业。

华县车站建于民国23年（1934），原址在今县城北1.5公里处，1966年随陇海铁路复线建成而南迁，现位于县城西南2公里许，坐北向南，5股道（到发线4、货物线1），连同专用线的衔接线和安全线，全长4802米。原为苏式臂板信号，1975年改为继电色灯半自动信号，1985年底改用大站6502电气集中自动信号。站内设有道岔18对，客运站台两个，一站台2600平方米，二站台1960平方米。华县站没有始发的客车，通过客车21对／日（直快17对，直客4对）。在华县站停车的直快车是：西安至天津，兰州至南京西，西安至新乡，成都至北京，西宁至青岛，西安至太原，成都至南京，宝鸡至徐州，西安至武昌等；直客车是：西安至郑州，西安至太原，西安至信阳，西安至华山。1978年客运量158731人次，1984年344609人次，增长1.17倍，铁路客运一度紧张。1985年，个体公路客运专业户的出现，缓和了铁路客运。2015年，货物发送量104.94万吨。

渭南北站

渭南北站位于临渭区仓程路北段沙王渭河大桥南端西侧，地界属于双王街道办管辖范围。郑西客专车站，客运业务三等站，隶属西安铁路局西安北车站管辖。渭南北站郑西场2010年2月6日开通运营，渭南北站大西场2014年7月1日开通运营。车站总体布局首次采用正线下式设计，车站为4台8线“桥下式旅客站房”，即候车大厅及站房综合楼布置在下层，站台在上层，距地面高度7米，以高架方式设置南北入口联系南北广场，自南向北分成了四个空间，利用高架桥下部空间，旅客通道采用下进下出方式。由于候车大厅设于桥下，会受到上层高速列车运行噪声影响，因此采用了高架桥桥墩支撑轨道梁、站台，候车大厅、设备房及辅助用房另采用框架结构，桥墩与站房基础完全分离。候车大厅地面为减震结构，顶部、外墙等也采用了隔声设计，以有效减少行车噪声。

车站由原先的一站一场2台4线变为一站两场（郑西场、大西场）4台8线。站房面积8127.6平方米，其中郑西总面积为4140.6平方米，候车室面积2681平方米，售票厅为150平方米，出站厅1746平方米，贵宾室建筑面积420平方米。车站办理客运业务主要为郑州、太原、北京等方向。大西总面积为3987平方米，候车室面积1654平方米，售票厅为146平方米，出站厅1097平方米。车站办理客运业务主要为郑州、太原、北京等方向。渭南北站是郑西客运专线和大西客运专线上的一个高铁客运站，是中国大陆第一座高架火车站，车站的站台整体是全球第三长桥渭南渭河特大桥的一部分。

渭南北站郑西场行车设备：股道4条，其中上下正线2条、到发线2条。有效长540米，线间距5米，道岔均为18号道岔8组（6机牵引、尖轨4机、心轨2机），站内接触网高度5300毫米。渭南北站大场西行车设备：股道4条，其中上下正线2条、到发线2条。有效长617米，线间距5米，道岔均为18号道岔8组（5机牵引、尖轨3机、心轨2机），站内接触网高度5300毫米。郑西、大西行车控制系统均为CTC调度集中控制，郑西列控设备为CTCS-3型（区间无信号机、站内信号机常态灭灯）。大西列控设备为CTCS-2型（区间有号机、站内信号机常态亮灯）。郑西、大西两场均设有道岔融雪装置。郑西场中心里程：K1009+875与华山站界里程为K1009+050；大西场中心里程：K792+097，与大荔站界里程为K791+264，与湾里线路所站界为K792+846公里。现开通公交线路4条：6路、7路、17路、316路，首班6:20，末班18:30～19:00。2014年，渭南北站旅客发送64万人，运输收入6557.0万元；2015年，旅客发送144万人，运输收入11462.0万元，同比增长125%、74.8%。

华山北站

华山北站是郑西高速铁路上的一个客运三等站，位于华阴市华岳路北段，与西岳庙相邻。处陕、晋、豫三省交界处，是西北、华北、中原地区人员往来的重要通道。华山北站建于2010年，主体站舍坐北朝南，车站站坪长度2265米，中心里程K951+720。西安方向与渭南北站相邻，站间距 58.2 公里，站界 K952+892。郑州方向与灵宝站相邻，站间距 64.2 公里，站界 K950+627。站房宽敞明亮，通透节能，主体设计为两层，建有 4 个站台、6 个股道。与实施新图前相比，车站加密开行的车次覆盖早、中、晚三个时段。车站设有 4 个人工售票窗口，2 台自动售票机，4 台自动查询机，8 台自动检票闸机。在售票窗口，放置有日历牌，防止旅客购错车票；每个售票窗口旁都放置有笔，旅客使用 POS 机刷卡时，随手可拿笔签字。候车大厅可容纳 500 人同时候车，大厅内的电子显示屏和广播滚动发布各次列车信息。车站配备了针线包、应急药箱、免费水杯等。客运人员随时解答旅客咨询，给重点旅客提供接、送站等服务。对自然灾害、火灾爆炸、客流突增、列车晚点、途中停电等非正常情况下的旅客乘降，华山北站备有安全应急预案，将关键步骤制成图表，放置在车站各个岗位。车站先后组织应急预案培训和演练 5 次，增强职工突发事件应急处理能力。郑西高铁每日开行 14 对动车组列车，其中在华山北站停留的有 12 对。2014 年，发送旅客 59 万人，运输收入 6237.88 万元。2015 年，发送旅客 81 万人，运输收入 7360.8 万元，同比增长 37%、18%。

大荔站

大荔站为新建车站，中间站，设 2 个站台，4 股道，其中包含正线 2 条。新站的位置在高铁大道和北四环的交界处。客流主要为大荔至西安、宝鸡方向的短途管内客流，主要是学生流、商务流、旅游流、探亲流，较大客流主要集中在小长假期间，如元旦、端午、中秋、国庆等。大荔站位于的大西高铁即大同至西安铁路客运专线，是国家《中长期铁路网规划》的重要组成部分，于 2014 年 7 月 1 日开通。大西高铁在渭南设有渭南北站和大荔站两个车站，从大荔到西安将由 2 个多小时缩短为半个小时，到渭南缩短到 20 分钟。到西安票价 36 元，到渭南 16.5 元。每天共在大荔站停靠 17 趟，其中西安方向 9 趟，太原方向 8 趟。现开通公交线路 1 条：104 路。2015 年，发送旅客 94 万人，日均发送 2580 人。运输收入 5100.79 万元，日均 13.97 万元。

第二章 铁路管理

第一节 经营管理

民国24年（1935）1月，陇海铁路潼关至西安段正式通车营运后，隶属陇海铁路管理局（地址设河南郑州，后迁西安，改名为陇海区铁路管理局）。民国27年（1938），渭（南）白（水）轻便铁路建成后，由渭白煤炭运输管理处管理和经营，隶属陕西省建设厅和国民政府第一战区长官司令部。1949年5月至1958年7月，境内铁路全部隶属铁道部郑州铁路管理局西安分局（以下简称“西安铁路分局”）。1958年9月至1984年9月，隶属西安铁路管理局西安办事处（后更名为“西安分局”）。1984年10月，西安铁路管理局撤销后，隶属郑州铁路局西安铁路分局。直至2015年，隶属关系未变。由于铁路实行路局、段站管理体制，机构繁杂，专业性极强，分工各异，互为依托（互补），分隶各个不同的铁路局内部系统。

车务

民国24年（1935），陇海铁路渭南境内车站隶属陇海铁路管理局第三车务总段第十车务分段（又称长安车务段）。民国30年（1941），咸铜铁路渭南境内车站隶属咸铜车务段（地址设三原县）。中华人民共和国成立初期，辖区铁路车站沿用民国时期管理办法。1958年隶属西安铁路局西安运输段。1961年，分别隶属孟塬和咸阳车务段（地址先设耀县，后改咸阳）。孟塬车务段迁至渭南县（今临渭区）后，改隶渭南车务段。1972年，西侯铁路西安至韩城区段通车后，成立张桥车务段（地址先设澄城韦庄，后迁至富平张桥），除韩城及其以北各站外，均归属其管辖。直至1990年，辖区铁路车务分属渭南、张桥和咸阳3个车务段和韩城、孟塬、梅家坪3个中心车站（二等站）管辖。渭南车务段管理渭南（三等站）、赤水、树园、华县、莲花寺等（均为四等站）共8个车站，并有金华庄、芦家两个线路乘降所；张桥车务段管辖钟家村、蒲城（均为三等站）、惠刘、张桥、陈庄、蒲石等（均为四等站）共20个车站，并有苏家线路乘降所一个；咸阳车务段管辖八里店、富平、庄里、卜家沟4个车站（均为四等站）；韩城中心站管辖韩城、白村、下峪口、桑树坪4个车站；孟塬中心站管辖孟塬、公庄、港口、东谢家、潼关等5个车站；梅家坪中心站管辖梅家坪（三等站）1个车站。

1991年12月，西（安）延（安）铁路铺轨成功后，蒲城至秦家川区间临时由铁道部第一工程局营运。1995年7月，梅家坪中心站改为梅家坪车务段，管辖梅七车站（三等站）。1996年，西延铁路正式营运后，渭南境内集北、蒲城、杜赵、孙镇、苏家坡等11个车站车务改由西延铁路公司管辖。1997年4月，孟塬车站改名为华山车站（二等中心站），原华山车站改为华山西站。12月，梅家坪车务段撤销。

2002年1月，咸阳车务段原辖的车站划归西铁分局支线公司管辖。年末，渭南辖区铁路车务分属渭南、阎良两个车务段、西铁支线公司和韩城车站（一等区段站）、华山中心站以及西延铁路公司管辖。渭南车务段管辖渭南、罗敷三等站2个，华山西、桃下、柳枝、莲花寺、华县、赤水、树园四等站7个，并有线路乘降所2个（金华庄、芦家）；阎良车务段管辖韦庄、钟家村2个三等站，惠刘、苏家、张桥、陈庄、蒲石、大荔、坞坭、醍醐、七峰、合阳、南永宁、甘井、上洼、龙亭、乔子玄、芝阳、英山等四等车站17个；西铁支线公司管辖梅家坪三等站2个，八里店、富平、庄里、卜家沟4个四等车站；韩城车站管辖下峪口三等站1个，白水、桑树坪四等车站2个；华山中心站管辖潼关三等站1个，公庄、港口四等站2个；西延铁路公司管辖集北、蒲城、杜赵、孙镇、苏家坡、坡底村、韩家河、洞子崖、狄家河、张家船、蔡河等11个车站。西（安）宁（南京）线境内有6个车站。至2015年，全市总计有各类火车站59个。

机务和车辆

民国23年至25年(1934～1936),陇海铁路管理局曾在潼关设立机厂。民国27年（1938），为应对日本侵略者袭击，潼关机厂迁至华阴，改名为华阴车房，人员、设备调至西安，组建长安机厂（后改为长安机务段），统辖渭南境内铁路机务。1950年3月，长安机务段客货车辆检修业务分离出来，成立长安检车段。同时，成立华阴机务段（后改迁潼关，称潼关机务段)。1952年,长安机务段改名西安机务段。检车段改名西安车辆段，分别统管渭南境内机车检修、整备和客货车辆。1965年，西安车辆段统管客、货车使用、检修和罐车洗刷业务。1970年12月，阎良机务组迁至西侯铁路的蒲石站（蒲城县境），改称蒲石机务组。1972年7月，蒲石机务组撤销后成立韩城机务段，统辖西侯全线机车。各条线路的客、货车和罐车洗刷业务隶属未变。1985年，渭南境内蒸汽机车使用检修和整备业务由西安机务段转入新组建的梅家坪机务段（富平县境）承担。1986年，内燃机车、电力机车检修、整备统由西安机务段承担。1990年，韩城机务段迁至新丰镇（临潼县境内），改称新丰镇机务段，统辖西侯铁路新丰韩城区段、西延铁路新丰至蒲城区段和陇海铁路孟塬、渭南以及韩城、韦庄等6个站区内燃机车、蒸汽机车。其余干线区段和支线机车则由西安机务段统辖。客、货车辆检修、使用统归西安车辆段和西安东车辆段管辖。

工务

民国24年（1935），渭南境内铁路、桥梁、隧道养护、维修由长安第三工务段统一管辖。民国28年（1939）4月，潼关成立工务段，管辖大部分路段。民国30年（1941），咸铜铁路富平境内线路统由三原工务段管辖。中华人民共和国成立初期，各线路分别由西铁分局工务处下设的养路、工程课（股）直接养护。1958年，由西安工务段统辖。1978年，韩城成立工务段，统辖西侯线工务，陇海线和咸铜线、梅七线分别由西安、三原工务段统辖。20世纪80年代后期，梅家坪工务段成立，不久仍复归三原工务段。2002年，西安工务段辖渭南境内陇海、南同蒲铁路和西延铁路新丰至张桥间工务。韩城工务段辖管正线260公里，延长线92公里，桥梁66座，隧道24座，道口118个。咸铜铁路和西延铁路工务分别由三原工务段和西延公司管辖。

水电

民国时期铁路初建时，渭南境内尚无电力供应，机车用水归潼关机厂管理。中华人民共和国成立后，通信、信号和电力供应逐步完善。1958年1月，西安给水工厂成立（后改称“西安水电段”），统管渭南境内陇海、西侯、南同蒲、咸铜等铁路营运车站的电力、照明、自动闭塞用电及给水管道、设备。20世纪60年代后，西安和张桥电务段分别成立，统管境内各条铁路线的通信、信号、磁石电话、列车广播、道岔控制和驼峰调配机车信号等业务。1987年4月，西安供电段成立后，统辖境内陇海铁路电气机车的高压接触网供电，并在孟塬和渭南两地分别设立接触网领工区和变电领工区。1992年，张桥电务段迁至阎良车站，业务范围未变。

列车服务

民国时期，渭南境内列车服务统由长安车务段辖管。

1950年，长安列车段成立（后更名为西安列车段），担负客车乘运业务，直至20世纪70年代中期。1976年，西安列车段客、货运任务分离，分别成立西安客运段和列车段，统辖渭南境内列车服务数十年。1990年，直快客车乘运由西安客运段担负，货运服务未变。1996 ~ 2002 年，境内货运乘运和西安至孟塬、西安至铜川两对慢车客运由西安列车段承担，所有快车客运乘务由西安客运段担负。至 2015 年，渭南境内有高铁、快铁（快速铁路）、普铁（普速列车、低速铁路）三大档次，分属西安、延安、太原各铁路局管辖。

西延铁路公司

西延铁路公司成立于 1995 年，注册资金 1100 万元。是地方铁路，不属西铁分局辖管。在渭南境内公司下设蒲城运输分公司，承担渭南境内钟家村至蒲城车站营运。1996 年，西延铁路全线营运后，境内各车站车务、机务、电务、工务等统由该公司管辖。西延铁路公司目前配属机车 54 台，其中租用 20 局机车 16 台，货运主要由 DF8B、DF4B 机车担当，客运主要由 DF4B 机车担当，调车主要由 DF7C 机车担当。公司与西安局之间的蒲城分界口图定货物列车 31 对，客车 6 对（延安至北京西空调特快 1 对，延安至上海空调快速 1 对，西安至延安、安康至神木空调普快各 1 对,西安至榆林普客 1 对）。2011 年 7 月,郑西高铁开通，开行 15 对动车组列车。2014 年 7 月，大西高铁开通运营，对开动车组列车 27 对。

第二节　机务管理

民国时期，渭南境内两条铁路机务先后隶属潼关机厂（后改为华阴车房）、长安机厂和咸铜机务段。机厂除管理机车外，兼管客、货车检修、机车用煤、用水、电力等。民国 36 年（1947），陇海铁路潼关站以西及咸铜支线共有蒸汽机车 69 台，其中可行驶的 55 台，全部为国外制造，分别在华阴、长安、宝鸡等地检修。使用时实行轮班乘务制，每班 3 人，两班同时值乘，轮换工作。

中华人民共和国成立初期，潼关机务段成立，担当潼关至西安客车和潼关至河南陕县区段客货列车牵引，西安至铜川间客货车牵引由咸铜（耀县）机务段担负。并实行以机车负责制为中心的包乘制，每台机车固定 9 名乘务员，三班轮换值乘，机车保养分工负责。机车经本段所在地车站时，均不入库，只补煤补水。此期，每台机车牵引定数为 700 吨。1952 年，咸铜机务段撤销后，机车隶属长安机务段。上、下行提高为 1000 吨。1954 年，开始使用国产的解放、前进和人民型机车，替代陈旧的国外杂牌蒸汽机车。1958 年，潼关至西安段单机上、下行牵引吨位提高为 2200 吨。咸铜线西安至铜川段为 800 ~ 1500 吨。1961 年，孟塬至西安段单机上行 2000 吨，下行 2800 吨，西安至铜川段为 800 ~ 2200 吨。20 世纪 70 年代开始，渭南境内铁路机车仍然由西安机务段统辖，担负西安至孟塬、西安至铜川两区段客货列车牵引工作。1973 年，西侯铁路西安至韩城段机车由韩城机务段统辖，牵引全线客货列车。韩城至甘井区段 86 公里，最大坡度 12%，以前进机车作补机，实行双机牵引。1976 年，单机牵引吨位定数：孟塬至西安上行 2600 吨，下行 2900 吨；铜川至西安上行 3000 吨，下行 3200 吨；韩城至西安上行 1100 吨，下行 2600 吨（补机牵引）。1980 年，孟塬至潼关段 11.6 公里，坡度较大，始由西安机务段用补机牵引，后交由三门峡机务段补机。1985 年 10 月 1 日，西安至三门峡客运列车牵引开始使用郑州南机务段北京型内燃机车。1986 年 6 月，配属韶山 I 型（SSI）电力机车，担负三门峡至宝鸡段列车牵引。1988 年 8 月，陇海线孟塬至西安东站开始使用电力机车牵引，少数线路开始配置内燃机车。1990 年，咸铜、西侯、西延三线部分路段仍使用蒸汽机车，分别由韩城、梅家坪、新丰镇机务段担负。陇海线孟塬至西安段所有列车全部使用电气机车牵引。上行单机牵引定数 3500 吨，下行单机 3300 吨。咸铜线上行蒸汽单机牵引定数 3000 吨，下行 1100 吨；西侯线上行 1100 吨，下行 2600 吨（补）；梅七线上行 2700 吨，下行 720 吨。各线路蒸汽机车牵引综合技术速度

44.6 公里 / 时，平均每日每车 392 公里，日产量 72.3 万吨公里。1993 年，西侯线开始配置内燃机车。11 月，陇海线开行特运列车，运送境内渭河化肥厂专用大型设备进厂。1995 年，西延线新丰镇至蒲城站间改由内燃机车牵引。各线路电力、内燃机车与蒸汽机车并存。年末，货运机车平均牵引 2334 吨，日产量 73.4 万吨公里。1997 年后，陇海线机车牵引速度历经了两次提速。2000 年 10 月，陇海线进行第三次提速前，西安机务段抽调 106 名乘务员组成长交路快速机车队，配备国产新型准高速电力机车，实行双司机驾驶，担负西安至郑州间 6 对直通快车值乘。21 日，实行第三次提速，西安至北京增开 132/131 次快速列车。货车牵引速度 27.3 公里 / 时，机车日产量 77.5 万吨公里。2002 年，担负境内线路客货列车牵引任务的两个机务段配置机车 253 台，其中电力机车 147 台，内燃机车 106 台，淘汰了蒸汽机车。机车平均日产量为 86.8 万吨公里。客车出发正点率 99.7%，运行正点率 98.9%；货车出发正点率 90.3%，运行正点率 93.8%。

2004 年 4 月的第五次大提速，线路基础达到时速 200 公里，全国铁路旅客列车平均旅行速度达到时速 65.7 公里，铁路部门推出了一批客货运输新产品。列车全部采用国内最先进的庞巴迪和 25T 形客车，最高运行速度达到时速 160 公里，途中遇站不停，点到点运输；直达特快列车安排在客流量较大的北京至西安等 13 个城市始发、终到，实现大城市间旅客快捷运输；货运方面，新增开北京—乌鲁木齐快速行邮专列，全程按快速旅客列车等级运行；新增加固定车底的冷藏快运专列和集装箱快运专列。2007 年，第六次大提速，首次在陇海线等干线大规模开行时速高达 200 ～ 250 公里的中国铁路高速（CRH）动车组列车，达到了目前世界上既有线提速改造的先进水平。随着西部大开发的推进，中西部铁路建设掀起高潮，营业里程达到 8 万公里，占全国铁路营业总里程的 62.3%。至 2015 年，途径渭南境内的郑（州）—西（安）高铁、大（同）—西（安）高铁开通运营，极大地促进了渭南经济和现代交通的发展。

第三章 客货运输

第一节 客运

民国 23 年（1934）7 月，陇海铁路开行潼关至渭南间 7/8 次旅客快车 1 对，为境内火车客运之始。12 月，开行潼关至长安 79/80 次混合列车一对。时年，规定实行客、货车分段行车制度（潼关至长安为一段）。客车车次由东向西编为单数，由西向东编为双数，干线向支线为单数，反之则为双数，陇海线和各邻接线路互不开行直通列车。民国 24 年（1935），开行铜山（今江苏徐州）至长安间 1/2 次直达特快客车一对。民国 25 年（1936），开行潼关至长安间 79/80 次寻常旅客列车和 141/142 次旅客和货物混合列车各一对。年底，铁路延修至宝鸡，潼宝段客车跨越渭南境内各站通行。民国 30 年（1941）咸铜铁路通车后，过境开通客车 7 对，其中特快、普快各 2 对，混合列车 3 对。境内有东西、南北两条线路通行客车。此期，客车因战争开行多不正常。民国 36 年（1947）8 月，开行华阴至宝鸡普快 1 对。11 月，开行潼关至长安寻常客车 1 对。民国 38 年（1949）3 月，潼关至长安寻常客车改为快车。渭南全境解放后，再次增开寻常客车一对，潼关至宝鸡普快一对，潼关至长安客货混合列车一对。

1950 年，全国铁路实行统一的直通列车运行图，开往北京为上行，编为双数，反方向为下行，编为单数。渭南境内两条线路通行旅客特别快车 2 对，普通快车 2 对，客货混合列车 3 对。1957 年，通过渭南境内的旅客快车、慢车共 11 对。1971 年，通过的旅客特快列车 1 对，直达快车 10 对，直达客车 3 对，普通客车 4 对，共 18 对。旅客发送量 184.64 万人。

1980 年后，旅客列车通行增加，有特别快车 2 对，直达快车 13 对，普通快车 1 对，直达客车 3 对，普通客车 5 对，共计 24 对，旅客发送量 321.47 万人次。1984 年，通过境内的旅客特快列车 5 对，直达快车 13 对，普通快车 3 对，直达客车 1 对，普客 9 对，共 31 对，旅客发送量 468.3 万人次。1988 年，陇海线电气化改造后，孟塬至新丰镇区段客运列车增加 29 对。此前，全国铁路旅客运送一直实行统一票价，由各车站发售。1990 年，通过境内的特快客车 6 对，直快客车 17 对，普快 5.5 对，直客 2 对，普客 7.5 对，共计 38 对。其中西铁分局管内快车 7 对，终点站分别为北京、广州、柳州、上海、济南、常州、天津、连云港、武昌、铜川、信阳、太原、侯马；普通客车 8 对。郑州铁路局管内普通快车西安—新乡、西安—武昌、西安—韩城、西安—铜川、西安—信阳 5 对。同时，在春运、旅游旺季增开临时客车，最盛时每日增开 10 对客车。旅客发送人数 265.6 万人次。此期，各线路大量旅客由汽车客运分流。20 世纪 90 年代后，辖区内城乡公路交通网形成，铁路短途旅客客源减少，一些“站站停”的普通慢车相继停运。但在春运客流高峰期，临时增开学生专列 5 对以上。1995 年，西安—韩城慢车一对停运，西安—铜川慢车改为快车。西安—广州 45/46 次，西安—上海 139/140 次改为全列空调车。7 月，西安—延安增开慢车 1 对，西安—罗敷慢车停运。12 月，西安—广州增开 46/45 空调列车，西安—北京 42/41 次特快全部安装电视。是年，客运票价调整，平均提高 54%；硬座、软座、硬卧、软卧价格比由原来的 1 ∶ 1.75 ∶ 1.8 ∶ 3.85 提高至 1 ∶ 2.0 ∶ 2.2 ∶ 3.85；对普客、棚代客车、通勤车学生票价优惠；中外旅客同价。同时，开始微机售票。1996 年 8 月 26 日，西安车站发售的由西安始发的 5 趟特快列车票，均给渭南、孟塬（今华山站）预留一定份额。是年，境内每日发送旅客人数不足 20 人的坞坭、龙亭、乔子玄、白村、公庄、港口停止办理客运业务。1997 年 4 月 1 日，西安—北京 41/42 次成为精品“夕发朝至”特快列车。1998 年 9 月 30 日，西侯铁路开通韩城—北京西 606/605 直快列车。2000 年，客运列车根据国家新的运行图分为三个等级：特快旅客列车，车次为 T1—T998 次；快速旅客列车，车次为 K1—K998 次；普通旅客列车（分为普通快车和普通慢车），车次为 1001—8999 次。旅游季节和春运、暑运期间，还增开数量不等的临时客车。是年 10 月 16 日，陇海线提速后，境内增加过境的西安—北京 K131/132、汉口—乌鲁木齐 T193/194、青岛—成都 K207/206、成都—上海 1353/1354 次 4 对客车。2001 年，渭南火车站改建工程完成，总面积 1005 平方米，设有可容纳 800 人的候车大厅和车站广场。2002 年，渭南境内各条线路共开行客车 70 对，境内有停车站的特快和快速客车有西安（宝鸡）—北京西、西安—上海、乌鲁木齐—郑州、济南—重庆、西安—广州、西安—长春、青岛—兰州、西宁（西安）—厦门、西安—南宁、西安—郑州、西安—武昌、上海—成都、上海—银川、南京西（合肥）—成都、成都—太原、西安—包头、郑州—兰州（西宁）、郑州—成都、西安—临汾、西安—烟台、宝鸡—连云港、宝鸡—杭州、太原—重庆、宝鸡—太原、宝鸡—安阳、西安—天津、宝鸡—汉口、西安—延安等 28 对，另有韩城—北京西始发快车一对。同时，通过渭南火车站的图定客车 55 对，行包列车 5 对。是年，渭南辖区境内各站旅客发送人数总计 193 万人次。至 2015 年，陇海线日发客车增至 45 对，侯西铁路日发客车 19 对，西延铁路蒲城站每天客车 1 对，西宁铁路日开行客车 2 对，郑西高铁日开行 15 对动车组列车，大西高铁日开行 13 对动车组列车。

第二节 货运

民国 23 年（1934），陇海铁路开行潼关至西安 79/80 次混合列车，货物主要是农副产品，其中以棉花、畜产驰名。民国 30 年（1941），咸铜铁路过境货物煤炭、矿建材料运量逐渐领先。民国 29 年（1940），渭白轻便铁路每月运抵渭南车站煤炭平均1000吨左右。民国35年（1946），咸铜铁路至长安间，每日开行客货混合列车一对，运煤专列5对；潼关至宝鸡间每日开行货车1对。货物发送量136.1万吨，其中军用物资38.4万吨。渭南全境解放后，潼关至西安间每日开行客货混合列车1对。

1950年，货车改变原有体制，按局、分局分片划界，全国通用。1953年，以货流决定车流去向。1956年，境内货物列车日通过38对。20世纪60年代，渭南车站创造出“捎脚运输”的经验，提高货位装载量，铁道部在渭南召开了经验推广褒奖大会。“捎脚运输”人、货混载，违反了货运规章，又有人身、货物双不安全忧患，不久废止。20世纪70年代，煤炭、建材（水泥、石料等）运输占主导地位。1971年，陇海、咸铜两线发运货物97.27万吨，到达货物143.38万吨。

1980年，辖区发运货物共计975.38万吨，到达货物444.4万吨。此后，各车务段、站，增添货物装卸吊车、铲车、装载机等机械，逐步改变数十年来以人力装卸为主的状况。80年代后期，孟塬、渭南两站开始推行集装箱运输。1990年，境内每日通过货物列车195对，其中太要—孟塬间通行37对，罗敷—孟塬间通行40对，孟塬—风陵渡间通行13对，罗敷—西安间通行46对，咸阳—铜川间通行22对，梅家坪—前河镇间通行7对，韩城—新丰镇间通行14对，韩城—阎良间通行16对。是年，境内发运货物1111.86万吨，到达货物778.54万吨。

20世纪90年代，各线货物先后推行门到门服务、保价运输、集装箱运输、编组货物长途直达运输业务，充分挖掘设备潜力。1993年，孟塬站建立集装箱办理站，发展集装箱运输。各车务段和中心站均扩大货场，增添装卸机械设备。境内孟塬、韩城两站分别有货场20331平方米和51898平方米；路工装卸量分别为137007吨和754091吨，委托装卸分别为215646吨和335739吨，其中韩城站装卸机械化达到70%左右。1995年，境内各车务段和火车站不完全统计，有装卸运输机械设备39台（部、件），其中门吊7部，机械化作业比重占总作业量的62.2%。是年6月，列车运行路线图调整后，陇海线太要—西安段直通货物列车由原 42 对增至 46 对，西延线也有增加。1997 年，货运价格平均吨公里调高 0.5 分。2002 年，境内韩城站改为一等甲级站，每日办理货运车辆 2502 车，全年发送货物 645.1 万吨。陇海线平均每日接发列车密度 216 对（含客车），每 6.4 分钟接发一列，创全国单线最高纪录。每日图定货物列车接发 64 对（含行包专列）。是年，据不完全统计，境内开行图定列车 113 ～ 127 对，发送货物总计 1253 万吨（不含西延公司和西铁分局支线公司货运量）。

2003 年 6 月，陇海铁路复线工程全部完成，实现了全线铁路电气化。至 2015 年，陇海铁路年货物运输能力由 1300 万吨提高到 4500 万吨。侯西铁路货车增开到每日 30 对。西延铁路蒲城站货运量每月 1500 ～ 1600 车，每车 83 吨。孙镇站货运量每月 200 车，装卸 100 多车。坡底站货车每月 1000 多车。

第五篇

内河航运

渭河横贯渭南市东西，洛河纵穿南北，黄、渭、洛三河分别流经境内 11 个县（市、区），交汇于其东部，总长约 350 公里。西汉、隋、唐时期，渭南的内河航运曾起过支持都城长安政治稳定、供应充实、商贸兴旺的作用。渭河、黄河、洛河航线，开辟运用甚早，对秦、晋两地乃至沿河各地起着经济互补作用。中华人民共和国建立初期，渭南境内航运船只转运了大批物资。20 世纪 60 年代，黄河三门峡库区航道淤塞，陇海铁路南移，黄河、渭河、洛河航运衰退，仅存渡运。

第一章　航道

第一节　黄河航道

黄河，古代称大河。在中国历史上，黄河及沿岸流域给人类文明带来了巨大的影响。黄河发源于中国青海省巴颜喀拉山脉，流经青海、四川、甘肃、宁夏、内蒙古、陕西、山西、河南、山东9个省区，最后于山东省东营市垦利县注入渤海，全长5464公里。黄河从河源至内蒙古托克托县的头道拐为上游，长3461公里，落差3463米，平均比差降1%左右；自托克托县的头道拐至河南省桃花峪为中游，长1207公里，落差896米，平均比降0.6%；桃花峪至入海口为下游，长796公里，落差89米，比降1%。据多年统计，上游来水量占河段总水量的83%，而沙量为34%。其余的沙量多源于陕、山两省的黄土高原。黄河流经陕、山之间的一段，古称“西河”；又因其流向为自北向南，现代人们称此段为黄河北干流，禹门口至潼关一段为小北干流。黄河抵韩城龙门断山而过，河床最窄处仅50米。河水出龙门峡谷后，沿南偏西20°方向流至潼关，在潼关附近接纳渭河急转向东，流过宽度仅800～900米的潼关卡口，再入峡谷，东流约113.5公里至三门峡。黄河石门至禹门口20.5公里为六级航道，禹门口至潼关为自然航道。

小北干流河道形态

黄河河水至孟门山后，为大石所阻，分为东、西二流，至石门形成百米宽的门户。再南抵韩城龙门断山而过。龙门又称禹门口，是陕、山峡谷的南口。禹门口有石质平台高出常水位约20米，横卧峡口的石岛就是这个平台的一部分。该处原为瀑布，后来深切成为急流。石岛东侧的主河道，宽度仅100米。禹门口以下河谷骤然展宽为3～10公里的漫滩河谷。合阳县东王至潼关县港口间长约60公里一段河道，宽达6～19公里，平均宽10公里左右。禹门口至潼关间一段，河道滩槽明显，滩面宽阔，滩面高出水面0.5～2米，洪水期间摆动频繁，滩地易上水，有一定的滞洪落淤作用，是典型的游荡性河道。此段河道曾发生"揭河底"冲刷；河道向东、西方向摆动不定；还影响到洛河、渭河与黄河交汇地点的变动。当河道西徙时，往往袭夺洛河下游河道与洛河相会，洛河直接注入黄河。黄河河道东偏之后，洛河又折而南流复归于渭河。大荔县东侧黄河河道的移徙，会直接影响到洛河入河、入渭，使沿岸居民饱受灾害，造成"鬼无墓，人无庐，百丁田产了无余"的凄惨景象。

黄河龙门至潼关段河幅，上宽下窄，加上洛河和渭河的汇入，潼关卡口狭小、又作90°的急转弯，河水难以下泄，便在潼关以上河段回旋冲激，使河道变易不定。1968年以后，黄河逐渐在小奕、华原各形成一个大湾，水流从华原流向蒲州城西工程，再向南偏东岸流向潼关。黄河水利委员会在编制这段河道规划中，选用了这一河势，以此治导线为准，先后批准两岸建设了一些护岸、护滩、护村工程项目。

修建三门峡水库，对黄河潼关以上、合阳县以下河道的淤塞变化影响巨大。三门峡水库1960年9月15日开始蓄水运用以前，黄河禹门口——潼关段是淤积的，但由于渭河、洛河下游的冲淤相对平衡，潼关河床的高程比较稳定，一般是非汛期淤积，洪水期冲刷，如1933年、1937年和1954年渭河大洪水时，潼关河床就发生过较大的冲刷。根据1929～1959年这31年间潼关洪水位与流量的关系，各级洪水流量的水位多年变幅约1.5米。各级流量的水位有高有低，没有明显的由低向高或由高向低变化的趋势。三门峡水库建库前潼关河床呈冲淤基本平衡状态。

三门峡水库蓄水运用后，潼关河床高程一度淤高5米，打破了黄、渭、洛河的冲淤平衡状态，加剧了泥沙淤积和河道形态的变化。淤积在潼关至大荔北结草村之间，淤积末端已延伸到合阳县太里以上。在河槽冲淤过程中，有小水带大沙造成沿程淤积及大水大沙强烈地河底冲刷，对河床进行多年调整，总的趋势是以淤积为主。

潼关河床淤高后，加剧了潼关卡口壅水，受黄河洪水顶托的影响，几乎每场洪水均造成对渭河口、洛河口的倒灌；若与渭河、洛河洪水相遇，就造成洪水灾害。至2015年，三河口一带变成了巨大的淤泥滩，已无航道可言。

小北干流河道治理

禹门口至潼关河段，最早于西魏大统元年（535）曾修筑过大庆关河堤；宋、明各代此段河堤也有所维修；此后至民国年间，没有系统的防护工程。河道整治工程在20世纪60年代初陆续开始。1960年至1961年禹门口黄河铁桥动工时，将左岸石咀打掉2～3米，右岸封堵了大水时过流的骆驼巷，以减少对局部河势产生的影响。1965年，铁道部、水电部调研禹门口问题时，提出汛前扒开禹门口骆驼巷，以利大水分流，并提出对河道进行规划。1968年，黄河水利委员会提出《黄河禹门口至潼关段河道整治规划及今年汛前工程的意见》。同年，水电部同意汛期修建七处工程。河道整治工作迅速展开。

从1968年起，修建了芝川夏阳村、朝邑、赵渡及潼关等处的工程；1969年，将朝邑滩放淤围堤堵串和撤退道路工程，改为从该线始端至废华鲁堤与该线交点连成直线，修成防护工程；1973年，安排了史代村、赤壁嘴、夏阳、潼关等4处工程；1979年，韩城下峪口工程下延1400米；1984年8月30日，在韩城下峪口修建防护堤前沿坝头连线，以理顺和加强控制河势；1985年至1988年，陕西一侧有合阳榆林工程及桥南、华原等工程。黄河航运在军事上具有十分重要的意义，黄河连接兰州、北京、济南三大军区，战略地位十分重要。沿岸又有许多重要军事设施和军工企业，在战争时将是一条炸不断、摧不毁的军事运输线。

第二节　渭河航道

渭河古称渭水，是黄河的第一大支流，发源于甘肃省渭源县的鸟鼠山，由陕西省潼关汇入黄河，全长818公里。渭河流经凤阁岭出宝鸡峡进入关中平原。途纳清姜河、千阳河、至咸阳市。咸阳以下，再纳沣河、浐河、灞河、泾河、石川河至渭南市。于白杨村形成“S”形大湾，于仁义村复折大湾，纳零河、沈河、赤水河，经华县入华阴县境。再纳遇仙河、石堤河、罗纹河、方山河、罗夫河、柳叶河、长涧河等于三河口会洛河后入黄河。陕西境内419公里的渭河河道，大湾、小湾共百余处，弯曲度在50°～185°之间。舜帝时期至春秋战国，渭河有船队行驶。汉至唐代，开凿有平行于渭河的漕渠，漕运代替了渭河航运。宋至民国时期，渭河亦有船只通行。1960年后，渭河淤积严重，航运被陆运替代。

渭河下游河槽类型

关中冲积平原中的渭河，因受不同地域的地质条件、地貌发育过程、水文因素、水力特性以及人类活动等因素的综合影响，使河槽发育成不同的类型，即游荡性河道（又称散流或辫状水系）、弯曲性河道（又称曲流或河曲）、周期性增宽河道（又称顺直河道）。渭河下游船北村以东，特别是沙王渡至三河口一段形成自由曲流，有如羊肠转折，属于典型的弯曲性河道。船北村至潼关一段，枯水期河宽100～500米，弯弯相接，共有弯道30余处。渭河下游淤积严重，河床比降平缓，约为1%～2%。两岸质地多为粉沙、黏土质粉沙及粉沙质黏土，在一般情况下，负载不致超过其搬运能力。在洪水时期，由于黄河的回水，渭河纵向流速减小，对于横向环流有增强的作用。黄河在潼关作90°的转折，河道束狭，具有“卡口”作用，在“卡口”的渭河入黄处已形成拦门沙槛，渭河口的河底一度曾低于黄河底。近几十年来潼关以北黄河逐渐向东迁徙，渭河口已向东延长 10 公里以上。渭河下游自由曲流有几处河段特别显著，如孝义镇东南西李家、苏村西南北王家、北石村和仁义村等处，都有很大的河湾。

渭河下游河道变迁

渭河下游河道横向发展以向北岸摆动为主。即北岸弯顶（凹岸）向北岸推移最甚。南岸有十余条支流自秦岭北麓流入渭河，在汇口附近形成沙质为主的冲积扇，推动渭河北移。北岸有绵亘数十里的沙苑，抗冲力较弱，也对渭河北移创造了条件。南岸的支流输入泥沙，主要堆积在汇口的下方，河心沙洲逐渐形成，以致河型局部呈现游荡。如赤水镇三张村地当赤水河注入渭河的下游；渭南桃园地当沋河注入渭河的下游，在 1962 年 6 月下旬枯水时期，河心多沙洲，水流散乱，局部游荡现象显著。

咸阳—华县河段，1934 ~ 1960 年间河床的冲积厚度为 1.7 米，其中 1934 ~ 1943 年河床计淤积 1.9 米，1944 ~ 1960 年间河床计积刷 0.2 米。1934 ~ 1943 年河床是逐年淤高的，1944 ~ 1952 年间则是冲刷的，1953 ~ 1957 年间冲淤交替，大体上冲淤平衡，1958 年以后又有淤积趋势。三门峡水库从 1960 年蓄水后，水库泥沙淤积导致渭、洛河出口的潼关断面水位大幅度抬高，潼关 1000 立方米每秒流量水位较建库前抬高约 5 米，即潼关高程。1967 年汛期由于黄河大洪水倒灌渭河与渭河、洛河来水来沙遭遇，造成渭河口段 8.8 公里河道全部淤死，河水漫流，经人工开挖，才归流入漕。后来，1973、1975、1977 年又发生了淤滩冲漕（揭底冲刷）。随后又迅速淤积河床。近 20 年来，南山支流洪涝灾害频发，相继有 8 个年份出现洪灾并造成 42 处支流堤防决口，造成直接经济损失 53.6 亿元。2003 年 8 月底至 9 月初，渭河下游发生的洪水，洪水流量并不大，仅为 3750 立方米 / 秒，按频率讲，不足 5 年一遇，但造成了南岸华县、华阴市段支流堤防全面失守，发生了 11 处决口。渭河大堤和老西 - 潼公路之间几乎全部被淹，汪洋一片，东西长 25 公里、南北宽 8 公里，面积达 2 万公顷，平均水深 2 ~ 3 米，最深处 4 米。华县、华阴市淹没区 66 个行政村，10 多万灾民无家可归。2004 年后，政府拨巨款整修，虽有缓解，但无根本改变。至 2015 年，渭河河床仍高出二华夹槽地带 2 ~ 4 米。潼关高程问题依然存在，航道基本废弃。

第三节　洛河航道

洛河古称洛水或北洛水，源于陕西省定边县白于山南麓，流经志丹、安塞、甘泉、富县、宜君、白水、澄县、蒲城、大荔等县地，至华阴市东北境汇入渭河，全长 650.6 公里。河源处海拔 1506 米，入渭处 325 米，总落差 1181 米，平均比降 1.98%。洛河在白水县以上，多行于山峡中，白水县以下，行于黄土狭谷中。白水、蒲城间一段河道，两岸黄土崖高约 200 米，河床多系石质，时有显露的浅滩，水小时可徒步涉水而过，无舟楫之利。蒲城以下，石层渐少，逐渐成为土底。河水沿东崖下流过，河幅宽约二三十米，坡度约 1%，河流急湍下泻，波涛汹涌，当地称“老洑”，即镰头村，洛惠渠选择此地筑坝。由此向下约 1.5 公里，有独山矗立，河水绕山回流，山前又一跌，当地人称“小洑”。洛河在铁镰山以南，进入平原区，为弯曲性河段。平均比降 1.8%。河谷宽度一般为 2 公里，河槽宽 30 ~ 100 米，平槽过洪能力为每秒 1000 立方米左右。大荔以下可通行木船。

《尚书·禹贡》和《山海经·西山经》记载洛河注于渭河，说明战国时期黄河河道和当今情况相似，偏于山西省一侧。《汉书·地理志》记有洛河入河、入渭两种说法，盖西汉时期此段黄河河道有过较大的反复移徙。又据《史记·河渠书》关于河东太守番系开垦河壖弃地的记载，说明西汉中后期大部分时间河道偏于大荔县一侧。西汉以后，河道又曾东、西摆动。古蒲津关在宋时改称大庆关，时在河西，时在河东；洛河时而入渭，时而入黄。明穆宗隆庆四年（1570），黄河西徙，大庆关移于河东。明神宗万历十二年（1584）年、清嘉庆六年（1801），均出现黄河主流西摆的情况。近百余年来，移徙更是频繁。清道光二十二年（1842）农历六月二十九日，河道西移，崩塌渭河、洛河口外大片滩地，毁村庄9处，共1000多户，耕地、滩地500余顷，有黄河三界图为证。清咸丰年间（1851～1861）洛河仍直接注入黄河；咸丰后至光绪年间（1875～1908），黄河东移，洛河改入渭河；光绪以后，黄河西徙，洛河又注入黄河。1933年，因黄河突然东滚，洛河被遗于黄、渭之间，入黄入渭不定。1947年洛河又入渭河。

战国时期，今蒲城县西头村洛河右岸筑有瀓邑漕仓，当时航运应属正常。此后，洛河在大荔县以上，因水量小不通舟楫，仅大荔、潼关间45公里一段河道可通行载重10吨以下的条船。但因流域内气候干燥，年际年内雨量分配不匀，上游又无大的湖泊调节水量，因而径流量大、小悬殊；加之流急坡陡，丰水时间亦甚短暂，航运时通时停。20世纪60年代三门峡水库蓄水运用，造成洛河下游淤积。至2015年，累计淤积量已达1.55亿立方米，淤积末端上延到蒲城县庙底村，一般淤积厚度约4米左右，80%淤积在大荔阿河村以下，促使水位大幅度抬高，航道基本上变成淤泥滩。

第二章　港口　渡口　码头

渭南境内的黄河及渭河的漕运，在历史上曾盛极一时，即所谓“河渭漕挽天下”。历史文献在记述漕运时，常用“水次”来说明船舶装卸货物、停泊和旅客上下船只的地点。“水次”，即现在的港口、渡口和码头。黄河摆渡与舟船建造同时兴起于五帝时期。历经发展，至唐、宋各代，黄河龙门、夏阳、大庆（蒲坂）、港口等渡口已很驰名，成为沟通两岸的桥梁，历久不衰。直至公路桥梁兴起，部分渡口依然存在；渭洛河主要为渡运，黄河兼有渡运及水上旅游运输。渭南内河上的港口、码头、渡口，为沿河两岸群众生产生活出行，物资、商品运输和中转服务提供了极大的方便。但受水资源条件变化、经济布局调整、运输结构变动等因素影响，内河港口、渡口、码头数量、布局变化频繁。1986 年渭南境内有渡口 39 处、渡船 57 艘。2003 年有渡口 31 处，渡船 85 艘。至 2015 年，全市共有渡口 27 处，（其中合阳 4 处，大荔 11 处，华县 6 处，潼关 3 处，蒲城 1 处，临渭 2 处）。全市水域共有船舶 289 艘，其中钢质船舶为 60 艘，渡船为 49 艘（其分布为黄河上 4 处，渭河上 11 处，洛河上 12 处），旅游船舶 240 余艘，客位 1062 个，主要分布在黄河、渭河、洛河及水库和园林风景区。现存渡口，大部分属村民委员会所有。黄河旅游大部分属个体经营，渡船全部实现钢质且基本上挂浆机以驳船为主。

第一节　港口

渭南市有港口 4 个，按港口所在行政区划分为 4 个港区：合阳县 1 个，大荔县1个，潼关县1个，韩城市1个。共11个码头泊位，泊位长度400米。自然岸线长550米，港区面积0.63万平方米，其中陆域面积0.21万平方米，水域面积0.42万平方米。多数码头泊位均为自然坡岸，且地处封闭水域，设备简陋，无装卸机械，工作效率低。渭南市航运管理处对全市范围内的港口统一管理，各县市（区）均由航管站负责辖区内港口的日常事务。2008年港口普查，按照“一县一港”原则进行港口布局，将东雷、大庆关、秦东、韩城调整为港口港区，渭南境内港口所辖港区：东雷（合阳港）、大庆关（大荔港）、韩城（韩城港）、秦东（潼关港）4个。2015年，渭南市水路运输完成旅客客运量23万人，旅客周转量193万人公里。

潼关港口

潼关港口位于潼关秦东镇，地处黄河、渭河、洛河交汇处（俗称“三河口”）黄河右岸，逆水上行43公路至大荔港，顺流而下115公里至三门峡水库大坝，距黄河入海口908公里。

潼关港前身为历史名渡风陵渡渡口，春秋时及其以前称“渭汭”，是黄、渭水运的交通枢纽。汉初设置船司空（官名），管理漕运船只，后来改设为船司空县。东汉撤销船司空县，辖地并入华阴县。东汉初年在这里设船司空，管理漕运船只，以护卫京都洛阳。唐天授二年（691）曾设潼津县；长安二年（702）撤销。此后，宋、金、元各代，均是华阴县的组成部分。元代陕西经由河东去京师大都（今北京市）的驿路，改由华阴县北经河中府（今山西永济县境）一线，潼关附近渭河、黄河的渡运，地位日益重要。明洪武三年（1370）在关城设置潼关卫，属河南都司管辖；永乐六年（1408）改属中军都督府。当时北边军事防守任务繁重，兵员调遣、后勤支援多由潼关—风陵渡，增强了这一渡口军运的重要性。同时，韩城一带所产煤炭，自龙门沿黄河而下，源源济陕。潼关贮存河南米豆的仓廪附近，有简易码头。清康熙五十九年（1720）十月，豫粮挽运入陕救灾，令潼关同知，同豫省押运官照价雇运。雍正十一年（1733），兵部尚书署理陕西巡抚史贻直，奏准由豫省拨粮十万石济陕，经由潼关中转，设有一定规模的仓廪及港口码头。清末，八国联军进攻北京，慈禧太后偕光绪皇帝逃至西安，即经山西由风陵渡过河到潼关。

民国初年，有官船 12 只，渡运行人、货物。民国 20 年（1931）前后，渡运货物量大增，每年渡运食盐 65 万公斤、铁件 36 万公斤、粮食 3.6 万公斤。由禹门口日运煤炭 1 万公斤抵潼关港，销往潼关县各地。民国 26 年（1937）编写的《陕西水利概况》称："龙门以上，又因山陕石礁之阻，不便航行，仅龙门至潼关 290 里间，可通舟楫"；"可以通行七十吨以下的船只"。这些下行船只的停泊地即潼关港。抗日战争期间，日军控制风陵渡，潼关港、渡受日军炮火威胁，航、渡停滞。解放战争期间，潼关—风陵渡有渡船百余只，为过往行人服务，也曾为军运繁忙一时。1949 年 6 月，中国人民解放军第十八兵团，曾自山西南下，经由风陵渡进入关中。为此，西北军区后勤部在潼关设立临时管理机构，动员组织晋南、豫西及陕西渭南地区一些县的私人木船 79 只，转运兵员及各类军需物资，支援人民解放军渡河作战。1950 年初，陕甘宁边区政府指示将这些战时组织起来的渡船全部移交潼关县人民政府接管，并成立"船业公会"进行管理，实行以渡养渡。随后，经协商成立"潼关风陵渡渡口船舶管理委员会"，由潼关、永济两县人民政府各派人员组成。

1954 年成立"潼风渡口运输处"，统一管理两岸渡口与黄、渭、洛三条河流的货运业务。有各类型木船百余只；有载重 16 吨的渡船 12 只。1956 年新建载重 20 吨的渡船 4 只，驳船 20 只，大趸船 5 艘；修建浮力码头引道 600 米。1957 年 12 月 12 日，撤销"潼风渡口运输处"及"渭南分区航管所"，在潼关成立"陕西省交通厅关中内河航运处"。1958 年陕西、山西两省在潼关—风陵渡的联运业务终止。同年，潼关黄河便桥建成通车，渡运停止。1959 年成立"陕西省交通厅关中内河航运公司"，经营三河口航区航运。1963 年三门峡水库蓄水，黄、渭、洛航道淤塞，船只航行困难。同年 12 月，将"关中内河航运公司"的 7 处渡口业务交由陕西省公路局接管。各处船只，作渡口舟桥和摆渡运用，一批职工调入公路养护部门工作。1970 年，港口开通到山西风陵渡的黄河铁路桥。1984 年 9 月 1 日，成立潼关县航运公司，有木船 2 只，拖轮 1 艘，每日渡运汽车 200 余辆次。1988 年开通战菠罗至禹门口航道，主要运送煤炭。1992 年，港口货物吞吐量 43.40 万吨，营业收入 130 多万元，实现利润 31 万元。1994 年 11 月，风陵渡的黄河公路大桥建成通车，以桥代渡，渡船停航，潼关县航运公司亦随之停业。

2008 年，潼关港面积 0.20 万平方米，其中陆域面积 0.09 万平方米，水域面积 0.11 万平方米。港口自然岸线长度 180 米，其中码头泊位 120 米，为自然坡岸，3 个泊位，前沿水深 1.50 米，可靠泊 50 ～ 100 吨级船舶作业。由于黄河风陵渡公路大桥取代汽车渡运，禹门口潼关段游荡性航道未行整治，潼关至三门峡航段尚未开发，渭河桥头至港口镇航段泥沙淤积而纵向航运终止，潼关港口水运日渐衰退。2015 年，潼关港由三家运输企业经营，有船舶 22 艘，其中快艇 15 艘，漂流艇 7 艘，年完成客运量 1.3 万人次，完成客运周转量 13 万公里，随着国家旅游大开发及渭南旅游的发展，潼关港前景看好。见表 2-1。

潼关港概况一览表 表2–1

港口管理部门：渭南市潼关县交通局
港口经营人：渭南市潼关县航管站 所在内河航道：黄河

<table>
<tr><td>成立年份</td><td>1987 年</td><td colspan="3">自然岸线长度</td><td colspan="3">180 米</td></tr>
<tr><td>港口面积</td><td>2000 平方米</td><td colspan="6">其中：陆域面积 900 平方米
水域面积 1000 平方米</td></tr>
<tr><td>仓库面积</td><td>0</td><td colspan="3">堆场面积</td><td colspan="3">650 平方米</td></tr>
<tr><td colspan="8">生产用码头泊位</td></tr>
<tr><td rowspan="2">港区名称</td><td rowspan="2">码头泊位名称</td><td rowspan="2">总长度（米）</td><td rowspan="2">泊位个数（个）</td><td rowspan="2">生产类型</td><td rowspan="2">前沿水深（米）</td><td colspan="2">年综合通过能力</td></tr>
<tr><td>（万吨）</td><td>（万人）</td></tr>
<tr><td>港口港区</td><td>其他泊位</td><td>120</td><td>3</td><td>生产用</td><td>1.5</td><td></td><td>0.5</td></tr>
</table>

大荔港口

大荔港位于大荔县东北 38 公里处黄河西岸，左岸为山西省永济县。港口逆水上行 41 公里至合阳港，顺流而下 43 公里至潼关港，距黄河入海口 951 公里。

大荔港前身，春秋时称临晋关，唐称蒲津关渡，宋代置大庆关。在宋代，西夏占据盐州（今定边县）时，盐州的青盐不能输入关中，晋南解池的盐就经大庆关渡口运往关中及甘肃。明成化年间（1465 ~ 1487），黄河在大庆关以南偏西流，大庆关位于河西；到万历年间，大庆关以北的一段黄河改道偏西流，直通朝邑县城，大庆关遂被隔在河东。明朝廷在大庆关设巡检司、税课局。清代大庆关仍为重要渡口。康熙三十七年（1698）后，河水连年崩徙，船只漂没无存，官渡遂废。原渡口范围，南至赵渡，北至步昌坡下为摆渡口。民国 12 年（1923）后，黄河虽多次泛滥，但河道滚动不大，渡口基本处于山西永济县蒲州城西门外与大庆关东门外之间。民国 18 年（1929）分朝邑县东部土地在大庆关置平民县，平民县城东仍为潼关北侧一个港口。1934 年大庆关又回到河西。1949 年，大庆关渡口重新改建，计有木船 4 只，职工 7 人。1959 年改为民用渡口。1966 年有木船 2 艘，载重量 30 吨，职工 11 人，全年营运收入 10644 元。1969 年，黄河三门峡水库建成蓄水，渡口日渐衰败。1975 年有木船 2 艘，职工 6 人，全年营运收入 6000 元，固定资产净值 1.1 万元。1981 年有木船 1 艘，载重量 4 吨，营运收入 3100 元。1985 年，陕西开发黄河航运，恢复大荔境内码头，设大荔港。木船 1 艘，职工 6 人，集体所有制单位，隶属大荔县交通局。1986 年，大庆关渡口改设为大荔港辖港区。港区北至大荔县华原下东村，南至兰州军区靶场。主要以渡运为主。年完成旅客渡运量 0.5 万人次。1989 年，有机动钢船一艘，载重 7 吨，船工 3 人。

2007 年，大荔港大庆关港区渡口改造完成，建成码头、引道和安全设施。2008 年，大荔港口面积 0.11 万平方米，其中陆域面积 0.01 万平方米，水域面积0.10万平方米。港口自然岸线长度100米，其中码头泊位长35米，作用泊位1个，码头前沿水深1.30米。可靠泊30～50吨级船舶作业。是年，港口完成旅客吞吐量2.30万人次。2015年主要以渡运为主，没有运输船舶经营。见表2-2。

大荔港概况一览表 表2-2

港口管理部门：渭南市大荔县交通局
港口经营人：渭南市大荔县航管站 所在内河航道：黄河

成立年份	1985年	自然岸线长度			100米		
港口面积	1100平方米	其中：陆域面积100平方米 水域面积1000平方米					
仓库面积	0	堆场面积			0		
生产用码头泊位							
港区名称	码头泊位名称	总长度（米）	泊位个数（个）	生产类型	前沿水深（米）	年综合通过能力	
						（万吨）	（万人）
大庆关港区	其他泊位	35	1	生产用	1.3		2

合阳港口

合阳港口位于合阳县洽川风景名胜区坊镇东雷村黄河右岸，隔河与山西省临猗县为邻，逆水上行40公里至韩城港，顺水而下41公里至大荔港，距黄河入海口992公里。

黄河流经合阳县境45.80公里，境内渡运历史悠久。西周名城郦邑（今合阳百良镇岔峪村一带）是黄河上一个重要渡口，韩侯朝周王时曾宿于此。夏、商、周时合阳为“有莘国”。战国时，魏国大将吴起在有莘村筑合阳城，孔夫子的学生子夏曾在此设教。秦置合阳县于洽川，汉改合阳为郃阳，隋移县治于今址。唐武德三年（620），在郃阳东部洽川置河西县。乾元三年（760），改河西县为夏阳县。中河二年（882），晋王李克用引兵自夏阳渡河。宋熙宁四年（1071），并夏阳入郃阳。清时，县署在此设有厘金局征收税赋。在地理形势上，合阳的夏阳渡，距临晋（蒲坂津）40 公里，水流平缓，河面较窄，军队在蒲坂津—夏阳渡之间易于作隐蔽行动。1975 年，陕西省关中东部抽黄灌溉工程开始后，合阳县新池公社民工营在夏阳村施工时，发现一土窑，内藏“罂缶”30 余件，经鉴定确系渡河工具，其陶制品现藏合阳县文化馆内。夏阳渡长期为山西、陕西沿河群众物资交流所用，山西河津的煤、铁锅、农具，运城的潞盐，夏县的石碱，绛城的瓮及各种京货，多经由夏阳渡运入陕西境内销售。民国 18 年（1929）陕西遭遇特大旱灾，山西的粮食大量经由夏阳渡运入关中。合阳的磨石，澄城的硫黄，白水的陶瓷，蒲城的棉纸，关中东部的棉花，以及青海的皮张，兰州的绵烟等，大多经由夏阳渡运入山西。民国年间，码头渡口附近店铺很多，如“同义生”、“公义合”货栈，“义信德”、“集义成”杂货铺，“聚顺德”、“裕庆成”煤场、饭店等共有 20 余家。合阳县署在此设厘金局和商会，管理商业活动和征收税金。1948 ~ 1949 年，夏阳渡每天有 7 只木船，由山西一侧渡运粮食、物资至黄河西岸，再用马车转运至大荔，渭南等地，支援人民解放军解放大西北。1956 年 4 月，合阳县有关部门在夏阳组织木帆船航运合作社，有木船 7 只，社员 21 人，集体经营航运业务。1958 年初，山西万荣、河津、乡宁等 3 县共近百只木船加入该社参加航运，年底退出。1961 年改夏阳航运社为合阳县运输公司夏阳航运站，有木船 9 只，200 个载重吨位，职工 24 人。除渡运外，北至韩城，南至潼关，转运煤、棉、粮、生猪和蒲草。1964 年，木船增至 13 只，主营客运，转运煤炭等货物。1966 年因“文化大革命”而停止。1985 年，摆渡恢复。当年贷款购回机动船 1 艘，次年增至 4 艘，载重 30 吨，在合阳、韩城间进行短途转运（以煤炭为主）。

1991 年，合阳县航运公司组织 3 艘货船，从石坪港向韩城运输煤炭。1994 年，石坪至禹门口航道，修堤筑坝，船舶不能正常航行，货运船停航。1996 年，合阳县开发洽川黄河旅游湿地，发展水上旅游业。

至2002年，各类船舶100多艘。是年，合阳港成立。2006年9月，实施农村渡口改造工程，完成合阳港东雷渡口改造，建成码头1座，岸线长15米，旅客上、下人行梯步30米，不锈钢护栏59米，完成工程投资27万元。渡口设施改善，安全可靠性增强。2008年，港口面积0.15万平方米，其中陆域面积0.05万平方米，水域面积0.10万平方米。港口自然岸线长度120米，其中码头泊位长70米，设泊位2个，前沿水深2米，可靠泊30～50吨级船舶作业。2015年，完成旅客吞吐量2.5万人次。见表2-3。

合阳港概况一览表　　表2–3

港口管理部门：渭南市合阳县交通局
港口经营人：渭南市合阳县航管站 所在内河航道：黄河

成立年份	2002年	自然岸线长度		120米			
港口面积	1500平方米	其中：陆域面积500平方米 水域面积1000平方米					
仓库面积	0	堆场面积		0			
生产用码头泊位							
港区名称	码头泊位名称	总长度（米）	泊位个数（个）	生产类型	前沿水深（米）	年综合通过能力	
						（万吨）	（万人）
东雷港区	其他泊位	70	2	生产用	2		

韩城港

韩城港位于韩城市龙门镇禹门口大桥上游300米黄河右岸，与山西省河津市隔河相望，距韩城市28公里，河津市9公里；逆水上行108公里至延长港，顺流而下40公里至合阳港，距黄河入海口1032公里。

韩城港开埠约在西周时期，史称少梁渡，即芝川渡，在今韩城市南10公里处。由于少梁附近一段黄河岸低水缓，船行较易；而龙门渡水流湍急，横渡较难，加上少梁渡地处韩城以南平川南端，川道物产丰富，有利于军队驻防。战国时，秦、魏两国多次争战，至今芝川镇周围尚有不少防御工事遗迹。魏长城、秦长城、魏惠王阅兵台等分别是国家级、省级、市级文物保护单位。秦、魏相拒时，魏国依靠少梁渡运送兵员、粮秣；秦占有少梁后，于秦惠文王十一年（前 327）设夏阳县，利用少梁渡向三晋扩展。西汉初，韩信东袭魏王豹，即由此以木罂渡军取胜。西汉武帝时，在夏阳县对岸的汾阴脽挖出宝鼎，因之建后土祠，武帝、宣帝、元帝、成帝等多次渡黄河前往祭祀。邓禹平定关中时率兵“渡汾阴河，入夏阳”，少梁自古以来一直为秦、晋两地水上通道。鼎盛时有 15 只木船在此横渡。1937 年 9 月，朱德、任弼时、左权等领导的八路军 115 师、129 师、120 师从此 东渡黄河，开赴抗日前线。1956 年后，由于修筑三门峡水库，泥沙淤积，河床增高，此渡渐废。

20 世纪 70 年代，黄河北干流禹门口以北航段，船窝至下峪口 16 公里航道，有农副业船运送煤炭，年运输量约 4 万吨左右。80 年代，黄河山西一侧小煤窑生产煤炭外运，韩城等地工业生产需用焦煤，韩城、合阳等市（县）航运公司与个体运输户 100 多艘船舶，从事该段水上煤炭运输，并在禹门口黄河右岸设置临时煤码头。90 年代，陕西省、渭南市交通部门和韩城市政府决定修建韩城港。2001 年 10 月韩城港工程全部告竣。港口总面积 0.17 万平方米。其中陆域面积 0.06 万平方米，水域面积 0.11 万平方米。港口生产使用自然岸线 255 米，泊位 5 个。其中 100 吨级泊位 2 个，50 吨级泊位 1 个，30 吨级机动船和旅游客运泊位各 1 个。泊位长度 175 米，码头前沿水深 1.50 米。当年从山西购进无烟煤 8000 吨，组织船舶运输，其中进入韩城港堆场 4000 多吨。韩城港务公司从浙江省购置气垫船两艘，每艘载客 40 客位，开辟韩城禹门口至宜川壶口瀑布旅游客运航线，并试航成功。后因煤炭开发政策调整，跨黄河公路大桥建成，韩城港货运码头因此闲置。2004 ~ 2015 年，韩城港转向旅游客运服务。见表 2-4。

韩城港概况一览表 表2-4

港口管理部门：渭南市韩城县交通局
港口经营人：渭南市韩城县航管站 所在内河航道：黄河

成立年份	2002年	自然岸线长度	150米
港口面积	1700平方米	其中：陆域面积600平方米 水域面积1000平方米	
仓库面积	0	堆场面积	0

生产用码头泊位

港区名称	码头泊位名称	总长度（米）	泊位个数（个）	生产类型	前沿水深（米）	年综合通过能力	
						（万吨）	（万人）
韩城港区	其他泊位	175	55	生产用	1.5		1

第二节 渡口

渭南境内所辖渭河段，两岸渡口自古已有，历经各代至民国时，由西向东有渭南张义、白杨寨、穆家、沙王、下涨、上涨、陈家滩、仓渡、青龙，华县侯坊、秦家滩、周家庄、拾家、刘渡，华阴冯庄、滩里、杨村、安早、八早、三河口等20余处。洛河上的渡口有白水张家、狄家、田家3处；澄城有船头、洞子崖、蒋家河、李村、下段村、尧头、蔡邓等7处；蒲城有晋城、石羊、南湾、车渡、蒲石、晋王、常乐、黎起、直社、温汤、曲里等11处；大荔有船舍、石槽、太山、北阳洪等4处。1969年后，渭河上先后建成上涨、沙王、渭富、阳村等跨河公路大桥，临渭区上涨、沙王渡口，华阴市三河、东阳渡口，大荔县阳村、新兴、韦林等共19处渡口被取代。2002年，全市有内河渡口31处，渡船56艘，从业人员500余名。至2015年，渭南市有渡口27个，渡船31艘，全为钢质渡船。

上涨渡

渭河上涨渡在清以前是渭南县通往蒲城、大荔等地的主要渭河渡口。民国时期，渭（南）大（荔）韩（城）公路建成后为西安通往渭北蒲城、白水、大荔、合阳、韩城以至华北各省的河渡要冲。20 世纪 50 年代，公路客货车辆增多，上涨渡系木船渡运，人、车、货混杂，如逢汛期，河水突涨，堤岸崩塌，摆渡遂停。河水跌落后，淤泥阻隔，木船无法靠岸，行人须涉水过河。1955 年增设拖轮摆渡，枯水期用木船数十只拼搭浮桥。是年，共有渡船 55 只，载重 283 吨，船工 327 人。1969 年，渭河大桥建成后，上涨渡废止。

吊桥渡

吊桥渡位于潼关县老县城（今秦东镇）西 5 公里的吊桥村北，与大荔县隔河相望。民国 19 年（1930），有划子船 3 只摆渡。20 世纪 50 年代有大渡船 2 只，划子船 1 只，主要渡运大荔、朝邑与潼关和泉店火车站之间的货物和旅客。年渡运货物 800 吨，旅客 3 万人次。三门峡水库兴建后，渡废，只为两岸群众生产、生活服务。

岔峪渡口

岔峪渡口位于合阳县百良镇岔峪村东侧黄河右岸，为与黄河左岸山西省临猗县联系唯一通路。渡口初建于西周时期，已有三千余年历史。1986 年有个体木质机动船 1 艘，年渡客量 3000 人次以上，货渡量 100 吨以上。临时码头，设施简陋，不能满足两岸交往与经济发展需求。2008 年 8 月 25 日～9 月 25 日实施改造。合阳县交通局设计室设计，合阳县地方海事处组织施工。建成下河斜坡人行踏步与浆砌块石挡墙结构码头 1 座，长 15 米，宽 5.50 米；人行踏步行道长 30 米，宽 1 米，浆砌沙片石护坡。共计开挖土方 36 立方米，填铅丝石笼 302.50 立方米，土方回填夯实 48.40 立方米，浆砌块石 286 立方米，现浇混凝土 22 立方米，浆砌沙片石护坡 145.20 立方米。设置系船环 4 个，渡口名牌 1 块，并设人行步道和安全护栏等。改造后，码头设施改善，前沿水深 1.50 米以上，群众过河安全、便利性能提高。

滨坝渡口

滨坝渡口位于华州区下庙镇滨坝村渭河南岸，为渭河仅存 11 处渡口之一。渡口建于 1955 年。原有滨坝村木质非机动船 2 艘。1986 年客渡量 1 万人次，货渡量 500 吨左右。无靠泊码头、进出引道和安全设施。2007 年 9 月 25 日～ 11 月 15 日实施改造。渭南市航运管理处设计，渭南市政工程公司承建。建成渡口浆砌片石码头 1 座；进出渡口道路 1 条，长 200 米，宽 5 米，沙砾底基层，水泥混凝土路面。设置系船环 4 个，渡口名牌 1 块。合计挖土方 5700 立方米，素土回填 300 立方米，砂浆砌片石 660 立方米，混凝土预制 5 立方米。经改造，渡口前沿水深达到 1 米以上，群众渡运安全得到保证。

四知村亭东渡口

四知村亭东渡口位于潼关县秦东镇四知村亭东渭河左、右岸，建于 2002 年。码头为自然岸坡，无进出引道及安全设施。2008 年 6 月 25 日～ 7 月 15 日实施改造。潼关县交通局公路设计室设计，潼关县高桥乡工程二队承建。建成渡口两侧砂浆块石护墙 90 米，其中东岸侧砌筑 40 米，西岸侧砌筑 50 米；修建下河公路长 605 米，宽 3 米；在下河公路临水一侧设置系船环 2 套，渡口标志牌 1 块。计开挖土方 455 立方米，铺筑下河公路水泥混凝土面层 1815 平方米，浆砌块石 292.50 立方米。改造后，渡口上下游两侧有护墙，群众乘船进出方便，渡运安全，可供农用机动车渡运。

西湾村渡口

西湾村渡口位于蒲城县龙阳镇西湾村洛河右岸，是西湾村与对岸南湾村间水上通路。2008 年由蒲城县政府批准设置。渡口为自然坡岸，有钢质非机动渡船 1 艘。2009 年 10 月 15 日～ 11 月 15 日实施改造。蒲城县交通局公路设计室设计。蒲城县地方海事处组织铜川市政工程处承建。修建进出渡口引道 128 米，宽 3 米。沿河西侧浆砌块石护岸 100 米，其中沿渡口中线上游砌筑 70 米，下游砌筑 30 米；修建下河公路长 605 米，宽 3 米；浆砌块石护墙 1 处，底长 10 米，顶长 5 米，高 2.50 米。共开挖土石方 500 立方米，铺筑水泥混凝土面层 132 立方米，现浇混凝土 231 立方米，架设钢缆 560 米，设置立柱 6 根，下河路上岸左、右侧各设置系船环 1 个，立渡口牌 1 块，正面刻写渡口名，背面刻写渡口守则。改造后，渡口运营设施改善，渡运方便。

坝二渡口

坝二渡口位于大荔县朝邑镇坝二村洛河右岸，为洛河 12 处渡口之一，建于 1957 年，由坝二村管理。1986 年有木质客渡船 1 艘，年客渡量 1 万人次。渡口为自然坡岸，无进出道路。2008 年 5 月 20 日～6 月 15 日实施改造。大荔县交通局公路设计室设计，大荔县地方海事处组织承建。建成码头 1 座；进出渡口引道 1 条，长 200 米，宽 3.50 米，水泥混凝土路面；修建排水沟 100 米，更换钢丝绳 200 米，并设置系船环和渡口标志牌、渡口守则牌。共开挖土石方 162 立方米。改造后，渡口道路硬化，水深足用，标志醒目，乘渡方便，复交坝二村村民委员会运营管理。

第三节　码头

码头是河边专供乘客上下、货物装卸的建筑物。在码头周边常见的建筑或设施有邮轮、渡轮、货柜船、仓库、海关、浮桥、海滨长廊、车站、餐厅、商场等。渭南最有名的码头是京师（永丰）仓码头、韩城禹门口码头及大荔北阳洪仓西等码头。民国时期，陆路交通开始发达，水运衰退。1958 年，国营和公私合营船只，转为长途木船运输。1985 年，恢复了潼关港口至山西风陵渡的渡运，设置了 4 处简易码头，并试开航运。这些码头在当时曾辉煌一时，但由于河道变化，水运衰落，大多成为历史。

京师（永丰）仓码头

在渭水、漕渠会入黄河的三河口附近，汉、隋、唐皆设置巨型粮仓，便于漕粮中转和漕船替换。西汉京师仓设置于今华阴市35公里岳庙镇段家城村北、西泉店村南的瓦渣梁上，渭水支流白龙涧河（古称沙渠水）环绕仓城。汉京师仓储粮容量每年达数百万石，数量巨大，漕船众多，在白龙涧河入渭水处及仓城下边，有规模巨大的码头，但因遗迹无存，具体情况不详。隋文帝又于此处设广通仓，炀帝时改名永丰仓，唐因之。《隋书•食货志》记载："开皇三年（583年），朝廷以京师仓廪尚虚，议为水旱之备……又于卫州置黎阳仓，洛州置河阳仓，陕州置常平仓，华州置广通仓，转相灌注。漕关东及汾、晋之粟，以给京师"。华州永丰仓，储谷粟数百万石。隋大业五年（609年），为赈济关中，曾发广通仓粟三百余万石。唐永丰仓接纳陕州太原仓及龙门仓两个方向来的漕船，主要起中转作用，因而设有码头。历史文献虽未记载永丰仓港的规模，但从仓储数量之大（中转数量相应亦很大）看，应相当于太仓附近的港口码头。

韩城禹门口码头

据《陕西通志》载：民国21年（1932）9月，"龙门之南迄潼关，则帆樯栉比，运输往来商货颇多"。所运货物，大多是陕北，韩城之煤直流而下，至潼关再转而东行。沿河航道，最繁之码头，则为芝川、大庆关与三河口等处，船行单程，一次由龙门至潼关需四至五日始达。韩城黄河上游由宜川境石坪港口经韩城流入合阳、大荔至潼关，流长134公里。韩城禹门口码头位于韩城县东北33公里的黄河上，春秋时期设立。隔河与山西省河津县相望，是联结秦晋渭河与汾河流域的捷径。河面常水期宽100米，洪水期宽200米，水深洪水期18米，常水期13米，为天然码头。

民国初年由私人经营，后官方设机构管理，包给船民经营，1919 ~ 1928 年停渡。1938 年韩禹公路建成后，渡运趋于繁忙。同年于渡口附近修建铁悬索桥一座，铺设桥面板后可通行人、马车。两岸渡口由韩城、河津两县政府派员组成渡管会管理。1973 年 7 月，禹门黄河公路大桥建成后码头撤销。

大荔大王庙、北阳洪等码头

昔时大荔境内航运码头属洛河的有太山渡、北阳洪、南阳洪、赵镇渡等。属渭河的有阳村、仓西码头。明清时期，大荔、朝邑输入山西潞盐、生铁、焦炭等皆赖洛河沿岸码头停泊卸货。民国 14 年（1925），大荔商会集资修建大王庙码头（由太山渡移设）。码头上设有“同裕生转运货栈”、“同裕炭厂”、“泾洛工程局材料股”。曾一度成为大荔县输出输入物质的中转枢纽。北阳洪是输出输入的重要码头，仅民国 24 年（1935），即由此输出棉花 198 万公斤，以舟楫航运至潼关，再由火车运往上海、青岛、郑州等地。1949 年以后，公路建设发展，航运日趋冷落，码头逐渐湮没。

第三章　内河运输

渭南的先民们早在远古代时期就发明并使用了舟楫这一运输工具。舜帝时期，黄河、渭河已有船队来往。至大禹治水，在疏决梁山，开凿龙门时，“陆行车，水行船”，船已成为广泛使用的交通工具。周初，周文王娶莘（今合阳）女太姒时，“亲迎于渭，造舟为梁”。周武王灭商，曾用大型木船将军卒渡过黄河。春秋初期，秦人曾在渭河中利用“舫舟”为军事运输服务。公元前 647 至 646 年，秦穆公为救济晋国饥荒，曾输粟于晋“以船漕车转，自相望至绎”，史称“泛舟之役”。在西汉、隋、唐时，针对渭水水浅沙深、阻碍航运的缺陷，开凿了关中漕渠。关中漕渠比渭水自然航道优越，保障了都城长安人需、军需供应。渭水在唐、宋及其以前，主要以官物官运为主，明、清以后、则以商运、民运为主，直至民国时期。洛河运输在秦汉以前就有“澂邑漕仓”，明清代沿洛河各县县志均有洛河渡口及航运史料。渭南的内河运输自陇海铁路及西安至潼关公路修成通车后，逐渐衰退。

第一节　客运

河流，为人们的接触交往形成了巨大的交通动脉。史前时代的原始渡具极其简单，任何具有较大浮力的自然物都可用作渡河工具，《国语•鲁语下》说：“夫苦匏不才于人，共济而已”，人们腰系成熟晾干后的葫芦，就能泅水过河。黄河沿岸新石器时代早、中期遗址中大量发现仿葫芦陶瓶，说明古代人利用葫芦舟渡河是相当有效且长久的。后来用竹木一类材料编扎而成的大筏小桴，“刳木为舟，剡木为楫”而成的独木舟相继问世，人们便可较为安全地划行而过；如使用桴筏，还能浮载物品行进。以通行为目的的航运活动，最早就是隔河而渡而不是长距离航行。《诗经•国风•河广》所说“谁谓河（黄河）广，一苇杭之”，即说的是在黄河济渡的事。济渡又称津渡，《文学源流浅说》释“津”称：“象人立舟上，引竿刺船”（见图3-1）。

图3-1　先民引竿刺船图

春秋时，秦、晋两国既互相越过黄河进行军事攻伐，也多次夹河而盟。军事行动有：秦穆公十五年（前645），秦、晋战于韩地，虏晋君，晋献河西之地。秦康公四年（前617），晋伐秦，取少梁（今韩城市芝川一带）。这些大规模的军事行动，千百只舟船在黄河中东、西往还，其规模已远远超过一般交通意义上的济渡。战国时，秦国与赵国渡越黄河的活动，《史记•赵世家》记载：赵肃侯二十二年（前328），“赵疵与秦战，败，秦杀疵河西（今渭南境黄河以西地带）”。《史记•淮阴侯列传》记载，刘邦军起自汉中，平定三秦后，从临晋（今大荔县东）布兵、以攻河内（今山西境），遂遣韩信，“从夏阳，以木罂缶渡军，袭安邑”，又“引兵东，北击赵、代”。夏阳在今陕西韩城市境。渡具为木质或陶瓷质的盆、瓮，仿佛先民的济渡用具。

三国时，魏伐蜀，在西汉漕渠的基础上，再引汧水向下与渭河平行修筑成国渠作为运送军需与兵源的航道。隋文帝改漕渠为广通渠。唐代两次扩修，仍称漕渠，为当时的主要运输线。明、清时潼关设有官船，雇民夫撑架。清雍正六年（1728）春，奉朝廷令山西省将额设木船9只、风陵渡水夫 24 名、大庆关协济风陵渡水夫 60 名拨归潼关，潼关有船 11 只，水夫 84 名。乾隆四年（1739）裁永乐镇巡检司渡船 1 只、水夫 6 名，归并风陵渡巡检司管理。清代以后，因泥沙淤积，渠废。

1937 年 9 月，朱德、任弼时、左权等率领八路军 115 师、120 师和 129 师从韩城县芝川镇东渡黄河，开赴抗日前线。翌年，杨虎城部李兴中率 177 师亦从合阳县夏阳渡东渡黄河抗日。1941 年，渭河有行船 250 只，圆船 200 只，每船载重 3 万公斤，圆船载重 0.5 万—1 万公斤。往来地点，一由龙门经三河口至咸阳，一由河南陕县经三河口至咸阳。1945 年，木船运输渐绝，只留各渡口摆渡运输。陇海铁路通车后，航运被铁路运输逐渐代替。

20 世纪 50 年代初期，黄河北干流禹门口以南的航运首先在潼关一带发展起来。1949 年，潼关渡口有船 102 只。6 月 2 日，安全渡运中国人民解放军西进。同年潼关县成立木船合作社、航运队，经营客货运输。1950 年初，陕甘宁边区政府和西北军政委员会交通部指示西北军区后勤运输部潼关第四办事处，将解放战争末期所有支援军运的船只，交由潼关县人民政府接管，然后分散自主经营。计有韩城县芝川、合阳县夏阳、大荔县大王庙、朝邑县北阳洪和潼关县潼关渡等地的民船共 79 只，载重吨位 838 吨。1951 年为 74 只，载重吨位 844 吨，客运 29 万人次。这些民船开始为个体经营，通过公会组织进行松散的管理。“三反”、“五反”运动后，建立了 5 个船民协会，逐步变分散经营为互助合作经营。1955 年，潼关同山西省联运，有木船百余只，拖轮 2 艘。潼关港的船只虽然不少，但主要是为潼风渡（潼关—风陵渡）渡运服务。1958 年，黄河便桥通车，船运停止。

1962 年关中内河航运管理处改为关中航运公司后，曾计划在潼关、韩城间开辟航运，并进行试航，由于泥沙淤积严重，未获成功。1984 年 9 月 1 日，潼关县黄河航运公司成立，有木船 2 只，拖轮 1 艘，日渡过往客货汽车 200 余辆次。1985 年，又恢复了韩城、合阳、大荔、潼关四县境内的航运码头，初步开通了禹门口以北 43 公里的黄河航运，并对禹门口—潼关间的黄河航道治理进行了可行性论证。同时，建立了潼关黄河造船厂，试制适应黄河小北干流特点的超浅机驳船和钢质机动船。

20世纪80年代，水路客运平稳，运距徘徊在7公里至120公里之间。随着沿河地区改革开放，水路客运搞活，客运较快发展，平均运距有所增加。90年代后，受水资源环境、经济发展水平以及其他交通运输竞争等影响，内河客运于消长起伏中发展。随着公路、铁路的不断进展，分流了传统的水路货源，使水路运输步步退缩，但旅游客运兴起并成为水路客运新的增长点。2002年，完成客运量17万人次，客运周转量45万人公里；2015年，完成客运量14.8万人次，主要为水上旅游。

第二节 货运

在人类历史上，内河运输是较早采用的一种运输方式，后来逐渐认识掌握河流规律，开始整治河道，挖掘运河，建筑船坝，使之适合人类运输的需要。早期内河运输都是单一船舶运输。尽管改进船舶结构，增大载重吨位，但载重量受内河条件制约。渭南辖区黄河、渭河、洛河三河水上交通便利，尤其是唐以前各王朝建都长安期间，渭南水运（古称漕运）兴盛不衰。民国时期，陆路交通开始发达，水运衰退。

黄河货运

渭南内河货物运输历史悠久。黄河航运始于舜帝时期。据《尚书•禹贡》载：昆仑、析支、搜渠等西戎各族用出产美玉、美石、珠宝等作为贡物，在积石山（即阿尼玛卿山）附近黄河装船，航行到龙门、西河（韩城至潼关的一段黄河），与从渭河逆流而上的船只会合于渭汭（今潼关县境）。据《左传》记载，周襄王五年（前647），晋国发生饥荒，派使臣到秦国购买数万斛（1万斛约相当于今150吨）粮食，从秦国都城雍（今陕西凤翔县），用船载粮沿渭河顺流而下入黄河，以人力拉纤，逆流而上入汾河，再溯汾河抵达晋国的都城绛（今山西新绛县），史称“泛舟之役”（又称“秦输晋粟”）。汉高祖元年（前206），在今风陵渡处设船司空（官名）衙门，专管黄河、渭河船库和水运事宜。后改设为船司空县。是时，黄河航运粮每年数十万石。隋开皇四年（584），在汉漕渠基础上凿广通渠沟通黄、渭两河，漕运关东及汾晋之粟，以给京师，并于南仓头仓西一带设置广通仓（后改名永丰仓，位于华阴市东北渭河入黄河处），储粟转运，然后到达关辅。唐代，根据河水流量沿途分段建仓储粮，按季节分段区装运。唐咸亨三年（672年）继续兴办漕运，在河东黄河边把粮食装船后，顺流南下至渭水口，再溯渭水而上至长安。《唐会要·卷八十七漕运》记述：“河渭之间，舟楫相继”，一直运到东渭桥仓。河东一带沿汾水将汾、晋、绛等地的几百万石粮，由汾入黄，由黄入渭，运到京师长安。除粮食运输以外，唐代黄河北干流木材漂运兴盛。唐开元、天宝年间（713～756年），长安城营造用的木材，一般都是在黄河北干流沿侧的岚州（今山西省岚县、合河、岢岚一带）和胜州（今内蒙古托克托县一带）采伐，利用黄河北干段漂流，到三河口再收拢转入渭水，溯流西上，达于长安。

宋、金、元各时期，黄河交通运输体系得到充分利用，除运军粮外，金政权移都汴京（时称南京），宫殿建筑用材，部分来自黄河北干流两侧。明代沿长城一带驻军的粮食供应，多来自山西、河南，其中一部分溯渭河而上，再陆转庆阳府，一部分溯黄河北干流而上，再陆转延绥。潼关设有官船，雇民夫撑驾运输。陕北和山西的煤、铁、盐、杂货经黄河航运而下，再由渭河逆行运至沿岸各县出售，直至咸阳集散，运销今甘肃等地；关中粮食、棉花、木材则顺渭河而下，经黄河逆水而上，运至晋南各地。万历三十五年（1607年）《韩城县志》载：“龙门之炭，源源济济，陕以西，咸需之。舸堞辐辏，利用宏远。”清初，风陵渡设风陵巡检司（地址设今潼关县港口镇馆驿巷内）。秦省设官船2只，晋省设9只，风陵渡水夫24名，大庆关协济风陵渡水夫60名。康熙时，船只“自韩城而合阳，而同州，而朝邑，自河达渭，以及长安、周至以西，载以易粟，岁以为常。”

乾隆四年（1739），山西永乐巡检司将永乐渡船 1 只，水夫 6 名归并风陵巡检司管辖。道光二十九年（1849），为防止水夫恶索为害行旅，船只谋利超载，购置救生船 2 只，并设立救生局。

民国初期，潼关县将清代所留官船 12 只和救生局移交商会管理，租赁给 12 名艄公。民国 18 年（1929），陕西大旱，朝邑赈济会派员到豫西一带购粮，由灵宝沿黄河逆流而上，并转入渭河、洛河码头，赈济灾民。十九年（1930），据陕西省黄、渭、洛三河航运总表记载：货运种类有棉花、水烟、杂货、京货、面粉、麦、麻等 19 种物品，其中黄河年航运量为 34784 吨。民国 20 年（1931），黄河上每年渡运食盐 65 万公斤，铁 36 万公斤，粮食 3.6 万公斤。禹门口日有煤炭 1 万公斤运抵潼关县销售。22 年（1933），陇海铁路通车潼关后，河南大量船只上溯潼关集结风陵渡，由潼关指定在东关营运。民国 26 年（1937），日寇侵陷山西赵村后，黄河航运、摆渡均停止，潼关 12 只官船调至渭南。民国 34 年（1945），抗日战争胜利后，黄河航运、摆渡逐渐恢复。

1951 年，潼关渡等地的民船共 79 只，载重吨位 844 吨，年货运量 2.7 万吨。1952 年，货运量 2836 吨，货物周转量 103172 吨公里；渡运物资（含客运换算）774457.8 吨。1953 年，货运量 5667 吨，货运周转量 307487 吨 / 公里；渡运各种物资 85111 吨。在潼关至禹门口一段黄河经营航运的，主要是韩城县芝川码头的木质方型船，于每年的秋、冬、春季节，将韩城县的一部分农产品，经由潼关船运至渭南交有关部门收购，然后转运西安。由于黄河航运条件险恶，一年只有四五个航次，运量不大。后来合阳、大荔、朝邑航运社的木船也在黄河中经营航运业，其船只数量及载重吨位为：1955 年为 55 只，载重量 684 吨；1956 年为 57 只，载重量为 686 吨；1957 年船只数量稍有增加，年货运量 6.23 万吨，货运周转量 308.49 万吨 / 公里，比 1956 年分别增长 46.7% 和 29.9%。1958 年 12 月，合阳夏阳航运社改为韩城县运输公司夏阳航运队。1961 年，改夏阳航运社为合阳县运输公司夏阳航运站，时有木船 9 只，200 个载重吨位，职工 24 人。1964 年木船增至 13 只。1966 年起因“文化大革命”而停止。1978 年，国家改革开放，群众自办航运，当年沿河群众贷款购机动船。1979 年，共有机动船 4 艘，在合阳、韩城间从事短途货物转运。

1984 年航运恢复。9 月，潼关县成立黄河航运公司，有木船 2 只，拖船 1 艘，日渡过往汽车 200 余辆次。12 月，陕西省政府批准韩城市成立黄河航运管理处（后改名为“航运开发公司”），设矶子山、下峪口两个港务站。在黄河北干流禹门口的船窝至下峪口 16 公里一段，为沿河民户运送煤炭，年运输量约 4 万吨左右。1985 年，黄河货运量 11.9 万吨，货物周转量 23.8 万吨／公里。1987 年春，大荔县投资 10 万元，购建 1 只 10 吨钢船在黄河承运货物。是年，辖区黄河货运 1 万余吨。1988 年，开通了战菠罗至禹门口 43 公里的黄河航运。1989 年 10 月，在禹门口大桥南边建成临时码头，吞吐量为 5 万吨，至年底承运量 500 吨。1993 年，货运量 38.3 万吨，货物周转量 76.6 万吨公里。1994 年风陵渡黄河公路大桥建成后停运。

渭河货运

渭河货运与黄河同时始于舜帝时代。周襄王五年（前 647）“泛舟之役”后，渭河水量大，河道宽畅，成为由关东运粮到长安的重要运输通道。西汉初年，在楚汉战争中，萧何留守关中，为刘邦军队筹措军粮，通过渭河至黄河航道，把军粮源源不断地运往荥阳前线。汉元光六年（前 129），大司农郑当时针对渭河下游弯道多，漕运不便的问题，建议开凿漕渠。武帝发数万军民修筑，自长安至潼关 150 公里，三年建成。同时，在三河口南岸台塬（今华阴市岳庙镇段家村北）建京师仓。自此，渭河漕运船出现每船装载 500 斛至 700 斛的大船，漕运量大增，由汉初“漕转山东粟，以给京师，岁不过数十万石”，到元封年间（公元前 110 ～公元前 105），“年漕运量竟达 600 万石，民不益赋而天下用饶。”东汉初，漕运兴旺，“鸿渭之流，经于河。大船万艘，转漕相过，东综沧海，西网流沙。”（杜笃《论都赋》）。南北朝宋永初元年（420），武帝刘裕乘战船逆渭河而上，直达长安北门渭桥，舍船登岸，攻破长安，灭掉后秦。隋开皇四年（584），引渭水于大兴城（即长安），改漕渠为广通渠，把大兴与潼关连接起来，“转运便利，关内赖之”。唐代，漕渠因泥沙淤积，水量不足，多次疏浚。开元二十九年（741）三月，陕郡太守兼水陆转运使韦坚根据隋漕运旧迹，从禁苑（在长安城宫城北）西面引渭水东流，横断灞河、浐河，纳秦岭诸峪之水，与渭河平行，重修漕渠，在华阴与渭河汇合，使经三门峡而来的漕船直通长安，每年从关东漕运粮400万石，其他百货不计其数。唐以后，历经宋、元、明诸朝730余年，渭河泥沙淤积，水量锐减，航运衰落。清代，山西和韩城的煤炭从黄河龙门装船航行到三河口入渭河，再由渭河上溯到渭南县白杨寨、西安草滩、咸阳码头卸煤，然后由大车载运各地。民国初年，渭河航运渐少。民国19年（1930），渭河航运计有约19种货物，总量5260吨。民国30年（1941），渭河有行船250只，圆船200只，每船载重30吨，圆船载重5～10吨。航道有由龙门经三河口至咸阳和由河南陕县经三河口至咸阳两条。陇海铁路通车后，航运被逐渐代替。民国34年（1945），木船运输渐绝，只留各渡口摆渡运输。

1959年，三门峡治理黄河工程需开通渭河航运，陕西省关中内河航运管理处在渭河和北洛河始搞拖带运输，并在大荔县石槽码头设立航管站和码头仓库，先后购置钢质喷水拖轮2艘，160马力；木质拖轮3艘，260马力；改造、新造木驳船29艘，596吨位。潼关县航运生产合作社亦建造木质拖轮1艘，80马力；木驳船10余只，200余吨位。运输物资除前述的农产品外，还有三门峡库区的移民搬迁物资、粮食、家具、拆房木料等，年航运量819万吨。1962年3月，移民物资运输停止。渭南辖区渭河以北各县的农产品运输由公路所替代，渭河航运业衰落。船只转向潼关沿黄河向三门峡库区河南省灵宝县一带转运煤炭，年运输量为万余吨。1963年航运机构撤销，7艘拖轮调拨给陕西省公路局，改作渭河耿镇、新桥和上张渡等渡口作渡船用；革新船16只、渡船14只封存处理。1969年航运公司撤销。

洛河货运

春秋至秦汉时期，在今蒲城县境洛河西岸，建有澂邑漕仓，洛河航运尚属正常。此后，洛河水量逐渐变小，航运以摆渡为主，主要为两岸群众生产、生活服务。明清代，沿洛河各县县志均有洛河渡口及航运史料，洛河沿线渡口多达 25 处，有官渡口和民间渡，多以一只木船摆渡，载重 1 ～ 2.5 吨，船工 1 ～ 2 人，载客 20 ～ 30 人。此时，白水洛河沿岸，设有船渡四、五处，民国时期剩 3 处，即张家船、狄家河、田家河（折家沟），木船摆渡。澄城县境内有渡口 7 处，即船头渡、洞子崖渡、蒋家河渡、李村渡、下段村渡及尧头渡、蔡邓渡等。蒲城县境内有渡口 11 处，均系乡间小渡。大荔县境内有渡口 4 处，船舍渡清时为官渡，设船 1 只，船夫 2 人。韩城、山西的煤、铁、盐等物资从龙门起航或从汾河进入黄河运至潼关，进入渭河转入洛河，逆行至朝邑北阳洪码头或太山头码头卸货，再由车载陆路运往周边地区。民国初期，航运线路、物资种类未变。摆渡渡口除晋城渡、蔡邓渡、石羊渡可通行车辆外，其余为只通行旅的小渡。民国 19 年（1930），洛河航运物资共 3910 吨。解放战争时期，人民解放军曾在洛河船舍渡用木船架设浮桥，渡河西进。

中华人民共和国建立初期，渭南、大荔、韩城一带公路等级很低，路况很差，加上渭南县渭河上涨渡、大荔县洛河石槽渡均无桥梁，用木船渡运汽车很不方便。凡韩城县芝川一带运往西安的棉花和大荔、朝邑县运往西安的粮食、棉花、花生、红枣等物资，以及经由潼关运往大荔县的食盐，多由马车先集中于沿河各码头，再利用船只运输。当时参加航运的大小木船有 50 余艘，分别来自潼关、大荔、朝邑及韩城县的芝川等地。1955 年，陕西省交通厅在潼关设立关中航运管理所，经营管理黄、渭、洛航区的长途航运业务。由于黄河航运条件恶劣，芝川的木船在芝川—潼关间每年只能安排四五个航次，运输量有限。渭河、洛河为主要航线，年运输量约 2 万吨、百余万吨公里。

1959年初，潼风渡开始架设铁路桥，以连接同蒲（大同——蒲州）铁路与陇海铁路，潼风渡渡运业务即将停止。陕西省交通厅将潼风渡管理处与关中航运管理所合并，在潼关成立关中内河航运管理处，开始购买和建造机动船舶，以开展渭河和洛河的拖带运输，并在大荔县石槽码头设立航管站和码头仓库。先后购置钢质喷水拖轮2艘，木质拖轮3艘，改造、新造木驳船29艘。

同时，朝邑木船队并入渭南专区航运管理所第二木帆船队后，转为国营，新置木船39只，累计木船73只，载重674吨，分别停泊于大王庙和渭河阳村码头，往返于大荔、渭南，月平均航运量1000多吨。是年，由大荔调往河北、山东、江苏、江西等15个省（区）的775万公斤小麦良种，全部通过洛河航运到潼关港口卸船，再装火车外运。至1962年，运输物资除前述的农产品外，新增加了移民物资。由于三门峡水库即将蓄水，大荔、朝邑、华县、华阴、潼关等县库区农民将迁移外地，粮食、家具、拆房木料等搬迁物资数量巨大，原有木船难以承担，又将潼风渡停业的渡船也调来参加移民物资运输。年航运量猛增至819万吨、近千万吨公里。1963年，由于三门峡库区回水影响，河道淤积，航运停止，各摆渡渡口仍然营运。

1970年，白水张家渡、狄家河渡、田家渡口停渡。是年，大荔县洛河桥建成，船舍渡废止。1985年，澄城县渡口多数停废，蒲城县存有蒙家坡、党家湾、索村（阿村）、麻街（船头）、黎起、淳风（直社）、北湾、南湾（西湾）、东湾、晋城等10处渡口摆渡。1986年，蒲城县农户李齐顺、李陆全集资4546元，新制木船一只，载重10吨，于洛河西岸架设一条长114米缆绳，在索村渡摆渡马车、小四轮拖拉机，日摆渡10余辆次。1987年5月，党家湾水电站建成发电，行人改由滚水坝通过，党家湾渡口废止。此后，洛河建成多处公路桥梁，人车通行方便。20世纪90年代，除少数渡口有小型渡船外，多数渡口废弃。

第三节　水上旅游客运

渭南地处黄河中游中心地段。黄河由延安入境，流出韩城龙门后进入平原，渐为宽阔，再经韩城、合阳、大荔、潼关，出境入豫，南北长100多公里，东西宽约10公里。由于地形地势的历史变迁，形成了以合阳洽川为主体的黄河中游500多平方公里的湿地自然风景，内有峪谷、滩堡、沙洲、瀵泉和芦苇、荷花生态奇观及人类社会活动形成的古代政治、军事、经济、文化遗迹以及革命纪念园地等，构成了别具一格、风格独特的黄河大峡谷湿地风光带。1999年9月，国家增加法定休假日，春节、“五一”、“十一”休息时间与前后双休日拼接，形成7天黄金周。黄河大峡谷湿地风光带成为水路交通新的增长点。2002年，全市水上运输客运量17.6万人次，客运周转量70.4万人公里。2008年，全市水上运输客运量23.08万人次，客运周转量86.29万人公里。“十二五”时期，全市新增船舶103艘，水路运输企业4家，分别比“十一五”时期增长了36%和36.4%，船舶检验和船员发证率分别保持在98%以上。至2015年底，全市共有水上旅游景区10处，旅游船舶240余艘，客位1062个，主要分布在黄河、渭河、洛河及沿河湖泊园林风景区。

韩城秦晋大峡谷旅游客运

黄河在韩城境内形成的秦晋大峡谷，为秦晋高原间最壮观、最宽阔浩瀚的景色。龙门，传说系夏禹所凿，形制如闸口，扼黄河咽喉。上游为石质崖岸，两山对峙，相距百米，河水在四百米深的峡谷中咆哮奔腾。古代船工到此，提心吊胆，即“船走禹门口，如从地狱走”之险要形势。出两山之后，凶猛的河水骤然变得无声无息，缓缓流动，弥漫浩渺，两相反衬，蔚为神奇。从龙门逆水而上，黄河滚滚激流变成一束，从60米宽的峡谷中喷出，两岸岩石壁立千仞，形若其门，故曰“石门”，构成了一处奇特的龙门、石门、孟门山河胜景，山水壮美，堪称“北国小三峡”，此处成为韩城水上旅游一大热点。1996年，韩城港务公司租赁郑州黄河旅游公司气垫船2艘，每艘核定乘客定额40客位，经试航成功后，经营该段水上旅游客运。经营不久，由于所租赁气垫船属老旧船，故障多且缺少配件而停运。2000年4月，韩城黄河航运公司租赁水陆两栖17座气垫船1艘，由禹门口至壶口航道载客试航成功。同年7月，航运公司投资60万元，开通了禹门口码头至黄河峡谷咽喉部石门的旅游航线，往返载运游客水上观光旅游。2003年10月停止运营。2008年底韩城市共有各类船舶65艘，其中两栖10座气垫船两艘。有30座机动游船6艘，游艇5艘。在黄河禹门口至石门之间，用于游客黄河水上旅游。4座以下的游船主要营运在韩城陈村水库、清水浴泉湖、金塔公园、下峪口黄滨公园人工湖供游客水域游戏。另有经批准在黄河抽沙经营户自制漂筏船12艘，水上从业人员100余人，游客量年均3万人次。2010年9月，地处韩城市龙门镇禹门口的黄河龙门旅游开发有限责任公司，投资120万元，船舶6艘，主要经营黄河禹门水上旅游运输。2013年后韩城市计划单列，水上运输由陕西省航运局直管。

洽川风景名胜区旅游客运

洽川风景名胜区，位于合阳县城以东20公里的黄河之滨，景区内的黄河湿地“万顷芦荡，千眼瀵泉，百种珍禽，十里荷塘，一条黄河”，自然风光十分迷人。诗经文化、黄河文化、古莘文化源远流长，帝喾、大禹、伊尹、太姒、子夏、达摩以及古有莘国等遗迹、遗址丰富，面积176平方公里。2002年，西安人李保华在洽川景区太里湾一级站组建迈捷可漂流有限责任公司，总资产20万元，渡船和漂流筏21艘，职工14名，有证船员10名。该公司随后又投资35万元，购漂流舟15艘，主要经营黄河漂流。水上观览、娱乐服务等。2002年10月，洽川航运中心在洽川镇夏阳村组建，固定资产45万元，有各类船舶14艘，职工28人，持证船员25人，主营载客游览。依据发展需要，公司改名洽川秦通航旅有限责任公司，投资45

万元，船舶增至21艘，旅游里称5公里，年客运量0.4万人，客运周转量2万人公里，收入15万元。2003年，洽川处女泉管理处与西安旅游公司合资组建西旅洽川公司，总资产3040万元，各类船舶77艘，职工60名，持证船员11名。随着发展变化，公司改名洽川风景名胜区开发有限责任公司，注册资本12723.55万元，主要经营洽川风景区水上游乐，餐饮、副食等。大、小船舶增到78艘，旅游里称10公里。年收入577.38万元，客运量13.5万人，客运周转量67.5万人公里。2003年11月20日，陕西网件科技有限公司合阳浮桥管理分公司开始筹建，2008年5月1日开业营运，公司地处洽川风景区与山西吴王古渡之间。浮桥跨越河道620米，由陕西长安公路设计咨询公司设计，浮舟由山东济南黄河造船设计并施工，船舶31艘，总投资4900万元。年客运量54万人、客运周转量28.08万人公里，货运量89万吨、货运周转量46.28万吨公里。年收入183.23万元。2009年7月，黄河魂漂流有限公司，投资32万元，购快艇2艘，漂流舟15艘，主要经营黄河水上漂流。旅游里称10公里，当年完成客运量2.8万人，客运周转量28万人公里，年收入76万元。11月，黄河魂生态游览有限责任公司，投资175万元，购置船舶6艘，主要经营水上旅游运输。旅游里称10公里。年客运量0.4万人，客运周转量4万人公里，年收入90.6万元。2013年，国庆节假期7天时间，合阳县共计接待游客41.2万人次，旅游收入1.27亿元，同比增长30%。其中：洽川景区接待游客21.8万人次，同比增长34%；门票收入367.7万元，同比增长48%。2015年，洽川国家级旅游景点，从事水上运输的各类企业发展至6户，共有游船195艘，年完成客运量7.4万人，客运周转量39.95万人公里，年收入997.66万元。

潼关黄河风景区旅游客运

潼关黄河风景区位于潼关古城边，奔腾南下的黄河，穿秦晋峡谷，兼容了西来的渭、洛河水，交汇后在此急折东流。沿河东西横向长约10公里，水上岸上以及滩涂绿洲可开发面积20平方公里。区内有黄河、渭河、女娲陵、潼关古城及众多的古战场遗址。2000 年初，潼关县成立了黄河风景区管理处，开始对外招商引资及开发宣传。2001 年 4 月，开通大型游轮 " 金三角号 " 的上下游航线，开设“乘黄河游艇游三河交汇，观两色河水”独有项目 。2013 年 4 月，金港湾黄河漂流有限责任公司成立，投资近 200 万元，置漂流艇 7 艘，游艇 3 艘，年客运量 0.8 万人，4 月 12 日，宏达黄河水上娱乐有限公司成立，投资金 30 万元，置游艇 6 艘，年客运量 0.5 万人。2015 年 6 月 27 日，大船水上娱乐有限公司成立，投金 30 万元，置游艇 6 艘。至 2015 年底，潼关有水运企业 3 家，游艇 23 艘，年运送游客 0.8 万人。

大荔同州湖景区旅游客运

大荔同州湖风景区位于洛河大荔城区段，占地面积 4 平方公里，蓄水湖面 66.7 公顷、设置景点 20 余处，日可容纳 5 万～10 万人游乐观赏，成为集文化、民俗、休闲、体验、旅游为一体的新景区。同州湖风景区水上旅游应运而生。2014 年 7 月 23 日，天隆水上乐园有限公司成立，投资 200 万元，购游船 18 艘，年客运量 3.6 万人。7 月 24 日，鑫鑫水上乐园有限公司成立，投资 200 万元，购游船 18 艘，年客运量 3.5 万人。8 月 8 日，喜洋洋娱乐有限公司成立，投资 500 万元，购游船 24 艘，年客运量 6 万人左右。至 2015 年，大荔有水运企业 3 家，游艇 60 艘，年运送游客 13 万人。

白水林皋湖生态休闲游乐区旅游客运

林皋湖生态休闲游乐区位于白水县城西 20 公里处，由林皋河、白石河汇聚而成，水域面积 130 万平方米。湖区风景优美，环境优雅，是旅游避暑胜地。2009 年 4 月 29 日，林皋湖生态开发有限责任公司成立，投资 56.8 万元，购船舶 49 艘，主要经营水上旅游。旅游里程 10 公里。当年客运量 6.1 万人，客运周转量 61 万人公里，年收入 61.2 万元。至 2015 年，白水有水运企业 1 家，船舶 59 艘，年运送游客 2 万人。

第六篇

交通企业

交通企业涉及公路勘测设计、施工、监理、公路客货运输、运输服务、船舶修造、驾驶员培训等诸多行业。渭南是陕西省近代公路交通发端的地方，公路客货运输历史悠久，但因初期客货运输企业注册地均在西安，故其相关运输服务初期亦多依托西安等地。渭南的船舶修造企业因黄河、渭河水运之发达曾兴盛一时。至 2015 年，渭南交通各类企业除勘测设计外基本门类齐全，尤其是客货运输企业取得了长足发展。

第一章　公路企业

民国10年（1921），冯玉祥出于军事、政治需要，责令驻军和沿途各县修建西（安）潼（关）公路，揭开了渭南地区公路建设的历史。民国16年（1927）冯玉祥率国民军并征用民工对临潼至华阴段进行了整修。其后渭南境内相继修建的渭（南）宜（川）、三（原）合（阳）、渭（南）白（水）、夫（水）大（荔）等公路，因公路等级低、施工技术简单，亦多为沿路地方政府征派民工修建而成。

中华人民共和国成立初期，陕西境内的公路施工，国道由西北公路局管理，省道由陕西省公路局管理。1951年4月，陕西省公路局并入交通厅，设交通厅工程总队，主管全省公路测设和干线工程施工。此时，渭南各级人民政府亦组织群众抢修公路，开展护路活动。1952年，干线工程改由省属专业工程队雇工施工。1958年“大跃进运动”中，各县纷纷动员社员新建公路，县、社公路有了一个大发展。1965年7月，渭南公路管理总段工程队成立，此为渭南境内第一家公路施工企业。1968年冬，渭南专区革命委员会动员广大群众普遍整修了全区的干线公路和县社公路，掀起群众性的铺筑泥结碎石路面活动，为建设黑色路面作准备。1969年至1971年的“三线建设”公路工程，实行“依靠地方，依靠群众，大打人民战争”的方针，由工程所在地、县组织施工，以基干民兵组成筑路队，省属专业队分散承担大中桥梁建设。1973年起，干线新建、改建工程以省管为主，省属专业队负责施工，地、县组织民工包干完成境内的路基土石方工程。1976年按新四级标准重建改建县级公路，修建县乡公路桥梁，渭南地、县组织施工时，采用投资包干，将“公助”资金和工程任务、质量要求、建设工期等指标，逐级下达层层包干完成。1986 年起对重点工程实行招标和建设监理制。至 20 世纪 90 年代初，渭南地区公路管理总段系统先后设立养路机械修造厂、拌合厂、机械租赁站等辅助公路建设施工企业。90 年代末，渭南始有公路施工监理企业。

第一节　施工企业

1965 年 7 月，渭南公路管理总段工程队成立，主要承担总段管理范围内计划下达的公路水毁修复和大中修工程的施工任务。

1974 年 4 月，陕西省渭南地区公路管理总段汽车队成立，同年 9 月 18 日扩建后改称为陕西省渭南地区公路管理总段养路机械修造厂。

1985 年 10 月，陕西省渭南公路管理总段蒲城拌合厂成立。注册资金 200 万元。

1990 年 11 月，陕西省渭南地区公路管理总段机械租赁中心站成立。12 月 28 日，渭南地区公路管理总段工程队改名为渭南地区公路管理总段第一工程处（科级）；渭南公路管理总段蒲城拌合厂改名为渭南地区公路管理总段第二工程处（科级）。

1997 年 11 月 20 日，陕西省渭南路桥总公司成立。注册资金 4923 万元。主要从事公路路基、路面、桥涵、隧道、土石方工程。1998 年 3 月 16 日，机械中心站与物资站合并后仍称为渭南公路管理总段机械中心站。4 月，陕西省渭南路桥总公司更名为陕西省渭南路桥工程有限责任公司。当月公司获得公路工程施工总承包二级资质。

2000 年 8 月 14 日，中共渭南市公路管理总段委员会发布《关于陕西省渭南路桥工程有限责任公司管理体制等问题的决定》（渭公党发〔2000〕51 号），将陕西省渭南公路管理总段第一工程处更名为陕西省渭南路桥工程有限责任公司第一工程处，渭南公路管理总段第二工程处更名为陕西省渭南路桥工程有限责任公司第二工程处，陕西省渭南公路管理总段养路机械修造厂命名为陕西省渭南路桥工程有限责任公司第三工程处（保留原名称），陕西省渭南公路管理总段机械中心站更名为陕西省渭南路桥工程有限责任公司第四工程处，陕西省渭南公路管理总段重油库命名为陕西省渭南路桥工程有限责任公司物资供应公司（保留原名称）。公司与所辖各工程处实行两级独立核算制度。各县（市、区）公路管理段分别成立陕西省渭南路桥工程有限责任公司分公司，命名为：陕西省渭南路桥工程有限责任公司临渭分公司，陕西省渭南路桥工程有限责任公司华县分公司，陕西省渭南路桥工程有限责任公司华阴分公司，陕西省渭南路桥工程有限责任公司潼关分公司，陕西省渭南路桥工程有限责任公司大荔分公司，陕西省渭南路桥工程有限责任公司澄城分公司，陕西省渭南路桥工程有限责任公司合阳分公司，陕西省渭南路桥工程有限责任公司韩城分公司，陕西省渭南路桥工程有限责任公司富平分公司，陕西省渭南路桥工程有限责任公司蒲城分公司，陕西省渭南路桥工程有限责任公司白水分公司。

图1-1　大型沥青摊铺机进行施工作业

2004 年 4 月，渭南路桥工程有限责任公司第二工程处改制成股份制企业，成立“陕西德鑫路桥工程有限责任公司”，并从公路系统分离，走向社会，独立经营。2005 年 8 月 29 日，机械中心站合并到路桥公司，由路桥公司统一管理。2007 年 12 月,陕西德鑫路桥工程有限责任公司解体,恢复为渭南路桥工程有限责任公司第二工程处。2008 年 2 月第一工程处、修造厂合并到路桥公司。2014 年，路桥公司各处分别完成国省干线公路大中修工程、富平温泉河、县道 S304 线、大荔沿黄公路、大荔车站大街等施工任务，完成投资 19164 万元。

2015 年，陕西省渭南路桥工程有限责任公司完成公路局 6 项工程招投标任务，合计中标工程量 1.75 亿元。公司各处分别完成市公路局 2015 年第一、第二、第三批干线公路大、中修工 程、S106 线、S202 线、G210 线、澄城市政道路、蒲城通村公路等 12 个合同标段的施工任务，完成投资 29431 万元。当年公司投资 800 余万元购买大小设备 10 台件。故市、蒲城两个机械化养护中心建设持续推进，蒲城养护中心完成土地转让手续，故市养护中心完成土地报批手续，两个机械化养护中心场地建设规划已通过审批，两台 3000 型沥青拌合楼采购均已完成招标程序。公司第一工程处路面施工队获渭南市政府 2015 年度“渭南标杆”特别提名奖。图 1-2 为施工现场。

图1–2　30吨轮式压路机进行碾压作业

至 2015 年末，陕西省渭南路桥工程有限责任公司机关设有办公室、经营部、财务部、人力资源部、质量安全部和后勤服务中心。在职职工 93 人，其中干部24人，工人65人。高级工程师8人，工程师13人，助理工程师4人，技术员1人，经济师2人，会计师2人。公司下辖工程一处、二处、三处、四处四个工程处和物资供应公司及公路交通安全设施施工队。其中工程一处在职人员45人，高级工程师2人，工程师3人，助理工程师6人，会计师1人；工程二处在职人员41人，高级工程师1人、工程师6人，初级职称2人；工程三处在职人员38人，工程师3人，助理工程师1人，助理会计师1人；工程四处在职人员29人，工程师4人，助理工程师1人，会计师1人。

第二节　监理企业

1999年12月渭南公路工程中心监理部成立。2000年3月获得正式丙级资质。2004年4月渭南公路工程中心监理部更名为渭南科发公路工程监理有限责任公司。公司股本金210万元，其中，渭南公路管理局持股44.28%，监理公司职工每人持股2.14%。公司主要承担渭南公路管理局新建、改建和大中修工程监理及试验检测业务。2010年施工监理项目实行总监负责制。至年底公司共有职工25人，其中高级职称1人、中级职称12人。2013年完成了试验室新场所建设，更新了相关设备，公司试验室通过陕西省质量技术监督局资质认定和信誉度评价。2013年5月公司取得乙级监理资质。2013年、2014年在全国公路工程监理企业信用评价中，评价结果均为AA。2014年5月至10月，在陕西省公路局大中修工程“八比一创”劳动竞赛活动中，公司派驻的大中修总监办取得“先进集体”称号。2014年9月公司进行股权变更，渭南公路管理局持股100%。2015年，公司通过了陕西省质检站的专项检查和年度信誉度评价。在国家质检总局2015年度资质认定获证机构飞行检查中，现场进行了钢筋盲样检测，被在场专家评为“在陕西一行中做得最好的一家试验室”。至2015年末，公司固定资产269万元。主要试验检测设备173台。

在职员工 24 人，其中，高级工程师 4 人，工程师 13 人，经济师、会计师、档案员各 1 人。图 1-3 为业务会议现场。

历年完成的主要监理工程项目：渭南市渭河大街西段和仓程路北段道路工程、201 省道蒲城境翔村至卤阳湖一级公路改扩建工程、201 省道蒲城段卤阳湖至临渭界一级公路改扩建工程，省道 305 线罕井至铜川界二级公路建设工程、省道 202 线茨沟桥至澄城县二级公路改善工程、渭富二级公路建设工程、S202 线澄城县城过境段公路改建工程、S202 线黄龙至白水公路改建工程、华县赤水至高塘红色旅游公路、沿黄公路华阴段二级公路工程等，国道 210 线西乡堰口至镇巴渔渡通县油路改建工程、省道 304 线黄龙至大岭建设工程等；渭南境内历年干线公路大中修工程，安保工程，危桥整治工程，水毁修复工程等。至 2015 年末，在公路工程监理服务中，除未交验的工程外，已验收的工程合格率 100%。

图1-3　监理公司召开业务会议

第二章　运输经营企业

渭南的陆路交通运输在民国以前基本上处于人力畜力车驮阶段，除官办驿运外，民间运输多以车户、脚夫的个体形式和驮队、车队、脚夫朋帮等松散组合方式存在。民国11年（1922）西潼公路通车后，渭南境内始有陕西长潼汽车公司所属的过境营运汽车。民国16年（1927），潼关商人杨馥亭自购汽车3辆，于县城设华利汽车运输公司，兼营客货运输。民国19年（1930）2月，注册地均在西安的陕西商办汽车行裕民汽车公司、利秦汽车公司、四有汽车公司、利民汽车公司、由自汽车公司、德兴汽车公司先后开始经营西潼路的客货运输。4月，陕甘汽车管理局在潼关设立汽车站，开办了西安至潼关的客货运输业务。11月，陕甘汽车管理局改为陕西汽车管理局，增设渭南、华县分站，运输路线以西潼路为主。民国20年（1931）6月，在西潼线上运输经营的陕西商办汽车行达到52家，拥有客车42辆，货车85辆。民国31年（1942）1月，蒲城县县长鹿延森与陕西省公路局商议，贷款15万元，购买雪佛莱客货汽车各一辆，投入渭南、蒲城县间运输。至1949年5月，行驶于渭南境内的汽车绝大多数为省公路局所有。中华人民共和国成立后，渭南的交通运输事业得到迅速发展。政府重视公路交通，将分散的运输力纳入了计划运输轨道，对私营汽车进行了社会主义改造，全民所有制国营专业运输在国家政策扶植下不断发展壮大，形成了国营、集体专业汽车运输经营的格局。1978年实行改革开放以后，提倡“有路大家行车”，“国营、集体、个体一起上”，道路运输业进入快速发展时期。1990年，辖区机动车总数为10万余辆，其中民用汽车17701辆，拖拉机63629台（参与运输的45627台）。20世纪 90 年代后，集体、个人等社会机动车辆增加，农村柴油三轮车代替了架子车运输，拥有量逐年增多。1997 年，机动车拥有总量为 21.29 万辆，其中大型汽车 12191 辆（客车 1174 辆、货车 10824 辆、专用车 193 辆），小型汽车 17636 辆（客车 10319 辆、货车 7218 辆、专用车 99 辆），农用柴油三轮车 113803 万辆，各类拖拉机 66168 台（小四轮 36211 台、手扶 26986 台、大型 2971 台）。2002 年，全市有机动车 29.9 万辆，其中大型汽车 46484 辆，小型汽车 87300 辆，农用机动车 104583 辆（农用四轮车 6802 辆，农用三轮车 97781 辆），各类拖拉机 60660 台。2015 年末，全市客、货运企业共 458 家，出租车经营企业 44 家。

第一节　客运企业

民国 11 年（1922）陕西长潼汽车公司设立潼关分站，开始办理西安—潼关的汽车客运，并随着旅客增多，先后增开了西安至临潼、西安至渭南班车，后因战争原因历时 5 年多而停运。民国 18 年（1929）5 月，西安民生汽车局在西安中山大街设立汽车总站，开行西安至大荔客运班车，每周两班，并于民国 21 年（1932）5 月将线路延止朝邑县。民国 19 年（1930），陕西省公路局增设华县和华阴岳庙汽车分站，承办客运。民国 25 年（1936），设立韩城汽车站以卡车代客车，经营韩城到大荔间的客运。民国 26 年（1937）抗日战争爆发后停止。中华人民共和国成立后国家对民国时期的运输企业、运输车具等进行了接收和改造，相关机构也有多次变动。渭南境内从事交通运输的经营主体也先后有国营西北区运输公司西安分公司、国营陕西省运输公司、国营陕西省西安运输公司等。1954 年，陕西省西安运输公司设立韩城汽车站，开通西安至韩城班车。此后，又在白水、富平、蒲城等县开设客运业务。对私营运输业社会主义改造完成后，渭南地区的人力畜力运输社改为地方国营、集体运输公司。1966 年 12 月，渭南县运输公司购汽车 2 辆，在城区开行了公共汽车。1969 年，渭南地区汽车运输公司成立，相继开辟了渭南至西安、渭南至境内各县及部分公社的客运班车。1977 年，渭南县公共汽车公司成立，经营原运输公司城内营运线路，有客车 2 辆。20 世纪 80 年代，各县汽车运输公司相继经营客运业务，并出现个体和联营运输，长短途兼营。1981 年，白水县成立了陕西省首家专营客运的“白水县客运公司”，渭南、合阳两县的集体运输企业也分别从山西、宝鸡购进十数辆大客车经营旅客运输，是为全省首批经营客运的集体运输企业。1984 年，澄城县农民葛振兴联合三户农民集资 37 万元购买大客车 7 辆，成立“振兴运输公司”，开始规模化客运经营。在其带动下，澄城县先后成立新建、秦北、育青、民生、民和共 6 家农民个体及联户的客运经营户，共有大客车 26 辆，日发澄城至西安班车 16 班次。1994 年 4 月，渭南城区开通出租汽车客运，车辆数量少，悬挂一般民用号牌。1996 年 10 月，出租汽车启用“陕 ET”字头专用牌号，有出租车 688 辆。1997 年，韩城、华阴两市分别开通城区出租汽车客运。1997 年底，全市共有出租汽车 846 辆。2002 年，全市 11 个县（市、区）有出租车公司 35 家（其中渭南市区 12 家），出租汽车 1490 辆（其中渭南城区 795 辆），除潼关外，各县（市、区）相继都开通了城市公交。2010 年 9 月，渭运集团“渭南—西安”双层巴士专线开通运营，共投入双层巴士 22 辆，其中，渭运集团 12 辆，西安平安运输有限责任公司 10 辆。2013 年，全市完成 4607 辆车辆的北斗 /GPS 双模兼容车载终端设备安装任务。2015 年末，全市共有出租汽车公司 44 家，出租汽车 3200 辆，绝大多数车辆属私车私户挂靠公司，并采取“行业监管、公司服务、个体营运”的运营模式。其中，渭南市区共有 9 家出租汽车公司、900 辆出租汽车，车型是天语、爱丽舍、比亚迪、捷达等排量 1.6 升以上的节能、环保双燃料车，从业人员 2800 余人。全市共有客运公司 34 家，客运汽车 2172 辆，其中高级车 533 辆，中级车 995 辆，普通车 644 辆；营运线路 638 条，营运范围涉及上海、广东、山西、河南、四川、安徽等全国 11 个省、市、自治区。

渭南市汽车运输（集团）有限责任公司

渭南市汽车运输（集团）有限责任公司，其前身从1958年开始，原为西安运输公司渭南汽车站，1963年3月由原西安运输公司住渭南汽车三队和当时的渭南、大荔、合阳等七个汽车站及原交通厅关中航运处（后改航运公司）轮驳船队、船厂合并成立为陕西省渭南运输公司，包括汽运、水运两部分，隶属陕西省交通厅。1964年，撤销渭南运输公司建制，改组成立陕西省关中汽车运输公司渭南汽车中心站，将原公司水运部分交渭南三管局、陕西省公路局管理。1969年1月关中汽车运输公司撤销时，将富平、渭南两个汽车中心站合并成立为陕西省渭南地区汽车运输公司，由省上下放归渭南地区管理。1995年，渭南地区改地为市，渭南地区汽车运输公司变更为渭南市汽车运输总公司。1999年企业整体改制为渭南市汽车运输（集团）有限责任公司。

图2-1　渭运集团的渭西高速双层客车

公司以经营道路旅客运输业务为主，兼营汽车修理、材料销售、餐饮、住宿等。企业下辖12个客运公司，1个旅游客运公司，2个城市出租汽车公司；1个一级客运站，8个二级客运站，4个三级以下客运站；1个材料供销公司，2个汽车修理厂，1个汽车检测站和3个子公司（渭南市运业有限责任公司、渭南市富平联运公司、渭南市驾驶员培训学校）。公司在册职工 1562 人，离退休职工 1146 人，从业人员近 4000 人，资产规模 5.9 亿元。2011 年公司被交通运输部评为国家一级道路旅客运输企业，2014 年 2 月被评为国家道路旅客运输企业安全标准化建设一级达标企业。至 2015 年底，公司拥有各种高、中档营运客车 830 余台，客运线路 297 条，经营区域辐射到北京、上海、广东、内蒙古、四川、山东、湖北、浙江、山西等省（区）、直辖市。

渭南市公共交通总公司

渭南市公共交通总公司的前身为 1977 年 10 月成立的渭南县公共汽车公司，后多次变更隶属关系。1980 年，渭南县公共汽车公司移交县基本建设局。1984 年渭南县改市后，渭南县基本建设局改名为渭南市城乡建设委员会，渭南县公共汽车公司更名为渭南市公共汽车公司。1992 年机构改革后，渭南市公共汽车公司由市建委划归市公用事业管理局。1995 年 5 月，渭南地改市后市（县级）公共汽车公司上划市（地级）建委。2002 年渭南市机构改革后，隶属渭南市城乡建设局。2010 年 10 月公司更名为渭南市公共交通总公司，隶属渭南市交通运输局。2014 年 7 月，渭南市公共交通总公司由渭南市国资委监管，行业管理仍归渭南市交通运输局。

图2-2　渭南市公交公司投用的新能源公交车

随着中心城市面积扩大，公司营运线路逐年增加延伸，营运车辆数量增加、档次提升、更替加快。2014 年，投资 586 万元购置 28 辆公交车，见图 2-2，对公交 8 路和 19 路两条线路进行了更新。在陕西省内率先运用融资租赁模式，引进纯电动公交车 24 辆，对公交 2 路运营车辆进行了更新。围绕智慧城市建设，在城区的东风大街、朝阳大街等主要街道的 44 个公交站点，建设了具有智能查询功能的电子站牌。同时，推进智能“一卡通”建设，全年完成新发行公交 IC 卡 16000 余张，使 1000 万人次的持卡乘客享受到了乘车优惠，在城区 16 条公交线路上实行了无人售票，并顺利接入了全国城市“一卡通”互联互通。2015 年，公司计有营运线路 21 条，营运车辆 368 辆，线路网里程 260 公里，营运收入 6427.57 万元。

渭南市政通汽车服务有限公司

2014 年渭南市在陕西省率先启动市级机关公务用车制度改革，推行公务用车市场化。10 月，渭南市政通汽车服务有限公司由市交通运输局客运管理处负责组建并对其进行监管。公司性质为国有独资，出资单位是渭南市国资委，接受渭南市交通运输局业务指导。员工来源：从渭南市客运管理处抽调兼职管理人员 16 人，面向社会招聘职业经理人和 7 名专业管理人员。驾驶员为涉改单位分流安置工作的正式在编驾驶员和涉改单位解聘的驾驶员中择优聘用。公司车辆来源和构成：在涉改取消的车辆中优选 230 辆车（轿车 197 辆，商务车 10 辆、越野车 16 辆、面包车 7 辆），经过资产评估后由国有资产管理部门划拨政通公司使用。将公车专控购置 5 年以来车龄长、车况一般、市值不高的涉改封存车辆投入社会化运营，确保国有资产保值。公司将服务区域划分为 5 个片区，设立 5 个服务站就近就地派驻车辆以保障用车。各服务站的停车位延用涉改单位以前车辆的停车场地，服务站的办公用房借用以前涉改单位车队司机的休息室。公司实行联络员预约登记制度和填写派车单制度，车辆统一安装了可刷公交一卡通 POS 机，给乘用人员增加更多的选择，付费方式多样、便捷。

2015 年 1 月，渭南市政通汽车服务有限公司正式营运。见表 2-1、表 2-2。

渭南市2015年道路旅客运输企业分类统计表　　表2–1

序号	企业名称	资质等级	注册资本（万元）	经营范围	车辆数（辆）
1	渭南市汽车运输（集团）有限责任公司	一级	2684	（省际、市际、县际及县境内）班车、旅游、包车客运和客运站经营	693
2	渭南市运业有限责任公司	三级	610	（省际、市际、县际）班车、省际包车客运和客运站经营	63
3	渭南市平顺运业有限责任公司	三级	62	市际、县际及县境内班车客运	120
4	大荔县荔北客运有限公司	/	100	县际、县境内班车客运、县境内包车	64
5	大荔县荔民客运有限公司	/	70	县际、县境内班车客运、县境内包车	70
6	大荔县城市公交有限责任公司	/	50	城市公交客运	39
7	蒲城县通达客货运输有限公司	三级	30	（省际、市际、县际、县境内）班车、包车客运	56
8	蒲城县西路客运有限公司	/	100	县际、县境内班车客运、客运站经营	28
9	蒲城县城市公交有限责任公司	/	80	县际、县境内班车客运	10
10	蒲城通达客货运输有限公司平安客运公司	/	50	县际、县境内班车客运、客运站经营	41
11	蒲城通达客货运输有限公司运通公司	/	86	县际、县境内班车客运	22
12	蒲城通达客货运输有限公司通运公司	/	50	县境内班车客运、客运站经营	40
13	蒲城县福音客运有限公司	/	60	县境内班车客运、客运站经营	30
14	陕西华山翁峪旅游客运有限公司	/	300	县境内班车客运	50
15	华阴市华山旅游汽车客运有限公司	/	300	县境内班车客运	50
16	陕西华山旅游客运有限公司	/	300	县境内班车客运	23
17	华阴市永泰公交有限公司	/	50	县境内班车客运	20

续表

序号	企业名称	资质等级	注册资本（万元）	经营范围	车辆数（辆）
18	华阴市汽车运输公司	/	34	（市际、县际、县境内）班车、包车客运	68
19	华州区第二运输公司	三级	97	（省际、市际、县际、区境内）班车、包车客运及客运站经营	64
20	华州区运业有限责任公司	/	100	区境内班车客运	28
21	华州区爱心客运有限责任公司	/	50	区境内班车客运	34
22	富平县联运客运有限责任公司	三级	50	省际、市际、县际、县内班车客运；省际、市际、县际包车客运	54
23	富平县民宏三农客运服务有限公司	/	30	县境内班车客运	65
24	富平县城市公交有限责任公司	/	50	县境内班车客运	51
25	富平县交通运输有限责任公司	/	50.5	（县际、县境内）班车客运、县内包车	36
26	富平县迅达运业有限责任公司	/	50	县际、县境内班车客运及客运站经营	11
27	合阳县城乡公交有限责任公司	/	187	县境内班车客运	32
28	合阳县交通客运有限责任公司	/	295	（县际、县境内）班车客运及客运站经营	52
29	合阳县腾达客货运有限责任公司	/	55	县际、县境内班车客运	47
30	澄城县远登运输有限公司	三级	200	（省、市、县际、县境内）班车、包车客运；市际、县际旅游客运；客运站经营	103
31	澄城捷达客运有限责任公司	/	50	县境内班车客运	11
32	白水县威远运业有限责任公司	三级	1000	（省际、市际、县际、县境内）班车、包车客运及客运站经营	59
33	潼关县运输公司	/	60	省际、市际、县境内班车客运	25
34	潼关县通达客运有限责任公司	/	50	省际、市际、县境内班车客运	50

注：1. 顺序按县市排列；2. 未认定资质等级填“/”。

滑南市2015年出租汽车企业统计表 表2-2

序号	公司名称	法人（负责人）	办公地址	车辆数
1	渭南市万通出租汽车服务有限公司	杨国平	西四路桥梁处北	269
2	渭南市好运出租汽车有限责任公司	史岩	三马路面粉厂二楼	246
3	渭南市大众出租汽车有限公司	高汉芳	四马路西段白杨集团二楼	92
4	渭南市永顺出租汽车有限责任公司	万双玲	站北路 38 号	87
5	渭南市运业有限责任公司出租车服务部	马新武	站北路 19 号	61
6	渭南市旅游出租汽车有限责任公司	董一新	西一路与广场南路	54
7	渭南市迎宾出租汽车有限责任公司	乔永杰	乐天大街新宇小区 9 号 A 段 102 房	50
8	渭南市汽车运输（集团）有限责任公司富达出租车队	张晓明	客运中心站 7 楼	22
9	渭南市星光出租汽车有限责任公司	李自强	朝阳大街中段 2 号楼	19
10	白水县长虹汽车出租有限责任公司	杨江平	白水县城四马路 002 号	91
11	白水县金泉汽车运输出租有限责任公司	杨和平负责王晓莉	白水县城四马路十字东	48
12	白水县威远运业有限责任公司出租车分公司	郭亚民	白水县城关镇人民路 101 号	27
13	澄城县奔腾出租汽车有限公司	孙长新	澄城县东新街 31 号人大家属院	55
14	陕西澄城伟业工贸有限公司出租汽车分公司	姬春芳	青正街西二路	99
15	澄城县保兴出租有限公司	张建民	正街九路南老保兴公司院内	90
16	澄城县通达出租有限责任公司	张明山	正街九路南老保兴公司院内	73
17	韩城市旅游汽车出租有限责任公司	王瑞民	韩城市新城区龙门大街 152 号	105
18	韩城市宏达汽车出租有限责任公司	王林竹	韩城市新城区普照路东段	85
19	渭南市大众出租汽车有限公司韩城分公司	宁新平	韩城市新城区	47
20	韩城市龙门汽车出租有限责任公司	王邦生	韩城市新城区	53
21	韩城市秦晋汽车出租有限责任公司	许根颖	韩城市新城区香山路东段	10
22	合阳县洽川旅游出租汽车有限公司	车菊侠	合阳县西新街 62 号	85

续表

序号	公司名称	法人（负责人）	办公地址	车辆数
23	合阳县兄弟出租汽车有限责任公司	高淑琴	合阳县解放路中段	77
24	合阳县泰山出租汽车有限公司	乔改成	合阳县泰山西路中段	25
25	合阳县客运管理服务中心	高淑琴	合阳县解放路中段	13
26	华阴市华山出租汽车有限公司	刘利冰	华阴市太华南路	78
27	华阴市华兴客运出租汽车有限公司	王建省	华阴市太华南路高速路桥北	57
28	华阴市永安出租汽车有限公司	詹胜刚	华阴市华岳路南段	89
29	华阴市华岳汽车服务有限公司	詹胜刚	华阴市华岳路南段	2
30	富平县通达客运出租汽车有限公司	周运成	富平县车站大街 18 号	94
31	富平县大众汽车出租有限责任公司	张素梅	富平县站北街 134 号	94
32	潼关县三兴出租运输有限责任公司	张和平	潼关县北环路东段部队家属院内	60
33	潼关县公共交通有限责任公司金城出租车服务分公司	朱哲军	潼关县开发区兴隆街东段 1 号	60
34	大荔县太平洋出租汽车有限责任公司	韩金虎	大荔县城关镇三中村南	96
35	大荔县华龙出租汽车有限责任公司	杨斌	大荔县城关镇东长村北 300 米	89
36	大荔县荔鑫出租汽车有限责任公司	马文革	大荔县城关镇三中村南	145
37	蒲城县山水出租汽车有限责任公司	董峰负责杨建宏	蒲城县漫泉路南段	80
38	蒲城县金龙汽车出租有限责任公司	董峰负责杨建宏	蒲城县漫泉路南段	70
39	蒲城县尧兴出租汽车有限责任公司	王赵仓负责刘新	蒲城县漫泉路南段	74
40	蒲城县恒通出租汽车有限责任公司	吴松龄	蒲城县漫泉路北段	80
41	蒲城县四通出租客运有限责任公司	王润乾	蒲城县古镇巷城建局院内	50
42	蒲城县城市公交有限责任公司	程军民		3
43	华州区鸿运汽贸出租有限公司	杨红云	华州区华州路棉花公司东邻	78
44	华州区交通汽车出租有限责任公司	武晓刚	华州区二运司	15

第二节　货运企业

民国时期，陕西长潼汽车公司经营的西（安）潼（关）公路和民生汽车局（后改为民生长途汽车公司）经营的渭（南）大（荔）韩（城）公路成为境内长途货运两条主要通道。抗日战争期间，系第二、第八战区抗日前线的主要军事补给线。民国29年（1940）10月，国民政府军委会实行战时驿运制度，动员民间畜驮、车运为主，大量向黄河以东抗日前线运送军事物资，直至抗战胜利为止。1954年，陕西省西安运输公司在富平、大荔、合阳、韩城、白水、澄城等县设立汽车站，并成立富平运输公司，主要发展汽车货运。货物主要有煤炭、粮食、日用品等，各县的专业运输和农副业运输业也开始发展。1957年，辖区货运量为190.08万吨，货运周转量1726.82万吨公里。1962年，辖区除关中运输公司承担公路货运外，有渭南、大荔、韩城、合阳等县有国有运输公司6个，从业人员1511人，有载货汽车190辆，畜力胶轮车25辆，人力车42辆（含蓝田、临潼资料）；有集体所有制运输企业17个，职工2703人，汽车17辆，畜力车476辆，牲口1657头，人力架子车1087辆。是年，辖区完成货运量104.61万吨，货运周转量1074.46万吨公里。1965年，辖区货运量163万吨，货运周转量966万吨公里。1969年，渭南地区汽车运输公司成立，下属6个车队，除第一车队承担客运外，其余车队承担货运业务。1975年，辖区有国营运输企业11个，营运汽车384辆，其他机动车135辆，总计完成货运量393万吨，货运周转量6425万吨公里。货运收入698.2万元，其中国有企业324.2万元。1982年后，个体联营运输车辆开始出现。1984年8月，大荔县婆合乡农机站职工王继香自筹和贷款购置黄河牌货车5辆，聘用驾驶员12人组成家庭汽车队，进入青海、西藏货运，受到中共陕西省委肯定。1985年，辖区共有运输企业25个，其中个体2个；共有货运车辆7195辆，其中个体15辆。完成货运量601.2

万吨，货运周转量 20493.2 万吨公里。1988 年，有货运汽车 8527 辆，参加营运的拖拉机 42442 台。完成货运量 940.5 万吨，其中国有运输部门 48.2 万吨；货运周转量 38363.2 万吨公里，其中国有运输部门 3838 万吨公里。1990 年，辖区参加营运的大中型货车 10600 辆，小型货车 2532 辆，各种拖拉机 45627 台。完成货运量总量 2029.7 万吨，货运周转量 75952 万吨公里。1996 年，全市货运量 2730 万吨，货运周转量 135210 万吨公里。2002 年，全市有货运单位（含个体、私营）4715 户，完成货运量 2617 万吨，货运周转量 350907 万吨公里。其中，市国有运输（集团）有限责任公司货运总量 4.9 万吨，货运周转量 363.3 万吨公里。2012 年大型货运物流企业逐步发展，300 台以上规模货运企业达到 18 家，试行甩挂运输企业 3 家。畅顺货运公司探索开展国际货运业务。组织编制渭南市农村物流建设指导意见，编写了《物流知识法规汇编》与《物流知识 200 问》。建成了物流站点网、物流信息网和零担货运班线网，并在韩城、澄城、富平等县市试行推开。在大荔县成功举办了全省农村交通物流现场会，中国交通报等多家媒体予以报道。是年全市共有货运企业 380 户（含分公司），大型货运车辆 21458 辆，车辆吨位计 247790 吨。2013 年，新增货运企业 59 余家、货运车辆 6365 辆。大荔县新建 2 个农村物流站，澄城县新投入使用 4 个农村物流点。2014 年，渭南市危险货物运输企业计 40 户，分别从事各种油、气、化工原料、民爆用品等危险货物的运输经营活动。2015 年，渭南市着力推进传统货运向现代物流的转型。加大龙头骨干企业培育，引导企业提升经营管理水平，澄城汽贸物流中心、蒲城东广汽贸物流交易中心、富平盛豪物流中心三个重点项目已上报陕西省运管局。农村物流、城市配送物流取得新突破。大荔宏亮农村物流参评全国物流行业先进集体，合阳平安物流公司、大荔县运管所所长赵翔分别获全国物流企业协会先进企业、物流优秀管理者称号。澄城县引进陕西秦邦速运有限公司，开展城乡配送一体化试点。至 2015 年末，渭南市共有货运企业 424 户，各种货运车辆 41352 辆。其中，大型载货汽车

27621 辆，总吨位数 26.35235 万吨。货运范围涉及周边及国内近 30 个省、市、自治区和大中城市。货物运输企业统计见表 2-3、表 2-4。

渭南市2015年道路货物运输企业分类统计表　　表2-3

县市	企业数量	大型载货汽车数量（辆）				总吨位数（万吨）	自有车辆 100 辆以上货运企业（家）
		普通载货汽车	大件运输车辆	专用运输车辆	危险货物运输车辆		
临渭	93	5425	38	22	801	6.1800	16（其中国际货运 1）
大荔	158	4196	/	/	229	5.3430	6
白水	4	98	/	/	/	0.088	/
华阴	3	58	/	/	/	0.04555	/
富平	35	3180	2		14	2.6077	7
澄城	55	5820	/	/	46	5.02	10
华州	36	242	/	/	27	0.1617	/
蒲城	28	3982	/	/	/	2.316	1
合阳	12	3431	/	/	10	4.5904	9
潼关	/	/	/	/	/	/	/
合计	424	26432	40	22	1127	26.35235	49

注：备注栏填写国际货物运输企业数、自有 100 辆以上货运车辆企业数。

渭南市2015年危险货物运输企业统计表　　表2-4

序号	单位名称	法定代表人	单位地址	经营范围	车辆数	审批时间
1	渭南市速达运输有限责任公司	李彩珍	渭南市西潼路	普通货运，货运站经营，危险货物运输（1 类 1 项,1 类 2 项，1 类 3 项，1 类 4 项，2 类 1 项，2 类 2 项，2 类 3 项，第 3 类，4 类 1 项，4 类 2 项，4 类 3 项，5 类 1 项，5 类 2 项，6 类 1 项，6 类 2 项，第 8 类）	406 辆（挂 158）	2001-2-21
2	陕西渭河重化工有限责任公司	钱嘉斌	渭南经济开发区	二氧化碳、液化气	10 辆（挂 2）	1999-12-1
3	渭南高新区永光化工有限责任公司	王 谦	渭南高新国际 A 座 505 室	氢气瓶、甲醇、氧气瓶	38 辆（挂 13）	2012-12-24
4	渭南市广泽汽车服务有限公司	任永平	渭南市开发区金盾小区	液化气 、汽柴油	23 辆（挂 11）	2011.11

续表

序号	单位名称	法定代表人	单位地址	经营范围	车辆数	审批时间
5	陕西多捷庆物流运输公司	张庆	渭南市陕化厂内	一四丁二醇、硫酸渣	18 辆（挂 6）	2010-11-22
6	陕西鼎诚特种设备检验检测有限公司（非经营性）	苏广顺	渭南市华山大街 31 号	放射性同位素	1 辆	2010-9-15
7	渭南市顺捷新能源燃气有限公司	马文革	开发区朝阳大街西段	天然气	25 辆（挂 16）	2010-9-17
8	渭南新源物流有限公司	吴小华	渭南市高新区朝阳西段 64 号	液化气、汽柴油	13 辆（挂 6）	2010-11-24
9	空气化工产品（陕西）有限公司	CARLOS ALBERTO LOPES	东风大街西段广通南路中段	一氧化碳、氢气、氧气	24 辆（挂 13）	2011-6-8
10	渭南前进货运有限责任公司	雷小安	临渭区民生街北段与 310 国道十字向东 200 米	天然气、液化气、汽柴油、烧碱	224 辆（挂 57）	2002-5-17
11	渭南龙森运业服务有限责任公司	刘新江	关中环线渭南城区南段	汽柴油、甲醇	120 辆（挂 9）	2001-12-5
12	渭南方舟物流有限公司	李 丹	渭南市渭清路	雷管、民用炸药	11 辆	2011-9-7
13	陕西宇涛汽车服务有限公司渭南分公司	王 涛	渭南市经济开发区（八鱼油脂公司院内）	液化气、汽柴油	315 辆（挂 143）	2011-6-23
14	渭南市临渭区祥运运输服务有限公司	张斌	临渭区双王办双王一组 91 号	液化气、汽柴油、硫酸	114 辆（挂 43）	2010-10-19
15	大荔远程汽车销售服务有限公司	李华栋	大荔县城关镇	液化气、硫酸、汽柴油、烟花爆竹	90 辆（挂 40）	2005-1-21
16	大荔县纪刚汽车贸易有限公司	王纪刚	大荔县城关镇自强路 91 号	液化气、汽柴油	68 辆（挂 21）	2008-4-30
17	大荔县振东汽车贸易有限公司	王 力	大荔县城关镇	烟花爆竹	73 辆（挂 9）	2010-2-9
18	澄城县弘达运输有限责任公司	张 斌	澄城县城关镇	汽柴油	48 辆（挂 15）	2002-1-23

续表

序号	单位名称	法定代表人	单位地址	经营范围	车辆数	审批时间
19	澄城县秦东汽车运输队	王白贵	澄城县城关镇	汽柴油、氧气瓶	14 辆（挂 1）	2001-12-5
20	陕西富平瑞铭物流有限公司	靳忠义	富平县杜村镇	液化气 、汽柴油		2011-11-23
21	金堆城钼业股份有限公司（非经营性）	马宝平	华县金堆镇	雷管、导火索	2 辆	1999-12-1
22	合阳阳光汽贸有限公司	雷建平	合阳县城关镇金水路国营机战大队	液化气	19 辆（挂 9）	2006-8-31
23	陕西省渭南市庆山汽贸运输有限公司	雷耀斌	渭南市临渭区民生街 98 号	爆炸品、汽油、柴油	15 辆（挂 3）	2013-9-2
24	渭南鼎益工贸有限公司	任武全	渭南市临渭区仓程路仓城小区 4 号楼	2.1 液化气、甲烷、乙炔、压缩天然气 3 汽油、柴油、乙醚、甲醇、乙醇 2.2 氧气、8 盐酸，硫酸	53 辆（挂 25）	2013-7-23
25	大荔广宏汽车运输有限公司	王红绪	大荔县城关镇自强路 91 号	爆炸品	54 辆（挂 6）	2008-2-29
26	富平县金大宏运运输有限公司	伍耀峰	富平县老庙镇笃祜村一组	爆炸品、汽油、氧气瓶	14 辆（挂 1）	2013-10-10
27	理福公司	聂新宇	渭南市经开区工业大道一号	2 类 1 项、2 类 3 项、3 类、4 类 1 项、5 类 1 项、8 类	8 辆（挂 3）	2013-3-7
28	渭南市天成化工运销有限责任公司	惠婷婷	渭南市关中环线西段	2 类 1 项、3 类、8 类	20 辆（挂 10）	2014-7-15
29	华州区盛昌货运公司		华县	6 类 1 项	5 辆	2014-8-11
30	渭南顺驰能源运输有限公司	党文明	渭南市高新区	天然气	12 辆（挂 6）	2014-10-28
31	渭南市天然气有限公司	蔡鑫磊	渭南市辛市镇	天然气	10 辆（挂 5）	2014-11-3
32	渭南骏安运输有限公司	孙淑芳	渭南市经开区沙王桥北	爆炸品	11 辆	2014-11-3
33	渭南奕翔汽车服务有限公司		渭南市高新区良田办安陈村	液化气、汽油、柴油	10 辆（挂 5）	2014-11-7
34	华州区惠通运输有限责任公司	薛英会	华县	6 类、8 类	2 辆	2011-12-7

续表

序号	单位名称	法定代表人	单位地址	经营范围	车辆数	审批时间
35	陕西华州区恒运化工有限公司	王卫华	华县	硫酸	28 辆（挂12辆）	2014-2-19
36	渭南畅达	陈省强	华县	2 类 1 项、2 类 2 项、3 类、8 类	5 辆	2013-3-7
37	渭南市临渭区远征运输服务有限责任公司	郭建莉	渭南市临渭区关中环线	液化气、汽油、柴油、氯气	174 辆（挂 88）	2010-1-18
38	蒲城县鸿祥联运车队	党宏斌	蒲城县迎宾路南段	2 类 1 项、3 类、8 类	24 辆（挂 12）	2011-1-24

第三章　运输服务企业

运输服务主要包括汽车等机动车的销售、检测和维修等。渭南地处交通要道，汽车运输发端较早，但初期的车辆销售、维修等均为西安等外地公司办理。中华人民共和国成立后，境内汽车、拖拉机等机动车辆，主要依赖计委、物资、农机部门的计划调拨。改革开放后，渭南运输服务企业不断发展，至2015年，已具相当规模。

第一节　汽车销售企业

自民国11年（1922）渭南出现汽车营运始，注册在西安的过境营运汽车和境内的官、商办营运汽车，其车辆来源均为外地采买。中华人民共和国成立后的整个计划经济时期，渭南本土无汽车销售企业，境内机关、企事业单位所需车辆主要通过各级计委、交通、农机、物资部门及对口上级部门等渠道按计划调拨。中共十一届三中全会后，放宽政策，搞活经济，交通运输事业快速发展，渭南境内汽车来源渠道亦呈多元化。1984年6月，中国汽车工业公司西安销售技术服务部与大荔县人民政府洽谈签订《开展运销专业户试点工作意见书》，提供大货车75辆，大、小轿车8辆。7月25日，首批31辆支农汽车，整队由西安驶入大荔并举行交接仪式，中共陕西省委副书记董继昌参加并讲话。《人民日报》、《陕西日报》、中央、陕西、西安人民广播电台和电视台均作报道。20世纪90年代起，渭南物资系统下属公司开始有计划外的汽车自营销售业务，渭南市宏远汽车销售服务有限公司、陕西渭南燕兴实业（集团）有限公司等非国有的汽车营销企业先后成立，渭南境内汽车销售企业逐步发展起来。2000年后，品牌汽车专营4S店在渭南渐次设立，汽车销售量也不断增加。2006年，销售汽车23396辆；2008年24334辆；2010年3330辆；2012年65483辆；2014年55622辆；2015年56240辆。至2015年末渭南市有汽车4S店31家，主要品牌包括上海大众、一汽大众、宝马、柳州五菱、东风标致、重庆长安、长城、一汽丰田、广汽丰田、广州本田、东风本田、启辰、东风日产、斯巴鲁、北京现代、东风小康、奇瑞汽车、海马汽车、广汽传祺、昌河、江淮汽车、别克、雪佛兰、东风悦达起亚、长安铃木、东风雪铁龙、东风风神、比亚迪、吉利、一汽解放、东风商用等。这些汽车4S店主要集中于中心城市市区范围内，部分县（市）布有4S店的二级经销商和售后服务站。

渭南市汽车配件总公司

公司组建于1970年3月9日，位于原渭南县南塘工人俱乐部，初名为渭南地区汽车配件营业处，隶属渭南地区革命委员会公交办，接受陕西省汽车配件公司业务指导。初期业务是为重点工程建设所用车辆和一般汽车运输车辆提供配件供应。1972年更名为渭南地区汽车配件公司，隶属地区工交局。1978年10月17日，由原址迁至东风街东段245号。1983年8月在渭南城区设立第二营业部，同时成立知青摩托配件门市部，是年2月，公司被中共陕西省委、陕西省人民政府命名为“精神文明先进单位”。1984年，公司分别与韩城市汽车运输公司、潼关县第二运输公司联合成立了汽车配件联营公司。其后十余年间，公司先后设立了蒲城、澄城、大荔、罗敷及城区第一、第二、第三配件销售部，并申办了摩托车及汽车销售业务。同期，公司还设立开办了高级轿车修理厂、汽车美容清洗公司、微型车特约维修服务站等。1995年渭南地改市后，更名为渭南市汽车配件总公司。1999年，公司依据渭交发〔1999〕252号和渭国资发〔1999〕065号文件批复将闲置的仓库及场地出租给西安双元贸易公司进行商业开发，建成双元商城。2000年至2007年，公司先后关闭各销售部，仅保留城区营业处。2007年起，公司将办公楼闲置房屋开发为精品服饰商城对外出租。2011年，经渭南市国资委批准，将积压的老旧配件在西部产权交易中心挂牌予以拍卖，同时撤销了配件营业处。2015年末，公司有职工155人，其中在册职工95人，离退休60人。公司设总经理、副总经理、工会主席，辖党政办、商场办、财务科、高轿修理厂等。主营业务以商场、店铺出租为主，年收入约300万元。

上海大众汽车陕西渭南国盛汽车销售服务有限责任公司

公司是在1992年建立的上海大众汽车渭南特约维修站的基础上，按照上海大众汽车有限公司的统一布局，2002年建成轿车销售、特约维修、配件供应、信息咨询四位一体的现代化一类汽车销售维修企业。公司位于渭南经济开发区渭清路与西潼路交汇处，总占地面积8400平方米，建筑面积3500平方米，销售服务大厅面积2215平方米，修理车间面积1080平方米，配件库面积216平方米，停车场面积800平方米，总投资1500余万元。公司主要管理人员和修理技工全部经过上海大众公司培训并持证上岗。职员平均年龄26岁，具有大专学历、高级工职称的人员达到70%以上。公司可为客户提供上海大众系列轿车的整车销售、代办牌照、代理保险、特约维修、新车保养，质量担保索赔、零件供应、二手车交易及事故车辆修复等服务工作。2003年被批准成为上海大众汽车特许销售商（4S店）。2004年获上海大众汽车经销商形象调查全国第四十六名、陕西第一的称号。2005年被渭南市政府确定为市级党政机关车辆定点维修单位。2013年获上海大众汽车营销服务网络卓越满意进步奖、卓越订单管理奖、卓越销售满意奖。至2015年底，公司销售上海大众轿车7000余辆。

渭南市宏远汽车销售服务有限公司

公司成立于1993年，地处渭南市华山大街东段，占地4万余平方米。

公司下辖宏远汽车销售服务有限公司（一类AAA级汽车销售服务企业）、渭南粤海汽车贸易有限公司（一类AAA级汽车销售服务企业）、宏远朝阳汽车销售服务有限公司（一类AAA级汽车销售服务企业）、宏远恒泰汽车销售服务有限公司（二类AA级汽车销售服务企业）、渭南宏远职业培训学校（省级定点扶贫学校）五个实体单位，且均通过了ISO9000质量体系认证和"5S"现场管理认证。主要经营上海通用别克、上海通用雪佛兰、东风悦达起亚的4S业务和多种品牌汽车的二级代理。2015年末，公司管理人员和技术人员均曾受过汽车制造厂家的管理和技术培训，汽车维修人员均持有中等以上技术等级证书。公司是渭南市、临渭区政府汽车维修采购定点企业，曾获"全国汽车维修行业诚信企业"、"陕西省诚信企业"、"陕西省消费者满意单位"、"陕西省重合同守信用企业"、"渭南市重合同守信用企业"、"陕西省民营企业社会诚信企业"等称号。

陕西渭南燕兴实业（集团）有限公司

公司成立于1994年，从事汽车、摩托车零售、批发、汽车4S等业务，集代理商、零售商和服务商为一体的现代股份制企业。集团公司所属之"燕兴汽车城"、"燕兴同创车城"、"燕兴高新国际车城"和"摩托零售中心"是关中东部颇具特色的汽车、摩托车交易服务平台。至2015年底，共上缴利税近亿元。逐步建立了上海大众、北京现代、长安铃木、昌河铃木、上汽五菱、宝骏汽车、一汽大众、德国宝马、奥迪、一汽奔腾、广汽传祺等销售服务4S店，并在韩城设立了专业的汽车销售分公司，形成了集整车销售、原厂配件配送、维修、车贷、保险、牌证代办、装饰美容、试乘试驾、快修救援、汽车行业协会等十位一体的经营体系。

渭南高新区通辉汽车销售有限公司

公司成立于2010年1月，至2015年底，共有职员50人，注册资金2000万元，系东风本田汽车授权的特约销售服务店。公司位于渭南市高新区东风大街西段51号嘉豪汽车城内，占地面积1.4公顷，是以汽车销售、售后服务、备件供应、信息反馈为主的专业性4S店，隶属于新疆广汇实业投资（集团）有限责任公司。

渭南中翼斯巴鲁汽车销售有限公司

公司成立于2010年3月12日，位于渭南市高新区东风大街西段51号，注册资本500万元。其所经营之斯巴鲁汽车由日本富士重工业株式会社生产，属原装进口。至2015年底，主要经营车型为斯巴鲁翼豹、森林人、力狮、傲虎、驰鹏五个车系。

渭南翔天汽贸有限公司

公司成立于2010年3月，是渭南市域唯一的中国重汽产品授权经销4S店。2015年底，公司有员工35人，主要业务以汽车销售、汽车售后服务、配件供应、信息反馈、汽车销售信贷为主。公司系渭南市高新区德隆工贸有限责任公司的全资子公司，分别在渭南市区、大荔县、澄城县、韩城市设有销售店。

渭南市福海汽车服务有限公司

公司系2010年4月经长安福特马自达汽车公司授权许可的福特系列轿车渭南地区销售服务和特约售后服务中心，集汽车销售、维修服务、零配件供应、信息反馈为一体。2015年底，公司注册资金800万元，占地面积2600平方米。

渭南佳圣汽车贸易有限公司

公司是东风NISSAN（日产）公司在陕西渭南区域的品牌代理商。其下辖的东风NISSAN专营店位于渭南市高新技术产业开发区渭清路与乐天大街十字西50米，2010年6月30日正式开业，占地面积5000平方米，总资产 1000 万元，是按照东风 NISSAN（日产）标准建成的 C 级 4S 专营店。公司设有销售部、售后部、客户运营部、财务部、行政部五个部门，业务以东风 NISSAN 国产乘用车销售为主，同时开展车辆维修、备件销售、信息反馈及二手车置换服务。公司下辖韩城、大荔两个直营店。2010 年 10 月，公司被新疆广汇实业投资（集团）有限责任公司收购，开始集团化管理。

陕西九江汽贸有限责任公司

公司成立于 2010 年，位于渭南市高新区东风大街西段 51 号嘉豪汽车城内，占地面积 3900 平方米，是一家集汽车销售、售后维修、配件销售、信息反馈为一体的高标准 4S 店。公司由重庆长安汽车服务有限公司授权，属长安汽车陕西九洲汽贸公司的子公司，主要经营长安汽车品牌的睿驰、CS75、CS35、逸动、致尚 XT、悦翔 V5、CX20、悦翔 V3、新奔奔、奔奔 MINI 等车型。公司设销售部、分期车贷部、市场部、行政部、财务部、售后维修部、客服部。至 2015 年底，计有员工 40 余人，其中中高级销售顾问 8 人，中高级维修技师 12 人，所有员工均通过长安集团的系统培训和严格考核。

渭南源鑫贸易有限责任公司

公司成立于 2010 年，位于渭南市高新区东风大街西段 51 号嘉豪汽车城北区，占地面积 3000 平方米，时为陕西省最大的长安汽车 4S 店。主要经营长安商用品牌属下的欧诺、欧力威系列车型。销售部展厅面积 800 平方米，在职销售人员 23 人，年销售量 1200 辆次；售后服务维修区占地面积 1500 平方米，主工位 25 个，在岗维修工 18 人，年维修车辆 8000 辆次；管理人员 8 人。全部员工均已通过长安公司 CA 认证。至 2015 年底，公司成为长安商用系列、长安轻型车系列、长安跨越系列、众泰汽车、黄海汽车的一级服务站，同时承接各种外来车辆的维修保养。

渭南高新区众成汽车销售服务有限公司

公司成立于2010年11月，位于渭南市高新区东风大街西段51号，占地面积3000平方米，建筑面积2960平方米。其中，汽车销售展厅1200平方米，标准化车间作业面积1410平方米，配件库房350平方米。主要经营：斯柯达系列豪华高档轿车晶锐、新晶锐、明锐、全新明锐、速派、全新速派、野帝、昕锐、昕动等，九座以上汽车销售及相关配件销售，二类机动车维修（小型汽车整车修理、总成修理、整车维护、小修、维修救援和专项维修），汽车保养，汽车装饰装潢，汽车销售及二手车置换等信息服务咨询。公司先后获全系统“最佳销售贡献奖”、“区域优秀经销商”、“最佳经销商奖”等称号。2015年底，有员工53人，其中，本科以上学历15人，技师6人。公司是上海大众斯柯达在渭南地区建立的唯一一家4S店。

渭南白云丰田汽车销售服务有限公司

公司成立于2011年8月，位于渭南市高新区东风大街西段51号，占地面积约1公顷，建筑面积5000余平方米。内设销售部、售后服务部、市场部、客户服务部、财务部和综合管理部，有员工40余人。公司按照一汽丰田的最新标准建设，拥有宽大的汽车展厅和现代化的维修车间。展厅展示销售一汽丰田生产的全系列车辆，同时销售其他的国产（皇冠、锐志、RAV4、卡罗拉、威驰、兰德酷路泽、普拉多、花冠、斯柯达）与进口（普瑞维亚、海狮、普拉多）汽车。维修车间有40个工位，专业技术人员20名，均经一汽丰田公司培训和考核。至2015年底，拥有3个快速保养工位，5个标准维修工位，有先进的高级四轮定位仪，电脑化车身校正系统，车辆钣金车身快速修复系统，以及一汽丰田专业的电脑检测设备、灯光检测系统等。

渭南朝霞汽车销售服务有限公司

公司成立于 2013 年 5 月，位于渭南市高新区东风大街西段 51 号，系渭南市域首家广汽丰田授权的标准 4S 店。整体建筑按照广汽丰田的最新标准建成，占地面积 3340 平方米，其中展厅面积 400 平方米，维修车间面积 806 平方米。2015 年底，公司有管理人员 3 人，销售人员 8 人，售后服务人员 10 人，售后车间技师 6 人，店内员工 28 人，主要经营凯美瑞、汉兰达、雷凌、致炫、逸致等型号车辆。

渭南市宗申宝泰汽车销售服务有限公司

公司成立于 2013 年 12 月，位于乐天大街与新胜路十字西段。主要经营新车销售、二手车置换、技术咨询、专业维修、原厂配件供给等专业服务，是华晨宝马、德国宝马共同授权的 BMW 特许经销商。

渭南中庆源汽车销售服务有限公司

公司成立于 2014 年 6 月，位于渭南市高新区东风大街西段 51 号嘉豪汽车城内，是集汽车销售、维修服务、零配件供应和信息反馈为一体的专业 4S 店。公司隶属陕西中庆源实业有限公司，是北京现代品牌在渭南市的新型标准旗舰店，拥有现代化的新车展示厅与维修车间，配备有先进的维修检测设备。

渭南弈程汽车贸易有限公司

公司位于渭南市高新区东风大街西段恒通东路（嘉豪汽车城）。成立于 2014 年，注册资金 2500 万元，占地面积 9600 平方米，是集汽车及配件销售、汽车装潢、二手车信息咨询服务等为一体的现代化 4S 店，同时提供信贷、保险的咨询及 GPS 安装等服务，代办相关车辆手续。公司主要经营上海通用雪佛兰品牌轿车。

第二节　车辆检测企业

1991 年 3 月 15 日，陕西省交通厅贯彻国家交通部第 13 号令发布的《关于运输车辆定期检测的规定》，部署开展营业性汽车综合性能检测工作，监控所有营业性运输车辆技术状况。是年 6 月，陕西省交通厅主管的陕西省汽车检测站建成运行，负责西安市营业性车辆抽检和汽车维修质量抽检，指导协调包括渭南在内的全省综合性能汽车检测。检测内容执行国家交通部《汽车修理技术标准》和《汽车大修竣工出厂技术条件》国家标准 GB3789—83。

1992 年，组建渭南市汽车综合性能检测站，1993 年在澄城县韦庄镇建成汽车综合性能检测线经审查认定并投入使用。检测站隶属于渭南市汽车运输总公司，其业务受渭南市道路运输管理处、维修行业管理处管理。1995 至 1997 年，营运汽车二级维护竣工质量检测，执行交通部《汽车维护工艺规范》JT/T201—1995，整车大修竣工检测执行国家标准《汽车修理质量检查评定标准汽车大修》GB/15746.1—1995。汽车维修工艺更加规范，质量检查评定标准提高。

2001 年 9 月，陕西省交通厅颁发《陕西省促进汽车综合性能检测站健康发展的若干意见》（陕交发〔2001〕247 号），鼓励引导有条件的企业和社会力量投资综合性能检测站建设。2002 年起，汽车综合性能检测站建设列入渭南市交通发展年度目标任务。陕西省交通厅亦从汽车客、货运附加费中安排部分资金，用于汽车综合性能检测站建设补助。此年，营运汽车二级维护竣工质量检测执行国家技术监督局颁布的新标准《汽车维护、检测、诊断技术规范》GB/T18344—2001，增加检测发动机工作状态和排气污染控制装置等内容。车辆技术等级评定检测，执行国家技术监督局颁布的《营运车辆综合性能要求和检测方法》GB18565—2001。

2003年6月，陕西省交通厅印发《陕西省汽车综合性能监测站通用技术条件实施细则》（陕交发〔2003〕287号），促进汽车综合性能检测站更新或增加设备。渭南市境汽车综合性能监测站计算机控制系统技术提升，检测线将汽车发动机检测、汽车底盘测功、制动、侧滑、车速、轴重、灯光、废气排放、声级计等检测仪器、汽车外检申报仪等与计算机控制网络连接，自动输出检测结果。根据拥有检测设备条件不同，检测站分为A级站和B级站两个技术级别。A级站可以承担汽车技术等级评定检测、汽车整车大修竣工检测和汽车二级维护竣工检测；B级站可以承担汽车二级维护竣工检测。至2004年底，全市有汽车综合性能检测站1个，检测线2条。

2005年6月3日，陕西省交通厅下发《关于汽车综合性能检测站技术服务能力认定及监督管理的通知》（陕交发〔2005〕134号），渭南汽车综合性能检测站筹建及开业，不再执行交通部门审批的规定。之后，民营综合性能检测站快速发展，县级城市汽车综合性能检测站增多。此年起，实施国家技术监督局新颁布《机动车运行安全技术条件》GB7258—2004，提高车辆安全技术要求及车辆噪声、排放等环保标准。车辆技术等级评定检测执行交通部颁《营运车辆既属等级划分和评定要求》JT/T198—2004，取消营运车辆"汽车使用年限"的规定，以车辆技术状况和性能变化，作为车辆技术等级分级的主要依据。汽车动力性能检测评价，统一用"底盘测功机检测汽车驱动轮输出功率"进行。2008年起，综合性能检测主要内容改为营运汽车技术等级评定和二级强制维护、修理质量单项检测。环保检测执行地方标准DB61/439—2008、DB61/440—2008。

2010年，陕西省交通厅运输管理局颁发《关于实行汽车综合性能检测企业认定书管理的通知》（陕交运发〔2010〕46号），对经过技术服务能力认定的汽车检测企业核发认定书。是年，渭南市有汽车综合性能监测站1家，为A级站。此站承担全市营业性汽车技术状况检测和营业性汽车二级维护竣工检测、安全检测等业务。

至2015年末，渭南市共有汽车综合性能检测企业4家，综合性能检测站10个，均为A级站。综合性能检测线达到11条。其中，环保检测线7条。分别位于渭南市临渭区、高新区、富平县、蒲城县、澄城县、大荔县、合阳县、华阴市。共有从业人员192人，注册资金570万元，每年可进行营运车辆技术等级评定及二级维护竣工检测8万余台次。

渭南市安泰汽车检测有限责任公司

1992年根据交通部第13号令、第29号令，经陕西省经委立项，陕西省交通厅批准，渭南市交通局委托渭南市汽车运输总公司组建渭南市汽车综合性能监测站。1993年4月，位于澄城县韦庄镇的汽车综合性能检测线建成并投入运营。同时，渭南市汽车综合性能检测站亦正式成立。检测站隶属于渭南市汽车运输总公司。2004年，经省交通厅批准，对渭南市汽车综合性能检测站进行改制，是年6月完成改制，成立渭南市安泰汽车检测有限责任公司，直属市交通局，为独立核算自负盈亏的独立法人单位。公司注册资金290万元，渭南市道路运输协会以货币出资240万元为控股股东，渭南市汽车运输（集团）有限责任公司（即原渭南市汽车运输总公司）以实物出资50万元为参股单位，时有韦庄汽车检测线1条，综合性能检测车5辆，职工57名。同年8月，渭南市安泰汽车检测有限责任公司在渭南城区民生街北段新建一条汽车综合性能检测线。2007年7月、8月在大荔、蒲城两县建立两个检测分站。当年11月完成了韦庄检测线的搬迁（迁至渭南）。2008年5月、6月在韩城市、富平县建立了两个检测分站。至2015年，公司每年等级评定检测车辆近万辆，二级维护检测8000余辆。

蒲城永盛机动车综合性能检测有限公司

公司成立于2006年，由原永盛汽车修理厂改建而成。位于蒲城县红旗路西段，投资 320 余万元，占地 1.3 公顷，其中停车场地 6000 多平方米、生产厂房 400 多平方米，具有一条 10 吨级三工位汽车自动检测线，拥有试车跑道，驻车坡道及检测设备、外检设备 30 多台套。主要从事蒲城境内的大、中、小型客货车及其他机动车辆的二级维护出厂检测和汽车年度等级评定检测。每年等级评定检测车辆 500 余辆、二级维护检测 500 余辆。公司成立当年首次通过陕西省质量技术监督局组织的计量认证考核评审和省运管局的技术服务能力认证，2009 年 6 月、2012 年 6 月、2015 年 6 月分别通过计量认证复查考核。2015 年，公司对检测软件进行升级改造，全部使用标准化检测软件进行检测。至 2015 年末，公司共有职工 13 名，其中大专以上学历 3 人，中级以上技术职称 2 人，其中 10 名检验人员通过省运输管理局培训考试并持有道路运输从业人员从业资格证书。

合阳县金源机动车检测有限公司

公司成立于 2008 年 8 月（原名：合阳县永盛机动车综合性能检测有限公司），位于合阳县城西环路南段。同年 12 月 13 日通过陕西省质检局资质认证，初成立时有人员 15 人，其中检验人员 12 人。2009 年 4 月获得省运管局营运车辆综合性能检测资质，7 月开始对外进行营运车辆综合性能检测，2010 年 12 月与金源机动车检测有限公司优化组合，统称合阳县金源机动车检测有限公司。2012 年 1 月 18 日扩项增加环检车间（轻型汽、柴油混合环检线一条、重型柴油车环检线一条）。公司占地 2.3 公顷，建有标准化检测车间 3 座。一号车间为汽车、摩托车混合检测线，二号车间为汽车综检、安检线，三号车间为环检线。建筑面积共 1500 平方米，办公室一座 600 平方米 ，外检棚、路试跑道、驻车坡道一应俱全，是一个集机动车安全技术检验、综合性能检验和废气排放污染物检验能力为一体的综合检测机构。2015 年 4 月 20 日通过了陕西省质检局对公司全部资质的复检认证。至 2015 年末，公司共有检测人员 19 人，其中工程师 3 人，大专以上学历 5 人，中专（高中）以上学历 7 人，有驾驶证人员 6 人。

渭南恒通汽车检测有限公司

公司由渭运集团全额投资。2012 年 1 月 29 日经渭南市交通运输局批准设立。公司位于渭南市渭清路与东风街十字北 200 米渭南客运中心站北邻，占地面积 20600 平方米，其中停车场面积 20000 平方米、检测车间面积 600 平方米。公司总投资 330 万元，其中设备投资 180 万元，厂房车间投资 150 万元。各种仪器设备 28 台（套），检测软（硬）件全部由石家庄华燕交通科技有限公司负责安装调试和技术服务，可以满足综合性能检测要求的所有台架及路试检测项目。2012 年 7 月 31 日，公司通过了陕西省质量技术监督局实验室评审认证，取得了省质监局颁发的资质认定计量认证证书。11 月 28 日，通过陕西省交通厅运输管理局汽车综合性能技术服务能力认定，取得《陕西省汽车综合性能检测技术服务能力认定书》。自动化检测系统的检测项目有汽车废气排放检测、底盘输入功率检测、车速表检测、滑行距离检测、汽车转向角检测及转向力矩检测、独立悬架检测、制动性能检测、底盘间隙检测、汽车噪声检测、前轮侧滑量检测、前照灯检测等。2014 年公司完成安全例检车辆 86043 辆，等评检测车辆 6725 辆，二维竣工检测车辆 3403 辆。公司开通有 24 小时预约服务热线，正常工作时间以外，可按客户要求单独安排时间集中服务。至 2015 年末，公司有员工 20 人，其中中级职称 4 人，大专以上学历 14 人，A1 驾照 3 人，从事车辆检测 15 人。

第三节　车辆维修企业

民国时期渭南境内运营开办汽车运输开始，汽车修理并无专门社会机构承担，多由运营企业自办修理。陕西最早创办汽车运输业的长潼公司设有汽车修理厂负责车辆保养与修理。民国 19 年（1930）成立的陕西汽车管理局设有车务课，其下亦设有汽车修理厂。自民国 27 年（1938）起，在汽车往来较多的城市和公路沿线，陆续办起一些为汽车维修服务的私营小商厂，规模大者十余人，有车床、台钻或镗缸、充电、喷漆等设备，能从事汽车发动机等较为复杂的修理工作；规模小者仅有一二人，有虎钳、钻床等设备，从事修补轮胎、修焊水箱、喷漆、充电瓶和一些简单的汽车维修作业。

1950 年，国营西北区运输公司成立后在西安、汉中设有汽车修配厂。1955 年，陕西省西安运输公司在渭南建立了中心站车辆保养场。1957 年，陕西省富平运输公司（前身为铜川煤运处）成立了富平保养场。随后，公路交通运力小于运量的矛盾十分突出，交通运输系统与社会机关企业事业单位的汽车都增长较快，汽车维修网点亦随之增多。非交通系统的供销、商业、水利、石化、木材、外贸、纺织、冶金、市政、地质、铁路、建工、邮政等部门都自办汽车运输和汽车修理点，其规模基本满足本单位或本系统的运输和汽车维修之需要。在全民所有制汽车维修业不断发展的同时，私营汽车修理亦有较快发展，后经过对资本主义工商业的社会主义改造，原有的私营汽车维修小商厂实行合作联营，成为集体性质的汽车修理厂。

1964 年，新成立的关中汽车运输公司改 5 个直属车队为包括渭南、富平在内的 4 个汽车中心站，各中心站分别辖有保养厂，保养厂设有技术、检验股室。1969 年，陕西省关中汽车运输公司撤销，渭南地区运输公司成立，原渭南、富平汽车中心站改隶渭南地区汽车运输公司，所辖保养厂分别更名为第一保养厂和第二保养厂（后易名为修理厂）。此二厂设备齐全、技术力量较强，是当时境内最大的两个汽车修理厂。非交通部门的汽车维修业亦迅速发展，建筑、水电、外贸、粮食、商业、供销、木材、冶金等系统，也都建立了设备较齐全、有一定规模能基本满足本单位或本系统需要的汽车维修点。与此同时，隶属地区交通部门的渭南地区汽车大修厂和澄城等县办汽车大修厂相继成立。

20 世纪 80 年代，汽车维修业迅速发展。企业内部封闭式的汽车修理机构开始面向社会服务，独立法人经营的汽车维修企业以及城市入口道路两侧的汽车专项修理店铺迅速增加。在新增的汽车修理企业中，多数是城市街道、乡镇、企业的劳动服务公司为安置待业青年和待岗职工而兴办的第三产业。2000 年后，随着汽车保有量的不断增加，机动车维修业亦得到较快发展。2003 年渭南全市一、二类汽车维修企业达到 111 家。

2005 年 9 月至 10 月，渭南市汽车维修行业管理处对全市一、二类整车维修企业进行技术类别和经营范围的审核，共核定一类企业 10 家，二类企业 100 家。各县（市、区）运管所参照一、二类整车维修企业的技术类别与经营范围的核定项目，对辖区的三类机动车维修企业进行技术类别与经营范围的重新核定。

2007 年 7 月至 10 月，渭南市运管处根据《陕西省机动车维修企业质量信誉考核实施细则（试行）》，对全市 113 户一、二类机动车整车维修企业进行了质量信誉考核，共评定 AAA 级企业 5 户、AA 级企业 19 户、A 级企业 49 户、B 级企业 30 户。报停企业 1 户，取缔不合格企业 4 户。当年新开业企业 5 户，因开业未满一年不在考核范围。2009 年渭南全市有一、二类维修企业 115 家，2010 年 127 家，2011 年 140 家，2014 年 136 家，

至 2015 年末，渭南全市共有机动车维修一类企业 15 户，从业人员 533 人；二类企业 141 户，从业人员 2505 人；三类企业 1687 户，从业人员 7200 人；摩托车维修企业 685 户，总投资 708 万元，从业人员 3000 人。初步形成了以一类企业为骨干、二类企业为基础、三类企业为补充，多种经济成分并存，以城市为依托，遍布城乡、布局比较合理的维修网络。一类、二类维修企业见表 3-1。

滑南市2015年一类、二类维修企业统计表　　表3-1

序号	企业名称	企业等级	注册资本（万元）	从业人员（人）	经营范围	备注
1	渭南粤海汽车贸易有限公司	一类	500	85	小型汽车整车修理、总成修理、整车维护、小修、维修救援和专项修理	别克
2	渭南宏远朝阳汽车销售服务公司	一类	500	70	小型汽车整车修理、总成修理、整车维护、小修、维修救援和专项修理	雪佛兰
3	渭南宏远恒泰汽车服务有限公司	一类	500	70	小型汽车整车修理、总成修理、整车维护、小修、维修救援和专项修理	起亚
4	渭南汽车配件总公司轿车修理厂	一类	30	10	小型汽车整车修理、总成修理、整车维护、小修、维修救援和专项修理	
5	渭南易通汽车贸易有限公司	二类	30	14	小型汽车整车修理、总成修理、整车维护、小修、维修救援和专项修理	
6	渭南燕兴长安铃木汽车销售公司	二类	500	55	小型汽车整车修理、总成修理、整车维护、小修、维修救援和专项修理	长安铃木
7	渭南祥和汽车保修有限公司	二类	30	15	小型汽车整车修理、总成修理、整车维护、小修、维修救援和专项修理	
8	渭南鑫友汽车维护服务有限公司	二类	20	15	小型汽车整车修理、总成修理、整车维护、小修、维修救援和专项修理	
9	渭南盛业汽车维修中心	二类	30	8	小型汽车整车修理、总成修理、整车维护、小修、维修救援和专项修理	
10	渭南西海汽车修理有限责任公司	二类	50	15	小型汽车整车修理、总成修理、整车维护、小修、维修救援和专项修理	
11	渭南天成汽车销售服务有限公司	二类	1100	50	小型汽车整车修理、总成修理、整车维护、小修、维修救援和专项修理	东风雪铁龙
12	渭南天汽汽车销售有限公司	二类	500	25	小型汽车整车修理、总成修理、整车维护、小修、维修救援和专项修理	东风风神
13	渭南蓝宇汽贸有限公司	二类	300	14	小型汽车整车修理、总成修理、整车维护、小修、维修救援和专项修理	比亚迪
14	渭南神州汽车贸易有限公司	二类	500	40	小型汽车整车修理、总成修理、整车维护、小修、维修救援和专项修理	吉利
15	渭南市宏远汽车维修服务有限公司厂	一类	150	42	大中型客车、大型货车、小型汽车整车修理、总成修理、整车维护、小修、维修救援和专项修理	
16	渭南前进汽车维修有限公司	一类	20	20	大中型客车、大型货车、危险货物运输车辆维修、小型汽车整车修理、总成修理、整车维护、小修、维修救援和专项修理	

续表

序号	企业名称	企业等级	注册资本（万元）	从业人员（人）	经营范围	备注
17	渭南市平顺汽车维修服务有限公司	二类	300	36	大中型客车、小型汽车整车修理、总成修理、整车维护、小修、维修救援和专项修理	
18	渭南秦兴汽车服务修理有限公司	二类	20	18	大型货车、小型汽车整车修理、总成修理整车维护、小修、维护救援和专项修理	
19	渭南星达汽车维修服务有限公司	二类	100	18	大型货车维修，整车修理，总成修理整车维护，小维，维护救援和专项修理	
20	临渭区海诚汽车修理厂	二类	50	18	大型货车，小型汽车总成修理，整车维护，小修，维修救援和专项修理	
21	渭南城区大桥汽车修理厂	二类	30	16	大、小型汽车整车修理、总成修理、整车维护、小修、维护救援和专项修理	
22	渭南市畅顺运输有限公司汽车修理厂	二类	10	15	大型货车，整车修理，总成修理、整车维护，小修，维护救援和专项修理	
23	渭南新城运业公司桥东修理厂	二类	50	15	整车维修、总成修理、整车维护、小修、维护救援和专项修理、配件销售、润滑油零售	
24	渭南临渭区杜桥汽车修理厂	二类	10	18	大型货车，整车修理，总成修理、整车维护，小修，维护救援和专项修理	
25	渭南永兴运业公司汽修厂	二类	30	17	大型货车，整车修理，总成修理、整车维护，小修，维护救援和专项修理	
26	临渭区罗娜金爵汽车维修中心	二类	50	18	小型汽车整车修理、总成修理、整车维护、小修、维修救援和专项修理	
27	临渭区博翔汽车维修中心	二类	50	16	大型货车，小型汽车，总成修理，整车维护，小修，维修救援和专项修理	
28	华夏汽修厂	二类	30	16	小型汽车整车修理、总成修理、整车维护、小修、维修救援和专项修理	
29	渭南市鹏达汽车维修服务有限责任公司	二类	50	15	大型货车，小型汽车，总成修理，整车维护，小修，维修救援和专项修理	
30	渭南市金涛汽车贸易有限责任公司修理厂	二类	10	16	大型货车，整车修理，总成修理、整车维护，小修，维护救援和专项修理	
31	临渭区诚速修理有限公司	二类	20	15	大型货车，小型汽车，总成修理，整车维护，小修，维修救援和专项修理	
32	渭南市迅达汽车维修服务有限公司	二类	10	18	大型货车维修，整车修理，总成修理、整车维护，小维，维护救援和专项修理	

续表

序号	企业名称	企业等级	注册资本（万元）	从业人员（人）	经营范围	备注
33	渭南华龙汽车服务有限公司汽修厂	二类	20	17	整车维修、总成修理、整车维护、小修、维护救援和专项修理	
34	渭南高新区八鱼汽车修理厂	二类	30	16	大、中、小型货车修理，总成修理、整车维护、小修、维修救援和专项修理	
35	渭南友顺汽车服务有限责任公司	二类	100	28	大型货车，小型汽车，总成修理，整车维护，小修，维修救援和专项修理	
36	渭南市君诚汽车服务有限公司	二类	50	20	小型汽车、整车修理、总成修理、整车维护、小修、维修救援和专项修理	
37	渭南华祺汽车销售服务有限公司	二类	100	17	小型汽车、整车修理、总成修理、整车维护、小修、维修救援和专项修理	广汽传祺
38	渭南燕兴华昌汽车销售服务有限公司	二类	100	18	小型汽车、整车修理、总成修理、整车维护、小修、维修救援和专项修理	昌河
39	渭南新盛汽车销售服务有限公司	二类	100	18	小型汽车、整车修理、总成修理、整车维护、小修、维修救援和专项修理	北京现代
40	渭南江淮汽车贸易有限公司	二类	100	18	小型汽车、整车修理、总成修理、整车维护、小修、维修救援和专项修理	江淮
41	中国龙汽修	二类	30	15	小型汽车、整车修理、总成修理、整车维护、小修、维修救援和专项修理	
42	宏勃汽车修理厂	二类	50	18	小型汽车、整车修理、总成修理、整车维护、小修、维修救援和专项修理	
43	伟业汽车修理公司	二类	50	16	小型汽车、整车修理、总成修理、整车维护、小修、维修救援和专项修理	
44	临渭区力军捷洁汽车服务有限公司第一分公司	二类	100	25	小型汽车、整车修理、总成修理、整车维护、小修、维修救援和专项修理	
45	渭南开泰汽车服务有限公司	二类	50	15	小型汽车、整车修理、总成修理、整车维护、小修、维修救援和专项修理	
46	渭南佳润汽车销售服务有限公司	二类	50	15	小型汽车、整车修理、总成修理、整车维护、小修、维修救援和专项修理	
47	运业汽修厂	二类	20	15	小型汽车、整车修理、总成修理、整车维护、小修、维修救援和专项修理	
48	渭南远大汽车维修服务有限公司	二类	20	14	小型汽车、整车修理、总成修理、整车维护、型小修、维修救援和专项修理	

续表

序号	企业名称	企业等级	注册资本（万元）	从业人员（人）	经营范围	备注
49	渭南航瑞汽车服务有限公司	二类	100	18	小型汽车、整车修理、总成修理、整车维护、小修、维修救援和专项修理	
50	临渭区上老三汽车修理厂	二类	30	15	小型汽车、整车修理、总成修理、整车维护、小修、维修救援和专项修理	
51	渭南高新区博派汽车服务有限公司	二类	40	15	小型汽车、整车修理、总成修理、整车维护、小修、维修救援和专项维修	
52	陕西九江汽车贸易有限公司	二类	600	18	小型汽车、整车修理、总成修理、整车维护、小修、维修救援和专项维修	长安
53	渭南中庆源汽车销售服务有限公司	二类	1000	15	小型汽车、整车修理、总成修理、整车维护、小修、维修救援和专项维修	现代
54	渭南市永乐公交车修理有限公司	二类	30	15	小型汽车、大中型客车、整车修理、总成修理、整车维护、小修、维修救援和专项维修	
55	渭南市速达运输有限责任公司汽修厂	一类	50	30	危险货物运输车辆及大型货车、整车修理、总成修理、整车维护、小修、维修救援、专项维修和竣工检验	
56	渭南龙森运业服务有限责任公司	一类	500	32	危险货物运输车辆及大型货车、整车修理、总成修理、整车维护、小修、维修救援、专项维修和竣工检验	
57	渭南高新区通辉汽车销售有限公司	二类	2000	21	小型汽车、整车修理、总成修理、整车维护、小修、维修救援和专项维修	本田
58	渭南迪鑫汽贸有限公司	二类	1000	22	小型汽车、整车修理、总成修理、整车维护、小修、维修救援和专项维修	长城
59	渭南华众汽车销售服务有限公司	二类	1100	18	小型汽车、整车修理、总成修理、整车维护、小修、维修救援和专项维修	一汽大众
60	渭南华腾汽车销售服务有限公司	二类	1000	15	小型汽车、整车修理、总成修理、整车维护、小修、维修救援和专项维修	奔腾
61	渭南市高新区龙达汽修厂	二类	10	10	小型汽车、整车修理、总成修理、整车维护、小修、维修救援和专项维修	
62	渭南朝霞汽车销售服务有限公司	二类	550	15	小型汽车、整车修理、总成修理、整车维护、小修、维修救援和专项维修	丰田
63	渭南市源康汽车服务有限公司	二类	800	17	小型汽车、整车修理、总成修理、整车维护、小修、维修救援和专项维修	长城
64	渭南源鑫贸易有限责任公司	二类	500	14	小型汽车、整车修理、总成修理、整车维护、小修、维修救援和专项维修	长安

续表

序号	企业名称	企业等级	注册资本（万元）	从业人员（人）	经营范围	备注
65	渭南乾丰汽车销售服务有限公司	二类	600	15	小型汽车、整车修理、总成修理、整车维护、小修、维修救援和专项维修	标志
66	渭南佳燕汽车贸易有限公司	二类	1100	22	小型汽车、整车修理、总成修理、整车维护、小修、维修救援和专项维修	上海大众
67	渭南燕兴五菱汽车销售服务有限公司	二类	3000	32	小型汽车、整车修理、总成修理、整车维护、小修、维修救援和专项维修	五菱
68	渭南是宗申宝泰汽车销售服务有限公司	一类	1000	32	小型汽车、整车修理、总成修理、整车维护、小修、维修救援和专项维修	宝马
69	渭运集团客运公司修理厂	一类	100	30	大中型客车、大型货车、小型汽车整车修理、总成修理、整车维护、小修、维修救援和专项修理	
70	渭南宏业汽车修理有限责任公司	一类	200	30	大中型客车、大型货车、小型汽车及危险货物运输车整车修理、总成修理、整车维护、小修、维修救援和专项修理	
71	渭南市福康农机维修有限公司	二类	50	6	大型货车、整车修理、总成修理、整车维护、小修、维修救援和专项修理	
72	渭南市润天汽车修理服务有限公司	二类	100	15	小型汽车、整车修理、总成修理、整车维护、小修、维修救援和专项维修	海马汽车
73	威远运业有限责任公司汽修厂	二类	40	20	小型汽车、大中型客车、大型货车整车修理（总成修理、整车维护、小修维护救援与专项修理）	
74	金泉汽车贸易有限责任公司	二类	56	20	小型汽车、大型货车整车修理（总成修理、整车维护、小修维护救援与专项修理）	
75	白水县佳易汽修厂	二类	30	18	小型汽车整车修理（总成修理、整车维护、小修维护救援与专项修理）	
76	渭南龙龙汽车贸易有限责任公司	二类	300	23	小型汽车整车修理（总成修理、整车维护、小修维护救援与专项修理）	
77	恺泽汽车服务会所有限责任公司	二类	100	21	小型汽车整车修理（总成修理、整车维护、小修维护救援与专项修理）	
78	蒲城县物资运销公司保修厂	一类	100	35	中型客车；大型货车；小型汽车整车修理、总成修理、整车维护、小修、维修维救援、专项维修和竣工检验	
79	蒲城县恒通出租公司修理厂	二类	30	11	小型汽车整车修理、总成修理、整车维护、小修、维修救援和专项	
80	蒲城县山海实业发展有限公司	二类	1000	36	大型货车；小型汽车整车修理、总成修理、整车维护、小修、维修救援和专项维修	

续表

序号	企业名称	企业等级	注册资本（万元）	从业人员（人）	经营范围	备注
81	蒲城县神州汽车修理厂	二类	23	14	大型货车、整车修理、总成修理、整车维护、小修、维修救援和专项维修	
82	蒲城县洁源汽车修理有限公司	二类	50	14	大型货车、小型汽车、整车修理、总成修理、整车维护、小修、天然气（CNG）汽车维修、电气系统维修供油系统维护及油品更换	
83	蒲城县解放商用汽车服务有限公司	二类	60	24	整车修理、总成修理、整车维护、小修、维修救援和专项维修	
84	蒲城县永新修理厂	二类	20	20	中型客车；大型货车；小型车整车修理、总成修理、整车维护、小修、维修救援和专项维修	
85	蒲城县永盛修理厂	二类	50	16	中型客车；大型货车；小型汽车整车修理、总成修理、整车维护、小修、维修救援和专项维修	
86	蒲城县宏源修理厂	二类	60	15	大型货车、小型车整车修理、总成修理、整车维护、小修、维修救援和专项维修	
87	渭运集团蒲城客运公司	二类	40	15	大中型客车整车修理、总成修理、整车维护、小修、维修救援和专项维修	
88	蒲城县长菱汽车销售有限责任公司	二类	100	18	大型货车整车修理、总成修理、整车维护、小修、维修救援和专项维修	
89	蒲城县海世汽车贸易有限公司	二类	50	11	大型货车、机动车整车修理、总成修理、整车维护、小修、维修救援和专项维修	
90	蒲城县广东汽车贸易有限公司	二类	100	30	大型货车；小型汽车整车修理、总成修理、整车维护、小修、维修救援和专项维修	
91	蒲城县博驰汽车贸易有限公司	二类	1000	26	大型货车；小型汽车整车修理、总成修理、整车维护、小修、维修救援和专项维修	
92	弘运汽贸有限公司汽车修理厂	一类	2000	15	大中型客车；大型货车；小型汽车整车修理、总成修理、整车维护、小修、维修救援、专项维修和竣工检验	
93	渭北豪华汽车维修有限责任公司	二类	100	12	大中型客车；小型汽车整车修理、总成修理、整车维护、小修、维修救援和专项维修	
94	汽车客运公司汽车修理厂	二类	50	12	大中型客车；大型货车整车修理、总成修理、整车维护、小修、维修救援和专项维修	
95	澄合矿务局汽车修配厂	二类	50	18	大中型客车；大型货车整车修理、总成修理、整车维护、小修、维修救援和专项维修	
96	钟周汽车修配有限责任公司	二类	50	12	大型货车整车修理、总成修理、整车维护、小修、维修救援和专项维修	

续表

序号	企业名称	企业等级	注册资本（万元）	从业人员（人）	经营范围	备注
97	有信汽车运输贸易有限责任公司修理厂	二类	50	12	大型货车整车修理、总成修理、整车维护、小修、维修救援和专项维修	
98	澄城县古徵汽车修理厂	二类	560	12	大型货车整车修理、总成修理、整车维护、小修、维修救援和专项维修	
99	陕西同晟汽车销售服务有限公司汽车修理厂	二类	1000	26	大型货车整车修理、总成修理、整车维护、小修、维修救援和专项维修	
100	长兴汽车修理厂	二类	30	18	大中型客车；大型货车；小型汽车整车修理、总成修理、整车维护、小修、维修救援、专项维修和竣工检验	
101	澄城永升汽车经销服务有限公司	二类	500	25	大型货车整车修理、总成修理、整车维护、小修、维修救援和专项维修	
102	大荔县浩驰汽车服务有限公司	二类	50	20	大型货车车；小型汽车整车修理、总成修理、整车维护、小修、维修救援和专项维修	
103	渭运集团大荔客运公司修理厂	二类	30	15	大中型客车整车修理、总成修理、整车维护、小修、维修救援、专项维修和竣工检验	
104	大荔县智军汽车修理厂	二类	50	19	大型货车整车修理、总成修理、整车维护、小修、维修救援和专项维修	
105	大荔物资汽车贸易有限公司汽车修理厂	二类	520	20	大型货车整车修理、总成修理、整车维护、小修、维修救援和专项维修	
106	大荔县进功汽车修理厂	二类	10	20	大型货车整车修理、总成修理、整车维护、小修、维修救援和专项维修	
107	大荔县龙吉汽车贸易有限公司	二类	500	20	大型货车车；小型汽车整车修理、总成修理、整车维护、小修、维修救援和专项维修	
108	大荔县北关汽修厂	二类	50	19	大型货车车；小型汽车整车修理、总成修理、整车维护、小修、维修救援和专项维修	
109	大荔县建民汽车修理厂	二类	20	20	大型货车整车修理、总成修理、整车维护、小修、维修救援和专项维修	
110	大荔县红斌修理厂	二类	50	20	大型货车整车修理、总成修理、整车维护、小修、维修救援和专项维修	
111	大荔县精信汽修厂	二类	100	15	大型货车车；小型汽车整车修理、总成修理、整车维护、小修、维修救援和专项维修	
112	西安秦鹰修理厂	二类	100	20	大型货车整车修理、总成修理、整车维护、小修、维修救援和专项维修	

续表

序号	企业名称	企业等级	注册资本（万元）	从业人员（人）	经营范围	备注
113	大荔县婆和汽车修理厂	二类	30	17	大型货车整车修理、总成修理、整车维护、小修、维修救援和专项维修	
114	大荔全民汽车贸易有限责任公司	二类	1000	22	大型货车整车修理、总成修理、整车维护、小修、维修救援和专项维修	
115	大荔胜达汽车服务有限公司	二类	200	22	大型货车整车修理、总成修理、整车维护、小修、维修救援和专项维修	
116	大荔西马汽车修理厂	二类	20	15	大中型客车；大型货车；小型汽车整车修理、总成修理、整车维护、小修、维修维救援、专项维修和竣工检验	
117	大荔县鹏程修理厂	二类	10	20	大型货车整车修理、总成修理、整车维护、小修、维修救援和专项维修	
118	大荔县振民汽修厂	二类	200	19	大型货车整车修理、总成修理、整车维护、小修、维修救援和专项维修	
119	大荔安泰汽车技术服务有限公	二类	100	22	大型货车整车修理、总成修理、整车维护、小修、维修救援和专项维修	
120	大荔远程汽车销售服务有限公司	一类	100	15	大中型客车，大型货车，小型汽车，危险货物运输，整车维修，总成修理，整车维护，小修，维修救援，专项维修和竣工检验	
121	大荔县文斌汽修厂	二类	150	21	大中型客车，大型货车整车修理，总成修理，整车维护，小修，维修救援和专项维修	
122	陕西压延设备厂运输处汽修厂	一类	1200	17	小型汽车、大型货车、整车修理、总成修理、整车维护、小修、维修救援、专项维修和竣工检验	
123	富平县大茂汽车修理厂	二类	200	15	大型货车整车修理、总成修理、整车维护、小修、维修救援和专项维修	
124	渭南市汽车运输（集团）有限责任公司富平汽车修理厂	二类	1200	18	大中型客车，大型货车，小型汽车，整车维修，总成修理，整车维护，小修，维修救援，专项维修	
125	富平县苏秦汽修厂	二类	600	13	小型汽车、大中型客车、大型货车、整车修理、总成修理、整车维护、小修、维修救援和专项维修	
126	富平县孚盛物流有限公司汽车修理厂	二类	2000	16	大中型客车、大型货车整车修理、总成修理、整车维护、小修、维修救援和专项维修	
127	富平县兆祥汽贸有限责任公司兆祥汽车修理厂	二类	700	15	大中型客车，大型货车，小型汽车，整车维修，总成修理，整车维护，小修，维修救援，专项维修	

续表

序号	企业名称	企业等级	注册资本（万元）	从业人员（人）	经营范围	备注
128	富平县宏远运输有限责任公司汽车修理厂	二类	900	14	大型货车整车修理、总成修理、整车维护、小修、维修救援和专项维修	
129	富平县望湖汽车修配厂	二类	800 万	13	大中型客车、大型货车、整车修理、总成修理、整车维护、小修、维修救援和专项维修	
130	富平县城关汽车修理厂	二类	900	14	大型货车；小型汽车整车修理、总成修理、整车维护、小修、维修救援和专项维修	
131	陕西车之恋汽车服务有限公司	二类	1800	15	小型汽车、其他机动车整车修理、总成修理、整车维护、小修、维修救援和专项维修	
132	陕西博士中达汽车服务有限公司	二类	300	14	小型汽车、其他机动车整车修理、总成修理、整车维护、小修、维修救援和专项维修	
133	潼关县新概念汽修厂	二类	70	16	小型汽车、其他机动车整车修理、总成修理、整车维护、小修、维修救援和专项维修	
134	潼关县运输公司汽车修配中心	二类	50	16	大中型客车，大型货车，小型汽车，整车维修，总成修理，整车维护，小修，维修救援，专项维修	
135	陕西秦岭发电有限公司汽车修理厂	二类	200	8	大中型客车；大型货车；小型汽车整车修理、总成修理、整车维护、小修、维修救援和专项维修	
136	渭南集团罗夫客运公司汽修厂	二类	100	17	大中型客车整车修理、总成修理、整车维护、小修、维修救援和专项维修	
137	华阴市华岳汽车服务有限公司	二类	80	16	大中型客车；大型货车；小型汽车整车修理、总成修理、整车维护、小修、维修救援和专项维修	
138	华阴市黄河永兴汽车修理厂	二类	10	23	大中型客车、大型货车、小型汽车和其他机动车整车修理、总成修理、整车维护、小修、维修救援和专项维修	
139	华阴市美鹰汽车服务有限公司	二类	100	12	小型汽车整车修理、总车修理、整车维护、小修、维修救援和专项维修	
140	华阴市明海汽车服务有限公司	二类	30	9	小型汽车整车修理、总成修理、整车维护、小修、维修救援和专项维修	
141	陕西源达汽车服务有限公司	二类	300	13	小型汽车、大型货车、整车修理、总成修理、整车维护、小修、维修救援和专项维修	
142	华州区汽车修理厂	二类	50	12	大中型客车、大型货车整车修理、总成修理、整车维护、小修、维修救援和专项维修	

续表

序号	企业名称	企业等级	注册资本（万元）	从业人员（人）	经营范围	备注
143	金堆城钼业股份有限公司矿冶分公司物流中心汽车修理厂	二类	280	14	小型汽车、大型货车、整车修理、总成修理、整车维护、小修、维修救援和专项维修	
144	陕西陕化化工集团有限公司汽车修理厂	二类	50	15	大型货车、整车修理、总成修理、整车维护、小修、维修救援和专项维修	
145	华州区荣华汽车服务有限公司	二类	200	10	小型汽车、大型货车、整车修理、总成修理、整车维护、小修、维修救援和专项维修	
146	华州区宏达汽修厂	二类	230	15	小型汽车、大型货车、整车修理、总成修理、整车维护、小修、维修救援和专项维修	
147	合阳县南关汽修厂	二类	40	18	大型货车整车维修、总成修理、整车维护、小修、维修救援及专项维修	
148	合阳县鹏程汽修厂	二类	50	16	小型汽车整车修理、总成修理、整车维护、小修、维修救援和专项维修	
149	合阳县长红汽修厂	二类	60	15	小型汽车整车修理、总成修理、整车维护、小修、维修救援和专项维修	
150	合阳县宏鑫汽修厂	二类	50	16	大型货车整车维修、总成修理、整车维护、小修、维修救援及专项维修	
151	合阳县洽川汽修厂	二类	41	15	小型汽车整车修理、总成修理、整车维护、小修、维修救援和专项维修	
152	合阳县平安汽修厂	二类	60	15	大型货车整车维修、总成修理、整车维护、小修、维修救援及专项维修	
153	合阳县养红汽修厂	二类	50	17	大型货车整车维修、总成修理、整车维护、小修、维修救援及专项维修	
154	合阳县远征汽修厂	二类	50	15	小型汽车整车修理、总成修理、整车维护、小修、维修救援和专项维修	
155	渭运集团合阳客运公司	二类	50	16	大中型客车整车修理、总成修理、整车维护、小修、维修救援和专项维修	
156	合阳县苏秦汽修厂	二类	50	15	小型汽车整车修理、总成修理、整车维护、小修、维修救援和专项维修	

注：企业顺序分县域排列。

第四章　驾驶培训企业

滑南地处关中平原东部，素有“三秦要道，八省通衢”之称，公路及汽车、拖拉机运输发端较早，故驾驶员培训事业亦起步较早。

第一节　驾驶员培训业务

民国时期，以师带徒、跟车学技是汽车驾驶员培训的主要形式。陕西有组织地培训汽车驾驶员始于官督民办的陕西长潼汽车公司。中华人民共和国成立后，驾驶员的有组织培训由陕西省属运输单位或政府有关部门统一组织进行。

1956 年 1 月，由陕西省运输公司铜川煤矿运输处改设的陕西省富平汽车运输公司统辖渭南地区蒲城、白水、澄城、大荔、朝邑等各县公路运输，除以师带徒、以运代训外，开始办班培训驾驶员。1958 年 9 月 28 日，朝邑县人民委员会根据陕西省人民委员会的电报指示精神，经各乡广泛动员，首次招收了一批具有一定文化程度的青年学习汽车驾驶技术。1963 年，国营陕西省关中汽车运输公司渭南中心站开办驾驶员培训班。各县属运输企业均沿用代训形式各自培训所需的驾驶员。1969 年 1 月，渭南地区汽车运输公司成立，对随车司机（驾驶员）助手进行集中培训。一般每期 30 余人，时间 3 个月左右。

1975 年，大荔县农业机械局成立“大荔县农业机械化学校”，系渭南首家正式培训拖拉机驾驶员的学校。1984 年，经陕西省交通厅批准，蒲城驾驶员培训班成立。是年 6 月 29 日，大荔县人民政府与中国汽车工业总公司西安销售技术服务部签订《开发汽车运输专业户意见书》，帮助专业户、联运经营体培训驾驶员。11 月 20 日，经陕西省交通厅监理处批准，由县交通局主办、交通监理所协助，中汽公司西安销售技术服务部扶持的“大荔县交通学校”正式成立，成为陕西省县级培养机动车驾驶人员及修理保养专门人才的首家学校。1986 年，华阴第四军医大学教学基地驾驶员培训学校成立。1987 年 11 月 16 日，渭南地区机动车驾驶员教练队在驻华县的铁道部第一工程局引进设备厂（重型汽车修理厂）成立。1989 年 5 月，渭南地区交警支队驾驶员培训班成立，负责大客车增驾、军转地驾驶员培训和各县、市交警大队分班培训。1996 年 12 月，经陕西省交警总队批准，陕西省启明职业培训中心卤阳驾驶技术学校成立，地址设富平县。

2001 年，汽车驾驶学校和驾驶员培训工作的行业管理由公安部门向交通部门移交，渭南时有驾校 5 所。2004 年，发展至 15 所。2005 年，新增驾校 13 所（二级 8 所，三级 5 所）。2006 年新增驾校 7 所（二级 4 所，三级 3 所）。2007 年新增驾校 3 所（二级 2 所，三级 1 所）。2008 年新增驾校 4 所（二级 3 所,三级 1 所）。2009 年新增驾校 1 所（二级）。2010 年新增驾校 8 所（均为二级）。是年，渭南市红旗驾校升级为一级驾校。2011 年新增驾校 7 所（一级 1 所，二级 6 所）。是年，富平富华驾校、合阳东风驾校、临渭区高新驾校、大荔永安驾校、华阴西岳驾校升级为一级驾校。2012 年新增驾校 2 所（均为二级）。是年末，全市一级驾校达到 6 家、二级驾校 38 家，三级驾校明显减少。全年共培训机动车驾驶员 10 万余人。2013 年新增驾校 2 所（均为二级）。2014 年新增驾校 3 所（一级 2 所，二级 1 所）。

2015 年末，渭南市经管理部门审批的正规机动车驾驶员培训机构共计 61 所（不含韩城市）。其中，一级普通机动车驾驶员培训机构 8 所，二级普通机动车驾驶员培训机构 42 所，三级普通机动车驾驶员培训机构 11 所；从事大、小车培训的 49 所，专项从事小车培训的 12 所。年培训能力10万人次。全市培训机构共有大、中、小型教练车2236台，各培训机构教练场总占地面积133公顷，有各类教练员2480人。驾驶员培训机构分布情况：临渭区14所（一级3所，二级10所，三级1所）、华州区6所（一级1所，二级3所，三级2所）、华阴市5所（一级1所，二级4所）、潼关县2所（均为三级）、合阳县4所（一级1所，二级2所，三级1所）、澄城县4所（均为二级）、大荔县8所（一级1所，二级7所）、白水县4所（均为三级）、蒲城县7所（二级5所，三级2所）、富平县7所（一级1所，二级6所）。是年末，渭南市有5所培训机构从事道路运输驾驶员从业资格培训业务，从业资格年培训能力1万人次。道路运输驾驶员继续教育培训机构共11所：渭南市机动车驾驶员培训学校有限公司、渭南市红旗汽车驾驶员培训学校、华州区第二运输公司、华阴市西岳汽车驾驶员培训学校、大荔县永安机动车驾驶员培训学校、大荔县交通驾校、富平县富华汽车驾驶员培训有限公司、蒲城平安机动车驾驶员培训学校、澄城县保兴机动车驾驶员培训学校、合阳县东风驾驶员培训学校、白水县威远运业有限责任公司。

第二节　驾驶培训骨干学校

渭南市红旗驾校

学校成立于2000年9月，位于陕西省渭南市高新技术产业开发区。总投资7000万元，拥有各种教练车126辆，教职员工200余人，年培训各类人员11000余人。是运管机构确定的营运驾驶员从业资格证“资质认证”定点培训单位、“继续教育”定点培训单位、“渭南市教练员”定点培训单位和“大中型客货车驾驶员”定点培训单位。学校建有占地5.5公顷的小客车训练考试场地。自行设计制作了一整套符合教学大纲要求，集文字、图片、声音、动画、视频为一体的多媒体教学软件。一次性购置40台汽车驾驶模拟器。学校在驾校系统组织的技能竞赛中曾获得渭南市第一名、陕西省第二名、全国第七名的较好成绩。渭南市驾校系统质量信誉考核中连年获第一名。曾被交通系统评为“全国文明诚信优质服务驾校”和“全国百强驾校”。2015年，学校正在修建占地15公顷的大中型客货车及小车科目二训练考试场地。

大荔永安驾校

2004年9月经陕西省交通厅运输管理局批准成立，是渭南市审批的第6家二类驾校。建校初期注册资金50万元，有2万平方米的训练场，5辆吉普教练车，5辆东风教练车，教练员12人，年培训能力近1000人。培训科目为C1（小型汽车）B2（大型货车）。2006年学校新增加9辆中兴教练车，训练场地增加到44000平方米，倒库、侧方训练场地进行了硬化，训练科目增加了C3（低速载货汽车）、C4（三轮汽车）、D（普通三轮摩托车）、E（普通两轮摩托车）等，年培训能力1800人，获得渭南市“2006年度守合同重信用企业”称号。2010年9月，永安驾校升级为大荔县唯一的一类驾校，增加了客、货运从业资格证的培训业务，营运货运资格证的办证业务，当年购进10辆华普教练车。2011年新增18辆带有空调的桑塔纳教练车，更新大货教练车4辆。购置10台电脑，满足学员理论模拟考试。是年被渭南市运管处评为“渭南市机动车驾驶员培训机构质量信誉考核先进单位”。2014年建设第二训练场，占地面积63000平方米。新增小型教练车42辆，更新液晶电脑30台，新增汽车驾驶模拟机20台。2015年末，拥有教练员84名，后勤管理人员37名，拥有教练车80余辆，学校固定资产1600余万元，年培训能力4000人。

华阴市西岳驾校

学校创建于2004年，地处西岳华山脚下，学校设一校两区（卫峪区、华山区），场地面积8万平方米，资产千万余元。配备有程控电动示教板、驾驶模拟器、透明整车、无纸化模拟考场、多媒体投影仪、车载考试仪（与考场设备同步）等教学设施。至 2015 年末，学校有员工 120 名，拥有教练车 66 辆，通勤车 6 辆，工作用车 3 辆，年培训能力 5000 人。学校先后被授予“陕西省诚信先进单位”、“渭南优秀私人企业”、“渭南市百姓满意十佳驾校”、“华阴市道路交通先进驾校”等称号。

富平县富华驾校

创办于 2005 年，2013 年 4 月经陕西省交通厅运管局核准、验收，晋升为一级驾校。驾校办公室设在南韩大街交警大队对门的农博城，办公室面积 500 余平方米。训练场地设在富平县上官管区阎富路边，占地 6.67 公顷。具有按科目设计、硬化的标准化训练场。东西两座教学大楼上下两层，设有理论教室、微机室、模拟室、教练和学员宿舍。理论教室 200 余平方米，多媒体教学设施和 70 套桌椅齐全。透明车、电子挂图可供学员详细了解汽车的基本构造和原理。电脑 50 余台，模拟器材 20 余套，可供学员单机、单人操作学习。2015 年更新和增加了 20 余台与考试车同步的雪铁龙教练车，年培训能力 3000 余人。2015 年末拥有员工 67 人，其中管理人员 5 名，教练员 53 人，考核员 3 名，办公室及其他人员 6 名。教练车辆 51 辆，其中大型半挂车、大型货车 7 辆，小型车以雪铁龙、桑塔纳为主计 46 辆，配有学员接送车 2 辆，其他办公用车 3 辆。

合阳县东风驾校

学校 2007 年 8 月 成立，位于合阳县城黄河路 136 号。集新学员培训、从业资格证培训、继续教育于一体。年培训能力 3600 人。2008 年至 2012 年连续四年被渭南市道路运输管理处评为“年度质量信誉考核先进单位”；2009 年至 2011 年连续三年被陕西省运管局评为全省驾培行业“先进单位”；2014 年被渭南市运管处评为“十佳驾校”。2015 年末拥有资产 700 余万元，占地面积 5.8 公顷；教学车 50 辆（其中大型货车 5 辆、大型客车2辆、小型汽车40辆、其他车辆3辆)；模拟教学车30辆；东风透明车体、柴油发动机等先进教学设备15台，最新教学电脑40台。学校有教职员工63人，其中：教练员53人(部队司训团专业教练15人)，管理和业务人员10人。

渭南市高新区汽车驾驶维修学校

创建于2008年8月，2011年5月，经陕西省交通厅运输管理局和渭南市道路运输管理处实地考察验收，晋升为一级综合培训机构。2012年以来，学校与渭南市人力资源和社会保障局、渭南市公共交通总公司和大荔、蒲城、合阳公交公司、渭南技师学院等单位开展定点培训公交车驾驶员，是渭南市人力资源和社会保障局就业培训与劳动预备制培训定点机构。至2015年底，累计为社会输送合格汽车驾驶员3万余人，先后被渭南市劳动和社会保障局等部门评为“重合同守信誉单位”、“培训先进单位”。

华县阳光机动车驾驶员培训学校

学校2010年11月经陕西省交通运输管理部门批准成立。位于华县杏林镇310国道87公里处，总占地面积约12公顷。学校设行政办公室、财务科、教学管理处、档案室、培训科等相关科室。拥有16543平方米的标准化训练场地，可容纳教练车200余辆，其中包括倒库、侧方移位、侧位停车、定点停车、坡道起步、百米加减档、直角转弯、单边桥、限宽限速门、连续障碍、起伏路、环岛路、十字交叉路口、曲线行驶等各种复杂路段场地设施。学校有教学车辆80余辆，具有高标准的现代化多媒体教学设备和各种交通挂图、模拟教学器材、透明车体等理论教学设施。2011年5月，经陕西省交通厅评定年培训能力为16260人。2015年末，有管理人员20人，专职理论教员10人，考核员4人，实操教练80余人。

渭南隆基驾驶员培训学校

学校成立于 2014 年 3 月，位于渭南市西四路实验中学对面。训练场位于渭南市临渭区良田办谷里村，总面积 61000 平方米，硬化面积 46000 平方米，绿化面积 12500 平方米。学校教学、训练场地及设备设施齐全，符合两项国标行业执行标准，能满足学员教学实践需求。拥有功能齐全的新型教练车 81 辆，建有多媒体教室、汽车驾驶模拟实验室、理论科目考试学习教室和学员餐厅、休息室、超市等教学及服务设施。2015 年末，学校教学管理人员 108 人。

第五章　船舶修造企业

船运业与船舶修造的兴衰互为因果，也大体同步。秦、汉、隋、唐建都关中，大兴漕运时期，渭南作为京畿重地，有官办造船场地，制造漕船。明、清、民国时期，黄河、渭河、洛河沿流，设有私人船舶修造场地。20 世纪 50 年代以后，渭南沿河各地，先后建立了规模不等的船舶修造厂，为航运企业修造船舶。80 年代后，已能造钢质机动船。90 年代后期，航道淤积，航运被陆运代替，船舶修造业亦衰落。

第一节　船舶制造企业

根据古文献记载和出土文物考察，大荔沙苑遗址出土的石器、标本、化石表明，早在 8000 年前，沙苑人主要从事渔猎。先民受巨大空心树漂浮启示，刻木为舟。这应该是造船业之始。舜帝时期，黄河、渭河均有船队行驶，造船业有了相当大的规模。

《诗经》中有周文王在渭水上“造舟为梁”的记述。《左传》记述春秋时“秦伯伐晋，济河焚舟”，乘大型木船，渡过黄河北干流。公元前 647 ~ 646 年的“泛舟之役”，渭水、黄河、汾水千里水运线上，舟船相继。当时渭水沿侧，必有多处造船场所。

秦汉时期造船技术有很大进步，船体结构普遍采用铁钉连接和榫合方法以及油灰麻茹捻缝技术，这远比当时西方用皮索捆扎连接方法的强度大。在船具方面，发明了橹和桨，普遍装有桅杆、舵、长桨、短桨等。秦代及西汉初造船业优先提供军用、官用，民用船量很小，亦多为中型或小型较为简陋的船舶。民间船工往往因地制宜，以简便方式制作水上航行工具。

秦汉的大型运输船舶是漕船。西汉大兴漕运时期，京师仓泊有万斛的粮船运输粮食。渭南有官办造船场地，造船基地为京兆尹船司空县（今潼关县渭河、洛河、黄河交会处），制造的漕船为方头平底型，这种型制的木船，装载量大，稳定性好，吃水较浅，最宜在水浅沙深的渭水中航行。《汉书•食货志》记载，汉宣帝时大司农耿寿昌，为转运太原、上党、弘农、河东、关中东部等地谷物，以省关东漕运，一次用于“筑仓治船”的费用达 2 万万余钱，造船规模很大，数量很多。渭水、黄河、汾水中都曾浮行过天子所乘的“楼船”，“楼船”最集中地体现大型船舶的造船技术水平。《释名•释船》说，船型较大者排水量为 500 斛。大型船舶的承载力相当惊人，《太平御览》卷 768 引《汉宫殿疏》说，汉武帝穿昆明池，“作豫章大舡，可载万人”。

唐代漕运极盛，都水监下设舟楫署专门管理航运及船只制造事务。刘宴主持漕政时，沿渭水、黄河、汴水的漕运路线，置场造船，聚集众多技艺高超的船匠，制造出适合各个河段行驶的“渭船”、“河船”和“汴船”。唐代大型单体船的出现，在中国造船史上应为一大创举。

北宋时期造船技术有了进一步发展。宋代对船舶建造程序，包括建造船坞，聚集船材，计算造价，设计模型，一直到竣工下水，都有周密的规划，为当时的水上交通运输提供了多种型制与性能的船舶。从《金史》卷 27《河渠志》的记载观察，金宣宗元光年间（1222 ~ 1223），为由同州（治所今陕西大荔县）大庆关向湖城（今河南省灵宝县西）漕运粮食，曾在大庆关设场造船。

明、清乃至民国时期，黄河航运较发达，渭南境内各条河流的重要港口码头，都有私人设置的造船场地。除官办船厂外，韩城芝川镇曾设造船厂一家，系手工作坊生产。黄、渭交汇处的潼关，港口、码头附近都有造船场地，不过，规模很小，设备简陋。造船场多是于河边搭棚设场造船。

中华人民共和国成立后，渭南各级人民政府逐步恢复和发展内河航运业。1957年下半年，渭南县王庄木业社，共造大木船10只，载重共200吨位；小船151只，载重共453吨位。大船每只工资202元；小船每只工资52元。其中有50只小船是包工包料，每只造价205元。当时造船工人技术水平不高，造船设备简陋，完全用手工操作，且木材多用柳、杨、槐木，用麻绳捻缝，船体质量较差，投入运输生产二三年后，便装货下行，至下游后卸货卖船，船工由陆路返回，再制造新船。造船、卖船、再造船，如此年年循环，船只增加很慢。

1958年，陕西省航运管理部门重视发展钢质机动船，采取外地购部件、聘技工，回省内组装的办法，建造钢质机动拖轮，在渭河中行驶，开陕西省航运史上使用钢质机动拖轮的先河。渭南专区能制造大型机帆船和80马力的喷水拖轮，填补了陕西无机动船制造业的空白。

1959年，陕西省交通厅关中航运公司在渭南县树园村渭河南岸建立“渭南船舶修造厂”。渭南船舶修造厂建造木质拖轮1艘，名“跃进一号”。该拖轮由北京船舶设计院设计，长15米、宽3.6米，吃水0.6米，装用4160型柴油机1台，90马力。其轴系、舵系、锚系等机械，委托西安锻压机械厂加工。其余船壳、油箱等，均由船厂自行制造、组装，造价共7.5万元。在造船过程中，曾聘请安康、湖北等地造船木工十余人，另由西安汽车配件厂调入钳工、锻工、冷作工、焊工、修理工多名。设备方面添置了车床、钻床、电焊、气割等机具。1960年又建造木质拖轮1艘，名“跃进二号”，形体及功率与“跃进一号”相同，1960年4月下水，投入使用。

1961年至1962年，渭南船舶修造厂先建造“华山号”客货轮1艘，为木质拖轮，长18米、宽4.2米、吃水0.6米，装用4135型80马力柴油机1台。接着又建造“潼关号”、“渭南号”木质渡用拖轮各1艘，均为长15米、宽3.6米、吃水0.6米，装用4135型柴油机各1台。此外，船厂还建造载重40吨木质驳船6艘。1964年后，渭南船舶修造厂归渭南公路总段代管。

1978年中共十一届三中全会后，沿河群众纷纷买船、造船30余艘。但这些船只，船体瘦长，吃水偏深，一般在0.6米以上，不适应潼关航区水浅沙深的特点。1985年，在"开发黄河航道、振兴陕西经济"的气氛中，于原潼关县经济委员会下属的机械厂基础上筹建黄河造船厂。厂址在潼关老城西关，占地6600平方米。有技术人员和管理干部20名，工人40名。设有船体车间，放样车间和加工车间。因地制宜，建造出适合三河口一带航道特点的船只。1986年陕西省交通厅拨款15万元，制造出秦航—410型钢质机驳船1艘，同年9月下水试航成功，性能良好。该船由黑龙江省水运规划设计院设计，总长29.3米，型宽6米，型深1.35米，吃水0.6米，载重50吨。与此同时建造的另一条船，命名为"潼渡—001"。该船由长江船舶设计院设计，总长43米，型宽9米，型深2米，吃水0.9米。设计载重120吨，核定一次载运汽车8辆，是年6月下水试航成功，营运于黄河潼关渡口。

从1986年下半年开始，黄河造船厂购置剪板机、弯管机各1台，职工人数增加到50余名，筹备建造黄河20吨、30吨钢质机动甲板货船。至1988年底，先后造出6艘，分别命名为"秦航"402—407。6艘钢质机动货轮，均由长江船舶设计院设计，主尺度为：总长23米（20吨）或25米（30吨），型宽4.8米，型深1.2米，吃水0.6米。1988年先后投入营运，在黄河北干流沙石坪—禹门口航段装运煤炭。

1989年，潼关县黄河造船厂辞退了所有外聘人员，完全依靠自身的力量设计、建造钢质挂桨机船。先后建造了"陕挂—4020"、"陕挂—4022"、"陕挂—4023"、"陕挂—4024"等挂桨机船。其中，"陕挂—4022"为双挂桨两车渡船。1989年4月，在多方面的支持配合下，开发新项目，自行设计制造黄河超级浅水船。该船为钢质双机、双桨甲板货船。主尺度为：总长21.6米，型宽4.2米，型深0.95米，吃水0.45米，载重量15吨，1990年元月下水试航成功，命名为"陕挂—4050"。

1990年，潼关县黄河造船厂职工人数减至30人。至1991年，为渭河浮桥桥脚建造 2 艘专用船，为浮桥码头建造 2 艘专用船。为大荔县船舍渡口建造两艘浮桥专用船。1992 年，为山西省礼教渡口建造钢质挂桨机两车渡船 2 艘，抽水船 1 艘。1993 年建造挂桨机甲板货船 1 艘（陕挂 4060），挂桨机渡船 1 艘（陕挂 4061）；抽水船 1 艘。1996 年，因老西潼二级公路改造及渭潼高速公路建设线路穿过黄河造船厂厂区，造船车间、仓库、放样室等被拆除或废弃，船厂停产。1998 年，经潼关县体改委批准船厂自然解体。

第二节　船舶修理企业

渭南境内的船舶修理与船舶出现相伴而生。《史记•河渠书》记载：舜帝时期大禹治水，禹凿龙门，“陆行乘车，水行载舟”，指的就是在黄河北干流中行船。秦、汉、隋、唐建都西安，有官办造船场地，也有船舶修理场地。明、清、民国时期，黄河、渭河沿流，出现私人船舶修造场地。如沿黄河的芝川镇城南村一户人家以手工制作维修船只，供芝川渡口摆渡之所需；黄、渭交汇处的潼关，港口、码头附近都有修船场地。不过，规模很小，设备简陋，多是临时于河边搭棚设场修船，修船完毕后，棚拆人散。1919 年以前，渭南各条河流中行驶的都是木船。黄河中游在民国 8 年（1919 年）虽出现了浅轮，但为数很少。随着沿河行船的不断增多，私人开设的修船场点也有所增多。

1949 年，在人民政府的重视、扶持下，内河航运业得到逐步恢复和发展。1955 年，渭南内河航运业在合作化运动推动下，造船工人开始组建木船修造合作社。关中的黄、渭、洛航区，由于货源充足，运输繁忙，原有船只破旧，不能适应需要，陕西省交通厅投资 11 万元，用包工包料或包工不包料办法，委托渭南县王庄木业社修造。此前，渭南没有专设船坞对船只进行保养维修，而是由航区主管部门组织技术工人分散进行维修。

1956 年，渭南不少航区成立木船修造合作社，承担船只维修业务。

修船所用的材料，当时多为国家计划分配物资，如麻、布、木材、桐油等，由陕西省交通厅、商业厅、供销合作联社联合行文，将供应指标分配给渭南专区，由专署交通主管部门，根据辖区内各县船只的多少，提出具体供应数量，再会同商业、供销、物资等主管部门联合行文至有关各县，按计划指标供给，手续相当繁琐。嗣后，物资供应实行分区域管理，船只维修材料在计划供应中安排得愈来愈少。由于材料供应短缺，各航运部门只得在市场高价购买。后限于财力，船只逐渐失修、失养，停驶船只增多。1959 年 7 月，陕西省交通厅关中内河航运管理处，集中所属船队的修船工人于潼关船队仓库，组建潼关船舶修造厂。建厂初期，有职工 20 余人，主要任务是为各船队修理木帆船。1960 年后半年，考虑到三门峡水库即将蓄水运用，潼关港为水淹区，于是，船厂随同关中航运管理处由潼关迁至渭南，在渭南县城东 7 里处的渭河边组建新厂，占地 4 公顷多，更名为“渭南船舶修造厂”，属关中航运公司管理。新船厂建造简易船台一座及机械加工车间，设备仅有车、刨、钻、焊割等机具，始终未能形成铸造及加工轴系、航系、锚系等精密零部件的能力。

1962 年 3 月，移民物资运输停止。渭南辖区渭河以北各县的农产品运输由公路所替代，渭河航运业衰落。船只转向潼关以下的河南省灵宝县一带转运煤炭，年运输量为万余吨。1963 年，7 艘拖轮调拨给陕西省公路局，改为渭河耿镇、新桥和上张渡等渡口作渡船用；革新船 16 只、渡船 14 只封存处理。当年 3 月，撤销关中航运公司，并入渭南汽车运输公司。从此，船厂已无建造船舶的任务，仅有少量修船工作。1964 年工交系统执行关、停、并、转政策时，船厂随同船队移交给陕西省公路局。1965 年，船厂又移交给陕西省建工局，改组为陕西省建造机械修理厂。随后，渭河淤积严重，航运被陆运替代，渭河流域的船舶修理也随之消失。1972 年，渭南船舶修造厂改建为陕西省建筑机械厂。此后至 2015 年，渭南境内船舶大、中修理均委托域外船舶修理厂，简单、零星修理就近交由一些机械修理铺完成。

第七篇

交通运输管理

滑南的交通运输管理包括公路、水路、铁路（另篇记述）三个方面。随着水路、公路网络的形成，管理机构、人员、规则、范围、措施也逐步配套建立。中华人民共和国成立后，公路交通中的路政、运输、营运车辆、规费征收和水路交通中的航道港口、船舶船员、安全救助等管理逐步实现专业化。至 2015 年底，渭南交通运输管理门类齐全，科学配套，已初步形成专业性强、速度快、效率高的现代化管理体系。

第一章　路政管理

渭南境域，西周时即已形成道路网络。出于政治、军事、经济的需要，官府在交通干线上十里设庐，作为守护、管理道路人员的住所。周王廷所设“六官”中之“地官”下的“遂师”，掌管“巡视道路”和“政令戒严”。秦始皇统一全国后，治驰道，修直道，形成了以咸阳为中心辐射全国的六条大道，并由郡、县、乡、亭、里的长官分级管理，其中之东方干道和东北方干道均途经渭南。隋文帝时，在驿道上设驿、亭、台、传，并实行关津制度，开创道路交通管理中查验行人证件、检查违禁物品等路查路检的先河。宋嘉祐四年（1059），三司使张方平在汉、魏、隋、唐历代《驿律》的基础上，整理编写了《嘉祐驿令》，成为宋代驿令的总纲。元至元元年（1624），制定《站赤条例》，将“不得枉道驰驿”作为治罪律条。明洪武元年（1368）颁布诏令，设置水马站及递运所、急递铺，并在川、陕交界的险峻路旁置“小心移步”四字碑，提醒行人注意安全。清代起，三路官马大道中的官马西路，经陕西关中分两大官道通往甘肃、四川，沿途五里设一小墩，十里设一大墩，作为里程碑的一种标志；与墩同步，五里一卡，十里一哨，百里一营，建有兵房，以分段维护道路畅通，保障行旅安全。清末，驿道废，公路兴。民国 11 年（1922），渭南境内首条公路——西（安）潼（关）公路横穿东西，成为渭南乃至陕西现代公路交通之始。民国时期，路政管理主要是路产保护，但因疏于工作，徒有其名。20 世纪 50 年代，路政管理主要是围绕保护路基路面等路产不受破坏这一中心展开。“文化大革命”中，路政工作陷于停顿。1972 年贯彻中共中央提出的安全生产方针，路政业务陆续恢复并逐步加强。1979

年 5 月，陕西省发布《陕西省公路路政管理暂行办法（征求意见稿）》。次年 4 月，《陕西省公路路政管理办法》正式颁布施行，渭南境内路政管理自此进入依法治路新阶段。1983 年，根据国务院、陕西省有关文件精神，在总段、管理段两级配备了 9 名路政专干，在管理段和道班指定了 80 名兼职路政员，使路政管理工作得到加强。1984 年 7 月，渭南公路总段专设了路政管理科。下属各管理段配齐了路政专干，76 个道班和 27 个群众养路队，各指定一名具有一定工作能力的兼职路政员。1985 年 1 月，撤销路政管理科，成立路政保卫科。1994 年 4 月，渭南公路总段对路政人员进行了执法培训，充实了基层路政管理人员 8 名。2002 年，按照陕西省交通厅决定，渭南公路管理局成立渭南市公路路政管理支队，各县（市、区）公路管理段成立路政管理大队。至 2015 年，渭南市路政管理趋于法制化、规范化、现代化。

第一节　路产管理

1949 年底，渭南专署发出保护公路的通令。要求各县责成区乡政府，组织群众制止铁轮大车行驶公路，以免破坏路面，阻碍交通。1950 年，渭南、大荔、合阳、韩城、华阴等县公路沿线区、乡、村，普遍成立护路委员会、护路队、护路组等三级护路组织，开展雨天巡路和雨后护路、养路工作。

1951 年，根据陕西省颁布的《雨天公路禁止行车暂行办法》，沿线乡村主动配合公路管理部门，雨后 2 小时～ 4 小时关闭路面交通，暂停车辆行驶和严禁羊群、牲畜通过。1952 年建立群众养路队，将保护公路路面不被人为破坏作为一项重要任务。1953 年起，养路工区把依法护路纳入《三包养路责任制》进行经常检查、考核，进一步调动了广大养路队员的护路积极性。他们一面积极向沿线群众和过往司机进行爱护公路、遵守交通规则的宣传，一面认真纠正违章行驶公路的行为，使违章行车破坏公路的现象基本得到遏制。

1954 ~ 1955 年，渭南地区养路段配合地县及公路沿线区乡政府、农民协会，依照《陕西省公路两侧留地管理办法》、《陕西省暂行公路宽度表》中关于公路宽度和留地的规定，对境内公路全面实施丈量。凡主要公路，一律划出土地予以补足。同时，在路基及两旁水沟外，每侧各保留土地 1 米，作为养路取土之用。划定路界、路产过程中新占农民的土地，水地每公顷按小麦 2625 公斤 ~ 5250 公斤、川地按 1500 公斤 ~ 3000 公斤、塬地按 1125 公斤 ~ 2250 公斤、小坡和沙碱地按 375 公斤 ~ 750 公斤标准，经民主评议后报县政府核准，由公路部门出资予以补偿，较好地解决了农业与公路争地的矛盾。

1957 年，各级政府投入很大精力解决农田灌溉浸坏公路的问题。是年 11 月，韩城县人民政府对个别社队浇水冲毁路基、路面以及在公路上挖水渠等损坏公路的行为进行了通报批评。境内各级政府及社员群众，克服片面观点，尊重路权，维护路产。1958 年 2 月，贯彻执行陕西省交通厅、水利厅《关于转发〈兴修水利中应注意保护公路路基、桥涵等的通知〉的通知》精神后，损坏公路、破坏公路设施、侵占路权路产的问题逐步减少。

1973 年 4 月，渭南地区对一些地方出现的乱砍滥伐行道树的问题进行了查处。年初，合阳县王家洼公社白眉大队与韩城县龙亭公社三家村大队干部，指示社员抢伐沿西禹公路 400 余米插花地段上 857 棵成才行道树，并由此引起近百名社员打群架。此事报经地区革委会后，责令两个大队立即将所砍行道树如数送交指定地点待后处理，并按照砍一罚三原则，于 3 日内将应栽树木全部栽齐，做到保栽、保活、管护好。韩城、合阳两县革委会对制造事端、带头砍伐行道树的主要人员进行严肃处理。境内各县对行道树管护情况进行检查，发现和解决存在问题，进一步落实管护责任。1974 年 11 月，渭南地区革委会颁发了《关于严禁乱砍滥伐公路行道树的通告》。各县广泛开展了爱护行道树的教育，在干、支线公路线上恢复成立了 130 个护林小组，配备了 803 名护林员，有效地刹住了一度出现的乱砍滥伐行道树歪风。

1979年元月，渭南地区行政公署下发了《关于进一步贯彻落实中共中央〈关于加强安全生产的通告〉的意见》。各级政府和有关部门，向群众广泛进行交通规则和交通安全的宣传教育。并对交通安全、路政管理进行了一次大检查，纠正违章，维护交通秩序。对在公路上碾场晒粮、堆积粪土、挖渠引水、摆摊设点者，一律取缔并予以处理。对需要更新的成材树，由基层主管部门提出申请，经地区公路总段同意、县革委会批准，有计划地砍伐更新，并保障行车通畅，路容整洁。对违章占道危及交通安全不听劝阻者给予严肃处理；因从事违章作业造成公路、车辆设备损坏或人员伤亡者，要赔偿经济损失直至追究刑事责任。1983年，地区总段和各管理段在地县公安、工商等部门的支持配合下，出动宣传车和用放电影、幻灯，印发宣传材料等方法，向公路沿线村镇基层干部、群众广泛宣传国务院《关于加强路政管理保障公路安全畅通的通知》和省政府颁发的《陕西省公路路政管理办法》等法规。期间结合路政宣传，纠正取缔违章建筑和摊点57处。境内全年共发生路政案件488起，处理361起，结案率73.9%，为历年之最。

1984年，渭南公路总段通过协议，聘请渭南市法律顾问处两名律师为依法治路的法律顾问。是年，清理路障路卡、维护路权路产、管理跨路基建施工、处理路政案件等路政管理业务得以全面铺开。在公路上随意碾场晒粮、摆摊设点、乱堆建材杂物、乱砍滥伐行道树、引水冲淹公路、损坏公路设施和辱骂殴打养路工人等问题和案件明显下降。

1987年10月，国务院发布《中华人民共和国公路管理条例》，明确“公路用地”是指公路两侧边沟（或截水沟）以外不少于1米范围的土地。自此，渭南境内公路用地标准依照该规定执行。1990年7月，根据《中华人民共和国行政诉讼法》和交通部《中华人民共和国公路管理条例实施细则》（交通部令1988年第1号）规定，经陕西省国有资产管理局和省清产核资办公室核准，确认全省公路资产产权归省公路局所有，渭南地区公路资产产权由省公路局委托地区公路管理总段进行管理。

1991至1995年，公路管理机构对路产保护，主要是宣传教育和上路巡查，对发现侵占、损坏路产和非法利用等情形，责令限期改正或依法进行处罚。对建设施工等确需占利用公路或公路设施的，按规定程序申请、审批，经批准后核发占利用公路许可证。此期，全区公路管理机构出动宣传车，印制散发宣传材料，并通过广播、电视、报刊等宣传工具，广泛宣传国务院《公路管理条例》和交通部的实施细则，增强公路沿线群众爱路护路意识；在公路养护系统推行全员管理，建立健全路产保护制度，实行路政人员定期上路检查巡查；及时纠正、制止和查处违法路政事案，加大依法维护路产力度；对确需占利用路产的，经审核批准后，按规定收取路产损失赔偿费，用经济手段维护路产。1995年9月27日，陕西省政府发布《陕西省公路路政管理办法》，明确公路用地依据国务院《公路管理条例》规定，由县级以上政府划定，并核发土地使用证，并由所辖县级公路管理机构栽设路田分界桩。

1996至2001年，渭南市贯彻施行《中华人民共和国公路法》、陕西省政府《路政管理办法》，建立健全市、县（市、区）公路路政管理体系，加强依法治路，切实维护路产。全市共查处路政事案70126起，收回路产损失赔偿费673.9万元。2001年9月25日，陕西省第九届人民代表大会常务委员会第二十五次会议通过并颁布《陕西省公路路政管理条例》。按此条例规定，渭南市公路管理机构加大各级公路确权工作力度。干线公路用地确权，由渭南公路管理局具体实施；县、乡公路用地确权，由市交通局组织实施。

2002年，国家交通部颁布《路政管理规定》。渭南市遵循“依法治路，保障畅通”的原则，规范路政管理程序和路产保护行为，强化源头控制和规划管理，加强对合法占利用路产的服务引导。是年，市、县两级公路管理机构成立公路路政管理支队、大队，以全面开展和深入推进公路超限超载运输治理为重点，强化公路路产保护。同期，渭南公路管理局在干线公路主要路段和主要旅游公路，开展路政管理示范路、示范村活动，与公路沿线乡镇签订护路协议，规范公路建筑控制区管理；在城镇过境路段，与沿街经营网点签订门前“三包”（包水沟畅通、包门前卫生、包公路用地不被占用）协议，加强公路街道化治理。完善公路路政执法责任制和执法程序，提高文明执法水平。在公路沿线公布路政举报和监督电话，印制监督卡，聘请路政监督员，加强社会监督。倡导“有困难找路政”，增强路政机构主动服务意识和服务能力。

2004 年，渭南路政管理部门共查处路政事案 11032 起，收回赔偿费 102.6 万元。2005 年 7 月 14 日，渭南市人民政府印发《关于加强公路路政管理的通告》。7 月 15 日召开渭南市公路环境综合治理动员大会，部署全市公路环境综合治理工作。整治期间，共出动宣传车 126 车次，发放《公路法》等宣传资料 4.5 万份，张贴市政府通告 1200 份，刷写公路宣传标语 15000 平方米；组织公路沿线乡镇政府及交通、工商、环保、城建、土地等部门进行大规模的集中整治活动 6 次，出动各类执法人员 650 人次；拆除跨公路龙门架 32 处、大型非公路标志 53 处，治理路边砂石厂、石灰厂、煤场等经营场所 36 处，取缔 15 处，清除路边废弃物、垃圾 5386 立方米，强制拆除违法建筑 7 处。2007 至 2009 年，结合公路环境整治、公路养护迎国检等活动，推进全市路产保护规范化建设。对收费公路实行计重收费，保护公路设施，维护通行安全。在全市开展“爱护脚下公路，方便你我出行”为主题的宣传活动，路政违法案件逐年减少。此期，全市共查处路政事案 11005 起，收取赔（补）偿费及罚款等 590 万元。

2010 年，渭南市组织路政执法人员开展业务技能培训和作风纪律教育整顿。全面启用路政管理系统，实施动态化管理，提升路政执法规范化水平。深入贯彻落实《公路法》《陕西省公路路政管理条例》，加强日常巡查，完善路政养护联动机制，不断提高事案查处率和结案率。与过境沿线乡镇协商，落实沿线村民门前“四包”制，收到良好效果，公路环境明显改善（图 1-1）。至年底，共收取路产损失赔补偿费 358.44 万元。其中，查处路政事案 1303 起，收取路产损失赔偿费 171.18 万元；协议赔偿 216 起，收取路产损失补偿费 187.26 万元。查处率 99%，收赔率 100%。2011 年，以路面治超为重点，全面整治公路路域环境。严格落实路政养护联勤联动机制，相继开展了 310 线集中整治，富平、蒲城超限超载集中整治，源头料场超限运输百日专项整治等活动，强化治超工作。全年共收取路产损失赔(补)偿费 242.81 万元。其中,查处路政事案 626 起，收取赔偿费 69.03 万元；协议收赔 286 起（含超限运输审批），收取补偿费 173.78 万元；查处率、收赔率均达 100%。

2012 年，全年共查处路政事案 372 起，审批 149 起，收取路产损失赔（补）偿费 175.7 万元，路政事案查处率 99%、收赔率 100%。2013 年，共查处路政事案 265 起，收取路产损失赔（补）偿费 255 万元，路政事案查处率 100%，收赔率 100%。2014 年，共查处路政事案 328 起，协议收赔 35 起，路政事案查处率 99%，收赔率 100%，结案率 98%，共收取路产损失赔（补）偿费 289 万元。2015 年，按照陕西省公路管理局路产登记工作通知要求，全面完成了路产登记工作。全年共收取路产损失及占利用赔（补）偿费 328 万元。其中，查处路政事案 331 起，收取路产损失赔偿费 168.82 万元；协议收赔 24 起，收取路产占利用费 159.18 万元。路政事案查处率 100%，收赔率 100%，结案率 100%。见图 1-1。

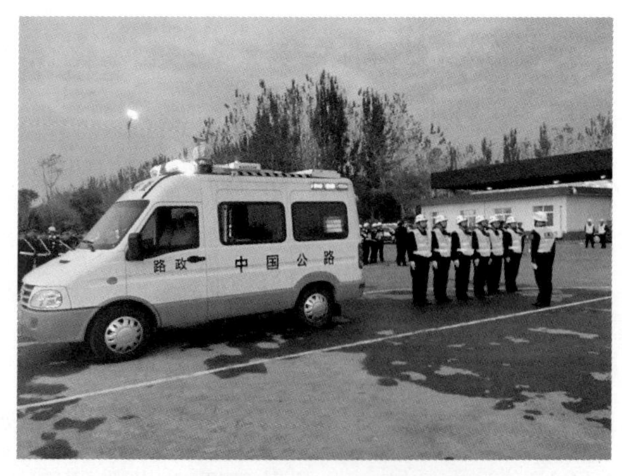

图1-1　渭南路政执法人员进行岗前动员

第二节 建筑控制区

1987 年 10 月起，渭南境内公路建筑控制区范围，执行国务院《公路管理条例》和国家交通部《公路管理条例实施细则》的规定。具体为从公路边沟外缘起，国道不少于 20 米，省道不少于 15 米，县道不少于 10 米，乡道不少于 5 米。

1990 年 9 月，陕西省政府决定在全省开展公路环境秩序综合治理整顿，重点解决"村庄撵公路"的问题，限期拆除公路两侧永久性、临时性设施。渭南地区在广泛开展宣传教育的基础上，逐路巡查检查，依法制止、查处公路两侧违章建筑。先后在西潼、渭大韩等干线公路推广路田分家，埋设红线控制牌、桩。至年末，共出动宣传车 308 次，发放、张贴宣传印刷品 10849 份，举办广播电视宣传栏 86 期，拆除违章建筑房屋 250 户、405 间，拆除围墙、厕所、猪圈 91 处，拆除砖、瓦、白灰窑 26 处，清理占路堆积物 2889 立方米，制止停建违章建筑 45 处，新修、清理排水沟 3.23 万米。

1995 年 9 月，省政府颁布《陕西省公路路政管理办法》，对公路建筑控制区保护作出规定，即新建、扩建村镇、经济开发区、商业街等规模性建设，不得沿公路两侧进行；确需顺沿公路建设的，应当选择公路一侧规划和建设。该办法同时规定确需建设的建筑物，其边缘距公路边沟外缘，国道平川地区不少于 80 米，山区不少于 30 米；省道平川地区不少于 50 米，山区不少于 20 米；县道不少于 20 米。1996 年，全市集中拆除干线公路沿线违章建筑，清理占路堆积物和公路摊点。之后，结合推进文明样板路建设，各县（市、区）包干整治公路环境，公路建筑控制区违章建筑得到有效控制。

2002 年 1 月 1 日，《陕西省公路路政管理条例》正式施行。渭南市按照不同公路等级和地理条件，对公路建筑控制区范围作出具体规定，即自公路两侧边沟外缘起，国道平川地区不少于20米，山区不少于15米，临砭、临河路段一般不少于10米；省道平川地区不少于15米，山区不少于10米，临砭、临河路段一般不少于5米；县道平川地区不少于10米，山区不少于5米，临砭、临河路段一般不少于3米；乡道平川地区不少于5米，山区不少于3米，临砭、临河路段一般不少于2米。确需顺沿公路一侧建设的建筑物边缘与公路边沟外缘距离：国道平川地区不少于80米，山区不少于30米；省道平川地区不少于50米，山区不少于20米；县道、乡道不少于20米。条例的实施，公路建筑控制区牌、桩的设置，从根本上限制了违章建筑的产生。2004年，加大依法治路力度，公路建筑控制区内违章建筑事件大幅度下降。全年共查处并拆除干线公路违章建筑16处，建筑面积750平方米；制止违章建筑51起，拟建面积5262平方米。

2005年起，渭南市全面推动县、乡、村三级公路建设。在工程实施之前，即把建筑控制区管理作为基础工作来抓。要求各县（市、区）严格执行《陕西省农村公路养护管理办法》，县、乡道公路建筑控制区由县级政府划定，村道公路建筑控制范围由村民委员会在乡级政府指导下划定。具体范围为：平川地区公路两侧边沟外缘不少于5米，山区不少于3米，临砭、临河路段不少于2米。2015年9月2日，渭南市人民政府办公室印发了《关于加强国省干线公路两侧用地管理的通知》（渭政办发〔2015〕137号），明确了公路两侧用地、桥梁安全保护区及禁采区范围，建立了公路与国土、规划、住建等部门的会商审批制度、国省干线公路两侧用地范围内公路拓宽改造协议拆迁制度和违法建筑联合执法制度。是年，渭南市公路路政执法部门共拆除非公路标志标牌412块，清理路边乱堆乱放28400立方米，拆除违章搭建22处，规范治理违规加水洗车点44处，取缔公路用地占道经营15处，取缔安全保护区非法采石16处，封闭、规范硬化平交道口15处。至年底，全市境内国道、省道、县道、乡道、村道建筑控制区管理基本规范化。

第三节　超限超载运输治理

20 世纪 90 年代以前，公路超限超载运输车辆少，超限超载吨位也小。随着经济发展和公路条件改善，超限超载运输车辆大量增加，并出现非法超限超载运输。渭南公路管理机构根据国务院《公路管理条例》等法规和规章规定，对不可解体的大型物件超限超载运输进行审批，指定通行路线，并对有关桥梁设施采取加固措施。

2001 年 8 月 15 日，国家交通部颁布《超限运输车辆行驶公路管理规定》(交通部令 2000 年第 2 号)，陕西省政府成立整治超限运输领导小组，启动超限超载运输治理。此次治理，渭南市以重要国道、省道为重点，突出整治轴载质量超限 8 吨以上车辆。治理措施以警告、教育为主，卸载放行，不罚款、不扣车，不收公路补偿费。

2003 年 7 月，陕西省政府发布《关于加强超限运输车辆行驶公路管理通告》。渭南市成立了整治超限运输领导机构，加强对治超工作的领导。针对公路运载实际，在 108 国道设置故市超限检测站，运行 1 个月，检测车辆 5820 辆，收取补偿费 45.6 万元。2004 年 9 月，国家交通部、公安部等 7 部委发布《关于在全国开展车辆超限超载治理工作实施方案》(交公路发〔2004〕219 号)。渭南市在超限治理中实行“卸载为主，多管齐下”的办法，罚管结合，罚卸并用，进行集中专项治理。配合陕西省交通厅征稽局对“大吨小标”车辆予以恢复吨位，建立全市征费吨位联网系统标准库，合理计量车辆吨位。渭南市工商行政管理部门和煤炭管理部门按省级管理部门要求，整治非法车辆改装企业，排查公路两侧储煤场分载、合载与超限超载运煤车辆，取缔非法煤炭经营户。是年底，全市在规范故市站工作程序的基础上，新建苏坊、韦庄 2 个超限检测站，共配备治超工作人员 194 人。

2006 年 10 月，陕西省人民政府召开加强公路治超工作电视电话会议，发布《关于进一步强化车辆超限超载治理工作的通告》。渭南市加强源头管理，建立长效治理机制，针对突出问题，开展专项整治，将治超工作纳入年度目标考核，实行责任制和问责制。采取“堵截、劝返、疏导、拆解”等措施，对干线公路和农村公路超限车辆实行“只卸载、不罚款、不收取补偿费”、以教育为主的政策，遏制超限超载运输。是年，在高速公路入口全面启动治超工作，对超限超载运输车辆实行劝返政策，并推行计重收费的经济调节手段。见图 1-2。

图1-2　治超工作人员进行超限超载检查

2007 年，车辆装置悬浮轴进行超限超载运输的现象凸显，超限超载运输车辆绕行农村公路、逃避检查和处罚的现象剧增。渭南市超限检测站增至 5 个，检查范围覆盖全市所有等级公路。从 5 月起，改“只卸载、不罚款”为“严厉打击、严管重罚”。6 月，陕西省交通厅联合有关厅局发出《进一步深化超限超载运输治理的通告》，向社会公布超限超载处罚标准，以示告诫并接受社会监督。渭南市对政区内桥梁进行排查，设立限载标志，严格规范车辆称重、桥梁检测、通行证审批、路面检查、行政处罚等程序，坚决治理 55 吨以上大吨位车辆非法超限超载。同时，治超与计重收费联动，全市各公路收费站启动治超计重收费。路面治超与源头治超联动，道路运输管理机构加强货物装载源头超限监控。对悬浮轴车辆、5 轴以上危险品运输车辆及农用车辆超限超载，集中开展专项治理。强化超限运输责任追究，实行下游查上游、路面查源头、出口查入口的倒查机制。同时，不定期开展跨区域治超联动。农村公路出入口设置“S”隔离墩、限高龙门架和禁超警示牌，组织村民参与监督，保护公路建设成果。全年共检测车辆 57.15 万辆，其中查处超限车辆 2.11 万辆，收取超限赔（补）偿费 13.21 万元，罚款收入 270.19 万元，卸载货物 4237 吨，分载货物 9325 吨。

2008 年，陕西省交通厅制发《治超工作长效机制实施意见》，公路超限超载治理进入以长效机制建设为重点的常态化管理阶段。渭南市按照“依法严管、标本兼治、立足源头、长效治理”的总体要求，确立长效治理的工作目标，制定路面治理和源头管理的工作措施，建立健全联动治超考核奖罚、监督检查、超限超载车辆“黑名单”等管理制度。路面治理按照“严防重管高速路、全面控制干线路、稳定保护农村路”的要求，采取“堵、疏、卸、拆、罚”等措施，巩固治超成效。是年共检测超限车辆 486419 辆。其中超限运输车辆 12051 辆，卸载车辆 1857 辆，卸载货物 3285.89 吨；分载车辆 3006 辆，分载货物 4385.91 吨；收取赔补偿费 14105 元，罚款收入 226.7 万元；平均超限超载率 2.48%。2009 年 3 月 19 日，陕西省政府颁布《陕西省治理公路超限运输管理办法》（省政府第 138 号令）。渭南市采取政府组织领导、部门协调配合、标本兼治的办法，明确了各级政府、各有关部门的治超工作职责；对车辆超限认定标准、检测规程、超限货物卸载处理、不可解体货物超限运输许可管理、超限运输源头监管、“黑名单”列管、治超工作责任倒查以及行政处罚等作出明确规定；建立健全分片包干监督检查，治超与路政、运政、计重收费、公安“五位一体”联动等工作制度；完善科学治超管理、全方位网络管理、源头综合管理和与公路保畅结合等管理体系。全年共检测车辆 299060 辆。其中，超限运输车辆 1815 辆，卸载货物 647.86 吨，分载货物 1285.35 吨，收取赔补偿费 1600 元，罚款 159.2 万元，超限超载率 0.6%。

2010年，渭南市开展治超“春雷行动”，突出高速公路“源尾”治理，实行运输车辆超出超限认定标准部分不予支付材料费和运费制度，遏制超限超载运输行为反弹。是年共检测车辆55.71万辆，查处超限运输车辆3481辆，超限超载率0.95%。卸分载货物5668.98吨，收取罚款363.5万元。2011年开展了富平、蒲城超限超载集中整治，源头料场超限运输百日专项整治等活动，强化治超工作。全年共检测车辆55.93万辆，查处超限运输车辆2332辆，卸分载货物3292.81吨，收取罚款242043万元。

2012年开展源头治超长效机制建设年活动，分层次签订源头治超目标责任书。重点对煤炭、水泥、沙石料场等货物装载源头开展专项整治活动，在重要路段设置临时“布控点”。坚持“一超四罚”，处理“黑名单”车辆166辆。建成了蒲城县“关东”和“林关”两个“卡脖子”管控点，建设完成韩城源头治超视频监控系统，为全市源头科技治超提供样板。5月，陕西省运管局在蒲城县召开了全省源头治超推进会议。全年共检测车辆46.89万辆，查处超限运输车辆1550辆，超限超载率0.33%，卸分载货物1775.25吨，收取罚款348.17万元。

2013年，公路治超执行“一超四究”和“黑名单”列管制度，将59辆超限车辆列入“黑名单”，暂停2家货运公司新增业务，全市共处罚超限装载源头企业22家，处罚20余万元，对160辆非法改装车辆实施强制拆解。全市建成远程源头监控点5个，货物装载源头有效监管率始终保持在96%以上。成立渭南市公路局治超办，筹建潼关代子营超限站、陈庄超限站，充实超限站治超力量。全年共检测车辆57.46万辆，查处超限车辆1789辆，卸分载货物1992.3吨，收取罚没款356.26万元，超限超载率为0.31%。

2014年共检测运输车辆560403辆次，查处超限车辆1916辆，卸载货物1647.7吨，分载货物5289.85吨，经济处罚519.2万元，超限率0.34%。大荔运管所、澄城运管所、临渭区运管所分别进驻大华路、韦庄和故市治超站联合治超，全年接到并依法处理治超抄告单195份，查处超限车辆

121 辆，“黑名单”列管 30 辆，暂停两家货运企业业务。2015 年，进一步强化属地监管和企业主体责任。市县运管、重点源头装载企业层层签订源头治超目标责任书。坚持定期巡查和不定时暗访，强化治超工作现场督办。全年开展检查 12 次，专项督查 3 次，现场督办问题 6 个。全市共建成使用 5 个远程源头治超监控点，1 个卡脖子点，巡查监控重点源头企业 97 家，源头装载企业有效监控率保持在 97% 以上。全年接到并依法处理治超抄告案件 36 件，查处超限车辆 22 辆，列入“黑名单”企业 1 家。治超科技平台初步建成，组织全市治超管理人员及系统操作人员集中培训，对治超信息系统的使用情况进行定期检查。华阴、富平、澄城、合阳、白水、潼关五县市实现县级政府公示。集中开展“百日源头治超专项活动”，各县（市、区）结合实际开展辖区重点区域短途超限运输集中整治，超限超载运输得到有效遏制。路政管理部门按照“一超四纠”及“黑名单”列管制度要求，深入开展联动治超、盲区路段专项治超活动。6 月 29 日，程家治超卸货场经渭南市编办批准成立，配备治超人员 40 名。11 月 26 日，渭南公路管理局将韩城上峪口超限检测站移交韩城市管理。全年共检测运输车辆 37.7 万辆（次），查处超限车辆 2762 辆，卸（分）载货物 10288 吨，收取罚没款 481 万元，超限率 0.73%。全市各个治超检测站全部安装了相关电子设备，实现了对超限超载的网络化管理。

第四节　标志、标牌

渭南境内的官马西路为京城通往西北、西南地区的大道。自清代起，沿途五里设一小墩，十里设一大墩，作为交通里程的标志。各县支路按铺司设置，除地名外，多有“五里铺”、“十里铺”之称，以示里程。旧渭南县衙（今渭南市老城内）的“总铺”至五里铺村为五华里即是证明。

民国 11 年（1922），西（安）潼（关）公路正式通车初期，公路尚无标志。由于当时马车车轮碾压，路面破坏严重，影响汽车通行，陕西督军兼省长刘镇华下令，在沿线竖立木牌，布告商民马车不准行驶公路，限禁军用马车雨天通行，此为境内公路禁令标志之始。

民国20年（1931）5月，陕西省公路局在沿线各停车站、点和村镇开始安设木牌，书以地名、里程，在坡道、弯道及危险路段设立标志牌，提醒司机、行人注意安全。此后，渭南境内大（荔）韩（城）公路、西（安）朝（邑）公路富平朝邑段、原（三原）渭（南）公路、潼（关）大（荔）公路先后通车后，皆设有少量交通标志。

1950年，渭南地区各条通车公路逐步设立交通标志。渭（南）韩（城）公路、大（荔）华（阴）公路、渭（南）白（水）公路在沿途各车站、村镇、沟坡弯道、渡口分别设立全国统一的警告及指示标牌。20世纪60年代初，各条公路普遍设置了警告、指示和禁令标志。据大荔、富平两县不完全统计，境内公路共设有标志牌278个。标志牌先为木质，后逐步改为搪瓷烧制的铁质。另在沟坡山崖上刷写白底黑字的警示标语，内容为“危险弯道，小心驾驶”、“鸣号慢行”、“谨慎驾驶，注意安全”、“下坡缓行”等，形同警告标志。

1964年4月，《陕西省公路交通规则施行细则》颁布后，各条公路交通标志由交管、公路工程、养护等部门按标准和实际需要设置。禁令标志为圆形，红边黄底黑字；警告标志为等边三角形，黑边黄底黑字；指示车辆行驶、停放标志为圆形，黄底黑字；指示路线的岔路标志牌为长方形，黑边白底黑字；里程碑为长方形，石质或水泥质地，白底黑字。1972年，按照交通部、公安部的规定，渭南各条公路的标志由原3类28种扩大为3类34种，并将木质改为钢筋水泥制作，后又改为铁质喷漆材料。

1980年，据潼关、大荔、合阳、白水、富平等县干线公路不完全统计，共设置标志牌1127面。是年，国道、省道公路开始在柏油路面划设中心线和车行道边缘线。1982年，公路交通标志改为3类78种。其中，指示标志25种，警告标志19种，禁令标志34种。并将铁质改为钢管、铁皮搪瓷质料。

1985年9月，渭南地区在干线公路渭（南）合（阳）公路0～33公里区间，首次设置了钢质悬臂式反光指示牌标，西（安）潼（关）、西（安）禹（门口）、渭（南）清（涧）线等8个路段投资5.21万元，安装了悬臂标志。年底，共有9段、95公里公路达到美化标准。1986年国家质量技术监督局首次颁布《道路交通标志和标线》GB5768—86，渭南地区各级公路机构按标准要求，在交通安全、交通管理、交通防护和停车设施中设置相关标志、标线，对被损坏标志、标线及时修复，对非公路标志、标线进行清理。

1987年9月，道路交通管理体制改革前夕，渭南地区国道、省道公路共设置各类标志牌1676面。1990年，境内共设置公路标志2395面。其中，更新、制作、安装了反光标志和县段道班等分界标示120块。年内开始用热熔漆画线或冷压画线等先进技术画设公路标线277公里。据1997年底统计，全市设置公路标志3128面，画有标线的国道、省道共660.11公里。

1999年6月1日起，渭南市公路交通标志执行国家质量技术监督局发布的《道路交通标志和标线》GB5768—1999标准，在公路交通安全、交通服务和交通管理设施中设置或更换相关标志、标牌。2001年8月11日，陕西省政府颁布《关于清理和整顿公路沿线各种标志标牌的通告》（陕政发〔2001〕39号）。渭南在全市范围开展以清理和整顿公路两侧非法广告标牌为重点的专项活动，市公路管理部门共拆除各种非公路标志、标牌、广告牌1366块，龙门架5处，并按标准增设示警桩和标志牌。

2002年4月，陕西省公路局制定下发公路两侧设置非公路标志标牌管理规定（试行），渭南市对非公路标志、标牌设置按照“统一规划、合理布局”的原则，严格审批手续。2005年下半年，结合交通部全国干线公路养护和管理工作大检查，渭南各级公路管理机构对所辖国道和部分省道公路交通标志进行完善，对新建公路交通标志进行规范设置。

2007年5月25日，省交通厅印发《陕西省国省干线公路交通标志设置细则》(陕交发〔2007〕238 号)，对国家质量技术监督局《道路交通标志和标线》GB5768—1999 规定进行细化。渭南市对辖区干线公路有问题的交通标志采取更换版面、更换支撑，拆除、增设和旧标志刷新换膜等措施，使之满足标准要求。2009 年，国家质量监督检验总局和国家标准化管理委员会《道路交通标志和标线》GB5768—2009、国家交通运输部《公路交通标志和标线设置规范》JTGD82—2009 先后发布，陕西省公路局对普通干线公路交通标志及标线作出具体规定。渭南市结合公路养护迎国检，按标准对辖区内交通标志进行设置或更换。2015 年，全市共出动路政执法车、综合执法车 300 余辆，拆除非公路标志、标牌 412 块。公路养护机构更换公路护栏 2226 米，示警桩 2993 根，百米桩及里程碑 911 块。至年底，全市等级以上公路全部按标准设置公路标志标牌，施画相应的标线。

第二章　运输管理

渭南境内自西周起，历代朝廷多在地方设置官职、官员，专司驿传道路运输管理事务。民国时期，公路交通运输由陕西省公路局和各县建设局（科）管辖。民国29年（1940）至34年（1945）抗日战争期间，交通运输实行军事管制，车辆运力以及物资运送由第八行政督察专员公署以及陕西省驿运管理处大荔区驿运总段统一调配，各驿运站设有省级委派的视察和稽查专员，督查军事物资运输。民国35年（1946），交通运输归第八区第二科和各县政府建设科管理。各交通要道设立军警、宪兵和交通部门配合组成的交通站（检查站），进行检查。

中华人民共和国成立初，渭南分区行政督察专员公署第四科主管交通运输。同时，陕西省公路局设立渭南、大荔、韩城、潼关4个公路管理站，查验过往车辆和特种通行证。1950年1月，统由渭南分区专署建设科管理。各县成立交通科（不成立交通科的由建设科一名副科长专管交通）。1951年2月，西北军政委员会交通部和第一野战军后勤部等22个单位共同组成西北公路联合管理委员会，统管道路运输市场。1953年12月，渭南专区运输委员会成立，对全区公路建立统一运单和私营汽车运输登记制度。1956年10月，渭南专区撤销，各县交通科（建设科）为交通运输管理机关。1961年9月，渭南专区恢复后，专署成立工业交通局。同时成立渭南专区运输指挥部，下设办公室（设工交局内）。1964年9月，工交局撤销，由经济委员会统一负责交通运输。1968年9月，渭南专区革命委员会成立，交通运输由地、县两级革委会生产组管理。1970年7月，渭南地区工业交通局再次成立。同时，地区革命委员会成立渭南地区交通运输指挥部，各县先后成立公路管理站（交通运输管理站），负责行车管理和检查。1972 年 4 月，地区交通局单设，编制 8 人，管理辖区公路、交通运输。地区交通运输指挥部撤销。

1979 年 7 月，根据中共中央、国务院开展全国联运精神，渭南地区行政公署再次成立渭南地区交通运输指挥部，搞好“三统”（统一计划、统一调度、统一运价），管好运输市场。各县成立交通运输管理站。县级原设的交通运输指挥部、联运办公室、民运站等重叠机构一律撤销。1984 年 4 月，渭南地区交通运输指挥部办公室改名为渭南地区公路运输管理办公室，隶属地区交通局。20 世纪 90 年代，地、县（市）运输管理办公室(站)加强了运政管理。1995 年 5 月,渭南撤地设市。1998 年 2 月，渭南市道路运输管理办公室更名为“渭南市道路运输管理处”。此运输管理体制至 2015 年未变。

第一节　运输市场管理

民国 11 年（1922），西潼公路正式营运，时因汽车与道路、行人、马车以及汽车驾驶、装载诸多矛盾逐渐出现，陕西省长潼汽车公司设立路警队，配发枪支，分驻各站，维护车站治安及汽车、旅客途中安全。司机、机匠由机匠养成所培训，考试合格发给证书，始准驾驶汽车和上岗修车。民国 28 年（1939），根据国民政府交通部《汽车管理规则》，对汽车的装载、行驶等进行管理。民国 34 年（1945）后，根据《改进市区及公路交通管理办法》、《汽车管理规则》、《全国汽车管理联系执行办法》、《汽车出入境联合登记办法》等法规进行运输管理。

1950 年 4 月,西北交通部颁布《汽车运输承修技术负责与标准定额》，对货物运输实行统一管理。1954 年后，根据国家交通部颁布的《公路汽车货物运输规则》和《陕西省执行公路货物运输暂行办法实施细则》、《陕西省货物运输暂行办法》等实行计划运输，统筹安排物资运输，规定了客车每小时时速以及限制每天运行时间，做到安全运输。1958 年 6 月，渭南辖区根据《陕西省货物运输计划暂行办法》，由省统一掌握运输计划，调剂、安排区域间的均衡运输，解决公路运输中的纠纷问题。1960 年，公路交通运输改变为“统一使用，统一计划，统一安排运输任务，统一调度，统一经济核算”的“五统”管理，实行路单制度。1974 年 8 月，根据陕西省革委会《关于加强运输市场管理的通告》精神，县级运输企业担任县境内物资集散点到县城、车站、码头之间的运输任务，地（市）级运输企业担任地（市）区内的客货运输任务，并按分工责任承担有关跨省、跨区（指跨越行政区）的客货运输任务，加强运输市场的管理。1977 年 3 月，再次恢复“五统”管理。地、县对搞地下运输、装卸，以运代销，搞长途贩运或多收运费等，分别由公安、财税、交通等管理部门严肃处理。

1980 年初，省政府颁布《陕西省公路运输市场管理办法》，强调实行计划运输，管好运输市场。1986 年 3 月，渭南境内根据《陕西省公路运输统一行车路单管理暂行规定》，执行公路运输、行车统一路单制度（分营业性和非营业性以及客运、货运和零担货运等）。同时，执行《陕西省公路旅客运输管理暂行规定》等规章。1989 年执行《陕西省公路运输管理暂行规定》，从业的企业或个人不分隶属关系、经济性质、营业方式，运输价格及票证、管理费征收、使用、检查和处罚统一管理。

1991 年 2 月，陕西省交通工作会议后，渭南道路运输继续坚持以公有制为主体，积极发展多种经济成分，更好地发挥国营运输企业骨干作用、集体运输企业辅助作用、个体运输补充作用。1992 年 11 月，鼓励各种经济成分主动进入运输市场。全面开放道路货运市场，取消运力额度控制，停止执行“先审批，后购车”的规定；凡具备经营条件的单位和个人，经批准都可经营汽车货运、汽车维修、搬运装卸和运输服务业务；货运、搬运装卸、汽车维修和运输服务业务，实行市场调节价，客运实行国家定价，经批准允许浮动。1996 年 3 月，渭南市、县（市、区）运管办（站）对客运市场混乱现象重点进行整顿，2000多辆客车和5000多名从业人员一车不漏，一人不漏；147辆客车被责令停业整顿，147名经营者参加了违章经营者学习班，11名违章经营者向旅游客户赔偿损失。1998年12月，进一步扩大道路运输市场开放领域和深度，支持包括非公有制经济成分在内的所有经营者，在符合国家、行业开业标准和技术经济条件的前提下，自主选择经营项目，进入道路运输市场经营；取消经营线路审批的地区对等制度；取消道路客运车辆“进站证”管理制度，允许经营者自主选择站场；在执行国家指导价格的同时，允许在运输淡旺季节进行一定范围内的价格浮动，货物运输、搬运装卸、运输服务价格全部放开，由市场调节；允许经营者自主选择，开辟农村、山区客运；客货运站场以独立经营者身份进入市场，培育和建立货运有形市场。是年，渭南市汽车运输公司等国有运输企业实施公司化改制，建立运输集团公司。1999年，重点整顿取缔马路车站和站外站以及无交通部门核发的站、场经营许可证，查处随意停车，敲诈勒索旅客，私抬运价和“宰客”等违规经营现象。

2000年3月，按照“统筹规划、合理布局、规范管理”的要求，加快有形货运市场建设和汽车客运站的开放。2001年5月，全市查出非法营运客车1174辆，非法营运货车778辆。同时，查处了超员、超载营运车400余辆（次），预防不安全事故的发生。2002年，道路运输市场监管内容增加，范围调整，增加城市公交、出租客运市场监管。2004年7月起，贯彻《中华人民共和国道路运输条例》，道路运输市场监管范围调整为客运经营、货运经营、机动车维修、机动车驾驶培训和道路运输市场经营，并取消对经营者年审的规定。2005年，以加强道路运输组织结构调整和竞争秩序规范为重点，促进道路运输市场运行机制的完善。在严格道路运输市场准入、加强道路运输经营行为监督检查的同时，开展道路运输企业、汽车维修企业和驾培学校（班）信誉质量考核，并定期公布，引导道路运输经营者自我约束、合法经营、公平竞争；完善道路运输市场运行规则，规范道路运输竞争秩序，促进道路运输市场法制化、规范化。2006年10月，市交通局、纠风办、公安局联合下发《关于在全市进一步开展打击“黑车”等违法违规营运专项整治的通知》（渭交发〔2006〕328号），开展为期三个月的“利剑一号”集中整治行动。全市共出动执法人员500余名，查处违法行为1919起，查处“黑车”325辆，补办营运手续车辆50辆，罚款50万元。2007年11月，全市集中开展代号为“搜狐行动”的打击“黑车”等违法违规营运专项整治活动，严厉打击“黑车”及站外经营、兜圈绕行、倒客甩客、长线短运、串线运营等违规违法行为。

2009年2月至5月，市交通局、公安局、城建局联合印发《关于开展打击“黑车”等非法从事出租汽车、班线客运经营专项治理行动工作方案》（渭交发〔2009〕59号）和《关于开展打击“黑车”等非法从事出租汽车、班线客运经营专项治理行动实施办法》（渭交专发〔2009〕01号）。集中打击包庇纵容客运车辆非法营运、货运车辆非法超限超载的黑恶势力及其保护伞；严厉查处未经许可擅自进行道路客运和出租运输等“黑车”非法经营和班线客车、旅游客车超越许可范围的经营行为；查处客运车辆违规超员和货运车辆非法超限超载及出租车拒载、绕行、拼座等违法经营行为等。期间全市共出动执法人员422名，公安交警配合人员36名，公安治安44人，城建客管45人，出动执法车辆72台。总计查扣黑车865台，黑出租130台，黑摩的161辆，查处各类违章2823台次，批评教育1388人次，行政拘留7人。其中西渭、西禹高速公路专项整治出动运政执法人员85名，公安配合34名，执法车辆17台，查处非法营运“黑车”24台，查处串线营运车辆34台次。

2012年，对运输市场进行全面整顿（图2-1）。共检查客运企业54家、客运站场41个，查扣非法营运“黑车”824辆，查处违法违规经营客车324辆，纠正违章536辆次，批评教育152人次。实施了货运站场集中整顿，取缔欺行霸市、坑蒙拐骗业户3家、无证经营业户19家。组织实施了汽车客运站及周边经营秩序专项整治行动和“迎世园”打击非法营运专项活动。2013年，市运管处信息中心监控平台通过部标审查，“两客一危”运输企业监控平台及设备使用的日常监督进一步加强，在线率达到90%以上。全市营运车辆违章率及无证无牌车辆营运率均小于5%，违章查处率95%以上。

图2-1　客运管理人员检查出租车

2015年，大力开展道路运输市场经营秩序整顿。针对城区高铁北站、火车站、客运中心站“黑车”非法营运问题，开展专项治理巡查，在重点区域设立客运检查点，24小时轮流执勤，集中打击“黑车”载客营运、出租汽车乱停乱放、不打表等违规行为。全年共警告劝离不规范经营车辆125辆次，检查纠违出租汽车350余辆次，查扣违规出租汽车118辆，非法营运3辆，处罚121起，培训教育278人；开展旅游客运、包车客运集中检查，重点针对习陵、洽川、华山等旅游景区及驴友包车中的“黑车”非法经营行为进行整治；制定《渭南市货运车辆非法改装与专项治理活动实施方案》，开展为期3个月的专项整治。全市营运车辆违章率小于5%，违章查处率100%，无牌无证车辆营运率小于5%。

第二节　运输企业管理

开业、停业管理

1986年,依据国家交通部、国家经委《公路运输管理暂行条例》(1986交公路字1013号)，渭南地区对道路运输企业开业、停业进行管理。至1995年,道路运输管理机构对经营者营运证件、经营资格等实行年度审验,对无证经营依法实施行政处罚以至取缔。1996年至1999年，贯彻执行省政府1996年5月3日颁发的《陕西省道路运输业管理办法》(省政府第33号令)。道路运输管理机构依据国家交通部制定的客运、货运、装卸、汽车维修、运输服务业户开业技术经济条件，分级审批。

2004年7月1日起，按照《中华人民共和国道路运输条例》规定，渭南市道路运输行政许可范围调整为营运性客运、货运、道路运输相关业务（包括客货运站场、机动车维修、机动车驾驶员培训）。实际执行中，仍对申请经营搬运装卸、运输服务、汽车综合性能检测实施行政许可。同时，行政许可权限亦有所调整。渭南市政府及部分县（市、区）政府设政务大厅，对包括道路运输在内的行政许可业务实行一厅式办公。至年底，全市道路运输经营许可证在册数4194家。

2008年，随着行政审批制度改革深入，道路运输行政审批项目经多次清理、精简后，保留的行政许可项目为：申请经营客运、货运、客货运站场、机动车维修、机动车驾驶员培训等共12项。将从事搬运装卸、运输服务（含信息配载、货运代理、客运代理、仓储理货、汽车租赁）经营等6项，改为备案制。2013年，市本级保留县际班线许可、危险货物运输许可、道路运输从业人员从业资格考试三项，其余许可事项均下放至各县级运管机构。2015年，按照深化改革要求，渭南市运管处公布道路运输业务受理事项，制定道路运输行政事项《办理指南》，公示《道路运输证件制证发证流程》。完善普货运输企业、运输车辆数据库建设，规范建立市、县运管机构和企业三级档案。全面开展危货企业经营资质复查，限期整改 11 家，撤销不达标危货企业 3 家。全年新增货运车辆 1078 辆，注销未按要求安装紧急切断装置危运车辆 134 辆，注销未按规定年审危运车辆 53 辆。至 2015 年底，全市道路运输经营许可证在册数 21012 家。

从业人员管理

20 世纪 90 年代，依照国家交通部就道路运输各组成部分分别制定的开业资格条件，在客货运输、搬运装卸、汽车维修、运输服务经营者开业时，对从业人员资格分别进行审查。道路运输管理机构在对客货运输经营者年审时，审查驾驶员从业资格。

2001 年，渭南市营业性道路运输从业人员始有统计，全年营业性道路运输从业人员共 31690 人。其中，客运 6170 人，货运 18443 人，运输服务 263 人，搬运装卸 132 人，汽车维修 6682 人。2002 年 5 月 27 日，按陕西省交通厅《关于实行营运驾驶员从业资格证管理的通告》精神，要求凡驾驶机动车从事营运的驾驶员均应取得从业资格证。自当年 7 月 1 日起，未取得从业资格证驾驶员一律不许驾驶机动车从事营运。各级道路运输管理机构对从事营运驾驶员进行监督检查，确保持证上岗。

2004 年 7 月，《中华人民共和国道路运输条例》施行后，渭南市不再对道路运输经营者进行年审。对从业人员的管理，主要通过行政许可时审查把关，并通过检查、稽查进行监督。同时，加强道路运输从业人员专业培训、考核，组织开展技能竞赛、信誉考评等活动，促进提高从业人员素质。2005 年，全市营业性道路运输从业人员共 100417 人。其中，客运 7516 人，货运 77922 人，运输服务 1674 人，搬运装卸 5 人，汽车维修 13300 人。

2007 年 3 月 1 日起，按照国家交通部 2006 年 11 月 23 日发布的《道路运输从业人员管理规定》（交通部 2006 年第 9 号令），渭南市对营业性客货运驾驶员、危险货物运输从业人员、机动车维修从业人员、机动车驾驶培训教练员、运输经理人和其他运输从业人员等，共22个类别或工种的从业人员实行从业资格考试制度。考试按国家交通部编制的考试大纲规范和程序实施。当年建立从业人员资格证件管理数据库，从业者的资质信息可上网查询。7月12日，按陕西省交通厅运管局统一组织，渭南市始对发生违法、违规经营行为的营运驾驶员实行“黑名单”公告制度。同时，对道路运输从业人员实行诚信考核。考核周期12个月，从初次领取从业资格证之日起计算，分为优良、合格、基本合格、不合格4个等级。随后，通过实时上传营运驾驶员违法违章记录等数据至省运管局的驾驶员诚信考核系统，初步实现对营运驾驶员的动态监管。是年，全市营业性道路运输从业人员共86615人。其中，客运5473人，货运64038人，站场工作人员1824人，汽车维修13966人。

2009年，渭南市开展客运经理人从业资格认证工作。组织客运经理人21人参加了省上组织的统一培训，其中20名考试合格者获得从业资格证。2至5月，对因强闯公路收费站逃费、弄虚作假逃避车辆检测、严重超限运输等而被列入“黑名单”的营运驾驶员予以查处。2010年，加强对危险货物运输人员即驾驶员、装卸管理人员、押运人员的管理。道路运输管理机构上门入户宣传危险货物运输法规，对危险货物运输业进行全面检查，严格培训、考试、考核和发证。2012年，培训从业人员15947人，累计达到84535人。2013年，组织举办了4期新上岗客运乘务员从业资格培训，培训460人，连前累计达到3150人，填补了从业人员培训的空白，实现了从业人员培训全覆盖。2014年，加强从业人员资格培训管理，从严把关，全程监督。举办了道路客运司乘人员培训班五期673人，运输企业安全管理人员培训班一期140余人。组织客、货运输驾驶员、危运从业人员从业资格考试76期，考试人数9548人，合格7523人。全市营运驾驶员持证率100%。从业人员继续教育实施县级监管，对10所从业人员继续教育机构安装视频监控平台，指定专人实时全程监控。全年举办从业人员继续教育培训班380期,参加培训4万余人。2015年,渭南市运管处加强危运从业人员资质管理,实行危运从业人员聘用登记备案制度。规范道路运输从业人员和危险货物运输从业人员资格考试的考务管理,开展从业资格考试的考点、考核员复核工作,强化计算机考试系统的应用,实施考点市级远程监控,全年组织客、货运输驾驶员、危运从业人员从业资格考试70期,考试人数7800人,合格6650人。全市营运驾驶员持证率100%。举办从业人员继续教育培训班158期,参训11927人次。至年末,全市道路运输、危险货物运输从业人员全部持证上岗。其中,道路运输驾驶员持证在册104552人,危险货物运输从业人员持证在册3878人。

车辆技术管理

1990年10月1日起,贯彻执行国家交通部《汽车运输业车辆技术管理规定》(交通部1990第13号令),对包括车辆的择优选配、正确使用、定期检测、强制维护、视情修理、合理改造、适时更新和报废等进行全过程综合性管理。1992年11月15日,陕西省交通厅颁布《陕西省汽车运输业车辆技术管理规定实施细则》。渭南市道路运输管理机构据此对企业车辆技术管理工作进行指导、服务和监督检查,提供人员培训、信息发布、政策指导、法规宣传、矛盾调解、纠纷仲裁、新技术与新工艺应用推广等服务,并将车辆技术管理纳入对道路运输企业的考核。车辆档案实行一车一档,记载车辆基本信息及使用、检测、维护、修理、事故、年审、变更、报废等情况。

1994年3月,省交通厅发布《关于实行〈陕西省运输车辆二级强制维护管理制度〉的通知》。渭南市严格营运车辆日常维护和二级强制维护。道路运输经营业户可在当地道路运输管理处公布的维修企业中自选厂家,进行车辆维护。危险货物运输车辆须在道路运输管理机构核准的、具备危险货物运输车辆修理条件的维修企业进行维护作业。道路运输管理机构对车辆二级强制维护质量进行抽检，抽检车辆数不低于年度二级强制维护车辆数的25%。1998年3月起，贯彻国家交通部颁布的《道路运输车辆维护管理规定》（交通部1998第2号令）。渭南境内各级道路运输管理机构依照规定要求，加强对道路运输经营业户、维修企业、汽车综合性能检测站车辆维护情况的监督检查。运政管理人员深入车站、货场等客、货集散地，实地查看车辆维护记录。

2002年4月8日，省交通厅印发《陕西省道路运输车辆维护管理实施办法》（陕交发〔2002〕117号）。渭南市对车辆日常维护、一级维护、二级维护及二级维护基本工艺过程做出具体规范。汽车运输业户、汽车维修企业、汽车综合性能检测站在车辆二级维护过程中，按规定向当地道路运输管理机构备案或报送有关维护资料，道路运输管理机构负责汇总统计、核查分析，并进行情况通报，督促企业落实有关要求，加强车辆技术管理。2004年，按照《中华人民共和国道路运输条例》的有关规定。道路运输客运经营申请及客运班线申请，由申请人根据国家交通部或陕西省交通厅运管局发布的客运车型选购客车，并填报“拟投入车辆申请书”。渭南市运管机构对新购买进入客运市场的客车，严格按照《营运客车类型划分及等级评定》标准进行类型划分和等级评定。是年，境内从事道路危险货物运输车辆基本达到一级技术状况。

2007年8月，依据省交通厅运管局修订后的《陕西省在用营运客车类型等级评定表》和评定工作规范，渭南市运输管理机构开始实际核查营运车辆的各项技术参数及配置情况。营运客车建立“陕西省在用营运客车类型等级评定表”，并将核定的类型等级和乘员人数填注在《道路运输证》上。2008年10月9日，省交通厅运管局印发《陕西省道路运输车辆档案管理规定》（陕交运发〔2008〕159号），渭南市加强和规范运输车辆档案管理。将车辆档案分为车辆技术档案和车辆管理档案，分别由道路运输经营者和道路运输管理机构建立并存查。

2009～2010年，在建立健全运输车辆技术管理制度的基础上，加强各项技术管理制度落实情况的监督检查。将运输经营者落实车辆二级维护计划、维修企业对车辆二级维护工时收费价格备案、维修合同书、竣工出厂合格证、费用结算清单和维修技术档案等制度施行情况作为市场监管和车辆二级维护监管的重点，并组织市县两级道路运输管理机构进行检查和调研。2011 年，市运管处对全市新增营运客车进行类型划分和等级评定，评定高级客车 86 辆，中级客车 237 辆，并对 2010 年及以前评定的 1439 辆高中级营运客车类型等级进行了复核（其中高级车 407 辆，中级车 1032 辆）。2013 年，加强营运车辆技术管理，严格实施年审上线检测规定，货运车辆年审上线检测率 96%，客运车辆和危运车辆年审上线检测率 100%。强化营运车辆燃料消耗量达标核查，开展“车、船、路、港”千家企业低碳专项行动，进行节能减排试点，确立渭运集团和渭南速达两家试点企业，建立油料消耗季度报表制度。

2014 年，按照《道路运输车辆燃油消耗量检测和监督管理办法》（2009 年 11 号部令）以及营运车辆燃油消耗量限值标准，对申请配发《道路运输证》的新购车辆及转户新增车辆，进行严格核查，对不达标车终止核查。加强渭运集团和大荔县胜达公司 2 家重点能耗企业监管，推行营运车辆环保尾气检测工作。全年货运车辆上线检测率 97%，客运、危货车辆上线检测率 100%。2015 年，完成了 993 辆县际以上营运客车和 1544 辆危险品运输车辆的年审和技术等级评定工作，对 993 辆 2014 年及以前评定的高中级营运客车类型等级进行了复核。对新增、更新的县际以上 77 辆高中级营运班车进行了类型划分，并对新增的 373 辆危险品运输主挂车辆进行了等级评定。客运车辆和危货运输车辆上线检测率均为 100%。

营运证件、标志管理

1991 年，渭南境内道路运输营运标志、证件，主要有公路运输经营许可证、危险货物运输经营许可证、车辆营运证，线路牌，以及养路费缴讫证、道路运输管理费缴讫证等。其中，公路经营运输许可证、公路危险货物运输经营许可证有效期 4 年；营运证有效期 3 年。证件由道路运输管理机构每年进行审验，到期更换。车辆营运证随车携带，全国通行。客运、旅游客运、零担货运车辆在车辆规定位置放置线路标志牌。公路经营运输许可证、公路危险货物运输经营许可证、道路运输证、临时营运证，一律发放国家交通部统一规定制式、陕西省交通厅运管局制作的证件，并由道路运输管理机构造册登记、管理。线路标志牌由运输企业按国家交通部制式规范自行制作。养路费缴讫证、道路运输管理费缴讫证，由交通征稽机构、道路运输管理机构分别颁发。

1992 年 5 月，按照交通部《关于启用〈中华人民共和国道路运输证〉的通知》(交政法发〔1992〕357 号)规定，车辆营运证统一改为道路运输证。从下半年开始，渭南道路运输经营业户更换新的道路运输证。1996 年 8 月 1 日起，营运和非营运危险货物运输车辆装置标志灯、牌，喷、涂“毒”、“爆”、“！”等安全警告标志。标志灯、牌由陕西省运管局统一制作，渭南市道路运输管理处负责发放和管理。危险货物运输车辆标志灯、牌，一车一套，严格控制。

2001 年 10 月 1 日，启用交通部新版道路经营运输许可证和道路运输证。2002 年 11 月 1 日，启用新旅游客运线路标志牌。2003 年 12 月 25 日，零担货运线路牌由审批机构统一编号、制作、发放和管理。2006 年 3 月，贯彻《陕西省出租汽车客运条例》规定，陆续给新增出租汽车企业、车辆颁发规定的营运证件，由经营者按照统一规定安装、张贴经营标志和价格标签。6 月，机动车维修企业规范使用机动车维修经营许可证（牌），统一使用新版道路运输经营许可证；标志牌按交通部统一规定样式，由企业自行制作或由行业协会代企业制作。标志牌注有编号、经营项目、许可部门、监督电话、监督单位。11 月，按照交通部、公安部、安监总局、发改委联合颁布的《道路运输危险货物车辆标志》(交公路发〔2006〕204 号)规定，执行国家强制标准，规范和统一危险货物运输车辆经营许可证和标志、标识。2006 年 4 月，渭南市客运管理处对出租车行业实施规范化管理，在省内率先提出和实行“六个统一”和“月例检”制度。即：统一车型；统一车体颜色（上下宝石蓝，中间亚洲黄）；统一标识标志（顶灯、门徽）；统一驾驶员培训（岗前培训、继续教育培训）；统一座套并实施一日一换；统一安装GPS安全监控系统。坚持每月对车辆的安全设施、营运设施、服务设施进行普查例检活动。至2015年，各类营运证件、标志统一规范，各种证件按期更换，造册建档，基本达到管理全覆盖。

第三节　维修市场管理

自汽车进入渭南，即产生了对汽车的养护和修理行业。中华人民共和国成立初期，汽车的机务工作侧重于对汽车的维修、自制易损易制的配件、开发代用燃料，尽可能使车辆参加营运，适应运输需要。20世纪50年代，国家进行大规模经济建设，汽车运力严重不足，围绕提高运输效率，结合贯彻《汽车运输企业技术标准与技术定额》，建立定额管理和安全管理制度，确立汽车计划预防保养修理制度。60年代，结合推广先进经验，继续注意提高汽车运用与保养修理水平，推进汽车保修从综合性就车修理向专业分工转变，增加机械作业比重，发展综合作业和成龙配套的作业流水线，改善劳动条件，提高保养修理质量。70年代，为提高汽车运用效率，地、县相继建立了汽车大修厂，运输企业自制打造挂车，开创了汽车修理行业新局面。80年代，汽车运输企业为提高经济效益，对部分老旧汽车进行更新，对大量解放牌CA-10B型汽车进行技术改造。同时，根据汽车维修业大量发展的新情况，公路交通主管部门制颁管理法规，对汽车维修业实行全行业管理，让国营、集体、个体维修业发挥各自优势，更好地为道路交通运输事业服务。

1991年，贯彻国家交通部《汽车运输业车辆技术管理规定》（交运字〔1990〕158号），汽车维修实行“定期检测、强制维护、视情修理”，改过去计划维修为视情修理，改大拆大卸保养为二级维护。修理分为汽车大修、总成大修、汽车小修和汽车零件修理4类。7月6日，陕西省交通厅提出，经省技术监督局审查发布《汽车专项修理技术条件》（陕技监局标发〔1991〕18号）13项标准，汽车专项修理作业工艺和质量依次办理。1992年，随着汽车维修市场扩大开放，交通主管部门加强引导和规范，推行合同维修制度。11月12日，省交通厅颁发《陕西省汽车运输业车辆技术管理规定实施细则》（陕交运发〔1992〕429号）。渭南各地加强车辆二级维护和车辆检测诊断技术应用，中型汽车运输企业和维修企业逐步装备汽车检测设备，完善检测手段。

1994年4月，省交通厅下发《关于实行〈陕西省运输车辆二级强制维护管理制度〉的通知》（陕交运〔1994〕101号）。渭南开始推行运输车辆二级强制维护管理制度。营业性运输车辆二级维护作业，由持有经地区运输管理处审定、核发的从事二级及以上范围维护作业“经营许可证”的维修企业（含运输企业或车队）承担，厂方与车主签订维修合同，按操作程序规范操作。维护竣工必须上线检测，检测数据符合标准，才能签发出厂合格证。同时，实行“二级强制维护卡”制度，该卡附入《道路运输证》，接受运输行业管理机构监督检查，并作为营运车辆年审考核内容。

1997年，国家技术监督局《汽车维修业开业条件》（技监国标函〔1997〕09号），对汽车维修经营业户经营范围和技术类别进行重新定义，并提高维修标准，确保维修质量。10月16日，省交通厅颁布《陕西省汽车（摩托车）维修工时定额》（陕交运〔1997〕007号），原1987年颁布的汽车、摩托车维修计费工时定额废止。新工时定额较前有所提高，新增汽车维护工时定额。此后，汽车维修市场化，交通部门未再制定统一的维修工时定额。1998年，随着汽车技术进步、性能提高，维修市场竞争加剧。汽车维修企业加大设备投资，提高技术水平，落实省交通厅制定的维修质量保证期制度，完善汽车技术等级评定签章、车辆二级强制维护签章、车辆维修竣工检测、出厂合格证发放等台账和制度。

2000 年，重点贯彻执行维修人员持证上岗、维修车辆出厂合格证、维修质量保证、维修合同执行、统一工时定额等 6 项制度，推行维护工艺规范、修理质量检测评定、维修开业和技术等级评定等 4 项标准，促进汽车维修业调整结构，提高服务质量。此期，渭南市汽车二级维护上线检测率 90.5%，全市车辆技术状况上升，装备齐全、性能良好的一级车 26%、二级车 74%。2002 年起，贯彻新颁国家标准《汽车维护、检测、诊断技术规范》（GB/T18344-2001），汽车维修增加检测调整发动机工作状态和排气污染控制装置等内容。同时，按照国家交通部 4 号令颁布的《道路运输车辆维护管理规定》，增加汽车二级维护作业内容。

2005 年 8 月，贯彻国家交通部《机动车维修管理规定》（交通部令 2005 第 7 号）。全市汽车维修业机动车维修工时定额、收费标准实行备案制。是年，开始开展维修救援服务。“十五”时期，全社会民用汽车保有量快速增长，小轿车加速进入家庭，为汽车维修业提供广阔市场。社会资金大量进入汽车维修行业，涌现出股份制、合作制维修企业，如渭南宏远汽车修理有限责任公司等。同时，随着农村汽车等机动车保有量增加，汽车维修厂、点加快向县和县以下城镇及主要公路沿线伸展。

2006 年，汽车维修业在结构调整中扩大经营规模，着力发展专业化维修、快速维修，提高维修服务质量。2007 年，贯彻落实陕西省交通厅运输管理局制定的《陕西省〈机动车维修管理规定〉实施细则》（陕交运发〔2007〕82 号）。实施质量保证制度，充分保护车主权益；鼓励连锁经营和建立救援网络，完善维修服务功能；建立质量信誉考核机制，加强动态管理。2008 年，整车维修企业和规模化的连锁维修、专项维修店，大多采用计算机进行维修经营管理。汽车维修企业逐步添置 ABS 故障诊断仪、雷诺发动机故障诊断仪、东风康明斯发动机故障诊断仪、玉柴机器故障诊断仪、东风朝柴等厂家的电控发动机诊断仪等设备，满足新车型维修服务需求。2013 年，制定《渭南市交通运输行业汽车回收拆解专项整治实施方案》，着重打击承修报废汽车和擅自改装汽车的违法违规行为。

实行天然气汽车维修改装许可准入制度，规范天然气汽车维修改装经营，全年新增天然气及双燃料汽车 413 辆。2014 年，推进绿色维修，培育示范企业，引导有资质、有能力的维修企业，开展“油改气”业务，复核通过天然气维修改装企业 14 户。专题部署油罐车油气回收改造和机动车维修挥发性有机废气污染治理工作，完成油改气车 83 辆，改造率 96%。

2015 年，渭南市运管处贯彻落实新国标《汽车维修业开业条件》，加大维修企业整治改造力度，明确改造时间、要求，打击无证经营和乱收费行为。同时制定下发了《关于进一步加强机动车维修质量检验员资格管理的通知》、《关于加强机动车维修企业从业人员管理的通知》，先后组织开展了新申请维修质量检验员、机修人员、电器维修、车身涂装、车身修复、业务接待、价格结算等培训班，共培训各类维修从业人员 321 人，换发到期质量检验员印鉴 179 枚。一二类维修企业从业人员持证率 80% 以上。对全市 156 家一、二类机动车维修企业进行了质量信誉考核。渭南宏业汽车修理有限责任公司、渭运集团客运公司修理厂、渭南粤海汽车贸易有限公司、上海大众渭南国盛销售服务公司获“全国维修诚信企业”称号。

第四节　驾培市场管理

民国 11 年（1922）8 月，陕西长潼汽车公司营运之始，渭南境内的客货汽车司机多从晋冀鲁豫等省招聘而来，随车配有徒弟。学徒受雇后，先做一些帮工杂活，获得信赖后，师傅始授驾驶常识，跟车学习驾驶，熟悉交通规则，然后考取驾驶执照。这种以师代徒的培训形式一直沿用至中华人民共和国成立之初。

1953 年 10 月，陕西省交通厅转发《西北区组织助手学习驾驶汽车试行办法》。助手（学习驾驶员）除年龄、文化程度和体格条件外，需随车服务一年以上，学习车辆养修、机械性能及交通规则后，经考取学习驾驶证，方准正式学习驾驶技术。以师代徒培训基本改为“以运代训”。1967 年 1 月，交通部规定：学员领取实习执照后，需在正式驾驶员的辅导下，以运代训进行 4 至 6 个月的实习，基本掌握驾驶机动车技术后，经原单位同意，即可单独开车。是时，渭南地区有关单位根据需要配备助手，跟车学习驾驶技能。

1970 年 12 月 13 日，渭南地区车辆管理所规定，除集体培训驾驶员的单位以外，“零散车辆驾驶员的培训，在领取学习证后，采用以师带徒的办法培训”。集体培训驾驶员的单位先成立培训机构，选择政治可靠，作风正派，技术熟练，有驾驶经验的正式驾驶员任教练，配备教练车和有关教学用具，制定培训计划，报经批准后，方可培训。所有学员必须是由单位党委或革委会审查后的青壮年。这是渭南地区交通管理机关要求规范培训驾驶员之始。

1973 年 5 月 1 日，陕西省革委会政法组、交通局制定的《机动车驾驶员考核办法（试行）》公布。9 月 1 日渭南地区农林局、交通局制定了《渭南地区拖拉机驾驶员农田作业考验、检审办法（试行）》，将学员的学习内容分为学科（交通规则、机械常识）、术科（驾驶员操作技术、保养作业和排除故障技能）。12 月 25 日，地区车管所再次规定：集体培训驾驶员的单位（包括集训一次在 30 人以上），应报送教学计划，经审核同意，核发培训许可证。1978 年 7 月，渭南车辆监理所制发《拖拉机驾驶员考试办法》。大型拖拉机驾驶员培训期限为 4 个月以上；手扶式、小型拖拉机，小翻斗车，革新车为两个月。学习培训科目为交通规则、机械常识、场地驾驶、道路驾驶 4 种。

1983 年 1 月，依据陕西省交通厅的规定，渭南废除“以运代训，以师带徒”的培训方式，实行班（队）校培训。1988 年 1 月，陕西省公安厅印发了《机动车驾驶员培训管理办法（暂行）》。8 月 15 日，渭南地区交警支队制定了《关于驾驶员培训学校管理工作的暂行规定》，各培训学校在学员招收、学习证的办理、教学计划、责任承包、校规校纪、考试制度、监督管理、奖励制度等方面按规范执行。1989 年 1 月，地区交警支队对 1988 年度驾驶员培训班、校进行了评比表彰。

1990 年 5 月，渭南地区交警支队根据公安部一号令，对取得“培训许可证”的培训单位学科教材严格检查，并编写考核试题 10 套，由学员代表抽题考试。术科教练实行教练员日志制度。1992 年 5 月 12 日，省公安厅车管所根据《陕西省汽车驾驶员培训学校（班）培训条件审查细则》，对渭南地区 4 所驾驶员培学校进行了资格复验审查，全部为合格，分别核发了“培训许可证”。1994 年 1 月，渭南地区交警支队驾驶员培训班经批准改为地区交警支队培训中心（科级），负责境内驾驶员培训学校的管理工作。

1995 年 9 月，渭南市交警支队对全市 5 所驾校再次进行教学情况检查，对教学设施及教学中的问题逐项检查整改。1996 年，国家交通部印发《汽车驾驶员培训教学计划和教学大纲》（交公路发〔1996〕767 号），全市驾校开始使用交通部统编培训教材。培训内容包括：交通安全和汽车驾驶理论；汽车机械与电器常识，汽车维护与故障排除，汽车驾驶操作训练。是年起，部分驾校开始使用电化教学设施，利用幻灯片和录像进行培训。

1997 年 8 月，渭南市交警支队对全市 6 所驾校重新进行了资格认定，审查了法人资格。对 114 名教练员经考核后发给“教练员证”。对教练车进行了整修、更新和淘汰，报废了 45 辆老解放牌车和行驶 12 年以上的旧车，新增教练车 12 辆，全部达到公安部规定的 GB7258-87 技术标准。2000 年 1 月 25 日，依据《陕西省道路运输管理条例》，省交通厅发布《关于加强我省机动车驾驶员培训行业管理工作的通告》（陕交运〔2000〕016 号）。交通部门对全市机动车驾驶员培训行业实施全面管理。驾驶员培训自此由多头管理改为由交通部门统一管理。

2004 年，国家交通部颁布《机动车驾驶培训机构资格条件》（JT/T433-2004）。2005 年 3 月 1 日起，执行交通部《中华人民共和国机动车驾驶员培训教学大纲》。内容包括普通机动车驾驶员培训教学大纲、道路运输驾驶员从业资格培训教学大纲和教学日志。全市各驾培机构开始在教学中使用多媒体教学设备、教学磁板、驾驶模拟器、培训学时计算机计时管理系统、红外线桩考仪等电教设施，驾驶培训教练车更新为桑塔纳、富康、东风等车辆。渭南市机动车驾驶员培训学校建立封闭教练场。

2006年，渭南市各个驾校配备有经陕西省交通厅运输管理局培训并考试合格、持有《考核员证》的考核员。从事营业性道路运输驾驶员从业资格培训的驾校，配备有从业资格考试考核员，负责考核工作。2007年4月13日，陕西省交通厅运输管理局下发《关于印发贯彻落实道路运输从业人员管理规定实施意见的通知》（陕交运发〔2007〕53号），渭南市各培训机构配备IC卡学时管理系统，教室配备IC卡学时记录仪，教练员、学员用IC卡，每天签到4次，并填写《教学日志》，双方确认。全市营业性道路客、货运输及危险货物运输驾驶员培训考试，执行国家交通部统一考试大纲、考试题库、考核标准和考试规范与程序。理论考场配备计算机，使用统一考试软件，实现无纸化考试。考试结果由电脑自动评判，合格与否当场即知。2012年，与省运管局联合举办教练员培训班7期，培训教练员615人，全市持证教练员1535人。对1626辆教练车办理道路运输证，将教练车参照营运车辆予以管理。临渭区东方驾校教练员赵召旭在陕西省“鹏祥杯”教练员比赛中，取得小车组第二名的成绩。

2013年，全面升级驾驶培训管理系统，加大新《教学大纲》教学监管力度。加强从业人员培训管理，实行抽查点名制度，从严把关，全程监督，将安全意识、职业道德、诚信考核、节能减排、应急处理等知识纳入教学和考试内容，完善从业人员培训体系。全年培训发证8910人，培训持证率100%。2014年，加强教练员培训管理。配合省运管局新训机动车驾驶教练员540人，合格率90%。

2015年，按照新国家标准要求，对全市61所驾校逐一核查，9所达标驾校上报陕西省运管局，其余驾校继续进行对标改造。对具有从业资格培训资质的5所驾校重新进行了能力认定。对11所从业人员继续教育机构实行视频监控。在驾驶培训机构质量信誉考核中，评定优秀驾校15家，良好驾校13家，合格驾校41家，督导2家考核不合格驾校全面整改直至合格。联合渭南市交警支队、市电视台举办了“十佳驾校”、“十佳教练员”、“十佳管理者”评比及颁奖活动。配合陕西省运管局开办教练员培训班2期，培训教练员500余人，合格率90%。12月10日，《关于推进机动车驾驶人培训考试制度改革的意见》出台。试点非经营性的小型汽车驾驶人自学直考，推行计时培训计时收费，实行驾驶人分类教育培训，逐步推行场地驾驶技能考试和道路驾驶技能考试一次性预约、连续考试等。

第五节　运价管理

民国11年（1922）西潼路通车营运，客运每人每公里0.044元。如西安至渭南2.9元，至华县4元，至华阴5.5元，至潼关6.4元。客运行李每50公斤，西安至渭南1.3元，至华县1.8元，至华阴2.5元，至潼关2.9元。货物运价分等：金银及其制品和银币为一等；其他为二等。运费以每25公斤标准计收。详见表2-1。

西潼路货物运价表　　表2-1

〔民国11年（1922）〕

货等	类别	计费起点	运费（元/25公斤）	说明
一等货	金器	每百两	0.5	不足百两按百两计
	银器	每25公斤	1.66	每25公斤不得逾70立方尺
	银币	每百元	0.166	不足百元按百元计
二等货	铜币	每25公斤	0.5	每25公斤不得逾70立方尺
	普通货	每25公斤	0.5	每25公斤不得逾70立方尺
	其他	每10立方尺	0.833	每10立方尺不得逾35公斤

民国 19 年（1930），陕西省汽车管理局以年来“萑苻不靖，派队（兵）护车，需款浩繁，又汽车零件及燃料等物异常昂贵”之由，对西安至潼关的一等车客票票价由 6.4 元增涨至 7 元；二等车票增涨至 6 元。并从当年的 12 月 12 日实行。民国 20 年（1931）5 月，实行了分线运价。西朝路以“10 华里”为计算单位，客运一等车每人 0.26 元，二等车 0.20 元；普通货每 50 公斤 0.26 元；一吨半包车每辆每小时 12 元，一吨包车 10 元。对长途包车在二站、三站以上者，递减 1/4，以示优待。民国 21 年（1932）8 月，客运运率改按人公里计算：西朝路定为 0.035 元；西潼路为 0.05 元。货运运率改按吨公里计算：西朝路定为 0.46 元；西潼路定为 0.40 元。

抗日战争开始后，客货运价调整为不分线路，客运每人公里 0.03 元；货运只按一等品定价，每吨公里为 0.48 元。民国 28 年（1939）至民国 32 年（1943）底，平均每年调整运价 4 次，而民国 33 年（1944）一年内就调整了 6 次。以民国 33 年（1944）12 月末与民国 29 年（1940）初相比，客运上涨了 100 倍，货运上涨了 108 倍。民国 34 年（1945）抗日战争胜利，从是年初至民国 36 年（1947）末，运价上调 11 次，第 11 次调整后的客运运价比民国 34 年（1945）初上涨了 130 倍；货运运价上涨了 115.4 倍。民国 37 年（1948），物价上涨频次增大，全年的运价上调 13 次。陕西省公路局于是年 11 月 7 日以金圆券计收运费，到民国 38 年（1949）4 月 25 日运价计调升了 16 次。客运运价上涨了 5.8 万倍；货运运价上涨了 6.2 万倍。

1949 年 5 月 25 日，陕西省公路局正式实施了西安解放后首次公路汽车运价，具体规定：客运每人每公里 11.90 元（旧币），行李每 5 公斤每公里 0.68 元（旧币），包裹每 5 公斤每公里 0.782 元（旧币）；货运整车每吨每公里一等品 126.48 元（旧币），二等品 114.24 元（旧币），三等品 102 元（旧币）。1950 年 4 月，陕西境内公路运输业务由国营西北区运输公司所属西安分公司分管，运价由区运输公司统一掌握。但对当时为数众多的私营汽车尚未进行统一管理，运输市场上的运价比较混乱。

1951 年 7 月，公路运输运价稳中有降。西北公路运营联合管理委员会制订了《西北公路汽车运输联合委员会运价协定办法》。适用范围扩及所有参加营运的军、公、商车，核定运价以物价涨落为基础，分地区、分线路计价，由联管会掌握调整。1956 年 3 月，国家交通部召开全国公路运输会议，研究制定了《中华人民共和国交通部汽车运价计算暂行办法》，提出自 1956 年 5 月 1 日起，货运以五等品为准，每吨公里调整为 0.24 元；客运调整为每人公里 0.026 元，卡车载客比照客车降低 8%。这次调整因各种原因，迟延至 1958 年 7 月 1 日方付诸实施。

1965 年 2 月 6 日起陕西省交通厅对全省汽车运价再做调整，恢复了分线运价，增加了客货运基价。除特殊单程物资运输酌收少量空驶费外，一般货运仍不计收空驶补贴费。1966 年 6 月 1 日，对货运原定每吨公里运价 0.22 元调低为 0.20 元，受优待的物资由原来的 0.20 元调低为 0.18 元；短途（指 30 公里以下）每吨货加收固定基价 1 元；长途（指 30 公里以上，不包括 30 公里）取消固定基价。

1984 年 8 月，陕西省交通厅制定《陕西省公路汽车运价规则实施细则》，本着运价基本稳定、略有降低，线路、货等有别等原则，提出了客货运价具体调整意见，经报陕西省政府同意，于 1985 年 10 月 1 日先调整了货运运价。见表 2-2。

陕西省汽车货运运价表 **表2–2**

（1985 年 10 月 1 日）

类别		整车		零担	
		计算单位	费率（元）	计算单位	费率（元）
一等货物	公路干线	吨公里	0.192	公斤公里	0.000250
	公路支线	吨公里	0.250	公斤公里	0.000325
	特坏支线	吨公里	0.307	公斤公里	0.000399
二等货物	公路干线	吨公里	0.211	公斤公里	0.000274
	公路支线	吨公里	0.275	公斤公里	0.000358
	特坏支线	吨公里	0.338	公斤公里	0.000439

续表

类别		整车		零担	
		计算单位	费率（元）	计算单位	费率（元）
三等货物	公路干线	吨公里	0.230	公斤公里	0.000299
	公路支线	吨公里	0.300	公斤公里	0.000390
	特坏支线	吨公里	0.369	公斤公里	0.000480
特种危险货物	公路干线	吨公里	0.250	公斤公里	0.000325
	公路支线	吨公里	0.325	公斤公里	0.000423
	特坏支线	吨公里	0.399	公斤公里	0.000519
计时包车	普通货车	车吨小时	2.88		
	15 吨以下货车	车吨小时	2.88		
	16 吨～ 40 吨货车	车吨小时	2.60		
	40 吨以上货车	车吨小时	2.40		
特种车辆	公路干线	吨公里	0.269		
	公路支线	吨公里	0.350		
	特坏支线	吨公里	0.430		
短途固定基价		30 公里及其以下为短途，每吨另加吨次费 1 元			

货运杂费：车辆延滞费，吨小时 0.72 元；供车误期损失费，吨小时 0.72 元；调车费，吨公里 0.096 元；整车保管费，吨日 0.80 元；零担保管费，百公斤日 0.10 元；整车站内装卸费，吨装或卸 0.40 元；零担站内装卸费，百公斤装或卸 0.08 元；洗车费，每车次 2.00 元。

1989 年 12 月 10 日，调高公路汽车客运运价，平均每人公里由 0.024 元提为 0.041769 元。同时规定：残废军人和儿童票按半价计收；行李包裹每公斤一等运价线路 0.000615 元，二等运价线路 0.000675 元，三等运价线路 0.00075 元。1990 年 8 月，陕西省物价局、省交通厅对公路汽车货运价格进行整顿调整，继续实行货等、路类、整批、零担、普通、特种货物差别运价。规定：整车普通一等货物、一等运价线路每吨公里 0.28 元，短途货物运输每吨次加收基价费 2 元。省际零担普通货物每吨公里 0.38 元，特种货物每吨公里 0.50 元；省内干线公路零担普通货物每公里 0.40 元，特种货物每吨公里 0.52 元；省内县、乡、村之间零担货物运价，由各地（市）交通局、物价局具体制定。

1992 年，加大道路运输改革，政府定价限在公路旅客运输、城市公交、出租客车、客运站、汽车维修和综合性能检测范围。道路货运、搬运装卸价格实行市场调节价，由承托双方自行协商确定运价。公路汽车货运基本运价在 1993 基础上上浮 35%，至 0.38 元 / 吨公里。自此，交通部门与道路运输管理机构不再对道路货运价格施行情况进行监督检查。此后至 1994 年，经两次调整，道路客运一等线路人公里运价先由 0.041 元调整至 0.051 元，再调整至 0.069 元；道路客运卧铺人公里基本运价调整至 0.15 元，卧铺普通客车上铺基本运价为普通客车的 250%，下铺可加成 10%；豪华型卧铺客车可在普通卧铺的基础上上浮 30%；其他等级路面及车辆按国家规定比价率计算；春运期间，可实行浮动运价。2003 年渭南市物价局、市交通运输局发出公告，节假日期间客运票价不允许上浮。

1997 年，渭南市汽车客运站依据交通部、国家计划委员会《汽车客运站收费规则》收取车辆站务费，收取标准：一级站收取票价 10%，二级站收取票价 8%，三级站收取票价 6%；收取旅客站务费按每人次计算，一级站 0.3 元 / 人次，二级站 0.2 元 / 人次，三级站 0.1 元 / 人次。10 月 16 日，陕西省交通厅、物价局下发《陕西省汽车（摩托车）维修业收费管理规定》(陕交运〔1997〕002 号)。汽车维修收费价格取消政府定价实行政府指导价，按技术类别分甲、乙、丙 3 级定价收费。定价为最高限价，允许承托修双方协商下浮。2002 年 3 月 11 日，机动车驾驶员培训收费实行政府指导价。6 月，营业性道路运输驾驶员培训收费标准，执行陕西省物价局、财政厅《营业性道路运输驾驶员从业资格收费标准》(陕价费调发〔2002〕72 号)。每人每学时收费，理论培训为 2.5 元，技能操作为 6 元。

2003 年，汽车综合性能检测收费由政府定价改为政府指导价，实行最高限价。2004 年，改革政府定价办法，政府对道路运输定价实行公开听证。2005 年 8 月，贯彻执行国家交通部《机动车维修管理规定》，机动车维修工时定额、收费标准实行备案制。实际执行中，维修双方可议价协商，但收费不得高于备案的收费标准。9 月 1 日，道路客运基价上调。客运座席人公里基本运价调整为 0.08 元，客运卧铺人公里基本运价调整为 0.16 元. 票价由基本运价、实际线路里程、车辆类型等级加成率、旅客身体伤害赔偿责任保障金及客运附加费构成。黄金周和春运期间，道路客运价格在运价基础上上浮最高不超过 20%。同年陕西省交通厅、物价局以陕价经发（2005）119 号文《关于整顿我省公路客运价格的通知》，调整了全省公路客运基价，等级公路由原人公里 0.069 元调整到人公里 0.08 元。客运基价以大型座席普通级客车为基准。高速公路客票运价由省交通厅、省物价局根据车辆等级及通行费核定直达票价。

调整后实行节假日客运价格浮动。“五一”、“十一”黄金周和春运期间，公路客运价格可在运价基础上上浮，上浮幅度最高不超过 20%。具体执行时段为：“五一” 期间（4 月 30 日到 5 月 8 日），“十一” 期间（9 月 30 日到 10 月 8 日），春运期间（春节前 15 天、节后 25 天，共 40 天）。

2006 年，陕西省物价局、交通厅下发《关于建立出租车、公路客运运价与油价联动机制，积极做好运输市场稳定工作的通知》（陕价经发〔2006〕91 号），道路客运实行燃油附加费制度。燃油附加费按营运里程以 100 公里单位每票收取 1 元（票外加价）。出租车因成品油调价增加支出，建立财政补贴制度，补贴金额由省、市、县（市、区）三级财政分别按 70%、20%、10% 分担；按年用油量、补贴时间和调价幅度测算，由市道路运输管理机构拨付经营者。是年 4 月，《机动车驾驶员培训管理规定》（交通部令第 2 号）实施后，驾驶员培训收费实行按学时计收的市场调节价。渭南市小轿车驾驶培训收费为 1800 元至 2600 元，大货车驾驶培训收费为 3000 元。2007 年 5 月，调整汽车客运站旅客站务费收费标准，取消向旅客收取的空调费项目。调整后一级客运站收费标准，按 1、2、3 类每人次分别为 1.50 元、1.00 元、0.50 元。2009 年陕西省物价局、省交通运输厅通知，今后“五一”、“十一”黄金周和春运期间一律不执行上浮票价。

2014 年 8 月 19 日，渭南市物价局、交通运输局依据陕西省物价局、交通运输厅《关于做好我省道路客运价格改革工作问题的通知》（陕价发〔2014〕73 号）和陕西省交通运输厅、物价局《关于印发〈陕西省汽车运价实施细则〉的通知》（陕交发〔2014〕36 号）精神，制订了渭南市客运车型运价。即：座席客车每人公里普通级 0.19 元，中级 0.24 元，高一级 0.27 元，高二级 0.29 元，高三级 0.31 元；卧铺客车每人公里普通级 0.20 元，中级 0.25 元，高级 0.30 元。票价计算公式：票价 = 客运车型运价 ×（1+2% 旅客身体伤害赔偿责任保障金）× 旅客计费里程（营运线路里程 + 城市市区里程）+ 通行费 ÷（额定座位数 ×60%）。旅客站务费、燃油附加费和其他法定收费等相关信息在班车客票上分项打印。

第三章　车辆监理

民国10年（1921）公路交通兴起初期，西（安）潼（关）公路交通由陕西长潼汽车公司管理，渭南境内设潼关、渭南、岳庙、华县等汽车站，代为分管。民国20年（1931），陕西省公路局组建西潼公路护路队，分住渭南、华县等处，受各县建设局之监督，负责公路巡查、换发汽车号牌和维持沿途治安等。民国22年（1933），护路队改名为护路工警队，专司交通管理。民国26年（1937），抗日战争爆发后，渭南境内公路交通由陕西省公路局直接管理，军、公、商汽车由“陕西省汽车总队部”统管，并置公路交通于军事统制之下，为抗战服务。民国29年（1940），实行战时驿运管理，汽车监理业务由国民政府军事委员会统制局“汽车牌照管理所”负责。民国34年（1945），西潼公路渭南管理站成立，此为渭南境内最早的公路交通管理专门机构。嗣后，大荔、韩城、潼关管理站先后成立。

1950年12月西北军政委员会交通部决定，陕西的交通监理业务由省公路局运务科承办。1951年，渭南专署建设科主管全区交通，管理各公路管理站和各县政府建设科（交通科）的交通业务，按照政务院颁布的《汽车管理暂行办法》及其《实施细则》，开展交通安全宣传，组建交通委员会，查验过往车辆。1954年省交通厅将车辆监理业务下划给省公路局。1957年10月渭南运输管理站设立，隶属陕西省公路局监理科。负责汽车牌照的换发和行车管理；建站的登记和检查；查验车、人证照是否齐全相符；对车辆技术状况、装载吨位、物资名称、起讫地点等进行查验，查验合格后签章放行。1958年7月，陕西省渭南公路管理段成立，下设5个公路管理站。1966 年渭南公路交通监理业务由陕西省公路局管理，渭南公路管理总段办理。1969 年 1 月 1 日，陕西省革委会将公路交通监理业务下划到地区，归口地区交通局。1972 年 8 月 1 日交通监理又收归省公路局统管，地区公路总段主办业务。1974 年 8 月 1 日，地区的交通监理业务从公路总段分离出来成立了渭南地区车辆管理所，行政关系隶属地区交通局，业务受省交通局指导，上下对口，直至 1976 年 10 月。

1987 年 9 月，根据国务院、省政府关于道路交通管理体制改革的决定，渭南交通监理部门成建制地向公安部门移交人、财、物，计干部职工 125 人，房产 10156 平方米，机动车 21 辆，其他通讯、执勤、办公设施 10 余件（台、部），总资产 333.58 万元。当月，渭南地区公安处交通警察支队和 11 个县（市）公安局交通警察大队相继成立，对公路和城镇道路的交通安全、交通秩序、车辆检验、驾驶员考核、交通事故处理等实施全面管理。至 2015 年底，渭南市公路车辆管理体制未变。

第一节　机动车管理

渭南地区对机动车的管理，始于西（安）潼（关）公路正式通车的民国 11 年（1922）。此后，随着机动车拥有量的不断递增，机动车管理工作亦日趋完善、规范。2015 年，渭南市共有各种机动车 532201 辆，动车管理基本步入科学化、现代化。

检验

民国 18 年（1929）以前，渭南地区没有汽车检验制度。行驶于西（安）潼（关）公路的汽车统由民生汽车局（后更名为民生长途汽车公司）经营管理。时值西北军第三路军总指挥孙良诚部驻防潼关、华阴一带，允许军运汽车售票拉客、兼营民运。民生长途汽车公司受该部汽车管理处车务科管理，每周对汽车检查一次。民国 19 年（1930）12 月，陕西省公路局成立后，接管了汽车登记注册业务，成立了“汽车临时检查委员会”，对原已注册的民营汽车逐一检查，是为官方检验汽车之始。民国 28 年（1939）春，国民政府交通部要求进行全国汽车总登记、检验。民国 36 年(1947),交通部公路总局决定对汽车进行年终总检验,并颁布新的《汽车登记实施细则》、《全国汽车管理联系执行办法》。是时，渭南境内汽车登记、检验由陕西省统一管理。

1950 年 3 月 7 日，中华人民共和国交通部分别颁布《汽车管理暂行办法》和《汽车管理暂行办法实施细则》，规定汽车初次行驶，经所在地车辆管理机关检验合格后方能领取牌照。此时，渭南境内自有汽车极少，故由宝鸡监理所派人进行检验。

1956 至 1957 年,渭南地区将汽车检验内容扩大为发动机变速和传动、底盘、方向、制动、电系 5 个系统，全面检查。1960 年 2 月，交通部颁布《机动车辆管理办法》，将所有机动车（汽车、拖拉机、摩托车、机动三轮车）的检验纳入管理。渭南境内车辆检验先由铜川监理所办理，后由渭南公路管理段所辖的渭南汽车监理所办理。1962 年，渭南对全地区 768 辆汽车（含铜川市、耀县、临潼、蓝田县数字）进行了年检。1964 年，渭南境内有机动车辆单位 105 个，机动车 1824 辆，其中拖拉机 1334 辆，受检 975 辆，完好率 95%。1966 年 5 月，“文化大革命”开始后，监理机构瘫痪，当年的年检多数走了过场，随后两年的机动车初检和年检均未正常进行。1969 年，渭南地区按陕西省革委会生产组专文通知要求，从 3 月 15 日开始至 4 月底，对所有机动车辆全面进行年检，并要求车辆驾驶室内要悬挂毛泽东主席像，车门、车厢两旁要喷印“毛主席语录”。

1972 年 3 月，国家公安部、交通部联合颁布了新的交通规则。机动车年检除一般要求外，规定对发生事故未处理的车辆暂不检验，货运车和特种车辆必须具备特种安全设施，严格按照年检表上规定的“九条技术标准”检验。是年，渭南地区 284 个有车单位受检机动车 2917 辆（其中拖拉机 519 辆），除 248 台新车免检外，符合标准的 2318 辆，完好率

88.5%。1977 年机动车检验，对大型客货车要求在车门上喷印单位名称(保密单位喷代码)。1981 年，渭南地区规定：拖拉机、革新车、翻斗车一律由各县检验签章。1983 年年检时，渭南地区对私人车辆，除要求在车门下方正中喷印县、公社（乡）、队名称外，还须加喷“SC”字样，以表明为私车。拖拉机的私车标记喷涂在车厢外的右上方。1984 年，渭南交通监理所根据陕西省统一安排，把乡政府及其所属单位、行政村、城乡个人、联户自营汽车、摩托车的初检交由各县交通监理站办理。全年受检各种机动车辆 8452 辆，其中私车 1365 辆。1987 年 9 月后，由公安交警部门按规定办理机动车检验。

入户登记

民国 18 年（1929）11 月，陕西省建设厅公布的《陕西省商办长途汽车请领牌照及纳捐暂行规则》规定：“在公路行驶汽车，运载客货，须先向建设厅呈请立案，发给行车执照”。立案即登记。民国 20 年（1931），陕西省公路局制定的汽车管理规章规定，汽车登记注册，办理入户手续后发给牌照。民国 29 年（1940），全国汽车实行总登记，入户发给卡片式的行车执照。民国 36 年（1947),全国实施重新修订的《汽车管理规则》及《汽车登记实施细则》，将汽车入户后发给的行车执照由卡片式改为手册式。此间，渭南境内自有汽车极少，一切手续由陕西省公路管理机关办理。

1950 年，中华人民共和国交通部颁布了汽车管理有关规章办法，规定初次登记检验合格后的车辆才能领用牌照。到 1960 年，渭南境内车辆登记入户、发放执照，先后由宝鸡、铜川汽车监理所办理。1963 年，渭南公路管理段所辖的铜川汽车监理所对境内的轮式拖拉机实行入户登记，发放行车执照。1966 年 2 月，渭南汽车监理所成立，辖境内机动车户籍档案全部由铜川监理所移交该所。此后，机动车登记入户始由渭南汽车监理所办理。

1981年4月28日，渭南地区交通、商业、公安、财政、编委5个部门根据陕西省有关局、委《关于地（市）县机关和全省企业、事业单位汽车配备及管理试行办法的通知》精神，规定从5月1日起，对小汽车使用“在编车辆证明卡”，无证明卡的车辆不准行驶，交通部门不发给行驶证，不准审验。6月3日，渭南地区依照公安部、交通部、全国控制社会集团购买力办公室联合通知，对小汽车、大轿车凭审批机关签发的批准单（即《准购证》或《证明单》）和国家物资总局印制的《汽车供应证》办理入户，核发车牌证。1987年9月后，由公安交警部门按规定办理机动车入户登记。2015年，渭南市共办理机动车入户登记53665辆，其中，“五类车”5886辆。

号牌管理

民国时期，陕西省先后核发汽车号牌8次。渭南境内车辆挂牌统由陕西省及省以上车辆管理机关办理。

1950年9月，西北军政委员会交通部依照全国新的汽车管理办法，首次制发“五〇”式号牌。陕西号牌从全国大行政区“西北”代号“6”编起，后面为陕西代号“1”。渭南境内车辆号牌先后由宝鸡监理所和铜川所发给。此后，因车辆增多，1959年1月17日，陕西省交通厅通知富平监理所（后改为铜川监理所）自行制作号牌。到1962年末，据渭南公路管理段统计，共发汽车号牌763辆（含铜川、蓝田、临潼三市县）。1964年末，陕西省第二次换发“六四式”新号牌。号牌以省排序，陕西为“24”，统一由省公路局制作。渭南地区此次换牌先由铜川监理所办理，后渭南汽车监理所成立后按省公路局规定划区管理：铜川监理区辖铜川、富平、耀县3市县；渭南监理区辖渭南、临潼、蓝田、华县、华阴、潼关、大荔、韩城、合阳、蒲城、澄城、白水12县。1966年2月1日，渭南公路管理总段报请陕西省公路局制发车辆号牌，正式换发时间为4月1日至4月30日，全区设渭南（蓝田、临潼、渭南、华县、华阴、潼关、白水、蒲城县境）大荔（大荔、澄城、合阳、韩城县境）两个点办理。1975 年 3 月，陕西省第三次换发“七五式”新号牌，尺寸、颜色、式样、编号规则等基本同前，但增加了手扶拖拉机号牌。

1978 年 3 月 2 日，陕西省机动车辆实行“54”新代号。渭南地区为“54—30001 至 54—39999”，并规定原“24”头代号未用完前，不得启用“54”头新代号。7 月 6 日，陕西省革委会交通局决定将拖拉机监理业务下放到县（市）管理，档案材料全部移交。据此，渭南监理所将全区拖拉机号牌、号码、数量分配到各县。1980 年 9 月 15 日，渭南县根据机关和企、事业单位参加社会货运汽车、革新车、农用汽车，大、中、小型拖拉机日益增多的实际情况，决定发给社会车辆营运牌证。牌照上印有“渭南县社会车辆营运牌证”字样。1981 年，陕西省交通厅为全省各交通监理所、站制作了一批“安全检查车”牌，1985 年停止使用。

1986 年 7 月 1 日，陕西省第四次换发“八六式”机动车号牌，渭南为第一批换发地区。号牌采用上下排结构，上排用汉字表明“陕西”，并用两位阿拉伯数字表明发牌机关代号；下排用 5 位阿拉伯数字代表车辆编号。1987 年 9 月后，由公安交警部门按规定进行机动车号牌管理，并先后实施换发“八八式”和“九二式”机动车号牌。1996 年 10 月，渭南城区出租车辆启用“陕 ET”字头号牌。年末，全市挂“陕 ET”字头出租车 688 辆。1996 年 11 月，中共渭南市委、市人大、市政府、市政协和其他正厅级单位领导干部用车按规定悬挂“陕 U”号牌。1997 年，韩城、华阴两市申办出租车号牌。至年底，全市共发放出租车号牌 846 副。2015 年，渭南全市发放各类机动车牌照 54481 副。其中，大型货车 1582 副，大型客车 572 副，小汽车（含小面包车）48381 副。

第二节　驾驶员管理

民国 12 年（1923），行驶于西（安）潼（关）公路的汽车司机经考试合格后，由长潼汽车公司发给证书，始准驾驶汽车，为驾驶员考试之始。民国 22 年（1933）5 月，省政府颁布《陕西省管理汽车司机规则》和《陕西省建设厅考验汽车司机及发给执照规则》。从此，渭南地区建立了汽车司机考验、发照制度。民国 29 年（1940），全国统一执行交通部汽车牌照管理所制定的《汽车驾驶人管理规则》，始将汽车驾驶执照分为普通驾驶执照、职业驾驶执照和学习驾驶执照三种，并规定对汽车驾驶人每月进行一次考验。民国 36 年（1947），全国统一的《驾驶人考验实施细则》颁布，把驾驶员划分为正驾驶、副驾驶和学习驾驶 3 种。陕西省公路局开始每季对驾驶人考验一次，直至中华人民共和国成立。

1950 年，全国将汽车驾驶员考试分为初验、复验、升等、审验 4 种。1950 年至 1955 年，渭南辖境的驾驶员集中由宝鸡监理所每年进行审验。1957 年，对职业驾驶员实行升等考试，将驾驶员等级分为一、二、三等，并将原卡片式执照改为订本式。1959 年后，渭南辖境驾驶员考试改由铜川监理所经办，考试科目为机械常识（20 分）、交通规则（30 分）、路考（50 分）。1960 年，渭南全区驾驶员年审于当年的 7、8 月开始，年底结束。审验内容为学习新的交通法规、监理制度、驾驶技术。审验方式为地县两级成立车辆、驾驶员年检、审验领导组织，较大单位成立自检自审组织，详细核实驾驶员数量，由车辆部门监督检查，并进行签证。审验由铜川监理所分区进行。

1961 年 8 月，《陕西省机动车管理办法实施细则》规定驾驶员分为学习驾驶员、实习驾驶员、非职业驾驶员和职业驾驶员 4 类，并将驾驶执照改名为“机动车驾驶证”。1964 年年度审验，渭南全区采用先由多数驾驶员写出自查提纲，然后在会议上检查分析的形式进行。是年，受审驾驶员 1502 名（其中，拖拉机驾驶员 202 名），占应审人员的 88%。

1966 年，渭南汽车监理所成立，驾驶员初考领证分为学科（政治文化、交通规则、机械常识）、术科（桩考、路考），满分为 100 分。大货车及格为 70 分，大客车为 80 分。10 月 18 日，国家交通部下发了《关于废除机动车驾驶员考试暂行办法》，提出过渡性意见，由各地试行“三结合”（群众、技术干部、单位签注鉴定意见）的考试考核办法，监理所审查，进行路考发证。渭南监理所规定考试在各季度的末月中旬进行，3、9两月考试地点集中在渭南监理所，6、12两月考试地点集中在大荔公路管理站。1969年，渭南监理所就驾驶证审验作出规定：①揪出已定性的“反、坏分子”一律不准年审；②有重大问题未做结论者，待结论后再审；③发生肇事未处理和发生事故隐瞒不报、歪曲事实或逃跑的人，不予审验。全年参加审验的驾驶员2108人。

1970年，取消了职业和非职业驾驶员的规定，统一分为学习驾驶员、实习驾驶员和驾驶员3类。渭南车管所规定，除1月、12月外，每月进行一次考试。1971年，渭南车管所对复转军人持“中国人民解放军机动车驾驶证”超过一年以上者，考核交通规则、道路驾驶，超过5年者，按初考对待。全区驾驶员审验以交通部门为主，公安、农机部门参加，地、县成立领导小组，大的车辆单位成立年审小组。对驾驶员除要求有较好的政治条件外，主要对驾驶作风、技术和安全行车公里进行审验，不合格的注销驾驶证。

1973年5月，渭南监理所执行地区革委会政法组、交通局制定的《机动车驾驶员考核办法》。驾驶员初考在学习期满后，凭单位介绍信和学习驾驶证报到考试。6月，全区分蒲城、渭南两片对手扶拖拉机和革新车驾驶员进行初考发证。1975年，全区对具有9年以上安全驾驶经历、安全行驶30万公里的驾驶员，连续4年无违章、肇事的驾驶员，上年被评为地区安全模范的驾驶员和安全行车至审验时无违章、肇事的驾驶员，经群众评议，领导同意，地区审批，可以免审签证。

1976年6月29日，渭南地区车辆监理所规定，各种机动车驾驶员考试增加政治科目，70分为及格；各公路管理站交通安全管理干部，领有二、三轮摩托车学习证，学习时间在2个月以上者，经单位领导同意可以参加初考领证。初考实行“准考证”制度。全区机动车驾驶员初考人数为

1905 人，一次及格者 1382 人。1977 至 1978 年年审，渭南地区分别由地县两级进行。审验前，普遍对驾驶员进行了一次交通规则测验，不合格的办学习班，合格后审验；需复验驾驶技术的报地区监理所统一安排；对需要抽验、抽查体检的驾驶员，按统一规定填表；对 1976 年后发生违章、肇事的驾驶员举办学习班，经县审验办公室审查同意后方可审验。审验中，特别重视对驾驶员的政治思想审查，对于与“四人帮”有牵连和有其他严重问题的驾驶员注销驾驶证。

1982 年 7 月，陕西省对驾驶员和机动车实行户籍登记管理制度，对驾驶员实行技术和人事双档案管理制度。技术档案存放监理部门，人事档案仍存放所在单位。具体由车主单位造册，报送当地监理机关审查，核发机动车和驾驶员户籍簿。驾驶证、行驶证变更、复验、异动，均须持户籍簿办理。是年，未进行年审。从 1983 年起，渭南地区把驾驶员的考试改为每 4 个月进行一次，并对考试、审照和持用军队驾驶照的复转军人换领地方驾驶执照等都作了严格规定。对复转军人中的汽车驾驶员，驾驶经历不满一年者，须经全面复考，复考不合格者改发学习证。对领取实习证的驾驶员，经半年以上实习驾驶且未发生责任事故者，方可参加初考。

1987 年 9 月后，由公安交警部门按规定负责并实施驾驶员管理。其后，机动车驾驶员考试办法、管理办法，机动车驾驶证管理办法等均经数次调整。2015 年，全市共审验机动车驾驶员 127923 人。其中汽车驾驶员 114235 人，“五类车”驾驶员 13688 人。

第三节　安全管理

古代，各个朝廷均设有专门官员掌管驿路律典，告民仿行，以保安全。民国 11 年（1922）8 月，官民合办的陕西长潼汽车公司，负责西（安）潼（关）公路的交通安全管理，具体由潼关、渭南、岳庙镇各汽车分站和护路工警队施行。十八年（1929），陕西省建设厅和西北军成立的民生汽车局以及渭南各县建设科成为交通安全管理的官办组织。十九年（1930）10月，陕西公路局成立，成为全省公路交通安全管理机关。二十九年（1940），陕西省组建驿运管理处后，渭韩支线大荔区驿运总段以及下辖的12个驿运站相继成立，成为渭南境内相对独立的交通管理机构。

1949年5月，大荔、渭南两个行政督察专员公署统一领导以支前为主的公路交通及安全管理，防止敌特破坏，保障解放军进军西北、西南。中华人民共和国成立后，渭南交通管理部门对驾驶员的安全管理与教育，主要通过车辆挂牌、执照办理时的考试进行。同时，还组织有车单位的驾驶员和助手学习交通法规，进行安全常识教育。1950年至1959年期间，宝鸡监理所每年在车辆、驾驶员年检和审验时，派人择期到渭南集中进行安全常识教育，并散发有关材料。渭南各公路管理站在行车登记时也对驾驶员讲解安全行车注意事项及有关职责。渭南、大荔、韩城、蒲城4县交通安全工作，由县交通主管部门负责，交通运输指挥部（管理站）具体组织实施。

1961年，渭南地、县两级根据陕西省交通厅《关于开展交通安全宣传与检查的通知》，分别成立了有交通、公安、公路运输、文教等部门参加的交通安全宣传委员会或办公室，与渭南公路管理段（站）以及陕西省关中汽车运输公司渭南、富平两个中心站共同组织、开展交通安全宣传教育活动。1962年，铜川汽车监理所组织渭南地区各有车单位、班组，结合交通规则考试评选模范驾驶员，开展树典型、学先进活动。

1964年7月，渭南地区根据铜川汽车监理所的安排，在有10辆车以上的单位成立“安全技术小组”，10辆车以下的单位与其他有车单位联合成立“安全技术小组”，成为对驾驶员进行交通安全教育的经常性组织。10月，渭南公路管理总段在有车单位和驾驶员中开展了“安全荣誉奖章”和“光荣牌”评选活动。由各单位评选并报送典型材料，专区评选小组审定后，监理部门盖章，报陕西省公路局审批。审批后发给驾驶员“光荣牌”和奖章，悬挂于所驾驶车辆的前方。1965 年 1 月，陕西省关中汽车运输公司渭南中心站组织全体驾驶员、助手，到 24—30359 号车特大肇事案现场，分析肇事原因，吸取教训。2 月 25 日，渭南专署经委、公安处联合成立了“安全技术检查组”，负责交通安全宣传和检查工作，并根据渭南境内地域较大，机动车较多的实际情况，将铜川汽车监理所（铜川市属渭南专署辖）迁至渭南，并恢复富平、韩城公路监理站，加强经常性的交通安全宣传教育。

1972 年 4 月，地、县两级为贯彻中央军委《关于严防事故的通令》精神，分别成立了“安全生产委员会”，统一领导包括交通安全在内的工交、商贸、劳动、基建等部门的安全生产，预防事故。此期，渭南公路管理段和车管所归地区革委会交通局直接管理，地、县交通局共同组织、实施交通安全管理工作。同月，中共渭南地委书记王明春和地委、地区革委会 7 名领导带领全区驾驶员、助手、修理工和车管人员 9862 人，先后 4 批进行“徒步拉练”。与会人员徒步行走 30 公里，体验生活后，参加“渭南地区公路交通防事故现场会”，学习、讨论交通法规和安全驾驶技能，参观肇事图片或交通事故现场，进行交通安全教育。

1974 年 1 月 5 日，渭南地区革委会召开首届交通安全经验交流会，对 1973 年度交通安全管理工作中做出显著成绩的韩城县安全委员会、驻华阴第十冶金建筑公司机械大队等 13 个先进集体和陈蒋仁等 103 名先进个人进行了表彰。是年，渭南地区车辆较多的单位将每周五定为“安全学习日”，自行组织驾驶员学习。全区举办驾驶员学习班、培训班，组织座谈会进行安全教育。1978 年 9 月，全区共对 8481 名驾驶员、助手举办各种学习班、培训班 99 期。1979 年 7 月，渭南交通监理所在大荔县汽车相撞着火现场召开有驾驶员、助手、修理工、车管干部和城乡群众万余人参加的现场会议。此为全区规模最大、受教育面最广的一次现场安全教育。

1985 年 4 月 30 日，渭南地区交通局评选出 1984 年度交通安全先进集体 15 个（其中地区级 6 个），先进驾驶员 100 人（其中地区级 6 人）。同时，对安全行车百万公里以上的 19 人给予表彰奖励。1987 年 9 月，道路交通管理体制改革初期，交通安全仍由地区交通局牵头，组织公安、农机等部门负责实施。

1988 年 4 月，渭南地区交警支队《关于组建基层安全组织的实施意见》中规定，地、县两级设立“交通安全管理委员会”，由公安处（局）长、交警支队（大队）队长任办公室主任和副主任，成员由工商、公路、保险、农机等部门负责人组成。下设办公室（地区设交警支队，县设交警大队）。乡（镇）成立“交通安全管理领导小组”，由一名领导任组长，成员由公安员、各乡（镇）包片民警、农机专干等组成。

1992 年，地区交警支队在全区开展“优秀车管干部”和“优秀驾驶员”评选活动。翌年 5 月 4 日，地区交警支队和渭南保险分公司联合在全区评选道路交通安全 2000 天无死亡事故、安全行车 100 万公里的功臣单位和功臣驾驶员。1995 年 4 月 19 日，地区交警支队通报表彰了马彪武等 31 名先进汽车驾驶员，给予当年免审待遇。同时，对 1992 年表彰奖励过的“功臣驾驶员”中，近两年来未发生责任事故的潘书贵等 25 人，也给予当年驾驶员年审免审待遇。

2011 年，渭南市运管处被陕西省交通厅授予 2011 年度安全管理先进集体。2012 年，交通安全监管机构签订安全目标责任书，夯实行业监管主体责任和企业生产主体责任。召开合阳安全管理现场经验推介会，示范引领全市客运企业规范安全生产。制定了《运输行业安全生产监督检查办法》，组织县（市、区）之间进行交叉检查，形成安全督查长效机制。强化隐患排查，加强 GPS 动态监控，严格“三品”查堵，加强进站客车安检和出站客车检查，从源头遏制安全事故发生。2013 年，开展“百日安全生产”专项整治行动，展开地毯式的隐患排查治理，对存在的隐患和薄弱环节，做到责任、检查、整改三到位。全面实行班线客车和旅游客车安全告知制度。组建了应急运输车队和防汛抢险车队，健全了应急保障体系。12 月，召开了企业安全生产达标推进会，开展企业安全生产标准化达标考评工作。2014 年,开展“安全制度规范年”和“平安车（站)”创建活动。举办全市客运企业、危运企业负责人、安全员培训班。组织行业安全应急演练。多次明察暗访，排查安全遗患。全年未发生一起较大以上安全责任事故，安全生产四项指标较上年同期明显下降。

2015 年，渭南市运管处安全管理委员会成立，印发《关于履行道路运输安全监管职责的实施意见》，明确各业务科室安全监管职责。全面开展“道路安全平安年”和“安全生产月”活动。分别在春节前、咸阳 5.15 事故后、天津 8.12 事故后、“十一”前，分组进行行业安全大检查。对全市危运企业安全生产进行专项检查，吊销 3 家危运企业的经营许可证。全年未发生一起较大以上道路运输安全责任事故，事故起数、死亡人数分别较上年下降 75% 和 62.5%。12 月 2 日，市公安局交警支队在市区中心广场举行 12.2“全国交通安全日”暨冬季交通安全月启动仪式。小学生、驾校学员、公交驾驶员和客运公司客运驾驶员、危化品运输公司货运驾驶员、市区志愿者、民警代表共 400 余人参加了启动仪式。

第四节　事故处理

渭南境内交通事故，古已有之。唐代，渭南官马大道上因军事行动造成的“甲骑如流、辎重塞道”等记述，以及唐《仪制令》中“贱避贵、少避长、去避来”之规定，即可印证。民国期间，西（安）潼（关）公路通车以后，汽车与马车、行人混行，争道抢行、超车会车矛盾日渐显现，争执甚多，遂生事故。民国 20 年（1931）7、8 月间，由山西开往西安的一辆中型客车乘员 20 余人，行至西（安）潼（关）公路华阴县西关村西柿树园时，因雨后道路泥泞，车辆违章行驶，翻于公路右侧，造成死亡 5 人、伤多人的重大事故。此系渭南地区境内最早有记载的汽车肇事。

交通事故处理，民国时已有规定，但比较简单，未有相关程序规定，只是就事酌情处理。民国12年（1923）3月，陕西省长潼汽车公司拟定的《取缔汽车伤人规则》规定：对属于司机责任致行人伤毙者，除司机应“送交法庭，依法惩办外”，得视情节由公司给予伤毙者以抚恤金和医药费；对司机无意或责任不在司机致伤行人者，酌情给司机以适当行政处分，或处以罚金给予伤者，以资抚慰。民国20年（1931），渭南境内各条公路上发生的交通事故，按《陕西省汽车行驶暂行规则》之规定：“行车时如发生撞伤人物事故，司机应即停车报告当地警察或护路队及公站人员，听候处理……”。是时，凡公路发生交通事故，由各汽车站和护路工警队负责处理：“行车时因过失伤人，应将司机人执照追缴，肇事者送交法院依法办理，并得令车主酌给受伤人之医药费，或死者的棺殓费……其有损毁公私物件，或碾毙家畜者，应照价赔偿”。对发生事故后，司机不报当地警察、护路队及分站人员而“开车远扬”者，处百元以下20元以上之罚金（银元）。

民国32年（1943）2月，陕西省《处理行车事变及伤亡旅客行人慰偿暂行办法》规定：行车事变（事故）由省公路局机务段或就近车场派员赴肇事地点查勘原因，并按照《全国汽车肇事实施办法》，填写报告单处理。民国36年（1947）全国统一按照《行车事变处理实施细则》规定，由各公路管理站按报案—现场勘查—处理的程序处置，事变责任由省公路局裁定，军车肇事转报西北行辕及军事机关或军法执行总监部西北办事处依法办事。是时，渭南境内交通事故由渭南、大荔、韩城、潼关公路管理站和各汽车站会同处理。

中华人民共和国成立后，渭南地区交通事故处理程序始按西北区、陕西省的规定办理。1950年，一般肇事由公路管理站调解处理。重大肇事报案后，由各公路管理站会同当地公安机关共同赶赴肇事地点现场勘查，根据驾驶员及受害者和现场目击者申述的肇事原因和勘查结果，按不同过失处理。如造成重大伤亡，将驾驶人或车主送人民法院、当地公安机关处理。1953 年，陕西省交通厅按照全国《汽车管理暂行办法》及其《实施细则》的规定，通知各地县公路管理机关，由省交通厅负责肇事审批。至 1954 年，大荔、蒲城发生交通肇事 9 起，死亡 4 人。

1961 年全省交通事故统一按报案—勘查—处理三个程序办理，严重肇事报陕西省交通厅审批，重大事故由当地政府审批，一般事故由各公路管理站处理。此办法，渭南地区一直沿用至陕西省交通事故处理办法颁布时为止。1964 年 4 月后，陕西省肇事处理有了明确规定。对“严重肇事涉及人命和重大财产损失时，须经法院依法处理”。处理权限除一般肇事由各公路管理站处理外，重大、严重肇事由渭南公路管理段属下的铜川汽车监理所审批，报陕西省交通厅备案。军车肇事由公路管理站通知其主管单位会同处理。1970 至 1973 年，全区每年平均发生肇事 247 次，死亡 61 人，受伤 156 人，直接经济损失 15.98 万元。

1973 年 3 月，渭南地区交通监理机关处理事故的程序为：事故报案—现场勘查—索取证据—区分责任—处罚。人身伤亡事故由监理机关和公安机关会同处理，追究刑事责任由公安机关处理，驾驶证处理由监理机关负责。军车驾驶员发生事故，由军车主管部门处理，如涉及地方车辆、行人的事故，则由监理机关会同军车主管部门处理。一般事故，由公路管理站处理，报地区车辆监理所备查。大事故、重大事故的处理，由公路管理站填写《交通事故报告单》，报地区车管所审批。此一时期，渭南境内受理交通事故的公路管理站共 11 个。1977 年，全区肇事起数、死亡人数、受伤人数和直接经济损失分别为 364 起、87 人、191 人和 14.54 万元，分别较上年下降 10.12%、18.7%、8.6% 和 44.4%。

1983 年 11 月，省交通厅发布《陕西省道路交通事故处理程序》后，渭南地区事故处理按分管范围、事故报告、现场勘查、技术鉴定、复核现场、询问调查、责任鉴定、事故处理、事故责任者处罚处分、建立档案、申诉复查 12 个步骤进行。1985 年，渭南机动车总数为 49152 辆，其中汽车 10132 辆。是年，全区发生肇事 306 起，比上年上升 50%；死亡 113 人，上升 10.8%；受伤 117 人，上升 34.5%；直接经济损失 24.45 万元，增长 503.2%。

1986 年，《陕西省公路交通事故处理试行办法》颁布后，渭南按照新办法中的统一规定办理。对公路与铁路平交道口发生的火车与机动车相撞事故的调查处理，以铁路部门为主，当地监理部门参加。需要执行拘留和追究刑事责任的，将案卷移交公安部门按照有关法律程序办理。军队、武装警察部队车辆发生交通事故，由军队、武装警察部队主管部门处理。但涉及地方人员、牲畜或车辆财物的，仍由监理部门依照规定处理。需要对军人、武装警察给予行政处罚或者追究刑事责任的，交由军队、武装警察部队有关部门处理。

1987 年 9 月，道路交通管理体制改革初期，公安交警部门仍沿用上述程序处理。其后，公安交警部门按照各个时期的新法规、新规定进行交通事故处理。2015 年，全市共发生肇事 441 起，死亡 149 人，受伤 490 人。逐年统计见表 3-1。

渭南市1964～2015年交通事故伤亡人数统计表　　表3-1

年份	事故次数（起）	死亡人数（人）	受伤人数（人）	年份	事故次数（起）	死亡人数（人）	受伤人数（人）
1964	45	5	20	1977	363	87	191
1965	52	13	44	1978	327	74	145
1966	56	7	30	1979	371	115	197
1967	116	18	72	1980	278	136	160
1968	50	16	27	1981	222	86	104
1969	116	38	88	1982	252	102	127
1970	216	66	144	1983	286	122	151
1971	231	70	137	1984	204	102	87
1972	261	58	186	1985	306	113	117
1973	281	52	157	1986	375	115	153
1974	284	72	128	1987	538	138	277
1975	392	104	233	1988	990	224	497
1976	405	107	209	1989	989	210	464

续表

年份	事故次数（起）	死亡人数（人）	受伤人数（人）	年份	事故次数（起）	死亡人数（人）	受伤人数（人）
1990	974	171	461	2003	2365	366	2084
1991	966	195	498	2004	1666	347	1493
1992	861	175	448	2005	1616	400	1499
1993	857	173	475	2006	1192	311	1318
1994	663	148	345	2007	856	267	1044
1995	889	256	479	2008	810	255	775
1996	816	241	492	2009	367	209	381
1997	733	170	461	2010	363	180	434
1998	625	212	489	2011	574	180	544
1999	637	221	479	2012	445	173	344
2000	821	254	918	2013	440	172	390
2001	3479	279	2852	2014	458	155	450
2002	2747	290	2569	2015	441	149	490

第四章　港航海事管理

渭南境内黄河、渭河、洛河航运历史悠久。商末，周文王迎娶莘氏之女时，曾在渭水（渭河）上联结木船建置舟桥（浮桥），喻示当时渭水中舟船的数量相当可观。西周时，周武王设立专门管理舟楫的官吏，称“舟牧”或“苍兕”，这是迄今为止所能知道的中国管理船舶的最早的职官。后历朝各代，黄河、渭河航运在输送人员、粮草、煤炭、食盐、铁器、土特农产品、军事物资等方面均发挥过不同程度的作用，各代朝廷亦设置相应官员掌管航道疏浚、船舶检验、船员管理、安全督查等事务。民国时期，国民政府机构虽变迁频繁，但一直设有航政管理机构。1960 年渭河航运开始衰退。1961 年 8 月，陕西省交通厅航运处建立“关中航运联合办公室”，统一管理航运、港务、港航监督，按月平衡物资、运力计划等业务。后交由“渭南汽车运输公司”兼管，实行车船联营。1963 年 12 月，渭南汽车运输公司停止兼管航运业务，另成立“渭南航运管理所”，负责维持黄、渭、洛航区的航道治理、船舶改造、港航监督等业务。1987 年 12 月 5 日，成立渭南地区航运管理处，为地区交通局局属事业单位。2002 年 10 月 30 日，渭南市航运处加挂“陕西省渭南市地方海事局”牌子，主要履行船舶管理，水上交通安全监督，船员培训考试发证，水上交通事故处理，船舶检验，船舶制造厂、点的资质审查及防止船舶污染等职能。至 2015 年，一套人马、两块牌子的管理机构未有变化。

第一节 航道港口管理

航道管理

“渭水—黄河—济水（或鸿沟）”水路，在秦、汉等朝代发挥过“漕挽天下”的重要作用，但总体而言，渭南内河航道除汉、隋、唐修有与渭河平行的漕渠外，多年处自然状态，航道管理基础十分薄弱。渭南境内黄河禹门口至潼关河段，最早于西魏大统元年（535）曾修筑过蒲津西岸河堤。宋、明各代大庆关河堤也曾有所维修，但直至民国年间，并没有系统的防护工程。

渭南内河河道调查与整治在20世纪50年代陆续开始。1954～1956年，陕西省交通厅组织调查组，先后对渭河、洛河下游河段进行了调查。1957年，详测了渭河临潼至渭南段航道计50公里、洛河大王庙至永丰段航道计78公里，并略测了渭河渭南至三河口段、洛河永丰至三河口段航道。1957年4月至11月，以航道工程队四工区为骨干力量，配合建勤民工，对洛河航道进行了治理，共出工5361个工日，完成挖掘工程量4618.8立方米，开辟、整修纤道21468米。历来水浅不能通航的洛河大荔以上河段，经过此次治理，航道宽达6米，水深0.4米～0.5米，在洛惠渠不大量排水溉田的情况下，可通行2.5吨级的木船。

1960年，陕西省交通厅关中航运公司航务工程队对渭河及洛河下游航道进行治理，用柴草树枝编成导航板，自制疏沙机，用木船卧沙及轻型导流坝等办法，将水位由0.3米提高到0.7米，疏通了大荔至杨村70公里航道。同年禹门口黄河铁桥动工时，将左岸石咀打掉2米～3米，右岸封堵了大水时过流的骆驼巷，以减少对局部河势产生的影响。1962年，对渭河渭南至潼关148公里航道进行了治理。组织施工组，每组7～10人，配备木船1～2只，在施工区设立走水尺，施工中每日观测两次，掌握水位变化，进行平面和水深测量，以确定整治线，并测算开挖航槽的工程量。然后，进行爆破、疏浚、导流或设置轻型整治建筑物。关中航运公司航务工程队用同样办法，治理了洛河大荔至洛河口 60 公里航道。

1965 年，铁道部、水电部调查处理禹门口问题时，提出汛前扒开禹门口骆驼巷，以利大水分流，并提出对河道进行规划。1968 年，黄河水利委员会提出《黄河禹门口至潼关段河道整治规划及今年汛前工程的意见》。1969 年，将大荔朝邑滩放淤围堤堵串和撤退道路工程，改为从该线始端至废华鲁堤与该线交点连成直线，修成防护工程。1973 年，黄河航道实施了史代村、赤壁嘴、夏阳、潼关等 4 处工程。

20 世纪 80 年代，国务院颁布《中华人民共和国航道管理条例》（国发〔1987〕78 号）后，渭南地区交通和航运管理机构不定期开展航道检查，参与航道有关的临河跨河建筑物的规划与建设的管理，内河航道管理与保护工作逐步开展。1991 年，国家交通部颁布《中华人民共和国航道管理条例实施细则》（〔91〕交工字 604 号）。渭南地区通过宣传航道管理法规，增强法人、公民爱护航道、合理利用航道的意识。依法进行临河、跨河修建建筑物审批及监督施行，保护航道及其设施不被侵占和破坏。随时进行航道检（巡）查，查处向河道倾倒沙石、泥土、废弃物及建筑垃圾行为。在航道及其设施遭受水毁时组织人力、物力进行抢修，维护航道安全通畅。

1995 年后，随着内河航道挖沙热的兴起，黄河干流航道也出现大量挖沙、运沙船舶。此类船舶随意停靠，轮班作业，开采的沙坑不回填，沙石堆不平整，形成连串明礁暗坑，损坏航道，威胁船舶行驶安全，随意排放的油污和生活垃圾，亦造成了水质的污染。渭南航运管理机构采取多种措施遏止在航道内乱挖滥采行为，重点保护经整治后的黄河禹门口至石坪段航道，在韩城港附近设立 3 块公示牌，严禁在此段航道挖沙采石。

自“十五”时期开始，沿河地区开发步伐加快，跨河桥梁、临河建筑工程增多。至2015年，在有关工程项目的实施过程中，渭南市、县（市、区）两级航运管理机构定期或不定期进行现场检查监督，防止超设计开挖航道，或向航道倾倒建筑垃圾；建筑工程完工后，监督建设单位及时清理并恢复航道，保证船舶安全通行。

港口管理

渭南各内河流域港口总体上条件原始，设施落后，管理难度大，加之无经费保障，港口保护和管理长期不到位。自20世纪80年代起，随着省、市、县港航管理机构的设立，港口保护与管理工作随之步入正轨。90年代，渭南辖区内河港口、码头建设得到重视，港口管理保护工作得到改善。渭南航运管理机构主要通过宣传港口利用和保护法规、不定期检查巡查、制止和处理港口非法作业等方式，维护港口作业秩序及其设施完好。

2004年1月1日，全国贯彻执行《中华人民共和国港口法》。渭南市交通部门和航运管理机构在广泛宣传《港口法》的基础上加强对在港口水域和使用港口岸线进行施工作业的审批、监督；严格港口码头建设环境影响评价，防止污染，保护港口生态环境；通过发布公告、加强检查等方式，禁止向港口水域倾倒泥土、沙石等废弃物。同时，指导和督促港口管理和经营单位，建立健全港口生产作业与经营制度，落实安全生产责任制，完善安全生产设施和条件。

2008年5月至10月，根据交通部、陕西省的统一安排，渭南市开展第三次港口普查工作。普查按照“一县一港”的原则，对港口布局及所辖港区进行了调整，重点收集、分析港口分布、规模、吞吐量、设施及港口自然条件、港口资源等资料。根据普查结果，渭南市共有韩城港、合阳港、大荔港、潼关港4个港口，辖韩城、东雷、大庆关、港口4个港区。2009年，结合推进港口企业化经营，渭南航运管理机构与经营企业签订港口经营承包合同时，将港口及其设施保护列为承包内容之一，明确责任、权利与义务，增强经营企业维护港口的责任与主动性。同时，对违反《港口法》、破坏港口设施的行为，依法进行行政处罚，保护港口、码头及其设施免受侵害，维护港口正常经营秩序。

2010 年，渭南市港航监督机构审批兴建了韩城港一个码头。2011 年，潼关县港口海事执勤站点建成。2012 年，白水县焦家河渡口码头、林皋河渡口码头建设及引道改造工程完工。2014 年，潼关码头改造建设任务和华县、大荔两处渡口改造任务如期完成。至 2015 年底，全市有港口 4 个，渡口 27 处，船舶 289 艘，航道港口管理依法有序进行。

第二节　船舶船员管理

船舶管理

《礼记·月令》所记述之“命舟牧覆舟，五覆五反，乃告舟备于天子焉。天子始乘舟”，表明周天子每次乘舟前，舟牧要对所乘舟船反复进行仔细的检查。此记述标志着周朝已严格执行船舶监督检验制度，并设“水师”监理水上舟船事宜。汉高祖元年（前 205），在今潼关设船司空衙门，管理船舶、水运。汉武帝时，专设有水衡都尉，位于九卿之末。其下设有上林、均输、辑棹、水司空、都水、农仓等官。其中之辑棹令为专管造船、水司空专管船库及船舶之官。元光六年（前 129）颁布《告缗令》。规定舟船征税计算法“船五丈以上为一算”，即以五丈作一计算单位。一算为 120 钱，一年算一次。此为通过征收船税对民间舟船进行管理。《宋书·百官志》记载，朝廷有都水使者一人，掌管河渠、漕运及船舶。元代至元年间，内河漕运将船舶按地区编组，每 30 艘编为一纲，每纲设押纲官 2 员。清代对漕船的修造与使用期限，在《钦定户部漕运全书·佥造漕船》中的各种定例及处理措施有 140 多条。其中对漕船的佥造期限要求、监造官的职责、作弊的处理都有严格的规定。乾隆四十一年（1776），对漕船修造与检验制度作出规定，主尺度和物料也有定额。验收船舶定有“九验之法”，即：“一验木、二验板、三验底、四验梁、五验栈、六验钉、七验缝、八验舱、九验头、艄”。并有具体检验标准和技术要求。又规定“吃水尺寸刊明栈板之上，俾益查验”。

民国 27 年（1938）10 月，陕西省成立“战时煤炭统制运销处”，所有木船概由统制运销处管制，对渭河、黄河煤炭运输实行统制运销。民国 29 年（1940），国民党军事委员会下设“运输统制局”管理征派水陆运输工具，进行军需物资运输。民国 31 年（1942）撤销运输统制局，其业务归国民政府交通部管理。民国 34 年（1945）初，撤销交通部公路总局，又在军事委员会内设战时运输管理局，统制全国车船运输。民国 35 年（1946）抗日战争胜利后，水陆运输业务又交给交通部公路总局管理。国民党军事部门在一些交通要冲地点设置的“统制”机构，曾对船只进行登记，以备征用。

1954 年 11 月“潼（关）风（陵渡）渡口运输处”成立，于组织科内设船检员 1 人，负责船舶检丈、登记、发证工作。1955 年 4 月成立“渭南分区航运管理所”（办公地点在潼关港），在 6 名干部中有 1 人管船检工作。1957 年 12 月撤销“潼风渡口运输处”及“渭南分区航管所”，成立“陕西省交通厅关中内河航运处”。1959 年扩建为“陕西省交通厅内河航运公司”。1961 年 8 月改为“关中航运办公室”。这一期间，关中航运处或关中航运办公室的职责中，均有港航监督、船舶检验工作。1963 年成立“渭南专区航运管理所”后，亦设有专职人员负责黄河、渭河、洛河三河口航区的船舶改造、港航监督工作。1986 年在渭南地区交通局内设航运管理处，配备船检员 3 人。另于合阳、大荔、潼关、韩城等县设航管站，各有 1 人管理船检工作。

1988 年，继陕西省设立船舶检验处后，渭南地区在航运管理机构设立船舶检验所，潼关、合阳、韩城 3 县（市）设立船舶检验站，负责船舶检验工作。1989 年 11 月，陕西省交通厅航运管理局成立后，负责全省船舶登记工作。其时，渭南因地、县（市）航运管理机构不健全，管理基础参差不齐，船舶登记工作未全面开展。全地区内河船舶普遍建造质量不高，船型不统一，船舶不登记、不检验、不持证，船工无照驾船，人货混装、超载航行、洪水抢渡等问题突出。1993 年，交通部颁布《中华人民共和国船舶签证管理规则》（交通部令〔1993〕3 号），渭南境内始对运输船舶施行进出港签证，以保证船舶适航，船员适任，航行安全。

1994 年，《陕西省船舶分级检验管理暂行办法》（陕交船舶检验〔1994〕5 号）颁发，明确了各级船舶检验机构的职责分工。渭南地区船舶检验所负责审查船舶总吨位小于 200 吨，或主机功率小于 147 千瓦钢质船舶设计图纸、技术文件和建造检验；接受省船舶检验处委托，审查下达的钢质船舶设计图纸、技术文件和建造检验；负责辖区内水域航行、停泊、作业及所有钢质船舶的定期检验；负责除省船舶检验处检验的特种船外其他机动船改建、扩建、更换主机、变更用途等船舶检验业务。各县（市）船舶检验站负责所在县所有木质机动客、货船建造，和总吨位小于 20 吨、主机功率小于 14.70 千瓦的钢质机动船定期检验。当年 6 月 2 日，国务院 155 号令发布《中华人民共和国船舶登记条例》，明确了船舶登记行为准则、法定程序、登记机关职责等。渭南地区按照陕西省交通厅要求，将加强船舶登记、检验作为整治水运市场、加强水路交通安全管理的主要措施加以推行。12 月，渭南派员参加了在西安举办的全省港航监督人员《船舶登记条例》学习班。学习班拟定船舶登记范围为船长 5 米以上各类船舶，包括水运企业法人所有船舶、个体船舶、乡镇船舶、公务船舶和事业法人船舶；拟定以港监登记号为船舶登记号，以船舶检验授予号为船检登记号。此意见经陕西省交通厅航运管理局发文确认后，自 1995 年 1 月 1 日起开展全省船舶登记工作。

1995 年 4 月 1 日，渭南地区港航监督所和潼关、大荔、合阳、韩城等四个县级港航监督站经批准成为渭南地区船舶登记机关。凡境内符合船舶登记规定的船舶，在船籍港登记机关办理船舶登记手续，领取船舶登记簿，同时授予船舶登记号。5月，根据国务院《关于清理、取缔“三无”船舶的通告》（国函〔1994〕111号）和交通部《关于实施关于清理、取缔“三无”船舶有关问题的通知》（交安监发〔1995〕13号）精神，渭南各级港航监督机构将清理、取缔“三无”船舶与船舶登记工作相结合，责令船舶所有人限期主动申请船舶登记，并建立船舶登记档案，做到一船一案。严格登记把关，禁止“三无船舶”进入水运市场。地改市后通过加强船舶检验，全市内河船舶基本做到“三证一牌一线”（即船舶营运证、船舶检验证、船员适任证、船舶照牌、船舶载重吃水线）齐全，使船舶非法营运、违章航行和冒险航行等突出问题明显减少。

2002年陕西省地方海事局成立后，全省船舶登记工作划归各级地方海事机构。其后，随着渭南市、县（市）地方海事机构的逐步建立健全，船舶登记程序进一步规范。船主购买船舶后，先到船舶停靠港口所在县（市）地方海事处申请登记，再经渭南市地方海事局审核后，发给船舶登记证书。同时，原设省、市、县（市、区）船舶检验机构注销，船舶检验工作亦归口同级地方海事机构。

2005年后，渭南市地方海事机构结合水路交通安全管理，加强有关船舶登记的法律法规宣传，健全船舶登记审批、档案管理、保密制度等，提高船舶登记工作规范化水平。2007年3月，陕西省船舶检验机构经批准改设为省、市两级后，渭南市地方海事局为陕西省地方海事局船舶检验机构所属分支机构，由陕西省地方海事局船舶检验机构对其船舶检验业务实施统一领导和管理，并对其开展的检验业务负责。渭南市船舶检验机构具体负责审查船舶总吨位小于200吨或主机功率小于147千瓦地方钢质船舶设计图纸和技术文件，主持建造检验；负责辖区所有船舶运营检验；受省船舶检验机构委托，审查省交通厅航运管理局下达的钢质船舶设计图纸、技术文件、建造检验和其他检验。是年，陕西省组织开展船舶检验专项整治活动。渭南市共检查各类船舶400艘次，下发违章通知书2份，取缔“三无”船舶2艘，责令停航停渡1艘，发海事建议函3份。

2010 年，渭南市船舶检验工作中全面使用了 5.0 系统，全年共检验各类船舶 286 艘，937 吨位，1378.92 千瓦，1062 客位，船舶年检率 100%。2013 年，渭南市船舶检验工作中全面使用升级版 5.03 系统和区域集中版船舶检验计算机发证系统。全年共检验各类船舶 269 艘，船舶年检率 100%。船舶检验发证率 98.5%。

2014 年，渭南市航运管理处（地方海事局）加强船舶建造市场管理，开展了船舶建造市场整治工作。严把船舶建造审图关，严格按照检验管理规定进行船舶建造检验，严禁违规建造船舶。是年，渭南市船舶登记工作全面完成，全市应登记船舶发证率 100%。共检验各类船舶 378 艘，船舶检验率 98% 以上，辖区船舶检验证书计算机发证率 100%，船舶档案管理完善，发证船舶做到了一船一档。2015 年，共检验各类船舶 389 艘，3369 吨位，主机功率 3355.77 千瓦。船舶检验发证率 100%。全面完成 15 家水路运输企业的年度核查工作，核查面 100%。

船员管理

渭南为内陆地区，船员均为内河船员。1991 年 10 月，渭南地区派船员参加了陕西省航运管理局在安康举办的全省首届机动船员培训班，重点学习《船舶管理》、《船舶驾驶》、《轮机管理》、《船舶工艺》等内容。1992 年起，交通部相继颁布《内河船员考试发证规则》（交通部令〔1992〕34 号）、《中华人民共和国船员管理规则》（交通部令〔1993〕13 号）。渭南地区据此对内河船员实行分级、适任管理，船员等级与船舶等级相对应，均分五等。同等级船员驾驶同等级船舶。渭南地区船舶总吨多为四、五类（四等船舶为 50 总吨以上至 200 总吨以下，或 147 千瓦以下；五等船舶为 50 总吨以下），船员亦多为四、五等级。船员职务根据船舶等级设置。四等船舶设船长、驾驶员、轮机长、轮机员；五等船舶设驾机员。

1997 年 7 月，陕西省航运管理局在全省组织开展为期一月的船舶船员证书检查。检查内容以查处、整治持假证操作、人证不符、有证无人、越权发证及船舶船员不足为重点。渭南市、县两级航运管理机构按要求组织自查，均人证相符。2002 年 3 月，省地方海事局制定发布《陕西省船员年度审验管理办法（试行）》（陕海安监〔2004〕16 号）。根据省海事局授权，渭南市地方海事局负责组织政区内水域三等以上船舶船员证书年度审验工作；各县（市）地方海事处负责组织所在县水域四、五等船舶船员证书年度审验工作。自 2003 年起，渭南市地方海事机构坚持每年对船员证进行年检。年检内容主要是船员证等级与所驾驶船舶等级是否相符，船员有无违法记录，所持证件是否有效等。

2004 年，按照交通部海事局《中华人民共和国船员违法记分管理办法（试行）》（海船员〔2002〕333 号）的要求，渭南全面推行船员违法记录管理，全市所有船员配发船员服务簿违法记分卡。每一个公历年为一个记分周期，每年分值为 15 分。年内记分超过 15 分，船员证即为失效，必须通过培训、考试合格通过，方可换发新船员证。2007 年，国家交通运输部海事局《中华人民共和国内河船舶船员基本安全培训、考试和发证办法》（海船员〔2007〕620 号）颁布。陕西省交通厅航运管理局举办船员基本安全知识培训，并进行船员资格考试。渭南市派员参加培训考试，全部通过并取得船员证书。2008 年，大荔县地方海事处对全县 28 名渡船船员进行培训，学习掌握船舶操纵、救生、消防等知识，提高操作技能水平。

2010 年 5 月 27 日，交通运输部颁布《中华人民共和国内河船舶船员适任考试和发证规则》（交通运输部令〔2010〕1 号），将内河船员划分为三类。渭南内河船舶普遍在 300 总吨以下，船员全部为三类船员。至年底，全市内河船员共 133 名。是年，渭南市地方海事局对辖区内高速船舶驾驶员所持船员证进行检查检验，未发现违规持证现象。全年共年审船员 65 人；组织安全知识培训 3 次，培训 110 人次；船员安全技能培训面 100%，持证率 98.6%。2012 年 3 月，渭南市地方海事局在合阳县举办“2012 年度内河船员基本安全知识培训班”，68 名船员参加了培训。是年，渭南共年审船员 58 人。

2013 年，渭南市航运管理处（地方海事局）先后在潼关、合阳、大荔举办内河船员基本安全培训班 3 期，培训船员 85 人。在合阳举办内河小型船舶驾驶员培训班 1 期，培训驾驶员 61 人。2014 年，渭南市航运管理处（地方海事局）组织开展船员安全教育 5 次，受教育船员 120 人次；船员安全技能培训面 100%，持证率 98% 以上，在船员适任证书审核发证中没有违纪过失行为。2015 年，船员持证率保持在 98% 以上。

第三节　安全与救助管理

安全管理

20 世纪 80 年代，渭南地区航运管理机构坚持安全第一、预防为主的方针，把安全教育作为加强内河交通安全的基础性工作，利用广播、报纸宣传水上交通安全法规和安全知识，在港口、渡口张贴有关水运管理规定、公告、通告和宣传标语等，提醒和警示人们安全乘船、安全驾船。

1989 年，陕西省政府发布《关于加强水上交通安全的通告》（陕政发〔1989〕31 号），渭南地区各级政府把水上交通安全列入重要议事日程，把管理责任落到实处：乡镇船舶安全管理，由县、乡政府负责；水库、公园、风景区水域中游览船，由所在地政府指定管理单位，按照港航监督机关要求负责管理。

1992 年，黄河“6.13”重大沉船事故发生后，渭南地区交通部门和航运管理机构全面落实山西、陕西两省政府办公厅联合印发的《山西、陕西两省关于加强黄河水上交通安全管理的有关规定》（晋政办发〔1993〕32 号），健全管理制度，落实安全责任，清理整顿渡口和渡运线，加强现场监督，建立安全检查和安全例会制度。以现实事例教育群众，重点向渡工宣传渡运安全知识和安全法规，向沿河群众宣传乘渡船的安全知识，增强群众安全观念和遵法遵规意识，不搭乘无证无照船，不乘超载船，不乘老旧渡船。是年起，境内逐步加强水上安全检查监督，并采取县（市）之间交叉检查的方式，促进相互学习、借鉴和提高。

1994 年 6 月陕西省水上交通安全工作会议之后，渭南地区进一步加强水上安全宣传教育工作。县级交通部门和航运管理机构及乡镇政府，利用节假日和庙会等时机，采用广播宣传、张贴标语、散发材料、现场讲解等形式，宣传水上交通安全法规和安全知识；在辖区渡口设立安全警示牌和安全渡运须知牌。同时，落实县、乡政府渡口、渡船管理责任，推行县、乡镇、村和渡船安全管理责任制度。是年起，渭南在有关县（市）设立乡镇船舶管理员，专职负责乡镇船舶安全管理。后经总结和完善，在有水运业务的县（市）、乡镇、村、船和县（市）港航监督局、所（站）普遍建立健全了安全管理网络。

1995 年，渭南市、县两级港航监督处、所组织巡回播映《警钟长鸣为安全》电视宣传片，用水上典型交通事故教育船员和群众“珍爱生命，勿忘安全”。国务院批复国家农业部、交通部等国家五部（局、总署）《关于清理、取缔“三无”船舶的通告》发布后，渭南迅即开展“三无船舶”清理工作。对检查发现的假冒它船船名、检验证书和船籍港，伪造船舶证书或登记证书与船舶实际不符的船舶，按“三无”船舶予以清理，先清理后登记；对既属“三无”船舶又不符合船舶技术规范的，予以没收、拆除，杜绝后患；取缔非法造船厂（点），铲除产生“三无”船舶的源头。同时，加强对群众进行乘坐“三无”船舶危害性的宣传教育，提高群众不乘坐“三无”船舶的自觉性。此年起陕西省交通厅航运管理局每年同各地（市）航运管理处签订水路交通安全责任书。渭南市航运管理处同各县（市）航运管理站（所），各县交通局同乡镇政府，分别签订水路交通安全责任书，明确并落实监管责任。

1997 年，在陕西省开展的“安全周”和“反违章指挥、反违章作业、反违反劳动纪律月”（简称“反三违月”）活动中，渭南市交通部门和航运管理机构组织人员，以水库库区水运安全、码头渡运安全和旅游风景区水上安全管理为重点，针对春运、春游、庙会、汛期等不同情况，深入码头、船舶及沿河村镇，散发水运安全常识资料，张贴安全标语，宣传安全管理法规。同时，全市航运管理系统以推行水运安全责任制为中心，建立健全水运安全责任制度，重点抓船舶安全管理责任制度落实，制止不符合安全标准的船舶参与水运。1999年4月2日，陕西省交通厅、省教育委员会联合发布《关于加强中、小学生春游水上交通安全管理的通知》，渭南市航运管理机构与有关教育部门、学校一起，对学生进行水上交通安全常识宣传，对水运经营者进行安全航行教育，并加强现场检查，防止事故发生。

2000年10月20日，陕西省交通厅、省经济贸易委员会联合印发《关于进一步加强乡镇船舶的交通安全管理责任制的实施意见》（陕交劳〔2000〕377号）。渭南市再次明确乡镇政府是乡镇船舶安全第一责任人，船舶所有人是安全责任人；县级政府加强对乡镇船舶的安全管理；乡镇政府每年同船舶所有人签订安全责任书，落实安全责任；各级交通部门及其设立的港航监督机构是乡镇船舶的安全管理机构，协助乡镇政府落实船舶安全责任制，加强对乡镇船舶的安全检查监督，排除安全隐患；乡镇船舶所有人无条件接受港航监督机构的安全检查。2001年，结合贯彻《陕西省道路交通和水上运输安全管理规定（试行）》（陕政发〔2001〕46号），渭南市按照“企业负责、行业管理、国家监察、群众监督、劳动者遵章守纪”的安全管理机制，在全市开展“水上运输安全管理年”的各项安全整治工作。陕西省水上交通安全管理工作会议后，渭南市交通部门、地方海事机构编印安全行船、安全乘船宣传手册，在码头、渡口广为散发，以方便群众知晓。是年，水路交通安全管理责任被列入陕西省交通厅航运管理局对各市水运系统年终目标考核内容，实行年度检查、考评。

2002年10月，渭南市贯彻落实《中华人民共和国小型船舶安全检查规定》（海船舶〔2002〕544号），按规定内容进行船舶安全检查，使用安全检查通知书，执行行政处罚标准。至2003年3月，渭南市组织开展“水上交通百日安全无事故”活动。针对水上客货运输存在的安全隐患，重点查处“三无”船舶非法载客、客货混装、安全责任不落实等问题。2004年8月31日，《陕西省交通行业安全生产监督检查办法》（陕交发〔2004〕272号）颁布后，渭南市包括水运在内的交通行业安全生产监督检查实行属地管理、分级负责原则；采取安全岗位责任人自查、生产经营单位检查、交通主管部门专项抽查的检查办法。是年，渭南市交通局局长带队，赴各县（市）全面进行水上交通安全检查。共检查各类船舶385艘次，警告违章船舶1艘次，处理违章船舶3艘次，取缔“三无”船舶1艘。

2005年5月13日，陕西省交通厅、国防科学技术工业委员会、水利厅、安全生产监督管理局联合发布《关于开展全省低质量船舶专项治理活动方案》（陕交发〔2005〕113号）。渭南市、县两级成立专项治理活动工作机构，制定实施方案，明确责任人和专项治理联络人，对辖区低质量船舶进行调查、清理。至次年底完成专项治理工作。2006年，根据《中华人民共和国安全生产法》和国务院安全生产电话会议精神，渭南市、县（市、区）交通部门和航运管理、地方海事机构参加当地政府组织的安全宣传咨询活动，开展水上安全法规和安全知识宣传教育，增强社会公众水上交通安全责任和安全意识。2008年，结合开展“安全生产年”、“平安工地”等活动，严把船员适任关和船舶适航关；加强水运安全生产隐患排查和整治。共排查隐患单位3家，一般安全隐患20项，整改20项；重大隐患1项，得到彻底整改。

2009年，渭南市广泛开展《陕西省水路交通管理条例》宣传贯彻活动。在港口、渡口、码头向群众免费散发省航运管理局印制的条例手册。水上安全工作转向以细化、落实安全责任制度为核心的长效机制建设。各县（市）交通部门与航运管理、地方海事机构同各水运企业、船主，直接签订安全责任书，强化安全责任约束，并与年度目标责任完成情况一并进行检查、考核。2010年，在陕西省水运系统开展的以《关爱生命，安全生产》为主题的“安全生产月”活动中，渭南各级地方海事机构分级分片开展安全生产宣传咨询活动，并将安全检查与安全教育相结合，增强水运参与者安全意识。全年组织开展水上交通安全大检查 6 次，海事专项巡查 2 次；发出违章通知 2 份，检查各类船舶 720 艘次。全市基层海事人员水运繁忙季节每月现场巡查 10 天以上。2012 年，渭南市地方海事局下发《关于印发全市水路交通安全大检查大整顿活动方案的通知》(渭海发〔2012〕20 号)，成立大检查大整顿领导小组，由局长带队，对全市水上交通安全及水路运输企业进行全面检查。共组织水上交通安全大检查 6 次，海事专项巡查 1 次，检查各类船舶 230 艘次。见图 4-1。

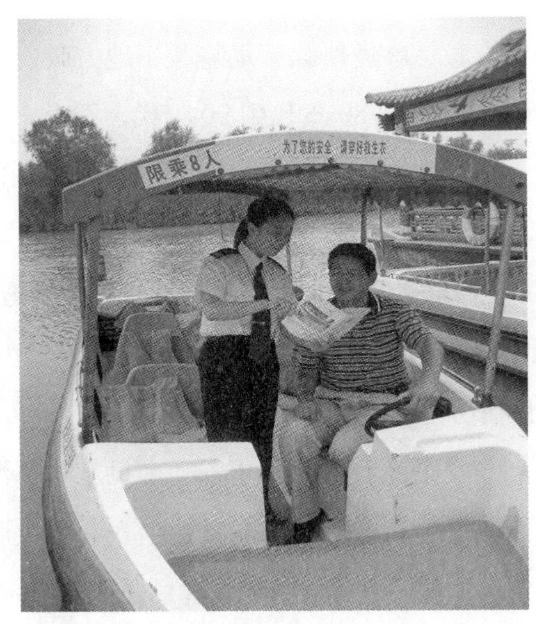

图4–1 渭南海事管理人员正在进行安全宣传

2013 年，水上交通安全检查和海事巡查经常化（图 4-1)，全年共组织大检查 8 次，专项海事巡查 1 次。开展船员安全教育 5 次，受教育船员 120 人次。是年，按照陕西省海事局统一安排，渭南市成立了相关机构，组织实施水路运输企业安全生产标准化工作，从各县（市）海事处及水路运输企业抽调 20 余人参加了省海事局在陕西交通职业技术学院举办的业务培训会。全市 12 家水路运输企业全部申报了企业安全生产达标资料，两家企业通过审核。2014 年，渭南市地方海事局集中开展水上交通安全“打非治违”专项整治活动。组织季节性、阶段性和经常性安全检查，全年共组织水上交通安全大检查 8 次，海事专项巡查 1 次，共检查各类船舶 400 艘次。2015 年，组织开展全市范围内的水上交通安全检查 12 次，海事专项巡查 2 次。水运企业、船员的安全责任意识和群众安全乘船意识普遍提高。

海事救助

内河船舶或水上设施发生触礁、碰撞、失火、风灾、搁浅、沉没等危难情况，有船员自救、临近船只帮助施救、地方政府组织施救以及附近村民自发救助等。20 世纪 80 年代到 90 年代，渭南市水上船舶主要为木船，质量低，安全设施少，大多不配备救生救助设备，船员多缺乏自救和救助能力，一旦发生翻、沉船事故，往往束手无策；港航监督机构不健全，力量配备不足，救助设备与手段缺乏，应急救助力不从心；交通通信手段落后，发生事故从报告到组织救助费时较长，易错失最佳救助时机，故水上交通事故往往伤亡较大。

1995 年，陕西省交通系统加强水上交通救助工作。渭南市全面实施木质渡船改钢质渡船，并在客、渡船配备救生衣、救生圈。客船按核定乘客人数每人配备一件救生衣；船舶两舷醒目处配备一定数量的救生圈；按规定配备灭火器、消防桶等消防和堵漏设备；船员定期进行消防救生演习；乘客上船后，给乘客进行救生衣穿戴演示。此期，渭南市、县两级港航管理机构先后配备摩托车、汽车、巡逻快艇等交通工具，以改善港航管理机构的巡查、救助条件，提高应急反应和救援能力。

2000 年，陕西省交通厅加强全省地方海事应急救援能力建设。先后为渭南市海事局配备自备专用车 1 辆，海事执法巡逻车 1 辆，巡查和搜救船 3 艘。2004 年 9 月 23 日，黄河山西省临猗县一侧水域发生沉船事故，渭南市、合阳县地方海事机构接陕西省地方海事局指令后，立即赶赴现场，全力支援救助。共出动海事人员 80 人次，搜救专业人员 130 人次，投入 4 艘游船和一艘快艇。在山西省海事局统一指挥下，全力协助救助。经过 20 多个小时的连续施救，完成救助任务，受到山西省地方海事局赞扬。

2005 年，陕西省制定《陕西省水上交通事故应急救援预案》，印发各市、县（市、区）政府及省政府有关工作部门实施。渭南市及各县（市、区）交通、航运管理和地方海事机构，分别制定辖区内水上交通事故应急预案，加强水运应急能力建设，逐步形成水运应急和地方海事救助机制。2006 年 5 月，渭南市地方海事局组织具有船舶驾驶经验、水上救助技能，身体强壮的船员 15 名，组成地方海事救助队，随时待命，以高效、有序地实施海事救助工作。同时，沿河两岸乡镇政府，组织群众学习海事救助知识和技能，一旦发生水上交通事故，造成乘客落水时，由乡镇政府组织群众参与海事救助。

2011 年，渭南有关县（市）结合辖区实际，组织交通、海事、安监、卫生、公安等部门协作、配合，开展针对人员落水、船舶碰撞、船舶火灾、打捞落水物资等科目的水上搜救演练活动。全年共有 6 个县（市）开展水上交通事故搜救演练活动 8 次。至 2015 年，渭南海事救助工作进一步规范化、制度化。

第五章　规费征收管理

第一节　养路费

民国时期渭南的养路费与路捐合征，由陕西省交通管理部门征收。民国 18 年（1929），商营长途汽车，如数交纳当月月捐，作为养路之用，月捐按客车、货车和载重吨位分别计收。民国 28 年（1939）年初始有商车承包个别路线，省公路局按营业收入抽收 5% 的手续费，再按月缴纳月捐作为养路费。在三（原）渭（南）线的承包中，省公路局实行车捐、养路费合并征收，按营业收入的 20% 交纳，后因出现路线承包费用收取标准不统一的问题，省公路局于当年 4 月采取和三渭线同一办法，改成养路费，又称通行费，统按收入的 20% 计征，木炭代油炉汽车按 12%。对畜力胶轮车每辆征收季捐 5 元，通行费 2 元。民国 31 年(1942)年初，由于绝大多数私营汽车被军队征用，省公路局停止了养路费的征收。民国 33 年（1944）10 月，根据《陕西省公路局征收养路费实施细则》，车捐与养路费分征。对行驶省辖路线的汽车，除 7 座以下自用小客车、机器脚踏车和悬挂军字号牌装运军品以及特种汽车暂免缴纳养路费外，余均征收。费率以车别和吨位为标准，客车按车公里，货车按吨公里。营业客车每车公里，7 座以下为 0.45 元，8 座及其以上为 0.90 元；营业货车每吨公里按 3.30 元计征。11 月，陕西恢复征收车捐，因系按季征收，故亦称季捐。对胶轮大车的月捐和通行费停征，改为按月征收养路费。对人力胶轮车和畜力木质包胶车也开始征收养路费。畜力胶轮大车每车每月为 2000 元，人力胶轮车、大板车、畜力木质包胶车每车每月均为 1400 元，人力木质小板胶轮车、马拉木质包胶客车为 700 元。

渭南全境解放初，陕西省公路局饬令各公路管理站对行驶辖区内公路的公、商、私车一律按规定收缴养路费。逾期未交者，按规定处罚，并将民国末期交纳养路费的银元费率改定为人民币费率。

1950 年 8 月，根据西北交通部规定，养路费一律按月征收，费率以小米为标准折价计收。全省统一规定，大型汽车载重两吨以上每车每月小米 200 公斤，不满两吨者每月 100 公斤，公车减半；客运汽车按 8 座折合一吨计征；胶轮车骡马单套每车每月小米 10 公斤，双套 15 公斤，3 套以上每月 20 公斤；胶轮驴车以套数减半计征。12 月 1 日，养路费标准调整，原定每月 200 公斤小米的调整为 300 公斤，原定 100 公斤的调整为 150 公斤。1951 年 8 月至 1952 年 10 月西北交通部对养路费的征收进行了三次调整。1955 年 3 月以后养路费的征收以新人民币币值列计。1956 年按新人民币币值养路费调整为：公路运输部门国有运输公司营运车，按运费收入总额 7% 征收；企事业单位车辆，按月每吨 40 元，按次每吨公里征收 0.16 元；畜力车营运按运费收入总额 5% 征收，按月每吨 7.20 元，按次每吨公里为 0.012 元计征。

1962 年 5 月 1 日起，专业运输单位汽车改按营运收入的 8% 计征养路费；非专业运输单位汽车每车吨计征养路费 60 元。1965 年 1 月，将专业运输单位汽车的养路费率调高为 10%；非专业运输汽车按月计征，每车吨调为 72 元。非按月缴纳养路费的车辆，实行按次征收，费率为每吨公里 0.04 元。1966 年 7 月 21 日又将专业运输单位汽车养路费率调为营运收入额的 12.5%，非专业营运汽车每车吨按月调低为 70 元。是年，辖区征收养路费 136.8 万元。

1973 年 1 月，渭南地区车辆监理所负责养路费征收，全年共征收 853 万元。1979 年 1 月，陕西省渭南交通监理所成立后，负责养路费征收。根据交通部的统一规定，将交通运输企业车辆的费率调低为营运收入额的10%。1982年8月陕西省政府将运输企业车辆费率提高为12.5%，按车吨计征的每车吨每月调为80元。是年，辖区共征收养路费1492万元。1984年3月起，根据交通部和财政部《关于个人机动车辆征收养路费的通知》，对个体和农村生产队等车辆征收养路费规定为：个体经营和自用的汽车，每车吨每月费额80元；拖拉机比照汽车的40%，即32元；畜力车每吨每月12元；拖拉机从事非营业性运输的免征养路费。

1985年5月，专业运输汽车征收养路费标准由占营运收入额的12.5%调高为14.5%，非专业运输汽车每车吨每月调高为105元。同时对实行包干交纳养路费的车辆，一次交纳全年养路费者，给予优待，按2/3费额计征。是年，辖区共征收2620万元。1989年8月1日起，按陕西省政府办公会议决定，将原按车吨交纳养路费的费率由每吨每月105元提高至125元；按运输收入额14.5%交纳养路费的专业运输公司，仍维持原标准不变。调整后的增收部分，以专款交由省交通厅全部用于重点公路建设。1990年辖区征收养路费5067.7万元。

1991年，全省机动车养路费标准调整为每吨145元，侧三轮、两轮、轻便摩托车实行定期包缴，按年一次交清，年包交额分别为150元、100元、50元。1995年1月，机动货车全月为155元/月吨，客车全月为180元/月吨。7月1日起，除征缴养路费外，加征交通基础建设基金。公路养路费征收标准（不分客车、货车）统一调整为每月每吨180元；交通基础建设基金征收标准：货车不论营运与非营运车辆，每月每吨30元，营业性客车每月每吨200元，非营业性客车每月每吨100元。是年，全市征收养路费11690.2万元。2000年征收12845.9万元。

2001年7月1日，摩托车、柴油三轮车养路费交由县（市、区）交通部门征收。2002年，全市征收公路养路费共计11548.2万元，客货运附加费3573万元；2003年，全市共征收公路养路费12990.3万元，客货运附加费3785万元；2004年，全年共计征收规费19503.51万元；2005年公路养路费征收 23452 万元，客运附加费 561 万元；2006 年渭南交通征费稽查处累计征收公路规费 26760 万元；2007 年累计征收规费 33609 万元；2008 年渭南交通征费稽查处于 9 月底完成全年的征收任务，止 12 月 10 日，累计征收规费 43810.6 万元。

2008 年根据国务院国发（2008）37 号文件《关于实施成品油价格和税费改革的通知》、陕西省政府陕政发（2008）69 号文件《关于成品油价格和税费改革的实施意见》精神，渭南市按照改革方案的统一安排，从 2009 年 1 月 1 日零时起停止全市公路养路费的收取。

第二节 运管费

1964 年，渭南运输管理费只对合作运输企业、机关、企业汽车征收，标准按运费总额的 1% 缴纳；农业、个体和外地车辆均按运费总额的 2% 缴纳。由各交通运输管理站（代办站）收缴。1965 年，费率以保证民间运输管理机构开支为原则，一般占营运总收入的 2% 左右，最高不得超过 3%。1973 年，根据国家交通部、财政部规定，民间运输业提取的管理费率，按营业总收入的 2% 征收。1977 年 11 月，根据陕西省革委会通知精神，凡参加社会流通物资运输的机关、企事业单位和人民公社的汽车（含拖拉机），一律使用交通运输管理部门统一印制的货票。对辖区内执行任务的车辆从营运总收入中提取管理费 2%；对机关企事业单位车辆到异地执行任务的，提取管理费 3%。

1980 年 8 月，渭南地区交通运输指挥部办公室规定，各县运输管理费按营运收入的 2% 征收。1983 年规定，“凡从事营运的单位和个人，按运输营业额缴纳不超过 1% 的运输管理费”。2000 年，陕西省物价局核定，道路运输管理费收费标准为营业收入的 0.8%，其中 20% 上缴地（市）级管理机关。2002 年，全市征收运管费 1532 万元。

2009 年 1 月 1 日起，国家实施成品油税费改革，取消公路运输管理费等6项收费，渭南市不再征收运输管理费。

第三节 水路运输管理费

渭南水路运输管理费的征收和使用，主要遵照国家交通部、财政部和陕西省交通厅、财政厅的有关规定执行。1958年，陕西省人民委员会颁布《木船管理办法》，按船舶营运收入的3%计征运输管理费。1990年3月5日国家交通部、财政部联合发布《水路运输管理费征收和使用办法》，自1990年4月1日起，运管费按水路运输（服务）企业、单位和个人的营运（营业）收入计征，最高不超过营运（营业）收入的2%。后陕西省因水路运输业务量少、分散偏僻、基层航运管理机构经费缺口大之故经国家交通部、财政部批复同意后仍按营运收入的3%的标准征收。

1991年11月19日，《陕西省水路运输管理费征收和使用实施办法》颁布，自1992年1月1日起，凡在渭南境内从事水路营业性客、货运输（包括渡船运输、旅游运输以及将运费计入货价和工程造价内的运销、产运销结合和承包工程的运输）的企业、单位和个人（不包括外省水路运输企业、单位和个人）；在境内从事为水路运输服务（指代办运输手续、代办旅客、货物中转，代办组织货源）的企业、单位，以及兼营上述业务的其他企业、单位；在渭南工商行政管理部门注册，由渭南航管部门核发水路运输许可证和船舶营业运输证，固定在外省经营的水路运输企业、单位和个人；在辖区各港口（码头）从事船舶装卸业务的单位和个人均按水路运输（服务）企业、单位和个人营运（营业）收入的3%计征水路运管费。对难以准确反映营运收入的水路运输企业、单位和个人，其水路运管费按船舶定额载重吨（客船、客渡船3客位换算载重吨）计征，具体标准为：机动船（含拖驳，不含拖轮），1.50元/月吨；非机动船，0.50元/月吨。

水路运管费由地、县（市）航运管理机构负责征收，未设航运管理机构的县（市）由同级交通主管部门或其授权的运输管理部门征收。征收水路运输管理费时，向缴费单位或个人核发《陕西省水路运输管理费缴费凭证》，同时向单船核发有效《陕西省水路运输管理费缴讫凭证》。水路运管费实行分级征收，专款专用，严格遵照《水路运输管理费征收使用管理办法》的规定，接受财政部门的检查监督。

1997 年 2 月 15 日国家计委、财政部联合发布《关于第二批降低 22 项收费标准的通知》，其中，水路运输管理费由不超过营运收入 2% 降为不超过营运收入 1.6%。渭南市按陕西省的通知要求，水路运输管理费征收标准由原 3% 降为 1.6%。此标准一直执行至 2008 年。

2009 年 1 月 1 日起，实施成品油价格和税费改革，渭南市按规定取消水路运输管理费收费项目。各级航运管理机构经费，由同级财政部门按原收费市、县（市）核定额度划拨。

第四节　车辆通行费

20 世纪 80 年代，交通成为制约渭南经济发展的瓶颈，而国家和地方财力又不足以支持巨额的交通投资，渭南遂借鉴广东等地提出的“贷款修路，收费还贷”的设想，首开“以桥养桥、以路养路”模式的探索，先后对境内国、省干线公路实施二级公路改建，并依据陕西省政府批复设立相关公路收费站，依法对过往车辆收取通行费，用以偿还贷款。

1990 年 11 月，渭南地区交通局完成了大华公路的建设任务。此路系陕西省计划委员会以陕计发（1985）187 号文件批准立项、按“民办公助”形式修建而成。1986 年 7 月开工，1990 年 11 月全部竣工，总投资 2800 万元，全长 29.14 公里。北起大荔县城，跨洛河、渭河到华阴县罗夫镇与西潼公路相接。1990 年 12 月 8 日，渭南地区交通局经陕西省交通厅、陕西省物价局以陕交（90）418号通知同意，决定对贷款修建的大（荔）华（阴）二级公路收取车辆通行费，并设立大华公路收费站，是为陕西省第一条二级收费公路。1994年6月1日，沙王渭河大桥收费站开始建站收费。同年12月20日，罗夫收费站正式建成收费。

1995年10月1日，合阳县设立金水沟大桥收费站。合阳县政府后将金水沟大桥产权和收费权以4200万元转让给渭南市公路局经营。1995年10月1日，设立华朱收费站、温泉河收费站。11月20日，设立上涨渡收费站、许庄收费站。1997年2月15日，设立澄城西河大桥收费站。11月15日，设立蒲城陈庄收费站。1998年12月1日，设立临渭区程家收费站。12月10日，设立白水河大桥收费站。1999年1月8日，设立蒲城兴镇收费站。2000年1月1日，设立临渭区汉马收费站。2001年6月1日，设立澄城茨沟大桥收费站。2002年5月1日，设立蒲城永丰洛河大桥收费站。见表5-1、表5-2。

2004年，渭南市按照陕西省人民政府《关于清理整顿收费站点有关问题的通知》精神，于2004年1月31日对蒲城翔村、老西潼公路小泉两个公路收费站终止收费，并予以撤销，相关收费设施也于当年3月1日前拆除。2005年，按照陕西省交通厅《关于澄城茨沟大桥债务移交问题的纪要》精神，渭南公路局所辖澄城茨沟大桥收费站于11月27日下午6时停止收费。

2006年11月10日，经陕西省人民政府陕政函〔2006〕160号批准设立渭富桥收费站并开始收费。此为政府还贷性一级公路收费站。12月18日，设立渭蒲桥收费站。2007年，渭南市公路局、澄城县交通局、上涨渡收费处按照渭南市交通局渭交发〔2007〕371号文件精神，对其所辖的兴镇、大朋、龙门、西河桥、上涨渡渭河大桥等5个收费站自当年11月1日零时起终止收费，予以撤销。同时，对已于2005年底前停止收费、并拆除了收费设施的孙蔡收费站予以撤销。

2011年，渭南公路局根据陕西省、渭南市交通主管部门的要求，撤销了罗夫、陈庄、华朱三个非封闭式公路收费站，12 月 31 日零时停止收费。2012 年 1 月 15 日前，原收费管理单位拆除了收费设施及相关标志、标牌，恢复了路面。

2012 年，根据国务院《关于实施成品油价格和税费改革的通知》（国发〔2008〕37 号）和国务院办公厅《关于转发发展改革委、交通运输部、财政部逐步、有序取消政府还贷二级公路收费实施方案的通知》（国办发〔2009〕10 号）精神，按照陕西省政府决定，渭南市于 2012 年 12 月 31 日 24 时起取消行政区域内所有政府还贷二级公路收费，停止金水沟大桥、许庄、沙王渭河大桥、程家、永丰洛河大桥、汉马、白水河大桥、渭蒲渭河大桥、大华收费站的收费。

2014 年 12 月 31 日，陕西省人民政府以陕政函〔2014〕178 号批复原则同意在国道 108 渭南至大荔一级公路设立大荔汉村公路收费站(k1167+061)，对通行国道 108 渭南至大荔一级公路的机动车辆收取通行费。收费站为临时机构，暂定员 60 人，由渭南市交通运输局收费机构负责运营管理。试运营期间收费年限暂定为 3 年。

2015 年 4 月 27 日，渭南市人民政府发布《关于渭富渭河大桥收费站停止收费的通告》，决定于 2015 年 4 月 30 日 8 时前停止收取渭富渭河大桥车辆通行费，并拆除收费设施。

渭南市境内路桥收费站收费标准 **表5–1**

类别	车型及规格	收费标准
一类	手扶、小四轮拖拉机和正（后）三轮摩托车	3 元
二类	19 座及以下客车，2T 以下货车	5 元
三类	20 座—39 座客车，2T—5T（含 5T）货车	10 元
四类	40 座以上客车，5T—10T（含 10T）货车	15 元
五类	10T—15T 货车，20 英尺集装箱货车	25 元
六类	15T 以上货车，40 英尺集装箱货车	40 元

渭南市收费公路（不含高速）历年收入一览表　　表5-2

单位：万元

时间	本年收入	累计收入
1990 年	230	230
1991 年	265	495
1992 年	367	862
1993 年	364	1226
1994 年	737	1963
1995 年	2502	4465
1996 年	4852	9317
1997 年	7068	16385
1998 年	10746	27131
1999 年	10711	37842
2000 年	9028	46870
2001 年	9184	56054
2002 年	9583	65637
2003 年	10782	76419
2004 年	9757	86176
2005 年	10205	96381
2006 年	7785	104166
2007 年	11275	115441
2008 年	12015	127456
2009 年	15247	142703
2010 年	22962	165665

续表

时间	本年收入	累计收入
2011 年	19206	184871
2012 年	17141	202012
2013 年	3641	205653
2014 年	2873	208526
2015 年	2146	210672

第八篇

机构与人员

西周时，渭南驿传道路运输由地方“遂人”、“遂师”、“乡师”等官职管理。秦嬴政二十六年（前221）后，郡守、县令管理，以下设“传舍啬夫”等官吏。汉代，驿道设置驿站，各郡州由“兵曹司兵参军”分掌邮驿，县由县令兼办。驿设“驿长”（隋称“将”或“提驿”）。唐代，驿道有关隘（口）之处设置“关令”、“丞”等官员专管。宋元时，州设“通判”，县由知县、县丞或主簿检查管理，驿站仍设“驿长”，元时同级“达鲁花赤”（行政长官）直接管理。明清时，州、县知州（府）、知事对驿传有监督、检查之责，驿站设“驿丞”，递运所设“大使”或“副使”，递铺设“铺司”。民国时期，公路交通运输由陕西省公路局和各县建设局（科）

管辖，汽车监理统由省公路局办理。民国 29 年（1940）至 34 年（1945）抗日战争时期，交通运输实行军事管制，境内车辆运力以及物资运输由第八行政督察专员公署以及陕西省驿运管理处大荔区驿运总段统一调配，各驿运站设有省级委派的视察和稽查专员，督查军事物资运输。民国 35 年（1946），境内交通运输归第八区第二科和各县政府建设科管理。各交通要道设立军警、宪兵和交通部门配合组成的交通站（检查站），进行检查。

中华人民共和国成立初，渭南分区行政督察专员公署第四科主管交通运输。同时，省公路局设立渭南、大荔、韩城、潼关 4 个公路管理站，检查过往车辆和特种通行证。1950 年 1 月，统由渭南分区专署建设科管理。各县成立交通科（不成立交通科的由建设科一名副科长专管交通）。1951 年 2 月，西北军政委员会交通部和第一野战军后勤部等 22 个单位共同组成西北公路联合管理委员会，统管道路运输市场。1953 年 12 月，渭南专区运输委员会成立，对全区公路建设统一运单和私营汽车运输实行登记制度。1955 年，陕西省公路局在渭南境内设立大荔、渭南、韩城 3 个公路管理站，进行行车安全检查和管理。1956 年 10 月，渭南专区撤销，各县交通科（建设科）为交通运输管理机关。1961 年 9 月，渭南专区恢复后，专区成立工业交通局。同时设立渭南专区运输指挥部，下设办公室（设工交局内）。1964 年 9 月，工交局撤销，由经济委员会统一负责交通运输。1968 年 9 月，渭南专区革命委员会成立，交通运输由地、县两级革委会生产组管理。1970 年 7 月，渭南地区工业交通局再次成立。同时地区革命委员会成立渭南地区交通运输指挥部，各县先后成立公路管理站（交通运输管理站），负责行车管理和检查。1972 年 4 月，地区交通局单设，管理辖区公路、交通运输。地区交通运输指挥部撤销。1979 年 7 月，恢复渭南地区交通运输指挥部，各县不设交通运输指挥部，地县原设的联运办公室、民运站等重叠机构，一律撤销。1995 年 5 月，渭南撤地设市，渭南地区交通局改名为渭南市交通局。至 2015 年底，渭南市的交通管理机构未变。

第一章　行政管理机构

第一节　市交通运输局

1949年上半年，陕甘宁边区政府决定成立大荔、渭南分区专员公署，下设建设科。1950年5月2日，陕西省人民政府成立，将大荔、渭南两个分区专署合并为“陕西省渭南专区行政督察专员公署”，设建设科（又称四科），编制科长2人，科员4人，其中一人分管交通业务。1955年10月，专署撤销建设科，成立第五办公室。1956年10月，省人民政府撤销专署机构，业务下放各县工交局。1961年9月，恢复渭南专署，设立渭南专区工业交通局。1964年9月，成立渭南专区经济委员会，承担了工业交通局的任务。1968年9月，渭南专区革命委员会成立，在革委会生产组下，成立工业交通办公室。1969年，下属单位有：渭南地区公路总段、渭南地区汽车运输公司、渭南地区综合大修厂。1970年3月，工业交通办公室改名为工业交通局，下属单位增设渭南地区汽车配件营业处。

1972年4月，工业、交通分设，成立渭南地区交通局，仍属生产组领导。下属单位渭南地区汽车配件营业处变更为渭南地区汽车配件公司。1975年2月，地区革委会撤销四大组，交通局直接归革委会领导。1981年，成立渭南地区汽车篷套厂，综合大修厂改名地区漂染厂划归轻纺局。1981年9月，将原设在渭南地区公路管理总段内的地方道路管理科改设为渭南地区公路管理段，科级单位，编制15人，隶属渭南地区交通局领导。1984年，渭南地区交通局始有内设科室，分为人秘、公路运输、综合计划三科。同年，地区交通运输指挥部办公室撤销，设立交通运输管理科。1985年9月渭南地方道路管理段更名为渭南地区公路管理处。1986年设滑南交通史志编写办公室和航运管理处。下属单位有地区公路管理总段、地方道路管理段、汽车大修厂、汽车篷套厂、汽车运输公司、汽车配件公司等，全系统干部职工 5600 多人。1987 年 11 月，内设人事秘书科、运输管理科、航运管理处、公路桥梁科、综合科、交通部电视中等专业学校渭南工作站、交通志编写办公室、大华公路收费管理处等 8 个科室。1989 年 4 月，设立地区监察局派驻交通局行政监察室。1990 年，设立渭河大桥征费管理处。1991 年，增设大华公路管理站，1992 年成立汽车客运总站，1993 年成立陕西省高速公路基本建设工程监督站渭南分站，1993 年 4 月设立汽车维修行业管理处。至 1993 年 6 月,内设人事秘书科、计划综合科、公路桥梁科、交通运输管理科、航运管理处、汽车维修行业管理处、交通部中等电视教育工作站、交通史志编写办公室 8 个科（室），行政编制 15 人，事业编制 26 人，实有 41 人。1994 年 1 月，渭南地区公路处与局公路桥梁科合署办公，对外保留公路处建制。

1995 年，渭南撤地设市，渭南地区交通局更名为渭南市交通局。1996 年 8 月,内设人事秘书科、计划财务科、综合业务科、建设管理科（后改为公路桥梁科）等 4 个科（室），后又设项目办公室、征费管理科、机关事务科 3 个科室（事业编制），至 1998 年 5 月，内设 7 个科（室）。行政编制 18 人，实有 18 人。事业编制 25 人，实有 14 人。1996 年大华公路管理处更名为大华公路收费站。1998 年，陕西省高速公路基本建设工程监督站渭南分站更名为市交通工程质量监督站，成立沙王渭河大桥养护管理站。2000 年设立基建办,成立市驾校,市汽车客运站划归渭运集团。2002 年市交通战备办公室整体由市经贸委转至市交通局，办公室主任由市交通局长兼任。同年，阎禹高速公路建设环境保障处成立。内设科室变为办公室、资金管理科、路桥管理科、运政管理科。

2003 年，设立市公路建设管理处，渭河大桥征费管理处分设为上涨渡渭河大桥收费管理处，沙王渭河大桥收费管理处。2004 年，机关增设法规科。成立安泰汽车检测有限公司。2005 年设交通内部审计中心。同年，市公路建设管理处改名为市公路建设工程管理中心。设立大华路超限运输检测站，成立畅安交通工贸有限责任公司。2006 年，成立渭南宏业汽车修理有限公司，设立关中公路环线渭富公路渭河大桥收费管理处。2010 年 5 月，渭南市交通局更名为渭南市交通运输局（图 1-1）。2010 年 7 月，渭南征费稽查处改为渭南公路路政执法支队，由省交通运输厅下放市交通运输局管理。2010 年 10 月，市客运管理处、公交公司由市建设局划归市交通运输局管理。2014 年 5 月渭南公路路政执法支队收归省公路局管理。2014 年 7 月，渭运集团、公交公司、配件公司、宏业公司交由国资委管理。其中公交公司 2015 年 12 月又交回市交通运输局管理，2015 年 4 月，沙王桥养护站、大华公路管理站、大华路治超站、渭富桥收费处整体移交市公路局管理。2015 年，渭南市交通运输局机关设 7 个科室，公务员编制 36 人；下属单位 9 个，其中事业单位 8 个，1974 人；企业单位 1 个，1080 人。领导班子成员更迭见表 1-1。

渭南市交通局1949～2015年领导班子成员更迭表　　　　表1–1

（按任职时间排列）

姓名	性别	民族	籍贯	职务	任职时间
李怀珍	男	汉	陕北	大荔分区四科科长	1949.10—1950.4
王汝珍	男	汉	陕西延长	渭南分区一科科长	1949.10—1950.10
贺修之	男	汉	陕西渭南	建设科长	1949.8—1950.10
吉志发	男	汉	陕西华县	建设科代科长	1950.10—1951.3
				建设科副科长	1951.4—1952.8
马之詹	男	汉	陕北	建设科代科长	1951.3—1952.5
狄毓麟	男	汉	陕西华县	建设科科长	1952.9—1955.10
				办公室负责人	1955.10—1956.10
郝子西	男	汉	陕北	建设科副科长	1952.9—1953.9
魏霄武	男	汉	陕西佳县	建设科副科长	1953.8—955.10
				五办室负责人	1955.10—1956.10
同志先	男	汉	陕西渭南	工交局副局长	1961.12—1964.8
				经委副主任	1966.6—1968.9

续表

姓名	性别	民族	籍贯	职务	任职时间
刘建平	男	汉	陕西	工交局副局长	1962.2—1964.9
白步义	男	汉	陕西绥德	工交局局长	1963.8—1965.5
贾德升	男	汉	陕西韩城	经委主任	1965.5—1968.9
李志俊	男	汉	陕西绥德	经委副主任	1966.7—1968.9
				交通局局长	1975.2—1978.12
				党核心组组长局长	1977.3—1978.2
				党组书记局长	1978.2—1980.7
孙杨斌	男	汉	陕西韩城	工交办公室主任	1968.9—1970.3
刘进川	男	汉	陕西渭南	工交办公室副主任	1969.10—1970.3
				工交组副组长	1970.3—1970.7
				工交局副局长	1970.7—1972.4
薛禹安	男	汉	陕西韩城	工交组组长	1970.3—1970.7
				工交局局长	1970.7—1972.4
张普	男	汉	山西	工交组副组长	1970.3—1970.7
				工交局副局长	1970.7--1972.4
史永兴	男	汉	陕北	工交组副组长	1970.3—1970.7
				工交局副局长	1970.7—1972.4
				交通局副局长	1972.4—1978.9
				党的核心小组成员	1977.3—1978.2
				党组成员	1978.2—1978.9
樊生秀	男	汉	陕西澄城	工交局副局长	1970.7—1972.4
刘守诚	男	汉	山西临汾	交通局副局长	1972.4—1978.12
				党核心小组成员副局长	1977.3—1978.2
				党组成员副局长	1978.2—1983.10
姚碧池	男	汉	陕西渭南	党组成员	1980.3—1983.10
				交通局副局长	1980.7—1983.10
同志先	男	汉	陕西渭南	党组书记局长	1980.8—1983.7
张如恒	男	汉	陕西临潼	党组成员副局长	1981.11—1983.1
黄秉杰	男	汉	陕西渭南	党组副书记副局长	1982.6—1983.10
				党组书记	1984.2—1997.1
				交通局局长	1983.10—1997.1
张志义	男	汉	陕西蒲城	党组成员	1984.2—1996.9
				交通局副局长	1984.1—1996.9

续表

姓名	性别	民族	籍贯	职务	任职时间
师金升	男	汉	陕西蒲城	党组成员	1984.2—1998.5
				交通局副局长	1983.10—1998.5
司光玉	男	汉	陕西渭南	交通局纪检组长	1985.11—1992.11
李十虎	男	汉	陕西合阳	党组成员纪检组长	1992.11—2003.1
毕毅	男	汉	陕西蓝田	党组成员副局长	1993.6—2008.12
陈铁夫	男	汉	陕西华县	党组成员副局长	1995.8—2003.1
赵信仁	男	汉	陕西蒲城	党组书记局长	1997.1—2002.2
宋东莹	男	汉	陕西蒲城	党组成员总工程师	1998.11—2002.2
王平勋	男	汉	陕西大荔	副局长党组成员	2000.6—2013.12
				交战办副主任	2005.9—2008.12
张胜民	男	汉	陕西大荔	党组成员副局长	2001.3—2002.2
郭新民	男	汉	陕西蒲城	党组书记局长	2002.2—2007.09
王普辉	男	汉	陕西富平	党组成员副局长	2003.1—2015.10
				党委委员副书记	2015.10—
张晓平	男	汉	陕西富平	党组成员纪检组长	2003.01—2005.02
				党委委员副局长	2005.02—2015.09
贺兵	男	汉	陕西白水	党组成员副局长	2003.1—2004.8
郑卫民	男	汉	陕西临渭	党组成员市交战办副主任	2004.04—2013.07
王自茂	男	汉	陕西大荔	党组成员总工程师	2004.09—2008.12
				党委委员副局长	2008.12—
郭益秦	男	汉	陕西白水	党组成员纪委书记	2006.01—2013.07
陈春明	男	汉	陕西大荔	党委书记局长	2007.09—
张明亮	男	汉	陕西潼关	党委委员副局长	2007.09—2008.11
				党委委员副书记	2008.11—2014.8
孙军	男	汉	陕西	总会计师	2008.08—
权景西	男	汉	陕西白水	党委委员、副局长、市交战办主任	2008.12—2015.02
李宏德	男	汉	陕西合阳	总工程师	2009.06—
唐丰收	男	汉	陕西蒲城	党委委员、副局长、邮政局长	3013、5—
唐娴	男	汉	陕西安康	党委委员副局长	2013.07—
王晓明	男	汉	陕西大荔	党委成员市交战办副主任	2013.07—
张伟民	男	汉	陕西临渭区	党委委员纪检组长	2013.10—
石高峰	男	汉	陕西澄城	党委委员调研员	2013.10—

图1-1 渭南市交通运输局办公大楼

第二节 县交通运输局

临渭区交通运输局

1949 年，渭南县人民政府在建设科设专人管理交通工作。1954 年在工业科设交通股。1957 年改工业科为工业交通科。1958 年改工业交通科为工业交通局。1963 年成立渭南县交通运输局。1965 年恢复工业交通局，县交通运输局并入工业交通局。1968 年改为公交服务站。1970 年改为工业交通局。1978 年设立渭南县交通局。1983 年，渭南县“撤县设市”（县级市），更名为渭南市交通局。1995 年，随原渭南市“撤市设区”，更名为临渭区交通局。2010 年 10 月更名为临渭区交通运输局。2015 年，临渭区交通运输局内设办公室、运管股、工程股、公路股、财务股 5 个股室，下辖 4 个单位。事业单位 2 个，分别是临渭区道路运输管理所、临渭区地方公路管理站。企业单位 2 个，分别是临渭区第一运输公司、临渭区第二运输公司，全系统共 413 人。

韩城市交通运输局

1948年3月，韩城解放，县人民政府设四科（建设），分管交通。1950年，四科改称建设科。1955年3月，始设交通科。1957年12月，工业科、交通科合并为工业交通科。1958年12月，韩城、合阳合并大县后，改工业交通科为工业交通部。1959年3月，改称工业交通局。1964年5月，又分设为工业局、交通局。1966年“文化大革命”开始，机构瘫痪。1968年9月，县革命委员会成立，设生产组兼管交通。1970年6月，恢复工业交通局。1979年10月，又分设为工业局、交通局。1984年1月，韩城改县为市（县级市），更名为韩城市交通局。1984年12月，撤销交通局，业务归工业经济委员会。1991年7月，恢复交通局。1992年12月，市级机构改革中又整体转制为交通运输总公司。1994年2月，撤销交通运输总公司，恢复交通局。2010年6月韩城市交通局更名为韩城市交通运输局。2015年，韩城市交通运输局内设7个股室，下辖9个单位，其中，事业单位8个、企业单位1个。全系统共537人。

华阴市交通运输局

1956年，华阴始设交通科，1958年改称工业交通科，1961年，设立华阴县交通局，1966年1月与工业局合并为工业交通局，1984年经济体制改革，县经济委员会管理交通。1990年3月恢复华阴县交通局，1991年撤县改市（县级市）后改为华阴市交通局。2003年6月，华阴市机构编制委员会，将出租车辆管理和水上安全监督职责确定为华阴市交通局职责范围。2010年，华阴市交通局更名为华阴市交通运输局。2015年，华阴市交通运输局内设6个股室，下辖6个单位，其中，事业单位5个、企业单位1个，全系统共260人。

潼关县交通运输局

1949年到1958年，县政府先后设建设科、交通科，负责全县交通管理工作。1959年到1975年，设县工业交通局。1976年到1990年，县经济委员会兼管交通工作。1990年7月，成立潼关县交通局，编制5人。2006年，县交通局内设机构有办公室、财务内审股、路建股、企业股、运政股；下属机构有：运管所、地道站、路政队、运管办、航管站，共有职工263人。2010年，潼关县交通局更名为潼关县交通运输局。2015年，潼关交通运输局内设6个股室，下辖10个单位，其中，事业单位6个、企业单位4个，全系统共401人。

华州区交通运输局

1951年5月，华县人民政府设立交通科。1955年7月，交通科更名为华县人民政府运输委员会，设科长、副科长各一人。1956年8月，恢复交通科，设科长一人、副科长二人。1959年1月，华县与华阴、潼关、渭南合并为渭南县，华县撤销，华县交通科也随之撤销。1961年8月，恢复华县建制，设立华县工业交通局。1965年3月，设华县交通运输局。1966年4月，重新与工业局合并为华县工业交通局。“文化大革命”时期，华县工业交通局因受冲击，机构瘫痪。1971年成立华县革命委员会工业交通局。1979年撤销华县革命委员会工业交通局，分别设立华县革命委员会工业局和交通局。1981年3月，更名为华县交通局。1994年8月，随着机构改革，交通局与工业局合并为工业交通管理局，1995年9月，恢复华县交通局。2010年10月，华县交通局更名为华县交通运输局。2015年，华县撤县设区，华州区交通运输局内设6个股室，下辖4个单位，其中，事业单位3个、企业单位1个，全系统共194人。

大荔县交通运输局

1949年3月，大荔、朝邑、平民解放，三县人民政府相继成立，仍沿用建设科领导和管理交通运输业务。1951年10月，大荔、朝邑县（平民并入朝邑县）成立交通科。1952年6月撤销，其业务仍归建设科。1956年8月，复设交通科。1958年8月，工业科、交通科合并为工业交通科。同年12月，朝邑并入大荔县后，设立工业交通部。1959年4月，改设工业交通局。1960年8月，机构分设，成立交通局。1961年11月，又与工业局合并为工业交通局。1964年4月，分设交通运输管理局。1966年4月，与县手工业管理局（手工业联合社）合并，成立工业交通局。1967年11月，工业交通局受“文化大革命”冲击，机构瘫痪。1970年7月，在县革委会生产组下设工业交通办公室。1974年3月，重新恢复工业交通局。1978年10月，设大荔县交通局。1982年，县交通局机关编制扩大，机构设置得到充实。1995年，交通局内设政办、路桥、运管、财会、航运五个股（室）。2012年10月，交通局更名为交通运输局。2015年，大荔县交通运输局内设4个股室，下辖5个单位，全系统405人。

蒲城县交通运输局

1949年4月，蒲城解放，县人民政府建设科分管公路交通。1956年8月，县人民政府设立交通科。1957年12月工业科与交通科合并。1958年7月后，蒲城、白水、澄城三县合并为蒲城县，各县公交科、公交部、联社等单位合并成立“蒲城县工业交通部”。1960年工、交分设，设立交通运输局。1961年9月蒲、白、澄分县后，工业交通合并，成立工业交通局。1963年后半年，因国营工业上缴渭南地区工业企业公司管理，单设交通运输局。1964年又设立工业交通局。1967年11月“文化大革命”中群众组织“工交集团”接管工交局。1968年8月成立“蒲城县工交系统革命领导小组”。1970年1月成立“蒲城县工业交通管理站革命委员会”。10月又改成“蒲城县工业交通革命领导小组”。1973 年 10 月 28 日恢复工业交通局。1976 年 9 月组建“蒲城县革命委员会交通运输指挥部”。1979 年 2 月工交分家，成立交通局。1981 年 8 月，工交部、工业局、交通局合并成立“蒲城县经济委员会”。1984 年 3 月恢复交通局。2012 年 10 月更名为蒲城县交通运输局。2015 年，蒲城县交通运输局内设 7 个股室，下辖 8 个单位，其中，事业单位 6 个、企业单位 2 个，全系统 553 人。

富平县交通运输局

1949 年，富平县政府建设科管理交通运输事宜。1951 年 10 月，设交通科。1953 年，设立富平县交通运输委员会。1958 年 4 月，县政府设工交科，同年 8 月撤销工交科，设立工交局，下设交通股。1959 年春，富平县与铜川市合并，交通运输归铜川市工交局管理。1961 年 10 月，铜川市与富平县分设，设立富平县工业交通局。1964 年 6 月，设立富平县交通运输局。1966 年 4 月，交通运输局与手工业管理局合并为工业交通局。1968 年 12 月，县革委会决定成立“交通运输管理站”，下辖工交局、运输社、联运办公室、交通管理站等。1970 年 1 月，县革委会生产组下设工交办公室。同年 11 月，恢复富平县工交局。1978 年 4 月，单设县交通局。2012 年，更名为富平县交通运输局。2015 年，富平县交通运输局内设 9 个股室，下辖 5 个单位，全部为事业单位，全系统共 481 人。

合阳县交通运输局

1949 年，合阳县人民政府设立建设科，分管公路交通。1956 年 8 月，改设工交科；1958 年设工交局。1958 年 12 月，韩城、合阳并县，设韩城县工交部；1959 年 3 月，设韩城县工交局；1960 年 7 月，设韩城县交通局；同年 12 月，韩城县又合并工业、交通为工交局。1961 年 8 月，韩城、合阳分县，设合阳县工交局。1966 年 6 月至 1968 年 9 月，县工交局改称工交服务站；1970 年 3 月县革委会成立后改称工交组，同年 11 月恢复工交局；1978年10月工交分设，成立合阳县交通局；局机关设政工组、生产组、财务组，编制9人；下属单位有公路管理段、交通监理站、道路运输管理站、油路建设指挥部、运输公司、搬运社6个单位。全系统近300人。1990年，局机关增设航检所，在原有下属单位基础上增添了汽车配件公司、劳动服务公司、黄河航运公司、公路料石厂、公路器材厂。2005年，局机关设办公室、资金股、运管股、路桥股、航管股，编制30人；下属地方公路管理站、道路运输管理所、汽车维修行业管理办公室、地方海事处、拖拉机路费征收稽查站6个事业单位。全系统491人。2010年交通局更名为交通运输局。2015年，合阳县交通运输局内设7个股室，下辖5个单位，全部为事业单位，全系统共274人。

澄城县交通运输局

澄城县有专门的交通运输组织可追溯至1938年5月至1939年2月期间，中共澄城县委设立民运部。1951年9月澄城县人民政府设立交通科，1961年8月改称为县工业交通局。机构名称及隶属关系几经变化，又于1984年1月设立澄城县交通局，2010年12月改称为澄城县交通运输局。其内设机构有5个，下辖单位有6个，其党的组织随行政机构的沿革而变化，中共澄城县交通运输局党委下辖7个党支部。对县域民营企业实施行业管理。此外，还有中省属交通运输系统驻澄单位及其他单位11个。2015年，澄城县交通运输局内设6个股室，下辖5个单位，全部为事业单位，全系统共307人。

白水县交通运输局

1949年，白水县人民政府建设科管理交通工作。1956年设立白水县交通局。1959年1月，蒲城、白水合并，白水县交通局合并于蒲城县交通局。1961年9月，恢复白水县制，设交通局。1964年4月，工业局、手工业管理局、交通局合并为白水县工业交通局。1969年10月，工业交通局更名为工业交通服务站。1970 年 5 月,撤销工业交通服务站恢复工业交通局。1980 年 10 月撤销工业交通局，设白水县经济委员会。1985 年 3 月成立白水县交通局。局内设办公室、工程组、财务组、通村办 4 个股室。下属白水县地方管理站、道路运输管理所、白水河大桥收费管理处、出租车管理办公室、货运服务中心、通达路桥公司、威远运业有限责任公司等 7 个单位。2012 年交通局更名为交通运输局。2015 年，白水县交通运输局内设 6 个股室，下辖 8 个单位，事业单位 6 个、企业单位 2 个，全系统共 320 人。

第二章　事业管理机构

第一节　驿铺

公元前11世纪至前771年，渭南处于周王朝的王畿重地。其时，在“国中”（即都城）置官员负责道路修建、守卫和清除路障；在“野途”（城邑之外的道路）设“庐”“路室”，接待过往管吏。据《周礼》记述：“凡国野之道，十里有庐，庐有饮食；三十里有宿，宿有路室，路室有委；五十里有市，市有候馆，候馆有积”。庐、路室、候馆即最早设置的驿站，以供行人车马公差、军旅食宿之用。在王廷设的天官、地官、春官、夏官、秋官、冬官之下，地方又设“遂人”“遂师”“司险”“量人”“乡师”“乡官”等官职，管理驿传事宜。战国时期，渭南驿站称邮、传，亦称遽、驲，专为使客提供交通工具和食宿。

公元前221年，秦始皇统一六国后，渭南设有朝廷直接委派的官员“都臣”，负责驿传事务。郡守、县令兼管本郡县的道路修建、养护和管理。县以下设有“传舍啬夫”“厩啬夫”“邮书椽”等官员，管理驿传事务。秦驰道沿主干道设置邮亭、传舍，“五里一邮，十里一亭”，“三十里一置”，亭间距离大体10里。“亭有长，主亭之吏也”，系为邮人而设，快速行进10里至亭，换人接力传递公文。传舍为官员、使臣而设，距离大体30至50里。传送官府文书有步递、车递、马递三种形式；传送官员、官物，则利用轻车驰行，即用劲卒或马挽车驰传。解递犯人，“徙诸实边”，多利用传车按交通干线上的驿传顺序，“以县次传”。

汉代至南北朝时期，渭南境内的“东方干道”和“临晋干道”，大体为30里一驿，10里一亭。驿道上的“传舍”改名为“驿站”，“邮亭”改为“亭”。驿站设“驿承吏”，专管传送郡县文书。“驿承吏”以外，仍设“传舍啬夫”“斗食啬夫”“厩啬夫”等专门官职。亭设“亭长”，不但专管驿亭事务，还有理民施政和管理治安的业务。除“亭长”以外，设有“亭椽”，管理文书档案；“亭父”管理“开闭扫除”；“亭侯”，管理治安。

隋、唐时代，渭南境内不但有 长安—潼关道、长安—同州—晋州道两条主干驿道，还有一些相连的分支驿道。潼关道为大路驿，运输繁忙，遍设“驿”“馆”。驿设于驿路上，有宽敞的驿舍，接待往来官吏，称“馆驿”或“驿亭”；馆设在州、县城内，称“客馆”或“馆第”。今渭南境内有渭南县驿（唐以后改为杜化驿和东阳驿）、华州驿、敷水驿、华阴县驿、潼关驿。长安到蒲津关的同州道在渭南境内分南、北两路，驿程总计537里，设驿馆15个，平均间距为36里。北路有富平县驿（今富平县东北）、奉先县（今蒲城县）城内的昌宁驿、乾坑店驿和同州治所冯翊县的州驿；南路有下邽县（治所今临渭区下邽镇）的永安店驿、故市驿、潘驿（今大荔县西）、王明店驿。其时，渭南县归属京兆郡，设“馆驿巡官”官职，下辖同州，由“兵曹司兵参军”分掌邮驿，各属县由县令兼理邮驿事务。驿设“驿长”，初称“将”或“提驿”，唐宝应年间（762 ~ 763）改称“驿长”，职责为负责文书、军情急报传递，接待乘驿官员，管理驿夫、驿马、整修驿舍。各州、县驿根据交通地位和任务繁简分为6等，1等驿设驿卒20人（驿丁、驿隶），马60匹；6等驿设驿卒2人，马8匹。从隋朝开始，华州所属的华阴县、同州所属的韩城、朝邑县境设有“关津”（指水里交通要道上的“关卡”或“关门”）。唐朝，境内曾设华州“潼津关”、同州“蒲津关”两个“上关”和同州“龙门”中关。关津处设有官吏，有戍卒驻守，负有防卫、治安、稽查缉私、收取关税和维护交通秩序等多种功能。上关设“关令”1人，丞2人，录事1人，津吏8人；中关设“关令”1人，丞和录事各1人，津吏6人。“凡行人车马出入往来，必据过所（通行证）

以勘之。”

两宋时期，京城东迁，长安—潼关—汴州道成为军运联通漕运的要道，长安—同州－解州道成为宋与西夏长期对峙时期的“南路粮道”。地方交通管理按路（省）、州（府）、县三级设立机构。渭南境内设有潼关、关西店、华阴岳庙、敷水店、华县赤水镇、渭南杜化等驿站。州一级由“通判”负责驿道检查，并设巡查邮驿使臣若干人，由知县、县丞、主簿和县尉负责检查邮驿。各驿道的驿站仍设“驿长”，另设驿吏，每驿设驿卒若干，每20名置“节级”（军吏）一名，直接管理驿务。“节级”之上为“十将”“都头”“将校”等驿官。此外，还有警备驿路的“捉贼使臣”。此期，传递文书、运送官物的邮驿曾由驿站分出，成立专门的通信、运输组织“递铺”。“递铺”设铺长、铺兵。驿路每铺设铺兵12人，重要去处设15-20人，避路每铺4-5人。

元代，渭南境内驿道布局和宋代相似。驿道管理，先由“路”直接管理，州、府、县不得干预，后几次下放或收回管理权。其时，安西路（后改称奉元路，今西安市）和同州、华州二州及其下属各县驿道均由同级“达鲁花赤”（行政长官）管理。各驿站设管理人员和驿夫，管理人员有“驿令”“驿丞”“提领”“百户”等。据考，今渭南境内的奉元路至潼关间的驿站共设渭南、华州、华阴3站。“驿令”为驿站的头目，和唐时的“驿长”不同的是负责国家法令传递；“驿丞”为襄理职务；“提领”行使驿令、驿丞交办的事和管理驿夫。州、县驿和在城驿的驿官任期三年，期满更换。驿夫包括首思、人夫、库子、庖丁、厮养等，各司其职。

明代，驿运实行“严法治驿，以正纲纪”。明太祖朱元璋曾多次整顿驿传制度，将元代的驿“站”恢复为“驿”。60至80里设一驿，“凡驿设置马驴不等，……冲要去处或设马80匹、60匹、30匹……”明末，今渭南境内西安府至潼关卫间的驿从新丰镇起，有丰原驿、华山驿、潼津驿、潼关驿4处，配马驴186匹（头）。万历年间（1573-1620），孙温如守华期间，令耆老督治今华县莲花寺一带驿道。华山驿由华州知州胡维俊修建。此外，在大驿路上专门设置从事军事物资和贡物运输的“递运所”。州、县两级直接管理“递运所”“驿站”和“递铺”。州知府、县知事对驿传有领导、监督、检查之责。“递运所”设“大使”或“副使”，下设杠夫若干，驿道驿站设“驿丞”，“掌邮传迎送之事”，下设“驿卒”或“夫役”，名曰马夫、车夫、驴夫、馆夫、厨子、门子、斗级等。州、县治所设“总铺”或“县前铺”，设“铺司”1人，负责巡视各处递铺，州、县官吏负责管理，每月巡视检查一次。每铺设铺兵若干人，要路每铺10人，避路4-5人。

清初，州、县一级未设驿传管理机构，而由省“按察使司”或“布政使司”统辖。康熙年间（1662-1722），渭南驿务由西安府“同城督粮道”或“驿传道”管理。渭南境内为“西安府东路”，设有丰原、华山、潼津、潼关4驿。除潼关驿置马108匹、马夫57人外，其余3驿均置马84匹，马夫45人。西安府至同州府间的官马支路设县驿7个，渭南境内设富平、蒲城、合阳、白水、大荔、朝邑6个县驿。各驿马匹、马夫视驿的大小而设，共有马186匹、马夫104人。每驿设“驿丞”一职，专司其事。潼关驿为大驿，康熙十六年（1677）至雍正八年（1730），李泽（通州人）、刘琛（范县人）、陈焕文（宛平人）、陈谦（顺义人）、张应达（宛平人）先后任“驿丞”。其时，驿传、铺递和递运为准军事组织，“置驿站以达军国急报，置铺司以达官司，其始建綦密，规划尤详……置邮传命，消息灵通。”据雍正十二年（1734）《陕西通志》记载：渭南境内设同州、华州“总铺”2个，渭南、富平、朝邑、合阳、澄城、韩城、华阴、蒲城、潼关、白水等县“总铺”10个，下设“铺递”101个；同时，还设同州、华州罗纹“递运所”2个，渭南、华阴、潼关、朝邑、澄城、韩城、合阳、蒲城、富平等县“递运所”9个。每所设杠夫6-14人不等。乾隆四十三年（1778），始令州、县直接管理驿务。光绪年间，驿传开始为邮政所替代，但县、乡间的邮路多数因袭铺路，仍然为官马驿路的组成部分。

第二节　公路管理机构

公路管理局

民国11年（1922）7月，陕西长潼汽车公司成立西（安）潼（关）公路护路工警队，此为渭南境内专业管理机构之始，抗日战争时期至1948年，渭南境内的公路管理以军事管制为主，陕西省驿运管理处大荔区驿运站予以配合。中华人民共和国成立后，渭南公路管理进入新阶段。1952年9月20日，“渭（南）宜（川）公路渭南养护工区”成立，为陕西省属事业单位，行政上受渭南分区领导，养护渭南至韩城175公里公路。办公处所设在渭南行政区专员公署交通科，有工作人员3人。1953年4月，工区下设4个道班，即渭南故市、大荔、合阳、白水。养护路线4条计414公里。是年，以月租13万旧币，租赁渭南城关西街47号私房6间用于办公住宿。1954年4月，“渭（南）宜（川）公路渭南养护工区”改称“渭宜公路渭南养路段”，下属道班称为第一、二、三、四“工区”，养护公路341公里，职工增至49人。1954年8月，渭南专署将西门街150号共15间旧房划拨给养路段作为固定处所使用。1957年3月，改称“陕西省交通厅公路局渭南养路段”，养护路线5条，总长382.2公里，职工增至132人。1958年4月，公路养护与管理业务结合，改称“陕西省渭南公路管理段”。1958年9月，根据精简机构和全民办交通政策，“陕西省渭南公路管理段”撤销。1961年12月25日，恢复“陕西省渭南公路管理段”，段址设在渭南城区解放路62号。1962年2月25日，省公路局指示撤销12个工区，增设富平、耀县、澄城、华阴、白水等5个管理站，和原设的8个管理站共计13个公路管理站，共养护715.21公里，其中干线公路608.86公里、专用公路96.7公里、县乡公路9.65公里；道工养护659.86公里，群众固定养路队养护55.35

公里。至当年 12 月，按照编制应配备干部 82 人，时有 67 人，精减 34 人；编制工人和道工 712 人，时有 595 人，精减 94 人；全段编制干部职工 794 人，时有 662 人，精减 128 人。

1964 年 5 月 1 日“渭南公路管理总段”成立对外办公。段址设在渭南地区（原渭南县旧城区，时在老城街）西关大街 18 号。总段机关 6 月始设职能部门，设生产股、财务股、行政股、监理股（汽车监理所）和政治处、工会、团支部等党群部门。下属单位设置为：渭南、蒲城、大荔、合阳、华阴、蓝田等 6 县设养路段和管理站，段站养管机构分设分管，自行办理对外业务。韩城、临潼、富平、白水、澄城等 5 县，养管机构撤销，由有关段、站派员在该处设点办理车辆查验和养路费征收工作。

1965 年 6 月，省公路局决定将渭南船舶修理厂交总段管理。7 月，总段增设工程队建制，主要承担本段范围内水毁修复和大中修工程的施工。至此，总段共辖 6 个养路段、6 个管理站、1 个渡口管理所，1 个造船厂、1 个汽车队、1 个工程队（1968 年 6 月撤销）等 16 个基层单位和 92 个道班。实有职工 894 人，其中干部 88 人，道工 420 人，渡工 113 人，造船修造工 41 人，汽车司机 13 人，修理工 23 人，土木技工 24 人，亦工亦农群众代表工（合阳、华阴、大荔养路段）172 人，群众养路队员（蒲城养路段）20 人。共养护公路 606.05 公路，其中干线 587.83 公里、专用线 18.22 公里。共有桥梁 102 座、长 2407.4 米，涵洞 642 道、长 6190.21 米。

1968 年 8 月，经渭南地区革委会批准，“渭南公路管理总段革命委员会”成立。1969 年 1 月，陕西省革委会决定，“陕西省渭南公路管理总段革命委员会”下放渭南地区管理改称“渭南地区公路管理总段革命委员会”。行政级别由科升处，总段段部职能股室及各县段由股升科。时设 5 个科室：办公室、政工科、生产科、财供科、地方道路科。1970 年 3 月，按行政区划设立 14 个县（时含临潼、蓝田、耀县）公路管理站，总段主要负责对县、站的业务技术指导，重点工程的勘察、设计、施工和汽车监、管理工作。此时全段管养公路1767.3公里，其中干线公路786.6公里；县社公路946.2公里；专用公路34.5公里；到1974年11月新列入养护九条支线计237.8公里，全段此时共养护计2005.1公里，职工总数1288人。

1978年8月，“渭南地区公路管理总段革命委员会”更名为“渭南地区公路管理总段”。1981年4月，公路管理体制上划，“渭南地区公路管理总段”改称“陕西省渭南公路管理总段”。总段原管理的地方道路交由新设立的地、县地方公路管理段、站养护管理，总段地方道路科交由渭南地区交通局管理。总段机关设：办公室、政工科、生产科、财供科、机械科和工会等6个科室；下辖13个公路管理段，修配厂、工程队、重油库3个直属单位，74个道班，共有职工1215人；养护里程957.6公里，其中干线公路716.39公里，列养支线220.7公里，专用线20.51公里。1989年9月体制下放，“陕西省渭南公路管理总段”改称“渭南地区公路管理总段”。2000年11月1日，陕西省政府决定将省内（市）公路管理机构统一规范为公路管理局，自即日起始称“陕西省渭南公路管理局”。时有干部303人，工人1680人（含道工887人），共计1983人。共养护754.27公里，其中二级公路432.23公里，三级公路183.39公里，四级公路120.25公里，等外路18.4公里。时有道班61个，年末好路率94.61%，年末优良里程669.73公里。办公大楼见图2-1。

图2-1 渭南公路局办公大楼

2006年，全局有27个下属单位，11个县段，42个道班，有干部270人，工人1385人（含道工585人）。共养护9条路线计766.522公里，其中一级路16.3公里，二级路603.51公里，三级路 118.16 公里，四级路 28.16 公里，高速路连接 0.46 公里。至 2015 年，陕西省渭南公路管理局内设 16 个科室，下辖 26 个下属单位，10 个县段，(共有 35 个道班)，7 个超限检测站（场），2 个公路养护站、2 个企业管理公司，4 个工程处，1 个收费站。全系统 共 1647 人，其中，干部 357 人、职工 1290 人。共养护国省 10 条路线 ，养护里程 799.87 公里；其中一级路 119.50 公里，二级路 619.14 公里，三级路 33.07 公里，四级路 28.16 公里。领导成员更迭见表 2-1。

渭南公路管理局（区、段）1952～2015年领导成员更迭表　　　表2-1

机构	姓名	职务	任职时限	备注
渭宜公路渭南养路工区 1952.9—1954.4	徐时际	负责人	1952.9—1954.7	隶属陕西省交通厅、渭南行政区专员公署双重领导
渭宜公路渭南养路段 1954.5—1957.2	王焕彩	段长	1954.8—1957.5	
	盖世发	副段长	1956.9—1958.4	
陕西省交通厅公路局渭南养路段 1957.3—1958.3	王焕彩	段长 党支部书记	1957.6—1961.9	隶属陕西省公路局领导
陕西省渭南公路管理段	雷生云	副段长	1958.4—1962.6	
关中公路管理段	王焕彩	支书、段长	1959.4—1961.9	
陕西省渭南公路管理段 1958.4—1958.12	王宧	副段长	1962.6—1964.5	渭南公路管理段机构撤销（1958.12—1964.3）期间，所属养护机构及业务由区县领导和管理
	范保民	段 长	1962.7—1964.10	
	刘焕新	副段长	1962.10—1965.3	
	程志远	副段长	1962.10—1964.5	
	白金锋	党支部负责人	1961.12—1964.7	
	陈选仓	副书记	1962.7—1964.7	
	程相林	党支部书记	1962.10—1963.8	
		党总支书记	1963.8—1964.8	
陕西省渭南公路管理总段 1964.4—1968.12	王维礼	副段长	1964.5—1968.8	1963 年 8 月，段总支部升格为党总支
	宁正洲	段长	1964.10—1968.8	
	何仁志	副段长	1965.3—1968.8	
	刘守诚	党总支书记	1964.7—1970.10	
	白金锋	副书记	1964.7—1970.7	

续表

机构	姓名	职务	任职时限	备注
陕西省渭南地区公路管理总段革命委员会 1968.8—1978.8	宁正洲	革委会主任	1968.8—1970.7	1963 年 8 月，段总支部升格为党总支
	何善初	革委会主任	1970.7—1971.2	1969 年 1 月，省革委会决定，各总段由科级升格为县级
	白金锋	副主任	1970.7--1974.8	
	姚来潮	副主任	1970.10—1970.12	
	何善初	党总支书记	1970.10—1971.1	
	张玉斌	副书记	1970.12—1971.2	
	姚来潮	副书记	1970.12—1976.5	
	何善初	党支部书记	1971.1—1976.5	
	张玉斌	革委会主任	1971.2—1976.5	
	张宏运	副主任	1974.8—1978.8	
陕西省渭南地区公路管理总段革命委员会（1978 年 8 月改称为“渭南地区公路管理总段”）1978.8—1981.3	董登基	革委会主任	1976.5—1978.8	总段总支部重新成立 1978 年 8 月，改称“渭南地区公路管理总段”
	何善初	副主任	1976.5—1981.1	
	张玉斌	副主任	1976.5—1978.8	
	张治国	副主任	1976.8--1978.8	
	王克孝	副主任	1976.8—1978.8	
	董登基	党支部书记	1976.9—1978.7	
		党总支部书记	1978.7—1981.6	
	张玉斌	副书记	1978.7—1983.2	
		总段长	1978.8—1983.2	
	王克孝	副总段长	1978.8—1984.2	
	王子俊	副总段长	1978.8—1984.3	
	王振忠	副总段长	1981.3—1983.4	
陕西省渭南公路管理总段 1981.3—1989.9	董登基	临时党委书记	1981.6—1985.1	
	袁起才	副书记	1984.2—2001.2.9	
	党荣敬	副总段长	1984.2—1996.8	
	张刚道	副总段长	1984.2—1985.2	
	姚西善	工会副主席	1982.7—1984.2	

续表

机构	姓名	职务	任职时限	备注
陕西省渭南公路管理总段 1981.3—1989.9	戴启温	主任工程师	1962.7—1984.2	
	石美麟	副总段长 主任工程师	1984.2—1993.4	
	姚西善	工会主席	1984.2—1991.11	
	王文岐	总段长	1984.3—1985.1	
	张刚道	代总段长	1985.2—1987.12	
		总段长	1987.12—1990.11	
	张凡	副总段长	1987.12—2001.2	
	马良	副总段长	1989.7—1990.11	
	程志英	党委书记	1985.1—1991.7	
	袁起才	副书记兼纪委书记	1987.6—1990.2.21	
陕西省渭南地区公路管理总段 1989.9—2000.10	田鹏德	纪委书记	1990.2—2001.2.9	
	任有会	副总段长 副局长	1990.11.5—2000.9	
	王宏儒	总段长	1990.11—2002.11	
	南玺瑞	党委书记	1991.7—1997.4	
	姚玲芳	工会主席	1991.11—1997.12.30	
	黄志道	副总段长	1997.12—2001.2	
	姚玲芳	副总段长	1997.12—2001.2	
	高宝全	副总段长	1997.12—2001.2	
	张 梁	党委书记	1997.4—2002.11.7	
	赵培森	工会主席	1997.12—2012.8	
陕西省渭南公路管理局 2000.11.1—2015.12	王金玲	副局长 副书记	2000.12.7—2012.5.4 2000.12-2015.10.17	2000年11月1日，陕西省政府决定将省内（市）公路管理机构统一规范为公路管理局，自即日起始称“陕西省渭南公路管理局”
	张凡	副局长	2001.2—2003.5	
	黄志道	副局长	2001.2—2008.12	

续表

机构	姓名	职务	任职时限	备注
陕西省渭南公路管理局 2000.11.1—2015.12	赵培森	副书记 工会主席	2001.2.9—2012.8 2001.2.9-2012.8.24	2000年11月1日，陕西省政府决定将省内（市）公路管理机构统一规范为公路管理局，自即日起始称“陕西省渭南公路管理局”
	姚玲芳	副局长	2001.2—2011.7	
	王周英	纪委书记	2001.2—2011.7.13	
	高宝全	副局长	2001.2—2013.12	
	索辉	总工程师	2001.2—2004.5	
	毕毅	局 长、副书记	2002.11.7—2008.12	
	王宏儒	党委书记	2002.11.7—2003.5.14	
	毕毅	副书记	2002.11.7—2003.5	
	彭福亮	副局长	2003.2—2011.7.13	
	毕毅	党委书记	2003.5.14—2008.12	
	索辉	副局长	2004.5.12—	
	刑卫军	副局长	2007.12—	
	王平勋	局长、党委书记	2008.12—2013.12	
陕西省渭南公路管理局 2000.11.1—2015.12	蒋卫平	总工程师 副局长	2009.3.20— 2011.7.13—	2000年11月1日，陕西省政府决定将省内（市）公路管理机构统一规范为公路管理局，自即日起始称“陕西省渭南公路管理局”
	范育锁	副局长	2011.7.13—	
	王周英	副局长	2011.7.13-2013.9.12	
	习志勇	纪委书记	2011.7.13—2013.9.12	
	薛跃武	副局长	2013.9—	
	谢建平	工会主席	2013.9—	
	屈继宏	纪委书记	2013.10—	
	高宝全	副书记	2013.12—	
	王自茂	局长 党委书记	2014.1— 2013.12—	
	白明福	副局长	2015.3—	

地方公路管理处

1981年9月，根据省政府《批转省交通局关于调整公路养护管理体制的报告》(陕政发〔1981〕61 号文件)精神,经渭南地区行署研究决定,将原设在渭南地区公路管理总段内的地方道路管理科改设为渭南地区地方道路管理段,科级单位,编制 15 人,归属于渭南地区交通局。1985 年 9 月,渭南地区编制委员会同意地方公路段增加 10 名事业编制,事业编制 25 名,经费由省公路局拨付,单位名称不变。

1986 年 9 月,渭南地区编制委员会(《关于地区公路管理段更改名称的批复》渭编发〔1986〕65 号),将渭南地区地方公路管理段更名为渭南地区地方公路管理处(科级单位)。同时撤销地区交通局公路桥梁科,相关业务交地方公路管理处承担。

1995 年 4 月,渭南撤地设市,渭南地区地方公路管理处更名为渭南市地方公路管理处。2007 年 7 月,根据国务院《关于印发农村公路管理养护体制改革方案的通知》(国办发〔2005〕49 号)精神,渭南市机构编制委员会批复,同意将市地方公路管理处级格由正科级升格为副县级,经费形式由省公路局拨付变更为市财政全额拨款。任命李宏德为市地方公路处处长。2008 年 12 月,渭南市编办批复《关于渭南市地方公路管理处科室设置的请示》(渭交字〔2008〕148 号),同意市地方公路管理处设置办公室、财务科、路政科、养护科、建设科 5 个科室,各设科长 1 名。2011 年 3 月 31 日,任命韩晓峰为渭南市公路处处长。2015 年底,渭南市地方公路管理处是市交通运输局下属副县级全额财政拨款事业单位,处长韩晓峰,内设办公室、财务科、路政科、养护科、建设科 5 个科室,编制 24 名,在岗职工 43 名

第三节　交通规费管理机构

1987 年全国交通体制改革,国家决定对道路安全和交通规费征收实行分权管理,交通安全划归公安部门,成立交通警察支队,交通规费征收工作业务继续由交通部门管理,成立交通征稽机构。当年 9 月渭南交

通征费稽查处成立，隶属陕西省交通厅、厅征稽局领导，属自收自支正处级行政事业单位。党委书记李登科，处长王举民。征稽处内设办公室、人事劳资科、征管科、稽查科、计财科、监察室、审计科、法制科8个职能科室，管辖12个基层征稽所，基层所内设政办股、征管股、计财股、稽查队4个股队。主要职责是宣传养路费征收管理的法律、法规；按照国家和省人民政府的规定实施养路费征收工作；稽查车辆养路费征收工作；处理违反养路费征收管理法律、法规的行为；组织培训养路费征收、稽查、管理人员等。当年征收养路费2870万元。

1990年经陕西省人民政府批准，开征车辆货运和客运附加费。2001年1月根据国家交通部和税务总局通知，开始将车辆购置附加费改为车辆购置附加税，继续由征稽部门代征；7月1日根据陕西省交通厅通知，摩托车、柴油三轮车养路费由地方交通部门征收。全处征费由1987年的2870万元增长到2006年26770万元。截至2006年已累计征收交通规费29.7亿元。2009年元月1日，停止规费收缴，2010年7月，该机构撤销。

第四节　交通监理机构

民国8年（1919）10月，陇海铁路通车到河南省观音堂后，陕西督军陈树藩驻潼关部张藩（又名丹屏），联合地方乡绅倡导修筑观音堂至西安的公路，开办公路运输并在西安成立官商合办的“西堂汽车股份有限公司筹备处”，负责公路的勘查、施工和管理，此系陕西省境内的公路交通监理机构的发端。民国29年（1940），渭南地区汽车监理业务由豫陕区监理所办理。是年，渭、韩支线大荔区驿运总段和华阌驿运分段成立，隶属陕西省驿运管理处，承担战时驿运交通管理。下属各县均设驿运站，县长兼站长，另设副站长1人，专责管理。民国34年（1945）5月，渭南车辆监理业务改由宝鸡监理所办理。是年，西（安）潼（关）公路渭南管理站成立，站长杜荣智。从此，渭南始有公路管理站。

1948年3月至1949年5月，渭南各县先后解放，陕甘宁边区政府大荔分区、渭南分区相继成立，接管道路交通的修建、养护和管理。1949年7月，陕西省公路局改称陕西公路局，先后接收、恢复了西潼公路渭南管理站和潼关管理站，渭宜公路大荔管理站和韩城管理站。渭南站设在渭南县城陇海路与西安路交叉路口，负责人杜荣智；潼关站设在潼关县城，站长秦公科；大荔站设在大荔县城南门里的集圣巷，站长王德战；韩城站设在县城渭（南）韩（城）公路边，站长李文焘。汽车监理仍归宝鸡监理所管辖。

1959年2月，陕西省铜川汽车监理所（前身为富平监理所，成立两个月，尚未开展业务）成立，负责渭南车辆监理业务。4月，陕西省关中公路养护段成立，10月改称“陕西省关中公路管理段”。渭南境内按大县新行政区划改设蒲城、大荔、韩城、渭南4个公路管理站。1961年11月30日，陕西省交通厅以（61）交[人字第2160]号文件通知，设立陕西省渭南公路管理段，并根据新的行政区划 设立管理站。渭南公路管理段段址设在渭南县城解放路62号，直属省公路工程局管辖。管理段代管陕西省铜川汽车监理所，下设蒲城、渭南、韩城、大荔、合阳5个管理站。

1965年10月，陕西省渭南汽车监理所成立。1966年2月1日，陕西省渭南汽车监理所正式对外办公，地址设在渭南县城朝阳路东段，仍属陕西省渭南公路管理总段一个业务部门。至此，渭南境内有了专业的车辆监理机构。汽车监理所负责人何玉发。1969年8月18日，陕西省革委会生产组决定将原汽车监理机构更名为“陕西省渭南专区车辆管理所”。

1970年3月10日，渭南地区革委会决定，撤销原有公路管理站，分别成立各县公路管理机构。先后成立了渭南县、合阳县、澄城县、大荔县、白水县、潼关县、蒲城县、富平县、华县、华阴县、韩城县管理站（时辖已划出的蓝田、耀县、临潼3个县管理站）。渭南、大荔、蒲城、华阴、韩城等5个大县为一类站，其余各县为二类站。10月，总段成立革委会，主任何善初，副主任姚来潮。段内设政工、生产、办事组和监理所。车辆管理所负责人何玉发。1972 年 11 月 24 日，渭南地区革委会决定，渭南交通管理机构独立设置，受地区交通局领导，专门负责车辆监理、行车管理和养路费征收工作，并对地区车辆管理所、各县公路管理站的领导骨干作了调整。翌年 1 月，陕西省渭南地区车辆管理所正式对外挂牌办公，所长空缺，副所长李密西、白金峰。领属各县管理站。

1976 年 10 月 5 日，陕西省渭南地区车辆管理所更名为“陕西省渭南地区车辆监理所”。1978 年 5 月 23 日，地区车辆监理所分设政办、管理、监理 3 个科（室）。1979 年 1 月，王庭山任地区车辆监理所所长，李密西、白金峰、赵成民任副所长。5 月 6 日，公路管理站和交通监理站开始分设。8 月 20 日，陕西省渭南交通监理所正式挂牌办公。各交通监理站统称“陕西省 xx（县名）交通监理站”。1980 年 12 月 23 日，李贵琦任渭南交通监理所副所长，主持工作。1981 年 5 月，监理所内部增设计财科（包括总务后勤）。1983 年 1 月 20 日，王举民任副所长，列李贵琦之前主持工作。10 月，李登科任所长，王举民、徐恒义、田继东分别任副所长。1986 年 1 月，陕西省渭南交通监理所改称“陕西省渭南交通监理处”。领属各监理站统一更名为“陕西省 xx（地名）交通监理所”。处长王举民，副处长许恒义、田继东，巡视员李密西、赵成民。监理处内设办公室、财务科、监理科、交通管理科。1987 年 9 月该机构撤销。

第五节　交通质监机构

1993 年 9 月，成立陕西交通基本建设工程质量监督站渭南分站，属市交通局下属科级事业单位，主要职责是加强渭南地区交通基本建设工程的监督管理，确保工程质量，编制 15 人，经费实行自收自支。分站内设办公室、财务室和质量监督室，在职人员 8 人。1998 年 7 月，分站更名为渭南市交通工程质量监督站。

2015 年 2 月，交通工程质量监督站经费形式由自收自支调整为全额拨款，核定编制20人。至年底，质监站内设办公室、财务室、质量监督室、安全监督室、试验检测中心、行政执法室六个科室，共有干部职工64人，在编59人，退休5人。领导班子成员共7名，其中站长1名、副站长4名、副书记1名、工会主席1名。在编人员中具有高级专业技术职称9人，其中高级工程师6人；中级专业技术职称19人，其中工程师15人；助理工程师7人。

第六节　公路建设机构

2003年，根据国家交通部“凡列入国家和地方基本建设计划的公路建设项目必须实行法人制”的规定，结合渭南实际，报渭南市机构编制委员会办公室审批成立了渭南市公路建设工程管理处（渭编发〔2003〕16号），为市交通局下属全额事业单位，级格正科，事业编制3名，科级领导职数1名，全面负责渭南市公路建设工程的项目筹划、资金筹措和组织实施。2005年经渭南市机构编制委员会办公室审批更名为渭南市公路建设工程管理中心（渭编办发〔2005〕27号），更名后隶属关系、单位性质、级格、编制、主要职责等均维持不变。2015年，经渭南市机构编制委员会审批（渭编发〔2015〕16号），将市公路建设工程管理中心和内部审计中心整合设立渭南市公路工程建设处，内部审计职能交市交通局机关相关科室承担，整合后市公路建设处为正科级全额事业单位，核定编制16名，设主任1名，副主任2名。

第七节　交通治超机构

2011年6月2日经渭南市编委会研究决定，设立渭南市治理车辆超限超载工作办公室（渭编发〔2011〕32号），为市交通运输局下属正科级全额拨款事业单位，编制5名，设主任1名。2013年，成立渭南市治超领导小组，办公室设在市交通运输局，设主任、工作人员各1名。

2015年根据渭南市机构编制委员会《关于市交通运输局下属事业单位清理规范工作实施方案的批复》（渭编发〔2015〕16号），将市交通局下属单位渭南市治理车辆超限超载工作办公室和渭南市交通局收费公路管理中心整合设立渭南市治理车辆超限超载和收费公路管理办公室，为正科级全额拨款事业单位，编制10名，设主任、副主任各1名。

第八节　交通警察机构

渭南地区由交通警察管理交通肇始于民国10年（1921）西潼公路草通后组建的工警队。中华人民共和国成立后，地、县公安机关对交通安全的管理，只限于非正常死亡人的统计和重大交通事故的协助勘查处理，未设专门机构。1960年3月，中共大荔县委政法部根据合并大县后维护县城交通秩序的需要，抽调4名女青年组成维护县城交通秩序的交通警察班，此为渭南地区设立交通警察机构之始。交警班由县公安局治安股管理。1962年，机构精简时交通民警班撤销。1971年11月20日，渭南县革命委员会政法组组建交通民警中队，编制民警13人，维护县城和地区机关所在地的交通秩序。1984～1985年，韩城、蒲城两市（县）公安局先后成立交警民警中队。1986年，富平、澄城两县公安局相继组建了交警中队或城区交警中队。

1987年9月2日，中共渭南地委、渭南地区行署决定成立渭南地区公安处交通警察支队，渭南地区公安处交通警察支队正式挂牌对外办公，属正县级单位，归地区公安处领导。内设办公室、政工、交通管理科、监理科（对外称渭南地区公安处车辆管理所）和公路巡查队。是年，支队机关有民警35人。1989年7月，支队机关增设事故处理科，撤销公路巡查队。1990年1月1日，渭南地区公安处决定，将地区交警支队更名为“渭南地区公安交通警察支队”。1991年，地区编委下达民警编制49人。

1993年10月，地区公安交通警察支队恢复“渭南地区公安处交通警察支队”原名。是年，地区交警支队劳动服务公司成立，承担机关待业子女家属安置、劳务管理和小汽车驾驶员培训工作。1994年1月，支队增设监察室、驾驶员培训中心。

1995年5月23日，渭南撤地设市后，地区公安处交通警察支队更名为“渭南市公安局交通警察支队”。1997年末，机关设办公室、政工、交管、事故处理、车辆管理、驾驶员培训中心和监察室7个科室，有民警69人。2002年，根据（渭政办发〔2002〕101号），渭南市公安局交通警察支队设支队长、政委各一名，副支队长4名，副政委2名，政法专项编制79名，内设政治处、办公室（指挥中心）、警务督察处、交通秩序管理处、行政装备处、特勤大队、法制处、宣传处、事故预防处理处、车管处（车辆管理所）、科技处11个职能处室。2013年，根据（渭编办发〔2013〕86号），渭南市公安局交通警察支队是市公安局直属行政机构，正县级建制。设支队长、政委各一名，副支队长4名，副政委2名，政法专项编制79名，事业编制2名。内设政治处、办公室（交通指挥中心）、监察督察处、交通秩序管理处、特勤大队、法制处、宣传处、事故预防处理处、车管处（车辆管理所）、9个职能处室。2015年底机构设置未变，有民警81人（政法专项编制79名，事业编制2名）。

第九节 运输管理机构

渭南市道路运输管理处

中华人民共和国成立后，渭南道路运输管理工作仍由西北公路局运输处管理。1951年2月，陕西省政府针对道路运输市场的现状，报请西北军政委员会财金委员会出面主持，由西北交通部、贸易部、财政部、工业部、劳动部、第一野战军后勤部，西北公路局、西北国营运输公司、西北石油管理局、西北总工会及西北商车工会等 22 个单位，共同组建管理道路运输市场的联合管理委员会，基本扭转了运输市场混乱状态。

1952 年 1 月，西北大区撤销，联管会于 4 月撤销，道路运输市场管理工作下放给各省直接管理。1953 年 1 月，陕西省由计划委员会、财金委员会牵头组建“陕西省运输委员会”。相继在西安、宝鸡、渭南、咸阳、延安、绥德、榆林、汉中、商洛等九地市组建“运输委员会”。渭南、咸阳等 37 个县（市）相继组建运输委员会管理公路运输市场，这是第一次将道路运输管理机构设在地（市）、县（市）一级。1954 年，全国范围内对资本主义工商业进行社会主义改造，渭南境内按照“利用、限制、改造”三大政策，对从事道路运输的私营商业汽车、畜力、人力运输机具及搬运装卸机具等同时纳入改造政策，实行统一车辆调度、统一货源分配、统一运价标准的“三统改造”政策。到 1956 年对私营运输业社会主义改造完成，道路运输市场走向国营和集体企业趋向单一的独家经营的格局。

1958 年 9 月，全国处于大炼钢铁的氛围中，道路运输生产秩序及车辆调度严重失控。根据陕西省交通运输指挥部的决定，渭南境内在原交通委员会的基础上，吸收铁路、公路运输企业、民间运输组织共同组建渭南地区交通运输指挥部。大跃进后，由于管理任务转变，机构大量进行精简。地区一级的指挥部有名无实，县级指挥部只有少数人员维持工作，主要的管理任务是“组织短途货物运输、搬运装卸和人员运力调度”，主要运力是畜力车和人力架子车等，劳动力来源主要是县内第一、二运输社及县郊区农民、城市无业游民。管理机关的经费和人员工资主要来源于运杂费和 1.5% 的运输管理费。20 世纪 60 年代初到 70 年代中期，是运输管理机构最困难时期。

改革开放初期，境内发展汽车运输，车辆逐渐增长，社会各单位的自有运力猛增，各大商业、矿区等物资单位纷纷组建起汽车队，如外贸、商业、供电、粮食、水电等部门均组建百辆以上的货运车队，运力总和超过交通部门的专业运力。由于这些车队机构过于庞大，运输市场出现了运力过剩情况。1977 年 10 月，遵照陕西省革委会的通知精神，省交通局组建“陕西省机关、企事业单位汽车管理办公室”，并要求各地市于 1978 年上半年前，在原交通运输指挥部基础上，充实机构，担负起运输市场的管理业务。渭南地区编委会于 1978 年正式将“渭南地区交通运输指挥部”下设的办公室编为正县级事业单位。办公室下设政办、业务及财务三个科室。1983 年 4 月，交通运输指挥部办公室宣布撤销 ，在渭南地区交通局设立“运输管理科”。运管科组建后，对外保留“渭地交指办”名称不变，运输市场管理业务范围不变，独立行使道路运输市场的管理任务。运管科内设业务、财务两个组。

1995 年 5 月，渭南地区撤地设市。1998 年 2 月，渭南市编委会印发（市编发〔1998〕4 号）文件，正式批准组建“渭南市道路运输管理处”，行政级别为副县级自收自支事业单位，陈增发任处长。2001 年 8 月渭南市汽车维修行业管理处对内撤销，合署于运管处，设立维修科，对外保留维修处的机构和对外管理业务不变。2004 年设立驾培科，撤销运政科分设为客运和货运两科。2007 年 8 月 27 日，渭南市编委会以 [渭编发(2007) 64 号] 文件批复将渭南市道路运输管理处的行政级别由副县级升格为正县级。2008 年 5 月，处长陈增发，副处长许晓蒲、刘正义、李跃峰。处内设办公室、财务科、运政科三个科室。2007 年 9 月设立安全科，并成立稽查支队。2009 年 3 月，李峰任工会主席。2010 年 1 月，赵北城任副处长。2010 年 3 月设立政策研究室。2011 年 9 月，许晓蒲任运管处长。2013 年 9 月，万振龙任副处长，原欢武任工会主席。2015 年 2 月拜国治任副处长。2015 年 12 月，习忙俊任处长。运管处机关内设两室一队六科。

渭南市客运管理处

1994 年，渭南市区始办出租客运。同年 4 月，经渭南市（今临渭区）人民政府批准，成立渭南市客运管理站，属事业单位，编制 5 人，挂靠在市建委（今临渭区城建局）机关城建股。

1995年9月，渭南撤地设市。渭南市城市客运管理站移交市城乡建设环境保护局管理。1996年7月，由渭南市临渭区交警大队批准，成立渭南市出租汽车有限责任公司。全市出租车启用“陕ET”字头专用牌号，出租汽车挂牌营运。10月，市交警支队代管城市客运管理站，具体管理市区出租汽车。2000年底城市客运管理站更名为渭南市客运管理处，隶属渭南市城乡建设局，为副科级单位。2005年12月，单位由副科级升为正科级。内设办公室、财务科、稽查科、运政科、综合处理科。

2007年9月，单位由正科级升为副县级，设主任1名，副主任2名，孟汝力任主任（处长）。2010年10月，依照中央、省规定，渭南市客运管理处由市城乡建设局移交市交通运输局。2015年底，内设办公室、财务科、信息科、运政科、综合处理科、培训科、安全科、法纪科、稽查支队9个科室队，处长孟汝力，在职人员69人，从业人员2000多人。

第十节　收费公路管理机构

1990年，渭南利用国家“贷款修路，收费还贷”政策建成的大华公路，是陕西省第一条政府还贷二级收费公路；经批复设立的大华公路收费站也是全省第一个政府还贷二级公路收费站。随着全市公路建设规模的不断增加，利用国家“贷款修路，收费还贷”政策成为渭南市国省干线公路建设的主要方式。全市举债15.6亿，建设收费公路里程545公里，桥梁11135延米，先后设立政府还贷收费站共21个，其中公路收费站11个、桥梁收费站10个，分属2条国道、5条省道、2条县道上。国道108线设金水沟桥、许庄、沙王桥、汉村4个收费站，国道310线设罗夫、程家2个收费站，省道106线设温泉河桥（华朱）、兴镇、永丰桥3个收费站，省道107线设渭富桥收费站，省道108线设汉马收费站，省道201线设白水河桥、翔村、陈庄、渭蒲桥、上涨渡桥5个收费站，省道202线设大华、茨沟桥、西河桥 3 个收费站，蒲城龙蔡路设孙蔡收费站，老西潼公路设小泉收费站。

渭南市收费公路管理中心

2002 年，渭南市编委会以（渭编发〔2002〕12 号）文件批复，成立渭南市收费公路管理中心，隶属市交通局，级格为正科。2003 年根据陕西省人民政府《关于清理整顿收费站点有关问题的通知》（陕政发〔2003〕58 号），撤销翔村、小泉 2 个收费站。2005 年根据陕西省交通厅《关于澄城茨沟大桥债务移交问题的纪要》（2005 年第 43 次会议纪要）撤销茨沟桥收费站。2007 年根据陕西省人民政府《关于撤销宝鸡虢镇渭河大桥等 17 个收费站有关问题的批复》（陕政发〔2007〕136 号），撤销兴镇、上涨渡桥、西河桥、孙蔡 4 个收费站，温泉河桥收费站更名为华朱收费站。2011 年根据陕西省交通运输厅《关于印发〈2011 年关于撤并西安市黑河大桥等 33 个收费站实施方案〉的通知》（陕交发〔2011〕93 号），撤销华朱、罗夫、陈庄 3 个收费站。2012 年根据陕西省人民政府《关于同意取消全省政府还贷二级公路收费的批复》（陕政函〔2012〕230 号），撤销金水沟桥、许庄、沙王桥、程家、永丰桥、汉马、白水河桥、渭蒲桥、大华 9 个收费站，渭富桥收费站为一级公路收费站予以保留。2015 年根据陕西省人民政府《关于撤销关中环线渭南过境段渭富渭河大桥收费站有关问题的批复》（陕政函〔2015〕70 号），撤销渭富桥收费站；全市仅存的一级公路收费站为汉村收费站。2015 年，渭南市机构编制委员会《关于事业单位清理规范工作实施方案的批复》（渭编发〔2015〕16 号），将市收费公路管理中心和市治理车辆超限超载工作办公室整合设立渭南市治理车辆超限超载和收费公路管理办公室。

陕西高速集团西渭分公司渭南管理所

1996 年 12 月，陕西高速集团西渭分公司渭南管理所成立。全所有员工 461 人。管辖兵马俑、新丰、渭南西、渭南东、华县西、华县 6 个收费站，设有综合办公室、财务股、收费股、养护股、路政中队 5 个职能部门，负责连霍高速（G30）陕西华县（K963+600）—临潼（K1017+500）和过境段（12 公里）、秦兵马俑专线（6 公里）共 72 公里高速公路的收费、养护和路政管理（含治超工作）业务。

1999 年，所辖路段被中共陕西省委、省人民政府授予“文明路段”。2003 年被省委、省政府授予“文明样板路”。渭南管理所 2001 年被中华总工会授予“全国五一劳动奖状”，2002 年被省委、省政府授予“文明单位标兵”，2004 年被共青团中央授予全国“青年文明号”，所辖渭南西站 2007 年被国家交通部授予“巾帼文明岗”，2008 年被全国妇联授予“全国三八红旗集体”，2014 年获“全国工人先锋号”和“全国交通运输文化建设优秀单位”称号。

第十一节　内河航运管理机构

1949 年 10 月至 1963 年 12 月，关中东部的黄、渭、洛航区管理机构初为潼关县船舶管理处，不久变为潼关、风陵渡渡口船舶管理委员会，再后改为潼关渡口运输处。1957 年底成立陕西省交通厅关中内河航运管理处。1963 年底成立渭南航运管理所。1987 年 12 月成立渭南地区航运管理处。1995 年 5 月更名为渭南市航运管理处。至 2015 年底，渭南航运管理体制未变。

潼关县船舶管理处与潼关、风陵渡渡口船舶管理委员会

1950 年 1 月 9 日，陕甘宁边区政府给潼关县人民政府的电令中指出：“风陵渡渡口自 1949 年 10 月以来，因军运任务繁忙，曾划归西北军区后勤部运输部第四办事处管理，现因任务减少，该办事处即将撤销，以后渡口之管理，决定由潼关县人民政府负责接管”。潼关县人民政府遵令接

管潼关、风陵渡渡口工作，并于1950年2月9日，成立潼关县船舶管理处。有干部28人，接收部队公船34只，民船19只，船工354名。当时，除在渡口设渡船28只外，其余的船均停泊于港口。这些船只的船工、民工，在军运期间，生活费、船只维修费完全由西北军区后勤部支付，潼关县接管后，实行以渡养渡，国家不再补给经费。

由于潼关、风陵渡分属陕西、山西两省管辖，在经费支出中时常发生纠纷。山西运城专员公署向西北军政委员会建议，由潼关、风陵渡共同组成管理委员会管理渡运业务。西北军政委员会交通部于1950年3月11日派张海涵前往潼关、风陵渡，与两省有关单位共同商谈，并拟定《潼关、风陵渡船舶管理暂行办法》，经三次协商未果，呈报中央人民政府裁定。依据中央人民政府批示，成立潼关、风陵渡渡口船舶管理委员会，由潼关县、永济县政府各派2人，潼关县总工会1人，船工推选代表2人，共7人组成。主任委员、副主任委员分别由潼关、永济县政府派干部担任，办公地址设在潼关，1950年8月1日起，实行企业化管理。共有干部和服务、勤杂人员28人。渡口管理委员会的主要任务是指导民船经营渡运业务，国营船只不参与经营，不与民争利。1954年11月，渡口管理委员会与其他单位合并。

潼关渡口运输处

1954年11月10至12日，陕西省交通厅厅长张育民在潼关火车站主持召开26个单位、31名代表参加的会议。会后将原有潼关、风陵渡渡口船舶管理委员会，风陵渡运输站，潼关县搬运公司，通关渡口水陆货运联合办事处等4个单位，合并成立潼风渡口运输处，统一领导渡口管理与经营客货运输业务。运输处的正、副职领导，由潼关、永济两县人民政府各派科级干部一人充任，其余干部在原来4个单位中选用，日常行政工作，由潼关县人民政府领导。运输处编制40人，下设渡口营业所、调运科、财供科、组织科、秘书科5个科所。渭南专员公署从韩城、合阳、朝邑、大荔、吊桥及河南省灵宝，调拨木船12只（共计载重180吨位），于当年11月16日投入营运。潼关县搬运公司再增加装卸工40名；风陵渡运输站增加平板车86辆。1957年12月，撤销潼风渡口运输处。

渭南分区航运管理所

1955年4月2日，渭南专员公署成立“渭南分区航运管理所”，加强对辖区内韩城、合阳、大荔、朝邑、渭南、临潼等地在黄、渭、洛三条河流中航运业务的领导。航运管理所在行政上受陕西省交通厅和渭南专署双重领导及所在地人民政府的监督；运输计划安排由渭南分区运输委员会指导、监督、检查；办公地址设在潼关县城内，有干部6人，勤杂工1人。1957年12月渭南分区航管所被撤销。

关中航运管理处

1957年12月12日，陕西省交通厅报请省人民委员会批准，撤销“潼风渡口运输处”及“渭南分区航管所”，成立“关中内河航运处”，为陕西省交通厅的直属机构，编制47人，办公地点在潼关县城。

1959年，将关中航运处扩建为“关中内河航运公司”，原有国营和公私合营船只，转为长途运输，在大荔、朝邑、合阳、韩城等县设立航运站，办理营运业务；大荔县大王庙航运站负责大荔县境及蒲城县石洋渡的洛河航段航运业务；朝邑县航运站负责朝邑县境及三河口洛河、渭河水域营运业务；合阳县夏阳航运站负责合阳县境黄河航段航运业务；韩城县桥南航运站负责韩城县境黄河航段营运业务。四县的木帆船航运合作社的运输业务，受关中内河航运公司设于各县的航管站实行“三统”（统一货源、统一调度、统一运价）管理。渭南地区沿河各县的进出物资，得以及时运送。关中内河航运公司1959年盈利9.91万元；1960年盈利20.1万元。

1960年渭河航运开始衰退。陕西省交通厅航运处于1961年8月，在关中航运公司主持召开有关单位负责人参加的会议，建立“关中航运联合办公室”，统一管理航运、港务、港航监督。由于“三统管理”涉及面广，运力与运量的综合平衡难以妥善解决，收效不大，遂交由 1962 年 3 月 1 日成立的“渭南汽车运输公司”兼管，实行车船联营，但仍无好转，全年亏损 16.6 万元。1962 年中共中央对工业交通实行“关、停、并、转”的政策，陕西省经济委员会于 1963 年 12 月，批准陕西省交通厅关于调整机构的报告，决定停止渭南汽车运输公司兼管航运业务，缩小规模，成立“渭南航运管理所”，负责维持黄、渭、洛航区的航道治理、船舶改造、港行监督等业务。与此同时，陕西省交通厅已决定将原“关中航运管理处”所管的 7 个渡口业务交由陕西省公路局接管。

1986 年在渭南地区交通局内设航运管理处，配备船检员 3 人。另于合阳、潼关、韩城等县设航管站，各有 1 人管理船检工作。1987 年 12 月 5 日经地区编委会研究，以（渭地编发〔1987〕36 号）文件为据，成立渭南地区航运管理处，为地区交通局局属事业单位，按科级对待，编制 7 名，经费实行自收自支。2002 年 10 月 30 日，渭南市机构编制委员会以（渭编发〔2002〕20 号）文件，给市航运处加挂“陕西省渭南市地方海事局”牌子。2005 年 11 月 10 日，以（渭编发〔2005〕35 号）文件，将航运处自收自支变为全额拨款单位。2007 年 10 月 25 日，渭南市人事局以（渭人发〔2007〕181 号）文件将航运处由事业单位变为参照公务员管理单位。2015 年 5 月 29 日，以（渭编〔2015〕31 号）文件将航运处参照公务员管理单位变为行政单位。

第三章　党派团体机构

第一节　共产党组织

中共渭南市交通局委员会

1976年以前，渭南市交通行政部门党组织活动先后由渭南专区行政督察专员公署、渭南专员公署工业交通局、专员公署经济委员会、专员公署革委会工交办公室、渭南地区革委会工业交通局、渭南地区革委会交通局支部领导。1977年3月4日，中共渭南地委决定成立交通局党的核心小组，组长李志俊，副组长史永兴、刘守诚。1978年2月，中共渭南地委决定将交通局党的核心小组改为党组。1980年8月，同志先任党组书记。1984年2月黄秉杰任党组书记。1985年10月根据（渭地办发〔1985〕26号）文件，成立渭南地区交通局纪律检查组，组长司光玉。1992年11月，李十虎任纪检组长。1997年2月，赵信仁任党组书记。2002年2月，郭新民任党组书记。2003年1月，张晓平任纪检组长。2007年7月，经中共渭南市委同意，成立中共渭南市交通局委员会，设党委书记1人、专职副书记1人、委员7人。统一管理渭南公路局、渭运集团两个党委，下辖局机关、市运管处、市质监站、市公路处、市征稽处、安泰公司、市配件公司、沙王收费处、沙王养护站、大华收费处、大华收费站、上涨渡收费处12个支部，共有党员1434名。同时成立中共渭南市交通局纪律检查委员会，书记郭益秦。2007年10月，陈春明任党委书记。2013年10月，张伟民任纪委书记。2015年底，中共渭南市交通运输局委员会管理 1 个党委、2 个总支、5 个支部。分别是：渭南公路局党委，市客运管理处党总支、市运管处党总支，下辖局机关、市质检站、市公路处、航运管理处、公路工程建设处党支部，共有党员 961 名。

中共渭南公路局委员会

1957 年 6 月，中共渭南养路段支部委员会成立。王焕彩任支部书记，有党员 4 人。1961 年 12 月至 1962 年 10 月白金峰为支部负责人，1962 年，养路段下属的铜川、大荔、蓝田、临潼、渭南管理站先后成立党支部，段党支部直属省公路局党委领导，各站支部归所在县委领导，当年 10 月程相林任支部书记，全段共有党员 65 人。1963 年 8 月，段党支部升格为党总支，程相林任党总支书记。1964 年 7 月刘守诚继任党总支书记。1971 年 3 月，中共渭南地区革委会政工组重新批准成立“中共渭南地区公路管理总段支部委员会”，何善初任支部书记，有党员 26 人。1978 年 7 月，中共渭南地委决定，总段党支部恢复为党总支，董登基由支部书记改任为总支部书记。总段机关及直属厂、库、队先后建立支部或临时支部，共有党员 52 人。1981 年 6 月，根据中共陕西省委批复，渭南公路管理总段党总支改为（临时）党委。1982 年 6 月，陕西省公路局党委批准成立渭南公路总段临时党委，董登基任书记。下属 13 个管理段和总段机关及厂、库、队分别建立党支部，各管理段支部实行总段党委和所在地县（市）委双重领导，以总段党委领导为主。1985 年 2 月，省交通厅党组决定程志英任渭南公路总段临时党委书记，共有党员 294 人。1987 年 6 月 24 日，渭南公路管理总段党委会成立，程志英任党委书记，袁启才任副书记兼任纪委书记。1990 年 2 月田鹏德任纪委书记。1992 年，总段党组织隶属关系，由陕西省公路局党委划转中共渭南地委，南瑞玺任党委书记。1997 年 4 月张梁任党委书记，王金岭、赵培森任副书记。2000 年 11 月，渭南公路管理总段党委改为渭南公路管理局党委。2001 年 2 月王周英任纪委书记。2002 年 11 月王宏儒任党委书记。2003 年 5 月毕毅任党委书记。2008年12月王平勋任党委书记。2011年7月刁志勇任纪委书记。2013年10月屈继宏任纪委书记。2013年12月王自茂任党委书记、局长。2015年底，渭南公路局党委下辖总支部1个，支部29个，王自茂任党委书记，屈继宏任纪检书记，有党员755人。

中共渭南市汽车运输（集团）有限责任公司委员会

1969年，成立中共渭南地区汽车运输公司委员会，冯天锡任书记，下设办公室、组织部、宣传部、武装部。1972年赵焕民任书记，1979年孙放民任书记。1984年7月高鹏翔任书记。1984年，设立渭南地区汽车运输公司纪检委，司光玉任纪检委书记。1987年7月耿启屯任党委副书记（主持工作）1985年李阳明任纪检委书记，1992年，赵印寿任党委书记，高润年任纪检委书记。1996年更名为中共渭南市汽车运输总公司委员会。李恭舜任纪检委书记。1999年更名为中共渭南市汽车运输（集团）有限责任公司委员会。2006年，汪洋任党委书记，郭宗仁任纪委书记。2015年底，汪洋任党委书记，李高社任纪检委书记，党委下设办公室、组织部、武装部三个职能部门，下辖17个党支部，有党员601人。

第二节　工会组织

1997年11月，渭南市渭河大桥收费管理处工会成立。2001年11月29日，渭南市道路运输管理处工会成立，设负责人1名，会员49人；2006年11月，经市总工会批准成立交通局机关工会，问英杰任机关工会主席，有会员49人；渭南市地方公路管理处工会成立，会员25人。渭南市沙王渭河大桥收费管理处工会成立，有会员65人；渭南市交通工程质量监督站工会成立，有会员35人。2007年，根据渭南市总工会文件（渭工发2007〔09〕号）《关于成立渭南市交通工会工作委员会的批复》，3月21日成立渭南市交通工会工作委员会，属市总工会的派出机构，协助市总工会领导交通局直属单位的工会组织，接受市总工会和交通局党组的双重领导。市交通工会工作委员会设主任1名，副主任2名。同年4月20日，渭南市沙王渭河大桥养护站工会成立，有会员42人。渭河大桥收费处工会、渭河沙王大桥收费处工会随该机构的撤销而撤销。2009年3月，李峰任渭南市道路运输管理处工会主席。2013年9月，原欢武任市运管处工会主席，工会会员138名。

渭南公路局工会

1953年3月，渭南养路工区成立工会，未设管理人员。1955年8月，渭宜公路渭南养路段副段长盖世发兼管工会工作。1975年，对工会会员重新进行登记，恢复工会活动，工会工作暂由时任革委会副主任张玉斌分管。1976年8月，由赵志云专职负责。1980年2月，渭南地委工交部批复赵志云为陕西省渭南地区公路管理总段工会副主席。1982年7月姚西善任工会副主席。1984年2月，姚西善任主席，1991年姚玲芳任工会主席。1997年12月由赵培森任工会主席,有基层工会13个。2001年2月，赵培森任党委副书记兼工会主席。2012年9月至2013年9月期间，工会主席岗位空缺。2013年9月，谢建平任工会主席。2015年底，渭南公路局工会有基层工会29个，会员1760人。

市汽车运输（集团）有限责任公司工会

1973年4月，成立渭南地区汽车运输公司工会，孙放民任主任、申志刚任副主任。1982年，朱金星任工会主席。1984年5月，刘生峨任工会副主席，7月任工会主席。1987年12月后工会主席空缺，由党委副书记代管工会工作。1992年，更名为渭南市汽车运输总公司工会，东亚宁任工会副主席、主持工作。1996年，更名为渭南市汽车运输总公司工会，李新民任工会主席。1999年，更名为渭南市汽车运输（集团）有限责任公司工会，李新民任工会主席。2010年7月，杨长宽兼任工会主席。

2012 至 2015 年，党委副书记李高社兼任工会主席。2015 年底，集团下设 17 个基层工会，会员 1700 人。

第三节 行业协会

1998 年 9 月，经渭南市民政局（渭社证字第 74 号）批准，成立渭南市道路运输协会。设会长 1 名、副会长 23 名、秘书长（副会长兼）1 名、副秘书长（副会长兼）2 名。内设机构有：秘书处，财务室。协会下设：汽车客运租赁委员会、货运物流委员会、维修检测委员会、出租车委员会、驾驶员培训委员会、城市公交委员会、专家委员会等 7 个专业委员会。协会有专职工作人员 5 人，会员单位中有 20 人获得安全生产标准化考评员资格证书；专家委员会中具有高级技术职称 4 人，中级职称 7 人 。市交通局原局长黄秉杰担任第一、二届会长。2012 年 6 月 15 日，权景西当选为第三届会长。2014 年 5 月，选举陈增发为第四届会长。2015 年底，渭南市道路运输协会有会员 67 个。

第四章 职工

第一节 职工队伍

1949 年以前，渭南交通运输人员甚少，主要是零星的汽车运输和水上运输。随着三年经济恢复，1952 年渭南专区运输邮电部门从业人员 1278 名，由于邮电职工甚少，基本上是交通运输部门职工和民间交通运输从业人员。“一五”期间，交通运输事业有较大发展，随着新建公路增多，公路通车里程延长，汽车运输发展较快，公路建设、养护和汽车运输、修理人员均数倍增长，至 1957 年，全区交通运输邮电职工 5885 人，其增长部分主要为交通运输部门。1958 年后，随着全国各条战线 的三年“大跃进”，交通运输邮电职工激增到 1961 年的 8700 人。1961 年后，随着全国各条战线的调整，缩短基本建设战线，紧缩机构，到 1962 年，压缩职工 1596 人。渭南的交通邮电事业也深受影响，特别是交通运输业有些项目被迫下马，职工人数连年下降。1966 年，职工 3153 人。1969 年后，随着“备战备荒”的需要，渭南交通运输业缓慢恢复。1970 年交通邮电织工 5224 人，其中，公路运输 2792 人，水上运输 76 人，交通运输职工 3000 人以上。1974 年，交通运输单位 48 个，其中公路运输单位 47 个，水上运输与港湾企业 1 个，职工人数 4178 人。改革开放以后，渭南的交通运输业也迎来了新的发展机遇，从 1977 年的 50 个公路运输单位、4326 人，增加到 1985 年的 58 个单位、5241 人。随着公路交通事业不断发展，经济体制和行政、事业单位与企业改革的不断深入，市场机制的引入，交通运输行业也出现了个体私营单位，渭南交通职工人数呈动态变化，不同门类人员构成时有增减。1992 年，交通运输单位 69 个，其中公路运输 67 个，水上运输与港湾企业 2 个，职工人数 6254 人，第一次迈过了六千人大关。随着市场经济体制的确立，交通运输业出现了社会化的发展，个体私营单位大量涌现。与此相伴随的是原来体制内的全民、集体单位因经营方式落后、包袱沉重，出现了停业、破产、职工下岗现象。通过对公路交通企业的改革、改制、转产或破产、兼并，企业人员有较大幅度减少，离开原单位仍保留劳动关系人员增多。1995 年后，随着陕西“米”字形高速公路网的形成和国道、地方道路升级改造，渭南交通运输事业不断壮大，交通运输市场的全方位开放，传统体制内国有、集体单位，从业人员减少，非体制内人员大幅增长。2005 年，渭南交通系统开展了“特别能战斗、特别能奉献、特别能负重、特别能创造”的行业精神创建活动。2006 年，围绕国家交通部提出的“三个服务”要求，抓好干部职工的教育培训。表彰、树立了一大批劳动模范，有 20 多人被评为厅级、省局级先进。2008 年，举办了“发展现代交通、奉献一流服务”演讲比赛，参加了迎奥运知识竞赛及广播体操表演活动，涌现出了优秀治超员、革命烈士熊礼博，养护标兵习进曹等先进典型。2009 年，举办了“辉煌交通”文艺晚会、“交通杯”职工书画摄影展。公路局进行了“十大养管标兵”评选活动。2011 年，渭南交通运输系统开展了以“转变作风，为民服务”为主题的群众观点和群众立场主题教育活动。在公路收费系统开展“微笑服务”品牌活动，在干线公路开展“三化两全”养护品牌活动，在道路客运系统开展“情满车厢，舒心旅途”品牌活动。2011 年底，全市交通系统职工 8042 人（女职工 2692 人），其中企业类职工 1803 人，事业类职工 5906 人，机关工作人员 333 人（公务员 171 人）。2013 年全市交通系统职工为 9075 人，其中企业类职工 1742 人，事业类职工 7007 人，机关工作人员 326 人（公务员 186 人）。全系统广泛开展“劳动竞赛”等群众性活动，许晓蒲获“全国道路运输工作先进个人”，王小宁获“渭南市十大杰出青年”。

2014 年，根据渭南市人民政府《关于明确市级国有及国有控股企业监管主体的通知》（渭政发〔2012〕8 号）和《关于组建市属国有企业集团公司及职教集团的通知》（渭市办发〔2013〕98 号）等文件精神，渭南市交通运输局将其下属的渭南市公共交通总公司、渭南市汽车配件公司、渭南市汽车运输（集团）有限责任公司、渭南市宏业公司 4 家企业移交市国资委，交通系统职工数量由 7410 人减少到 5941 人。至 2015 年底，渭南交通系统职工 2010 人，其中，事业类职工 1974 人，机关公务员 36 人。渭南城区城市公共交通职工 584 人，出租车从业人员 2300 人左右。

第二节 文明单位创建

渭南交通运输行业文明单位创建活动，始于 20 世纪 80 年代初期。1983 年，澄城、白水汽车站被国家交通部、陕西省交通厅分别授予“全国公路文明客运服务汽车站”和“文明汽车站”。1986 年中共中央关于精神文明建设的指导方针提出后，渭南交通运输系统文明单位创建活动广泛开展起来。1991 至 1995 年渭运集团澄城、蒲城客运公司先后被国家交通部授予“文明汽车站”，韩城市交通局被中共陕西省委、省人民政府授予“省级文明单位”。1996 年，合阳县、澄城县交通收费稽查所被省委、省政府授予“省级文明单位”。1997 年，渭运集团客运公司被交通部和省委、省政府分别授予“文明先进单位”和“创佳评差”活动最佳单位；大荔、华阴、潼关三个交通收费稽查所被省委、省政府授予“省级文明单位”。1998 年，渭运集团客运公司被交通部授予“文明客运车队”。1999 年，渭运集团客运公司、富平客运公司被交通授予“文明汽车站”和“文明客运车队”。

2012 年 12 月，渭南市道路运输管理处、陕西高速公路集团西禹公司澄城管理所澄城收费站，被交通部授予“2010—2011 年度全国交通系统文明示范窗口”。2001 年，渭运集团大荔汽车站被中央文明委授予“全国文明单位”，渭运集团澄城客运公司九路售票组、大荔客运公司汽车站，被交通部授予“全国汽车客运系统优秀班组”和“文明客运汽车站”。2003 年，韩城市交通局被省委、省政府授予“抗击‘非典’先进单位”。2004 年，陕西高速公路建设集团公司西渭分公司、华阴管理所被省委、省政府授予“省级文明单位”。2005 年，陕西高速公路建设集团公司西渭分公司被中央文明委授予“全国文明单位”，渭南市道路运输管理处、临渭区交通局被省委、省政府授予“省级文明单位”。2006 年，渭南市交通局与渭南电台联合开办《今日交通》专栏，接受群众咨询、举报、投诉，在交通部门与群众之间架起了一座沟通的桥梁；在各种新闻媒体刊发稿件 400 多篇；表彰、树立了一大批劳动模范、优秀党员。开展帮扶及献爱心活动。为帮扶对口村捐献书桌、课本、电脑，修通村道，定期慰问村中贫困老人；开展“奉献爱心，捐助病童”活动，全系统捐款 4.5 万元，帮助白血病患儿度过难关。创建厅级“创佳评差”最佳单位 2 个，创建市级“创佳评差”最佳单位 2 个；申报文明汽车站、收费站、文明运政、路政、航管机构 8 个；申报“厅级文明样板路”40 公里，创建省公路局级养护管理示范达标路 126 公里，初验通过市级文明样板路 86 公里，市级文明路 289 公里。

2007 年，渭南市交通收费稽查处被陕西省委、省政府授予“省级文明单位”。渭南市交通局与渭南电台继续联合开办《今日交通》专栏。2008 年，渭南公路局合阳管理段被授予“省级文明单位”，两个单位被授予市级文明单位。创建了一批厅级文明治超站、文明收费站、文明班线。开展了“解放思想，加快推进新型工业化”进程大讨论活动，举办了“发展现代交通、奉献一流服务”演讲比赛，参加了迎奥运知识竞赛及广播体操表演活动。支持汶川抗震救灾，组织 50 辆客车，运送 3325 人次返乡；30 辆货车，运送救灾物资 400 余吨。

2009 年，继续开展创建文明单位、文明公路、文明班线活动。澄城县交通局被省委、省政府授予“省级文明单位”。举办了科学发展观演讲比赛、“辉煌交通”文艺晚会、“交通杯”职工书画摄影展。制作了市直部门第一个行业形象宣传片。公路局举办“十大养管标兵”评选活动，公路文化建设受到省公路局表彰。至2010年底，全系统下属单位创建省级文明单位1个，市级文明单位5个，市级文明示范窗口6个。8个收费站被授予厅级文明收费站，5个超限检测站获“省局级文明执法单位”、13个路政大队获“省局级路政管理文明执法窗口单位”。市交通运输局被交通运输部授予“全国交通运输行业文明单位”，公路局工会被中华全国总工会命名为“全国模范职工之家”，市运管处被中华全国总工会授予“抗震救灾先锋号”称号。

2011年开展以“转变作风，为民服务”为主题的群众观点和群众立场主题教育活动、领导干部点评活动、群众满意度测评活动。在窗口单位开展了“三亮”“三比”活动，命名了15个党员示范岗。2012成立了交通运输行业精神文明建设指导委员会，制定了行业文明单位创建办法，开展了五个“十佳”评比、文明路创建、“文明交通行动”等一系列文明创建活动。全年创建部级文明示范窗口1个，市厅级文明单位、示范窗口4个。2013年12月，渭南市交通运输局被渭南市人大常委会评为渭南市2013年度人大代表评议满意单位。2013年渭南市运管处被交通运输部、中国海员建设工会授予“春运农民工平安返乡安全优质服务竞赛先进集体”。2014年在《渭南日报》、渭南电视台开辟了“百姓交通”栏目，全面加强和推动行业宣传工作。先后组织开展了“渭南标杆”、“党员义工服务”、“党员红袖章进社区”等文明创建活动。渭南市交通运输局被交通运输部评为城市客运交通线路及站点专项调查“优秀集体”，被市委、市政府评为“12345”承办“先进单位”，被市第12届运动会组委会授予行业组“优秀组织奖”、“体育道德风尚奖”和“突出贡献单位”3项奖，被市总工会评为工会工作“先进单位”，被市文明办、市志愿者协会评为2014年度志愿服务工作“先进集体”，被市创建办评为创建省级文明城市“先进单位”；渭运集团、潼关县农村公路管理站，被交通运输部授予“安全生产标准化达标一级企业”和“全国农村公路养护与管理先进集体”；渭南公路局合阳管路段被省委、省政府授予“省级文明单位”。创建厅级文明路 100 公里、厅级治超站 1 个，创建文明示范路 200 公里、养护示范镇 10 个。

渭南交通系统在“十二五”期间，先后创建省部级文明单位、示范窗口 5 个。渭南市交通运输局连续四年被评为《环境热线》人民群众满意十佳单位，被渭南市委、市政府评为人大代表评议“满意单位”和目标责任考核“优秀单位”。陕西高速公路建设集团公司西渭分公司渭南管理所，被中华全国总会授予“全国工人先锋号”。2015 年 4 月，在五年一次的全国性表彰评比中，渭南市交通局被人社部、交通运输部评为“全国交通运输系统先进集体”。

表 4-1 ～表 4-5 为各表彰项目列表。

渭南市交通系统1949～2015年受国务院及中央文明委、全国总工会表彰单位一览表　表4-1

荣誉称号	表彰时间	表彰机关	单位名称
全国农业社会主义建设先进单位	1957 年 12 月	国务院	合阳路井群众养路队
全国文明单位	2000-2001	中央文明委	渭南汽车运输公司大荔汽车站
全国文明单位	2005 年	中央文明委	陕西省高速公路建设集团公司西渭分公司
全国文明单位	2008-2009	中央文明委	渭南市交通局
全国工人先锋号	2014 年	中华全国总工会	陕西省高速公路建设集团公司西渭分公司渭南管理所

渭南市交通系统1949～2015年受交通部、人事部表彰单位一览表　表4-2

荣誉称号	表彰时间	表彰机关	单位名称
安全优质百日赛优胜奖	1978 年	交通部	渭南公路管理局合阳公路管理段
发展交通当好先行奖	1978 年	交通部	合阳县公路管理站路井道班
全国公路文明客运服务汽车站	1983 年	交通部	澄城汽车站
文明汽车站	1991/1992/1993 年	交通部	渭运集团澄城客运公司

续表

荣誉称号	表彰时间	表彰机关	单位名称
文明汽车站	1993/1994/1995 年	交通部	渭运集团蒲城客运公司
文明客运先进单位	1997 年	交通部	渭运集团渭南客运公司
文明客运车队	1998 年	交通部	渭运集团渭南客运公司
文明汽车站	1999 年	交通部	渭运集团渭南客运公司
文明客运车队	1999 年	交通部	渭运集团富平客运公司
全国汽车客运系统优秀班组	2001 年	交通部	渭运集团澄城客运公司九路售票组
文明客运汽车站	2001 年	交通部	渭运集团大荔客运公司
全国交通战备工作正规化建设先进单位	2004 年	国家交通战备办公室	渭南市交通战备办公室
全国交通文明行业先进单位	2005 年	交通部	陕西省高速公路建设集团公司西渭分公司
“十五”全国交通战备工作先进单位	2006 年	国家交通战备办公室	渭南市交通战备办公室
2008 年春运农民工平安返乡安全优质服务竞赛先进集体	2008 年	中国海员建设工会全国委员会	渭运集团
2009 年春运农民工平安返乡安全优质服务竞赛先进集体	2009 年	中国海员建设工会全国委员会	渭运集团
2010 年春运农民工平安返乡安全优质服务竞赛先进集体	2010 年	中国海员建设工会全国委员会	渭运集团
全国运输行业文明单位	2010 年 9 月	交通运输部	渭南市交通运输局
2011 年度全国交通运输系统行政执法评议考核优秀单位	2012 年	交通运输部	渭南公路管理局
全国交通系统文明示范窗口	2012 年	交通运输部	渭南市道路运输管理处
全国交通系统文明示范窗口	2012 年	交通运输部	陕西高速集团西禹公司澄城管理所澄城收费站
全国道路运输百强诚信站场	2013 年	中国道路运输协会	渭南市客运中心站
安全生产标准化达标一级企业	2014 年	交通运输部	渭运集团
全国交通运输诚信建设示范物流企业	2014 年	中国交通企业管理协会	渭运集团
全国交通运输企业优秀物流管理者	2014 年	中国交通企业管理协会	渭运集团
全国交通运输文化建设优秀单位	2014 年	中国交通企业管理协会	陕西高速集团渭南管理所
全国交通运输系统先进集体	2015 年	交通部、人社部	渭南市交通局

渭南市交通系统1949～2015年受中共陕西省委、省政府表彰单位一览表　　表4-3

荣誉称号	表彰时间	表彰机关	单位名称
党风廉政建设先进集体	1988 年	中共陕西省委	渭南公路总段
北线国道省级文明路段	1995 年	中共陕西省委、省政府	韩城市交通局
省级文明单位	1996 年	中共陕西省委、省政府	合阳县交通征费稽查所
省级文明单位	1996 年	中共陕西省委、省政府	澄城县交通征费稽查所
“创佳评差”活动最佳单位	1997 年	中共陕西省委、省政府	渭运集团
省级文明单位标兵	1997 年	中共陕西省委、省政府	大荔交通征费稽查所
省级文明单位	1997 年	中共陕西省委、省政府	华阴县交通征费稽查所
省级文明单位	1997 年	中共陕西省委、省政府	潼关县交通征费稽查所
陕西省先进集体	1997 年	中共陕西省委、省政府	大荔公路段下寨道班
模范职工小家	1998 年	陕西省总工会	渭南公路管理局合阳公路管理段
省级文明单位	1999 年	中共陕西省委、省政府	渭南公路总段重油库
省级文明单位	1999 年	中共陕西省委、省政府	渭南公路总段潼关段
省级文明单位	2000 年	中共陕西省委、省政府	渭南公路管理局
省级文明单位	2000 年	中共陕西省委、省政府	渭南公路管理局大荔收费处
省级文明单位标兵	2002 年	中共陕西省委、省政府	陕西省高速建设集团公司西渭分公司渭南管理所
抗击“非典”先进集体	2003 年	中共陕西省委、省政府	韩城市交通局
省级文明单位	2004 年	中共陕西省委、省政府	陕西省高速公路建设集团公司西渭分公司华阴管理所
省级文明单位	2005 年	中共陕西省委、省政府	渭南市道路运输管理处
省级文明单位	2005 年	中共陕西省委、省政府	渭南市临渭区交通局
省级文明单位	2006 年	中共陕西省委、省政府	澄城县交通局
省级文明单位	2006 年	中共陕西省委、省政府	陕西省富平交通征费稽查所

续表

荣誉称号	表彰时间	表彰机关	单位名称
省级文明单位	2007 年	中共陕西省委、省政府	陕西省渭南市交通征费稽查处
省级文明单位	2008 年	中共陕西省委、省政府	渭南公路管理局合阳管理段
省级文明单位	2009 年	中共陕西省委、省政府	澄城县交通局
2009 年陕西省工人先锋号	2010 年	陕西省劳动竞赛委员会	渭南西收费站
陕西省劳动关系和谐企业	2012 年	陕西省人力资源和社会保障厅、陕西省总工会	渭运集团
全省创先争优先进基层党组织	2012 年	中共陕西省委	渭南市公交总公司
2013 年陕西省工人先锋号	2014 年	陕西省劳动竞赛委员会	渭运集团
省级文明单位	2015 年	中共陕西省委、省政府	渭南公路管理局合阳管理段

渭南市交通系统1949～2015年受陕西省交通厅等表彰单位一览表　　表4–4

荣誉称号	表彰时间	表彰机关	单位名称
文明汽车站	1983 年	陕西省交通厅	白水汽车站
省级先进班组	1986 年	陕西省总工会	合阳公路管理段路井道班
党风廉政建设先进集体	1988 年	陕西省公路局党委	渭南公路总段
“好路杯”铜杯奖	1989 年	陕西省公路局	渭南公路总段
“一建二杯三优四好”活动先进单位	1993 年	陕西省公路局	渭南公路总段
省级青年文明号	1994 年	陕西省公路局	渭南公路总段
“三五”普法先进集体	1995 年	陕西省交通厅	韩城市交通局
全国卫生城市先进单位	1996 年	陕西省爱委会	韩城市交通局
陕西省青年文明号先进集体	1996 年	共青团陕西省委	渭南公路总段
文明示范窗口单位	1997 年	陕西省交通厅	渭运集团渭南客运公司
青年文明号	1997 年	陕西省交通厅	渭南公路管理局合阳公路管理段

续表

荣誉称号	表彰时间	表彰机关	单位名称
陕西省公路养护优良化总段	1998 年	陕西省公路局	渭南公路总段
最佳单位	1998 年	陕西省交通厅	渭南公路总段
省级青年文明号	1999 年	共青团陕西省委	渭南公路总段合阳收费处
公路养护优良化管理	2000 年	省公路局	渭南公路管理局
干线公路养护“好路杯”银杯	2000 年	省公路局	渭南公路管理局
星级服务竞赛活动四星级站	2003 年	陕西省交通厅	渭运集团大荔客运公司
先进工会小组	2004 年	陕西省交通工会	渭南公路管理局合阳公路管理段
先进工会分会	2005 年	陕西省交通工会	渭南公路管理局合阳公路管理段
道路客运企业“十强企业”	2006 年	陕西省道路运输协会	渭运集团渭南客运公司
全省交通战备工作先进单位	2006 年	陕西省国防动员委员会	渭南市交通战备办公室
“十五”期间全省交通战备工作先进单位	2006 年	陕西省国防动员委员会	市道路运输管理处
全省运输企业统计工作先进单位	2007 年	陕西省交通厅运输管理局	渭运集团
档案管理 A 级单位	2007 年	陕西省档案局	韩城市交通局
工人先锋号	2008 年	陕西省劳动竞赛委员会	渭运集团
陕西交通行业和谐企业	2008 年	陕西交通企业协会	渭运集团
陕西交通行业企业文化建设优秀成果奖	2008 年	陕西交通企业协会	渭运集团
全省交通战备工作先进单位	2009 年	陕西省国防动员委员会	渭南市交通战备办公室
工会职工维权先进集体	2009 年	陕西省交通工会	渭运集团
2008 年度先进集体	2009 年	陕西高速集团	陕西高速集团渭南管理所
全省交通系统文明治超站	2009 年	陕西省交通厅	陕西高速集团渭南管理所渭南西治超站
2008 年度文明服务活动先进管理所	2009 年	陕西高速集团	陕西高速集团渭南管理所

续表

荣誉称号	表彰时间	表彰机关	单位名称
省交通系统先进基层党组织	2009 年	中共陕西省交通厅党组	陕西高速集团渭南管理所党支部
2010 年度“微笑服务示范站”	2010 年	陕西高速集团	渭南西收费站
2010 年度“文明执法先进集体”	2010 年	陕西高速集团	渭南路政中队
国防交通工作先进单位	2010 年	陕西省国防动员委员会	市道路运输管理处
2011 年度“微笑服务示范站”、“文明执法先进集体”、“科学养护示范岗”	2011 年	陕西高速集团精神文明建设指导委员会	陕西高速集团渭南管理所
2011 年度安全生产先进单位	2012 年 2 月	陕西省交通运输厅	渭南市交通运输局
2011 年度全省交通运输统计工作先进集体	2012 年 3 月	陕西省交通运输厅	渭南市交通运输局
2012 年度目标责任考核优秀单位	2013 年	陕西省公路局	渭南市交通运输局
“创建人民群众满意基层单位”省级先进单位	2013 年	陕西省人民政府纠风办	渭南西收费站
“创建人民群众满意基层单位”省级优秀单位	2013 年	陕西省人民政府纠风办	渭南西治超站
“全省文明交通四创建活动示范单位”	2013 年	陕西高速集团精神文明建设指导委员会	陕西高速集团渭南管理所
“五四红旗团支部”	2013 年	陕西高速集团	陕西高速集团渭南管理所团总支
全省公路养护管理先进集体	2013 年	陕西省交通厅	陕西高速集团渭南管理所
目标责任考核良好单位	2014 年	陕西省交通厅	韩城市交通局
目标责任考核优秀单位	2014 年	陕西省公路局	韩城市交通局
陕西省工会深入推进工资集体协商工作三年行动计划先进集体	2014 年	陕西省总工会	渭运集团
“创建人民群众满意基层单位”省级标兵单位	2014 年	陕西省人民政府纠风办	渭南西治超站
“创建人民群众满意基层单位”省级先进单位	2014 年	陕西省人民政府纠风办	华县收费站
2014 年度工会工作先进集体	2015 年	陕西省交通运输工会	渭运集团
全省农村公路管理养护示范县	2015 年	陕西省交通厅	潼关县交通局

续表

荣誉称号	表彰时间	表彰机关	单位名称
全省农村公路管理养护示范县	2015 年	陕西省交通厅	澄城县交通局
全省会计工作先进集体	2015 年	陕西省财政厅	渭南市交通运输局

渭南市交通系统1995～2015年受中共渭南市委、市政府表彰单位一览表　表4-5

荣誉称号	表彰时间	表彰机关	单位名称
先进基层党组织	1995 年	中共渭南市委	韩城市交通局
先进基层党组织	1998 年	中共渭南市委	韩城市交通局
农村公路普修先进集体	2001 年	渭南市人民政府	韩城市交通局
“十五”期间交通安全管理先进单位	2006 年	渭南市人民政府	渭运集团
“十五”期间农村公路建设先进县市（区）	2006 年	渭南市人民政府	韩城市交通局
“十五”期间道路运输管理先进集体	2006 年	渭南市人民政府	韩城市交通局
2007 年度安全生产工作标兵单位	2008 年	渭南市人民政府	渭运集团
创建省级卫生城市先进集体二等奖	2008 年	中共渭南市委、渭南市人民政府	渭南市交通局
预防职务犯罪先进单位	2010 年	中共渭南市委、渭南市人民政府	渭运集团
先进基层党组织	2011 年	中共渭南市委	渭南公路管理局合阳公路管理段
渭南市 2010 年度重点项目建设先进单位	2011 年	中共渭南市委、渭南市人民政府	渭南市交通运输局
渭南市 2011 年度安全生产先进单位	2012 年	中共渭南市委、渭南市人民政府	渭南市交通运输局
2011 年度示范创建先进单位	2012 年	渭南市人民政府	渭南市交通运输局
渭南市学习型组织建设先进单位	2012 年	中共渭南市委	渭南市交通运输局
2012 年度招商引资重大项目奖	2013 年	中共渭南市委、渭南市人民政府	渭南市交通运输局
渭南市 2013 年度人大代表评议满意单位	2013 年 12 月	渭南市人大常委会	渭南市交通运输局
2013 年度目标责任考核优秀单位	2014 年	中共渭南市委、渭南市人民政府	渭南市交通运输局

续表

荣誉称号	表彰时间	表彰机关	单位名称
渭南市2013年度重点项目建设先进集体	2014年	中共渭南市委、渭南市人民政府	渭南市交通运输局
渭南市五一劳动奖（集体）	2014年	中共渭南市委、市政府	渭运集团
2013年度精神文明建设先进集体	2014年	中共渭南市委、渭南市人民政府	渭南市公交总公司
行风建设先进基层党组织	2014年	中共渭南市委	渭南市公交总公司
渭南市2013年度重点项目建设先进集体	2015年	中共渭南市委、渭南市人民政府	渭南市交通运输局
2014年度国有企业目标责任制考核优秀单位	2015年	渭南市人民政府	渭运集团
2014年度国有企业目标责任考核优秀单位	2015年	渭南市人民政府	渭南市公交总公司

第九篇

人物

渭南交通人物，重点收集在交通方面为国家和地方做出重大贡献的人士，包括外籍人物，分传记、简介和人物表、人物录三部分。

第一章　人物传

第一节　人物传记

苏孝慈

苏孝慈（538 ~ 602），原名慈，字孝慈，祖籍扶风武功（今陕西武功县），后迁同州莲勺县崇德乐邑里（今蒲城县苏坊镇崇德村），是一位历仕西魏、北周、隋三朝的将军，著名军事家。

苏孝慈早年为西魏右侍中士、旷野将军。公元556年西魏禅位于北周，北周授孝慈中侍上士，右侍上士。北周武帝天和四年（569）授都督，出使北齐，后升大都督、正大都督，统率禁军。天和六年孝慈再次出使北齐，授宣纳上士，颇得武帝信任。武帝建德四年（575）授持节车骑大将军，仪同三司大都督，仍领禁军。建德五年随武帝出征北齐，次年北齐亡，授慈开府仪同大将军。建德五年随武帝出征北齐，次年北齐亡，授慈开府议同大将军，封瀛州（今河北河间）文安县开国公，食邑1500户。后迁工部中大夫。公元581年，北周相国杨坚受禅代周建立隋朝，是为文帝。隋文帝授慈太府卿，进爵泽州（山西晋城西北）安平郡开国公、兵部尚书，太子右卫率。隋开皇四年（584）以渭河水多沙，命宇文恺开广通渠，从大兴城东引渭水到潼关三百余里，以便漕运。孝慈任漕渠总副监，督凿漕渠。他从测绘开始，察勘线路，督导民夫，清挖渠道，疏引秦岭北麓诸水，日夜奔赴在施工现场。渠成漕船从黄河可直达长安。同时，岸下农田得以灌溉，时人称“富民渠”。任太子左卫率、工部、民部、刑部尚书，进位大将军。开皇十八年（598）文帝欲废太子杨勇，改立杨广，恐孝慈在东宫太子结伙反对，便调出京，改授淅州（河南西峡县北）刺史，以剪除太子势力。仁寿元年（601）被迁授使持节总管洪、吉、江、虔、饶、袁、抚七州诸军事，洪州刺史，交州（今广州）道行总管。仁寿二年（602）病卒于交州任所。次年二月归葬蒲城县苏坊乡北姚村新庄子西南，谥安公。

刘荫枢

刘荫枢（1637 ~ 1724），字相斗，别字乔南。清韩城县潭马村人。康熙八年（1669）中举，十五年（1676）中进士，任河南兰阳知县。后任吏部给事中，刑部给事中，调户部。康熙三十六年（1697）清帝下诏求直言，荫枢上疏，清肃纲纪，核名实，开言路。次年外转江西赣南道。赣俗多争讼，荫枢昼夜审理，严惩诬告及无事生非者。后为按察使，得罪巡抚阿山，被弹劾罢官。

康熙四十二年（1703）帝西巡，见荫枢于潼关，授云南按察使。四十五年（1706），迁广东布政使。总督具和诺认为荫枢清廉勤慎，深得士民拥戴，奏请补云南布政使。康熙四十七年（1708）任贵州巡抚，在任期间，拒收礼，省徭役，平冤狱，与夫人教民耕织，修治道路两千余里。乌蒙土酋与威宁土舍仇杀，荫枢晓以大义，劝其息兵，苗人头领自缚请罪，均愿息争和好。又创设南笼厅学，令各县兴办苗学，疏请朝廷为贵州增加6名乡试名额。时贵州人将荫枢夫妇二人画像供于堂前祭祀。称之为“刘爷爷、刘婆婆”。抗日战争时期，国民党新军8师来韩城，军中贵州籍官兵皆到潭马村刘家祠堂跪拜刘荫枢。

康熙五十四年（1715）准噶尔策妄阿喇布坦扰哈密，朝廷令备兵进剿。荫枢不懂兵，疏请缓师。抵巴里坤后，又疏请屯兵哈密，勿轻用兵，继称有病回甘川，并疏请辞官。康熙令回巡抚任，荫枢又疏报病愈，故罢其职，命回京候刑部处理。刑部以“阻挠军务”罪拟处绞刑。康熙着从轻处理，令赴喀尔喀种地，时荫枢已82岁。三年后，康熙以其“忠臣也，但书生不知兵”复其职。康熙六十一年（1722）荫枢至京赴千叟宴。雍正元年（1723）胤祯登基，又召见慰问，赐金归里，翌年87岁病故。

荫枢虽居官在外，但仍关心乡梓，曾在黄河龙门岸石壁上置铁柱铁环，使逆水船只攀沿以上行。荫枢在县城南修毓秀桥(濻水桥)，该桥石砌拱形，总长180米，10孔，孔跨15米，高12米，宽4.5米，已被列为国家级文物保护单位。桥成，乡人言及此桥可荫刘家后人。荫枢闻后约韩城知县，将此桥以一文售价充公，以免不肖子孙借此桥勒索行人。荫枢还在县城北修柿谷坡，又修城中街道皆铺以石条。原在南桥和柿谷坡顶建有刘公祠，均为纪念荫枢之德而建。

刘荫枢有不少著述，惜已失。康熙年间《韩城县续志》有其手书序文，并载其《应诏陈言疏》、《请豁滨河地粮永禁现役马头疏》两篇。韩城桥南牌楼上“示我周行”和云南昆明西山大华寺山门“气象万千”两匾为其手书，尚存。

张大有

张大有（1675 ~ 1730），字书登，又字火天，号慕莘。清代漕官，合阳县城关镇西街人。康熙三十三年（1694）中进士，选庶吉士，散馆期成绩最优，授翰林院编修。三十九年（1700）转任礼科给事中。在担任殿试授卷官时，他向皇帝陈奏了当时考场中的弊端。因居官勤慎，多次升迁，历任奉天府、顺天府尹，都察院左佥都御史，太常寺卿，大理寺卿，左副都御史。

康熙六十一年（1722），任兵部左侍郎。当时大运河航道不畅，漕运艰难，他被调任漕运总督。雍正皇帝继位，授他兵部尚书，表示对漕运的重视。张大有任漕运总督后，励精图治，为改革漕政向朝廷上奏8条建议，即建议将漕运船只按船形编队，规定水手名额，以制度约束；监司、守备等官吏有谋私渔利和不称职者，皆予罢免；裁减江浙押运通判多余人员；苏、杭、扬、泗十三卫守备另行选调；筑石坝以收水势等。朝廷同意他的奏议，并定为漕务条例。

张大有得到朝廷的支持，遂推行漕务改革。他身先士卒，亲历河道察看，登船押运赋粮至河北通县，获得朝野赞誉。雍正帝为褒奖和支持他，特赐他湘妃竹金面折扇一把，上题五言诗一首，前后加盖“为君难”、“朝乾夕惕”、“雍正宸翰”三枚印章。其诗曰：“天庾关国计，输挽最艰辛。蓖秸来千里，膏脂念万民。无忧任土贡，已得济川人。可靳功高赏，恩光宠锡频。”表明了漕运的重要性，表扬了张大有的辛劳精神，强调了赋粮是民脂民膏，肯定了张大有任漕运总督的功绩。他任职期间，选用了一批有才干的官吏，罢免了一批欺压百姓、横征暴敛的贪官污吏。五年之中，改革成绩显著，弊减风清，使漕运面貌大变。他自身廉洁奉公，历任总督数年，家无余财。雍正帝又赐御书“清勤裕国”金字绣匣褒奖。

樊增祥

樊增祥（1846 ~ 1931），字嘉父，号云门，别号樊山，湖北恩施人，清代官员、清末民初著名晚唐诗派代表诗人、文学家、藏书家、书法家。清光绪中进士后任富平、咸宁县知县。光绪十七年（1891）任渭南知县。他判案果断，治县有方。上任数月，判理 48 起积案，撤了 3 位秀才资格，平反民间冤案，绅畏民服。他还在铺筑道路、倡修水利、鼓励农户栽桑务蚕上，积极有效地做了不少工作。光绪三十二年（1906），陕西巡抚曹鸿勋派增祥为总办，筹办西（安）潼（关）铁路。增祥接任后，在筹措银两、聘请技师、察看线路、测绘设计、民夫征用、石料厂选择、确定工队等方面，都做了大量基础性工作。宣统年间，清廷愈加昏庸，民主革命兴起，蒲城、富平、华县革命党人活动尤为活跃。兴办实业地位已退居其次，西潼铁路修建被搁置。

冯玉祥

冯玉祥（1882 ~ 1948），谱名基善，表字焕章，安徽巢县（今巢湖市夏阁镇竹柯村）人，生长于直隶省保定府（今河北省保定市），国民革命军陆军元帅，西北军领袖。曾任陆军第十六混成旅旅长，第十一师师长，陆军检阅使。

1921 年 9 月，冯玉祥出任陕西督军，出于军事及政治需要，责令驻军和沿途各县，于当年冬季修筑西潼公路。在原车马大道的基础上，裁弯取直，加宽路基，整平路面，降低陡坡，对原有桥涵予以整修或加固，历时 5 个月，于 1922 年 2 月初通，全长 170 公里。从此，潼关路属于驿道的历史宣告结束，陕西境内诞生了第一条公路——西潼公路。是年 8 月，西潼公路客货汽车开车运营，陕西汽车运输业由此发轫。

1928—1929 年，冯玉祥率部驻防关中，军车往来不便，又令沿线驻军和各县，征用民夫，对西潼公路西安至华阴县岳庙间的 140 公里，进行了较大整治，使路基最宽达到 9 米，最大纵坡不超过 8%，最小曲线半径 100 米。在整修路基、路面的同时，还整修、加固了桥梁 26 座，1544 延米，涵洞 18 道。经过此次整修，这一段线路的质量有了较大的改善和提高。

李逢春

李逢春（1911 ~ 1980），韩城市芝川镇少梁村村民。1959 年参加群众养路队，1969 年转为合同工养路队员。

李逢春继承中华民族“修桥补路”的优良传统，多年坚持义务修路护路。1951 年，他在公路侧旁辟修大车便道，并搭盖草房昼夜管护，防止铁轮大车行驶公路毁坏路面。他经常拉运沙、石等养路材料，修补渭韩公路芝川至韩城间 10 公里的路面和桥涵，种植、管护行道树。他自制“人字”形刮雪板，每逢大雪过后，即以自家的牛拽板刮雪，使车辆安全通行。20 世纪 60 年代起，由他负责包养的路段，不论是砂砾路面，还是油路面，经常保持平整完好无坑槽。并在路旁外植杨柳，内栽楸桐柏，形成高中低三层，美化了路容。他养护的路段，多次被评为优等路，受到过往司机和行人的赞扬。1955 年被评为陕西省第一届交通运输劳模大会甲等劳动模范，参加了交通部、中国公路运输工会在北京召开的全国公路第一届劳动模范代表大会。1978 年当选韩城县第八届人民代表大会代表。1980 年病逝。1982 年陕西省人民政府为他颁发了《陕西省劳动模范纪念证书》。

李逢春 38 年如一日，奋战在公路段上，修桥补路，常常超额完成任务，被誉为“公路战线上的铁人”。

戴启温

戴启温（1916 ~ 1989），河北省定县人，毕业于原国立西北工学院土木工程系。曾任渭南公路总段主任工程师、高级工程师，并当选为陕西省第六届人民代表大会代表和渭南地区科协、渭南市政协委员。

20 世纪 50 年代初期，启温服从祖国需要，先后在陕南、陕北、甘南、青海和西藏等地，出色完成了多项公路、桥梁、房建工程测设和施工。1958 年，在艰巨的西万公路北段开山工程中，他多次和技术员试验炸药、雷管安全技术性能，在雷管炸伤头部、震聋耳朵的情况下仍坚持工作。1959 年 12 月，西潼公路新线工程仓促上马，他负责该工程施工技术工作，不顾严寒酷暑和体弱多病，往返奔波于西起渭南、东至陕豫交界长达 110 公里的路线上，查看现场、校正图纸、修改设计、调整落实施工计划，并与铁路部门密切联系解决有关施工的矛盾，保证了整个任务的按时完成。

1962 年，启温调到渭南公路总段工作。面对“大跃进”时期形成的严重失修失养的道路现状，他到后第二天就和段长范保民一起，带领技术员周恒顺等奔赴各条辖线，逐线路调查研究，提出了切实具体的改善方案。经过他与全段职工一年多努力，全区路况大为改观。在根治金水沟、桥头河两大“盲肠”路段中，他通过实际勘察论证，提出了改建设计，并于 1963 年 10 月带领 2 名干部和 12 名道工，进驻沟深坡陡、路窄弯急的改线工程土地，具体组织指挥两处共长 7.17 公里坡道、5 座桥涵工程的施工。既保证工程进展安全顺利，又为国家节约资金 13019.38 元。1965 年和 1966 年，西潼公路危桥改造中，他既规划设计，又安排施工，抓技术管理。在短短几个月的时间内，完成 19 座桥梁和多处涵洞、护坡等新建、改建工程。

20 世纪 70 年代初，启温刚从“牛棚”里解放出来，就马上投入到油路建设中，负责技术抓总管。逐年安排各县的前期准备工作，组织人员培训，指导全区施工，检查工作质量，抓好早期养护等。他及时总结推广的侯家道班等基层单位的养护经验，在全省都产生了较大影响。1982 年，他受渭南地区地方道路处之托，抱病踏勘位于 60 米沟深的澄白公路桥沟大桥桥址，提出的初步设计方案受到设计部门高度评价并被采纳。1986 年，渭南市交通局组织工程技术人员检查桥体移位的蔺阳桥。他以古稀之年、多病之躯，跑上跑下仔细查看后，提出切实可行的加固意见，为国家节约投资 20 余万元。

同志先

同志先（1917 ~ 2014），汉族，华县高塘镇同家村人，中共党员，副地级离休老干部，离休前任原渭南地区交通局局长、党组书记。历经抗日战争和解放战争；1955 年实行军衔制后，被授予少校军衔；1957 年被授予三级独立自由勋章和三级解放勋章；1999 年获“献给共和国创立者”纪念章；2005 年获中共中央、国务院、中央军委颁发的“中国人民抗日战争胜利六十周年纪念章”。

1938 年 7 月参加革命，10 月在陕甘宁边区瓦窑堡加入中国共产党，属延安抗日军政大学第四期学员。1938 年 10 月至 1949 年 9 月先后在陕北保安独立营、保安二团一营、二营、警备十一团、十一师三十三团、司令部任文教、教育干事、副政治指导员、指导员、组织股长、党委书记等职。1949 年 9 月至 1959 年 1 月先后任渭南军分区司令部支部委员、书记、蓝田武装部部长、蓝田兵役局局长。1959 年 1 月至 1979 年 5 月先后任陕西省宝鸡机床厂党总支副书记、厂长，渭南专署工交局副局长兼任渭南经委副主任、农机公司党委书记、经理，渭南渭河大桥指挥部总指挥，0905 战备工程指挥部总指挥，陕棉十三厂党委书记、厂长，渭南地区物资局局长。1979 年 6 月至 1983 年任渭南地区交通局局长。

1965 年开始筹建渭南上涨渡渭河大桥，他担任渭河大桥指挥部总指挥，在这期间，依靠工程技术人员和老工人带领渭南的民工，不畏天灾人祸，艰苦奋战，克服了文革被批斗和停电、渭河发大水等难以想象的困难，夜以继日地工作，在渭河上涨渡旧址上把大桥建成。渭河大桥全长 1489.58 米，1969 年 5 月 1 日建成通车，成为渭南地区连接渭北各县的交通要道。

大桥刚完工，他又调任 0905 工程建设总指挥，修建战备公路。该工程由西安经三原、富平、蒲城、澄城、大荔、合阳、韩城到禹门口，工程很艰巨，沿途要建富平、永丰、韩城等五座大桥，许多地段地形复杂，多数经过滑坡地带，各县负责各县的路段施工，由指挥部统一指挥。在既无完整的施工图，又缺乏技术力量，更无施工机械和交通工具的情况下，他依靠群众的智慧，发动群众，大打人民战争，克服各种困难，用一辆两吨半的卡车，既拉材料又坐人，巡回到各县指挥检查，用了不到三年的时间于 1972 年全面完成了这条公路的建设任务。

他到渭南地区交通局任职后，经过多年的努力，在公路建设上逐渐由软路面变硬路面，由硬路面变石子路、油渣路面，基本改变了群众说的“扬灰路”、“水泥路”、“搓板路”、“坑槽路”，使干线路风雨无阻。在地方道路建设上，用“民办公助”的办法，动员群众义务修路，逐步解决了群众出行难的问题。

苏树民

苏树民（1917 ~ 1994），男，中共党员。1962 年来到侯家道班担任班长。1979 年 8 月退休。苏树民上任之初，面对辖路严重失修失养、道班住房简陋、工人不安心养路的现状，他一头扎进道班工作中，带头上路劳动，坚持以道班为家，用“饿得、累得、晒得、淋得”的实际行动现身说法，使得爱班、爱路、爱社会主义的风气在该道班越来越浓。

他潜心钻研养路技术。在养护煤渣路面时，坚持对煤渣破碎、过筛，从几百米以外找到黏性较好的土源，采取晴天备料、拌料雨后撒铺和旱季拉水拌料撒铺等方法，有效提高了路面的使用周期。在养护砂石路面时，他和同事们先后总结出勤观察、勤铺筑、勤修养、勤回沙的四勤养护法。路面实现黑色化后，他针对季节交替和阴晴转化，坚持仔细观察研究油路变化情况，探索出一套处理油包、泛油、坑槽、龟裂和松散脱落的切合实际的养护方法。特别是他们总结的挖补坑槽的七道工序，被渭南公路总段及时加以推广，用以指导各地油路养护工作。陕西省交通厅、省公路局也派人总结、推广该班养护油路的经验。由此，他赢得了“土工程师”的美称。

他在侯家道班工作长达 18 年之久，直至退休。多年来，侯家道班辖养道路由 7 米拓宽成 12 米，路面由煤渣路面改造为砂石路，进而辅筑成黑色路面，好路率由零逐步上升到全优，路肩、水沟、行道树相继达到标准化。道班还先后为管理段培养、输送了 6 名道班长。苏树民因工作成绩突出，多次被评为渭南公路管理站、渭南公路总段、陕西省公路局先进生产者、先进工作者、工业学大庆标兵，并当选为渭南县第八届人民代表大会代表。

张志西

张志西（1926 ~ 1992），男，初小文化，中共党员，渭南公路管理

局潼关公路管理段原道班班长。1949 年 5 月参加革命工作，当时兰州军区后勤部组织船队，在老潼关风陵渡渡口摆渡过 18、19 两个兵团。由于他在航运工作中，热情很高，舍得吃苦，踏实肯干，工作突出，受到了部队和潼关县人民政府肯定。随后他到潼关公路管理段任道班班长。在辖段公路养护中，以身作则，吃苦当先，带头实干，不避风雨，实绩明显。同时，他善于动脑，钻研养路技术，经常攻克难关，创造工作奇迹，在公路养护上做出了重大贡献，多次被授予先进劳模等称号。1956 年，他加入中国共产党，同年被选送参加了陕西省“群英会”，被评为陕西省群英会先进生产者。

张志西几十年如一日，兢兢业业，任劳任怨，实干、苦干加巧干，为公路养护事业贡献了毕生精力，成为交通系统的楷模。

杨兆森

杨兆森（1929 ~ 1988），男、中共党员，渭南市汽车运输（集团）有限责任公司富平客运公司职工，1956 年获得省级劳动模范称号，1980 年 11 月退休。

他从事公路运输工作 30 多年，坚持全心全意为旅客服务、为企业奉献，在任驾驶员时，坚持安全、优质、低消耗行驶，年年超额完成运输生产任务。他刻苦学习驾驶知识，熟练掌握车辆性能，能根据路况和行车状况作出灵活处理，及时排除各种故障。他为人诚实，善于帮助他人，经常带动其他同事完成各项任务。因工作出色，他先后被任命为富平汽车站副站长、站长及富平车队副队长等职。在管理岗位上，他仍然保持工人阶级本色，诚实做人，踏实做事，兢兢业业，不求回报，为企业的发展进步做出了突出贡献。

陈更锁

陈更锁（1970 ~ 2012），男，汉族，1970 年 3 月出生，山西省冀

城县王庄乡人。1986 年至 2002 年在 84803 部队服役，2007 年 7 月到 108 国道故市治超站工作。

他情系治超事业，从步入治超岗位的第一天起，就忠实地履行着一名“公路卫士”的神圣职责。在工作中，他从不计较任务轻重和个人得失，不论刮风下雨都始终坚守在治超一线。在治超检测中，他自觉维护治超队伍的良好形象。一方面他牢记宗旨，公正执法，该认真的坚持原则办事，该严格的拒绝拉拢腐蚀；另一方面，他热情服务，乐于助人，遇到受困车辆、事故伤员时，总是尽其所能予以帮忙援助。

他工作第一，无私奉献。因为工作，父母年迈多病且在外地，他无法尽孝，家中妻儿也是很少照顾。而同事在工作或是生活中遇到困难，他总是尽力帮助，甚至在牺牲前的最后一刻还呼喊让同事快闪开。正是因为他素质高、业务精、作风硬，2009 年 1 月被大家一致推荐为检测三班班长，连续三年被评为“先进个人”，所负责的检测三班也被评为先进集体。

2012 年 2 月 22 日中午，他在执法过程中被一辆强行闯站的运沙超限车撞倒，因公殉职，年仅 42 岁。陕西省交通厅追认他为“陕西省优秀治超员”。

熊礼博

熊礼博(1983 ~ 2008)，男，1983 年 6 月出生于富平县，高中文化。2000 年入伍，2007 年 7 月分配到渭南公路管理局 106 省道苏坊超限运输检测站工作，担任治超员。

他在部队新兵训练结束后，2001 年 3 月至 8 月被送到济南军区侦察训练大队学习照相、摄录像技术。他从小爱好绘画，这一特长得以发挥，设计的板报、绘制的版画赢得了部队首长和战友的一致好评，2002 年被评为“优秀士兵”。复员参加工作后，他深知自身的知识水平很难适应时代发展的要求，经过刻苦努力，于 2006 年 12 月考取了中央党校公共管理专业大专文凭，还取得了特种机械驾驶和汽车驾驶证。他将部队的良好作风带到公路治超工作中。在单位的军训期间，从每日生活、交接班、执勤训练、礼节、着装、内务卫生等，他都为全站同事树立了榜样。工作不分大小轻重，他都能积极主动，认真负责。打扫单位卫生，他从一楼到三楼拖扫楼道，还用抹布将楼梯扶手擦洗干净。

在检测站，经常会碰到有些对治超有抵触情绪的过往司乘人员不配合、磨嘴吵架的事情。他从不还口，总是以礼相待，耐心地为司机讲解政策，尽量争取他们的理解，以配合检测。检查时，他依规爬上车认真查看后才让通行。对于强行闯站的车辆，军人出身的他决不退缩一步，忠实地履行“公路卫士”的职责。

2008 年 3 月 20 日凌晨，他在检测站执行任务时，一辆载重车高速驶入检测区域。他和在场的三名检测员示意让其停车接受检测，该车强行闯站，直接向三名检测员冲来。在这危险时刻，他奋力将其中一名同事推开，自己却躲避不及，被该车撞倒，当场牺牲。事后，他被陕西省交通厅、陕西省民政厅分别追认为“陕西省优秀治超员”，“革命烈士”。

第二节　人物简介

程文斌，男，1935 年 5 月 25 日生，中专文化，中共党员，渭南市临渭区龙背镇人。

1947 年随同村人进入西安大华纱厂当童工，同时自学认字、学技术。1954 年由大华纱厂辞工回渭南，被分配至渭南公路段工作，主要参与渭南地区大荔、韩城、合阳乡村公路建设的施工。当时的陕西公路一穷二白，没有设备、没有技术、没有专业人员，只有自力更生、逐渐摸索，公路施工全靠目力勘探，依据当地情况采弯取直、设计改造。他虚心学习，认真钻研业务技术，首次采用煤渣、沙石等进行路面混合铺垫，为改善土路做出重要贡献。

1956 年渭南地区干线公路建设全面竣工通车，土面公路基本煤渣沙石化。1957 年陕西省大 - 合 - 韩公路受到国家交通部表彰，程文斌被交通部授予“先进工作者”，合阳县被评为先进县。同年，他和时任中共合阳县委书记的董继昌一起到北京中南海怀仁堂领奖，受到中共中央副主席刘少奇、国务院总理周恩来等党和国家领导人的接见。

1958 年 5 月 1 日，程文斌被评为省部级劳动模范，到北戴河疗养，同年被保送至陕西省交通学校学习进修。1960 年至 1963 年被分配至陕西省交通厅养路处工作。1963 年至 1970 年转至陕西省公路局机关工作。1970 年至 1983 年转至陕西省交通厅机关工作。1982 年 9 月因工作成绩优异再次获得陕西省劳动模范。1983 年至 1988 年转至西安车辆监理所工作。1988 年至 1995 年在西安交通征费稽查处任职，1997 年 6 月退休。

扈答琪，男，1936 年 11 月生，渭南市汽车运输（集团）有限责任公司富平汽车修理厂电工，1958 年获得陕西省级劳动模范称号，1996 年 2 月退休。

他在工作中，兢兢业业，善于钻研，坚持安全生产，从不拈轻怕重，经他手修理过的车辆，从未发生过返修事件，确保了企业营运车辆的正常运行。连续多年被公司评为生产标兵、先进生产者。

苏海生，男，1941 生，渭南市临渭区人。原为兰州军区汽车 14 团汽车兵，1975 年复员转业到渭南地区汽车运输公司任驾驶员。

苏海生热爱本职工作。他常说：人活着就得劳动；劳动创造了人类文明，也创造了自我价值。多年来，不论是在部队，还是在地方，他始终不渝地勤奋工作。他爱护车辆就像爱护自己的眼睛一样，坚持勤保养勤检查，发现毛病立即检修，从不凑合。他驾驶车辆时刻注意安全，安全行车90多万公里，从未发生责任事故。他驾驶长途客车，坚持为旅客做好事，处处帮乘客排忧解难，旅客坐上他的车，如同回到家中一样倍感亲切。

他尊师爱徒，关心他人，被誉为职工的贴心人。多年来全身心地投入工作，经常加班加点，十多年均未在家过春节。1980年至1988年，累计创单车产值1930多万元，实现利润12.4万元，节约汽油1.07万公升。1987年被中共陕西省委、陕西省人民政府授予“劳动模范”；1988年4月获“全国优秀汽车驾驶员”称号；同年5月，又获全国“五一劳动奖章”；1989年在全国劳动模范和全国先进工作者表彰大会上被授予“全国劳动模范”称号。

王宏儒，男，1946年3月生，中共党员，富平县人，大专文化，高级政工师。1967年10月参加工作。1976年8月任陕西省黄龙县白马滩公社党委书记兼主任。1982年12月任黄龙县副县长。1989年11月任渭南地区农业技术推广中心副主任。1990年11月任渭南公路总段总段长、党委副书记。2001年2月任渭南公路管理局局长、党委副书记。2002年10月任渭南公路管理局党委书记。2003年6月任渭南公路管理局调研员。

在任渭南公路管理局局长期间，面对渭南辖区公路等级低下、交通不畅的严峻局面，克服资金困难，采取“贷款修路”的办法，率领全体干部职工苦战6年，完成公路改建投资6.5亿元，建成标准二级公路267公里，新建大桥3座，使渭南市主要干线实现二级公路网络化，高质量、高效率地完成了陕西省政府关于确保东线畅通的艰巨任务。

他团结班子成员，坚持“两手抓”，使全系统精神文明建设有了长足发展，下属的20多个单位全部取得县级以上“文明单位”称号。渭南公路管理局1998年被陕西省公路局命名为“优良化管理局”，被省交通厅命名为“最佳单位”。1999 年被省劳动竞赛委员会命名为“陕西省职工跨世纪立功竞赛标兵集体”。他本人也被评为“陕西省职工跨世纪立功竞赛标兵”。 2000 年 5 月，王宏儒被国务院授予全国先进工作者称号。

马彪武，男，1946 年生，陕西省临潼县人，中共党员。1980 年由新疆阿克苏地区调入渭南地区汽车运输（集团）有限责任公司任客车驾驶员。

1983 年，他开始驾驶渭南至铜川当日往返的客车，一干就是十六个春秋，在广大旅客中播撒了一曲优质文明服务的赞歌。

渭南发往铜川的客运班车，所行驶的道路一半以上是三级路面，道路狭窄，坑洼不平，穿越市区街道、村庄小镇达 60 多处，他始终把行车安全当作头等大事。每次行车他自觉遵守道路运输法规，严格按规范操作，出车前、行驶中、收车后的三项检查工作雷打不动。同行们都称赞“他把车看得比自己的生命都值钱”。在这条客运线上，他给失主送过行李，为有困难的旅客买过饭，让身无分文的旅客在他家留过宿，也让外出打工者免费乘过车，还主动为他们代付过转乘车的路费，还经常为一些在渭铜两地经商的人捎钱带物。他时刻以一名共产党员特有的责任和一身正气，敢于同歹徒流氓和社会上的不法分子进行坚决斗争，维护旅客的利益、保护旅客的生命和国家财产的安全。

马彪武在渭南至铜川的线路上安全行车 130 余万公里，给国家创造利税和上交各种规费 100 余万元，修旧利废和节约油、材料折合现金 30 余万元。他 1991 年获“地级功臣驾驶员”称号；1994 年获“九一、九二、九三年度全国交通系统劳动模范”称号；1995 年获“全国红旗客车”和“双文明建设先进个人”称号。“坐老马的车一百个放心”，这是旅客对他的肯定和赞誉。

孟思贤，男，汉族，甘肃省通渭县人，1951年9月生，1970年12月参加工作，中共党员，中专文化，会计师，曾先后担任澄城公路段财务会计、副段长，大荔公路段党支部书记兼工会主席，华阴公路段段长，大荔许庄收费处处长、党支部书记，渭南公路局大荔许庄收费处主任科员。1987年元月，出席了国家交通部全国财会工作先进集体和先进个人代表大会。

他长期在基层工作，在财务管理和会计核算方面有独特的见解和做法，其经验在全省推广。同时，他所负责的财务部门被交通部评为先进集体，个人被陕西省公路局评为标兵、省公路系统先进会计工作者。1990年3月被陕西省交通厅授予“交通系统劳动模范”。

姚玲芳，女，汉族，大荔县人，1955年5月生，中共党员，大专文化，高级政工师，历任渭南公路局团委书记、大荔公路段段长、渭南公路局工会主席和副局长。

1995年，她投身全市二级公路网化工程建设，先后率领筑路人员，在时间紧、任务重、线形复杂、资金短缺、施工难度极大的情况下，于2000年底科学高效地完成了累计109公里二级公路改造任务。2001年又完成了省道305线18.269公里的路基和油路底层施工任务。在提高道路等级、改善交通环境、推动渭南经济发展中做出了贡献。1982年被陕西省交通工会评为优秀职工代表，1986年在省公路局开展的“好路杯”活动中获三等奖，2000年被交通部授予“巾帼建功标兵”。

赵培森，男，1956年7月生，澄城县人，研究生文化，中共党员，高级政工师，渭南市政协委员，曾任渭南公路管理局党委副书记、工会主席。

任职期间，他重视调查研究，担任项目负责人，出色完成了工程改建、改善任务。他撰写的《市场经济中的企业决策》一文获中国管理科学院人文科学研究所、中国新时期人文科学优秀成果一等奖，《为服务对象着想》等文章被国家和省级刊物刊用。撰写的剧本《不褪色的红旗宽敞的路》在陕西省交通厅、省公路局庆祝建国50周年文艺汇演中获得创作一等奖。他密切联系职工群众，组织工会干部挑选并购买了5万元的图书，及时分发到各个道班。成立了职工教育培训领导小组，制定了《职工教育培训规划》，对职工的政治理论、思想道德、业务技能等进行分期培训，促进职工整体素质的提高。在各个道班中开展以"优质工程"、"精品工程"和精细化养护的"养护管理示范路"工程为目标的新型劳动竞赛活动。精心组织开展"送温暖"活动和领导干部"交友帮扶"结对子活动，及时解决道工子女入托、入学难等实际问题。

2000年，渭南公路局工会被评为"陕西省模范职工之家"，2008年，被市总工会申报为"全国模范职工之家"。赵培森2000年2月被渭南市政府评为"全市二级公路网化工程建设先进个人"，2001年被全国总工会授予1996年—2000年全国工会法制宣传教育先进个人，2002年4月被中共陕西省委、省政府评为先进工作者，2008年4月被中国海员建设工会评为全国交通建设系统优秀工会工作者。

汪洋，男，1953年12月生，安徽桐城人，中共党员，大专文化，渭南市汽车运输（集团）有限责任公司党委书记、董事长兼总经理，渭南市党代表、渭南市临渭区人大代表。

他2006年3月上任以来，创新思路，深入基层，集思广益，制定完善各类管理制度39项、部门和岗位职责78项，实现了管理工作的创新和进步。对公司负责的西禹高速班线 9 家参营企业 103 辆客车，采取管理科学、操作性强的管理办法，实现较严密的集约化经营。建立车辆 GPS 管理平台，营运车辆全部安装了 GPS 车载终端。投资 100 多万元，对富平县联营公司、万通公司整体收购，吸收客车 92 辆，统一了当地的客运市场。2008 年，对企业经营体制进行改革，推出了《渭运集团经营体制改革方案》，当年企业净收入增加了 500 多万元。

2010 年 7 月全面完成了渭南至西安高速客运班线的改造任务，成为渭南市第一条实行公司化经营改造的客运线路，共有 7 家企业的 79 辆客车参营。同时对庄里至西安、华阴至西安、澄城至西安、合阳至西安、韩城至西安部分车辆进行了公司化改造。立足企业的长远发展，投入 8000 多万元，在高新区新建了全市唯一的一级客运站——渭南客运中心站。 2011 年，投资 1000 多万元建成了渭南汽车修理厂、渭南汽车检测站。2015 年，在蒲城县投资建成全市第二个一级客运站。

多年来，企业开发了渭南—东莞、渭南—深圳、渭南—上海、韩城—北京等 50 余条营运线路，至 2015 年底，经营区域已辐射到北京、上海、广州等国内 30 多个大中城市。

在汪洋的带领下，企业两个文明建设硕果累累：集团公司被交通部、中国道路交通协会评定为“道路旅客运输一级企业”，被陕西省道路交通协会评为“和谐企业”，获“企业文化建设优秀成果奖”、“陕西省交通运输行业十强企业”称号，被中共渭南市委、市政府评为“预防职务犯罪先进单位”。公司三个下属单位被全国海员工会评为“农民工平安返乡（岗）优质服务竞赛先进单位”，一个客运站被评为省级文明客运站，渭南客运中心站被省安委会、省交通运输厅分别评为“安全生产先进集体”、“全省交通安全文明先进单位”。他本人也被省总工会评为“经济技术创新标兵”。

刘全明，男，1965 年 2 月生，1982 年 3 月参加工作，渭南公路管理

局程家道班班长。

多年来，他带领11名职工不等不靠，齐心协力，实干苦干，精心养护国道310线12公里公路，圆满完成各项任务。2008年，程家道班被陕西省公路局授予“文明道班”称号。刘全明2009年2月被渭南公路局评为首届公路养管“十大标兵”，2011年1月被陕西省公路局评为“十一五”期间全省公路行业“十佳养路工”，2012年3月被陕西省劳动竞赛委员会评为2011年陕西省劳动竞赛标兵，2012年“五一”前夕被中共陕西省委、省政府授予“陕西省劳动模范”称号，2012年12月被国家交通运输部评为2010—2011年度全国交通运输行业文明职工标兵。

程家道班所管养的路段情况复杂，坡陡、弯道多；拉运砂石的车辆多，抛撒物多；滑坡、泥石流时有发生；又因临近城区，倾倒建筑垃圾和生活垃圾现象严重。面对繁重的工作任务，他总是义无反顾地冲在最前沿。清理水沟，他第一个跳进臭泥水里；装运垃圾，他第一个拿锨抡镐；卸载石料，他第一个跳进车厢。在他的带动下，程家道班职工个个都是“硬汉子”。作为公路养护战线上的一名老兵，他认真学习和钻研各项业务技能，不断用新知识、新工艺充实提高自身的专业素质和业务水平。在日常养护工作中路面坑槽的修补、裂缝的处理、路基边坡的养护和花木的修剪等方面，他都能严格按规范要求进行。他关心职工，坚持帮助体弱职工干活，以确保当天任务全部完成。班上一位职工家在塬上，母亲年迈，孩子年幼，妻子患有精神病，家庭拖累很重，他知道情况后，每年的“双收”季节，都利用节假日去帮忙干活，并发动全班同事捐钱捐物，帮其建起了3间平房。

孙军，男，汉族，1966年6月生，澄城县人。1982年10月参加工作，中共党员，大专文化，高级审计师，曾任渭南公路管理局总会计师。

1996年2月被陕西省公路局评为1993—1995年度内审工作公路系统先进个人，2004年6月被国家交通部评为全国交通内部审计工作先进个人，

2005 年 3 月被陕西省审计厅、陕西省内部审计师协会评为全省内部审计先进工作者，2005 年 4 月被国家审计署评为 2002-2004 年度全国内部审计先进工作者，2008 年 3 月被陕西省审计厅、陕西省内部审计师协会评为 2005-2007 年度全省内部审计先进工作者，2009 年 11 月被渭南市财政局评为 2009 年度“渭南市先进会计工作者（总会计师类）”。

他撰写的《浅谈如何提高审计工作质量》、《如何搞好法人经济责任审计》等二十余篇论文，被《中国内部审计》、《陕西内审通讯》、《陕西交通会计》等刊物采用，其中《“贷款修路、收费还贷”工作面临问题的思考》一文在全国投资内部审计理论研讨暨经验交流会上被评为三等奖。

赵宏伟，男，1966 年 7 月生，大学文化，中共党员，高级工程师，自 1989 年参加工作，先后在渭南公路勘察设计公司、渭南地区公路管理处、蒲城路桥责任有限公司、渭南市交通工程质量监督站工作，任市质监站站长。

任职以来，他刻苦钻研业务，以娴熟的技术、热忱的服务、科学的管理，赢得了干部、职工和工程项目参建各方的肯定和赞赏。多年来，他参与了 20 多条农村公路的设计评审和评标，参加了多项工程的竣工验收，参与市人事局组织的公路工程专业技术职称评审等工作。在他的严格管理下，渭南市未发生质量和安全生产事故，质监站连年被省、市有关部门评为先进单位：1995 年质监站被省交通厅评为质量年活动先进集体；1996 年受到省质监站的通报表扬；1999 年被交通部评为“全国交通系统先进质量监督站”；2001 年被陕西省交通厅、共青团陕西省委授予“青年文明号”；2005 年被省交通厅授予“青年文明号”、被省交通厅质监站考评为优秀；2006 年被省厅质监站考评为优秀；2007 年被共青团陕西省委评为“青年文明号”，被交通厅评为全省安全生产先进单位；2008 年被省交通厅评为安全生产先进单位；2011 年被省质监站评为优秀单位；2012年被省公路局评为安全生产先进单位；2013年被省公路局评为安全生产先进单位、被省质监站评为优秀单位。

因为出色的工作业绩，他本人也获得多个奖项：2004年被交通部评为“全国交通系统优秀工程质量监督工作者”，2005年、2006年连续两年被渭南市交通局评为廉勤兼优领导干部，2007年、2008年被渭南市交通局评为优秀党务工作者和优秀党员，且连年被考核为优秀。

李宏德，男，汉族，合阳县人，1968年11月生，1990年8月参加工作，中共党员，在职研究生文化程度，渭南市交通运输局总工程师。

2007年2月至2009年9月，他任渭南市地方公路管理处处长、市农村公路质量年活动领导小组副组长，主管全市农村公路建设、养护和管理工作。2006至2008年三年间共建设农村公路10344公里，相当于1998到2005年八年建设里程的2.5倍。全市11个县（市、区）196个乡镇（办）100%通油路，3111个建制村通上了水泥路，通村率96.3%，惠及380多万群众。三年共完成建设投资32. 8亿元，占全市三年基础设施建设总投资的七分之一，相当于“八五”至“十五”期间十五年总投资27.8亿元的1.2倍。同时，他大力推进农村公路管理养护体制改革，形成一整套完善的管理体制和办法。2007年5月全省农村公路管理养护体制改革现场会在渭南市召开。全市农村公路工作在全省综合考评中跃居前三名。2008年底，率先在全省完成养护体制改革工作，新体制主体明确，管养分离，机构健全，运转高效，境内的12210公里的县道、乡道、村道全部纳入了养护范围，实现了“有路必管，有路必养”。全市11个县（市、区）路政执法部门先后被省公路局授予“路政执法文明窗口”称号，公路超限超载率由2006年的6%下降到2008年的1%以内，农村公路的道路客运服务水平明显提高。当年，渭南市农村公路工作在全省年终考核中获得优秀等次。在他的带领下，市公路处

2007、2008 连续两年被市交通局评为目标责任考核优秀单位，2008 年被陕西省交通厅评为“创佳评差”先进单位。

因为工作中的过硬作风和优异成绩，他本人也获得多个奖项：2005 年被陕西省交通厅授予“陕西省交通系统劳动竞赛标兵”称号，2008 年被评为陕西省公路行业农村公路质量年活动先进个人，2009 年渭南市总工会授予他“渭南市五一劳动奖章”。

王孝贤，男，汉族，白水县人，1971 年 10 月生，中共党员，大学本科学历，高级工程师，渭南市公路工程建设处处长，中共陕西省第十二次代表会代表。

自 1994 年 8 月参加工作以来，先后在白水县交通局、渭南市交通工程质量监督站、渭南市公路工程建设处任职，主要从事公路工程技术管理工作，现场负责 310 国道华阴至渭南一级公路 59.95 公里，108 国道渭南至大荔一级公路 65.5 公里、310 国道渭南城区过境一级公路 21.64 公里、关中公路环线 48.01 公里、东环尤河大桥等工程建设任务。因为工作认真、技术过硬、作风扎实，多次被评为“模范共产党员”和“先进个人”，2007 年 6 月被陕西省劳动竞赛委员会、陕西省交通厅评为陕西省重点公路建设工程先进个人，2010 年 1 月被陕西省公路局劳动竞赛委员会评为陕西省路网改造“四比一创”先进个人，2010 年 4 月被中共渭南市委、市政府授予“劳动模范”称号，2011 年 5 月获第五届“渭南市优秀青年”称号，2014 年 6 月被中共渭南市委授予“渭南市爱岗敬业优秀共产党员”和“渭南标杆人物”。

马洪涛，男，汉族，澄城县人，1971 年 12 月生，1993 年 8 月参加工作，中共党员，大专文化，助理工程师，曾任渭南路桥公司四处副处长、工会主席。

1995 年 8 月，四处承担大荔羌白 8 公里路基施工任务，他是技术负责

人，对施工中出现的质量技术问题从不放过，该返工的坚决推倒重来，直到达标。1998年，合阳鹅毛工地，全线4个回头弯道，四处占了3个，施工难度大，他坚持不离工地，经过几个月的艰苦努力，工程质量被评定为优良。1999年，四处在蒲城永丰沟承担路基土石方施工任务，他在勘测、放线、施工中，高标准，严要求，把好各个环节的质量关。由于他工作扎实，成绩突出，被渭南公路局连年评为先进工作者和先进生产标兵，2003年被国家交通部、共青团中央评为全国青年岗位能手。

王红亮，男，汉族，蒲城县人，1975年5月生，中共党员，陕西工商管理硕士学院EMBA学历。自1996年7月毕业分配到渭南市公共交通总公司工作以来，历任公司文秘、办公室主任、监察室主任、党支部副书记、党支部书记、经理等职务。2011年渭南市公共交通总公司党总支书记、经理。

他担任市公共交通总公司经理后，引进智能化管理平台，建立了公交智能监控信息中心。在不到三年的时间里，先后延伸公交线路9条，新开线路7条，使渭南市区的公交线路布局更加规范合理；车辆更新90%，其中CNG节能环保车80%以上；率先在省内地市级公交企业建立智能信息平台，设立智能电子公交站牌；运用融资租赁模式引进纯电动公交车84辆；在16条城区公交线路实施了公交IC卡，实现了中心城市公交车辆的不断更新、公交线路日趋完善、车辆运营秩序逐步规范，为市民出行提供了更为舒适、快捷、文明的服务。

他心系职工，加强管理，完善考核，在提高职工服务意识和业务素质的同时，两年多的时间给全体职工人均增资1200元，按月发放生产安全考核奖，逐人建立职工个人健康档案。同时，给全体临聘公交职工缴纳养老保险。2009年至2013年，他先后多次被渭南市交通运输局评委“先进个人”“优秀党务工作者”。2014 年 4 月，被共青团渭南市委授予“第二届渭南青年五四奖章”。2014 年 5 月被中共渭南市委、市政府授予“渭南市五一劳动奖章”。2015 年 5 月被国家交通部、人社部授予“全国交通运输系统劳动模范”称号。

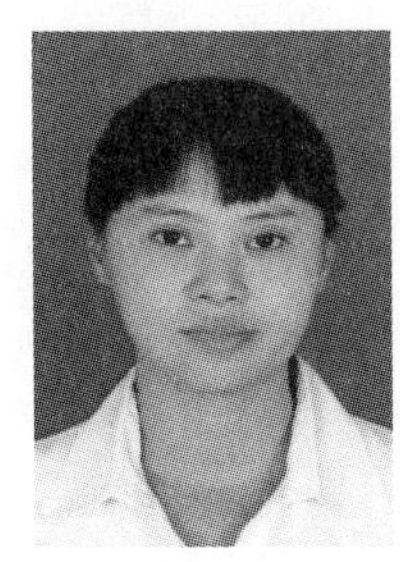

郝晓琳，女，1977 年 6 月生，中共党员，大专文化，华阴公路管理段夫水道班班长。

在公路养护的岗位上，她从一名尽职尽责的普通道工成长为敬业奉献的道班班长，使地处全国著名风景名胜区华山境内的夫水道班从原来的后进道班一跃成为段上最优秀的道班。郝晓琳 2013 年 2 月被渭南公路管理局评为第三届公路“十大标兵”，2013 年被陕西省公路局评为全省公路行业“展示风采、感动行业”爱岗敬业模范，2015 年 2 月被全国总工会授予“全国五一巾帼标兵”称号，2015 年 4 月被中共渭南市委、市人民政府授予“渭南市劳动模范”称号。

2004 年，她挑起了夫水道班班长的担子。工作中，她身先士卒，遇到脏活累活险活总是抢着干。在清理 310 国道路边生活垃圾中，面对臭气熏天的垃圾杂物，她第一个挽起袖子，戴上口罩，干了起来。2006 年 8 月省道 202 线因暴雨山洪暴发，辖区山间公路出现几十处塌方，道路被冲毁，路基被冲垮。她立即带领班上职工投身抢险一线，昼夜不停地劳动在公路水毁现场，手磨破、腿擦烂也不停歇，饿了啃烧饼，渴了喝矿泉水，使得抢修任务提前完成。2009 年元旦，全省大范围持续大雪致使 310 国道华阴段交通受阻。面对 50 年不遇的恶劣天气，她与全班同事一起冒大雪迎寒风上路清雪破冰，铺撒防滑料，在最短时间内保证了辖区道路畅通。她经常起早贪黑、早出晚归，没有时间照顾家人和孩子。她的丈夫支持她的工作，承揽了全部家务，有时还到道班帮忙修理机械器具。而在她的带领和努力下，夫水道班管辖的公路“好路率”95% 以上，干净整洁的 310 国道华阴段变成了华山脚下一道靓丽的风景线。

第二章　人物表

第一节　先进模范人物

本节记述渭南市公路交通系统受国务院，国家部门，中共陕西省委、省政府，中共渭南市委、市政府表彰的劳动模范（先进工作者），见表2-1 ～表 2-5。

渭南市交通系统1949-2015年受国务院表彰人物一览表　表2-1

姓名	性别	工作单位	职务（职称）	荣誉称号	授奖单位	授予时间
苏海生	男	渭运集团渭南客运公司	驾驶员	劳动模范	国务院	1989.9
王宏儒	男	渭南公路总段	总段长、党委副书记	全国先进工作者	国务院	2000.5

渭南市交通系统1949-2015年受交通部等国家部门表彰人物一览表　表2-2

姓名	性别	工作单位	职务（职称）	荣誉称号	授奖单位	授予时间
程文斌	男	渭南公路总段合阳公路段	班长	先进工作者	交通部	1957
苏海生	男	渭南客运公司	驾驶员	五一劳动奖章	中华全国总工会	1988.4
马彪武	男	渭南市汽车运输公司渭南客运公司	职工	劳动模范	交通部	1994.10
		渭南市汽车运输有限责任公司渭南客运公司	职工	“全国红旗客车”和“双文明建设先进个人”	交通部	1995
郭立	男	渭南市地方海事局	局长	安全监督先进个人	交通部	1995.10
赵印寿	男	渭南市汽车运输集团有限公司	党委书记、董事长、总经理	劳动模范	交通部	1998.5
姚玲芳	女	渭南公路管理局	副局长	全国交通系统“巾帼建功”标兵	交通部	2000.3

续表

姓名	性别	工作单位	职务（职称）	荣誉称号	授奖单位	授予时间
赵培森	男	渭南公路管理局	工会主席	全国工会“三五”普法先进个人	中华全国总工会	2000.12
董世忠	男	大荔客运公司	职工	服务标兵	交通部	2001
赵培森	男	渭南公路管理局	工会主席 党委副书记	1996-2000 年全国工会法制宣传教育先进个人	中华全国总工会	2001
马洪涛	男	渭南公路管理局 第四工程处	工会主席	全国交通系统青年岗位能手	交通部、团中央	2003.6
孙军	男	渭南公路管理局	审计科长	全国交通内部审计工作先进个人	交通部	2004.6
赵宏伟	男	渭南市质监站	高级工程师	全国交通系统优秀工程质量监督工作者	交通部	2004.10
孙军	男	渭南公路管理局	审计科长	2002-2004 年度全国内部审计先进工作者	国家审计署	2005.4.14
郑卫民	男	渭南市交通局	局党委委员、交战办副主任	全国交通战备工作先进个人	国家交通战备办公室	2006.5
郭建	男	渭南市质监站	工程师	先进个人	交通部	2007.6
赵培森	男	渭南公路管理局	工会主席 党委副书记	全国交通建设系统优秀工会 工作者	中国海员建设工会	2008.4
郑卫民	男	渭南市交通运输局	局党委委员、交战办副主任	2008 年度抗震救灾、通信保障先进个人	国家交通战备办公室	2008.9
李宏德	男	渭南市地方公路管理处	处长	劳动模范	交通部	2009
郭杰	男	合阳县交通运输局	副局长	2011 年交通部先进个人	交通部	2011
白明福	男	渭南公路管理局	路政支队副队长 路政科科长	2011-2012 年度全国交通运输依法行政先进个人	交通部	2012.9
刘全明	男	渭南公路管理段 程家道班	班长	2010-2011 年度全国交通运输行业文明职工标兵	交通部	2012.12
汪洋	男	渭运集团	董事长、党委书记、总经理	2013 年度全国交通运输企业优秀物流管理者	中国交通企业管理协会	2014.1
许晓蒲	男	渭南市道路运输管理处	处长 党总支书记	道路运输先进个人	交通运输部	2014
孙百仓	男	蒲城县第一运输公司	驾驶员	荣获荣誉奖章一枚	交通部	2014

续表

姓名	性别	工作单位	职务（职称）	荣誉称号	授奖单位	授予时间
徐武燕	女	渭南公路管理段	书记	第九届全国交通运输职工书画展绘画类三等奖	交通部	2014
孙东玲	女	渭南公路局	审计科长	2011 至 2013 年度全国内部审计先进工作者	中国内审协会	2014.9
郝晓琳	女	华阴公路管理段夫水道班	班长	全国五一巾帼标兵	中华全国总工会	2015.2
王红亮	男	渭南市公交总公司	经理 党总支书记	全国交通运输系统劳动模范	人社部 交通运输部	2015.5
李恒现	男	渭南公路局　路桥公司一处	筑路机械操作工	全国交通技术能手	交通运输部	2015.12

渭南市交通系统1949–2015年受中共陕西省委、省政府表彰人物一览表　表2–3

姓名	性别	工作单位	职务（职称）	荣誉称号	授奖单位	授予时间
杨兆森	男	渭运集团富平客运公司	职工	劳动模范	陕西省人民政府	1956
林春潮	男	渭运集团富平修理厂	职工	劳动模范	陕西省人民政府	1956
胡金印	男	渭运集团富平客运公司	职工	劳动模范	陕西省人民政府	1956
陈将仁	男	渭运集团富平客运公司	职工	劳动模范	陕西省人民政府	1956
扈答琪	男	渭运集团富平修理厂	职工	劳动模范	陕西省人民政府	1958
程文斌	男	渭南公路总段合阳段	职工	劳动模范	陕西省人民政府	1958
薛凤来	男	渭运集团富平客运公司	职工	劳动模范	陕西省人民政府	1958.3
孙忍堂	男	机关	职工	劳动模范	陕西省人民政府	1958.3
代宏洲	男	渭运集团货运公司	职工	劳动模范	陕西省人民政府	1979
		渭南地区汽车运输公司	司机 副队长	劳动模范	陕西省革命委员会	1979.10
		渭南地区汽车运输公司	司机 副队长	劳动模范	陕西省人民政府	1982.4
程文斌	男	陕西省交通厅	职工、班长	劳动模范	陕西省人民政府	1982.9
王宏儒	男	渭南公路总段	总段长、党委副书记	陕西省职工“跨世纪立功”竞赛标兵	陕西省劳动竞赛委员会	1999
赵培森	男	渭南公路管理局	党委副书记	先进工作者	中共陕西省委、省政府	2002.4

续表

姓名	性别	工作单位	职务（职称）	荣誉称号	授奖单位	授予时间
汪洋	男	渭运集团	党委书记、董事长、总经理	劳动模范	陕西省人民政府	2012.4
刘全明	男	渭南公路管理段程家道班	班长	陕西省劳动模范	中共陕西省委、省政府	2012.4

渭南市交通系统1949–2015年受陕西省交通厅等省级部门表彰人物一览表　表2–4

姓名	性别	工作单位	职务（职称）	荣誉称号	授奖单位	授予时间
孙振全	男	渭南养路段	工人	先进生产者	陕西省先进生产者代表会议	1956
王心贤	男	渭南搬运公司	工人	先进生产者	陕西省先进生产者代表会议	1956
程文斌	男	合阳公路管理段	班长	先进生产者	陕西省工业、农业先进生产者代表会议	1958
耿玉顺	男	渭南县运输公司	炊事员	先进生产者	陕西省工业、农业先进生产者代表会议	1958
杨书明	男	渭南县运输公司架子车连	连长	先进生产者	陕西省工业、交通运输、基本建设、财贸方面社会主义建设先进集体和先进生产者代表会议	1959
杨书明	男	渭南县运输公司	工人	先进生产者	1963 年陕西省社会主义建设先进生产者代表会议	1963
张生荣	男	渭南上涨渡管理所	队长	先进生产者	1963 年陕西省社会主义建设先进生产者代表会议	1963
王福德	男	蒲城县第二运输公司	货车司机	陕西省交通局安全行车 65 万公里	陕西省交通局（厅）	1978
穆颂喜	男	蒲城公路段党睦道班	道工	全省防洪抢险救灾先进个人	陕西省交通局（厅）	1978
孙百仓	男	蒲城县第一运输公司	原 24-33970 号客车驾驶员	优秀驾驶员	陕西省交通局（厅）	1981.11
孙百仓	男	蒲城县第一运输公司	原 24-33970 号客车驾驶员	优秀驾驶员	陕西省交通局（厅）	1983.6
黄志道	男	渭南公路总段	科长	先进科教工作者	陕西省交通厅	1984.9
黄志道	男	渭南公路总段蒲城拌合场	厂长	“一建、二杯、三优、四好”劳动竞赛中评为好领导	陕西省公路局	1987.4
黄志道	男	渭南公路总段蒲城拌合场	厂长	“一建、二杯、三优、四好”劳动竞赛中评为好领导	陕西省公路局	1988.3

续表

姓名	性别	工作单位	职务（职称）	荣誉称号	授奖单位	授予时间
马红	女	渭南公路总段	职工	省级公路系统劳动模范	陕西省公路局	1991
黄志道	男	渭南公路总段蒲城拌合场	厂长	“一建、二杯、三优、四好”劳动竞赛中评为好领导	陕西省公路局	1993.4
孙军	男	渭南公路总段	科员	1993-1995 年度内审工作公路系统先进个人	陕西省公路局	1996.2
刘纯明	男	渭南公路总段	科长	陕西省公路系统内审工作先进个人	陕西省公路局	1996
张亚红	女	蒲城公路管理段	职工	陕西省优秀团员	陕西省团委	1997
吴云胜	男	韩城汽车站	站长	1997 年度全省道路运输企业“服务明星”	陕西省交通厅	1998
郭亚芳	女	渭南汽车站	站务员	1997 年度全省道路运输企业“服务明星”	陕西省交通厅	1998
史莉娟	女	大荔汽车站	站务员	1997 年度全省道路运输企业“服务明星”	陕西省交通厅	1998
华冉	女	富平汽车站	站务员	1997 年度全省道路运输企业“服务明星”	陕西省交通厅	1998
王会娣	女	澄城汽车站	站务员	1997 年度全省道路运输企业“服务明星”	陕西省交通厅	1998
雷玉玲	女	蒲城汽车站	站务员	1997 年度全省道路运输企业“服务明星”	陕西省交通厅	1998
赵小文	男	蒲城县道路运输管理所	维修股股长	全省汽车维修行业优质服务活动先进个人	陕西省交通厅	1999
蒙明忠	男	渭南公路总段澄城管理段	工人	省十佳养路工	陕西省公路局	1999
米进发	男	渭南公路总段	团委书记	陕西省新长征突击手	共青团陕西省委	1999
雷向东	男	渭南公路总段蒲城兴镇收费处	副处长	陕西省青年岗位能手	陕西省交通厅	1999
后爱莲	女	渭南公路总段工会	高级政工师	省总工会信息（月报）先进工作者	陕西省总工会	1999
赵培森	男	渭南公路管理局	工会主席 党委副书记	全省工会信息（月报）先进工作者	陕西省总工会	2000
米进发	男	渭南公路局武装部	部长 团委书记	省局交战工作先进个人	陕西省公路局	2000

续表

姓名	性别	工作单位	职务（职称）	荣誉称号	授奖单位	授予时间
马洪涛	男	渭南公路局机械中心	技术员	陕西省青年岗位能手	陕西省交通厅	2000
王俊英	女	渭南市道路运输管理处	科员	全省交通统计工作先进个人	陕西省交通厅	2000
范育锁	男	渭南公路局渭南公路段	段长	陕西省青年突击手	共青团陕西省委	2001
邢卫军	男	渭南公路局	财务科长	陕西省青年突击手	共青团陕西省委	2001
党培锋	男	渭南公路局	科员	省公路行业“九五期间职教优秀工作者”	陕西省公路局	2001
白明福	男	渭南公路局程家收费处	处长	实行“三优”“五化”提高收费服务质量QC 活动二等奖	陕西省交通厅	2001.5
陈西丽	女	渭南公路局程家收费处	征费员	实行“三优”“五化”提高收费服务质量QC 活动二等奖	陕西省交通厅	2001.5
满选民	男	渭南公路局	生产科副科长、工程师	陕西省公路系统 QC 小组活动优秀成果三等奖	陕西省公路局	2001.5
		渭南公路局	生产科副科长、工程师	陕西省公路系统“九五”期间科技优秀工作者	陕西省公路局	2001.8
杜亚民	男	蒲城县交通局	副局长	全省交通法制工作先进个人	陕西省公路局	2002
马洪涛	男	渭南公路管理局第四工程处	工会主席	省局劳竞委“重点工程建设先进个人”	陕西省公路局	2002
王民昌	男	渭南公路局工程四处	处长	省局劳竞委“重点工程建设先进个人”	陕西省公路局	2002
李晓阳	男	渭南市地方海事局	主任	统计先进个人	陕西省交通厅	2002
陈增发	男	渭南市道路运输管理处	党支部书记处长	优秀共产党员	陕西省委组织部	2003
王俊英	女	渭南市道路运输管理处	科员	全省交通统计工作先进个人	陕西省交通厅	2003
邢卫军	男	渭南公路局	财务科长	优秀调研论文特等奖	陕西省公路局	2003
程光玉	男	渭南公路局合阳金水沟收费处	处长	2002 年度全省公路收费工作先进个人	陕西省交通厅	2003
白明福	男	渭南公路管理局工会	工会副主席机关工会副主席	省总工会优秀工会工作者	陕西省总工会	2003

续表

姓名	性别	工作单位	职务（职称）	荣誉称号	授奖单位	授予时间
刘建利	男	渭南公路局监理公司	高级工程师	省局劳动竞赛委员会先进个人	陕西省公路局	2003
高卫武	男	渭南公路局路桥公司三处	处长	省局劳动竞赛委员会先进个人	陕西省公路局	2003
兰芳	女	渭南公路局白水公路段	办公室主任	2003 年度安全先进个人	陕西省公路局	2004.1
宋世杰	男	渭南公路局	科长	省公路系统劳动竞赛先进个人	陕西省公路局	2004
白明福	男	渭南公路局	渭南公路局工会副主席、机关工会主席	职工互助保险工作先进个人	陕西省总工会	2004
李会发	男	渭南公路局路桥公司	副总经理	陕西省公路系统劳动竞赛先进个人	陕西省公路局	2004
原欢武	男	渭南市交通局	党办主任	优秀信息员	陕西省交通厅	2004
薛振华	男	渭南市道路运输管理处	科长	全省交通行业安全生产工作先进个人	陕西省交通厅	2004
李晓阳	男	渭南市地方海事局	办公室业务主任	安全生产先进个人	陕西省交通厅	2004.2
薛丽华	女	渭南公路局	生产科副科长	2003 年度交通统计工作先进个人	陕西省交通厅	2004.2
黄志道	男	渭南公路局	副局长	安全先进个人	陕西省公路局	2005.1
王保华	男	渭南公路局	副科长	安全先进个人	陕西省公路局	2005.1
兰芳	女	渭南公路局白水公路段	办公室主任	2004 年度安全先进个人	陕西省公路局	2005.1
孙军	男	渭南公路局	审计科长	全省内部审计先进工作者	陕西省审计厅、陕西省内部审计师协会	2005.3
李会发	男	渭南公路局路桥公司	副总经理	陕西省公路系统劳动竞赛先进个人	陕西省公路局	2005
范育锁	男	渭南公路局渭南公路段	段长	陕西省公路系统劳动竞赛先进个人	陕西省公路局	2005
陈剑芳	女	华阴段	工会主席	陕西省局工会优秀工作者	陕西省公路局	2005
白明福	男	渭南公路局	工会副主席机关工会主席	省局优秀工运论文一等奖	陕西省公路局	2005
吕海云	女	渭南公路局工会	科员	省局优秀工运论文一等奖	陕西省公路局	2005
徐武燕	女	渭南公路局合阳公路段	工会主席支部书记	省局优秀工运论文一等奖	陕西省公路局	2005

续表

姓名	性别	工作单位	职务（职称）	荣誉称号	授奖单位	授予时间
马忠贤	男	渭南公路局澄城公路段	道班班长	十佳养路工	陕西省公路局	2005
卫俊武	男	大华公路收费处	处长	陕西省交通系统劳动模范	陕西省交通厅	2005
司亚芳	女	沙王桥收费处	会计师	陕西省交通厅财会工作先进个人	陕西省交通厅	2005.12
王保华	男	渭南公路局	副科长	安全先进个人	陕西省公路局	2006.1
兰芳	女	渭南公路局白水公路段	办公室主任	2005 年度安全先进个人	陕西省公路局	2006.1
张俊莉	女	渭南公路局蒲城公路段	工会主席副书记	陕西省交通工会先进工作个人	陕西省交通厅	2006
赵培森	男	渭南公路局	工会主席党委副书记	陕西省公路职工文艺汇演创作一等奖	陕西省公路局	2006
满荣胜	男	澄城段	段长	陕西省公路系统劳动竞赛先进个人	陕西省公路局	2006
宋云峰	男	渭南市质监站	工程师	陕西省公路重点工程建设先进个人	陕西省交通厅	2006.4
岳晓红	女	渭南公路局	工程师	陕西省公路系统 QC 小组活动优秀成果二等奖	陕西省公路局	2006.5
雷科江	男	华阴市交通战备办公室	科员	“十五”期间全省交通战备工作先进个人	陕西省国防动员委员会	2006.6
王保华	男	渭南公路局	副科长	安全先进个人	陕西省公路局	2007.1
原欢武	男	渭南市交通局	党办主任	省交通系统精神文明建设先进工作者	陕西省交通厅党组	2007
樊军	男	渭南市交通战备办公室	科员	全省交通战备工作先进个人	陕西省国防动员委员会、交通战备办公室	2007
兰芳	女	渭南公路局白水公路段	办公室主任	2006 年度安全先进个人	陕西省公路局	2007.4
李高正	男	渭南公路局	科员	全省交通系统宣传工作先进个人	陕西省交通厅	2007
原欢武	男	渭南市交通局	党办主任	全省交通宣传工作先进个人	陕西省交通厅党组陕西省交通厅	2007
张力	男	合阳金水沟大桥收费处	副处长工会主席	陕西省交通工会工作先进个人	陕西省交通厅	2007
黄志道	男	渭南公路局	副局长	安全先进个人	陕西省公路局	2007.4
赵双联	男	渭南公路局富平公路段	段长	陕西省公路系统劳动竞赛先进个人	陕西省公路局	2007

续表

姓名	性别	工作单位	职务（职称）	荣誉称号	授奖单位	授予时间
张志敬	男	渭南公路局富平公路段	副书记	省局工会优秀工作者	陕西省公路局	2007
赵宏伟	男	渭南市质监站	高级工程师	陕西省交通系统劳动竞赛标兵	陕西省交通厅	2007.5
王孝贤	男	渭南公路建设处	高级工程师	劳动竞赛先进个人	陕西省交通厅	2007.6
米进发	男	渭南公路局	政治处副主任、团委书记	陕西省优秀共青团干部	共青团陕西省委	2007.12
李福娟	女	渭南公路局华阴公路段	团支书	陕西省优秀共青团员	共青团陕西省委	2007.12
王保华	男	渭南公路局	副科长	安全先进个人	陕西省公路局	2008.1
兰芳	女	渭南公路局白水公路段	办公室主任	2007 年度安全先进个人	陕西省公路局	2008.1
孙俊侠	女	渭南公路局	工程师	2007 年度全省交通行业质量管理小组活动优秀推进者	陕西省交通厅	2008.1
徐武燕	女	渭南公路局合阳公路段	工会主席支部书记	省交通工会优秀调研成果一等奖	陕西省交通厅	2008
雷莉	女	合阳金水沟大桥收费处	工人	省交通工会优秀调研成果一等奖	陕西省交通厅	2008
白明福	男	渭南公路局	工会副主席机关工会主席	省交通工会优秀调研成果二等奖	陕西省交通厅	2008
陈剑芳	女	渭南公路局华阴段	党支部书记	省公路行业巾帼文明先进个人	陕西省公路局	2008
李九成	男	渭南公路局大荔公路段	党支部书记工会主席	省局工会优秀工作者	陕西省公路局	2008
孙军	男	渭南公路局	审计科长	2005-2007 年度全省内部审计先进工作者	陕西省审计厅、陕西省内部审计师协会	2008
赵惠侠	女	渭南市道路运输管理处	副主任	陕西省优秀工会积极分子	陕西省总工会	2008
白明福	男	渭南公路管理局工会	副主席	省总工会优秀工会工作者	陕西省总工会	2008
原欢武	男	渭南市交通局	党办主任	全省交通宣传工作先进个人	陕西省交通厅省交通厅党组	2008
樊满堂	男	渭南市道路运输管理处	科长	全省交通系统安全生产工作先进个人	陕西省交通厅	2008
郭益秦	男	渭南市交通局	纪检书记	全省交通系统精神文明建设先进工作者	陕西省交通厅党组	2009
兰芳	女	渭南公路局白水公路段	办公室主任	2008 年度安全先进个人	陕西省公路局	2009.1

续表

姓名	性别	工作单位	职务（职称）	荣誉称号	授奖单位	授予时间
汪洋	男	渭运集团	党委书记、董事长、总经理	经济技术创新标兵	陕西省总工会	2009
吴洪涛	男	渭南市交通战备办公室	主任科员	全省交通战备工作先进个人	陕西省国防动员委员会	2009
白明福	男	渭南公路局	工会副主席机关工会主席	省公路局工会先进工作者	陕西省公路局	2009
原欢武	男	渭南市交通局	党办主任	全省交通系统新闻宣传工作先进个人	陕西省交通厅	2009
张俊莉	女	渭南公路局陈庄收费处	职工	省公路行业巾帼文明个人	陕西省公路局	2009
张凤祥	男	渭南公路局故市超限检测站	党支部书记工会主席	省公路局工会优秀工作者	陕西省公路局	2009
王孝贤	男	渭南公路建设处	高级工程师	“四比一创”先进个人	陕西省公路局	2010.1
吴洪涛	男	渭南市交通战备办公室	主任科员	国防交通工作先进个人	陕西省国防动员委员会	2010
岳晓红	女	渭南公路局	工程师	2009 年度陕西省公路行业安全生产先进个人	陕西省公路局	2010.1
陈晓红	女	渭南公路局	会计师	陕西省优秀共青团员	共青团陕西省委	2010.1
原欢武	男	渭南市交通局	党办主任	全省政法综治宣传工作先进个人	陕西省委政法委员会陕西省综治办	2010
薛振华	男	渭南市道路运输管理处	科长	全省交通运输量专项调查先进个人	陕西省交通厅	2010
吕海云	女	渭南公路局工会	科员	省交通工会工会工作先进个人	陕西省交通厅	2010
仵韩生	男	渭南公路局	养护科长	省公路行业劳动竞赛先进个人	陕西省公路局	2010
孙东玲	女	渭南公路局	审计科长	2007 至 2009 年度陕西省公路行业内部审计先进个人	陕西省公路局	2010
宋潇明	男	渭南公路局工程三处	副处长	省公路行业劳动竞赛先进个人	陕西省公路局	2010
高亚军	男	渭南公路局韩城公路段	副段长	省公路行业劳动竞赛先进个人	陕西省公路局	2010
李九成	男	渭南公路局故市超限检测站	工会主席党支部书记	省公路局工会优秀工作者	陕西省公路局	2010
王俊英	女	渭南市道路运输管理处	科员	全国公路运输量专项调查工作先进个人	陕西省交通厅	2010

续表

姓名	性别	工作单位	职务（职称）	荣誉称号	授奖单位	授予时间
张庆	男	市交通运输局局	高级工	优秀通讯员	陕西省公路局	2010
郭建	男	渭南公路建设处	工程师	先进个人	陕西省公路局	2010
李晓阳	男	渭南市地方海事局	主任	先进个人	陕西省交通厅	2010
孙东玲	女	渭南公路局	审计科长	2008 至 2010 全省内部审计先进工作者	陕西省审计厅	2010
王永周	男	渭南公路局白水公路段	段长	2009 年度陕西省公路行业安全生产先进个人	陕西省公路局	2010
李英	女	渭南市道路运输管理处	干事	陕西省职工文艺调演一等奖	陕西省总工会	2011
孙东玲	女	渭南公路局	审计科长	2010 年度陕西省公路行业审计工作先进工作者	陕西省公路局	2011.3
		渭南公路局	审计科长	2011 年度陕西省公路行业审计工作先进工作者	陕西省公路局	2011.12
李晓阳	男	渭南市地方海事局	主任	文明职工标兵	陕西省交通厅党组	2011
原欢武	男	渭南市交通局	党办主任	全省交通精神文明建设先进工作者	陕西省交通厅党组	2011
王俊英	女	渭南市道路运输管理处	科员	全省交通统计工作先进个人	陕西省交通厅	2011
李海峰	男	渭南公路局渭南公路段	副站长	省公路行业劳动竞赛先进个人	陕西省公路局	2011
李进中	男	渭南公路局计划管理科	副科长 工程师	省公路行业劳动竞赛先进个人	陕西省公路局	2011
高利	男	渭南公路局苏坊超限站	站长	省公路行业劳动竞赛先进个人	陕西省公路局	2011
刘全明	男	渭南公路管理段程家道班	班长	“十一五”期间全省公路行业十佳养路工	陕西省公路局	2011
王平勋	男	渭南公路局	局长	陕西省首届职工科技节节能减排创意大赛奖	陕西省总工会、陕西省科技厅、陕西省人力资源和社会保障厅	2011
索辉	男	渭南公路局	副局长	陕西省首届职工科技节节能减排创意大赛奖	陕西省总工会、陕西省科技厅、陕西省人力资源和社会保障厅	2011
薛跃武	男	渭南公路局	高级工程师	陕西省首届职工科技节节能减排创意大赛奖	陕西省总工会、陕西省科技厅、陕西省人力资源和社会保障厅	2011

续表

姓名	性别	工作单位	职务（职称）	荣誉称号	授奖单位	授予时间
贾广平	男	渭南公路局	工程师	陕西省首届职工科技节节能减排创意大赛奖	陕西省总工会、陕西省科技厅、陕西省人力资源和社会保障厅	2011
吴永军	男	渭南公路建设处	高级工程师	优秀联络员	陕西省交通厅	2011
邢卫军	男	渭南公路局	副局长	2011 年度陕西省公路行业内部审计先进工作者	陕西省公路局	2011
康琨	男	渭南市交通局	副主任科员	先进个人	陕西省交通厅	2012
寇小娟	女	渭南公路局	工程师	2011 年度交通运输统计工作先进个人	陕西省交通厅	2012
刘朝进	男	渭南公路局	职工	陕西省公路行业劳动竞赛先进个人	陕西省公路局	2012
邵敏乐	男	渭南公路局苏坊超限站	稽查科科长	陕西省公路行业劳动竞赛先进个人	陕西省公路局	2012
张睿	女	华县段渭南公路局	职工	陕西省公路行业劳动竞赛先进个人	陕西省公路局	2012
徐卫刚	男	渭南公路局华阴段	路面作业队队长	陕西省公路行业劳动竞赛先进个人	陕西省公路局	2012
李玉平	男	渭南公路局	职工	陕西省公路行业劳动竞赛先进个人	陕西省公路局	2012
曹正全	男	渭南公路局	职工	陕西省公路行业劳动竞赛先进个人	陕西省公路局	2012
陈永峰	男	渭南公路局	职工	陕西省公路行业劳动竞赛先进个人	陕西省公路局	2012
杜建军	男	渭南公路局	职工	陕西省公路行业劳动竞赛先进个人	陕西省公路局	2012
查四川	男	渭南公路局	职工	陕西省公路行业劳动竞赛先进个人	陕西省公路局	2012
谭军民	男	渭南公路局大华公路管理站	职工	陕西省公路行业劳动竞赛先进个人	陕西省公路局	2012
李进中	男	渭南公路局	职工	陕西省公路行业劳动竞赛先进个人	陕西省公路局	2012
李高正	男	渭南公路局	办公室副主任	陕西省公路行业办公室工作基础建设活动先进个人	陕西省公路局	2012
卞红霞	女	渭南公路局	局工会副主席、机关工会主席	陕西省公路局工会优秀工作者	陕西省公路局	2012
刘全明	男	渭南公路管理段程家道班	班长	2011 年陕西省劳动竞赛标兵	陕西省劳动竞赛委员会	2012

续表

姓名	性别	工作单位	职务（职称）	荣誉称号	授奖单位	授予时间
司亚芳	女	渭南市交通收费中心	高级会计师	“十一五”先进财会工作者	陕西省交通厅	2012
吴永军	男	渭南公路建设处	高级工程师	优秀联络员	陕西省交通厅	2012
岳晓红	女	渭南公路局	工程师	2001 年度“平安工地”建设活动先进个人	陕西省公路局	2012.3
刘谦印	男	渭南市公路处	工程师	陕西省公路行业安全生产先进个人	陕西省公路局	2012.
姜明涛	男	渭南交通工程质量监督站	副站长	安全生产先进个人	陕西省公路局	2012.7
郝晓琳	女	华阴公路管理管理段夫水道班	班长	全省公路行业“展示风采、感动行业”爱岗敬业模范	陕西省公路局	2013
郭建	男	渭南公路建设处	工程师	安全生产先进个人	陕西省公路局	2013
寇小娟	女	渭南公路局	工程师	2012 年度统计工作先进个人	陕西省交通厅	2013
杨涛	男	渭南市道路运输管理处	科长	全省交通新闻宣传先进个人	陕西省交通厅	2013
杨娜琦	女	渭南市道路运输管理处	科员	全省交通运输统计工作先进个人	陕西省交通厅	2013
吴永军	男	渭南公路建设处	高级工程师	优秀联络员	陕西省交通厅	2013
宋梅	女	渭南公路局计划科	高级工程师	省大中修工程“四比一创”竞赛先进个人	陕西省公路局	2014
张永军	男	渭南公路局治超办	主任	陕西省路政治超“抓规范、提水平、促安全”劳动竞赛先进个人	陕西省交通厅	2013
刘巧能	女	渭南公路局澄城公路段	主任	全省公路行业办公室工作技能竞赛文秘工作技术能手	陕西省公路局	2013
卞红霞	女	渭南公路局	局工会副主席、机关工会主席	陕西省优秀工会工作者	陕西省总工会	2013
王转妹	女	渭南公路局	科员	省公路局工会先进个人	陕西省公路局	2013
岳晓红	女	渭南公路局	工程师	2012 年度陕西公路行业安全生产先进个人	陕西省公路局	2013.3
郝晓琳	女	渭南公路局华阴公路段夫水道班	班长	2014 年度陕西省公路行业劳动竞赛干线公路日常养护“养护强管理”劳动竞赛先进个人	陕西省公路局	2014

续表

姓名	性别	工作单位	职务（职称）	荣誉称号	授奖单位	授予时间
王峰毅	男	渭南公路局	会计师	陕西省财政厅内控知识竞赛二等奖	陕西省财政厅	2014
庞仲军	男	渭南公路工程中心监理部	经理	2014年度陕西省公路行业劳动竞赛 路网改造“平安工地”（四比一创）劳动竞赛先进个人	陕西省公路局	2014
孟治军	男	渭南公路工程中心监理部	工程师	2014年度陕西省公路行业劳动竞赛 大中修工程“八比一创”劳动竞赛先进个人	陕西省公路局	2014
张军	男	渭南公路局澄城公路段	段长	2014年度陕西省公路行业劳动竞赛路政治超“抓作风、促规范、提效能”劳动竞赛先进个人	陕西省公路局	2014
郭健	男	渭南公路建设处	工程师	安全生产先进个人	陕西省公路局	2014
		渭南公路建设处	工程师	先进个人	陕西省公路局	2014
吴永军	男	渭南公路建设处	高级工程师	先进个人	陕西省公路局	2014
卞红霞	女	渭南公路局	工会副主席机关工会主席	陕西省交通运输工会2014年度工会工作先进个人	陕西省交通厅	2014
王转妹	女	渭南公路局	科员	省公路局工会先进个人	陕西省公路局	2014
谢建平	男	渭南公路局工会	工会主席	交通厅工会2014年优秀调研报告一等奖	陕西省交通厅	2014
王玲芳	女	渭南公路局重油库	党支部书记工会主席	交通厅工会2014年优秀调研报告三等奖	陕西省交通厅	2014
卞红霞	女	渭南公路局	工会副主席机关工会主席	交通厅工会“中国梦 劳动美——我的安全家园”征文一等奖	陕西省交通厅	2014
张周超	男	渭南公路局	团委副书记	交通厅工会“中国梦劳动美——我的安全家园”征文一等奖	陕西省交通厅	2014
麻晓斌	男	渭南市交通局	科员	经济统计优秀个人	交通运输部办公厅	2014
李高正	男	渭南公路局	办公室主任	全省交通系统宣传工作先进个人	陕西省交通厅	2014
陈剑芳	女	渭南公路局	监察室主任	陕西省五一巾帼标兵	陕西省总工会	2014

续表

姓名	性别	工作单位	职务（职称）	荣誉称号	授奖单位	授予时间
孙东玲	女	渭南公路局	审计科长	2011至2013年度全省内部审计先进工作者	陕西省审计厅	2014
史毓学	男	渭南市公路处	高级工程师	全省农村公路管理养护活动优秀工作者	陕西省交通厅	2015.2.
张庆	男	市交通局	技师	优秀志愿者	中共陕西省委宣传部、陕西省精神文明建设指导委员会	2015.2
		市交通局	技师	优秀通讯员	陕西省公路局	2015.4
杨录田	男	渭南市地方海事局	办公室主任	交通运输行业十佳运政海事员	陕西省交通厅党组	2015.10

渭南市交通系统1949–2015年受中共渭南市委、市政府表彰人物一览表　　表2–5

姓名	性别	工作单位	职务（职称）	荣誉称号	授奖单位	授予时间
韩效儒	男	渭南公路总段	高级政工师	优秀党务工作者	中共渭南地委	1989.6
马彪武	男	渭南市汽车运输有限责任公渭南客运站司	驾驶员	市级功臣驾驶员	渭南地区行政公署	1991
王宏儒	男	渭南公路总段	总段长、党委副书记	渭南市二级公路网络化建设先进个人	渭南市人民政府	1999
谢建平	男	渭南市交通局	科员	1998年度渭南市区环境综合整治先进个人	渭南市人民政府	1999.1
赵培森	男	渭南公路管理局	党委副书记工会主席	全市二级公路网化工程建设先进个人	渭南人民政府	2000.2
宋云峰	男	渭南市质监站	助理工程师	全市二级公路网化工程建设先进个人	渭南市人民政府	2000.2
刘谦印	男	渭南市公路处	工程师	全市二级公路网化工程建设先进个人	渭南市人民政府	2000.2
原平印	男	渭南市公路处	高级工程师	全市二级公路网化工程建设先进个人	渭南市人民政府	2000.2
吕卫东	男	渭南公路局	工程师	全市二级公路网化工程建设先进个人	渭南市人民政府	2000.2
王永彬	男	渭南公路局	办公室副主任	全市二级公路网化工程建设先进个人	渭南市人民政府	2000.2
王保华	男	渭南公路局	副科长	全市二级公路网化工程建设先进个人	渭南市人民政府	2000.2
寇小娟	男	渭南公路局	工程师	全市二级公路网化工程建设先进个人	渭南市人民政府	2000.2
谢建平	男	渭南市交通局	副科长	1999年度渭南市区环境综合整治先进个人	渭南市人民政府	2000.2
		渭南市交通局	副科长	全市二级公路网化工程建设先进个人	渭南市人民政府	2000.3
白明福	男	渭南公路局程家收费处	处长	优秀共产党员	中共渭南市委	2001

续表

姓名	性别	工作单位	职务（职称）	荣誉称号	授奖单位	授予时间
卫俊武	男	渭南市交通局	治超班主任	“廉勤兼优”领导干部	中共渭南市委、市人民政府	2003
杜亚民	男	蒲城县交通局	副局长	市级精神文明建设先进工作者	中共渭南市委、市人民政府	2004
刘晓倩	女	渭南市交通局办公室	科员	公文处理和传真工作先进个人	渭南市人民政府	2005.2
杨兴才	男	大荔客运公司	职工	劳动模范	渭南市人民政府	2005.5
程光玉	男	渭南公路局合阳金水沟收费处	处长	优秀共产党员	中共渭南市委	2005.6
刘晓倩	女	渭南市交通局内审中心	副科长	公文处理和传真工作先进个人	渭南市人民政府	2007.2
杜向凯	男	渭南市运管处	干部	创建省级卫生城市先进工作者	中共渭南市委、市人民政府	2008
樊伟强	男	渭南市交通局运管处	科长	全市抗震救灾优秀共产党员	中共渭南市委	2008
谢建平	男	渭南市交通局	科长	创建省级卫生城市先进工作者	中共渭南市委、市人民政府	2008
范育锁	男	渭南公路局渭南公路段	段长	创建省级卫生城市先进工作者	中共渭南市委、市人民政府	2008.5
白明福	男	渭南公路局	路政副支队长、路政科科长	渭南市依法行政先进个人	中共渭南市委	2010
		渭南公路局	路政副支队长、路政科科长	全市第一届行政执法标兵	渭南市人民政府	2010
王孝贤	男	渭南公路建设处	高级工程师	劳动模范	中共渭南市委、市人民政府	2010.4
刘晓倩	女	渭南公路建设处	副处长	公文处理和传真工作先进个人	渭南市人民政府	2012.2
田晓军	男	合阳县交通运输局		2011 年优秀市人大代表	中共渭南市委、市人民政府	2011
王孝贤	男	渭南公路建设处	高级工程师	优秀青年	中共渭南市委	2011.5
白明福	男	渭南公路管理局	副主席	2012 年度依法行政工作先进个人	渭南市人民政府	2012
谢建平	男	渭南市交通局	科长	在创建国家卫生城市工作中成绩突出，被评为先进工作者	中共渭南市委、市人民政府	2012.3
陈西丽	女	渭南公路局	经济师	渭南市第二届行政执法“双评双选”工作中被评为行政执法先进个人	渭南市人民政府	2013.10
王红亮	男	渭南市公交总公司	总经理	“五一”劳动奖章	中共渭南市委 渭南市人民政府	2014.5
王孝贤	男	渭南公路建设处	高级工程师	优秀共产党员	中共渭南市委	2014.6
		渭南公路建设处	高级工程师	渭南标杆人物	中共渭南市委	2014.9

续表

姓名	性别	工作单位	职务（职称）	荣誉称号	授奖单位	授予时间
刘晓倩	女	渭南公路建设处	副处长	市政协优秀提案先进个人	渭南市人民政府	2015.2
满选民	男	渭南公路局	科长、高级工程师	2014 年度渭南市应急管理先进工作者	渭南市人民政府	2015.2
高岳峰	男	渭运集团	驾驶员	劳动模范	渭南市人民政府	2015.4
郝晓琳	女	华阴管理管理段夫水道班	班长	渭南市劳动模范	中共渭南市委、市人民政府	2015.4
岳晓红	女	渭南公路局	高级工程师	2015 年度渭南市应急管理优秀值守员	渭南市人民政府	2015.12

第二节　专业技术人才

本节记述渭南市公路交通系统高级专业技术人才。见表 2-6。

渭南市交通系统1949–2015年高级专业技术职务人物录　　表2–6

姓名	性别	出生年月	参加工作时间	学历	毕业院校	技术职务名称	任职时间	所在单位
唐娴	男	1974.12	1994.7	博士研究生	长安大学	教授	2009.12	渭南市交通运输局
戴启温	男	1916	1950	本科	西北工学院	高级工程师	1987.3	渭南公路局
任有会	男	1938.10	1964	本科	西安公路学院	高级工程师	1988	渭南公路局
崔焕章	男	1940.9	1962.7	中专	陕西省交通学校	高级工程师	1993	渭南市交通局
党荣敬	男	1936.2	1954.8	本科	西安公路学院	高级工程师	1993.12	渭南市交通局
石美麟	女	1937.9	1954.9	中专	西安公路学院	高级工程师	1993.12	渭南公路局
陈济坤	男	1939.10	1966.7	本科	西安公路学院	高级工程师	1993.12	渭南公路局
王维凯	男	1941.1	1960.8	本科	西安公路学院	高级工程师	1993.12	渭南公路局
贾登科	男	1938.10	1964.8	本科	西安公路学院	高级工程师	1993.12	渭南市质监站
余邵华	男	1945.12	1968.12	本科	华东师大	高级工程师	1993.12	渭南市运管处
张云银	男	1938.2	1960.8	本科	西安汽车机械学院	高级工程师	1994.7	渭南公路局
梅家保	男	1939.11	1959.8	中专	江西交通学院	高级工程师	1997	渭南公路局

续表

姓名	性别	出生年月	参加工作时间	学历	毕业院校	技术职务名称	任职时间	所在单位
张有呆	男	1944.6	1964.7	本科	西安公路学院	高级工程师	1988.5	渭南公路局
师金升	男	1938.7	1963.3	本科	西安公路学院	高级工程师	1989.2	渭南市交通局
程文俊	男	1964.9	1989.7	本科	西安矿业学院	高级工程师	1998	渭南公路局路桥公司
刘彦辉	男	1942.11	1965.1	中专	陕西交通学校	高级工程师	1998.8	渭南公路局
赵玉珊	男	1940.2.2	1965.1	中专	陕西省交通学校	高级工程师	1999.8	富平县交通局
宋东莹	男	1947.11	1982.8	本科	西安公路学院	高级工程师	1999.10	渭南市公路处
屈根武	男	1953.5	1977.2	大专	西安公路学院	高级工程师	2001.4.13	渭南公路局工程一处
黄志道	男	1952.9	1970.5	大专	西安公路学院	高级工程师	2001.4.13	渭南公路局
李培仙	女	1952.7	1977.12	大专	西安公路学院	高级工程师	2001.4.13	渭南公路局
张怀灵	男	1948.11	1968.3	大专	西安公路学院	高级工程师	2001.4.13	渭南公路局澄县段
闵建良	男	1957.11	1980.12	本科	西安公路学院	高级工程师	2001.4.13	渭南公路局
陈忠义	男	1953.11	1980.5	大专	西安公路学院	高级工程师	2001.12.14	渭南公路局
刘正义	男	1958.7	1981.7	本科	陕西省交通技术学院；西安交通大学（第二学历）	高级工程师	2001.5	渭南市道路运输管理处
亢建民	男	1953.10	1971.3	大学	四川干部管理学院	高级工程师	2001.5	宏业公司
张改变	女	1953.9	1977.7	大专	西安公路学院	高级工程师	2003.3.24	渭南公路局
满选民	男	1965.1	1991.7	本科	西安公路学院	高级工程师	2003.3.24	渭南公路局
刘学德	男	1967.12	1991.7	本科	西安公路学院	高级工程师	2003.3.24	渭南公路局机械站
史毓学	男	1965.8	1982.12	大专	西安公铁路职工大学	高级工程师	2003.5	渭南市公路处
孟四合	男	1959.4	1976.7	大本	西安公路学院	高级工程师	2004.8.22	渭南公路局路桥公司
赵宏伟	男	1966.7	1989.7	大本	西安公路学院	高级工程师	2004.8	渭南市质监站

续表

姓名	性别	出生年月	参加工作时间	学历	毕业院校	技术职务名称	任职时间	所在单位
原平印	男	1965.9	1982.12	本科	西安公路学院	高级工程师	2005.1	渭南市公路处
刘建利	男	1967.1	1991.12	本科	西安公路学院	高级工程师	2005.1.23	渭南公路局监理公司
朱巧云	女	1966.1	1991.7	本科	西安公路学院	高级工程师	2005.1.23	渭南公路局
张天有	男	1966.1	1991.8	本科	西安公路学院	高级工程师	2005.1.23	渭南公路局路桥公司
薛耀武	男	1970.1	1990.5	大专	西安公路学院	高级工程师	2006.12.25	渭南公路局
苏引娣	女	1968.1	1989.7	大专	西安公路学院	高级工程师	2006.12.25	渭南公路局路桥公司
蓝海	男	1966.3	1991.7	大本	西安公路学院	高级工程师	2008.12	韩城市公路管理局
贾广军	男	1970.11	1991.7	大本	西安公路学院	高级工程师	2009.11.14	渭南公路局路桥公司
卞红侠	女	1969.4	1990.8	大本	西安公路学院	高级工程师	2009.11.14	渭南公路局
宋 梅	女	1971.3	1991.12	大本	西安公路学院	高级工程师	2009.11.14	渭南公路局
杨焕勤	女	1967.6	1989.7	本科	长安大学	高级工程师	2010.10	渭南市交通质监站
王孝贤	男	1971.10	1994.8	本科	西安公路学院	高级工程师	2010.12	渭南市公路工程建设处
王 锋	男	1973.3	1995.11	大本	焦作工学院	高级工程师	2010.12.22	渭南公路局
雷 霆	男	1973.01	1995.07	大本	西安公路学院	高级工程师	2010.12.22	渭南公路局路桥公司
王俊英	女	1973.3	1996.12	本科	长安大学	高级工程师	2011.11	渭南市运管处
庞仲军	男	1972.4	1997.7	大本	西安公路学院	高级工程师	2011.11.25	渭南公路局监理公司
杨婉平	女	1973.6	2000.4	大本	西安公路学院	高级工程师	2011.11.25	渭南公路局路桥公司
张卫民	男	1964.9	1991.7	大本	西安公路学院	高级工程师	2011.11	韩城市交通运输局
朱涛	男	1973.4	1995.6	本科	长沙理工大学	高级工程师	2012.12.8	渭南公路局路桥公司
傅建华	男	1973.8	1997.8	大专	西安公路学院	高级工程师	2012.12.8	渭南公路局监理公司
仵韩生	男	1955.1	1980.12	中专	西安公路学院	高级工程师	2012.12.8	渭南公路局

续表

姓名	性别	出生年月	参加工作时间	学历	毕业院校	技术职务名称	任职时间	所在单位
李海峰	男	1974.8	1993.8	大本	长沙理工大学	高级工程师	2012.12.8	渭南公路局
杨栓海	男	1968.6	1992.7	大专	西安公路学院	高级工程师	2012.12.8	渭南公路局监理公司
王自强	男	1968.8	1991.9	大专	西安公路学院	高级工程师	2012.12.8	渭南公路局
郭杰	男	1966.1.25	1985.8	本科	陕西省交通学校	高级工程师	2012.12.8	合阳县交通局
岳晓红	女	1975.9	1999.2	大本	长沙理工大学	高级工程师	2013.12.29	渭南公路局
王友仓	男	1962.5	1982.8	中专	交通部电视中专	高级工程师	2013.12.29	路桥公司
万永民	男	1959.9	1980.8	中专	西 安公路学院	高级工程师	2013.12.29	渭南公路局路桥公司二处
任军民	男	1973.12	1994.8	大本	中南大学	高级工程师	2014.12.21	渭南公路局华县段
张海涛	男	1972.6	1999.5	大本	长沙理工大学	高级工程师	2014.12.21	渭南公路路桥公司
寇小娟	女	1975.2	1997.8	大本	长沙理工大学	高级工程师	2014.12.21	渭南公路局
张红维	女	1975.4	1996.7	大本	北京交通大学陕西省交通学校	高级工程师	2014.12	韩城市农村公路管理局
宋云峰	男	1976.4	1996.8	本科	长安大学	高级工程师	2014.12	渭南市质监站
周建军	男	1966.7	1986.7	本科	西安建筑科技大学	高级工程师	2015.6	渭南市质监站
李雁妮	女	1972.10	1994.1	本科	西安建筑科技大学	高级工程师	2015.6	市质监站
姚娟	女	1976.1	1998.7	本科研究生	长沙理工大学西北大学	高级工程师	2015.12	市地方公路处
吴永军	男	1981.7	2004.7	本科	长安大学	高级工程师	2015.12	市公路工程建设处
张问社	男	1976.9	1996.11	本科	北京交通大学	高级工程师	2015.12	市地方公路处
冯骅	男	1977.3	1999.9	本科	长安大学	高级工程师	2015.12	渭南市交通工程质量监督站
宋波	男	1973.5	1990.3	本科	西安建筑科技大学	高级工程师	2015.12	渭南市交通工程质量监督站
贾广平	男	1979.11	1998.6	本科	长安大学	高级工程师	2015.12	渭南公路局
许百丰	男	1973.5	1994.7	本科	中南大学	高级工程师	2015.12	渭南公路局合阳段

续表

姓名	性别	出生年月	参加工作时间	学历	毕业院校	技术职务名称	任职时间	所在单位
王小茹	女	1979.2	1997.8	本科	长安大学	高级工程师	2015.12	渭南公路局监理公司
张凡	男	1946.5	1968.12	大专	中央党校	高级会计师	1998.12.9	渭南公路局
刘纯明	男	1936.10	1955.1	中专	陕西交通学校	高级会计师	1993	渭南公路局
王周英	女	1957.9	1974.12	研究生	中国政法大学	高级会计师	2000.12.23	渭南公路局
司亚芳	女	1969.9	1990.1	本科	渭南师范学院	高级会计师	2011.12	渭南市治理车辆超限超载和收费公路管理办公室
张栋青	女	1974.12	1995.10	本科	西北大学	高级会计师	2013.1	渭南市质监站
秦婉玲	女	1970.1	1990.7	本科	西北工业大学	高级会计师	2013.1	渭南市公路处
孙军	男	1966.6	1982.12	在职研究生	中国政法大学高级国际注册内部审计师	高级审计师	2003.9	渭南市交通运输局
焦全林	男	1942.5	1965.1	中专	陕西交通学校	高级经济师	1996.4	渭南公路局
程丽萍	女	1972.9	1990.1	研究生	中国政法大学 2004.7	高级经济师	2009.12.26	渭南公路局
盛海林	女	1970.11	1990.8	本科	渭南师范学院	高级经济师	2012.2	渭南市质监站
雷俊岭	男	1977.11	1999.7	本科	渭南师范学院	高级经济师	2012.11	渭南市交通运输局
祝杰	女	1975.6	1993.8	大本	中央广播电视大学 2012.11	高级经济师	2015.1.25	渭南公路局
陈西丽	女	1977.3	1996.12	大专	陕西财经学院 1997.7	高级经济师	2015.1.25	渭南公路局
袁起才	男	1940.10	1958.1	大专	中央党校函授学院	高级政工师	1992.10.28	渭南公路局
韩效儒	男	1935.11	1951.2	初中	华县高塘中学	高级政工师	1992.10.28	渭南公路局
后爱莲	女	1946.12	1962.3	大专	陕西工运学院	高级政工师	1992.12.25	渭南公路局
赵培森	男	1956.7	1974.8	大专	北京交通干部管理学院	高级政工师	1995.12.20	渭南公路局
王耀林	男	1952.5	1972.10	本科	中央党校函授学院	高级政工师	1995.12.20	渭南公路局

续表

姓名	性别	出生年月	参加工作时间	学历	毕业院校	技术职务名称	任职时间	所在单位
高润年	男	1947.9	1967.9	中专	蒲城农机学校	高级政工师	1996.12.28	渭南公路局
张梁	男	1944.12	1967.7	本科	陕西师范大学	高级政工师	1997.12.25	渭南公路局机关
王宏儒	男	1946.3	1967.10	大专	陕西省委党校	高级政工师	1997.12.25	渭南公路局
姚玲芳	女	1955.5	1973.7	大专	渭南市委党校	高级政工师	1997.12.25	渭南公路局
高宝全	男	1960.9	1983.8	本科	西安公路学院	高级政工师	1997.12.25	渭南公路局
米进发	男	1963.4	1980.11	本科	中央党校函授学院	高级政工师	1999.12.25	渭南公路局
王林	男	1948.11	1968.2	高中	洛南中学	高级政工师	2000.1,	渭运集团
徐建政	男	1955.10	1974.12	大专	四川大学自学考试	高级政工师	2001.12.31	渭南公路局
孟林章	男	1955.6	1970.9	大专	中央党校函授学院	高级政工师	2001.12.	渭南公路局韩城段
李军强	男	1969.6	1990.11	本科	西北大学自学考试中央党校函授学院	高级政工师	2007.1.	渭南公路局
李兰	女	1965.8	1988.7	大专	渭南师专	副研究馆员	2011.12	渭南市质监站

附 录

渭南地区交通局
车辆通行费征收管理暂行办法

为了加强车辆通行费的征收管理，做到“应征不漏，非征不取”杜绝违章违纪，防止票款流失，根据中华人民共和国《公路管理条例》及其《实施细则》和有关规定，特制定本办法。

一、征收

1. 车辆通行费征收管理必须严格执行省政府有关部门的批准文件。

2. 车辆通行费必须严格执行统收统支、收支两条线的管理办法，按地区交通局有关规定及时足额上解征费转户，不能随意坐支票款。

3. 车辆通行费征收必须在指定的收费站点进行，非专门征费人员或证件不全者不得私自征费。

4. 车辆通行费征收必须使用地区交通局按规定统一印制的票证，严禁伪造、涂改和使用过期票证。

5. 车辆通行费征收必须执行批准的范围和标准，严禁擅自扩大或缩小征收范围和提高或降低征收标准。

6. 直属所有征费站点和人员必须无条件接受局征费管理和稽查人员的检查。不得对检查隐瞒，设障或拒绝。

二、征费人员管理

1. 所有在职征费人员都应按规定交纳每人 2000 元的个人工作责任担

保金，凡新进入征费单位者，每人须交纳4000元的个人工作责任担保金，作为个人违章违纪对国家造成损失进行补偿的担保。

2. 所有征费人员必须遵守以下行为准则：

（1）秉公执法、照章收费、不徇私情。

（2）上班期间，必须着装整洁，标志证件齐全，行为端庄，举止文明。

（3）严守岗位，不得串岗、混岗和私自代岗、换岗。

（4）不得岗前、岗间酗酒、猜拳行令和从事任何有损收费人员形象的活动。

（5）不得在任何时间，任何地点从事赌博性活动。

（6）不能私自扩大或缩小征费范围和提高或降低收费标准。

（7）不得私自随意放车。

（8）不得收钱不扯票或卖废票伪造涂改票证。

（9）不得多收钱少扯票，更不得少收钱不扯票。

（10）不得吃、拿、卡、要。

（11）不得隐瞒，包庇和知情不报违纪违章行为。

（12）不得有其他变相贪污票款的行为。

（13）不得出售未加盖年、月、日及售票员编号的票据。

（14）不得因工作不负责任而造成车辆闯站、逃费。

（15）实行征费班组异常情况登记制度。对交钱不要票的车辆，售票员应当即登记车型、车号和欠交费额，并将票据扯下贴在登记本上相应的地方，由当班班长签字认可、备查。

（16）对逃费车辆、征费人员一经追回，除足额补交通行费和按规定处罚外，不得再收取其他任何费用。

（17）征费售票人员不得在上岗期间将私款带入岗位（规定周转金除外），或私自动用车辆通行费。

（18）收费人员编班实行每半年定期换岗制度。

3. 收费处实行处级领导轮流带班制度，带班领导对其带班工作期间的收费工作负直接领导责任，并做好带班工作记录。

三、稽查

1. 凡经省政府批准，地区交通局直接管理的所有收费路段上的应缴费车辆和征费行为，都属稽查范围。

2. 地区交通局抽调专门稽查人员，从事车辆通行费征缴稽查工作，其主要职责权限为：

（1）负责对地区交通局所属征缴通行费单位和人员工作行为的稽查工作。

（2）在其规定征费路段上从事应缴费车辆稽查工作。

（3）对征费人员的违纪行为在事实清楚，证据确凿，违纪人员签名认可或有条件认定的前提下按本办法有关条款当场签写违章违纪处理通知单通知其违纪责任人员所在单位进行处理。

（4）对违纪人员的处罚结果按期进行检查。

（5）对违纪车辆在本办法规定范围内按照有关条款进行处罚。

（6）对稽查过程中所查出的问题除第三条第二款（3）情况外，可直接移交责任人所在单位调查处理，责任人所在单位应实事求是地将调查结果及处理意见上报主管局审批。

3. 所有管辖范围的车辆通行费征收单位和个人以及应缴费车辆，都应自觉接受征费稽查工作人员在其权限范围内的检查，任何人不得拒绝。

4. 稽查发现问题，所在单位在接到违章违纪处理通知单后，必须在七日内按规定处理完毕，不得以任何理由拒绝或拖延。

四、稽查人员管理

1. 稽查人员必须严格执行有关规定及本办法，秉公办事，从严执纪，不徇私情。

2. 稽查人员行为准则。

（1）思想健康，作风正派，热爱本职，责任心强，不怕吃苦，态度端正。

（2）严守纪律，保守机密，服从领导，统一行动。

（3）稽查人员上路稽查，必须着装整齐，标志齐全，证件完备，照章办事，文明稽查。

（4）不得定点稽查，不能因稽查造成车辆堵塞，影响交通。

（5）不得超出稽查范围越权检查和处罚。

（6）对查出的违章违纪问题，不得隐报，应认真核实，不徇私情及时秉公处理。

（7）不吃、拿、卡、要。

（8）不得以稽查名义弄虚作假，从事非法活动。

（9）不得从事其他违章违纪违法活动。

五、免征车辆管理

1. 除省政府批准明文规定免征范围以外原则上不再开免征口子。

2. 因特殊原因，工作需要，个别车辆确需免征或减征者，须经地区交通局同意方可减免。

3. 任何人不得越权减免车辆通行费。

六、处罚

1. 违章违纪车辆处罚

（1）漏缴通行费的车辆，除足额补交外，处以当次应缴费额的1—5倍罚款。

（2）闯站不缴、逃缴（少缴费不要票）车辆拒绝接受处罚者，可商有关部门吊销经营许可证，行驶证照。直至移送司法机关依法处理。

2. 违章违纪征费人员处罚。

（1）违犯本办法第二条第二款（1）（2）（3）（4）其中一条者，每次给以口头警告，责任人写出书面检查，并扣发20元工资。

(2) 违犯第二条第二款 (5) (16) 者，每次扣责任人 50—100 元，并令其写出书面检查，情节严重者，按有关规定另处。

(3) 违犯第二条第二款 (6) 者，按损失大小，扣减责任人 10—500 元的工资，情节严重者，按有关规定另处。

(4) 违犯第二条第二款 (7) 者，扣收责任人应缴费额 100 倍偿金。

(5) 违犯第二条第二款 (8) (9) (12) (15) 扣收责任人应缴费额 200 倍以上偿金。

(6) 违犯第二条第二款 (10) 者,除责令赔还原主以外,进行通报批评，扣减责任人违纪金额 20—50 倍的工资。情节严重者按有关规定另行处理。

(7) 违犯第二条第二款 (11) 者，扣减当事人一个月标准工资，并按有关规定进行政纪、党纪处分。

(8) 违犯本办法第一条第六款者，视其情节轻重，扣责任人 10—200 元并给予政纪、党纪处分。

(9) 违犯本办法第三条第二款 (6) 和第四款者，扣减责任人当月工资的 50%，同时限期处理，否则给以行政处分。

(10) 违犯本办法第二条第二款 (13) 者，给以口头警告，责任人写出书面检查，每次扣发 20 元工资。

(11) 违犯第二条第二款 (14) 者，每次扣售票人员和班长各 50 元，其他收费人员各 20 元。

(12) 违犯本办法第二条第二款 (8) (9) (12) (15) 各项者一律在按前款进行经济处罚的同时停止其上岗从事收费工作，停发工资收入，限期调离收费单位。

(13) 违犯第二条第二款 (17) 者，按其长款、短款金额的 5—10 倍罚款。

(14) 违犯第二条第二款 (18) 者，每次扣收费处主要领导 100 元，其他领导各 50 元。

(15) 征费班 (组) 发生违纪问题，除对直接违纪责任人及有关人员进行处罚外，视其情节，相应追究带班领导的领导责任。

3. 违章违纪稽查人员处罚。

（1）违犯本办法第四条第二款（1）（2）（3）（4）（5）者，要进行批评教育，令其纠正。

（2）违犯本办法第四条第二款（6）者，按照本办法第六条第二款（7）处理。

（3）违犯本办法第四条第二款（7）者，除按本办法第六条第二款（6）加倍处罚外，责其离开稽查岗位，退回原单位。

（4）违犯本办法第四条第二款（8）（9）者，除按规定处以100—1000元罚金外，情节严重者按有关规定另处。

七、本办法有关词语的特定含义

1. 征费人员：指局属征费单位的所有在职职工，包括临时工。

2. 私自放车：指征费人员不认真履行职责有意或失职造成应缴费车辆逃缴、漏缴通行费。

3. 收费路段：指省政府批准收费的同一建设项目公路路线全区段。

4. 责任担保金：指收费人员为个人行为提供的经济担保，凡因收费人员违章违纪而按本办法扣发的个人收入只是作为对国家造成损失的有限补偿，不能视为罚金。

5. 工作不负责任造成车辆逃费：收费人员不能正确登记或不登记其车型、车号时，视为收费人员工作不负责任造成车辆闯站逃费。

八、本办法由地区交通局综合科负责解释。

九、本办法自印发之日起执行。

1995年5月2日

渭南市道路旅客运输违章检查、处理暂行办法

第一章　总则

第一条　为了加强道路旅客运输行业管理，维护旅客运输市场秩序，保护合法经营，保障旅客合法权益，根据国家《公路运输管理暂行条例》和《道路运输违章处罚规定（试行）》，特制定本办法。

第二条　各级道路运输管理机关是道路旅客运输的监督检查和处理违章行为的主管机关，依照本办法履行检查，处理职责。

第三条　从事道路旅客运输的单位和个人均应自觉执行《公路运输管理暂行条例》及其他有关规章、规则、规定等，服从各级道路运输管理机关的管理，接受监督检查，违章者由道路运输管理机关按本办法给予相应处罚。

第四条　道路运输管理机关的检查人员处理违章行为时可以行使以下职权：

（一）对被检查单位的负责人、被检查的个人、见证人进行询问、调查；

（二）查阅被检查单位、个人的有关道路旅客运输的证明、账册、单据和其他有关资料，必要时可以抄录或复制；

（三）向被检查的单位、个人以及违法、违章行为所涉及的单位或个人，调取证据。

第二章　检查

第五条　检查范围。检查的范围限于车籍在本市境内且从事营业性道路旅客运输的车辆。未经市运管办特许，任何单位和个人不得检查外籍车辆。

第六条　检查人员。检查人员必须是运证管理机关的正式工作人员。禁止非正式工作人员参加检查。

第七条　检查方式。检查以停车站（场）明查和随车暗访为主。严禁在国道、省道设点检查。

第八条　检查人员在检查时，必须佩戴《道路运输检查证》或《渭南市整顿道路运输秩序检查证》，检查时应随身携带并主动向被检查人出示，禁止无证检查，随行检查人员不得少于三名。

第九条　运管人员经主管领导同意后，对不按时履行处罚决定及有明显违章行为的经营者，可以追究查处。但在追究查处时，不得涉及其他经营者和车辆。每次只限于追究处理一辆违章车辆。

第十条　检查必须在本职工作范围内进行，不得接受委托或越权检查。

第三章　违章取证

第十一条　现场取证。检查人员发现违章行为，应及时取得违章的现场证据，其中包括当事人签认的现场笔录，旁证人笔录，视听资料（照片、录像和录音资料等），以及其他可提取的物证。

第十二条　事后调查。现场无法确定违章事实或证据不足的，应进行调查，通过调查取得证据材料与调查材料。

第十三条　旁证材料。充分的旁证材料应有至少三人以上的非检查工作人员作旁证的签字证明。不足三人的旁证材料为不充分旁证材料。

第十四条　当事人拒绝签字的，必须要有三个以上当事旅客或其他见证人签字，当事旅客或其他见证人的证明材料必须写清违章事案发生的时间、地点、车辆牌号，违章行为简述及证明人所在详细地址、单位、姓名等。

第十五条　对于群众举报的违章行为，要认真进行调查取证，完备证据材料，并将处理结果回复举报人。

第四章　违章处罚

第十六条　对违章行为处罚的依据是交通部第23号部令发布的《道路运输违章处罚规定（试行）》（以下简称23号令）。

第十七条　对违章经营行为的处罚：

（一）无线路营运标志牌。参照23号令第八条（一）项处罚。

（二）不按规定悬挂营运标志牌，按23号令第八条（二）项处罚。

（三）用自制线路站、点牌欺骗旅客。按23令第八条（四）项处理。

（四）不按规定线路行驶，不按规定进站发车。按23号令第八条（一）项处罚。

（五）粗暴待客以及以不正当手段揽客，按23号令第八条（四）项处罚。

（六）随意甩客、倒客、宰客、绕圈按23令第八条（一）项、（四）项处罚。

第十八条　凡应报市运管部门批准处罚的，均应以正式函件上报，并附有相应的违章证据，即有违章当事人签字的现场笔录、旁证材料、视听资料、调查材料等可以提取的合法证明。

第十九条　逾期拒不执行处罚决定的，可以依据23号令的规定提请人民法院强制执行。

第五章 附则

第二十条 本办法由市交通局负责解释。

第二十一条 本办法自发布之日起执行。

1996 年 4 月

渭南市治理公路“三乱”工作管理办法

渭市纠办发〔1996〕027号

第一条　为了巩固治理公路“三乱”工作的成果，保障我市公路交通畅通，放开搞活商品流通，促进经济和社会发展，根据国务院和省政府的有关政策法规，特制定本办法。

第二条　凡在本市行政区域内的党政机关、事业单位和个人都必须遵照本办法执行。

第三条　本办法所称的公路，是指国道、省道、县道、乡道及专用公路。公路“三乱”是指违反政策规定在各类公路上的乱设卡、乱收费、乱罚款。

第四条　治理公路“三乱”工作实行辖区领导负责制；公安、交通等部门牵头实施，纠风办负责组织协调和督促检查工作；部门之间要树立全局观念，加强协作，相互配合，保证治理公路“三乱”工作顺利开展。

第五条　治理公路“三乱”的主要任务：

1. 清理、撤除不符合国务院规定，未经省政府批准的各类检查站、收费站；

2. 纠正取消各级政府对执收执罚部门、单位下达的收费和罚款指标；

3. 取缔和查处非执行公务的公安交警等部门、单位和个人非法上路拦截车辆实施乱收费、乱罚款的行为；

4. 规范合法的检查站、收费站工作人员和公安交通干警的执收执罚以及纠正违章车辆的行为；

5. 纠正查处非法上路的部门和个人。

第六条　检查公路无“三乱”的基本条件：

1. 经省政府批准设置的收费站、检查站必须符合国家有关规定；

2. 辖区内公路除交通、公安、林业（批准地点）部门外，没有其他任何部门、单位及个人在公路上设站、检查、罚款、收费；

3. 各级政府及有关部门没有向公安交警等执收执罚单位和人员下达收费、罚款任务；

4. 对发现的公路“三乱”问题，查处率达到 100%；

5. 公路上和城市入口处无强制拦车查验或其他违规行为。

第七条　治理公路“三乱”的目标是巩固成果，深化治理，标本兼治，实现国道、省道无“三乱”，县、乡道路“三乱”问题得到明显遏制。

第八条　境内各类公路上设置的检查站 、收费站，必须经省人民政府批准，且规范、合理。

第九条　各级人民政府及一切机关、社会团体、企事业单位及其他组织，均无权批准在公路上设置任何检查站、收费站。

第十条　各类检查站、收费站的日常管理工作，由省级行业主管部门和相应的管理机关双重管理，并严格按照国务院制定的“五统一”、“四公开”规范行为。

第十一条　税务、工商、卫生、烟草、检疫等部门，为了控制恶性疫情传播，查堵财税流失、缉查烟草走私以及其他一些特殊性的任务，需设站检查或参加联合检查，根据国发〔1994〕41 号文件的有关规定，按照以下原则处理：

1. 税务、工商、烟草等部门，应加强税源地和生产地的管理，防止流失；需要查堵重大流失案件的，经省政府批准，方可设立临时检查站，任务一经完成，立即予以撤除。

2. 卫生、检疫为防止重大疫情入境或散播，经省政府批准，可依托有关检查站或设立临时检疫点，对有明显嫌疑车辆进行检查，疫情解除后，立即撤站撤人。

3. 有关部门可在指定路段执行检查任务，未经批准，不得在国道、省道及公路主干线上拦车检查。

4. 煤炭集中产地需要设置煤炭计量站的，按省政府批准的站址可在公路旁 10 米之外设立，收费范围必须按省物价部门审批的范围和标准严格执行，工作人员须持公安部门审核签发的上路检查证。

第十二条　公路检查站、收费站工作人员及交通干警执行公务时，必须着装整齐，标志明显，证件齐全，亮证执法，文明执勤，礼貌待人，秉公执法，严肃纪律；不得徇私舞弊、索贿受贿、敲诈勒索。

第十三条　交通部门对规费的征收，要加强源头管理，不得在国道、省道及公路主干线上进行设站、设卡征收规费。

第十四条　交通运输管理部门，确因工作需要上路检查和抽查本市道路运输车辆，需经市纠风部门同意后方可实施，但不得设站、卡检查，一次只许检查一辆车。

第十五条　公安、交通等部门不得超越职责范围代其他部门在公路上拦车检查和收取各种税费；未经省政府批准，不得与任何部门和个人联合上路检查。

第十六条　交通警察在公路上流动检查，主要是疏导交通、维护秩序和纠正违章，按章处罚严重违章和交通事故的车辆；不得搞车辆技术性检查；不得每车必查，每查必罚；不得双向拦车检查；不得检查职权范围以外的车辆证件。每次检查车辆不得超过三辆，时间不得超过三十分钟。

第十七条　未经省、市政府批准，公安交警不得参与在公路上拦车推销车辆辅助性、改良性器材、设施、配件、书籍和其他商品及配合有关部门散发各类宣传品。

第十八条　公安其他警种，未经县、市以上公安机关批准，不得在公路及城市过境道路上拦车进行检查，受权查车时，需持上级公安机关的命令或证件，且不得超越职权扣车、扣照、罚款。

第十九条　经批准进行治安检查的机关，检查对象只能是按批准范围进行查验，不得借机罚款、收费和随意扣押车辆和证件。

第二十条　对外地车辆，交通警察只纠违不罚款；不得以任何理由为名，拦车收费罚款，要确保畅通。

第二十一条　木材检查站按职责只检查木材车辆，不得随意拦挡过往车辆，超范围检查和罚款。

第二十二条　执收执罚人员收费、罚没票据必须使用省财政厅统一印制的收费、罚没票据，严禁自制、伪造、变造等非法票据。

第二十三条　各级人民政府要加强对治理公路“三乱”工作的组织领导，认真抓好落实。公安、交通、林业部门，要分别抓好本部门的工作，教育本系统干部职工，严格规范自己的行政行为，同时要向社会公布投诉电话，接受群众举报和监督。

第二十四条　依照渭纠办发〔1996〕022号文件《关于对治理公路“三乱”工作实行规范化管理的通知》条款，对全市治理公路“三乱”工作实行以强化检查，全面监控为核心的规范化管理。

第二十五条　凡违反治理公路“三乱”政策规定，具有行业不正之风行为的，除没收财物外，要依照陕纪发〔1996〕10号文件《关于对部门和行业不正之风行为给予党政纪处分的暂行规定》给予部门、单位领导和当事人党政纪处分。

第二十六条　由农民或个人行为造成严重公路“三乱”问题的，给县、乡党政主要负责人党内警告或严重警告处分，行政警告至记大过处分。

第二十七条　对冒充国家机关执法人员，私设站卡收费、罚款、没收财物，情节严重，构成犯罪的，提请司法机关依法追究刑事责任；尚未构成犯罪的，由公安机关依照《中华人民共和国治安管理处罚条例》予以处罚。

第二十八条　本办法由渭南市人民政府纠正行业不正之风办公室负责解释。

第二十九条　本办法自印发之日起执行。

1996 年 8 月 30 日

渭南市农村公路建设质量监督管理办法

渭交发〔2005〕134号

第一章 总则

第一条 为了加强农村公路质量监督管理，确保农村公路建设质量，根据上级有关质量管理规定，结合我市农村公路建设实际，制定本办法。

第二条 农村公路建设质量监督工作由市交通工程质量监督站负责，监督工作在市交通局的领导和省厅质监站的指导下开展。

第三条 农村公路建设质量监督工作应认真贯彻国家有关规定，依据有关公路技术标准、规范、规程及农村公路建设技术政策和有关设计文件、合同文本，做到“重点突出、点面结合、不留死角”。

第二章 监督机构职责

第四条 市交通工程质量监督站具体负责农村公路建设质量监督工作，人员由站长、主管站长、监督室主任、试验室主任、监督人员组成。

第五条 农村公路质量监督职责

1. 履行农村公路建设质量监督工作的管理。

2. 制定农村公路建设质量监督工作管理制度，确定质量监督的重点部位、关键工序、主要指标和检测频率，制定监督工作重点，完善监督手段。

3. 负责农村公路质量管理人员岗位培训。

4. 监督检查农村公路建设质量保证体系的建立及其运转情况。

5. 组织工程质量巡回检查和重点抽查，制止和纠正施工现场影响工程质量的违规行为。

6. 对已完工的农村公路建设项目进行质量检测鉴定，出具公路工程质量鉴定书，对经鉴定不合格的工程，应责令施工单位返工，直至工程质量达到合格以上标准。

7. 参与农村公路工程质量竣工验收。

8. 收集农村公路建设质量信息，定期向市交通局和省厅质监站报告质量动态。

9. 依据《建设工程质量管理条例》及上级有关指示文件对违反条例及规定的行为进行处罚。

10. 参与农村公路工程质量调查处理，仲裁工程质量争端。

第三章　监督工作原则

第六条　农村公路质量监督工作机构应本着公正性、科学性、权威性的原则，按照交通行政执法程序独立行使政府监督职能，开展质量监督工作。

第七条　农村公路质量监督机构必须建立健全质量监督工作机制，提高质监人员素质，严格履行职责，廉洁自律，秉公办事，依法监督。

第八条　对发现的工程质量问题和质量管理工作中的问题及时指出，并要求限期纠正；对有违规行为的建设、设计、施工、监理单位和人员依据有关办法及规定进行查处。

第九条　质量鉴定应遵循实事求是、以检测数据为准的原则，不得受任何单位和个人的干预，以保证鉴定结果的公正、准确。

第四章　监督工作程序

第十条　从发出《公路工程质量监督通知书》起至工程通过竣工验收，为建设项目质量监督期。

第十一条　项目法人在工程开工前，应按规定向质监站申请工程质量监督，并提交以下文件和资料：

1. 工程设计文件；

2. 施工、监理单位基本情况。

第十二条　农村公路质量监督机构在收到监督申请的相关文件及资料后，确定工程项目质量监督负责人，制定工程质量监督计划，并发送到工程建设、施工、监理单位。对未按基建程序开工建设或质量责任制未落实的，应限期整改。对未办理质量监督手续开工的，应采取强制监督措施，并限期完善监督手续。

第十三条　开工后，监督机构对前期准备工作情况、施工过程质量控制及完工后资料的真实性、完整性进行检查，检查情况以《公路工程质量抽查意见通知书》的形式发送各有关单位，并对全市范围内的农村公路检查情况进行通报。

第十四条　路面基层完工和整体工程完工后应及时申请监督机构进行质量检测鉴定，凡路面基层工程未经检测鉴定的扣除补助款40%；整体工程完工后未经检测鉴定的扣除补助款30%；工程未经过检测鉴定的，将不予拨付工程补助款。

第五章　监督工作的基本内容

第十五条　对建设单位的监督

1. 建设单位应建立质量管理制度，落实质量责任，并在建设过程中定期组织质量检查评比活动，奖优罚劣，纠正施工过程中的违规行为。

2. 建设单位应对关键工艺、重要部位、质量控制难点、质量通病制定具体的质量管理措施。

3. 建设单位应建立满足农村公路建设需要的试验室，配有1至2名有资质且经验丰富的试验人员。

4. 建设单位对监督组检查指出的问题应组织施工、监理单位落实处理，并书面报告处理结果。

第十六条　对监理单位的监督

1. 工地监理机构、人员是否与《监理合同》相符，是否满足交通部和省交通厅有关农村公路建设政策要求。

2. 监理机构内部管理制度、监理人员工作岗位职责及具体落实情况。

3. 监理工作程序、质量控制用表、质量管理办法及实施保证措施。

4. 施工过程中重点抽查监理人员工作日志、监理人员的独立抽检频率、施工现场监理巡查旁站情况、对原材料试验、标准试验、施工自检资料的审查、签认情况和质量问题的有关指令及落实情况。

第十七条　对施工单位的监督

1. 检查进场的主要管理人员、技术人员、机械设备及试验仪器是否与合同承诺相符，是否满足工程建设需要。

2. 检查工程管理制度是否健全，质量自检体系的运转是否规范，自检资料反映出的质量控制过程、施工工艺及工程质量是否符合规范要求，自检资料频率是否符合要求，数据是否真实、可靠。

3. 将内业资料和工程实体质量作为两个重要方面检查，检查施工单位的原始记录、自检记录及有关技术、质量问题的会议纪要、文件等。随机抽查完工工序的质量情况，着重检查施工过程中关键部位、重要工序的规范化操作程度及工程所用原材料、成品、半成品、工程实体和外观质量。

4. 对工程质量控制基础工作的监督

（1）土、砂、石、钢材、水泥、石灰、沥青等原材料的检验。

（2）标准击实、标准配合比等标准试验。

（3）试验路段、试验工艺的有关材料。

第六章　监督工作要点

第十八条　监督工作应着重把好工程开工准备关、施工过程抽查检测关、完工后的质量鉴定关，重点对工程质量要点开展抽检，验证施工、监理单位工作质量，监督建设、施工、监理单位的质量控制工作。

1. 开工阶段监督要点：

（1）施工单位进场人员、机械设备是否能满足工程需要，质量保证体系是否健全，质量管理工作是否落到实处，工地试验室是否能达到临时资质认证条件。

（2）监理单位进场监理人员的数量、资质是否符合规定并满足监理工作需要，机构内部管理制度、职责是否健全。

（3）建设单位主要管理人员和技术人员是否满足工程建设需要，质量管理制度是否健全，且各县、市（区）交通局应建立满足农村公路建设需要的试验室（必须配备路强仪、标准养生室、油石比测定仪等试验仪器，并有1至2名有资质且经验丰富的试验人员），其试验检测项目由监督机构进行核定。

2. 施工过程中监督要点：施工过程中应重点监督检查原材料的质量、工程实体质量以及施工、监理的试验和抽检情况。

（1）路基工程质量控制要点：压实度、松铺厚度，特别是高填方路堤、路基边缘及结构物台背的压实度。

（2）路面工程质量控制要点：各结构层的压实度、厚度、主要成分（石灰、水泥、沥青）的含量、骨料的级配及混合料的均匀程度、基层弯沉值。

（3）桥涵工程质量控制要点：主要受力构件的几何尺寸与平面位置、

构件质量、混凝土的配合比控制及施工工艺。

（4）交通安全设施质量控制要点：检查平面尺寸、外观质量、安装牢固程度等。

3. 工程完工阶段监督要点：

（1）检查施工自检、监理抽检资料的完整性、规范性和真实性。

（2）检查工程项目是否按设计全部完成。

第七章　附 则

第十九条　本办法未涉及的有关方面，按交通部及我省有关规定执行。

第二十条　本办法自制定之日起实施，由渭南市交通局负责解释。

2005 年 6 月 20 日

渭南市公路工程设计变更管理规定

渭交党发〔2006〕23号

为了加强建设工程项目在实施过程的设计变更管理，从源头上规范工程变更程序，减少漏洞，预防商业贿赂等腐败问题的发生，提高工程质量，控制工程建设和投资规模，根据中华人民共和国交通部2006年第五号令《公路工程设计变更管理办法》（以下简称《办法》）制定本规定。

第一条　公路建设工程设计文件是经国家有关部门审查批准，具有法律效力的技术文件，是控制工程建设和投资规模的基本依据。在工程施工过程中，必须严格控制设计变更，不得随意改变原设计，扩大或缩小建设规模，提高或降低建设标准。

第二条　公路工程设计变更分类按交通部《办法》规定执行。公路工程重大、较大设计变更，由建设单位或建设单位的项目实施机构提出，并按规定提交有关材料，经市交通局审查同意后按程序向省交通厅或项目批准单位提出设计变更申请。

一般设计变更，由建设单位的项目实施机构提出，按照规定的权限审批。

第三条　本规定涉及的工程设计变更是指一般设计变更，适用于辖区内市级交通部门管理的工程项目。

第四条　施工过程中，由于设计、工程地质、建设环境等原因，确需进行设计变更时，由建设单位的项目实施机构提出初步意见，按照本规定的程序办理变更手续。未经批准或手续不完备的设计变更文件，不得交付施工。

第五条　设计变更时，应按照以下原则进行：

1. 发现设计文件存在不合理、不完善及设计漏项、差错，不能满足使用功能时。

2. 由于地形、地质条件发生变化，按原设计难以实施时。

3. 设计变更后，确能有效地保证工程质量，加强工程进度、缩短工期，降低工程造价时。

4. 国家颁布新标准、规范、规程后，须按规定进行设计变更时。

5. 由于建设环境原因，确须进行设计变更时。

第六条　工程设计变更实行审批制。审批的权限和程序为：

1 万元以下的工程设计变更由建设单位的项目实施机构审定批复。

1 万元以上的工程设计变更由建设单位的项目实施机构将工程设计变更的相关文件报设计单位同意后，报市交通局，由局路桥科召集资金科、内审中心、监察室对文件的可行性、合理性进行审查，并提出初步意见，提交局党组审定。10 万元以上的工程设计变更，报设计单位同意后由市交通局党组会同市纪检委、市检察院、市监察局、市审计局共同审定批复。10 万元以下 1 万元以上的工程设计变更由市交通局党组审定批复。

对工程设计变更的审定可聘请有关技术、经济专家参加。

第七条　设计变更，原则上采用施工图设计时采用的标准、规范和定额。

第八条　任何工程的设计变更应以分项工程为单元进行，并应归属到各个分项工程。一个分项工程一般只能变更一次，无特殊理由不得进行多次变更，也不得将大的变更分解为多个小的变更。变更设计应尽量在分项工程开工前完成。

第九条　任何单位提出的设计变更，均应填写变更设计申报单，说明变更原因、内容、费用增减等情况。

设计变更文件必须包括变更指令、设计变更说明、变更图纸、工程量清单、单价确定方法、费用增减计算和使用技术规范等。

第十条　按《办法》和本规定经过审批的工程设计变更其费用变化纳入决算。未经批准的设计变更，其费用变化不列入决算。

第十一条　建设单位的项目实施机构应建立公路工程设计变更台账，定期对设计变更情况进行汇总，每半年将汇总情况报局路桥科。局每年组织路桥科、监察室、内审中心对设计变更执行情况进行检查。

第十二条　项目法人有下列行为之一的，交通主管部门责令改正，情节严重的，暂停项目执行，构成犯罪的，追究刑事责任。

1. 不按照规定的程序报批工程设计变更文件的。

2. 未经批准或者审查不合格，擅自实施设计变更的。

3. 将工程设计变更肢解规避审批的。

第十三条　施工单位不按照批准的设计变更文件施工的，建设单位的项目实施机构责令改正；造成建设工程质量不符合规定质量标准的，负责返工、整修，并赔偿因此造成的损失；情节严重的，责令停工整顿。

第十四条　紧急抢险工程的设计变更按照《办法》规定执行。

第十五条　县级交通部门所管理项目的工程设计变更参照本规定执行。

第十六条　本规定从 2007 年 1 月 1 日起实施。

渭南市交通系统治超工作考核办法

第一章　总则

第一条　为了进一步加强我市治理车辆超限超载工作（以下简称治超），按照《陕西省交通厅治超工作考核办法》（陕交发〔2006〕538号）的总体要求，落实全市交通系统的治超责任，实现我市强化治超工作目标，结合我市实际，制定本办法。

第二条　本办法适用于市交通局所属市公路局、公路处、运管处的治超工作考核。

第三条　市交通系统的治超考核工作，根据治超工作各阶段的任务目标和各单位的职责分工，遵循公平、公正、准确、真实的原则进行。

第四条　市交通局将治超工作纳入对局属有关单位的年度考核范围，签订目标责任书。考核工作由市交通局治超工作领导小组具体负责。

第二章　考核方法及内容

第五条　考核依据《渭南市交通系统治超工作综合考核评分标准》、《渭南市交通系统治超工作分类考核评分标准》进行。

第六条　考核工作采用实地检查、随时抽查、适时暗查、责任倒查等方式，对所列项目进行逐项打分，综合评议，对各单位治超工作情况进行全面考核。

第七条　考核分定期和专项考核。定期考核是指季度考核和年终总评考核，专项考核是指对各阶段专项整治活动的检查考核。

第八条　考核内容分为综合考核和分类考核两部分，综合考核主要包括组织领导、保障措施、宣传工作等内容。分类考核根据各单位在治超工作中的职责分工确定，主要包括目标任务、检测站管理及专项整治等内容。

第九条　宣传工作考核按照《陕西省交通厅治超强化宣传工作考评办法》进行；治超检测站考核按照《陕西省治超检测站考核办法》进行；其他考核内容按照本办法规定的《考核评分标准》进行。

第十条　综合考核和分类考核合计为100分。综合考核分数占考核总分的50%，其中宣传工作考核占15%；分类考核分数占考核总分的50%，其中有检测站管理职责市公路局、公路处等单位，检测站考核占总分的30%。

第十一条　检查考核的程序：

1. 季度考核：市交通局治超工作领导小组对各单位每季度工作情况进行检查考核，计算季度综合得分，进行排名，经市治超办审核通过后，在全市交通系统通报考核结果。

2. 年度考核：市交通局治超工作领导小组依据各单位每季度考核情况计算年度考核分数，进行年度排名，经市治超办审核通过后，在全市交通系统通报考核结果。

第三章　奖惩

第十二条　考核结果90分及其以上为优秀，70分至90分为合格，75分以下为不合格。市交通局对考核成绩为优秀的单位，进行通报表彰，对成绩优秀的前三名单位给予奖励。

第十三条　对执法人员在治超工作中有违法违纪行为，造成严重社会影响的，或不认真履行职责分工，在考核工作中弄虚作假的单位，实行“一票否决”，考核成绩为不合格。

第十四条　市交通局对治超工作考核连续两次均为不合格的单位，在全市交通系统通报批评，并对责任人做出相应处理。

第十五条　市交通局根据治超工作考核标准和结果，对年均好路率、车辆超限超载率和吨位超限超载率的达标情况与各县的公路建设投资、养护资金和项目安排相挂钩，实行奖优罚劣。

年均好路率根据省公路局每季度检查、汇总的结果平均计算，车辆超限超载率和吨位超限超载率，根据各检测站和收费站的统计结果计算。

第十六条　各单位要加强本单位内部治超工作的考核，可根据本办法制定具体实施细则。

第四章　附则

第十七条　本办法由渭南市交通局负责解释。

第十八条　本办法自发布之日起实施。

附件：1. 交通系统治超工作综合考核评分标准

2. 交通系统治超工作分类考核评分标准

2007 年 3 月 9 日

渭南市交通系统治超工作综合考核评分标准

考核单位：
考核时间：

<table>
<tr><th>项目</th><th>考核内容</th><th>考核办法</th><th>评分标准</th><th>得分</th></tr>
<tr><td rowspan="3">组织领导
20分</td><td>1. 建立健全治超工作领导机构和专门工作人员，协调有力，部门配合密切，职责明确，责任落实，形成了各抓共管的工作机制（10分）</td><td rowspan="3">查阅文件、会议记录、现场询问方式</td><td rowspan="3">机构职责不明确，责任不落实，有推诿、失职行为扣5分</td><td rowspan="3"></td></tr>
<tr><td>2. 有明确的阶段工作安排，实施方案落实，工作重点突出，治超措施得力（5分）</td></tr>
<tr><td>3. 建立健全治超工作管理制度，岗位分工合理，职责明确，无推诿、失职等行为（5分）</td></tr>
<tr><td rowspan="3">保障措施
15分</td><td>4. 治超经费落实到位，专款专用，基本满足治理工作需要（5分）</td><td rowspan="3">查阅文件、察看现场，内业资料及询问方式</td><td rowspan="3">治超经费不落实扣3分，治超办公设施不到位扣4分，未按规定报送资料一次扣2分</td><td rowspan="3"></td></tr>
<tr><td>5. 治超办公设施健全，基本满足工作需要（5分）</td></tr>
<tr><td>6. 按照规定时间全面、及时上报治超工作报表及工作信息（5分）</td></tr>
<tr><td>宣传工作
15分</td><td>宣传工作的考核内容和标准，按照《陕西省交通厅强化治超宣传工作考评办法》进行，考核成绩占总分的15%</td><td></td><td></td><td></td></tr>
<tr><td>合计</td><td>50分</td><td></td><td></td><td></td></tr>
<tr><td rowspan="3">综合评价意见</td><td colspan="3"></td><td></td></tr>
<tr><td colspan="3">考核评议负责人：（签字）
日期：　　年　月　日</td><td></td></tr>
<tr><td colspan="3">被考核单位负责人：（签字）
日期：　　年　月　日</td><td></td></tr>
</table>

渭南市交通系统治超工作分类考核评分标准

考核单位：
考核时间：

<table>
<tr><th>部门</th><th>职责分工及考核内容</th><th>评分标准</th><th>得分</th></tr>
<tr><td rowspan="7">市公路局</td><td>1、负责组织协调指导干线公路的治超工作，每年不少于 12 次对治超检测站进行监督指导和检查考核（2 分）</td><td rowspan="7">未达到要求的每项扣 1 分，其中 2、3、4 项每超 1 个百分点扣 1 分，每降 1 个百分点加 1 分</td><td></td></tr>
<tr><td>2、到 2006 年底，确保全市干线公路车辆超限超载率控制在 8% 左右（4 分）</td><td></td></tr>
<tr><td>3、到 2007 年 6 月底，确保全市干线公路车辆超限超载率控制在 4% 左右（4 分）</td><td></td></tr>
<tr><td>4、到 2007 年底，确保全市干线公路车辆超限超载率稳定在 4% 以内（4 分）</td><td></td></tr>
<tr><td>5、本地区的年均好路率达到省公路局规定的年度目标（4 分）</td><td></td></tr>
<tr><td>6、妥善处置堵塞交通和暴力抗法事件，协调公安、武警部门组建应急队伍，按照规定启动应急预案（2 分）</td><td></td></tr>
<tr><td>7、检测站的考核内容和评分标准按照《陕西省治超检测站考核办法》进行，考核成绩占总分的 30%</td><td></td></tr>
<tr><td>合计</td><td colspan="3">分类考核占总考核的 50%（50 分）</td></tr>
<tr><td rowspan="3">综合评价意见</td><td colspan="3"></td></tr>
<tr><td colspan="3">考核评议负责人：(签字)
日期：　　年　　月　　日</td></tr>
<tr><td colspan="3">被考核单位负责人：(签字)
日期：　　年　　月　　日</td></tr>
</table>

渭南市交通系统治超工作分类考核评分标准

考核单位：
考核时间：

部门	职责分工及考核内容	评分标准	得分
市公路处	1、负责组织协调、指导农村公路的治超工作，每年不少于12次对治超检测站进行监督指导和检查考核（2分）	未达到要求的每项扣1分，其中2、3、4项每超1个百分点扣1分，每降1个百分点加1分	
	2、到2006年底，确保全市农村公路车辆超限超载率控制在8%左右（4分）		
	3、到2007年6月底，确保全市农村公路车辆超限超载率控制在4%左右（4分）		
	4、到2007年底，确保全市农村公路车辆超限超载率稳定在4%以内（4分）		
	5、本地区的年均好路率达到省公路局规定的年度目标（4分）		
	6、妥善处置堵塞交通和暴力抗法事件，协调公安、武警部门组建应急队伍，按照规定启动应急预案（2分）		
	7、检测站的考核内容和评分标准按照《陕西省治超检测站考核办法》进行，考核成绩占总分的30%		
合计	分类考核占总考核的50%（50分）		
综合评价意见			
	考核评议负责人：（签字） 日期：　年　月　日		
	被考核单位负责人：（签字） 日期：　年　月　日		

渭南市交通系统治超工作分类考核评分标准

考核单位：
考核时间：

<table>
<tr><th>部门</th><th>职责分工及考核内容</th><th>评分标准</th><th>得分</th></tr>
<tr><td rowspan="5">市运管处</td><td>1、对查处的超限超载运输企业和驾驶员，进行违法行为登记、抄告和公告的处理比例不低于90%(10分)</td><td rowspan="5">未达到要求的，每项扣3-5分</td><td></td></tr>
<tr><td>2、对查处的超限超载运输企业、场站和责任人的处罚比例不低于90%，载货地车辆吨位超限率不超过5%（10分）</td><td></td></tr>
<tr><td>3、治超期间运力保障有力，没有物资运力紧张的情况发生（10分）</td><td></td></tr>
<tr><td>4、对公安部门认定的非法改装车辆，吊销营运证的处理比例不少于90%（10分）</td><td></td></tr>
<tr><td>5、治超站联合执法工作运政人员能够按照规定到位（10分）</td><td></td></tr>
<tr><td>合计</td><td colspan="3">分类考核占总考核的50%（50分）</td></tr>
<tr><td rowspan="3">综合评价意见</td><td colspan="3"></td></tr>
<tr><td colspan="3">考核评议负责人：(签字)
日期：　年　月　日</td></tr>
<tr><td colspan="3">被考核单位负责人：(签字)
日期：　年　月　日</td></tr>
</table>

陕西省治超检测站考核评分标准

序号	内容	考核标准	分数	计分方法	扣分	得分
1	工作目标（40分）	对货运车辆的检测率达到100%	10分	少1个百分点扣1分		
		对可卸载的超限超载车辆全部进行卸载，卸载到位	10分	如有卸载不到位的车辆和未能卸载的车辆每车次扣1分		
		对不宜卸载的超限超载车辆全部进行劝返	10分	对不能劝返车辆每车次扣1分		
		检测站严格按编制人数定编，机构明确，站长熟悉掌握路政业务，具有执法资格，任命前征求省公路局意见	5分	1项不满足要求扣2分		
		执法人员补助经费落实；检测站经费落实	5分	落实不到位不计分		
2	执法管理（25分）	路政、运政、公安在检测站联合执法	2分	联合执法落实不到位不计分		
		执法人员持证上岗	2分	发现未持证上岗人员不计分		
		净化执法环境，及时查处堵车、闯站、暴力抗法等事件	3分	未及时查处不计分		
		正常检测，无擅自停检情况发生	2分	擅自中断不计分		
		执法人员执法业务熟练，运用政策准确，执法程序规范	3分	达不到要求不计分		
		检测站设施、设备齐全，保养及时，运行正常	2分	达不到要求不计分		
		检测设备定期校验，具有有效的计量合格证	2分	达不到要求不计分		
		执法文书填写规范，存档及时	3分	达不到要求不计分		
		各种档案资料齐全，管理规范	3分	达不到要求不计分		
		票据使用规范、合法	3分	达不到要求不计分		

续表

序号	内容	考核标准	分数	计分方法	扣分	得分
3	队伍建设（25分）	执法人员着装整齐，仪容仪表整洁	2分	达不到要求不计分		
		执法人员廉洁奉公，文明执法	2分	达不到要求不计分		
		检测站无私放人情车等现象	6分	发现的不计分		
		检测站无乱罚款乱收费等现象	6分	发现的不计分		
		检测站工作人员学习、培训有计划、有安排、有总结	2分	不开展活动不计分		
		经常开展岗位练兵、劳动竞赛等活动	2分	不开展活动不计分		
		检测站会议制度、廉政规定、工作规范、学习制度、考勤制度等各项制度健全，落实到位	5分	每项计1分，缺项的不计分。		
4	站容站貌（10分）	站容站貌整洁，站区环境优美，整体形象较好	5分	达不到要求不计分		
		卸载货物分类摆放整齐、有序	5分	达不到要求不计分		

渭南市农村公路管理养护体制改革实施意见

渭政发〔2007〕37号

为了认真贯彻《国务院办公厅关于印发农村公路管理养护体制改革方案的通知》（国办发〔2005〕49号），省政府《关于印发陕西省农村公路管理养护体制改革实施意见》（陕政发［2006］72号），及省交通厅、省发改委、省财政厅《关于加快推进农村公路管理养护体制改革的通知》（陕政发［2007］78号）的文件精神，推进我市农村公路管理养护体制改革，全面提升管理养护水平和通行能力，服务农村经济社会发展和农民生产生活，结合我市实际，现提出如下实施意见：

一、充分认识加快我市农村公路管理养护体制改革的必要性和紧迫性

改革开放以来，特别近几年来，我市农村公路快速发展，已经具备了相当的规模，条件有了很大改善，全市农村公路总里程超过1万公里，基本形成了四通八达的农村公路网络。

随着农村公路建设步伐的加快，其管理、养护滞后的问题十分突出。养护主体不明确，责任不落实，养护资金缺少稳定渠道，投入严重不足，养护体制缺乏活力，养护质量不高等，直接影响到农村公路的正常使用、行车安全和长远发展，改革现行的农村公路养护体制已势在必行。2005年，国务院办公厅印发的《农村公路管理养护体制改革方案的通知》，对农村公路管理养护体制改革进行了总体部署，确立了改革的指导思想和目标，明确了农村公路养护主体及其职责、改革的重点任务

和配套措施，指明了农村公路管理养护体制改革的方向；2006 年省政府印发了《陕西省农村公路管理养护体制改革实施意见》，并结合我省实际，提出了管理养护体制改革的具体要求，这是党和政府全面加强农村公路管理养护工作的重大举措。因此，各县级人民政府要充分认识农村公路管理养护体制改革的必要性和紧迫性，把农村公路改革纳入到农村经济体制改革和农村公路发展中，统筹安排，积极实施，稳妥推进。

二、农村公路管理养护体制改革的目标和时间要求

我市农村公路养护体制改革的总体目标是：坚持以邓小平理论和“三个代表”重要思想为指导，全面贯彻落实科学发展观，坚持农村公路建设、管理、养护并重的原则，逐步建立起以县级人民政府为责任主体的管理体制；建立健全以政府公共财政投入为主的稳定的养护资金保障机制；加快推进公路养护市场化进程，促进农村公路持续健康发展，真正实现有路必管，管必到位，有路必养，养必良好。

我市农村公路养护体制改革的时间要求：澄城县和华县力争 2007 年 6 月底完成试点工作，其余县（市、区）12 月底前完成养护体制改革。试点县 2007 年 3 － 4 月为宣传动员阶段；4 月 20 日前完成体制改革试点方案并报当地政府审批；5 月前建立起县、乡、村三级农村公路养护机构，落实县级公路管理机构的编制及财政供养问题，落实政府养护资金投入标准；6 月底前对试点工作进行阶段性总结，完善相关政策、制度和办法，形成经验材料，为全市农村公路养护体制改革推广做好准备工作。其他县（市、区）2007 年 6 月底前拿出养护体制改革方案并报县（市、区）政府；2007 年 8 月前，落实县、乡、村三级农村公路养护机构，落实县级公路管理机构的人员财政供养问题，落实县政府养护资金投入标准；2007 年 12 月底，基本完成农村公路养护体制改革，制定符合我市实际的农村公路管理养护制度、技术规范、养护定额、质量评定标准和验收标

准等行政、技术、管理制度和考核办法。

三、落实养护责任，明确养护职责，建立健全以县级人民政府为责任主体的农村公路管理养护体制

按照《国务院办公厅关于印发农村公路管理养护体制改革方案的通知》（国办发〔2005〕49号）和《陕西省农村公路管理养护体制改革实施意见》（陕政发［2006］72号）的精神，农村公路管理养护要按照统一领导、县管为主、分级负责、各方支持的原则，进一步理顺管理养护体制，落实管理养护责任主体，保证养护资金投入，提升管理养护水平。

（一）市人民政府主要负责制订我市农村公路管理养护的有关规定，负责筹集市级财政农村公路养护的奖补资金，监督农村公路管理养护工作。

（二）市交通局主管全市农村公路管理养护工作，制定全市农村公路发展规划，审核、上报农村公路养护工程计划，审核、下达农村公路养护计划，监督、检查养护工程计划、养护计划执行、养护质量和养护资金使用，指导本市农村公路技术进步和路政管理。

（三）市公路局在市交通局的领导下，负责全市农村公路建设、养护、管理的行业业务指导工作。执行市交通局关于农村公路建设、养护、管理的各项制度；拟订全市农村公路发展规划；监督、检查和考核农村公路养护计计划执行；监督农村公路建设、养护资金的使用；组织验收农村公路建设项目及养护大、中修工程；组织农村公路建设、养护质量的检查评定评比；研究推广公路养护新技术；指导、监督、检查全市农村公路的路政管理；组织养护工程技术培训、新技术引进、养护质量评比表彰等；搜集整理并保存公路基础信息资料。

（四）各县（市、区）级人民政府是本辖区农村公路管理养护的责任主体，负责贯彻执行农村公路管理养护法规政策，编制农村公路发展规划和养护计划，筹集和安排农村公路养护资金，监督农村公路管理机构

的养护工作，组织协调乡镇人民政府和有关部门做好农村公路管理养护工作。

（五）县（市、区）交通局主管本辖区农村公路管理养护工作，贯彻执行农村公路管理养护法规政策，拟订农村公路发展规划、养护工程计划和养护建议计划，组织检查、考核养护计划执行和养护质量考核评定，安排和管理农村公路养护资金，指导和监督农村公路养护工程招标投标和发包工作，监督农村公路路政管理。

（六）县（市、区）交通局所属的农村公路管理站具体承担农村公路的日常管理和养护工作，拟订农村公路养护工程计划和养护计划，并按照批准的计划组织实施，组织养护工程的招标投标和发包工作，检查、验收农村公路养护质量，负责农村公路路政管理和路产路权保护。

（七）乡镇人民政府和村民委员会应配合支持农村公路管理养护工作，做好农村公路管理养护的环境保障、公路及其设施的保护工作。

（八）乡镇人民政府在县级人民政府授权管理村公路后应组建乡镇农村公路管理所（内设机构），隶属乡镇人民政府，人员经费纳入县财政预算。县农村公路管理站对乡镇农村公路管理所进行业务指导。乡镇农村公路管理所具体承担村公路的日常管理和养护工作，拟定村公路养护工程计划和养护计划，并按照批准的计划组织实施，检查、验收和考核村公路养护质量。

四、完善养管体系，增强行业活力，提高服务水平

（一）全市农村公路养护管理工作规程：按市交通局—市公路局—县（市、区）交通局—县（市、区）农村公路管理站—乡镇农村公路管理所的责任序列进行管理。市公路局内设的市农村公路管理处，具体负责农村公路建设、养护及路政管理。

（二）按照精干高效、管养分离的原则在原县地方公路管理站地基础上组建县农村公路管理站，隶属于县交通局，科级事业编制。管理人员

经费纳入县财政预算。县农村公路管理站管理人员（包括路政人员）按照各级编制部门确定的编制数为准，不在新增编制。定编、定员、定岗，明确职责范围。管理人员实行公开竞聘上岗，富余人员转岗分流到新组建的农村公路养护公司，人员实行合同制管理。养护公司按市场化运作。

（三）乡（镇）人民政府组建乡（镇）农村公路管理所（内设机构），隶属乡（镇）人民政府，所需人员从乡（镇）内部调剂解决，也可以由各县（市、区）县农村公路管理站人员中选用，人员经费纳入县财政预算，接受县农村公路管理站的业务管理和指导。

五、实行管养分离，推进公路养护市场化

（一）在对县农村公路管理站科学定岗和核定管理人员的基础上，各县（市、区）将县农村公路管理站的富余人员分流出去，成立公路养护公司。公路养护公司实行独立核算，自负盈亏，与职工依法签订劳动合同，按企业用工制度进行管理。

（二）全面推行农村公路养护招标投标制度，培育和发展农村公路养护市场。全面开放农村公路养护市场，大、中修养护工程，小修保养要全部向社会开放，逐步采取公开招标投标方式，择优选择养护作业单位。

（三）各县（市、区）可根据实际情况核定县、乡、村单位里程养护费用标准，采取由个人、农户家庭分段承包等方式进行日常管理和养护，并签订养护合同，落实养护责任和质量目标。

（四）妥善做好养护职工的分流安置。县农村公路管理站重新定编定员后地富余人员，一般都应转岗到新改制设立的养护公司就业。同时鼓励公路养护职工自谋出路、自主创业，享受国家和地方有关再就业的扶持政策。对分流到养护公司就业或自谋职业的职工，应按照国家有关规定妥善处理职工身份转换的经济补偿以及养老、医疗、失业等社会保障问题。

六、积极筹措落实农村公路管理养护资金

农村公路的养护里程以通达调查数据为准。

（一）按照有路必养，确保质量的原则，将农村公路养护资金纳入养路费年度计划和各级财政年度预算，并应随着农村公路里程增加、技术标准提高和地方财力增长，逐步增加养护资金投入，保证农村公路正常养护。

（二）农村公路养护工程费主要由省级财政和汽车养路费安排。具体补助标准为：县道每年每公里不少于15000元，乡道每年每公里不少于6000元，村道每年每公里不少于1000元。除省上的专项安排外，不足部分由县级财政统筹解决。

（三）农村公路日常养护费主要由拖拉机养路费、“五小车”养路费及县级财政统筹安排。具体安排标准为：县道每年每公里7000元，乡道每年每公里3500元，村道每年每公里1000元。

（四）市人民政府对农村公路管理养护实行以奖代补政策。拖拉机养路费、“五小车”养路费原则上全部用于农村公路日常养护。

七、农村公路养护资金的使用和监督

养护资金由县交通局按养护计划用于辖区内的农村公路养护，省补助资金必须全额用于养护工程费用，不足部分由县财政补助。市、县财政资金、拖拉机养路费、“五小车”养路费、养护基金用于日常养护。

（一）市、县两级财政预算安排的养护资金，由公路部门编制年度计划报交通主管部门，由交通主管部门会商同级财政联合向同级公路管理养护部门下达计划。

（二）市、县（市、区）交通主管部门对辖区内农村公路养护计划的执行情况进行监督、检查；市公路局对县乡公路养护质量、工程质量和路政管理进行检查、考核；县（市、区）公路管理站对村公路养护质量、工

程质量和路政管理进行检查、考核。

（三）农村公路管理养护资金要严格按照“分级管理，专户储存，单独核算，专款专用”的原则，各县（市、区）交通局负责管理养护资金，养护资金要接受本级财政部门和上级交通主管部门的监督检查，县级审计部门要定期审计，确保农村公路养护资金安全，提高资金使用效益。

八、广泛动员宣传，加强组织领导、政策指导，确保农村公路管理养护改革顺利实施

（一）广泛动员宣传。各县（市、区）人民政府，要积极组织相关部门干部职工，认真学习（国办发〔2005〕49 号）和（陕政发［2006］72 号）文件精神，明确农村公路管理养护体制改革的意义，并对这次养护体制改革提出具体要求，进一步提高各级政府及沿线群众对农村公路管理养护工作的认识，为农村公路管理养护体制改革创造良好的舆论气氛。

（二）加强组织领导。市里成立由主管副市长为组长，交通、人事、财政、发改委、宣传等部门负责同志为成员的渭南市农村公路管理养护体制改革领导小组，负责组织协调工作中的相关事宜。各县（市、区）要成立以县长为组长的体制改革领导小组，明确和落实工作责任，落实地方财政预算配套资金，落实乡村养护机构，落实县农村公路管理站人员财政供养问题，强化改革工作协调机制。各县（市、区）交通局在当地政府领导下，要负起主要责任，积极推动改革实施工作。各县（市、区）要按照改革的总体要求和基本原则，紧密结合当地实际，抓紧制订具体的实施方案，并报市交通局备案。

（三）加强政策指导。市交通局、市公路局要加强对改革工作的指导，各县（市、区）要认真组织落实《实施意见》，切实做好国务院办公厅《方案》与省政府《办法》的结合和衔接，积极协调处理改革中的具体困难和问题，确保改革的顺利进行。

（四）精心实施，做好试点工作。澄城县和华县人民政府要抓紧制订

试点方案，为全市全面推进农村公路管理养护体制改革总结经验，提供示范。

（五）各级人民政府及其交通主管部门要正确处理改革、发展与稳定的关系，广泛深入地做好公路职工思想政治工作，争取干部职工的理解与支持，稳妥处理改革中的矛盾和问题，为改革创造良好的环境保障。

（六）改革要注意方法，稳步推动。这次养护体制改革过程中涉及职工切身利益，政策性强，影响面广，必须严格执行改革中的各项政策，工作中注意方法，要广泛征求职工意见，对在改革中出现的各种矛盾要妥善解决，各县（市、区）根据实际情况，不搞一刀切。

（七）市政府将这次农村公路管理养护体制改革纳入到各县（市、区）政府年度考核内容之列，与各县（市、区）农村公路建设项目的投资挂钩，对工作实、改革推进快、效果显著的县（市、区）市政府给予表彰奖励，对这次农村公路管理养护体制改革不重视、不落实、进展缓慢的要通报批评。

2007 年 4 月 23 日

渭南市农村公路管理工作规程（暂行）

第一章　总则

一、为进一步理顺农村公路管理工作关系，规范工作流程，形成统一领导、分工负责、运行顺畅、管理高效的农村公路管理体制，依照国家和我省有关法律、法规和政策，制定本规程。

二、本规程主要规定全市各级交通部门和公路管理机构在农村公路管理中的工作职责、工作关系和工作程序。

三、全市农村公路管理工作，按市交通局—市公路局—县（市、区）交通局—县（市、区）农村公路管理局（站）的责任序列进行管理。市公路局内设的市农村公路管理处，具体负责农村公路建设、养护及路政管理。

四、市交通局在省公路局的行业业务指导下，主管全市农村公路建设、养护、管理工作，执行省交通厅及省公路局制定的农村公路建设、养护、管理制度，制定全市农村公路建设、养护、管理制度；审核、平衡、上报和下达全市农村公路发展规划、建设和养护计划；统筹安排农村公路建设、养护资金；监督、检查建设、养护计划和资金使用情况。

五、市公路局在市交通局的领导下，负责全市农村公路建设、养护、管理的行业业务指导工作。

六、农村公路管理处在市交通局和市公路局的领导下，执行市交通局及市公路局关于农村公路建设、养护、管理的各项制度；拟订本市农村公路发展规划；监督、检查和考核农村公路养护计划执行；监督农村公路建设、养护资金的使用；组织验收农村公路建设项目及养护大、中修工程；组织农村公路建设、养护质量的检查评定评比；研究推广公路养护新技术；并指导农村公路路政管理；搜集整理并保存公路基础信息资料。

七、县级人民政府是本辖区农村公路管理养护的责任主体，负责贯彻执行农村公路管理养护法规政策，编制农村公路发展规划和养护计划，筹集和安排农村公路养护资金，监督农村公路的养护工作，组织协调乡镇人民政府和有关部门做好农村公路管理养护工作。

八、县交通局主管本辖区农村公路管理养护工作，贯彻执行农村公路管理养护法规政策，拟定农村公路发展规划，养护工程和日常养护建议计划，组织检查、考核养护计划执行和养护质量考核评定，安排和管理农村公路养护资金，指导和监督农村公路养护工程招投标和发包工作，监督农村公路路政管理。

九、县交通局所属的县农村公路管理局（站）具体承担县乡公路的日常管理和养护工作，拟定农村公路养护工程计划和养护计划，并按照批准的计划组织实施，组织养护工程的招投标和发包工作，检查、验收和考核县乡公路养护质量，负责县乡公路路政管理和路产路权保护，指导村公路的养护管理工作。

十、乡镇人民政府和村民委员会应配合支持县乡公路管理养护工作，做好县乡公路管理养护的环境保障、公路及其设施的保护工作。接受县农村公路管理局（站）的业务指导。县级人民政府授权乡镇人民政府和村民委员会对村公路进行养护管理，筹措必要的养护资金和劳动力投入等工作。并将此项工作纳入年度目标责任考核。

十一、乡镇人民政府在县级人民政府授权管理村公路后应组建乡镇农村公路管理所（内设机构），隶属乡镇人民政府，人员经费纳入县财政预算。县农村公路管理局（站）进行业务指导。具体承担村公路的日常管理和养护工作，拟定村公路养护工程计划和养护计划，并按照批准的计划组织实施，检查、验收和考核村公路养护质量。

第二章　农村公路规划与设计管理

十二、县公路规划由县交通局会同有关部门编制，经县级人民政府组织审定后，在征求市交通局意见后，报市级人民政府审核，在征求省公路局意见后，由市级人民政府批准。

十三、乡公路规划由县交通局指导乡镇人民政府编制，报县级人民政府审核，在征求市交通局意见后，由县级人民政府批准。

十四、村公路规划由乡镇人民政府负责编制，报县交通局审核批准。

十五、农村公路规划应从农村经济社会发展和农民出行的实际需要出发，综合考虑国土资源有效开发和当地山、水、林、田的综合治理，与农村城镇化发展要求和易地扶贫搬迁（生态移民）相协调，还要注意与国省干线和相邻地区相协调形成网络。

十六、经批准的农村公路发展规划确需修改的，由原编制机关提出修改方案，报原批准机关批准。

十七、农村公路大中修工程必须进行施工图设计，应通过招标或议标由县农村公路管理局（站）以合同形式委托具有相应设计资质的单位进行设计。设计单位应认真调研路况，充分利用旧路和地方材料，因地制宜，提供科学合理符合实际的大中修设计施工图。估算投资在100万元以下的设计施工图由县交通局组织相关专家进行评审和批准；估算投资在100万元（含100万元）以上的设计施工图由市公路局或市交通局组织相关专家进行评审和批准。设计确需变更，应报原审批单位批准。

第三章　计划管理

十八、市交通局主管全市农村公路建设、养护计划管理工作，综合平衡、审定市公路局、县（市、区）交通局编报的建议计划，负责上报省专项建议计划；市公路局负责全市农村公路建设、养护建议计划的编制、经批准后计划的下达，以及计划实施的监督 检查、考核工作；各县（市 区）交通局负责编制本辖区农村公路建设、养护建议计划，并上报市公路局。

十九、严格执行计划管理程序，维护计划的严肃性。任何单位和部门不得擅自更改计划项目、改变技术标准；确需调整变更计划项目、改变建设规模、改变技术标准；确需调整变更的，必须向原计划下达单位申请办理批准手续。

二十、养护计划实施动态管理，对于积极性高、筹措资金到位 、工作环境好 、完成目标任务好的县（市 区），通过调增计划予以鼓励；对于完成任务差的县（市 区），酌情扣减或调整计划。

第四章　农村公路养护工程管理

二十一、市公路局要根据国家有关政策、法规和规范，结合我市农村公路养护实际，逐步建立全市农村公路养护标准体系，并适应农村公路发展和社会要求及时更新。有关管理办法或标准，按照管理权限审批下达。各县（市 区）交通局按标准组织实施。

二十二、对列入年度计划的农村公路养护大修、专项工程，各项目实施单位应尽快完成施工图设计，按受理权限报市公路局或市交通局审批。

二十三、农村公路养护大修、专项工程实行项目法人负责制、招投标制、工程监理制、合同管理制。农村公路养护工程项目法人为县农村公路管理局（站）。

养护工程项目在设计年限内实行质量终身负责制。

二十四、加强养护工程实施过程控制。市公路局要会同质量监督部门对养护工程实施过程的检查监督，委托公路检测单位定期或不定期进行检测。建立和完善养护工程质量责任体系，实行养护工程质量问责制，对工程质量事故要一查到底，追究到人。对于工程进度滞后、出现质量不合格项目的各县（市、区）公路管理机构在全市公路行业通报批评，对受到通报批评县（市、区）公路管理机构要调减计划投资。

二十五、强化养护工程的质量监督，市质监站负责全市农村公路建设工程及大修工程的质量监督工作。

二十六、建立养护质量检查考核体系。全市农村公路日常养护和小修保养工作实行养护班组日查、养护生产单位一周两查、各县（市、区）交通局农村公路管理局（站）月查、市公路局季查的制度，考核检查结果向社会或行业公布，接受监督；养护工程由项目法人组织月考评。

第五章　农村公路养护市场管理

二十七、建立规范有序的农村公路养护工程市场。市交通局是全市农村公路养护工程市场的管理主体，负责全市农村公路养护工程市场有关办法制度的制定及养护市场秩序的维护。市公路局负责全市农村公路养护工程市场的具体管理，对全市农村公路养护工程施工从业单位资质组织初审、复审和信用考评，对进入我市农村公路养护市场的外市施工从业单位进行资质确认，对全市养护工程招投标实施行业监管，发布全市农村公路养护工程市场信息，各县（市、区）交通局市本辖区农村公路养护工程市场的管理主体；负责本辖区养护市场的监督管理，负责本辖区养护市场的监督管理，负责本辖区公路养护工程施工从业单位资质的初审，维护本辖区公路养护工程市场秩序；各县农村公路管理局（站）是农村公路养护工程的项目法人单位，具体组织本辖区管理养护工程的招投标，对设计、监理、施工单位的信用等级进行评分。

凡参与养护工程施工投标的单位必须具备养护工程施工从业资质。

二十八、县道、乡道养护工程达到规定的投资额，应采用招投标方式确定设计、施工、监理单位。

二十九、市公路局要在市交通局的领导下加强全市公路养护工程从业单位信用考评工作。建立公路养护工程市场信用评价体系和从业单位考评档案，对公路养护工程市场主体的信用等级进行考核，并实行“黑名单”制度。

第六章　农村公路建设养护管理

三十、市交通局主管全市农村公路建养管工作，市公路局负责全市农村公路建设养护的组织、检查、协调、指导及考核，各县交通局负责本辖区农村公路建设养护的组织、检查、协调、指导和农村公路建设养护规划、计划编制工作，各县农村公路管理局（站）负责本辖区农村公路建设养护规划计划编报、组织实施、工程施工管理与质量监督、工程验收、养护考评等工作。

三十一、农村公路建设要积极推行项目管理“四项制度”，健全工程质量保证体系。农村公路建设单位原则上由县交通局承担，村级公路建设可委托乡人民政府或村民委员会承担。

三十二、各级交通主管部门要强化农村公路养护管理职能，按照省政府《关于农村公路管理养护体系改革实施意见》，建立、落实稳定的养护资金渠道,做到“有路必养”,实现农村公路养护管理的正常化和规范化。农村公路逐步实行养护工程市场化、日常养护承包制管理。

第七章　农村公路路政管理

三十三、市交通局主管全市的路政管理工作。市公路局负责全市农村公路路政管理及路面治超工作。

三十四、市公路局责制定全市农村公路路政管理规政制度，安排全市农村公路路政管理工作，指导查处市内涉及面广、影响大的农村公路路政案件，负责农村公路路政诉讼案件的应诉和处理。

三十五、各县（市、区）交通局主管本行政区域内路政管理工作，农村公路管理局（站）负责本行政区域内的农村公路路产保护、路权维护、路面治超、农村公路环境整治、路面保畅等工作，实施农村公路路政巡查，制止和查处各种违法占（利）用、侵占、污染、毁坏和破坏路产的行为。同时负责本辖区内农村公路路政诉讼案件的应诉和处理。

第八章　农村公路养护资金管理

三十六、市公路局要加强对农村公路建设养护资金的监管，确保资金的使用效益和安全。养护工程费用实行预付款和按进度拨款相结合的管理制度，由市公路局按照责权相统一原则制定具体监管办法，确保资金足额用于工程项目；养护其他费由市公路局拨付各县（市、区）交通局，按计划要求实行专款专用。

三十七、农村公路日常养护费主要由县财政统筹安排，市级财政给予补助。农村公路日常养护资金拨付渠道和程序为：县财政统筹安排的养护费直接拨付县级交通局，拖拉机、摩托车五小车辆的养路费由市公路局根据养护计划提出日常养护费支付意见，每月拨付各县（市、区）交通局。各县（市、区）交通局按计划拨付县农村公路管理局（站）。由县农村公路管理局（站）全面履行日常养护费支付工作。村公路的日常养护费由乡镇人民政府提出日常养护费支付意见，县农村公路管理局（站）考核后向养护承包人支付日常养护费用。

三十八、农村公路养护工程费主要由省财政和汽车养路费安排，不足部分由市、县级财政统筹解决。省、市补助的养护工程费由市公路局根据县财政资金到位情况提出养护工程费支付意见，按比例逐季度拨付县级交通局，县级财政资金直接拨付各县（市、区）交通局，各县（市、区）交通局按计划和养护工程进度拨付县农村公路管理局（站）。由县农村公路管理局（站）全面履行养护工程费支付工作。县农村公路管理局（站）按照养护工程合同、计量直接向养护工程承包人支付养护工程费。村公路的养护工程费由乡镇人民政府提出养护工程费支付意见，县农村公路管理局（站）考核后向养护承包人支付养护工程费用。

三十九、全市农村公路国有资产实行统一领导、分级管理的原则。市交通局具体负责监督、管理市公路局下设的农村公路管理处由财政性资金投资形成农村公路资产及其各种固定资产、流动资产及其他资产。各县（市、区）交通局负责本辖区农村公路国有资产的管理职责。

第九章　农村公路公共服务

四十、市交通局主管全市农村公路行业的公共服务工作，市公路局负责指导，市公路局具体管理，并统一制定服务标准，统一发布路况信息，统一调度全市农村路网，统一指挥处理重大险情和灾害的抢修。

四十一、各县（市、区）交通局是农村公路服务责任主体，负责本辖区或所管养农村公路的服务工作。要落实管理部门，落实专门人员，落实专项经费，加强服务设施建设。

第十章　附则

四十二、市公路局应根据本规程规定对有关管理办法进行修订和完善，并按管理权限报市交通局、市公路局批准或自行下发执行。

四十三、本规程由市交通局负责解释。

2007 年 4 月 25 日

渭南市农村公路建设工程管理办法（暂行）

（渭交发〔2008〕224号）

第一章　总则

第一条　为进一步加强我市农村公路建设管理，保证农村公路建设按计划顺利实施，保障建设资金有效使用，确保农村公路建设质量和进度，提高我市农村公路的服务水平，依据交通部《农村公路建设管理办法》、国家发改委、交通部《农村公路改造工程管理办法》、《陕西省农村公路技术标准》及陕西省交通厅《陕西省农村公路建设养护管理实施细则》等有关规定，并结合我市农村公路建设管理实际，特制定本办法。

第二条　本办法适用于各级人民政府投入和上级补助投资的农村公路新建、改建和改造工程项目。

第二章　前期及计划管理

第三条　上报农村公路建设规划应按照“因地制宜、量力而行”的原则，合理确定农村公路建设项目建设规模和技术标准，坚决避免脱离实际的高标准、高指标规划。项目名称应与农村公路基础数据库项目相一致。

第四条　享受中央、省补助的农村公路建设项目计划，由县交通局申报，市交通局核准后报省公路局，省公路局审查后并报省交通厅批复下达。计划一经下达，必须严格执行。确需调整的，必须说明理由，并报原下达机关审批。

第五条　农村公路未达到设计使用年限的，不得再按享受中央、省补助资金的农村公路建设项目申报计划。

第六条　通乡油路应编制工程可行性研究报告，上报市交通局和市发改委，由市交通局和市发改委审查后共同报省交通厅和省发改委，并按相关规定审批。其他农村公路建设项目根据计划可直接开展设计工作。

第三章　设计与标准

第七条　农村公路建设标准应从实际出发，灵活掌握。县道、乡道一般应达到三级以上技术标准，周围环境及经济条件具备的项目必须提高技术标准。个别地形复杂、投资较大的路段，可按极限指标设计，但不应低于四级公路技术标准（路基宽度不小于 4.5 米）。

村公路设计标准应符合《陕西省农村公路技术标准》和省交通厅关于通村公路建设相关文件、办法、规定的要求。车流量大、重点产业开发区、煤炭、矿产资源开发区路段，一般应按四级以上公路技术标准设计，路基宽度不小于 4.5 米。其他村公路一般应按四级公路技术标准设计，采用单车道技术标准时，每隔 200 ～ 300 米内应设置错车道。

第八条　同一条公路可区别不同地形或地质条件，按不同的技术标准进行设计。不同等级、不同设计速度变更点应选择在驾驶员容易判断路况的地形变化处或路线交叉地点，并设置警示标志。

第九条　排水不畅、有水利设施的路段，必须设置桥涵；纵坡大于 3% 的路段，必须设置边沟且铺砌；陡岩、急弯、沿河、沿沟及高边坡路段应设计安全警示标志；高边坡易滑塌的路段、沿河易冲刷的路段要设计防护工程。

第十条　四级（含四级）以上县乡公路和独立桥梁、隧道项目，要选择具有相应资质的设计单位进行设计；其他农村公路建设项目，可由县交通局组织有经验的技术人员承担设计。

第十一条 三级（含三级）以上农村公路和独立特大桥、大桥项目，要按照交通部《公路工程基本建设项目设计文件编制办法》、《公路工程基本建设项目概算、预算编制办法》有关规定，除特殊要求外一般按一阶段施工图设计要求编制设计文件。

一般乡、村道项目（三级以下道路）设计文件可简化，但具备设计说明书，路线平面图，纵断面图，路面结构设计图，构造物结构图，交通安全设施构造图；路基土石方数量表，路面工程数量表，桥涵排水防护工程数量表，桥涵排水防护设施位置表；路基、路面设计弯沉值和简单的工程预算等。

第十二条 设计文件的审批，严格执行《陕西省农村公路建设养护管理实施细则》有关规定。二级及二级以上公路，总投资额超过 1500 万元（工可批复投资）的三级公路，独立的特大桥、大桥和含有长、中隧道的项目的设计，由省公路局组织评审批复；总投资小于 1500 万元而大于 100 万元的县乡公路建设项目由市公路处组织评审批复，总投资大于 100 万元的通村油路项目由市通村办进行设计批复，投资小于 100 万元以下农村公路项目的设计由县交通局审察批复。未经审批的项目，项目法人不得进行工程招投标。

第十三条 项目设计审批后，涉及路线走向、路面结构、桥梁结构变更的，由原设计单位出具变更设计文件，建设单位申报变更申请，原设计批准机关批复。

第四章 工程招投标

第十四条 农村公路建设项目应按照《中华人民共和国招投标法》和国家发改委、交通部、省政府及省交通厅对施工招投标的有关规定，达到招投标规定要求的项目必须进行工程招投标。

第十五条　农村公路招标文件应按照《陕西省公路工程招投标管理办法》等文件要求，并参照《公路工程国内招标文件范本》，结合项目特点编制有关条款和补充技术规范。招标文件的编制原则以便于工程管理，利于专业施工为出发点。路段标段划分，监理人员数量应符合有关规定要求。招标文件应报市公路处核准，招标结果报市公路处核备。

第十六条　县道、乡道建设项目总投资额在1000万元以上的项目设计，建设单位采用招标方式确定具有相应资质的设计单位；小于以上限额的，由建设单位采用委托方式确定具有相应资质的设计单位，建设单位应与设计单位签订责任明确的勘察设计合同。

县道、乡道建设项目施工单项合同估算在200万元以上，或者总投资额在500万元以上的项目施工，建设单位必须通过公开招标方式确定具有相应资质的施工单位；总投资在500万元以下、50万元以上的单项工程项目，建设单位可合并进行招标，合并项目投资总额不得超出1000万元。其他项目建设单位可采用邀请招标或委托的方式选择施工单位，建设单位应与施工单位签订责任明确的施工合同。

监理合同估算在50万元以上的监理项目，建设管理单位采用公开招投标方式确定监理单位。50万元以下的监理项目，可采用委托方式或建设单位自行组织有监理工作经验的专业技术人员组成专项监理组开展监理工作，采用社会监理的项目，建设单位应与监理单位签订监理合同。

第十七条　村道建设项目，应按照《招投标法》有关规定，结合村道建设实际情况确定设计、施工和监理单位。

村道路基工程在保证质量和有县交通局派专业技术人员指导的前提下，可发动群众“打底子”，由当地农民参与施工。沥青、水泥混凝土路面工程投资超过300万元的单项工程必须采取公开招标；300万元以下的路面单项工程项目，可合并进行招投标，合并项目投资总额不得超出600万元。

村道项目设计和监理，由县交通局组织有经验的专业技术人员进行设计和监理。

第十八条　涉及紧急抢险的农村公路项目或有特定时限的项目，经项目所在县人民政府批准，建设单位可采用邀请招标投标方式或委托的方式选择施工单位进行施工。

第十九条　实行公开招标的项目，项目法人要把好资格审查关。项目法人发布招标公告时应就投标人资质、业绩信誉、项目经理执业资格、主要人员资格、主要机械设备（路面拌和、摊铺及碾压等）及实验仪器等提出明确报名条件，并严格进行资格审查。审查结果经市公路处审核后方可进行下一步工作。

第二十条　项目业主组织的招投标工作，应自觉接受各级交通主管部门和监察部门的全过程指导和监督管理，确保招投标活动的公开、公平、公正。所有招标活动安排应提前报市公路处及有关部门，以便及时实施监督。

第五章　工程施工管理

第二十一条　农村公路建设实行项目管理。投资在500万元以上的项目，按基本建设程序组建项目管理组；500万元以下的项目，按照“就近、方便”原则合并组建项目管理组。各项目业主要建立健全各项规章制度，制定质量、安全、进度保证体系，切实做好征地拆迁、环境保障和施工道路保畅等工作。

第二十二条　县乡公路及农村通达工程项目开工前，应按照有关职责划分，主动到有关部门办理工程施工许可及质量监督手续，并自觉接受检查。通村公路由县交通局办理有关手续。要严格审核项目开工条件，做到配套资金不落实的不开工，设计图纸未经审批不开工，没有技术交底的不开工，施工设备和技术管理人员不到位的不开工，工地试验和监理机构按规定要求不到位的不开工。

第二十三条　农村公路建设项目法人应严格按照审查批准的施工图设计组织施工，不得随意扩大或缩小建设规模、提高或降低设计标准。工程实施中出现的设计变更，按照交通部《公路工程设计变更管理办法》及省交通厅《关于严格执行交通部〈公路工程设计变更管理办法〉的通知》中有关规定办理。一般设计变更由项目法人负责进行审查和管理；较大设计变更和重大设计变更，由项目法人审查论证确认后，向市交通局提出设计变更申请，并提交有关资料，市交通局审查后按照审批权限进行批复或上报省公路局审查批准。

第二十四条　农村公路建设项目施工企业要健全质量自检体系，重点部位、关键工序和关键工艺质量自检必须责任到人。含有沥青、水泥混凝土路面和桥梁、隧道等重要结构物的项目，要建立满足工程建设需要的工地试验室。

第二十五条　按照省上有关规定，农村公路建设项目实行群众监督和社会公示，所有农村公路建设项目应在工地现场设置公示牌，标示工程项目名称、建设标准、主要工程量、总投资额、各参建单位联系人、质量监督人员及举报电话等。边施工边通车路段应做到施工标志齐全，并设专人指挥交通，确保道路施工和通行安全，做到文明施工。

第二十六条　农村公路建设项目应实行工程质量保证金制度，建设单位与施工单位结算工程价款时,应按合同规定预留质保金。农村、公路质量缺陷期一般为1年，质量保证金一般不低于施工合同额的5%。质量保证金由建设单位从建设补助金中扣除，并设立专户保管。质量缺陷责任期满，质量缺陷及时有效处理后，质量保证金返还施工单位。

第二十七条　农村公路建设工程实行工程报表和情况报告制度。各项目管理单位应配备专人填写有关工程建设报表，撰写工程执行情况报告，并于每月20日前报市公路处。市公路处每月初以简报形式将工程建设的质量、进度、投资等有关问题予以通报。

第六章　工程质量管理

第二十八条　农村公路建设项目应按照国家有关规定，乡县公路要建立健全“政府监督、行业监管、法人管理、社会监理、企业自检、设计监控”六位一体质量保证体系；通村公路要建立完善“政府监督、专业抽检、群众参与、施工自检”四位一体的质量保证体系。夯实质量管理责任，切实提高建设项目整体质量水平。

第二十九条　项目业主要按工程建设要求成立相应的工程管理组，制定项目质量管理办法，落实足够的懂技术、会管理、负责任的管理人员，明确质量责任人。并将工程质量第一责任人报市公路处备案。

项目法人应对工程项目的施工质量、进度、安全、材料等全面负责，督促施工单位严格按部颁施工规范、规程等进行施工，并支持监理单位依法开展质量监理工作，真正赋予监理工程师“三权”（即质量、工期和计量支付权）。做好合同管理，严格工程设计变更管理，同时协调好各方面工作，确保工程项目顺利完成。

第三十条　施工单位要建立完善的质量自检体系，制定项目质量管理办法，明确技术负责人。依据设计文件及相应的技术标准、规范，按照合同要求，建立明确的岗位责任制，切实做好质量的全过程控制。对重点部位、关键工序和关键工艺必须责任到人，严格落实安全生产责任制。

施工单位应根据工程项目特点配备施工机械设备。路基压实采用重型压路机，采用分层填筑分层碾压，严格控制路基压实度和弯沉指标，满足稳定性要求。路面施工原材料进场前必须进行试验，质量不合格的材料坚决不得进场使用；严格控制基层施工厚度，严格配合比控制，加强控制拌和料的均匀性及耐久性；沥青面层加强矿料级配、沥青用量及拌和温度控制；水泥混凝土面层加强配合比、水泥用量、拌和、振捣质量控制，满足沥青路面弯沉和水泥混凝土路面的弯拉强度要求。

工地实验室应配备性能及精确度高的试验检测设备仪器，落实工作责任心强、业务熟练，具有试验上岗资格的人员，开展工地试验检测工作，所有项目自检频率不能低于规范要求。

第三十一条　监理单位应制定切实可行的监理工作规章制度，在所有监理人员上岗前签订《质量保证终身责任制》，明确各自承担的责任范围，使监理人员能有效公正地开展监理工作。

监理单位应按照合同约定，依据《公路工程施工监理规范》和施工合同等规定实施监理，通乡油路监理人员数量配备原则上每公里不少于0.3人。监理单位必须配备具有相应执业资格的测量、合同管理、试验等专业监理工程师，并配备必要的试验仪器及设备。务必做到监理行为规范，质量控制科学。

现场监理应将施工图作为主要监理依据，按照监理规范采取旁站，严格检验和全面巡查等方式对工程进行全过程、全方位、全天候的监理。对原材料、试验仪器设备等严格把关，把好主要材料如沥青、水泥、钢材、石灰、石料等进场关；重要工序、重要部位，如路基工程压实度、弯沉；路面工程沥青材料、拌合料的加热出厂温度，沥青路面面层及基层的压实度、弯沉及厚度，水泥路面强度及厚度；桥梁工程混凝土（砂浆）强度，墩台垂直度等，作为主要监理控制点，严防质量安全事故，对质量不合格的工序、工程坚决要求返工处理。对主要分部工程严格按照规定频率进行独立抽检。

第三十二条　市质监站应制定质量监督工作计划，建立健全质量监督管理制度，确定质量监督的重点部位、关键工序、主要指标和检测频率，采取综合检查、专项检查及巡视检查三种方式对施工单位的质量管理行为、施工工艺、工程实体质量进行监督检查。加强对农村公路建设质量的监督与指导，由实体工程质量监督向监督项目法人质量管理行为转变，由事后监督向事前监督转变。

市质监站在所监督项目开工前，应对设计、监理和施工单位的质量管理体系运行情况及工程材料、试验室（试验设备和人员）及管理工作进行检查。工程开工后，对施工单位的质量管理行为、施工工艺、工程实体质量进行监督检查。大幅提高工程建设质量的巡查和抽查频率，检查内容更加全面，要求更加细化，重点更加突出。根据市局农村公路建设质量年活动要求，对重点部位及工序的抽查频率不低于30%。参加通乡油路等重点项目路基、路面基层及隐蔽工程的中间交验。

市质监站对农村公路建设实行动态质量监督，健全工程质量抽检和结果公布制度，预防与惩处并举。监督人员针对检查中发现的问题，应现场提出整改要求和建议，在规定时间内向有关单位发出书面检查意见，并及时检查整改及处理情况。形成质量监督与抽检工作制度化、专业化、规范化。定期发布工程质量动态信息，及时向市公路处报送质量信息。

第三十三条　县交通局应逐步建立县级质量监督机构，对通村、通达及其他公路项目的质量进行监督，重点抽查工程质量控制要点，组织通村、农村通达工程的工程质量鉴定。未设质量监督机构的，县交通局可成立专门小组开展农村公路质量监督工作。

县交通局要充分发挥县农村公路建设试验室的作用，根据市局配备的试验检测设备，抓紧培训试验检测人员，对农村公路建设用材料、关键工序、主要指标进行检测和抽查，加强过程中检查力度，并要建立检测档案，确保工程建设质量。

第三十四条　市交通局将定期或不定期对全市农村公路工程质量进行检查（或抽查），并将检查情况通报全市。对检查中发现的严重问题，市交通局将进行严肃的处理。

第三十五条　农村公路建设项目实行质量问责与处罚并举。对工程实施过程中的质量事故、质量举报及经验收不合格的工程，追究工程责任人责任。若工程实施中因质量问题出现群众上访，或受到省上通报，市局将扣除一定比例的补助资金。

第七章　资金管理

第三十六条　为加强农村公路建设资金管理，保证资金安全、合理、有效使用，含有中央、省补助投资的农村公路建设项目，按照“专款专用”和“分级负责、分级监督”的原则进行建设资金管理。

第三十七条　农村公路建设投资补助资金一经市局下拨，任何单位不得截留、挤占或挪用，做到专户存储、独立核算，专款专用。并自觉接受上级交通主管部门及财政、审计部门的监督检查。如违反本规定，一经发现，市交通局将停拨补助资金，并建议调减下年度工程建设计划。

第三十八条　国家及省上补助的建设资金只能用于公路建设项目的建安费部分，不得用于征地拆迁及环境保障，不得用于购买交通、通讯、办公设备及其他设备等，不得用作建设单位管理费用开支，不得用作奖金发放。

第三十九条　农村公路建设补助资金拨付程序是由市公路处根据工程进度、工程质量及补助资金的到位情况，向市局资金科提出拨付方案，经审核批准后，资金科拨付各项目实施单位。具体原则是通乡油路根据县局每月报送的工程建设进度报表，结合市质监站的质量抽查情况，在补助资金到位后，按照完成投资额的 50% 拨付补助资金，项目完工后，按照补助资金到位的 90% 拨付补助资金；县乡油路、通村公路项目开工后，拨付省到位资金的全部（30%），待省上核准验收补助资金全部到位后，一次性拨付剩余补助资金；农村通达工程，实行项目开工和补助资金到位后，先拨付 30%，基层完成并验收后，拨付补助资金的 40%，待工程验收后，拨付剩余 30% 的补助资金。

第八章　工程验收

第四十条　农村公路建设项目工程验收要严格按照交通部《公路工程

竣（交）工验收办法》和《陕西省公路工程竣（交）工验收办法实施细则》有关规定和要求执行。

第四十一条　农村公路建设项目工程验收一般采取交工、竣工验收合并一次进行的方式。通乡油路验收工作由市发改委牵头，市公路处组织实施，交竣工验收要求提供的报告、资料（主要包括质量检测鉴定报告、审计报告）由项目法人委托具有相应资质单位完成。

县乡公路、农村通达工程由市公路处核查验收，其他项目由县交通局组织验收，但应将验收结果报备市公路处。含有中央、省补助资金投入的项目按照国家和省上有关规定执行。

通村油路建设项目完工后，按照省公路局印发的通村公路建设“县验收、市核准、省核查”的程序和相关办法进行验收。

第四十二条　农村公路建设工程完工后，应及时进行资料整理，装订成册。工程交、竣工资料应及时移交有关档案管理部门。未及时报送者不下发竣工验收证书。

第九章　附则

第四十三条　本办法由渭南市交通局负责解释。

第四十四条　本办法自颁布之日起执行。

2008 年 7 月 18 日